MODIFICACIÓN DE CONDUCTA
QUÉ ES Y CÓMO APLICARLA

(Octava Edición)

Garry Martin
y Joseph Pear

Universidad de Manitoba

AF700767

Traductoras:

Laura Vivas Fernández
y Aurora Suengas Goenechea

Facultad de Psicología
Universidad Complutense de Madrid

MODIFICACIÓN DE CONDUCTA
QUÉ ES Y CÓMO APLICARLA

Garry Martin
Joseph Pear
Universidad de Manitoba

PEARSON
Prentice Hall

Madrid • México • Santafé de Bogotá • Buenos Aires • Caracas • Lima
Montevideo • San Juan • San José • Santiago • São Paulo • White Plains

Datos de catalogación bibliográfica

Garry Martin y Joseph Pear
Modificación de conducta: qué es y cómo aplicarla
PEARSON EDUCACIÓN, S.A. MADRID, 2008

ISBN: 9788483223802
Materia: Psicología de la conducta
159.922.7

Formato: 19,5 x 25 Páginas: 528

Todos los derechos reservados.
Queda prohibida, salvo excepción prevista en la Ley, cualquier forma de reproducción, distribución, comunicación pública y transformación de esta obra sin contar con au,torización de los titulares de propiedad intelectual. La infracción de los derechos mencionados puede ser constitutiva de delito contra la propiedad intelectual (arts. 270 y sgts. Código Penal).

DERECHOS RESERVADOS
© 2008 PEARSON EDUCACIÓN S.A.
C/ Ribera del Loira, 28
28042 Madrid (España)

PEARSON PRENTICE HALL es un sello editorial autorizado de PEARSON EDUCACIÓN

Authorized translation from the English language edition, entitled BEHAVIOR MODIFICATION: WHAT IT IS AND HOW TO DO IT, 8th Edition by MARTIN, GARRY L.; PEAR, JOSEPH, published by Pearson Education, Inc, publishing as Prentice Hall, Copyright © 2007.
All rights reserved. No part of this book may be reproduced or transmitted in any form or by any means, electronic or mechanical, including photocopying, recording or by any information storage retrieval system, without permission from Pearson Education, Inc.

Modificación de conducta: qué es y cómo aplicarla
Garry Martin y Joseph Pear

ISBN: 9788483223802
Depósito Legal: M-16086-2012

Equipo editorial:
Editor: Alberto Cañizal
Técnico editorial: Elena Bazaco
Equipo de producción:
Director: José Clares
Técnico: José Hernán
Diseño de cubierta: Equipo de Diseño de Pearson Educación, S.A.
Composición: DiScript Preimpresión, S. L.
Impreso por: Publidisa

IMPRESO EN ESPAÑA – PRINTED IN SPAIN

Este libro ha sido impreso con papel y tinta ecológicos

Dedicatoria:

A Jack Michael, Lee Meyerson, Lynn Caldwell,
Dick Powers y Reed Lawson,
quienes nos han enseñado tanto y han hecho
del aprendizaje una experiencia
muy divertida
y
Toby, Todd, Nelly, Scout, Tana y Jonathan,
quienes viven en un mundo mejor
gracias a los profesores plenamente
dedicados

Resumen de los contenidos

Índice de contenidos

Prólogo

ESTA octava edición de *Modificación de Conducta: qué es y cómo aplicarla*, como sus predecesoras, no asume que los lectores posean un conocimiento previo de Psicología o modificación de conducta. Aquellos que quieran conocer cómo aplicar la modificación de conducta a sus quehaceres cotidianos –desde ayudar a niños a aprender habilidades vitales básicas, hasta solucionar algunos de sus problemas personales– encontrarán útil el texto. Sin embargo, este libro está destinado fundamentalmente a dos tipos de receptores: (a) estudiantes de instituto y universitarios que asisten a asignaturas de modificación de conducta, análisis de conducta aplicado, terapia de conducta, psicología del aprendizaje, y otras áreas relacionadas; y (b) alumnos y profesionales asistenciales (como psicología clínica, educación, medicina, enfermería, terapia ocupacional, fisioterapia, psiquiatría, trabajo social, logopedia y psicología deportiva) que deben trabajar directamente para mejorar varias formas de desarrollo conductual.

Desde nuestras experiencias por separado en los últimos 39 años de enseñanza a miembros de ambos grupos, estudiantes y profesionales, estamos convencidos de que tanto unos como otros aprenden los principios de la conducta y cómo aplicarlos, de manera más efectiva cuando estas aplicaciones se explican en relación a los principios conductuales subyacentes en los que se basan. Por esta razón, y tal y como implica nuestro título, este libro trata tanto los principios como las tácticas (es decir, las reglas y pautas para las aplicaciones específicas) de la modificación de conducta.

Nuestros objetivos, y la forma en que hemos intentado lograrlos, se pueden resumir de la siguiente manera:

1. Enseñar los principios elementales y procedimientos de modificación de conducta. Por este motivo, empezamos con los principios básicos y los procedimientos, los ilustramos con numerosos ejemplos y aplicaciones, e incrementamos la complejidad de la materia gradualmente. Las preguntas de repaso al final de cada capítulo promueven el dominio de los lectores en la materia y su habilidad para generalizar a situaciones no descritas en el texto. Estas preguntas también se pueden usar para examinar a los alumnos en cursos oficiales.

2. Enseñar habilidades prácticas como observar y registrar; reconocer ejemplos de refuerzo, extinción y castigo, así como sus posibles efectos a largo plazo; interpretar episodios conductuales en los términos de los principios y procedimientos conductuales; y diseñar, aplicar y evaluar programas conductuales. Para conseguir esto, proporcionamos ejercicios de aplicación, que implican a otras personas, que enseñan a los lectores a analizar, interpretar y desarrollar programas para la conducta de los demás; así como ejercicios de auto-modificación, que animan a analizar, interpretar y desarrollar programas para su propia conducta. También se proporcionan pautas para aplicaciones específicas.

3. Ofrecer una discusión y referencias avanzadas para familiarizar a los lectores con algunos de los trabajos empíricos y teóricos más destacados en su campo. Este material se presenta en las secciones de notas de ampliación sobre el tema al final de cada capítulo, que pueden omitirse sin menoscabar la continuidad del texto. También se presentan por separado preguntas sobre esas notas para aquellos docentes que quieran usarlas como ayudas para ampliar la comprensión de sus alumnos respecto de la modificación de conducta. La información proporcionada en estas secciones también puede usarse como trampolín para avanzar hacia otros materiales de lectura.

4. Presentar el material de forma que pueda servir como manual de uso fácil para los profesionales interesados en superar déficit y excesos conductuales de una gran variedad de poblaciones y entornos.

Este libro se divide en seis partes:

Parte I: Capítulos 1 y 2. Presenta la orientación comportamental adoptada y describe las principales áreas de aplicación de las técnicas de modificación de conducta para mejorar un amplio rango de conductas de los individuos en ámbitos muy diversos.

Parte II: Capítulo 3 a 16. Abarca los principios y procedimientos básicos de modificación de conducta. Cada uno de los capítulos empieza con la historia de un caso procedente de ámbitos como el desarrollo infantil, los trastornos evolutivos, el autismo infantil, la educación temprana, el asesoramiento, o la adaptación normal cotidiana adulta. También se presentan numerosos ejemplos de cómo opera cada principio en la vida cotidiana y de cómo pueden funcionar en perjuicio de aquellos que no estén familiarizados con ellos.

Parte III: Capítulos 17 a 19. Proporciona perspectivas más sofisticadas acerca de los principios discutidos en la Parte II. Los Capítulos 17 y 18 contienen fórmulas de combinación y aplicación de los principios. El Capítulo 19 presenta una visión motivacional e incluye las ventajas de aplicar varias operaciones motivacionales.

Parte IV: Capítulos 20 a 23. Presenta procedimientos detallados para evaluar, registrar y hacer gráficas de la conducta. También se describen los métodos para llevar a cabo evaluaciones funcionales e investigación conductual. Muchos docentes prefieren abordar gran parte de este material antes en sus asignaturas –en ocasiones, justo al principio–. Por este motivo, hemos escrito estos capítulos de forma que puedan leerse independientemente del resto del libro, ya que no dependen de ningún otro material.

Recomendamos que los alumnos lean estos capítulos antes de embarcarse en los trabajos o proyectos de los cursos pertinentes.

Parte V: Capítulos 24 a 28. Aborda la incorporación de los principios básicos, procedimientos, y técnicas de evaluación y registro a las estrategias de programación efectivas. Con el fin de conservar rigurosamente la naturaleza científica de la modificación de conducta, hemos hecho hincapié sobre la importancia de la validación empírica de la eficacia de los programas.

Parte VI: Capítulos 29 y 30. Pretende expandir la perspectiva de los lectores acerca de la modificación de conducta. Presenta una visión general de la historia de la disciplina y contiene una exposición de los asuntos éticos. Aunque algunos docentes podrían pensar que estos capítulos deberían encontrarse al principio del libro, nosotros creemos sin embargo, que los lectores estarán más preparados para apreciar la complejidad de este material después de haber logrado un conocimiento claro y minucioso de la modificación de conducta. Hemos ubicado los asuntos éticos al final del texto no porque consideremos que sea un tema menos importante; por el contrario, hemos subrayado los aspectos morales a lo largo de todo el libro, y por este motivo, el último capítulo proporciona una recapitulación y elaboración de nuestro punto de vista sobre este ámbito tan fundamental. Tenemos la esperanza de que tras su lectura, los lectores serán plenamente conscientes de que la única justificación para la aplicación de la modificación de conducta es su utilidad para servir a la Humanidad en general, y a sus destinatarios en particular.

CAMBIOS EN LA OCTAVA EDICIÓN

En respuesta a los avances en el análisis de conducta aplicado, hemos añadido un capítulo nuevo sobre motivación (Capítulo 19). En él se discuten las estrategias para la utilización de operaciones motivacionales en el diseño de programas de modificación de conducta, con el fin de realzar su efectividad. Reescribimos totalmente el Capítulo 27 para incorporar las novedades en la modificación de conducta cognitiva, y para poder incluir una discusión acerca de los procedimientos de toma plena de conciencia y de la Terapia de Aceptación y Compromiso. El Capítulo 28 también fue reelaborado en gran medida para poder proporcionar una visión general actualizada de los programas de terapia de conducta utilizados para tratar algunos de los problemas clínicos más comunes entre los pacientes no hospitalizados.

Otros capítulos han recibido también un escrutinio considerable, de acuerdo con los comentarios de los revisores, y con los avances recientes en este campo, que crece a gran velocidad. En el Capítulo 1 hemos añadido una sección sobre modificación de conducta y términos relacionados. Se ha añadido también una discusión sobre las dimensiones de la conducta. El Capítulo 2 contiene referencias nuevas sobre las áreas de aplicación. En el Capítulo 3 cambiamos la subsección «Operaciones de establecimiento» por la nueva «Operaciones motivacionales» para mantener la congruencia con el nuevo capítulo sobre motivación, y adjuntamos una discusión acerca de los posibles riesgos de intentar dar explicaciones demasiado simplistas a la conducta obtenida mediante reforzamiento positivo. Revisamos el Capítulo 4 para incluir ejemplos adicionales de reforzadores condicionados. En el Capítulo 5 incorporamos estrategias para tratar con los picos de la extinción y con la agresión como efectos secundarios de los procedimientos de extinción. El Capítulo 6 clarifica ahora la aplicación de programas de reforzamiento en procedimientos de operante libre frente a los de ensayos discretos. Ampliamos el Capítulo 7 con una sección sobre el reforzamiento diferencial de conductas alternativas. En el Capítulo 9 incluimos una discusión y una tabla que permitieran distinguir más claramente entre los diferentes tipos de estímulos instigadores. El Capítulo 10 contiene una nueva tabla con un listado de las dimensiones moldeables de la conducta y los ejemplos pertinentes. En el Capítulo 11 añadimos la discusión y una tabla para distinguir con claridad los tres métodos principales de entrenamiento, e incluimos ejemplos de conductas supersticiosas y de cadenas imprevistas. El Capítulo 12 de esta nueva edición presenta ahora el símbolo EDp, que hace referencia al estímulo discriminativo punitivo para una respuesta que va a ser castigada, y añadimos una discusión de las consideraciones acerca del uso del castigo por parte de padres, madres y otras personas. En el Capítulo 16 añadimos el enfoque general de caso como estrategia para la programación de la generalización. En el Capítulo 18 describimos los procedimientos de control del estímulo para tratar el insomnio. El Capítulo 20, que antes era el 19, presenta ahora ejemplos de tipos de preguntas que suelen hacer los terapeutas de conducta durante una sesión inicial, y añadimos una muestra de un inventario de comprobación de un auto-informe. Lo que antes era el Capítulo 25, el 26 ahora, contiene una discusión sobre cómo aumentar el autocontrol mediante la consideración del esfuerzo de respuesta y de las operaciones motivacionales. En el Capítulo 30 añadimos nueva información concerniente a las razones por las que, sobre todo al principio, el término *modificación de conducta* evocaba una reacción negativa.

A lo largo de todo el libro hemos ampliado los ejemplos para ilustrar mejor la aplicación de los principios de conducta en la vida cotidiana, y hemos añadido también nuevas referencias que reflejan los avances más recientes en el campo. Hemos incorporado asimismo un gran número de notas nuevas en las secciones finales de los capítulos, y borrado otras tantas cuando nos ha parecido oportuno.

MANUAL DE CONSULTA PARA EL PROFESORADO CON EXÁMENES Y PRÁCTICAS

Uno de nuestros objetivos es ayudar a los alumnos a reflexionar sobre la modificación de conducta de manera crítica y creativa. Por eso, en el manual de consulta para docentes que acompaña a este texto, hemos incluido definiciones operacionales de pensamiento de nivel superior basándonos en la taxonomía de Bloom en el dominio cognitivo, y hemos aplicado estas definiciones a las preguntas de repaso del texto. Teniendo en cuenta estos niveles de pensamiento, hemos incorporado las respuestas a todas estas preguntas (incluso aquéllas de las secciones finales de Notas de Ampliación sobre el Tema), indicando cómo se espera que respondan los alumnos en evaluaciones o exámenes para alcanzar un grado elevado de elaboración sobre este material. Se presenta también un conjunto de preguntas con opción de respuesta múltiple o dicotómica, «verdadero/falso», para cada capítulo. Finalmente, en el manual de consulta para el profesorado presentamos también quince prácticas para hacer en el aula, y pequeños ejercicios de laboratorio que han sido desarrollados y comprobados empíricamente. Cada ejercicio está diseñado para ser realizado por grupos de dos o tres personas durante una clase regular. Después de estudiar y superar los exámenes de los capítulos relevantes, la realización de unas prácticas ayudará a los alumnos a aplicar los principios de modificación de conducta y a hablar sobre ellos con propiedad. La retroalimentación recibida de los participantes nos indica que estos ejercicios constituyen una excelente herramienta de enseñanza.

AGRADECIMIENTOS

La elaboración de las ocho ediciones de este libro ha sido posible gracias a la colaboración de muchas personas. Agradecemos y reconocemos la cooperación y el apoyo del personal del Manitoba Developmental Centre y al Dr. Carl Stephens, y al personal del St. Amant Centre. Gran parte del material contenido en este volumen se gestó mientras los autores trabajaban en estas instituciones; sin la ayuda de estas personas, no habría sido posible elaborar este manual.

Debemos un sincero agradecimiento a nuestros muchos estudiantes por sus comentarios constructivos acerca de las ediciones anteriores. También agradecemos a Jack Michael, Rob Hawkins, Hill Leonhart e Iver Iversen, y sus estudiantes por sus brillantes sugerencias. También queremos dar las gracias a Vikki Word, Kendra Thomson y Aynsley Verbeke por su cariñosa y eficiente mecanografía de esta edición.

Estamos muy agradecidos a los siguientes revisores, cuyas útiles críticas mejoraron esta octava edición:

Shirley Albertson Owens
Vanguard University

Ngoc H. Bui
University of La Verne

Thomas G. Brown
Utica College of Syracuse University

Page Anderson
Georgia State University

Norman H.Cobb
University of Texas at Harlington

Kirk M. Lunnen
Westminster College

Otto MacLin
University of Northern Iowa

Finalmente, expresamos nuestra gratitud hacia el muy hábil equipo editorial y de producción de Prentice Hall. En concreto, queremos agradecer a Jeff Marshall, asistente editorial. También queremos dar las gracias a Shelley Creager, manager del proyecto, de TechBooks, y a Lynne Lackenbach por su cuidadosa revisión lingüística.

La finalización de este libro fue posible gracias a una beca de investigación del Canadian Institute of Health Research (Beca n.º MT-6353) otorgada a G. L. Martin y a una beca del Social Sciences and Humanities Research Council concedida a J. J. Pear.

A LOS ESTUDIANTES

Este libro está diseñado para ayudar a los estudiantes a aprender a aplicar la modificación de conducta y manejar la terminología adecuadamente. No necesitarán un conocimiento previo sobre modificación de conducta para leer y entender este texto de principio a fin. Tenemos la confianza de que los aprendices de todos los niveles, principiantes y avanzados, encontrarán en este manual una herramienta informativa y útil.

La modificación de conducta es un campo amplio y complejo, con diversas ramificaciones. Teniendo en cuenta que algunos estudiantes necesitarán o querrán un conocimiento más profundo que otros, hemos separado el material más elemental de aquel que requiere más reflexión y estudio. El primer tipo de contenidos se presenta en la parte principal del texto, y el segundo se expone al final de cada capítulo, en la sección denominada «Notas de Ampliación sobre el Tema». A lo largo de los párrafos, hacemos referencia a las secciones correspondientes en el apartado de Notas. El uso de estas secciones depende tanto del alumnado como del profesorado. Las pueden ignorar por completo y aun así obtener un buen conocimiento sobre los principios y estrategias de la modificación de conducta, debido a que el texto principal no depende del material que se presenta en las secciones que contienen las Notas. Creemos, no obstante, que muchos estudiantes encontrarán estas ampliaciones muy informativas, y que muchos docentes verán en el material un instrumento útil para estimular los debates en clase y para ofrecer información adicional.

Otra forma fundamental en la que hemos intentado ayudar a aprender los contenidos es proporcionando pautas acerca del uso de todos los métodos de modificación de conducta presentados en el libro. Estas directrices deberían ser útiles como resúmenes de la materia, así como para facilitar la aplicación real de los métodos descritos.

En la mayoría de los capítulos se presentan también numerosas preguntas de repaso y ejercicios de aplicación (tales como los «ejercicios de auto-modificación»). Las preguntas de repaso están pensadas para ayudarles a comprobar sus conocimientos de la materia cuando estén preparando los exámenes. Los ejercicios de aplicación y de auto-modificación pretenden ayudarles a desarrollar habilidades prácticas que les serán necesarias para llevar a cabo intervenciones conductuales de manera efectiva.

Para contribuir a un estudio productivo y agradable, hacemos una progresión desde el material más simple e intrínsecamente interesante, hacia los temas más difíciles y complejos. Esto se aplica también al estilo en la redacción. No obstante, debemos hacer una llamada a la cautela: *no hay que dejarse engañar por la aparente simplicidad de los primeros capítulos.* Los estudiantes que consideran que ya son diestros modificadores de conducta tras haber aprendido unos pocos principios simples lamentablemente terminan confirmando la máxima de que «un poco de conocimiento es una cosa peligrosa». Si tuviéramos que escoger el capítulo más importante de este libro, en términos de conocimiento y habilidades que definen a un modificador de conducta competente, ese capítulo sería probablemente el 24. Por eso, recomendamos firmemente que reserven los juicios acerca de sus capacidades como profesionales expertos hasta que dominen ese capítulo, y el material primordial en que se basa.

También querríamos señalar que, tal como se insiste en el Capítulo 30, las organizaciones que regulan la modificación de conducta han ganado en tamaño e influencia en los últimos años. Si están considerando la práctica profesional comportamental en cualquier nivel, recomendamos decididamente que consulten con El Comité para la Certificación en el Análisis de la Conducta (*The Behavior Analysis Certification Board*, BACB) para conocer cómo obtener la licencia adecuada. Los interesados pueden obtener más información en su página web: www.bacb.com.

Con estas palabras de precaución, les deseamos mucho éxito y que disfruten de sus estudios en este campo emocionante y en auge permanente.

G.L.M.
J.J.P.

PARTE I

EL ENFOQUE DE LA MODIFICACIÓN DE CONDUCTA

1 Introducción

MUCHOS de los principales logros de la sociedad, así como muchos de sus desafíos más apremiantes, desde el racismo a las enfermedades coronarias, pasando por el SIDA o el terrorismo, tienen sus raíces en la conducta. De acuerdo con un estudio recientemente publicado en el *Journal of the American Medical Association*, aproximadamente la mitad de las muertes en los Estados Unidos están causadas por comportamientos poco saludables. Este hecho llevó a que más de 50 organizaciones científicas estadounidenses declararan los primeros diez años del milenio como la «Década de la conducta». Pero ¿qué es la conducta? Antes de intentar responder, tengamos en cuenta lo siguiente:

1. *Niño con conducta retraída*: un grupo de alumnos de guardería está en el recreo. Mientras la mayor parte está jugando, un niño está sentado solo, sin hacer ningún esfuerzo por unirse a la diversión. Un profesor intenta afanosamente, como ya ha hecho otras muchas veces, convencerle para que juegue con los demás, pero el pequeño persiste en mantenerse aislado de los compañeros.
2. *Lentitud*: Cathy es una niña de 7 años con una coordinación viso-motora muy limitada que asiste a un colegio para escolares con trastornos del desarrollo. Aunque es capaz de quitarse el abrigo y las botas y ponerlas en su sitio, cada mañana tarda tanto en hacerlo, que ha llegado incluso a pasar más de una hora en el vestuario. Sus profesores temen que esta lentitud interfiera con el desarrollo de su autonomía y la confianza en sí misma. No obstante, no saben qué hacer ante esta situación, ya que sus intentos no consiguen que Cathy se mueva más rápidamente.
3. *Basuras*: Tom y Rally acaban de llegar al lugar en que pretendían acampar y miran con disgusto y sorpresa la basura que han dejado otros campistas. «¿No les importa el medio ambiente?», pregunta Rally. «Si la gente sigue así», dice Tom, «no quedará naturaleza que disfrutar». Comentan entristecidos que se tendría que hacer algo, pero a ninguno se le ocurre qué solucionaría este problema.
4. *Estudio poco efectivo*: con dos trabajos finales para la semana que viene y un examen parcial, Sam se plantea cómo va a superar este primer año de universidad. La semana previa al examen, casi no duerme por intentar estudiar todo en el último minuto, y sólo consigue

un aprobado raspado. Tampoco termina ninguno de los dos trabajos y está casi seguro de perder puntos por entregarlos tarde, siempre y cuando los profesores se los acepten.

5. *Escribir una novela*: Karen trabaja en un banco, pero su sueño es escribir una novela. Aunque tiene libres casi todas las tardes y los fines de semana, todavía no ha empezado, porque pasa el tiempo viendo la televisión, cosiendo, cocinando, quedando con los amigos y saliendo. Lamentablemente, cada vez está más claro que Karen nunca logrará cumplir su sueño.
6. *Velocidad al volante*: ocurren muchos accidentes en la autopista que lleva a Pleasant City. Aunque hay muchas señales que indican que hay que reducir la velocidad, los conductores hacen caso omiso y sólo frenan cuando ya están dentro de la ciudad. Se han producido varios sustos en que por poco los coches han atropellado a algún niño y si esto continúa así, al final alguien va a resultar herido o incluso muerto.
7. *Una fobia*: Albert es joven sano que lleva una vida tranquila, pero tiene una peculiaridad: le aterrorizan los aviones. Si le preguntan por qué le da miedo volar, no es capaz de responder con argumentos porque racionalmente, sabe que es poco probable que ocurra algo imprevisto. La fobia no sólo resulta incómoda, también es embarazoso que sus amigos no entiendan que no se suba a un avión para irse de vacaciones con ellos.
8. *Migrañas*: mientras prepara la cena para su familia, Betty notó una sensación desagradable y conocida que iba en aumento. De repente sintió náuseas y miró a su alrededor, con miedo, porque sabía qué iba a suceder, puesto que ya le ha ocurrido en otras muchas ocasiones previas. Llamó a sus hijos que veían la televisión en el salón: «Tom, Joe, vais a tener que terminar de preparar la cena, estoy teniendo otro ataque». Subió corriendo al dormitorio, cerró las persianas y se acostó en la cama. Finalmente, después de seis horas de dolor casi insoportable, los síntomas cedieron y Betty bajó para sentarse con su familia, pero la amenaza de «otra de las migrañas de mamá», que aparecen en cualquier momento, seguía flotando en el ambiente.
9. *Dirección de la plantilla*: Jack y Brenda estaban tomando café en el restaurante del que son dueños. «Vamos a tener que hacer algo con el turno de tarde», dijo Brenda. «Cuando llegué esta mañana la máquina de helados estaba sucia y no se habían repuesto ni los vasos ni las tapas». «Eso es sólo la punta del iceberg», contestó Jack. «Deberías ver la parrilla, a lo mejor necesitamos un plan de motivación para los empleados. ¡Tenemos que hacer algo!».
10. *Rendimiento atlético*: una joven gimnasta hace perfectamente sus ejercicios en los entrenamientos. Pero se distrae muy fácilmente en las competiciones, tiene problemas para centrarse en su actuación y casi siempre rinde por debajo de sus posibilidades. Ni su entrenador ni ella saben qué hacer para solucionar el problema.
11. *Adaptarse a la asistencia personal a domicilio*: La madre de Mary tiene 88 años, y ha vivido sola los últimos siete años. Por desgracia, cada vez está más claro que no se las puede arreglar por si misma, frente a lo cual, su hija ha conseguido que reciba asistencia en casa, pero a ella le angustia «vivir con extraños». Mary no sabe qué hacer para que su madre supere la ansiedad.

Un examen de cerca muestra que cada uno de estos ejemplos incluye algún tipo de comportamiento humano. En conjunto, ilustran el rango de problemas con que los especialistas en modificación de conducta están preparados para lidiar. Si lee este libro detenidamente encontrará este tipo de dificultades conductuales y otras muchas tratadas en un lugar u otro de las siguientes páginas. La modificación de conducta, como verá, es aplicable a todo el abanico de manifestaciones humanas.

¿QUÉ ES LA CONDUCTA?

Antes de hablar sobre modificación, debemos preguntarnos qué entendemos por **conducta**. Algunos sinónimos frecuentes incluyen: actividad, acción, actuación, respuesta y reacción. Esencialmente, la conducta es algo que una persona hace o dice. Técnicamente, la conducta es cualquier actividad muscular, glandular o eléctrica de un organismo. ¿El color de ojos de alguien es conducta? ¿Es parpadear conducta? La ropa que lleva alguien, ¿es conducta? ¿Es vestirse conducta? Si respondió que no a la primera y a la tercera pregunta, y que sí a la segunda y a la cuarta, entonces estamos de acuerdo. Uno de los objetivos de este libro es animarle a pensar y a hablar sobre la conducta con propiedad.

Y conseguir un sobresaliente en la asignatura de Modificación de Conducta, o perder cinco kilos, ¿son conductas? No, eso son *resultados de la conducta*. El comportamiento que produce un sobresaliente es estudiar de manera efectiva. Las conductas que llevan a perder peso son evitar comer demasiado y hacer más ejercicio.

Caminar, hablar en voz alta, lanzar una pelota, gritarle a alguien son conductas manifiestas (visibles) que podrían ser observadas y recordadas por otras personas además de quien las lleva a cabo. Tal y como veremos más adelante, el término «conducta» hace referencia igualmente a procesos «encubiertos» (privados, internos), que no pueden observarse directamente. No obstante, mantenemos y explicaremos que todo el comportamiento es potencialmente observable. En cualquier caso, la conducta encubierta o privada no se refiere a comportamientos llevados a cabo en privado, como desvestirse en el dormitorio. Tampoco se aplica a actividades «secretas», como copiar en un examen, sino que más bien describe las actividades que tienen lugar «bajo la piel» y que por tanto precisan de la aplicación de instrumentos especiales de evaluación. Por ejemplo, justo antes de saltar a la pista de hielo, una patinadora podría pensar «espero no caerme», a la vez que probablemente se siente nerviosa (ritmo cardiaco acelerado, etc.). Pensar y sentir son conductas privadas, y serán discutidas en los capítulos 15, 27 y 28. Tanto las conductas manifiestas como las encubiertas pueden alterarse mediante las técnicas de modificación de conducta.

A veces pensamos en palabras, mediante el *habla privada*, como en el ejemplo de la patinadora del párrafo anterior, y otras veces lo hacemos con imágenes. Si ahora mismo nos pidieran que imaginemos un cielo azul, claro y con un par de nubes blancas y esponjosas, seguro que podríamos hacerlo. Imaginar y el habla privada, son *conductas no manifiestas*, también denominadas conductas cognitivas. En el Capítulo 27 abordaremos las técnicas de modificación de las conductas cognitivas.

Las características de la conducta que se pueden medir son las *dimensiones del comportamiento*. La *duración* de la conducta es el tiempo que persiste (por ejemplo, Mary estudió una hora). La *frecuencia* de una conducta es el número de veces que tiene lugar en un periodo de tiempo determinado (por ejemplo, Frank plantó cinco tomateras en 30 minutos). La *intensidad o fuerza de una conducta* se refiere al esfuerzo físico o a la energía empleada para llevarla a cabo (por ejemplo, Mary aplaude muy fuerte). Las estrategias para medir las dimensiones del comportamiento se discuten en el Capítulo 21.

Aunque hemos aprendido a hablar del comportamiento de varias maneras, solemos hacerlo en términos muy generales. Palabras como «honesto», «despreocupada», «trabajador», «fiable», «independiente», «egoísta», «incompetente», «amable», «graciosa», «insociable» y «nervioso» son etiquetas generales para las acciones humanas, pero no se refieren a comportamientos concretos. Si, por ejemplo, tuviéramos que describir a una persona como nerviosa, es probable que nuestros interlocutores supieran a qué nos referimos, aunque no podrían especificar si señalamos la tendencia a morderse las uñas a menudo, a sus movimientos de piernas cuando está sentada, al tic del ojo izquierdo cuando habla con alguien que le atrae sexualmente, o a cualquier otra peculiaridad.

Los terapeutas tradicionales suelen usar términos como *inteligencia, actitudes* y *creatividad,* pero los modificadores de conducta tratan de expresarse con más precisión. ¿A qué nos referimos cuando decimos que una persona es inteligente? Para muchos, la inteligencia es algo con lo que se nace, una especie de «fuerza mental heredada» o capacidad innata de aprendizaje. Pero nunca observamos o medimos directamente algo así. En una prueba de inteligencia, por ejemplo, simplemente evaluamos la conducta de las personas, es decir, sus respuestas a las preguntas planteadas. El término *inteligente* se aplica sobre todo como adjetivo (p.ej. «es un conferenciante inteligente», «su discurso es *inteligente*») o como adverbio («ella escribe (de manera inteligente) *inteligentemente*»), y describe el comportamiento en circunstancias como superar un examen, pero no es una etiqueta de «algo». Quizá la persona de quien decimos que es inteligente resuelve fácilmente problemas que para otros resultan muy complicados, rinde bien en los estudios, lee muchos libros, habla con conocimiento sobre temas diversos o puntúa muy alto en pruebas de inteligencia. Dependiendo de quién emplee la palabra, *inteligencia* puede significar una o varias de las acepciones mencionadas, pero siempre se referirá a formas de comportamiento. Por esta razón, en este libro evitaremos utilizar la palabra *inteligencia* como sustantivo.

¿Qué pasa con una *actitud*? Supongamos que la profesora de Johnny, Ms. Smith, informa de que el alumno tiene mala actitud en clase. ¿A qué se refiere el comentario de Ms. Smith? Quizá a que Johnny se salta las clases con frecuencia y cuando va, no hace las tareas e insulta a los profesores. Sea cual sea el referente de «la mala actitud» de Johnny, está claro que es su comportamiento lo que preocupa a la maestra.

La *creatividad* también describe tipos de comportamientos que alguien lleva a cabo bajo determinadas condiciones (para un acercamiento comportamental a la creatividad, véase Marr, 2003). La persona creativa manifiesta conductas que son novedosas o inusuales y que, a la vez, tienen efectos deseables.

Otros términos psicológicos, como trastornos del desarrollo (expuestos en el Capítulo 2), dificultades de aprendizaje o autismo, también son etiquetas que se aplican a manifestaciones concretas de comportamiento y que no se refieren a anormalidades mentales invisibles. ¿Cómo deciden los psicólogos y otros terapeutas que alguien padece un trastorno del desarrollo? Basan su juicio ante todo en la observación del comportamiento previsto para una edad determinada y si la persona:

no se sabe atar los cordones;
no sabe ir sola al servicio;
sólo come con los dedos o con una cuchara;

responde en las pruebas psicológicas de forma que su evaluación arroja un Cociente Intelectual (CI) igual o inferior a 75.

¿Cómo deciden los especialistas que una niña en edad escolar tiene dificultades de aprendizaje? Se basan en la observación de determinadas conductas como:

prestar atención a una tarea sólo durante unos minutos o segundos (habitualmente conocida como *capacidad atencional limitada*);
mirar fijamente un detalle durante varios minutos (típicamente denominado *perseveración*);
moverse de un sitio a otro, de una tarea a la siguiente (por lo general etiquetado como *hiperactividad*);
confundir palabras al hablar, como por ejemplo lengua por labio (denominados *trastornos del habla*);
invertir palabras o letras al leer, «b» por «p» (denominados trastornos de lectura o dislexia)

¿Cómo diagnostican los especialistas un trastorno autista? Toman esta decisión sobre la base de determinadas cuando, por ejemplo, observan que un niño:

imita con frecuencia las preguntas en lugar de responder con una frase apropiada (es decir, evidencia *trastornos de la comunicación*);
no responde cuando lo llaman o se aleja de la persona que lo llama (denominado *trastorno en la interacción social*);
lleva a cabo conductas auto-estimulatorias, como balancearse, girar objetos con los dedos, aletear las manos delante de los ojos;
rinde muy por debajo de la media en varias tareas de cuidado personal, como vestirse, arreglarse o comer.

Otras etiquetas generales usadas frecuentemente para referirse a problemas psicológicos incluyen trastorno de hiperactividad con déficit de atención, ansiedad, depresión, baja autoestima, conducción temeraria, dificultades en las relaciones interpersonales, y disfunción sexual. ¿Por qué se emplean tanto estos términos generales o etiquetas en Psicología y en la vida cotidiana? Primero, porque son útiles para proporcionar información general rápida sobre cómo es probable que se comporte la persona etiquetada; por ejemplo, un niño de diez años que ha sido «etiquetado» con un trastorno severo del desarrollo no sabe leer ni siquiera como los escolares de primer curso. Segundo, las etiquetas implican que un determinado programa de tratamiento ayudaría a paliar el problema; por ejemplo, quien suele sufrir ataques de ira debiera asistir a programas de control de la ira; al igual que las personas poco asertivas se beneficiarían de un curso de entrenamiento en asertividad. No obstante, el uso de etiquetas también tiene sus inconvenientes, ya que funcionan como pseudo-explicaciones de la conducta. Por ejemplo, un niño que invierte las palabras al leer podría ser etiquetado como disléxico. Si preguntamos por qué invierte las palabras, y nos responden: «porque es disléxico», la etiqueta se esgrime como pseudo-explicación del comportamiento, lo cual no conduce más que a un razonamiento circular. Una segunda desventaja es que las etiquetas afectan negativamente al trato que recibe esa persona. Los profesores, por ejemplo, tienden a alentar menos a resolver problemas a los alumnos etiquetados como *maltratados sexualmente* o *con retraso mental*. (Bromfield, Bromfield y Weiss, 1988; Bromfiled, Weisz y Messer, 1986). Otra desventaja de estas etiquetas es que podría centrar nuestra atención en los problemas de la persona, más que en sus puntos fuertes. Supongamos que una adolescente no hace nunca su cama, pero siempre corta el césped y saca los contenedores de basura a la calle los días que hay recogida. Si sus padres la describen como una chica «vaga», están etiquetándola de manera que la atención se centra exclusivamente sobre un problema sin elogiar los comportamientos positivos.

En este manual hacemos hincapié en la importancia de definir todos los tipos de problema en términos de *déficit conductuales* (muy poca cantidad de un comportamiento concreto) o de *excesos conductuales* (demasía de una conducta). Lo hacemos así por varias razones. Primero, queremos contribuir a evitar los malentendidos generados por el abuso de etiquetas generales poco precisas, como acabamos de exponer. Segundo, por encima de las etiquetas asignadas, lo que importa es la conducta y su tratamiento para aliviar el problema. Si padres y madres solicitan apoyo profesional, es porque ven y oyen comportamientos inadecuados en sus hijos; al igual que son estas manifestaciones inapropiadas las que llevan a los profesores a buscar consejo para sus alumnos. Algunos comportamientos hacen que los gobiernos establezcan instituciones, clínicas, centros de tratamiento comunitario o programas especiales. Y en el plano individual, algunas de nuestras actuaciones nos llevan a acudir a programas de auto-ayuda o superación personal. Tercero, en la actualidad existen procedimientos especiales aplicables en ámbitos académicos, laborales o del hogar, y de hecho, prácticamente en cualquier entorno susceptible de favorecer conductas deseables. El conjunto de estas técnicas constituye la *modificación de conducta*.

¿QUÉ ES LA MODIFICACIÓN DE CONDUCTA?

La característica más importante de la modificación de conducta es *su énfasis en definir los problemas en términos de comportamiento que pueden estimarse objetivamente, y en tomar los cambios en las evaluaciones del comportamiento como el mejor indicador del grado de solución del problema alcanzado.*

Otra característica de la modificación de conducta es que los procedimientos y técnicas consisten en mecanismos para alterar el entorno de un individuo y así ayudarle a funcionar más adecuadamente. El término **entorno** hace referencia a las personas, los objetos y sucesos presentes en el contexto más cercano de alguien, que pueden afectar a sus receptores sensoriales y alterar su comportamiento. Las personas, objetos y situaciones que componen el entorno se denominan **estímulos**. Por ejemplo, la profesora, la pizarra, otros estudiantes y el mobiliario de una clase son todos potenciales estímulos en el entorno de un escolar. La propia conducta de una persona puede ser también parte del entorno que influye sobre su comportamiento. Al dar un derechazo en tenis, por ejemplo, tanto la visión de la pelota acercándose, como la conducta de llevar la raqueta hacia atrás proporcionan estímulos para completar el derechazo y golpear la pelota para lanzarla al otro lado de la red. Lo que los terapeutas dicen a sus clientes también es parte del entorno, pero la modificación de conducta es algo más que *psicoterapia verbal* (como el psicoanálisis o la terapia centrada en el cliente). Aunque tanto los modificadores de conducta como los terapeutas «verbales» hablan con sus clientes, sus enfoques terapéuticos difieren en varios aspectos importantes. Una diferencia radica en que los modificadores conductuales suelen implicarse activamente en reestructurar el entorno cotidiano de los clientes para fortalecer las conductas apropiadas, más que invertir el tiempo en hablar de las experiencias pasadas de los mismos. Mientras el conocimiento de estas experiencias proporciona, en parte, información útil para diseñar el programa de tratamiento, el conocimiento de las variables contextuales actuales que controlan el rendimiento es más útil para perfilar una intervención eficaz. Otra diferencia consiste en que los modificadores de conducta suelen «poner deberes» a sus clientes para hacer en casa, lo cual involucra incluso la readaptación del entorno cotidiano con fines terapéuticos. En el Capítulo 26 presentamos pormenorizadamente estas tareas para hacer en casa.

Una tercera característica de la modificación de conducta es que sus *métodos y fundamentos pueden ser descritos con precisión*. Esto permite que los profesionales puedan leer descripciones de los procedimientos empleados por sus colegas, y replicarlos para conseguir esencialmente los mismos resultados. Lo cual facilita la enseñanza de las técnicas de intervención más que en el caso de otras terapias psicológicas.

Como consecuencia de esta tercera característica, un cuarto rasgo es que *las personas pueden aplicar las técnicas de modificación de conducta en su vida cotidiana*. Aunque leerá en los capítulos 2, 28 y 30 que los profesionales formados en este ámbito y materias afines utilizan la modificación de conducta para ayudar a otros, la descripción precisa de las técnicas hace posible que padres y madres, profesores, entrenadores y otros, puedan emplearlas para mejorar diversas situaciones cotidianas.

Una quinta característica es que, en gran medida, *las técnicas conductuales provienen de la investigación básica y aplicada de las ciencias del aprendizaje en general y de los principios del condicionamiento operante y pavloviano en particular* (por ejemplo, véase Pear, 2001). Por este motivo, en la Parte II cubrimos estos principios en detalle y mostramos cómo son aplicables a varios tipos de problemas conductuales.

Dos características finales que hay que resaltar son que la modificación de conducta *subraya la importancia de demostrar científicamente que una intervención particular es responsable de un cambio en la conducta, y valorar la responsabilidad de todos los participantes que intervienen en los programas:* cliente, plantilla, administradores, asesores, etc.[1]

Por todo ello, la **modificación de conducta** implica la aplicación sistemática de los principios y las técnicas de aprendizaje para evaluar y mejorar los comportamientos encubiertos y manifiestos de las personas y facilitar así un funcionamiento favorable.

[1] Agradecemos a Rob Hawkins habernos hecho reparar en estos dos últimos aspectos.

EVALUACIÓN CONDUCTUAL

En la sección anterior, dijimos que la característica más importante de la modificación de conducta es su utilización de medidas objetivas para juzgar si el comportamiento de los clientes ha mejorado tras la intervención. Los comportamientos que quiere alcanzar el tratamiento conductual se denominan **conductas objetivo**.

La **evaluación conductual** implica la recogida y el análisis de datos e información para: (a) identificar y describir los objetivos, (b) identificar posibles causas de la conducta, (c) guiar la selección de un tratamiento apropiado y (d) evaluar el resultado de la intervención (véase **Nota 1**). Un tipo de evaluación conductual especialmente importante es el *análisis funcional*. Esencialmente, este enfoque (expuesto en el Capítulo 22) implica aislar, a través de la experimentación, las causas de la conducta problemática y hacerlas desaparecer o invertirlas. Paralelamente al crecimiento del interés por la modificación de conducta en las última cuatro décadas, lo ha hecho la demanda de guías para llevar a cabo evaluaciones conductuales. Para más información sobre evaluación conductual, véanse los capítulos 20, 21 y 22 de este libro, y el libro de Bellack y Hersen (1998).

MODIFICACIÓN DE CONDUCTA Y TÉRMINOS RELACIONADOS

Existen varios términos que están muy relacionados con la modificación de conducta. El análisis de la conducta es el estudio científico de las leyes que gobiernan las acciones de los seres humanos y de otros animales, por ello podríamos considerarlo como la ciencia sobre la cual se basa la modificación de conducta. El *análisis aplicado de la conducta* consiste típicamente en un intento por analizar o demostrar claramente las variables que controlan la conducta en cuestión. El análisis aplicado suele centrarse sobre conductas manifiestas con relevancia social (por ejemplo: tirar basuras, educación cívica, habilidades de padres y madres) o importancia clínica (control de la ira, cuidado de los mayores), y hace hincapié sobre los principios de aprendizaje, por lo general del condicionamiento operante (descritos en los capítulos 3 a 13). El término *terapia de conducta* suele hacer referencia a las técnicas de modificación aplicadas habitualmente a comportamientos disfuncionales. El término *modificación de conducta* abarca tanto la terapia conductual como el análisis aplicado de la conducta, y es la acepción que usamos a lo largo del libro. (El significado histórico de estos términos y de otros similares se aborda en el Capítulo 29). La modificación de conducta incluye todas las aplicaciones explícitas de los principios del aprendizaje para mejorar las conductas encubiertas y manifiestas de los individuos, tanto si residen en instalaciones clínicas o no, como si las variables que controlan la conducta han sido demostradas explícitamente o no. Los términos relacionados que encontrará incluyen los de modificadores de conducta, analistas del comportamiento, terapeutas conductuales, ingenieros comportamentales, moduladores o mediadores del rendimiento. Es decir, términos que denominan a quienes aplican deliberadamente los principios conductuales para mejorar las actuaciones, ya sean profesores, padres, madres, cónyuges, compañeros de clase o de piso, supervisores, colegas, psicólogos, trabajadores sociales o la propia persona cuya conducta está siendo modificada.

ALGUNAS CREENCIAS ERRÓNEAS SOBRE LA MODIFICACIÓN DE CONDUCTA

Probablemente se ha encontrado con el término *modificación de conducta* antes de leer este libro. Lamentablemente, como existen gran cantidad de mitos o creencias erróneas sobre este tema, parte de lo que ha escuchado es probablemente falso. Veamos los siguientes ejemplos:

Mito 1: El uso de recompensas por parte de los modificadores de conducta para alterar el comportamiento constituye un *chantaje*.
Mito 2: La modificación de conducta implica el uso de drogas, cirugía y terapia electro convulsiva.
Mito 3: La modificación de conducta sólo cambia síntomas, no trata los problemas subyacentes.
Mito 4: La modificación de conducta se dirige al tratamiento de problemas simples, como por ejemplo, enseñar a los niños a ir solos al baño o superar el miedo a las alturas, pero no es aplicable a circunstancias complejas como la falta de autoestima o la depresión.
Mito 5: Los modificadores de conducta son fríos, insensibles y no desarrollan empatía con sus clientes.
Mito 6: Los modificadores de conducta sólo tratan la conducta observable; no tratan los pensamientos y sentimientos de los clientes.
Mito 7: La modificación de conducta está obsoleta.

En varias secciones a lo largo de este libro se presentará evidencia que desmonta estos mitos o concepciones equivocadas.

EL ENFOQUE DE ESTE LIBRO

El objetivo principal de este manual es describir las técnicas de modificación de conducta de forma agradable, legible y práctica. Esta redactado para quienes trabajan ayudando a otras personas y para estudiantes, por ello intentamos contribuir a que los lectores aprendan no sólo sobre modificación de conducta, sino también cómo aplicarla para superar déficit y excesos conductuales.

«Espera un momento», dirá usted. «De estos ejemplos, parece desprenderse que este libro está pensado básicamente para gente a la que le interesa la conducta observable de las personas con problemas graves». Para responder a esta objeción, nos gustaría señalar que los procedimientos de modificación de conducta descritos resultan adecuados para cambiar el comportamiento de cualquier individuo. Incluso quienes se consideran «normales» o se sitúan en la media en la mayoría de los aspectos tienen algún comportamiento que les gustaría mejorar. Las actuaciones que queremos alterar constituyen excesos o carencias comportamentales de manifestaciones observables o encubiertas y a continuación exponemos algunos ejemplos pertinentes.

Ejemplos de carencias conductuales:

1. Un niño no pronuncia correctamente y no interactúa con otros niños.
2. Una adolescente no hace los deberes, no ayuda en casa, no ayuda con el jardín y no comenta sus problemas y dificultades.
3. Un adulto no presta atención a las normas de circulación, no agradece a otros al recibir favores ni llega puntual a las citas.
4. Una jugadora de baloncesto, animada por su entrenadora a visualizar la pelota entrando en el aro justo antes de un tiro libre, no es capaz de hacerlo.

Ejemplos de excesos conductuales:

1. Un niño que se levanta de la cama con frecuencia y tiene berrinches a la hora de irse a dormir, tira comida al suelo en el almuerzo y juega con el mando de la tele.
2. Una adolescente interrumpe frecuentemente las conversaciones entre su padre, su madre y otros adultos, se pasa horas hablando por teléfono y dice tacos.
3. Un adulto pasa todo el día frente al televisor, come golosinas y pica entre horas, se fuma un cigarro después de otro y se muerde las uñas.
4. Una jugadora de golf tiene pensamientos negativos a menudo (por ejemplo, «si fallo esta, ¡pierdo!») y sufre ansiedad (es decir, pulsaciones aceleradas y sudoración en la palma de las manos) justo antes de los golpes importantes.

Para identificar si una conducta aparece por exceso o por defecto, hay que considerar el contexto en que tiene lugar. Por ejemplo, un niño que pinta en un papel muestra una conducta apropiada, pero si garabatea las paredes del salón, es probable que sus progenitores lo califiquen de exceso conductual. Una adolescente podría interactuar normalmente con sus compañeras, pero sentir mucha vergüenza al hablar con chicos, lo cual supondría un déficit conductual. Algunos excesos, como los comportamientos autolesivos, son inapropiados en cualquier contexto. En la mayoría de los casos, no obstante, el punto a partir del cual la conducta se considera excesiva o deficiente viene determinado por las costumbres culturales y las convicciones morales de las personas implicadas. La relación entre las prácticas culturales, la ética y la modificación de conducta se analiza en el Capítulo 30.

Para resumir, el enfoque de la modificación de conducta se centra básicamente sobre el comportamiento, e implica manipulaciones pertinentes del entorno para conseguir sus objetivos, a diferencia de lo que ocurre en enfoques médicos, farmacológicos o quirúrgicos (véase **Nota 2**). Quienes reciben la etiqueta de tener trastornos del desarrollo, autismo, esquizofrenia, depresión o trastorno de ansiedad, por ejemplo, son personas con carencias y excesos conductuales. De manera similar, las personas etiquetadas como vagas, apáticas, egoístas, incompetentes, o sin coordinación, también evidencian demasía o limitaciones conductuales. La modificación de conducta consiste en un conjunto de procedimientos dirigidos a cambiar el comportamiento para que esas personas sean consideradas como tales, más allá del diagnóstico que se les haya asignado. Algunos psicólogos tradicionales han mostrado un interés excesivo por diagnosticar y clasificar a los individuos, pero al margen de la etiqueta, la conducta de la persona sigue estando presente y bajo la influencia del entorno inmediato. A la madre de la Figura 1-1, por ejemplo, le sigue importando qué hacer con su hija y cómo manejar el problema y ahí es donde entra la modificación de conducta.

Después de la visión general del próximo capítulo, en la Parte II (capítulos 3 a 16) describiremos los principios y procedimientos de la modificación de conducta. En esencia, los principios son procedimientos que tienen un efecto consistente y son tan sencillos que no pueden descomponerse en componentes menores, lo cual les asemeja a leyes científicas. La mayoría de los procedimientos que aplicamos son combinaciones de principios de modificación de conducta, cuyo desarrollo práctico tiene en cuenta otros factores, especialmente con individuos muy verbales. Por ello, para ilustrar mejor los principios que describiremos en la Parte II, hemos elegido casos típicos relativamente simples. Después de ilustrar los principios implicados en estos casos, nos centramos en su adaptación frente a otros tipos de problema. También abordamos numerosos ejemplos de estos principios en la conducta normal de la vida cotidiana. Las últimas secciones del libro muestran cómo se construyen programas complejos a partir de los principios y procedimientos explicados en la Parte II. Además de estas

Figura 1-1. ¿Los expertos «ayudando» a la madre con su hija?

estrategias detalladas de programación, analizamos los temas éticos relacionados con la práctica profesional. Esperamos que este texto proporcione respuestas satisfactorias a docentes, consejeros, psicólogos, estudiantes, adolescentes, padres, madres, y a cualquiera que haya dicho, como la madre de la Figura 1-1: «Gracias, profesionales expertos, pero ¿qué podemos hacer para solucionarlo?». Esperamos también que este libro proporcione a los estudiantes principiantes de modificación de conducta una explicación de por qué son efectivos los procedimientos.

PREGUNTAS DE REPASO

1. ¿Qué es conducta, en general y técnicamente hablando?. Enumere tres sinónimos de conducta.
2. Establezca las diferencias entre conducta y productos de conducta. Exponga un ejemplo de conducta y otro de producto de conducta
3. Exponga las diferencias entre conductas encubiertas y manifiestas. Ponga dos ejemplos de cada caso.
4. ¿Qué son conductas cognitivas? Elabore dos ejemplos.
5. Describa dos dimensiones de una conducta. Ponga un ejemplo de cada una.
6. Desde un punto de vista conductual, ¿qué es la inteligencia? ¿Y la creatividad?
7. ¿Cuáles serían tres desventajas de usar etiquetas generales para referirse a individuos o a sus actos?
8. ¿Qué es un déficit conductual? Ilustre con dos ejemplos.
9. ¿Qué es un exceso conductual? Comente dos ejemplos.
10. ¿Por qué describen los modificadores de conducta los comportamientos en términos de excesos o carencias conductuales específicos?
11. ¿Qué quieren decir los modificadores de conducta con el término «entorno»? Ponga un ejemplo.
12. ¿Qué son los estímulos? Aporte dos ejemplos.
13. Describa 7 características definitorias de la modificación de conducta.
14. Defina modificación de conducta.
15. Defina evaluación conductual.
16. ¿Qué se quiere decir con conducta objetivo? Comente un ejemplo de una conducta objetivo que le gustaría mejorar. Su objetivo, ¿es un déficit o un exceso?
17. Haga una lista de 4 falsos mitos sobre la modificación de conducta.
18. Brevemente, comente las diferencias existentes entre análisis de conducta, terapia de conducta, análisis de conducta aplicado y modificación de conducta.

EJERCICIOS DE APLICACIÓN

En muchos capítulos del libro proporcionamos ejercicios para aplicarlos a los conceptos estudiados en el capítulo. En general, se presentan dos tipos de aplicaciones prácticas: (a) ejercicios que implican la conducta de otras personas, y (b) ejercicios de automodificación, en los que se aplican a su propia conducta los conceptos de modificación de conducta tratados en el capítulo.

Ejercicios que implican a otras personas

Piense en una persona que no sea usted. Desde su punto de vista, identifique:

1. Dos déficit conductuales que esa persona debería superar
2. Dos excesos conductuales que pudiera disminuir

Para cada ejemplo, indique si ha descrito:

a. Una conducta específica o una etiqueta general

b. Una conducta observable o una conducta encubierta

c. Una conducta o un resultado de la conducta

Ejercicio de auto-modificación

Aplique el ejercicio anterior a su propio caso.

NOTAS DE AMPLIACIÓN SOBRE EL TEMA

1. La evaluación conductual emergió como una alternativa a la evaluación psicodiagnóstica tradicional en la década de 1960. Los enfoques psicoanalíticos de la conducta anormal comenzaron con Sigmund Freud y otros, que veían los trastornos como un síntoma de un problema mental subyacente en el mecanismo de la personalidad. Un objetivo principal de la evaluación diagnóstica tradicional era identificar el tipo de trastorno mental subyacente a la conducta alterada. Para ayudar a los terapeutas a diagnosticar los diferentes tipos de enfermedades mentales, la American Psychiatric Association desarrolló el Diagnostic and Statistical Manual of Mental Disorders (Manual diagnóstico y estadístico de trastornos mentales; DSM-I, 1952). El Manual se revisó posteriormente y se publicaron los DSM-II, en 1968, el DSM-III, en 1980, el DSM-III-R (r de revisado) en 1987, el DSM-IV en 1994 y el DSM-IV-TR (texto revisado) en 2000. Los modificadores de conducta apenas hicieron uso de los dos primeros porque no estaban de acuerdo con el modelo de conducta anormal de Freud en que se basaba el DSM, y porque había poca evidencia de que los diagnósticos basados en ese modelo fueran fiables o válidos (Versen, 1976). No obstante, el DSM-IV mejoró considerablemente con respecto a los anteriores en muchos aspectos. Primero, se basa ante todo en investigación, más que en la teoría freudiana. Segundo, describe alteraciones como el trastorno obsesivo-compulsivo, el trastorno de ansiedad generalizada o la depresión, sobre la base de categorías de problemas conductuales. Tercero, emplea un sistema de registro multidimensional que proporciona información adicional para planear el tratamiento, manejar un caso y predecir resultados. Con las mejoras del DSM-IV (ahora DSM-IV-TR), es más popular entre los modificadores de conducta para el diagnóstico de sus clientes. A ello contribuye en parte la necesidad de emitir diagnósticos oficiales para clínicas, hospitales, colegios y agencias de servicios sociales, antes de ofrecer un tratamiento, y porque las compañías de seguros de salud reembolsan a sus profesionales sobre la base de los diagnósticos del DSM-IV-TR. No obstante, es importante recordar que dado que los diagnósticos del DSM-IV-TR (como el trastorno autista) se refieren a comportamientos de los individuos, corremos el riesgo de etiquetarles (p.ej., autista), lo cual nos remite a todas las desventajas que ya hemos mencionado previamente en este capítulo. Además, a pesar de que las etiquetas parecen implicar que todos los individuos que las comparten son iguales, es obvio que no lo son. Para evitar el etiquetado al describir a seres humanos con trastornos, tendríamos que emplear el lenguaje «en primera persona». Por ejemplo, en el caso del autismo, debiéramos referirnos siempre a niños con autismo y no a niños autistas. Asimismo, además de obtener diagnósticos del DSM-IV-TR, siempre convendría realizar evaluaciones conductuales minuciosas para obtener información precisa conducente a perfilar el programa de tratamiento individualizado más efectivo.

2. Debido al énfasis en el entorno, se suele acusar a los conductistas de negar la importancia de la genética sobre la conducta. Esta impresión errónea tiene sus raíces en los escritos de John B. Watson (1913), quien, insatisfecho con la psicología introspectiva de su tiempo, sostuvo que el objeto de estudio correcto de la psicología era la conducta observable y sólo ésta. Watson también abogaba por una forma extrema de ambientalismo, resumida en la célebre (o tristemente célebre) frase:

> Denme una docena de niños sanos, y mi propio entorno específico para criarlos y yo garantizo que eligiendo uno al azar podré entrenarlo hasta convertirlo en el tipo de especialista que desee: médico, abogado, artista, comerciante, y, sí, incluso en mendigo o ladrón, a pesar de su talento, aficiones, tendencias, habilidades, vocaciones y la raza de sus ancestros (Watson, 1930, p.104).

No obstante, Skinner (1974) señaló que el propio Watson admitió que su reivindicación era exagerada, y que él no obviaba la importancia de la genética. Una apreciación de los modificadores de conducta de la importancia de la genética se reveló en la publicación de una miniserie sobre genética conductual en la revista Behavior Therapy (1986, Vol.17, N.°4), que recogía artículos sobre estrés cardiovascular y genética, obesidad infantil y genética, tabaquismo y genética, y alcoholismo y genética (véase también Turner, Cardon y Hewitt, 1995). No obstante, aunque la influencia de lo hereditario podría aumentar la susceptibilidad a evidenciar determinados problemas conductuales, como la obesidad o el alcoholismo, el entorno de las personas sigue jugando un papel fundamental en el desarrollo y mantenimiento de las conductas que llevan a esos problemas.

Preguntas sobre las notas

1. ¿Cuál es el título completo del DSM-IV-TR? En dos o tres frases explique qué es.

2. Exponga cinco razones por las que algunos modificadores de conducta emplean el DSM-IV-TR.

3. ¿Cuál es la desventaja principal de usar el DSM-IV-TR?

4. ¿Qué significa usar el lenguaje «en primera persona»?

5. ¿Niegan los modificadores de conducta la importancia de la genética? Argumente sus razones.

2

Ámbitos de aplicación: una panorámica

LA utilidad de las técnicas de modificación de conducta para mejorar gran variedad de comportamientos ha sido ampliamente demostrada en miles de informes de investigación. Su aplicación ha logrado éxitos en poblaciones tan diversas como las personas con dificultades de aprendizaje severas o las más inteligentes, las más jóvenes y las de más edad, tanto en programas institucionales regularizados como en ambientes comunitarios menos controlados. Los comportamientos también han abarcado un espectro amplio, desde las destrezas motrices sencillas, hasta la solución de problemas intelectuales complejos. Las aplicaciones en ámbitos como educación, trabajo social, enfermería, psicología clínica y comunitaria, psiquiatría, medicina, rehabilitación, negocios, industria y deportes son cada vez más frecuentes. Este capítulo hace una descripción breve de las áreas de aplicación principales, en que la modificación de conducta ha establecido una base sólida y cuenta con un futuro prometedor.

SER PADRES Y MADRES Y EDUCAR A LOS HIJOS

Ser padre o madre es un gran reto. Además de satisfacer las necesidades básicas de los hijos y tener la responsabilidad del desarrollo inicial del comportamiento infantil, hay que compartir posteriormente estas tareas con maestros y otros profesionales, a medida que los pequeños maduran y van pasando de los primeros años escolares, a la adolescencia y la edad adulta. Las técnicas de modificación de conducta cuentan con numerosas aplicaciones para que padres y madres mejoren en la práctica la educación de los hijos. Así, estas técnicas se han aplicado eficazmente para ayudar a los progenitores a que enseñen a sus hijos a andar, a desarrollar las destrezas lingüísticas tempranas, a controlar los esfínteres y usar el servicio adecuadamente y a que colaboren en las tareas domésticas (Kendall, 2000; Meadows, 1996). Se ha entrenado igualmente a padres y madres en estrategias conductuales que han contribuido a reducir manifestaciones problemáticas, tales como morderse las uñas, rabietas, comportamientos agresivos, incumplimiento de normas, desobediencia y discusiones frecuentes (Christopherson & Mortweet, 2001; Schaefer & Briesmeister, 1998; Serketich & Dumas, 1996). Allen y Warzak (2000) presentaron un análisis muy útil de las condiciones que favorecen o debilitan la probabilidad de que los progenitores lleven a cabo eficazmente programas comportamentales con sus hijos. Algunos problemas infantiles y adolescentes son lo suficientemente complejos como para que los psicólogos clínicos no sólo ayuden a padres y madres en su manejo, sino para que intervengan directamente sobre ellos (Blum & Friman, 2000; Gimpel & Holland, 2003; Hersen & Last, 1999; Watson & Gresham, 1998).

EDUCACIÓN: DESDE PREESCOLAR HASTA LA UNIVERSIDAD

Desde sus comienzos en la década de los años 60, las aplicaciones de la modificación de conducta en el aula han progresado en varios frentes. Muchos programas para la escuela primaria están enfocados a remodelar comportamientos indisciplinados o incompatibles con el aprendizaje académico del alumnado y así, se han modificado con éxito berrinches, agresiones, inquietud y sociabilidad excesiva. Otras aplicaciones se han dirigido a la mejora directa del rendimiento académico, incluyendo lectura en voz alta, comprensión lectora, ortografía, caligrafía, matemáticas, redacción, creatividad y aprendizaje de conceptos científicos. Hay que destacar el éxito logrado en las intervenciones en personas con problemas especiales de aprendizaje e hiperactividad (Barkley, 1998). La modificación de conducta ha hecho incursiones en educación física y los progresos alcanzados incluyen: (a) el desarrollo de observaciones fiables para supervisar la práctica de profesores y estudiantes de educación física, de manera que se obtenga información útil acerca de «qué pasa en el gimnasio»; (b) el aumento de la aceptación de las destrezas docentes conductuales como componentes importantes de los programas de formación del profesorado y (c) para ayudar a los educadores físicos a tratar con la diversidad de dificultades comportamentales que plantea el alumnado (Martin, 1992). Las aplicaciones de la modificación de conducta a la educación física se exponen en Siedentop y Tannehill (2000) y Ward (2005).

El Sistema de Instrucción Personalizada (SIP) constituye una de las innovaciones importantes en lo que respecta a los enfoques comportamentales de la docencia. Este sistema fue desarrollado por Fred S. Keller y sus colaboradores en Estados Unidos y Brasil en la década de 1960 como técnica de modificación de conducta en la enseñanza universitaria (Keller, 1968), pero desde entonces se ha ampliado a gran variedad de aspectos y niveles de formación (Keller & Sherman, 1982). El programa cuenta con una serie de características especiales que facilitan a los profesores el uso de los principios de modificación de conducta para mejorar la docencia en las aulas. En concreto, el sistema de instrucción personalizada, conocido como el plan Keller:

1. identifica los comportamientos deseados o los requisitos de aprendizaje de un curso en formato de preguntas de estudio, al estilo de las preguntas que incluimos al final de los capítulos en este libro;

2. exige a los alumnos que estudien sólo una pequeña parte de la materia, aproximadamente el equivalente a uno o dos capítulos que pueden aprenderse en una o dos semanas, antes de tener que demostrar su dominio de la misma;
3. se realizan evaluaciones frecuentes (al menos cada una o dos semanas) en que los estudiantes muestran su conocimiento de las respuestas a las preguntas de estudio;
4. cuenta con criterios de dominio de la materia, de manera que los aprendices tengan que superar un nivel antes de pasar al siguiente;
5. no es punitivo y por tanto no se penaliza a quien no supera una evaluación; simplemente, tendrá que volver a estudiar y examinarse nuevamente de la materia.
6. utiliza varios ayudantes (denominados tutores) para corregir los exámenes inmediatamente y dar información a los alumnos sobre su rendimiento;
7. incorpora el lema «ve a tu propio ritmo», que permite a los aprendices avanzar en la materia de la asignatura a la velocidad que mejor se ajuste a sus habilidades y el tiempo que precisen;
8. utiliza las clases más para motivar y aportar ejemplos, que como único instrumento para presentar información nueva (véase **Nota 1**).

Aplicar el Sistema de Instrucción Personalizada, tal como Keller (1968) lo concibió originalmente, exige mucho trabajo, sobre todo si se trata de grupos grandes, porque hay que llevar a cabo multitud de registros. El avance de la informática ha permitido que algunos profesores hayan automatizado varios de sus elementos y así aplicarlo de manera más eficiente. En la misma línea, algunos instructores han añadido componentes electrónicos de apoyo, tales como grabaciones en vídeo, videodiscos interactivos y tutorías informatizadas que aumentan la eficacia del sistema (Crosbie & Glenn, 1993; Crowell, Quintanar & Grant, 1981; Hantula, Boyd & Crowell, 1989; Rae, 1993). Además, los ordenadores forman parte de redes que permiten las telecomunicaciones y el correo electrónico, de forma que los alumnos hacen los exámenes y los envían para su corrección, y los profesores los evalúan y devuelven la calificación rápidamente, sin que los implicados tengan que estar en el mismo lugar, ni trabajar al mismo tiempo. Todo ello redunda en beneficio de los estudiantes que no pueden acudir a clase debido a su lugar de residencia, empleo o discapacidad. La Universidad de Manitoba lleva años empleando satisfactoriamente el Sistema de Instrucción Personalizada mediante ordenadores (en inglés, denominado CAPSI) en varias asignaturas de Psicología, tanto para alumnos presenciales como para los matriculados a distancia (Kinsner & Pear, 1988; Pear & Crone-Todd, 1999; Pear & Kinsner, 1988; Pear & Novak, 1996). Varios estudios han demostrado que en asignaturas impartidas mediante este sistema informatizado, las tutorías aportan gran cantidad de información precisa que los estudiantes aprovechan adecuadamente (Martin, Pear & Martin, 2002a, b). Además, los participantes reciben mucha más atención individualizada de la que sería posible obtener en un curso impartido mediante métodos tradicionales (Pear & Crone-Todd, 2002). Actualmente, son varias las universidades que utilizan el Sistema de Instrucción Personalizada mediante ordenadores (CAPSI), que está disponible a través de Internet (para una revisión, véase, Pear y Martin, 2004).

Alberto y Troutman (2004), Cipani (2004a) y Schloss y Schloss (2004) han publicado descripciones excelentes sobre «cómo aplicar» las técnicas de modificación de conducta para docentes. Ervin y Ehrhardt (2000) y Frederick, Deitz, Bryceland y Hummel (2003) exponen el análisis del comportamiento en el contexto de la Psicología Escolar. Austin (2000b) comenta los enfoques conductuales de la docencia universitaria e incluye el Sistema de Instrucción Personalizada.

PROBLEMAS GRAVES: TRASTORNOS EVOLUTIVOS, AUTISMO INFANTIL Y ESQUIZOFRENIA

A comienzos de la década de 1960 se produjeron algunos de los éxitos más llamativos de las técnicas de modificación de conducta en personas con problemas de comportamiento graves.

Trastornos evolutivos

Aunque la expresión *trastornos evolutivos* ha reemplazado a *retraso mental* entre los profesionales que tratan estos problemas, en 2002 la Asociación Estadounidense de la Disfunción Cognitiva (*American Association on Mental Retardation, AAMR*) decidió mantener el término antiguo, para el que propone la siguiente definición:

El retraso mental es una discapacidad caracterizada por limitaciones significativas tanto en el funcionamiento intelectual como en el comportamiento adaptativo, lo cual se evidencia en las habilidades conceptuales, sociales y prácticas. El trastorno se produce antes de los dieciocho años (2002, p. 8)

En la definición de la Asociación Estadounidense de la Disfunción Cognitiva, la limitación del rendimiento intelectual se define como un Cociente Intelectual que esté dos desviaciones típicas por debajo de la media de una prueba adecuada de evaluación de la inteligencia, lo cual significaría obtener una puntuación inferior a 70 o 75 en muchas de ellas. Esta situación afecta aproximadamente al 2,3% de la población. En 1992, la Asociación Estadounidense de la Disfunción Cognitiva propuso el abandono de las categorías de retraso mental leve, moderado, severo y profundo y en su lugar, sugirió la clasificación de las personas conforme a la intensidad y el tipo de apoyo que precisen: intermitente, limitado, amplio o constante. Aunque algunos investigadores prefieren las categorías diagnósticas tradicionales acorde a los niveles de retraso mental (Conyers, Martin, Martin & Yu, 2002), la definición de 2002 de la Asociación Estadounidense de la Disfunción Cognitiva hace más hincapié sobre la evaluación y mejora de los comportamientos adaptativos que lo propuesto con anterioridad a 1992. Este cambio de perspectiva es el resultado de los avances logrados durante las cuatro últimas décadas.

Con anterioridad a la década de 1960, los programas de tratamiento y formación eran mínimos para todos los grados de trastorno evolutivo, pero sobre todo para los niveles severos y profundos. Afortunadamente, se produjeron tres factores que al materializarse conjuntamente revolucionaron la educación de las personas con trastornos evolutivos. Un factor estuvo representado por defensores de la normalización como Wolfensberger (1972), quien argumentó que hay que ayudar a estas personas a llevar una vida tan normalizada como fuera posible y que las grandes instituciones tradicionales simplemente no son normales. Esta ideología condujo a un movimiento desinstitucionalizador y al desarrollo de opciones de vida integradas en la comunidad para personas con trastornos evolutivos. El segundo factor estuvo representado por los defensores de los derechos civiles y las madres y los padres de niños con discapacidades severas que lograron garantizar su derecho a la educación, lo cual se tradujo en el establecimiento de los programas didácticos pertinentes. El tercer factor tuvo su origen fundamentalmente en los modificadores de conducta, cuyos esfuerzos lograron crear la tecnología que hizo posible mejorar significativamente el comportamiento de las personas con retraso severo y profundo del desarrollo.

En décadas posteriores, han sido muchos los estudios que han demostrado la utilidad de las técnicas de modificación de conducta para el entrenamiento de comportamientos como control de esfínteres, destrezas de autoayuda como alimentarse, vestirse e higiene personal, habilidades sociales, vocacionales, de comunicación, actividades de ocio y diversos comportamientos de supervivencia. Carr, Coriaty y Dozier (2000), Cuvo y Davis (2000), Konarski, Favell y Favell (1997) y Williams (2004) y algunos ejemplares de la revista *Journal of Applied Behavior Analysis* incluyen revisiones de la bibliografía sobre estos temas.

Autismo infantil

Los niños diagnosticados de autismo suelen manifestar algunos comportamientos parecidos a los diagnosticados de trastorno evolutivo, ya que ambos logran puntuaciones muy por debajo de la media en gran variedad de destrezas de cuidado personal, tales como vestirse, lavarse y comer. Sin embargo, también es probable que evidencien una combinación de habilidades sociales alteradas (por ejemplo, no mostrar malestar cuando la madre sale de la habitación), ecolalia (repetir palabras o frases sin ninguna indicación de que transmitan significado), comportamientos de juego anormales y conductas de autoestimulación repetitivas (por ejemplo, dar vueltas a los objetos delante de los ojos).

Desde sus comienzos en la década de 1960 hasta la actualidad, Ivar Lovaas (1966) y otros investigadores han desarrollado intervenciones conductuales para niños autistas. Mediante las técnicas de modificación de conducta, Lovaas (1977) desarrolló estrategias para entrenar comportamientos sociales, eliminar conductas de autoestimulación y desarrollar habilidades lingüísticas. Cuando aplicó sus programas intensivos de tratamiento a niños por debajo de los 30 meses con diagnostico de autismo, logró que el 50% de ellos consiguiera acceder al curso correspondiente a su edad en escuelas normalizadas (Lovaas, 1982), y los beneficios comportamentales de la intervención se mantuvieron a largo plazo (McEachin, Smith & Lovaas, 1993). Aunque algunos revisores han planteado objeciones a las limitaciones de los diseños experimentales del estudio de Lovaas (por ejemplo, Gresham & MacMillan, 1997), no hay tratamientos alternativos para el autismo que hayan logrado tanto éxito como la modificación de conducta (Frea & Vittimberga, 2000; Ghezzi, Williams & Carr, 1999; Lovaas, 1993). En la actualidad, es cada vez mayor el número de programas con financiación pública para la intervención mediante el análisis conductual en niños con diagnóstico de autismo y así, en Canadá ya existen en siete de las diez provincias.

Esquizofrenia

Los terapeutas conductuales comenzaron con algunos estudios de caso único en la década de 1950, pero prestaron más atención a la esquizofrenia en las décadas de 1960 y 1970 (Kazdin, 1978). Sin embargo, ya a finales de los años 70 y comienzos de los 80 se redujo el interés y se publicaron pocos artículos en este ámbito (Bellack, 1986), pero es mucha la evidencia acumulada sobre la eficacia de los tratamientos de modificación de conducta en esta población. Dado que las relaciones sociales inadecuadas son uno de los factores que más contribuyen a empeorar la calidad de vida de las personas con diagnóstico de esquizofrenia, las habilidades sociales son uno de los objetivos comportamentales del cambio. La investigación disponible señala el éxito de las intervenciones conductuales en el entrenamiento de interacciones sociales positivas, destrezas de comunicación, asertividad y técnicas de búsqueda de empleo (Bellack & Hersen, 1993; Bellack & Muser, 1990; Bellack, Muser, Gingerich & Agresta, 1997). Las técnicas cognitivo-conductuales también han demostrado su utilidad para reducir o eliminar alucinaciones o delirios en algunos casos (Bouchard, Vallieres, Roy & Maziade, 1996). Estos y otros estudios señalan que la modificación de conducta puede realizar una contribución significativa al tratamiento, manejo y rehabilitación de las personas con diagnóstico de esquizofrenia (McKinney & Fiedler, 2004; Wong & Liberman, 1996).

TERAPIA DE CONDUCTA CLÍNICA

Los tratamientos conductuales de las personas que acuden a terapia han aumentado desde la década de 1970. En los Capítulos 27 y 28 expondremos detenidamente la intervención en problemas clínicos tales como los trastornos de ansiedad, trastornos obsesivo-compulsivos, problemas relacionados con el estrés, depresión, obesidad, problemas de pareja, disfunciones sexuales y trastornos de personalidad. Antony y Barlow (2004), Dougher (2000), Emmelkamp (2004), Hayes y Bissett (2000), y Hayes, Follette y Linehan (2004) incluyen comentarios más amplios de éstas y otras áreas de intervención clínica.

¿Con qué frecuencia se emplea la modificación de conducta entre los psicólogos clínicos? A comienzos de la década de 1980, las encuestas indicaban que al menos la mitad de los psicólogos clínicos infantiles tenían orientación conductual y que la modificación de conducta se había convertido en una de las dos tendencias clínicas principales, junto con la orientación psicodinámica, en el tratamiento psicológico de adultos (O'Leary, 1984). Aunque la mayoría de los psicólogos conductistas describen su práctica como «cognitivo-conductual» y no como meramente conductual, la orientación conductista sigue creciendo. En el Capítulo 27 describiremos la modificación de conducta cognitiva.

¿Cuál es la eficacia de la terapia de conducta en poblaciones clínicas? Muchos estudios han demostrado que existen problemas como las fobias y los trastornos obsesivo-compulsivos, en que la aplicación de técnicas concretas de modificación de conducta obtiene resultados objetivamente superiores a las alternativas psicoterapéuticas existentes, aunque en algunos casos, lo más adecuado sea una combinación de intervención conductual y tratamiento médico (por ejemplo, fármacos). En el Capítulo 28 comentaremos los tratamientos comportamentales de los trastornos clínicos.

ABORDAR LOS PROBLEMAS PERSONALES

Recuerde los problemas descritos en el Capítulo 1: Sam tenía dificultades para estudiar y acabar los trabajos escolares a tiempo, Karen no lograba comenzar la novela que quería escribir y Albert tenía miedo a viajar en avión. A muchas personas les gustaría cambiar algún aspecto de si mismas, ¿y a usted? ¿Le gustaría adelgazar, hacer ejercicio ó ser más asertiva? ¿Qué destrezas podría aprender que le ayudaran a modificar su comportamiento? Se han realizado grandes progresos en las áreas denominadas auto-manejo, auto-control, auto-adaptación, auto-modificación y auto-dirección. La modificación del comportamiento personal precisa de un conjunto de habilidades que pueden aprenderse e implica una reorganización del entorno para controlar la conducta posterior. La bibliografía psicológica incluye cientos de programas eficaces dirigidos a la modificación personal de problemas como ahorrar dinero, hacer más deporte, mejorar los hábitos de estudio y controlar la ludopatía (Logue, 1995). La auto-modificación comportamental para una mejor adaptación personal se describe más ampliamente en el Capítulo 26 y en Watson y Tharp (2003).

MEDICINA Y CUIDADO DE LA SALUD

Tradicionalmente, quien sufre de dolores de cabeza crónicos, dificultades respiratorias o hipertensión, iría a una consulta médica, sin embargo, a partir de la década de 1960, algunos psicólogos en colaboración con médicos empezaron a utilizar técnicas de modificación de conducta para tratar éstos y otros problemas tales como ataques epilépticos, dolor crónico, adicciones y trastornos del sueño (Doleys, Meredith & Ciminero, 1982). De esta colaboración surgió la *medicina comportamental*, un ámbito interdisciplinar muy amplio que analiza las conexiones entre salud, enfermedad y comportamiento (Searight, 1998). Los psicólogos conductistas practican la medicina comportamental en estrecha colaboración con profesionales de la Medicina, la Enfermería, la Dietética, la Sociología y otras especialidades, sobre problemas que hasta hace poco tiempo se hubieran considerado de naturaleza estrictamente médica. Dentro del ámbito de la medica comportamental, la *Psicología de la Salud* analiza la influencia de los factores psicológicos en la aparición de enfermedades y cómo animar a la práctica de comportamientos saludables que ayuden a prevenir los problemas de salud (Taylor, 2003). Los psicólogos de la salud han aplicado los principios del comportamiento fundamentalmente en cinco ámbitos:

1. *Tratamiento directo de problemas médicos.* ¿Padece usted migrañas, dolores de espalda o trastornos estomacales? Hace tiempo se pensaba que estos problemas eran de naturaleza estrictamente médica, pero ahora sabemos que a veces tienen una conexión

psicológica. Los psicólogos de la salud mantienen la tendencia iniciada en la década de 1960 de desarrollar técnicas conductuales para tratar estos síntomas físicos directamente (Taylor, 2003). Una de estas técnicas se denomina *biofeedback* y consiste en aportar información inmediata a la persona sobre procesos fisiológicos, tales como tasa cardiaca, presión sanguínea, tensión muscular y ondas cerebrales. Disponer de esta información ayuda a la persona implicada a ganar control sobre el aspecto fisiológico que se registra. El *biofeedback* se ha aplicado con éxito en el tratamiento de diversos problemas de salud: hipertensión, ataques epilépticos, cefaleas crónicas, arritmias cardiacas, taquicardias y ansiedad (Schwartz & Andrasic, 1998; véanse los ejercicios adicionales propuestos en el Capítulo 10). Los tratamientos conductuales también se aplican en la reducción de los síntomas de otros problemas médicos como la enfermedad de Parkinson (Mohr *y cols.*, 1996) y las lesiones cerebrales (Jacobs, 2000).

2. *Lograr el seguimiento del tratamiento.* ¿Acude siempre a sus citas con el dentista? ¿Toma siempre la medicación tal y como se la ha prescrito el médico? Muchos no lo hacemos, pero al tratarse de un hábito comportamental, es un objetivo propio de la modificación de conducta (Taylor, 2003). De hecho, uno de los objetivos más importantes de la Psicología de la Salud es promover el cumplimiento de los tratamientos.
3. *Promover un estilo de vida saludable.* ¿Hace ejercicio al menos tres veces por semana? ¿Toma alimentos saludables y minimiza el consumo de grasas saturadas, colesterol y sal? ¿Limita el consumo de alcohol y no toma más de cinco copas semanales? ¿Rechaza el tabaco y otras drogas adictivas? Si puede contestar afirmativamente a estas preguntas ahora y seguir haciéndolo a medida que pase el tiempo, podría estar prolongando su esperanza de vida (véase Figura 2-1). Ya indicamos en el Capítulo 1 que comportamientos evitables como fumar, seguir una dieta poco saludable y la inactividad física son la causa subyacente de la mitad de los fallecimientos en Estados Unidos (véanse el número de marzo de 2004 de la revista *Journal of the American Medical Association* y el número de enero de 2003 de la revista *Behavior Modification*). Un ámbito importante de aplicación de la modificación de conducta son las técnicas que ayudan al autocontrol del comportamiento para vivir de forma saludable, mantener una dieta equilibrada y hacer el ejercicio físico adecuado (Taylor, 2003; Williamson, Champagne, Jackman & Varnado, 1996).
4. *Intervención con los cuidadores.* Los psicólogos se ocupan no sólo del comportamiento de sus clientes o pacientes, sino también del correspondiente a quienes tienen cierto impacto sobre su estado de salud. De ahí que se interesen por el comportamiento de familia, amigos y personal sanitario relacionado con sus clientes. Por ello, actualmente va en aumento la atención que se presta a la modificación del comportamiento de los profesionales de la Medicina, la Enfermería, la Psiquiatría, la Terapia Ocupacional y otras áreas relacionadas con la salud para mejorar los servicios que prestan (véase, por ejemplo, Engelman, Altus, Mosier & Mathews, 2003; Hrydowy & Martin, 1994).
5. *Tratamiento del estrés.* Al igual que ocurre con la muerte y los impuestos, el estrés es una de esas cosas que podemos estar seguros de encontrar en la vida. Los factores estresantes son condiciones o acontecimientos difíciles de afrontar: estar en un atasco, la falta de sueño, la niebla, los exámenes pendientes, las deudas, la separación y la enfermedad grave o fallecimiento de un ser querido. Las reacciones frente al estrés son respuestas fisiológicas y comportamentales, tales como fatiga, hipertensión y úlceras que se producen ante a los factores estresantes. Uno de los ámbitos de la Psicología de la Salud es el estudio de los factores estresantes, sus efectos sobre el comportamiento y el desarrollo de estrategias comportamentales para afrontarlos, que describiremos en capítulos posteriores (por ejemplo, Moller, Milinski & Slater, 1998; Taylor, 2003).

Figura 2-1. Las estrategias comportamentales son útiles para ayudar al mantenimiento de programas de ejercicio físico adecuados.

El ámbito interdisciplinario de la Medicina Comportamental y el de la Psicología de la Salud cuentan con un gran potencial para hacer contribuciones importantes a la eficacia de la Medicina y la sanidad actuales. La revista *Journal of Behavioral Medicine* y las publicaciones de Cummings, O'Donohue y Ferguson (2003) y Taylor (2003) contienen información adicional sobre estos temas.

GERONTOLOGÍA

¿Quiere saber cómo se sienten las personas mayores? Para ello, «tendría que ensuciarse las gafas, taponarse con algodones los oídos, calzarse unos zapatos demasiado pesados y grandes, ponerse guantes y a continuación, intentar pasar el día de la manera habitual» (Skinner & Vaughan, 1983, p. 38). El porcentaje de la población envejecida aumenta y por ello, cada vez son más las personas que tienen que asumir cotidianamente la pérdida de destrezas y habilidades necesarias para funcionar autónomamente, que se produce tanto en edades avanzadas como al aparecer enfermedades crónicas. También en este ámbito la modificación de conducta hace contribuciones positivas. Por ejemplo, si ya no es posible llevar a cabo los comportamientos rutinarios en casa o en el trabajo, habrá que diseñar y aprender nuevos hábitos de comportamiento. Probablemente será necesario afrontar la ansiedad y el temor frente a la posibilidad de no lograr hacer frente adecuadamente al envejecimiento. A menudo se diseñan estrategias para reducir los comportamientos inadecuados de los residentes en instalaciones geriátricas y para desarrollar nuevas relaciones con los profesionales de las mismas. Por ello ha aumentado la popularidad de las técnicas de modificación de conducta en el tratamiento de estos problemas en personas mayores y con enfermedades crónicas (Coon & Thompson, 2002; Derenne & Baron, 2002; Dick-Siskin, 2002; Wetherall, 2002; Wisocki, 1999).

PSICOLOGÍA COMPORTAMENTAL COMUNITARIA

En el Capítulo 29 presentamos una historia breve de la modificación de conducta y exponemos que la mayoría de sus aplicaciones tempranas, en la década de 1950, estuvieron dirigidas a personas con alteraciones severas (por ejemplo, problemas evolutivos o psiquiátricos) y se aplicaron en centros institucionales o entornos muy controlados. Sin embargo, en la década de 1970, ya se estaban implantando programas de modificación de conducta importantes en áreas como el control de la basura en camping públicos, el aumento del reciclado de los envases de refrescos, ayudar a los ayuntamientos a gestionar problemas, el fomento del ahorro de energía mediante el incremento del uso de autobuses, promover la asistencia a reuniones de auto-ayuda para los receptores de ayudas sociales y enseñar a los estudiantes universitarios a vivir en un proyecto de vivienda compartida (para conocer revisiones de estas primeras áreas de investigación, véanse Geller, Winett & Everett, 1982; Martin & Osborne, 1980). Es obvio que el ámbito de la modificación de conducta se expandió desde los problemas individuales hacia los asuntos comunitarios. Uno de los primeros estudios al respecto definió la Psicología comunitaria comportamental como «la intervención en problemas de importancia social, en entornos comunitarios no estructurados, en que el comportamiento de las personas no se considera desviado en el sentido tradicional del término « (Briscoe, Hoffman & Bailey, 1975, p. 57).

Posteriormente, Glenwick (1990) identificó cinco tendencias en los programas de intervención comportamental comunitaria. La primera supone una implicación mayor de todas las poblaciones involucradas en los aspectos diversos del proceso. Si uno de los objetivos generales de un programa de tratamiento del SIDA es aumentar el uso de guantes por parte de los profesionales sanitarios (véase, por ejemplo, De-Vries, Burnette & Redmon, 1991), habrá que implicar por completo a este grupo en la elección de otros objetivos, modos de intervención y seguimiento de los resultados. En segundo lugar, se favorece el aumento del control personal en el grupo que es objeto de la intervención, a diferencia de abordajes que otorgan el control a los profesionales. En el proyecto con el personal sanitario, se hace hincapié sobre las técnicas de auto-control (descritas en el Capítulo 26) para aumentar el uso de guantes, en vez de confiar en el efecto que tendrían las recomendaciones de la jefatura de personal al respecto. En tercer lugar, se incluyen más evaluaciones subjetivas de los resultados. Si bien podríamos hacer una estimación objetiva acerca de si los sanitarios usan más a menudo o no los guantes, también nos interesa saber cuáles son los sentimientos subjetivos que experimentan respecto del programa de intervención (en el Capítulo 23, se revisa más detenidamente la evaluación subjetiva). En cuarto lugar, se presta más atención a los acontecimientos previos que a las consecuencias y así, la intervención podría apoyarse más en carteles que recordaran la conveniencia de usar guantes y en el ejemplo de miembros destacados del personal usándolos, que en felicitar a los profesionales que lleven guantes (en los Capítulos 8, 17, 18 y 19 se exponen diversos aspectos relacionados con los antecedentes y las consecuencias del comportamiento). Por último, se produce mayor colaboración entre profesionales de diversos ámbitos. La revista *Journal of Applied Behavior Analysis* le proporcionará información adicional sobre Psicología Comportamental Comunitaria.

NEGOCIOS, INDUSTRIA Y GOBIERNO

La modificación de conducta también se ha aplicado para mejorar el rendimiento de quienes trabajan en distintos tipos de organizaciones. En general, este ámbito suele describirse como *Intervención en el Comportamiento de las Organizaciones* y se define como la aplicación de los principios y métodos del comportamiento al estudio y control de la conducta de las personas o los grupos dentro de marcos organizacionales (Frederiksen & Lovett, 1980). Otros términos que se emplean como sinónimos de intervención en el comportamiento de las organizaciones son: manejo del rendimiento, modificación del comportamiento industrial, modificación del comportamiento organizacional, tecnología del comportamiento organizacional y análisis del comportamiento de las organizaciones. Al igual que las demás aplicaciones que incluimos en esta revisión, la intervención en el comportamiento de las organizaciones se basa en la evidencia empírica, es decir, subraya las actividades concretas de los profesionales que acompañan al rendimiento satisfactorio o producen resultados favorables. Junto con ello, destaca la importancia de que los empleados reciban información abundante acerca de su rendimiento y recompensas siempre que éste sea el deseable. El rango de las organizaciones implicadas abarca desde las empresas pequeñas hasta las corporaciones grandes y desde los centros comunitarios pequeños (obsérvese que aquí se solapa con la Psicología comunitaria comportamental) hasta los grandes centros hospitalarios estatales. Así pues, la intervención en el comportamiento de las organizaciones se aplica tanto a las grandes como a las pequeñas, públicas y privadas.

Uno de los primeros estudios en este ámbito se llevó a cabo en la Compañía Aérea de Cargo *Emery* y, conforme a lo publicado en el artículo «*Conversations with B. E. Skinner*» (Conversaciones con B. E. Skinner), en la revista *Organizational Dynamics* en 1973, los empleados aumentaron el comportamiento deseado, consistente en colocar los paquetes en contenedores especiales, del 45% al 95%, mediante la aplicación de un programa de refuerzo positivo, que adoptó la forma de elogios por parte de los supervisores.

Diversos estudios posteriores han aplicado las técnicas de modificación de conducta para mejorar la productividad, reducir los retrasos y el absentismo laboral, aumentar el volumen de ventas, crear nuevas empresas, mejorar la seguridad en el trabajo, reducir las sustracciones por parte de los empleados, reducir los robos en los comercios y mejorar las relaciones entre empresarios y empleados. Para obtener información adicional sobre este ámbito puede consultar Austin (2000a), Johnson, Redmon y Mawhinney (2001), Poling, Dickinson, Austin y Normand (2000), Reid y Parsons (2000) y la revista *Journal of Organizational Behavior Management*.

PSICOLOGÍA DEL DEPORTE

Desde la década de 1970, ha aumentando el interés tanto de entrenadores como de atletas por una investigación científica aplicada al deporte, sobre todo en el ámbito de la Psicología del deporte. La *Psicología del Deporte Aplicada* se define como el uso de los conocimientos psicológicos para mejorar el rendimiento y la satisfacción de los atletas y otras personas relacionadas con el deporte, (Blimke, Gowan, Patterson & Wood, 1984) y la modificación de conducta ha realizado contribuciones significativas al respecto (Martin, 2003; Martin, Thomson & Regehr, 2004).

Técnicas para mejorar las destrezas de los deportistas. ¿Cuál es el método más eficaz para ayudar a los deportistas a adquirir nuevas técnicas, eliminar las inadecuadas y combinar las habilidades más sencillas hasta lograr patrones complejos de rendimiento? Gran parte de la investigación ha examinado las técnicas de modificación de conducta que resultan más eficaces para mejorar las destrezas de los atletas (Martin & Tkachuk, 2000), a la vez que se han descrito las mejores estrategias para aplicar estar técnicas (Martin, 2003).

Estrategias que aumentan la motivación para la práctica y la resistencia durante el entrenamiento. ¿Qué pueden hacer los entrenadores para favorecer eficazmente la asistencia a los entrenamientos, motivar a los deportistas para que aprovechen al máximo los mismos y organizarlos de manera que se minimicen los tiempos muertos? Las técnicas para solucionar estas situaciones incluyen estrategias de establecimiento de objetivos, programas de refuerzo, auto-registro y auto-supervisión por parte de los propios deportistas y sesiones para la cohesión del equipo (Martin, 2003). Todas estas técnicas motivacionales se basan sobre los principios que describiremos en capítulos posteriores, y los entrenadores pueden aplicarlas fácilmente.

Cambiar el comportamiento de los entrenadores. Los entrenadores tienen una tarea muy complicada ya que, desde la perspectiva de la modificación de conducta, tienen que dar clase adecuadamente, establecer objetivos, elogiar, reñir y llevar a cabo otras actividades que en conjunto determinan su eficacia como modificadores de conducta, por ello la investigación en este ámbito es muy abundante (Martin & Tkachuk, 2000).

«Mentalización o preparación psicológica» para la competición. Todos hemos oído expresiones del tipo, «el equipo perdió porque no estaba mentalizado» o «si quieres rendir al máximo, tienes que mentalizarte» y, a pesar de que tengamos cierta idea respecto de lo que quieren decir, lo cierto es que conocer su significado no es lo mismo que saber entrenar a los deportistas en estrategias de afrontamiento psicológico. No obstante, se han descrito varias técnicas comportamentales que pueden ayudar a los atletas a prepararse para las competiciones deportivas de alto rendimiento (véanse los ejemplares recientes de la revista *The Sport Psychologist* y los textos de Martin, 2003, y Martin, Toogood & Tkachuk, 1997).

MODIFICACIÓN DE CONDUCTA EN PERSONAS DE DISTINTAS CULTURAS

Los modificadores de conducta han comenzado a prestar más atención a aspectos tales como raza, género, etnia y orientación sexual como variables que influyen en la eficacia de los tratamientos (por ejemplo, Hatch, Friedman & Paradis, 1996; lwamasa, 1999; lwamasa & Smith,1996; Paradis, Friedman, Hatch & Ackerman, 1996;

Purcell, Campos & Perilla, 1996). Así por ejemplo, es conveniente que los terapeutas conozcan que la mayoría de los clientes asiático-americanos prefieren que se les diga específicamente qué deben hacer, en vez de adoptar un enfoque menos directivo (Chen, 1985). Por otra parte, es más probable que muchos clientes hispano-americanos sigan instrucciones específicas dirigidas a un objetivo si las indicaciones son precedidas de un periodo de familiarización y conversación que «rompa el hielo» (Tanaka-Matsumi & Higginbotham, 1994). En otro ejemplo, el Dr. Tawa Witko, un psicólogo que vivía y trabajaba en la reserva Sioux de Lakota, cerca de Badlands en Dakota del Sur, describió el caso de un residente que había sido diagnosticado de esquizofrenia porque oía voces, sobre todo en época de festividades. El Dr. Witko explicaba que si la terapeuta hubiera indagado un poco más, hubiera descubierto que este fenómeno es relativamente frecuente entre los indios americanos, tiene significado espiritual y no indica por sí solo la existencia de un trastorno psiquiátrico (Winerman, 2004). Aunque este tipo de información resulte de utilidad para los terapeutas, hay que ejercer cautela frente a los riesgos de las generalizaciones acerca de cualquier grupo cultural, y a este respecto, es pertinente aplicar las mismas precauciones que mencionamos anteriormente frente al peligro de las etiquetas. Como lwamasa (1999) señala, la población asiático- estadounidense consta de más de 30 grupos cultural y étnicamente distintos, cada uno de los cuales cuenta con su propio idioma, valores, estilo de vida y patrón de adaptación a los Estados Unidos. Como ejemplo adicional, resultaría adecuado elegir el aumento del contacto ocular como objetivo de un programa de entrenamiento en habilidades sociales para indios americanos, pero hacerlo no sería apropiado para los Navajos porque en su cultura, el mantenimiento prologando del contacto ocular suele considerarse como un comportamiento agresivo (Tanaka-Matsumi, Higginbotham & Chang, 2002). Animamos a quienes estén interesados en la intervención comportamental en clientes de culturas diversas a que examinen los números especiales dedicados a este tema en la revistas *Cognitive and Behavioral Practice* (1996, Vol. 3, No. 1) y *The Behavior Therapist* (1999, Vol. 22, No. 10).

CONCLUSIÓN

El crecimiento de la modificación de conducta como técnica satisfactoria en el tratamiento de gran diversidad de problemas humanos ha sido impresionante. Los libros y artículos que describen los procedimientos comportamentales, y la investigación pertinente, abarcan ámbitos que van desde la educación infantil hasta la geriatría, y desde el trabajo hasta el ocio. Estas técnicas se han utilizado tanto en personas con limitaciones graves como en estudiantes superdotados, tanto para la mejora personal como para la conservación del medio ambiente en que vivimos (Nota 2). Se han publicado ya varios miles de textos acerca de aspectos básicos, aplicados y teóricos relacionados con la modificación de conducta y al menos 31 revistas mantienen una orientación fundamentalmente conductual. En los capítulos siguientes describiremos y presentaremos ejemplos de las aplicaciones de muchas de estas áreas.

PREGUNTAS DE REPASO

1. Señale cinco áreas en que actualmente se aplique la modificación de conducta.
2. Mencione cuatro comportamientos infantiles que padres y madres puedan mejorar mediante la aplicación de técnicas de modificación de conducta.
3. Señale cuatro comportamientos escolares que puedan mejorar mediante la aplicación de técnicas de modificación de conducta.
4. ¿Qué es el Sistema de Instrucción Personalizada y quién fue su creador? Describa ocho características del Sistema de Instrucción Personalizada.
5. Describa brevemente cómo se emplea la tecnología informática en el Sistema de Instrucción Personalizada. Mencione dos beneficios de este uso de los ordenadores.
6. Enuncie y describa brevemente los tres factores que han revolucionado la educación de las personas con trastornos evolutivos desde la década de 1960.
7. Señale cuatro comportamientos de personas con trastornos evolutivos que las técnicas de modificación de conducta hayan tratado.
8. Señale cuatro comportamientos en niños con diagnóstico de autismo que las técnicas de modificación de conducta hayan tratado.
9. Señale cuatro comportamientos de personas con diagnóstico de esquizofrenia que las técnicas de modificación de conducta hayan tratado.
10. Cite cuatro aspectos dentro del ámbito del manejo de problemas personales que hayan mejorado mediante técnicas de modificación de conducta.
11. ¿Qué es la Psicología de la Salud?
12. Describa cinco áreas de aplicación de la Psicología de la Salud.
13. Enuncie cuatro comportamientos habituales de las personas mayores que hayan mejorado mediante la modificación de conducta.
14. ¿Qué es la Psicología comportamental comunitaria?
15. Indique cinco tendencias actuales en las aplicaciones de la Psicología comportamental comunitaria.
16. Mencione cuatro aspectos propios de la Psicología comportamental comunitaria en que se haya intervenido mediante estrategias de modificación de conducta.
17. Defina la intervención en el comportamiento de las organizaciones.
18. Señale cuatro áreas de los negocios, la industria o el gobierno en que se haya aplicado la modificación de conducta. Observe que ha de referirse a comportamientos concretos y no simplemente al producto de estos comportamientos.
20. Exponga cuatro ámbitos generales de la Psicología del deporte en que se haya aplicado la modificación de conducta.
21. Describa por qué el conocimiento de las características culturales podría ser útil para los terapeutas que tratan con personas de distintas culturas. Muestre un ejemplo.

NOTAS DE AMPLIACIÓN SOBRE EL TEMA

1. Las clases magistrales junto con dos o tres exámenes semestrales siguen constituyendo el método más habitual en la docencia universitaria (Terenzini & Pascarella, 1994). Sin embargo, son varios los estudios que han demostrado que un sistema de instrucción personalizada es más eficaz que el método tradicional para el aprendizaje de diversas materias (Kulik, Kulik & Bangert-Drowns, 1990). De hecho, el sistema de instrucción personalizada ha logrado diferencias estadísticamente significativas de hasta diecinueve puntos percentiles por encima de los métodos convencionales

(Terenzini & Pascarella, 1994). Las evaluaciones de los estudiantes indican que la mayoría prefiere el sistema personalizado e identifica los exámenes frecuentes como un factor conducente a estudiar continua y exhaustivamente (Michael, 1991).

2. Wyatt, Hawkins y Davis (1986) respondieron a la crítica de algunos psicólogos opuestos al conductismo (es decir, la filosofía subyacente a la modificación de conducta) acerca de su desaparición, afirmando que sigue vivo y creciendo. Parte de la evidencia que aportaban incluye la abundancia de revistas con orientación fundamentalmente conductista, como por ejemplo: Behavior Analysts for Social Action (1980-), inicialmente titulada Behaviorists for Social Action; Behavior and Social Issues (1991-); Behaviour Change (1984-), la revista oficial de la Asociación Australiana de Modificacion de Conducta, que en 1995 cambio su nombre al de Asociación Australiana de Terapia Cognitiva y Conductual; Behavior Modification (1977-); Behavior Research and Therapy (1963-); Behavior Therapy (1970-); Behavioral and Cognitive Psychotherapy (1973-), inicialmente Behavioral Psychotherapy; Behavioral Counselling Quarterly (1981-); Behavioral Interventions (1986-); Behavioral Processes (1981-), inicialmente Behavior Analysis Newsletters; Behavioral Residential Treatment (1986-); Child and Family Behavior Therapy (1979-), inicialmente Child Behavior Therapy; Education and Treatment of Children (1969-), inicialmente School Applications of Learning Theory; Japanese Journal of Behavior Therapy (1976-); Journal of Applied Behavior Analysis (1968-); Journal of Behavior Therapy and Experimental Psychiatry (1970-); Journal of Behavioral Education (1991-); Journal of the Experimental Analysis of Behavior (1958-); Journal of Organizational Behavior Management (1978-); Journal of Psychopathology and Behavioral Assessment (1979), inicialmente Journal of Behavioral Assessment; Journal of Rational-Emotive and Cognitive Behavior Therapy (1983-); La Technologie du Comportment (1977-); Mexican Journal of Behavior Analysis (1975-); Research in Developmental Disabilities (1987-) (en 1987, Applied Research in Mental Retardation [1980-86] y Analysis and Intervention in Developmental Disabilities [1981-1986] se fusionaron en una única revista); Scandinavian Journal of Behavior Therapy (1972-); The Behavior Analyst (1978-); The Behavior Therapist (1978-).

Preguntas sobre las notas

1. ¿Qué método resulta mas adecuado para la docencia universitaria, las clases magistrales tradicionales o el Sistema de Instrucción Personalizada? Justifique su respuesta.

2. ¿Qué es el conductismo?¿Está muerto, adormilado o vivito y coleando? Justifique su respuesta.

3

Conseguir que una conducta ocurra más a menudo mediante reforzamiento positivo

«¿Te quieres sentar aquí, mamá?»

REFORZAR LA CONDUCTA COOPERATIVA DE DARREN[2]

Darren, de seis años, era muy poco colaborador con sus progenitores. Con la esperanza de aprender a lidiar más efectivamente con su carácter autoritario, le llevaron a la clínica de desarrollo infantil de Gatzert, en la universidad de Washington. Conforme a lo que su padre y su madre decían, Darren prácticamente «llevaba la batuta», decidiendo cuándo se iba a la cama, qué comer, cuándo podían jugar con él, etc. Para obtener un registro directo de la conducta del pequeño, tanto cooperativa como autoritaria, el doctor Robert Wahler pidió a su madre que pasara algún tiempo con él en la sala de juego de la clínica. La sala estaba equipada con aulas de observación anejas para el registro de datos. Durante las dos primeras sesiones de veinte minutos, que constituyeron la línea base[3], la madre recibió las siguientes instrucciones: «juegue con Darren como lo haría en casa». La conducta autoritaria de Darren se definió como cualquier instrucción, verbal o no, hacia su madre, como empujarla hacia la silla o decirle frases del tipo «ve ahí y quédate» o «no, eso está mal, hazlo así». La conducta cooperativa se definió como cualquier frase, acción o pregunta no autoritaria como por ejemplo: «quieres sentarte aquí?», mientras señalaba una silla. Para ilustrar la consistencia de la conducta de Darren, la Figura 3-1 muestra un gráfico de los datos recogidos en intervalos consecutivos de diez minutos. Queda patente que Darren mostró una tasa muy baja de comportamiento cooperativo durante las sesiones de línea base. Su conducta autoritaria (ausente en la figura), por otro lado, tenía una tasa muy alta. Después del registro de línea base, se pidió a la madre que se mostrara alegre y animara cualquier

[2] Este ejemplo se basa en un artículo de Wahler, Winkel, Peterson y Morrison (1965).

[3] La linea base, que analizaremos en el Capítulo 23, es una medida de la conducta en ausencia del programa de intervención.

rasgo de conducta cooperativa de Darren. A la vez, se le pidió que ignorara completamente su conducta autoritaria. En las dos sesiones siguientes, la conducta cooperativa del niño creció de forma estable y sus manifestaciones autoritarias disminuyeron hasta casi desaparecer. El Dr. Wahler y sus colegas siguieron experimentando para demostrar que la mejoría de Darren se debía a las consecuencias positivas proporcionadas por la madre después de las conductas cooperativas del niño, en conjunción con el caso omiso a sus expresiones autoritarias.

REFORZAMIENTO POSITIVO

Un **reforzador positivo** es un acontecimiento que presentado inmediatamente después de una conducta, provoca que la frecuencia o la posibilidad de que ocurra la conducta aumenten. El término *reforzador positivo* es a grandes rasgos, sinónimo de premio o *recompensa*. Una vez que se ha establecido que un evento funciona como reforzador positivo para una persona concreta en una situación determinada, puede usarse para fortalecer otros comportamientos de esa misma persona en otras situaciones. En conjunción con el concepto de reforzador positivo, el principio de **refuerzo positivo** estipula que *si, en una situación determinada, alguien hace algo que es seguido inmediatamente de un reforzador positivo, es más probable que repita la misma acción la próxima vez que se enfrente a la misma situación.*

Aunque cualquiera tiene una noción de lo que es un premio o recompensa, muy pocas personas son realmente conscientes de la frecuencia con que influye el refuerzo positivo en su vida cotidiana y para ilustrarlo, la Tabla 3-1 presenta algunos ejemplos

Figura 3-1.
Conducta cooperativa de Darren. Cada punto de datos representa las frecuencias totales de conducta cooperativa de Darren durante el intervalo de 10 minutos de una sesión. La línea base constituye la fase de observación previa al programa de reforzamiento. (Adaptado de «Mothers as Behavior Therapists for Their Own Children», de R. G. Wahler, G. H. Winkel, R. F. Peterson y D.C. Morrison, Behavior Research and Therapy, Vol.3, 1965, Figura 1, p.117. Copyright © 1965. Reproducido con permiso de Elsevier Science).

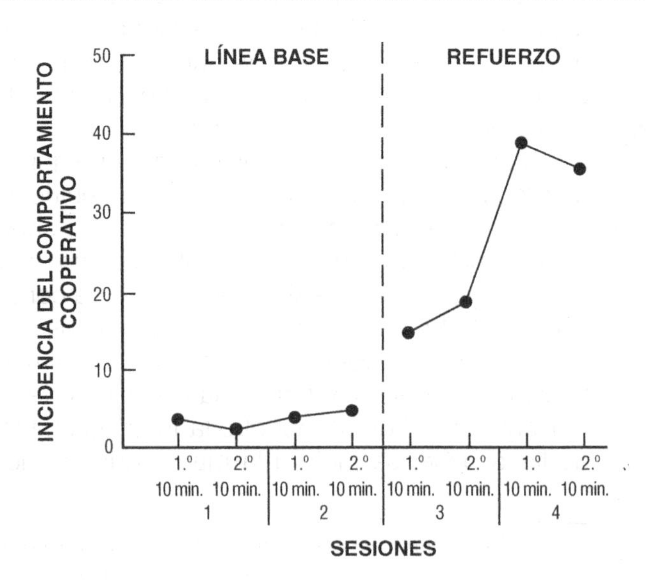

pertinentes. (Los términos *reforzamiento positivo* y *reforzamiento* (o refuerzo) suelen ser intercambiables).

Las personas en los ejemplos de la Tabla 3-1 no empleaban conscientemente el principio de reforzamiento; sólo hacían lo que «les surgía de manera espontánea». En los ejemplos, quizá sean necesarias varias repeticiones antes de notar un incremento obvio de la respuesta reforzada, esto es, un aumento que pudiera percibir un observador casual. No obstante, el efecto sigue estando presente, porque cada vez que hacemos algo, sea de la índole que sea, tiene consecuencias que «nos activan», «nos

Tabla 3-1. Ejemplos de refuerzo de conductas deseables

Situación	Respuesta	Consecuencias inmediatas	Efectos a largo plazo
1. Una madre está ocupada planchando en la cocina.	Su hija de 3 años empieza a jugar con su hermano pequeño.	La madre termina de planchar y se sienta a jugar con la hija y el bebé un ratito.	En el futuro, es probable que la hija juegue con su hermano pequeño mientras la madre planche, porque recibió atención cuando empezó a hacerlo.
2. Mientras espera en un atasco a que el semáforo cambie en un cruce concurrido, un coche se para en la incorporación a su derecha.	Hace gestos al otro conductor para que pase delante de usted.	El conductor asiente y le da las gracias con un gesto y se incorpora a la caravana de automóviles.	La respuesta agradable del conductor aumenta la probabilidad de que sea cortés en situaciones similares en el futuro.
3. Los alumnos de 3.º han recibido la tarea para hacer en clase.	Suzy, que suele ser muy revoltosa, se queda tranquila, sentada haciendo su tarea.	La profesora se acerca a Suzy y le da una palmadita amable en el hombro.	En el futuro, es probable que Suzy trabaje tranquila haciendo sus tareas en clase.
4. Un padre y un hijo están comprando en unos grandes almacenes una calurosa tarde y ambos están muy cansados.	El niño, totalmente en contra de lo que es habitual en él, sigue al padre por la tienda tranquilo y sin quejarse.	El padre se gira hacia el hijo y le dice «vamos a comprar un helado y a sentarnos un rato»	La próximas veces que vayan de compras, es más probable que el niño acompañe tranquilamente a su padre.
5. Una mujer prueba la sopa que acaba de hacer y descubre que está muy sosa.	Le añade un poco de salsa Worcestershire.	«Está muy sabrosa, parece una minestrone», se dice a sí misma.	Ahora existen más probabilidades de que en situaciones futuras similares, la mujer añada salsa Worcestershire a la sopa.
6. Una pareja se está cambiando para irse a dormir.	El marido recoge la ropa de su mujer y la pone en la cesta de lavado.	La mujer lo abraza y le da las gracias.	En futuras ocasiones, es probable que el marido vuelva a poner la ropa de su mujer en el cesto de lavado.
7. Uno de los autores de este libro está intentando dictar esto a una grabadora, pero no está funcionando.	El autor mueve uno de los cables pegados al micrófono.	La grabadora empieza a funcionar.	Acaba de aumentar la probabilidad de enredar con los cables en situaciones futuras parecidas.

desactivan» o no nos afectan en absoluto. Piense en algunos de sus comportamientos en la última hora. ¿Les siguió inmediatamente alguna consecuencia positiva? No siempre somos conscientes de esas consecuencias ni de los efectos que están teniendo sobre nuestras conductas.

Las conductas que operan en el entorno para generar consecuencias, y están a su vez influidas por esas consecuencias, se denominan **conductas o respuestas operantes,** y muestra de ello son todos los ejemplos de la Tabla 3-1. Las conductas operantes seguidas por reforzadores se fortalecen, en tanto que si son seguidas por castigos (véase Capítulo 12), se debilitan. Los comportamientos reflejos son situaciones diferentes que analizaremos en los capítulos 14 y 15.

Es útil pensar sobre la conducta de la misma manera que lo hacemos sobre otros aspectos de la naturaleza. ¿Qué ocurre si dejamos caer un zapato? Cae hacia la tierra. ¿Qué le pasa a un lago cuando la temperatura desciende por debajo de 0° C? El agua se congela. Estas son circunstancias que conocemos y que los físicos han estudiado en profundidad y sobre las que han formulado leyes, como la ley de la gravedad. El principio del reforzamiento positivo también es una ley que la psicología científica ha estudiado exhaustivamente desde principios del siglo pasado (p.ej., Thorndike, 1911), y sabemos que es un componente extremadamente importante del proceso de aprendizaje. También conocemos que existen factores que determinan el grado de influencia que tiene el principio del refuerzo en la conducta. Estos factores han sido formulados como guías para usar el reforzamiento positivo en la consecución de conductas deseables.

FACTORES QUE INFLUYEN EN LA EFICACIA DEL REFORZAMIENTO POSITIVO

1. Selección del comportamiento que se quiere incrementar

Las conductas que se quieren reforzar deben ser antes identificadas específicamente. Si se empieza con una categoría general de conducta (p.ej., ser más simpático), habrá que proceder a identificar aspectos específicos (p.ej., sonreír) que caractericen esa categoría. Este grado de concreción: (a) garantiza la fiabilidad en la detección de la aparición de la conducta y los cambios en su frecuencia, que es el criterio con que se juzga la efectividad de un reforzador, y (b) aumenta la probabilidad de que el programa de reforzamiento se aplique de forma consistente.

2. Elección de los reforzadores («sobre gustos no hay nada escrito»)

Existen estímulos que son reforzadores para casi todo el mundo. El alimento es un reforzador positivo para casi cualquiera que no haya comido nada en las últimas horas. Las golosinas son reforzadores para la mayoría de los niños. Por otro lado, diferentes personas se activan ante distintas propuestas. Pensemos en el caso de Diane, una niña de 6 años con un trastorno del desarrollo, que participaba en un proyecto llevado a cabo por uno de los autores. Diane era capaz de imitar una serie de palabras, y estábamos intentando que nombrara dibujos. Los dos reforzadores empleados inicialmente fueron golosinas y bocados de la cena de la niña, pero ninguno resultó eficaz con ella, porque los escupía tan a menudo como se los tragaba. Después de intentarlo con otros reforzadores potenciales, finalmente descubrimos que dejar que jugara con un bolsito durante quince segundos era muy gratificante. Como resultado y tras horas de entrenamiento, ahora habla con oraciones completas. Para otro niño, escuchar una caja de música durante unos segundos resultó muy reforzante, después de que fallaran con él otros premios más comunes. Estos estímulos podrían no haber sido reforzantes para todos, pero eso no es lo importante. La clave es aportar un reforzador que sea efectivo para la persona con quien se está trabajando en ese momento.

Los reforzadores positivos son acontecimientos que fortalecen una respuesta cuando se introducen tras la emisión de la misma, pero la eliminación de un evento tras la respuesta puede también reforzarla, aunque no constituiría un caso de refuerzo positivo. Por ejemplo, el padre y la madre insisten para que una adolescente friegue los platos y cuando ella accede, la insistencia desaparece. Es el cese de la insistencia, es decir, la eliminación (no la aparición) de esta conducta, la que refuerza el comportamiento de fregar platos, porque hacerlo pone fin a las peticiones. Este proceso se denomina *reforzamiento negativo* o *condicionamiento de escape* y se analizará en profundidad en el Capítulo 13.

La mayoría de los reforzadores positivos se organizan conforme a cinco categorías: *de consumo, actividad, manipulativo, de posesión* y *social*. Los reforzadores de consumo son bienes comestibles, como golosinas, galletas, fruta y refrescos. Ejemplos de reforzadores de actividad podrían ser la oportunidad de ver televisión, ojear un libro de dibujos, o incluso mirar por la ventana. Los reforzadores manipulativos incluyen el acceso al entretenimiento con un juego favorito, colorear, montar en bicicleta, navegar por Internet, o juguetear con un radiocassette. Los reforzadores de posesión hacen referencia a las oportunidades de sentarse en la silla preferida, ponerse el vestido favorito, tener una habitación individual, o disfrutar en exclusiva al menos temporalmente de algún otro objeto. Los reforzadores sociales incluyen palmaditas afectuosas o abrazos, elogios, gestos de aprobación, sonrisas, incluso una simple mirada o cualquier otra indicación de atención social. Cara casi todos, recibir atención de otras personas es un reforzador muy potente (véase la Figura 3-2).

Figura 3-2.
Los elogios son un poderoso reforzador positivo para fortalecer y mantener conductas valiosas en la vida cotidiana.

Al elegir un reforzador positivo para una persona, es útil revisar los inventarios de reforzadores empleados por otros grupos (véase Tabla 3-2) o hacer una lista propia. La Figura 3-3 presenta un ejemplo de cómo hacerlo.

Tabla 3-2. Reforzadores para empleados en varios entornos laborales

Reforzadores de atención especial	Reforzadores económicos
Elogios	Ascenso
Elogios delante de otras personas	Días libres pagados
Asignación de trabajos especiales	Acciones de la empresa
Sitio de estacionamiento reservado	Coche de empresa
Elección de oficina	Paga por bajas por enfermedad no utilizadas
Elección de los muebles de la propia oficina	Paga por horas extra acumuladas
Invitaciones a reuniones de alto nivel	Entradas para acontecimientos especiales
Elección de la ropa de trabajo	Décimos para rifas o lotería
Contacto social con otros	Mobiliario extra para la oficina
Petición de opiniones e ideas	Vales de regalo
Elección de compañero de trabajo	Cena para la familia en restaurante agradable
Obligaciones flexibles	Matrícula personalizada
	Regalos personalizados
	Calculadora de sobremesa u ordenador
	Tarjetas de crédito
	Cuenta de gastos
Reforzadores de tiempo en el trabajo	**Reforzadores de participación**
Tiempo libre para actividades relacionadas con el trabajo	Voz en decisiones directivas
Tiempo libre para asuntos personales	Colaborar en el establecimiento de metas
Descanso extra	Más responsabilidad
Tiempo adicional para comer	Oportunidad de aprender nuevas técnicas
Elección de días de trabajo o elección de horas libres	

Nota: Adaptado de «Turning Around: the behavioral Approach to Managing People» (p. 45) de Beverly Potter. Todos los derechos reservados. New York: AMACOM, a Division of American Management Association.

Este cuestionario está pensado para ayudarle a elegir algunas actividades, objetos, sucesos o personas específicas, que puedan ser útiles como reforzadores en un programa de avance personal. Lea atentamente cada pregunta y rellene los espacios en blanco.

A. Reforzadores de consumo: ¿Qué le gusta comer/beber?

1. ¿Qué es lo que más le gusta comer?

a. alimentos corrientes ______
b. comida sana – frutos secos, nueces, cereales, etc. ______
c. comida no tan sana – palomitas, patatas fritas, etc. ______
d. golosinas – gominolas, helados, galletas, etc. ______

2. ¿Qué es lo que más le gusta beber?

a. leche ______ **c.** zumos ______
b. refrescos ______ **d.** otros ______

B. Reforzadores de actividad: ¿Qué le gusta hacer?

1. Actividades en casa o en la residencia

a. pasatiempos______
b. artesanía______
c. reformas y decoración ______
d. preparar comida o bebida ______
e. tareas domésticas ______

f. bricolage ____
g. otros ____

2. Actividades al aire libre
   a. deporte ____
   b. jardinería ____
   c. barbacoas ____
   d. trabajo manual ____
   e. otros ____
3. Actividades gratis cerca de casa (mirar escaparates, pasear, ir a correr, montar en bici, conducir, columpiarse, deambular, etc.).
   ____
4. Actividades gratuitas lejos de casa (hacer senderismo, caminar en la nieve, nadar, acampar, ir a la playa, etc.)
   ____
5. Actividades de pago (cine, teatro, encuentros deportivos, discotecas, bares, etc.)
   ____
6. Actividades pasivas (ver la televisión, escuchar la radio, cintas o discos, charlar, bañarse, sentarse, etc.)
   ____

C. Reforzador de manipulación ¿Qué tipo de juegos o juguetes le interesan?
   1. coches y camiones de juguete ____
   2. muñecos ____
   3. juguetes de cuerda ____
   4. globos ____
   5. silbatos ____
   6. saltar a la comba ____
   7. libros para colorear ____
   8. pintar ____
   9. otros ____

D. Reforzadores de posesión: ¿Qué tipo de cosas le gusta tener?
   1. cepillo ____
   2. cortaúñas ____
   3. gomas para el pelo ____
   4. peine ____
   5. perfume ____
   6. cinturón ____
   7. guantes ____
   8. cordones de zapatos ____
   9. otros ____

E. Reforzadores sociales: ¿Qué tipos de estimulación física o verbal le gusta recibir? (especifique de quién)
   1. Estimulación verbal
      a. «buen chico/a» ____
      b. «bien hecho» ____
      c. «buen trabajo» ____
      d. «muy bien» ____
      e. «sigue así» ____
      f. otros ____
   2. Contacto físico
      a. un abrazo ____
      b. un beso ____
      c. cosquillas ____
      d. chocar los cinco ____
      e. lucha libre ____
      f. balancearse sobre las rodillas de otro ____
      g. otros ____

Figura 3-3. Cuestionario para ayudar a la identificación de reforzadores.

Quizá afronte muchos intentos y fracasos antes de encontrar el reforzador apropiado para una persona concreta, por ello sugerimos comenzar por observar simplemente las actividades cotidianas que realiza y tomar nota de aquéllas que lleva a cabo más a menudo. Este método sigue el principio que formuló David Premack (1959), que establece que la oportunidad de llevar a cabo una conducta con alta probabilidad de ocurrencia puede emplearse para reforzar una conducta con baja probabilidad de ocurrencia. Por ejemplo, W. G. Johnson (1971) utilizó este principio para ayudar a una estudiante de diecisiete años deprimida a aumentar su tasa de autoafirmaciones positivas. El planteamiento consistió en que imaginara pensamientos positivos (conducta con baja probabilidad), tal como establecía una tarjeta de un fichero, justo antes de cada ocasión en que fuera al servicio a orinar (la conducta con alta probabilidad de ocurrencia). Tras unos días, la estudiante tenía pensamientos positivos de manera espontánea cada vez que iba al servicio sin necesidad de acudir al fichero. Tras dos semanas de intervención, la estudiante informó de que los pensamientos positivos ocurrían con mucha frecuencia y los pensamientos depresivos habían desaparecido completamente. Para una discusión acerca de las limitaciones del principio de Premack, véase Timberlake y Allison (1974) y Timberlake y Farmer-Dougan (1991).

Es aconsejable permitir que la persona implicada elija de entre una lista de reforzadores disponibles (DeLeon y Iwata, 1996). La variedad no es sólo la sal de la vida; es además una ventaja muy valiosa para un programa de entrenamiento. Por ejemplo, en una intervención con una persona con un trastorno del desarrollo, podríamos presentar una bandeja con fruta troceada, cacahuetes, uvas pasas, y bebidas dietéticas y pedirle que eligiera. La ventaja de esta posibilidad es que al menos un reforzador de los expuestos va a ser probablemente eficaz. Si la persona sabe leer, las opciones pueden presentarse en un «menú de reforzadores» para que elija como lo haría en un restaurante. Matson y sus colegas (1999) describen un menú de reforzadores que podrían usarse como refuerzos para personas con trastornos del desarrollo severos y profundos.

No importa cómo se escoja un potencial reforzador, es el rendimiento de la persona lo que indica si ha acertado o no en la elección. Si no se tiene la certeza de que un ítem concreto es gratificante, siempre podría llevar a cabo una prueba experimental que implica *volver a la definición de reforzador que se dio al principio de este capítulo*. Simplemente se elige un comportamiento que la persona emite de vez en cuando y que no parezca ser seguido por ningún reforzador, se registra su frecuencia sin reforzarlo en varios ensayos, y se presenta entonces el ítem inmediatamente después de la conducta en varias ocasiones para observar qué ocurre. Si la persona empieza a emitir esa conducta con más frecuencia, entonces el ítem es un reforzador. Si la ejecución no aumenta, no estamos ante un reforzador efectivo. Nuestra experiencia demuestra que no emplear un reforzador potente es un error habitual de los programas de entrenamiento. Por ejemplo, un profesor se queja de que una intervención de reforzamiento determinada no está funcionando, y si examinamos detenidamente la situación, es probable que encontremos que el reforzador empleado no supone una recompensa para los estudiantes. Nunca se tiene la seguridad de que un ítem es un reforzador para alguien hasta demostrar que realmente funciona como tal para esa persona. En otras palabras, un objeto o evento *se define como reforzador sólo por su efecto sobre la conducta.*

Si deliberadamente se usa un bien tangible para reforzar, ¿se minará la motivación intrínseca de esa persona en la realización de esa conducta? Algunas críticas a la modificación de conducta (p.ej., Deci, Koestner y Ryan, 1999) han sugerido que eso es lo que ocurre. Algunas objeciones (p.ej., Kohn, 1993) han ido más allá al sugerir que las recompensas tangibles no deberían ofertarse nunca porque, por ejemplo, si un padre o madre dan dinero a su hijo para reforzar la lectura, el niño va a ser menos proclive a «leer por el simple placer de leer». No obstante, una revisión cuidadosa de la literatura experimental sobre este tema (Cameron, Banko y Pierce, 2001), y dos experimentos recientes (Flora y Flora, 1999; Mcginnis, Friman y Carlyon, 1999), indican claramente que ese argumento es un mito. Además, la noción de que los reforzadores extrínsecos minan los intereses intrínsecos va en contra del sentido común (Flora, 1990). Si el reforzamiento extrínseco minara la motivación intrínseca, por ejemplo, esas personas afortunadas que realmente disfrutan con su trabajo deberían renunciar a su sueldo, o pedir sólo un salario mínimo para subsistir, por miedo a que su pagas menoscaben el placer del trabajo. También hemos de mencionar que la distinción entre extrínsecos e intrínsecos no nos parece válida puesto que todos los reforzadores implican estímulos externos (extrínsecos) y todos tienen aspectos internos (intrínsecos).

3. Operaciones motivacionales

La mayoría de los reforzadores no serán efectivos a menos que la persona haya sido privada de ellos durante cierto tiempo antes de otorgarlos. En general, cuanto mayor haya sido el tiempo de privación, más efectivos serán. Los dulces no suelen ser reforzadores para un niño que se acaba de comer una bolsa entera. Jugar con un bolsito no habría sido reforzante para Diane si le hubiéramos dejado jugar con él justo antes de la sesión de entrenamiento. El término **privación** describe el periodo, antes de la sesión de entrenamiento, durante el que el individuo no experimentó el reforzador. El término **saciedad** hace referencia a la condición en que la persona ha experimentado el reforzador hasta un punto en que ya no es reforzante. Como argumenta el dicho, «hasta de lo bueno nos cansamos».

Situaciones o condiciones, como la privación y la saciedad, que: (a) alteran temporalmente la efectividad de un reforzador, y (b) alteran la frecuencia de la conducta reforzada se denominan **operaciones motivacionales (OM;** descritas en el Capítulo 19). Así, el ayuno no sólo convierte al alimento en reforzador para la persona privada, sino que también aumenta la frecuencia de comportamientos que fueron reforzados con comida. Por ejemplo, dar alimentos salados a un niño podría ser una operación motivacional porque aumentaría la eficacia del agua como reforzador y evocaría conductas que fueron seguidas de agua (p.ej., pedir algo de beber, abrir un grifo). Estas operaciones constituyen *variables motivacionales* que afectan a la probabilidad y dirección de la conducta. Al estar genéticamente determinada, es decir, no aprendida, la privación de alimento aumenta la efectividad de la comida como reforzador y la ingestión de sal aumenta el valor del agua como reforzador, por ello denominamos *operaciones de motivación incondicionadas* a estas situaciones. En el Capítulo 19 presentaremos más detenidamente las operaciones motivacionales condicionadas.

Hablar de operaciones motivacionales, en general, sería equivalente a hablar de motivación y, por ello, en la vida cotidiana, la gente diría que privar a alguien de alimento le motivaría para buscar comida y que dar a alguien cacahuetes salados le motivaría para encontrar algo para beber.

Dos tipos básicos de operaciones motivacionales son el establecimiento y la abolición. La privación es un ejemplo de *operación de establecimiento* porque aumenta temporalmente la efectividad de un reforzador. La saciedad es un ejemplo de *operación de abolición* porque temporalmente hace disminuir la efectividad de un reforzador.

4. Tamaño del reforzador

El tamaño (cantidad o magnitud) de un reforzador es un determinante importante de su eficacia. Considere el siguiente ejemplo: la plantilla de un gran hospital psiquiátrico descubrió que sólo el 60% de las pacientes se cepillaban los dientes. Cuando las pacientes recibían una ficha (que podía canjearse por un paquete de cigarrillos, café o chocolatinas) por lavarse los dientes, el porcentaje que lo hacía creció hasta el 76%. Cuando les dieron cinco fichas por lavarse los dientes, el porcentaje llegaba a 91% (Fisher, 1979). Ahora, analicemos un ejemplo de la vida cotidiana: la mayoría de los adolescentes del estado de Minnesota no estaría por la labor de quitar con palas la nieve de las calzadas por veinticinco centavos, aunque muchos lo harían por diez dólares. Como veremos en el Capítulo 6, la cantidad óptima que garantice la eficacia de un reforzador dependerá de otros factores, como la dificultad de la conducta y la existencia de alternativas rivales con sus correspondientes recompensas. Por ahora pensemos que la cantidad del reforzador debería ser lo suficientemente grande como para fortalecer la conducta que se quiere incrementar. A su vez, si el objetivo es llevar a cabo un número determinado de ensayos durante una sesión, como al enseñar habilidades básicas de lenguaje a una persona con un trastorno del desarrollo, el reforzador de cada ensayo debería ser lo suficientemente pequeño como para minimizar la saciedad y maximizar el número de ensayos reforzados en cada jornada.

5. Instrucciones: el uso de reglas

Para que un reforzador incremente la conducta de una persona, no es necesario que ella sea capaz de hablar o indicar que comprende los motivos por los que está siendo reforzada (véase **Nota 1**). Después de todo, el principio ha demostrado sobradamente su eficacia en animales no verbales. No obstante, por lo general es aconsejable emplear instrucciones.

La influencia de las instrucciones sobre la conducta resultará más fácil de comprender después de leer los Capítulos 8 y 17, no obstante hay que explicar que las instrucciones son reglas específicas o guías que indican que determinadas conductas desaparecerán en situaciones concretas. Por ejemplo, una profesora podría sugerir la regla: «si te aprendes todas las respuestas a las preguntas que aparecen al final de cada capítulo de este libro, obtendrás un sobresaliente en la asignatura».

Las instrucciones pueden facilitar el cambio conductual de varias maneras. En primer lugar, acelerarán el proceso de aprendizaje de las personas que las entiendan.

Por ejemplo, los jugadores de tenis novatos que practicaban el revés mostraron pocos progresos cuando se les decía únicamente que se concentraran. Sin embargo, mostraron una rápida mejora cuando se les dijo que vocalizaran la palabra «preparado» cuando la máquina de lanzar pelotas estuviera a punto de disparar, la palabra «pelota» al ver salir la pelota, la palabra «rebote» al ver la pelota entrar en contacto con el suelo de la pista, y la palabra «golpe» al observar la pelota tocando la raqueta al dar el golpe de revés (Ziegler, 1987). En segundo lugar, como indicamos previamente y repetiremos en el Capítulo 17, las instrucciones podrían influir en un individuo para que trabajara por un reforzador demorado. Sacar un sobresaliente en la asignatura para la que está usted usando este libro, por ejemplo, tiene una demora de varios meses desde el principio del curso. Una repetición diaria de la regla «si me aprendo las respuestas a las preguntas del final de cada capítulo, sacaré un sobresaliente», podría ejercer alguna influencia sobre la aplicación al estudio. En tercer lugar (como se verá en el Capítulo 8), añadir instrucciones a los programas de reforzamiento podría ayudar a enseñar, por ejemplo a niños muy pequeños o personas con trastornos del desarrollo, a seguir instrucciones.

Se han vertido algunas acusaciones sobre los modificadores de conducta aduciendo que utilizan sobornos porque éstos implican típicamente tanto instrucciones como reforzadores. Supongamos que una persona que hace apuestas ofrece 500.000 dólares a un famoso jugador de baseball por fallar cada vez que le toque batear en el campeonato mundial. Claramente, la situación se ajustaría a la definición de soborno: recompensa o regalo ofrecido para inducir a alguien a cometer un acto inmoral o ilegal. Ahora suponga que un padre ofrece una ficha canjeable por una parte de la paga si la niña hace los deberes en un tiempo determinado. ¿Sería eso un soborno? Claro que no. Es emplear las instrucciones de un programa de reforzamiento para premiar una conducta deseable, no para cometer un acto ilegal o inmoral. De manera similar, a quien empieza a trabajar le explican cuánto le van a pagar y no consideramos que esto constituya un soborno. Obviamente, las críticas que acusan a los modificadores de conducta de emplear sobornos no distinguen correctamente entre la promesa de un reforzador deseable a cambio de un comportamiento adecuado, de la promesa de reforzadores por actos inmorales o ilegales.

6. El reforzador ha de ser inmediato

Para conseguir una eficacia máxima, un reforzador ha de aplicarse inmediatamente después de la respuesta deseada. En el ejemplo de la Tabla 3-1, cuando el marido recoge la ropa de su mujer y la pone en la cesta, ella le da las gracias inmediatamente. Si hubiera esperado a la mañana siguiente para hacerlo, su agradecimiento no hubiera tenido el mismo efecto. Hay ocasiones en que algunas conductas se ven aparentemente afectadas por un reforzamiento demorado. Decir a una niña que si ordena su habitación por la mañana, su padre le traerá un juguete por la tarde, es efectivo a veces. Además, las personas se esfuerzan a cambio de objetivos muy demorados, como el título de licenciatura. Sin embargo, es un error atribuir estos efectos sólo al principio de reforzamiento positivo. Sabemos que en muchas especies animales no es probable que un reforzador tenga efecto directo sobre la conducta si es precedido por un intervalo superior a 30 segundos (Cheng, 1965; Lattal y Metzger, 1994; Perin, 1943), y no hay razones para creer que los humanos seamos esencialmente diferentes en este aspecto (Michael, 1986).

¿Por qué un reforzador demorado puede ser eficaz en los humanos? La respuesta es que existen algunos eventos que median o «hacen de puente» entre la respuesta y el reforzador demorado (véase Pear, 2001, pp. 246-249). Considere el caso de Fernando, quien trabajó en una fábrica estadounidense en las afueras de Ciudad de México[4]. Él formaba parte del grupo de doce empleados con un problema crónico: llegar tarde al trabajo. Las gratificaciones anuales que la fábrica entregaba a los 40 trabajadores con el mejor registro de asistencia no tenían efecto alguno en Fernando. Asimismo, las entrevistas disciplinarias y las suspensiones de un día sin paga tampoco funcionaban para incrementar la frecuencia de su puntualidad. De hecho, en el periodo de doce semanas en que esta última medida estaba funcionando, Fernando llegó puntual menos del 80% de las veces (véase la Figura 3-4, fase de línea base). Jaime Hermann, con el apoyo de los encargados de la fábrica, decidió implementar un programa con reforzadores positivos. Jaime le explicó individualmente el procedimiento a Fernando y a todos los demás trabajadores que participaban en el programa. Cada día que Fernando fichaba puntualmente recibía inmediatamente un vale que decía que había ganado dos pesos (que tenían un valor considerable para Fernando cuando se hizo el estudio). Al final de la semana Fernando canjeaba sus vales por dinero. Como muestra la Figura 3-4, el programa tuvo un efecto inmediato. Fernando llegó a su hora todos los días durante las primeras ocho semanas del programa, que tuvo el mismo efecto positivo sobre los otros once trabajadores que solían llegar tarde. Además, se demostró que la mejoría se debía al tratamiento.

A primera vista, parecería que la mejoría de Fernando es un claro caso de los efectos del reforzamiento positivo, pero un análisis más profundo revela la necesidad de una interpretación alternativa (Michael, 1986). La respuesta que hizo posible que Fernando empezara a ser puntual era salir de su casa media hora antes, pero esa respuesta ocurría bastante antes (más de 30 segundos) que la entrega del vale canjeable por dos pesos. ¿Afectaron otras variables al comportamiento del empleado? Quizá después de despertarse Fernando se decía «voy a salir media hora antes para asegurarme los dos pesos», y estas auto-instrucciones habrían influido sobre su comportamiento. Aunque los efectos positivos del programa se debían al tratamiento, éste era más complejo que el simple hecho de que el reforzador positivo aumentara la frecuencia de la respuesta inmediatamente anterior.

El **efecto directo** del principio del reforzamiento positivo es el aumento de la frecuencia de la respuesta debido a las consecuencias reforzantes inmediatas (véase **Nota 2**).

El **efecto indirecto** del reforzamiento positivo es el fortalecimiento de una respuesta (como el caso de Fernando, que salía antes de casa para llegar puntual al trabajo) a la que sigue un reforzador (ganar dos pesos) aunque el reforzador se aplace (véase **Nota 3**). Los reforzadores demorados afectan a la conducta gracias a las

[4] Este ejemplo está basado en un artículo de Hermann, deMontes, Dominiquez, Montes y Hopkins (1973).

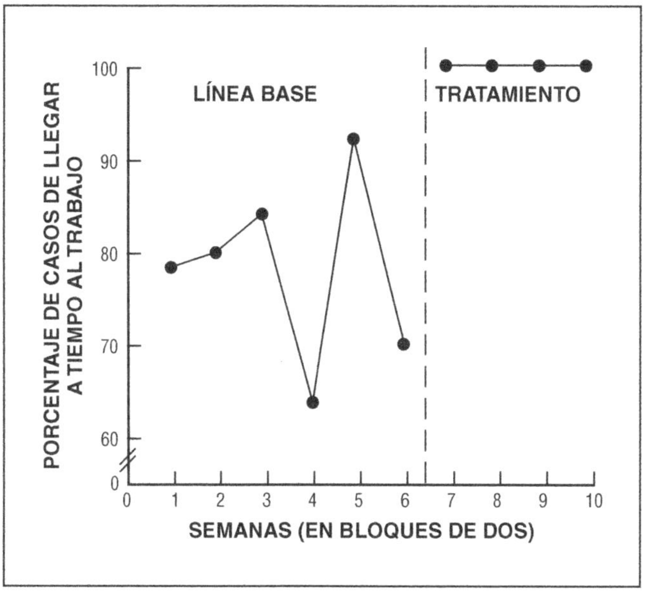

Figura 3-4.
Frecuencia de llegada puntual de Fernando al trabajo. Cada punto de datos representa el porcentaje total de ocasiones en que Fernando llegó al trabajo puntualmente durante un periodo de dos semanas. (Adaptado de «Effects of Bonuses for Punctuality on the Tardiness of Industrial Workers» de J.A.Hermann, A.I. Montes, E.Dominguez, F.Montes y B.L.Hopkins, 1973, Journal of Applied Behavior Analysis, Vol.6, 1973, Figura 2, p. 568. Copyright © 1973. Reimpreso con permiso).

instrucciones que median su ejecución para conseguirlos y por las auto-instrucciones o pensamientos que intervienen entre el comportamiento y el reforzador demorado. Camino del trabajo, por ejemplo, Fernando habría estado pensando en cómo gastaría el dinero. Otras explicaciones sobre los efectos indirectos del refuerzo positivo se presentan en el Capítulo 17.

La distinción entre los efectos directos e indirectos del reforzamiento tiene implicaciones importantes para los profesionales. Si no se puede presentar un reforzador inmediatamente después de la conducta deseada, deben darse instrucciones concernientes a la demora del reforzamiento.

7. Refuerzo contingente y no contingente

Cuando una conducta debe ocurrir antes de que el reforzador sea presentado, se dice que el reforzador es *contingente* a esa conducta. Si el reforzador se presenta en un momento determinado, a pesar de la conducta precedente, se dice que el reforzador *no es contingente*. Para ilustrar la importancia de esta distinción, considere el siguiente ejemplo[5]. La entrenadora Keedwell observaba a sus jóvenes nadadoras haciendo sus largos en la piscina durante el entrenamiento habitual en el club Marlin Youth Swim. Siempre intentó hacer hincapié en la importancia de practicar los virajes en los extremos de la piscina y de no hacer paradas durante la ejecución de los largos. Siguiendo las instrucciones de otra de las entrenadoras, añadió incluso recompensas y así, en los diez últimos minutos de cada entrenamiento, las nadadoras podían elegir una actividad lúdica (carreras de relevos, jugar al waterpolo, etc.). Sin embargo, los resultados eran los mismos: las jóvenes nadadoras seguían mostrando

[5] Este ejemplo se basa en un estudio de Cracklen y Martin (1983).

una alta frecuencia de virajes mal hechos y de estancamientos del ritmo en medio de los largos.

El error cometido por la entrenadora es habitual entre los modificadores de conducta noveles. Incorporar a los entrenamientos una actividad lúdica no contingente podría incrementar la asistencia de las deportistas a la práctica, pero no era probable que tuviera mucho efecto sobre la ejecución concreta durante la misma. Los educadores suelen cometer el mismo error que la entrenadora Keedwell cuando asumen que crear un entorno placentero mejorará el aprendizaje. No obstante, los reforzadores deben ser contingentes con las conductas premiadas. Cuando se señaló este aspecto a la entrenadora, hizo la actividad lúdica contingente a la actuación buscada. En los entrenamientos posteriores, las nadadoras tenían que cumplir los objetivos de practicar un número mínimo de virajes y hacer sus largos sin pararse a media piscina para poder obtener el reforzador al final del entrenamiento. Como resultado, las jóvenes mostraron una mejoría aproximadamente del 150%. Para maximizar la efectividad de un programa de reforzamiento, hay que asegurarse de que los reforzadores son contingentes con los aspectos específicos que se quieren mejorar.

Además de no favorecer la conducta deseable, un reforzador no contingente incrementaría comportamientos no buscados a los que por casualidad siguiera. Supongamos que sin que ella lo supiera, el pequeño Johnny estaba pintando las paredes del dormitorio con un lápiz justo en el momento en que la madre le dice «Johnny, vamos a comprar helado». Esta contingencia accidental podría fortalecer la tendencia de Johnny a garabatear las paredes. Esto es, la conducta que es seguida «accidentalmente» por un reforzador se fortalece aunque no lo haya producido realmente. Esta circunstancia se denomina **reforzamiento fortuito** y se conoce como **conducta supersticiosa** a la obtenida mediante este mecanismo (Skinner, 1948a). Otro ejemplo sería el de quien cruza los dedos al jugar en la máquina tragaperras porque en el pasado, lo estaba haciendo en el preciso instante en que por casualidad ganó el bote, con lo cual desarrolló esta superstición.

8. Independizar al estudiante del programa y el cambio a los refozadores naturales

Los factores descritos previamente influyen en la efectividad del reforzamiento positivo mientras se está aplicando el programa. Pero, ¿qué ocurre con la conducta cuando acaba la intervención y la persona vuelve a su entorno cotidiano? Muchas actividades cotidianas son seguidas de reforzadores aunque nadie los haya programado deliberadamente para aumentarlas o mantenerlas. Leer señales y carteles está reforzado por el hecho de encontrar los objetos o las direcciones buscadas; comer está premiado con el sabor de la comida; encender el interruptor es reforzado por el aumento de la iluminación; abrir un grifo es gratificado con el chorro de agua; y las conductas verbales y sociales se ven recompensadas por las reacciones de otras personas. Los reforzadores no programados que tienen lugar en el curso normal de la vida cotidiana se conocen como **reforzadores naturales** y ocurren en **entornos naturales**. Estas consecuencias pueden manipularse deliberadamente por psicólogos, profesores y programas de modificación de conducta, y en esos casos se denominan reforzadores arbitrarios, artificiales o programados.

Después de haber establecido una conducta gracias al uso correcto del refuerzo positivo, es posible que un reforzador del entorno natural de la persona asuma su mantenimiento. Por ejemplo, a veces es necesario emplear golosinas para reforzar la conducta de nombrar objetos en niños con trastornos del desarrollo. No obstante, cuando salen del aula y vuelven a sus casas, a veces dicen las palabras que han aprendido y reciben a cambio la atención de sus familiares. Al final, los dulces ya no serán necesarios para reforzar la verbalización de los nombres de los objetos y se habrá alcanzado entonces el objetivo último de cualquier programa de entrenamiento. Los profesionales tienen que anticipar que el comportamiento que se está estableciendo en el programa de entrenamiento será reforzado y mantenido en el entorno natural. Un aspecto que se constata es que si la conducta reforzada mediante determinado programa, no es seguida de alguna recompensa al menos de vez en cuando, ya sea mediante reforzadores arbitrarios o naturales, volverá a su nivel original. Como vemos, el problema del mantenimiento de una conducta deseable es muy importante, por eso se analiza con más detalle en los capítulos 6, 7 y 16.

OBSTÁCULOS EN EL REFUERZO POSITIVO

El principio puede actuar en contra de personas incautas

Quienes conocen los principios de refuerzo positivo podrían aplicarlo para conseguir cambios deseables en la conducta. Por supuesto, el principio también opera para quienes lo desconocen y, sin saberlo, podrían estar fomentando comportamientos inadaptativos. La Tabla 3-3 presenta algunos ejemplos de cómo el refuerzo positivo puede ir, a largo plazo, en contra de nuestros propósitos.

Desde nuestra experiencia, muchas conductas disfuncionales se deben a la atención social que consiguen de los ayudantes, personal médico y de enfermería, compañeros, profesores, padres y madres y otros. Esto es cierto hasta en casos tan inesperados como los niños con un retraimiento social extremo. Una característica comportamental de estos niños es que evitan mirar a la persona que les está hablando y suelen alejarse de los adultos. Se podría concluir que no quieren nuestra atención, pero en realidad, los gestos de aislamiento les proporcionan más atención social de la que obtendrían mirando a los adultos. El comportamiento natural de los adultos frente a ellos es persistir en su intento de conseguir que los miren cuando les hablen. Por desgracia, es probable que esta insistencia refuerce su conducta de aislamiento. La tendencia a colmarlos de atención se mantiene a veces por la teoría de que la interacción social es necesaria para «sacarles de su estado de aislamiento». En realidad, un tratamiento apropiado podría implicar retirar la atención social de la conducta retraída y presentarla sólo cuando aparezca algún tipo de interacción social, como mirar en la dirección del adulto que está intentando comunicarse. La labor ardua de los modificadores de conducta que emplean las técnicas apropiadas podría verse estorbada o incluso perjudicada por quienes premian las conductas incorrectas. Por ejemplo, un ayudante que trata de reforzar el contacto ocular en un chico retraído, probablemente no va a tener mucho efecto si otras personas que interactúan con el

TABLA 3-3. Ejemplos de refuerzos positivos tras conductas no deseadas

Situación	Respuesta	Consecuencias inmediatas	Consecuencias a largo plazo
1. Un niño de 3 años que ha estado jugando con su libro de colorear se levanta y mira a su alrededor	El niño coge el mando a distancia de la TV y empieza a juguetear con los botones	Su madre viene inmediatamente y le dice «me parece que te has cansado de jugar solo, vamos a dar un paseo»	Las posibilidades de que el niño vuelva a juguetear con el mando aumentarán en el futuro por la atención recibida de la madre
2. Mientras se prepara para ir a trabajar, un hombre no puede encontrar su camisa limpia	El hombre empieza a gritar «¿dónde demonios está mi camisa?»	Inmediatamente la mujer encuentra la camisa	En el futuro, es probable que el marido vuelva a gritar cuando no encuentre su ropa
3. Un padre está ocupado planchando y sus dos hijos están jugando tranquilamente	Uno de los pequeños le pega a su hermano en la cabeza con un camión de juguete	El padre deja de planchar y se sienta a jugar un rato con los hijos	Es probable que el niño vuelva a pegar a su hermano para llamar la atención de su padre
4. Una madre y su hija están comprando	La niña empieza a lloriquear «¡me quiero ir a casa!, ¡me quiero ir a casa!, ¡me quiero ir a casa!»	La madre se avergüenza y sale inmediatamente de la tienda antes de hacer sus compras	Es probable que en el futuro la niña vuelva a gimotear en una situación similar
5. Personas con trastorno severo del desarrollo están almorzando en el comedor del hogar comunitario	Una de las chicas levanta un vaso vacío y gruñe	Uno de los cuidadores le llena inmediatamente el vaso con leche	Es probable que la joven repita los gruñidos y la conducta de levantar el vaso cuando quiera leche
6. Un padre está viendo por televisión la eliminatoria de la copa Stanley de hockey	Dos de los niños están jugando en la misma habitación y hacen mucho ruido	El padre les da dinero para que vayan a la tienda y no le molesten mientras ve el partido	Es más probable que los niños vuelvan a hacer mucho ruido cuando su padre esté viendo la televisión
7. En una fiesta, un marido se pone nervioso cuando su mujer está bailando seductoramente con otro hombre	El marido muestra signos de celos y se va de la fiesta enfadado	La mujer lo sigue inmediatamente y lo cubre de atenciones	Es más probable que en el futuro el marido vuelva a irse de las fiestas en situaciones similares

niño refuerzan conductas de evitación de la mirada constantemente. En el Capítulo 22 se discutirán métodos para evaluar si un problema conductual se mantiene con reforzamiento positivo y cómo tratarlo si ése es el caso.

Otros obstáculos

Otro posible escollo es la tendencia de los modificadores de conducta noveles a suponer que la presentación no contingente de reforzadores fortalecerá una conducta. Por ejemplo, en el caso de la entrenadora Keedwell descrito anteriormente en este capítulo, ella asumía que proporcionar una actividad lúdica al final de cada entrenamiento fortalecería las conductas deseables de las nadadoras. Esto no ocurrió, sin embargo, debido a que la actividad lúdica no era contingente con aspectos concretos de la natación durante los entrenamientos.

Otro peligro es explicar el cambio conductual de manera demasiado simplista acudiendo erróneamente al reforzamiento positivo. Supongamos que una universitaria dedica tres horas al estudio la tarde del lunes para un examen, se examina el martes y descubre el jueves que tiene un sobresaliente. Si tuviéramos que decir que la alumna estudió tres horas porque se vio reforzada por la obtención de una buena nota, estaríamos planteando una explicación demasiado simplista. Al explicar una conducta, hay que buscar las consecuencias inmediatas que puedan haber fortalecido la conducta. Respecto al estudio de la alumna quizá la noche previa al examen se preocupó por si suspendía, lo que causó que sintiera ansiedad. Y quizá la consecuencia inmediata de estudiar fue la desaparición de esa ansiedad (como proponemos en los capítulos 13 y 17). O tal vez inmediatamente después de sentarse a estudiar, la alumna pensó en la posibilidad de obtener un sobresaliente, lo que ayudó a establecer un puente entre la conducta y el premio. Como se recoge en el Capítulo 26, recordarse a uno mismo el reforzador demorado natural para una conducta justo después de que ocurra puede servir para reforzarla. Hay que tener presente que cuando se intenta explicar el fortalecimiento de una conducta, debemos indagar acerca de sus consecuencias inmediatas. Si la recompensa se aplaza más de 30 segundos, apelar al reforzamiento positivo como explicación del aumento del comportamiento es una explicación demasiado simplista.

PAUTAS PARA LA APLICACIÓN EFECTIVA DEL REFORZAMIENTO POSITIVO

Ofrecemos estas pautas resumidas para favorecer el uso efectivo del reforzamiento positivo.

1. *Seleccionar la conducta que se quiere aumentar.* Como hemos sugerido en este capítulo, el objetivo debe ser una conducta específica (como sonreír) en lugar de una categoría general (como relacionarse). Además, si es posible, hay que seleccionar un aspecto que pueda ocurrir bajo el control de reforzadores naturales después de la intervención para aumentar su frecuencia. Finalmente, como se muestra en el caso de Darren, para juzgar con precisión la eficacia del reforzador, es importante mantener un registro de la frecuencia de la conducta antes del programa.
2. *Seleccionar un reforzador.*
   - **a.** Si es posible, hay que rellenar el cuestionario sobre reforzadores presentado en la Figura 3-3 y seleccionar aquellos que:
     - **(1)** ya estén disponibles.
     - **(2)** puedan presentarse inmediatamente después de la conducta deseada.
     - **(3)** puedan emplearse una y otra vez sin causar saciedad.
     - **(4)** cuyo consumo no requiera mucho tiempo (si para consumir el premio empleamos media hora, reducimos el tiempo de entrenamiento).
   - **b.** Emplear tantos reforzadores como sea factible, y cuando sea apropiado, usar una bandeja o un menú de reforzadores

3. *Aplicar reforzamiento positivo.*
   a. Contarle el plan a la persona antes de empezar
   b. Reforzar *inmediatamente* tras la conducta deseada
   c. Describir la conducta deseada a la persona al otorgarle el reforzador (decirle por ejemplo: «has ordenado muy bien tu habitación»).
   d. Usar muchos elogios y contacto físico (si es apropiado y si son gratificantes para los implicados) cuando se entreguen los reforzadores. No obstante, para evitar la saciedad, hay que variar los comentarios positivos aplicados como reforzadores sociales. No conviene decir siempre «¡bien!» (otras frases de este tipo son «muy bien hecho», «esto está genial», «súper», «¡tremendo!»).
4. *Independizar al estudiante del programa.*
   a. Si durante varios intentos, aproximadamente una docena, la conducta mantiene una tasa deseable, se puede intentar eliminar gradualmente los reforzadores tangibles (como golosinas o juguetes) y mantener la conducta con reforzadores sociales.
   b. Buscar otros reforzadores naturales en el entorno que mantengan la conducta una vez que se ha conseguido aumentar su frecuencia.
   c. Asegurarse de que la conducta se está reforzando de vez en cuando y de que se mantiene la frecuencia deseada, planear evaluaciones periódicas de la conducta después de que el programa haya terminado.

PREGUNTAS DE REPASO

1. ¿Qué es un reforzador positivo?
2. ¿Cuál es el principio del reforzamiento positivo?
3. ¿Qué es la conducta operante? Describa un ejemplo e indique cómo encaja en la definición de conducta operante.
4. ¿En qué se parecen el reforzamiento positivo y la gravedad?
5. ¿Por qué es necesario ser específico al seleccionar una conducta para el programa de reforzamiento?
6. Después de cenar, un adolescente empieza a lavar los platos y el padre y la madre dejan de quejarse y de darle la lata para que lo haga. ¿Es esto un ejemplo de reforzamiento positivo? Explique por qué, o por qué no, en los términos de la definición de reforzamiento positivo.
7. Describa el principio de Premack. Aporte un ejemplo.
8. Mediante la definición de reforzador positivo, describa los pasos para comprobar si un ítem concreto es un reforzador para alguien. Ilústrelo con un ejemplo.
9. ¿Qué es una operación de motivación? Describa dos ejemplos, uno de ellos no expuesto en este capítulo.
10. ¿Mina el reforzamiento extrínseco la motivación interna? Discútalo.
11. ¿Qué es una línea base? Comente un ejemplo.
12. Distinga entre efectos directos e indirectos del reforzamiento.
13. ¿Debería decirle a la persona a quien está aplicando un programa de en qué consiste antes de ponerlo en marcha? ¿Por qué?
14. Si se instruye a alguien sobre el programa de reforzamiento positivo que se va a emplear con su conducta, ¿estaríamos chantajeándole? ¿Por qué?
15. Cuando la entrenadora Keedwell necesitó que las nadadoras mostraran un mejor rendimiento para ganar el tiempo de juego al final del entrenamiento, su actuación mejoró drásticamente. ¿Fue esto un efecto directo o indirecto del reforzamiento? Justifique su elección.

16. Describa un ejemplo de reforzamiento contigente.
17. Describa un ejemplo de reforzamiento no contigente.
18. ¿A qué nos referimos con entorno natural? ¿Y con reforzadores naturales?
19. Describa tres episodios conductuales de este capítulo que implicaran reforzadores naturales. Justifique sus elecciones.
20. Describa brevemente ocho factores que influyan en la efectividad del reforzamiento.
21. ¿Es correcto concluir que a un chico retraído no le gusta la atención de la gente? Explique su respuesta.
22. Utilizando la definición de reforzador positivo, ¿cómo llevaría a cabo la comprobación para determinar si la atención social de un adulto particular está reforzando o no al chico retraído?
23. Idealmente, ¿qué cuatro cualidades debería tener un reforzador, además de la indispensable de funcionar como tal? (Véanse las directrices para la aplicación del refuerzo positivo en este capítulo).
24. Describa dos ejemplos de reforzamiento positivo con que se haya encontrado, uno que implique una conducta deseable y otro pertinente a acciones no deseables. Para cada ejemplo identifique la situación, la conducta, la consecuencia inmediata y los posibles efectos a largo plazo, como muestran las Tablas 3-1 y 3-3. (Los ejemplos no deben ser del texto).
25. ¿Qué es el reforzamiento fortuito? ¿Qué es una conducta supersticiosa? Aporte ejemplos de ambos.
26. Describa un ejemplo de un posible obstáculo del reforzamiento positivo en que una persona lo aplique inconscientemente para gratificar una conducta no deseable.
27. Considere la siguiente afirmación: «a una universitaria le refuerzan por estudiar tres horas durante el fin de semana mediante una buena nota en el examen de la semana siguiente» ¿Por qué es esta una explicación simplista de la conducta de estudio de la alumna? ¿Qué se representa en el eje vertical de la Figura 3-1?
28. ¿Qué se representa en el eje horizontal de la Figura 3-1?

EJERCICIOS DE APLICACIÓN

A. Ejercicios que implican a otras personas

1. Durante una hora que invierta jugando con niños, ¿cuántas veces dispensa usted aprobación social en forma de mimos, sonrisas o palabras amables? ¿Cuántas veces dispensa desaprobación social mediante ceño fruncido, palabras ásperas, etc.? En términos idóneos, la aprobación social debería ser cuatro o cinco veces mayor que la desaprobación. Le animamos a que continúe con este ejercicio hasta que haya conseguido la proporción satisfactoria. Varios estudios han demostrado que esta proporción de reforzadores frente a reprimendas es beneficiosa (p.ej., Madsen y Madsen, 1974; Stuart, 1971; véase también Flora, 2000).
2. Haga una lista de diez frases diferentes que podría usar para expresar su aprobación entusiasta a una persona. Practique variaciones de estos elogios hasta que sean naturales en usted.
3. ¿Es consciente de cómo afectan sus gestos, expresiones, posturas y lenguaje corporal a las personas que le rodean? Describa brevemente cinco ejemplos diferentes de una o más de estas conductas que podría mostrar al expresar su aprobación a alguien.

B. Ejercicios de auto-modificación

1. Sea consciente de su conducta durante periodos de un minuto mientras actúa con naturalidad. Al final de cada minuto, describa una situación, conducta especí-

fica y la consecuencia inmediata de esa conducta. Elija conductas cuyas consecuencias hayan sido placenteras (en lugar de desagradables o neutras).

2. Complete el cuestionario de reforzadores con usted mismo (Figura 3-3).
3. Suponga que alguien cercano a usted (pareja, amigos, etc.) va a reforzar alguna de sus actividades, como hacer la cama a diario, conversar sin decir tacos, o leer este libro entero. Elija dos reforzadores del cuestionario que mejor satisfagan las pautas expuestas previamente para seleccionar un reforzador (véase la sección sobre pautas para la aplicación del refuerzo positivo en este mismo capítulo). Indique cómo ha garantizado el seguimiento de las pautas.

NOTAS DE AMPLIACIÓN SOBRE EL TEMA

1. Aunque pueda parecer extraño pensar en gente que aprende sin comprender, o siendo reforzada por emitir una conducta concreta sin ser consciente de ello, es mucho más fácil de entender cuando se tiene en cuenta lo siguiente: en primer lugar, la experiencia cotidiana y los experimentos básicos nos muestran que los animales aprenden aunque no sean capaces de verbalizar la comprensión o conciencia de sus cambios conductuales. De forma similar, la conducta de personas con trastornos profundos del desarrollo que no hablan ha demostrado ser fortalecida mediante reforzamiento (véase Fuller, 1949). Finalmente, varios experimentos han demostrado la influencia del refuerzo sobre el comportamiento de adultos humanos sin patologías, incluso aunque no sepan verbalizar los cambios. Por ejemplo, en un experimento, estudiantes universitarios fueron instruidos para decir palabras sueltas, y no frases u oraciones completas. Cuando el experimentador asentía con la cabeza y decía «mmm-hmm» después de un tipo concreto de palabras (como sustantivos en plural), los estudiantes mostraron un aumento en la frecuencia de uso de ese tipo de palabras. Además, cuando se les preguntó tras el experimento, los participantes no eran conscientes, o lo que es igual, no eran capaces de verbalizar, que sus actuaciones hubieran sufrido influencias (Greenspoon, 1951).

2. Michael (1986) identificó tres indicadores que señalan que el cambio conductual se debe a efectos indirectos y no a los directos: (a) la respuesta crítica precede al reforzador en más de 30 segundos (como en el caso de Fernando, en que la respuesta crítica era salir de casa con antelación); (b) la conducta que se está midiendo muestra un incremento en la fuerza previa a la primera ocurrencia de la consecuencia (como cuando Fernando llegó al trabajo puntualmente la primera mañana del programa, antes de que hubiera recibido la consecuencia de dos pesos); y (c) una ocurrencia única de la consecuencia produce un gran cambio en la conducta (Fernando llegó puntual el 100% de las veces desde el inicio del tratamiento). En el Capítulo 17, discutiremos en detalle las estrategias que pueden emplear los profesores para aumentar la obtención de efectos indirectos con procedimientos de refuerzo positivo.

3. Suponga que intenta enseñar a una persona con un trastorno profundo del desarrollo a abrir cajas o botes. En una condición, en cada ensayo le da un bote y le dice «ábrelo»; si lo hace, le premia con un comestible que le pone en la mano. En la segunda condición, todo es igual, salvo que el comestible está escondido dentro del bote y la persona lo descubrirá al abrirlo. La investigación indica que las personas con trastornos profundos del desarrollo o autismo aprenden mejor en la segunda condición (Koegel y Williams, 1980; Thompson y Iwata, 2000). Los autores de estos estudios describen la primera condición como contingencia indirecta de reforzamiento. Para evitar confusiones sobre las contingencias directas e indirectas de reforzamiento, sugerimos que si la respuesta desvela el reforzador, como sucede al abrir un bote y mostrar su contenido, lo denominemos contingencia de descubrimiento de reforzador.

Preguntas sobre las notas

1. Discuta la evidencia de que la conducta de las personas puede ser modificada sin que sean conscientes de ello.

2. ¿Cuáles son las tres claves para decidir si un cambio conductual se debe a efectos directos o indirectos?

3. ¿Cómo emplean algunos autores los términos contingencia directa e indirecta del reforzamiento? ¿Qué sugerencias hacen los autores de este texto respecto al uso de estos términos y por qué?

4

Desarrollar y mantener el comportamiento mediante refuerzo condicionado

«¡Muy bien equipo! Así es como vamos a ganar
la medalla del Águila al Esfuerzo»

LOS PUNTOS DEL PROGRAMA DEL ENTRENADOR DAWSON[6]

«Vamos a ver si logramos un poco de concentración. ¡No podemos fallar en los rebotes!», gritaba Jim Dawson en el entrenamiento de baloncesto. Jim era entrenador del equipo de baloncesto del Instituto Clinton en Columbus, Ohio, y le preocupaba el rendimiento de los jugadores en la serie de rebotes que usaba como ejercicio de calentamiento. Había además cierto problema respecto de las actitudes que le llevaba a pensar que, «algunos chicos simplemente no saber jugar en equipo, no tienen buena disposición».

Con ayuda de Daryl Siedentop de la Universidad Estatal de Ohio, elaboró un sistema motivacional para los entrenamientos diarios en que los jugadores ganaban puntos por acertar en los rebotes, los tiros en suspensión y los tiros libres. También sumaban puntos si jugaban en equipo y si animaban a los compañeros mediante comentarios constructivos. Se restaban puntos si el entrenador consideraba que había poco movimiento o actitudes negativas. Los jugadores fueron informados de todos los detalles del nuevo sistema y los estudiantes voluntarios que actuaban como asistentes del equipo eran quienes llevaban la cuenta de los puntos. Al final de cada sesión, el entrenador elogiaba a los jugadores que habían conseguido más puntos y a quienes habían mejorado y por tanto sumado más que en el entrenamiento anterior. Además, los nombres de los jugadores que conseguían una cantidad suficiente de puntos se publicaban en un lugar destacado del tablero «Águila al Esfuerzo», situado en el pasillo del gimnasio, y al finalizar la temporada, se organizaba una fiesta en que los vencedores recibían la medalla del «Águila al Esfuerzo». En conjunto, el programa fue muy eficaz: el rendimiento

[6] Este ejemplo es una adaptación de Siedentop (1978).

en los rebotes pasó de una media previa de 68% a una media de 80%; los tiros en suspensión pasaron del 37% al 51 %; y los tiros libres durante el entrenamiento pasaron 59% al 67%. Sin embargo, los mejores resultados se produjeron en la categoría de juego en equipo y los comentarios constructivos aumentaron hasta tal punto que los asistentes no siempre lograban anotarlos todos. Además, aunque al principio la mayoría de las sugerencias se hacían «por pura cortesía», con el paso del tiempo llegaron a convertirse en aportaciones auténticamente sinceras y hacia el final de la temporada, los jugadores exhibían un grado tan elevado de actitudes y comportamientos positivos que, en palabras del entrenador Dawson, «Estamos mucho más unidos de lo que jamás hubiera podido imaginar».

REFORZADORES CONDICIONADOS E INCONDICIONADOS

Los seres humanos contamos con la capacidad de ser reforzados por algunos estímulos sin necesidad de que medie aprendizaje. Este tipo de estímulos o acontecimientos, habitualmente importantes para la supervivencia o el funcionamiento biológico, se denominan **reforzadores incondicionados**, es decir, estímulos que refuerzan sin necesidad de haber sido previamente condicionados. También se les denomina *reforzadores primarios o no aprendidos,* y algunos ejemplos pertinentes serían la comida para una persona hambrienta, el agua para alguien con sed, el abrigo para quien siente frío, y el contacto sexual para quien ha estado privado de él. Otros estímulos que inicialmente no son reforzadores, llegan a serlo debido a su emparejamiento o asociación con otros reforzadores y entonces se les denomina **reforzadores condicionados**, porque el proceso de condicionamiento ha sido necesario para su establecimiento (véase **Nota 1**). Se denominan alternativamente *reforzadores secundarios o aprendidos* y algunos ejemplos incluyen los halagos, la foto de un ser querido, los libros que nos gusta leer, los programas de televisión preferidos y las prendas que nos favorecen. Cuando un estímulo se convierte en reforzador mediante su asociación con otros reforzadores, se denomina a estos últimos **reforzadores de apoyo**. Podemos pensar, por ejemplo, en el entrenamiento de los delfines para los espectáculos acuáticos. Al principio, la entrenadora empareja el sonido de un clic con la entrega de pescado al delfín. En esta situación, el pescado es un reforzador de apoyo y tras varios emparejamientos, el sonido del clic se convierte en un reforzador condicionado. Posteriormente, cuando se entrena al delfín para que realice determinado ejercicio, se le presenta el sonido del clic como refuerzo condicionado inmediato, a la vez que se sigue emparejando de manera intermitente con el pescado. Los reforzadores de apoyo pueden ser tanto condicionados como incondicionados.

Los puntos que el entrenador Dawson usaba con los jugadores de baloncesto no eran reforzadores primarios y no parece probable que los estudiantes se esforzaran tan sólo por el hecho de querer lograr puntos en si. Los puntos se convirtieron en reforzadores condicionados porque estaban emparejados con reforzadores de apoyo que incluían los elogios del entrenador, la condecoración del «Águila al Esfuerzo» en la fiesta del final de la temporada y la publicación de los nombres de los jugadores en el tablón del «Águila al Esfuerzo» en el pasillo del gimnasio. Previamente, quizá durante la infancia, elogios y halagos estarían asociados con otros reforzadores, como los abrazos de la madre, y además, es probable que este emparejamiento con reforzadores de apoyo siga produciéndose en el entorno natural de los estudiantes.

Ya se comentó en el Capítulo 3 que los reforzadores positivos ejercen un efecto de actuación directa sobre los comportamientos que les han precedido. Sin embargo, en el programa del entrenador Dawson, los puntos se obtienen al terminar el entrenamiento. Podríamos entonces preguntarnos si ha habido reforzadores inmediatos contingentes con la mejora en el rendimiento y concluir que hay varias explicaciones alternativas posibles.

Quizá los jugadores se daban cuenta de que los asistentes anotaban los puntos inmediatamente después de haber realizado una jugada correcta, lo cual serviría como reforzador condicionado. O quizá, a medida que los comentarios positivos de los compañeros aumentaron, se convirtieron en refuerzos condicionados inmediatos del rendimiento mejorado. En tercer lugar, inmediatamente después de haber hecho una buena jugada, el jugador podría pensar, «después de este entrenamiento, voy a tener un montón de puntos», lo cual hubiera «tendido un puente» hasta la llegada del reforzador. Por ello, aunque la mejora global se atribuya al programa de puntos, que funcionaban como reforzadores positivos condicionados, la mejora del rendimiento de los jugadores durante los entrenamientos no se debió a un efecto de acción directa de esos puntos como reforzadores condicionados.

De forma genérica, suelen denominarse *fichas* a los reforzadores condicionados que se acumulan y cambian posteriormente por reforzadores de apoyo. Se denomina economía de fichas al programa de modificación de conducta en que los participantes que llevan a cabo determinados comportamientos obtienen fichas que posteriormente canjean por reforzadores de apoyo. Por ejemplo, una profesora infantil podría implantar un sistema de fichas en que los alumnos obtendrían estrellas doradas por diversos comportamientos del tipo participar en los juegos durante el recreo y responder correctamente en clase. Al final del día, los niños canjearían las estrellas ganadas por reforzadores de apoyo mediante equivalencias como: cinco estrellas para jugar en el ordenador o tres estrellas para leer cuentos. Casi todo lo que puede acumularse puede emplearse para el intercambio en los programas de economía de fichas. En algunos casos, los participantes obtienen fichas de plástico, parecidas a las del póquer, que pueden guardar hasta que decidan cambiarlas por reforzadores de apoyo. En otros sistemas, se facilita el control y registro de las cantidades mediante la obtención de un pagaré o «dinero de papel», sobre el que se escribe la cantidad obtenida, los nombres de la persona receptora y del profesional que lo concede, la fecha y la tarea realizada para su obtención. Por último, en programas como los del entrenador Dawson, los participantes reciben puntos que se registran en una tabla, junto a sus nombres, o en diarios que ellos mismos guardan. En el Capítulo 25 comentaremos los programas de refuerzo mediante fichas.

Las fichas constituyen un tipo de reforzador condicionado, pero hay otros tipos de estímulos que a pesar de no poder acumularse también se utilizan como reforzadores condicionados y un ejemplo habitual, que ya hemos mencionado, son los elogios.

La madre que expresa el placer que le produce el comportamiento adecuado de su hija, sonríe, le abraza, juega con ella y le da un caramelo o un juguete a la vez que se lo dice. El elogio suele establecerse como reforzador condicionado durante la infancia, pero se mantiene en la edad adulta y cuando alguien nos alaba, es más probable que nos trate bien en otros aspectos que cuando no nos agasaja.

La ventaja principal que tiene usar reforzadores condicionados en un programa de modificación de conducta es que por lo general pueden administrarse inmediatamente, lo cual no siempre sucede con los reforzadores de apoyo, y por tanto, ayudan a establecer la conexión entre el comportamiento deseado y la recompensa eficaz.

Para finalizar esta sección, conviene mencionar el principio del castigo condicionado, que es parecido al del reforzador condicionado. De la misma manera que un estímulo que se empareja con un reforzador se convierte en reforzador, un estímulo que se empareja con un castigo se convierte en un castigo. Comentarios como «¡No!» y «¡Deja de hacer eso!» son ejemplos de estímulos que se han convertido en castigos condicionados debido a que con frecuencia, si la persona persiste en el comportamiento que los provoca, son seguidos de un castigo. Es más, también es posible crear programas con fichas punitivas, y el sistema para degradar que se emplea en el ejército sería un ejemplo pertinente. No obstante, el uso de castigos conlleva problemas que comentaremos en el Capítulo 12.

FACTORES QUE INFLUYEN EN LA EFICACIA DEL REFUERZO CONDICIONADO

1. La potencia de los reforzadores de apoyo

La potencia de un reforzador condicionado depende en parte de la potencia de reforzadores de apoyo con que se asocia. Por ejemplo, imaginemos que el entrenador Dawson sólo hubiera utilizado elogios como reforzador de apoyo para los jugadores que ganaron puntos. En ese caso, los puntos sólo hubieran sido reforzadores eficaces para aquellos estudiantes que percibieran los halagos del entrenador como un reforzador eficaz.

2. La variedad de los reforzadores de apoyo

Un estímulo puede convertirse en un reforzador condicionado por su emparejamiento con un solo reforzador de apoyo. Un ejemplo que ilustra esta situación es el del vendedor de helados que toca la campana al llegar al barrio. Tras unos cuantos emparejamientos, el sonido de la campana es un reforzador condicionado para los niños del vecindario. Se denomina **reforzador condicionado simple** al que está emparejado con un único reforzador de apoyo y reforzador condicionado generalizado, al estímulo que está emparejado con varios tipos distintos de reforzadores de apoyo. Por ejemplo, durante la infancia, padres y madres alimentan a los bebés, les bañan, juegan con ellos y satisfacen sus necesidades de muchas maneras diversas. Por ello, al estar emparejada con mucho tipos de reforzadores diferentes, la atención de los adultos se convierte en un reforzador condicionado generalizado muy potente. En la misma línea, el dinero es también un reforzador generalizado muy eficaz porque está emparejado con alimento, vestido, vivienda, transporte, ocio y otros reforzadores (véase Figura 4-1).

La potencia de un reforzador condicionado depende en parte de la cantidad de reforzadores de apoyo a los que permite el acceso. Este factor está relacionado con el anterior, porque si hay muchos reforzadores de apoyo disponibles, en todo momento habrá al menos uno con la potencia suficiente como para que las fichas mantengan un valor reforzante alto para cualquiera de las personas participantes en el programa. La Tabla 4-1 presenta ejemplos de los principales tipos de reforzadores condicionados.

Tabla 4-1. Ejemplos de reforzadores condicionados

Ejemplos de reforzadores condicionados simples	Ejemplos de reforzadores condicionados generalizados	Ejemplos de reforzadores incondicionados
• Puntos en las tarjetas de las compañías aéreas • Que te digan, «Su pedido está listo», en un restaurante de comidas preparadas • Un billete de metro • Un cupón válido para una hamburguesa gratis	• Dinero • Puntos en el programa del entrenador Dawson • Elogios • Un bono de regalo para comer y beber en un restaurante	• Comida • Agua • Sexo • Cobijo

3. El programa de emparejamiento con el reforzador de apoyo

El reforzador condicionado resulta más eficaz si su aparición no es siempre seguida por el reforzador de apoyo. Por ejemplo, los jugadores en el programa del entrenador Dawson tenían que obtener cierta cantidad de puntos antes de recibir el reforzador de apoyo.

Figura 4-1. ¿Por qué es el dinero un reforzador condicionado generalizado?

4. La extinción del reforzador condicionado

Para que un reforzador condicionado mantenga su eficacia tiene que seguir asociado, al menos de vez en cuando, a un reforzador de apoyo adecuado. Si el entrenador Dawson hubiera eliminado los elogios y el programa del «Águila al Esfuerzo», es probable que los jugadores hubieran dejado de esforzarse para obtener puntos. Se denomina extinción del reforzador condicionado a la situación en que éste no es seguido del reforzador de apoyo y el procedimiento es parecido al descrito en el Capítulo 5 para extinguir una respuesta.

ERRORES EN LA APLICACIÓN DEL REFUERZO CONDICIONADO

El principio puede tener efectos contraproducentes en personas incautas

Quienes no están familiarizados con los principios del refuerzo condicionado podrían sin querer aplicarlo inadecuadamente en varios sentidos. Un ejemplo frecuente de práctica indebida es de los adultos que riñen a los niños por no portarse bien, pero: (a) no lo acompañan de ningún tipo de «castigo de apoyo» (véase Capítulo 12) y (b) no refuerzan ninguna conducta deseable alternativa. No hay duda de que se pretende que la regañina sea un castigo, pero muy a menudo éste no es el caso porque de hecho, la atención que acompaña a los estímulos verbales negativos es muy reforzante, sobre todo para niños con deficiencias cognitivas que a menudo no reciben mucha atención de los adultos. Así, reprimendas y otros estímulos verbales negativos, como «¡No!», se convierten en reforzadores condicionados y las personas se comportarán inadecuadamente para obtenerlos.

De hecho, incluso los estímulos que habitualmente resultarían punitivos pueden convertirse en reforzadores condicionados mediante su asociación con reforzadores primarios potentes. Un ejemplo clásico es el del padre o la madre que da un azote a su bebé porque se ha portado mal y después «se siente culpable» al verle llorar con desconsuelo e inmediatamente le abraza y le da un helado o cualquier otra chuchería. Uno de los resultados posibles de este procedimiento poco meditado es que la niña desarrolle cierto «gusto por las palizas»; es decir, el azote se convierte en un reforzador condicionado que mantiene, no elimina, las travesuras que lo preceden.

Otro inconveniente

En ocasiones personas que no están familiarizadas con el procedimiento aplican sin querer la extinción de un reforzador condicionado con resultados por tanto no deseados. Un ejemplo de esta situación es el de los profesores que conceden estrellas por buen comportamiento, pero no utilizan los reforzadores de apoyo adecuados, con lo cual éstas pierden el poder reforzador que tenían cuando se introdujo el programa. No utilizar los reforzadores de apoyo adecuados podría explicar la falta de motivación que experimentan muchos estudiantes frente a los programas de economía de fichas (véase **Nota 2**).

DIRECTRICES PARA UN USO ADECUADO DEL REFUERZO CONDICIONADO

A continuación presentamos las directrices que debieran seguirse en la aplicación del refuerzo condicionado.

1. El reforzador condicionado debiera ser un estímulo que pueda manejarse y administrarse con facilidad en las situaciones previstas. Por ejemplo, los puntos eran idóneos para los jugadores en el programa del entrenador Dawson.
2. Siempre que sea posible, hay que usar los mismos reforzadores condicionados que la persona encontrará en su ambiente natural. Por ejemplo, es aconsejable que en los programas de entrenamiento, el control se transfiera de los sistemas de fichas artificiales a los sistemas monetarios que se usan en los ambientes cotidianos o se reciban elogios y atención de los demás como sucede en entornos naturales.
3. En las primeras fases del establecimiento de la conexión, hay que presentar el reforzador de apoyo tan pronto como sea posible, inmediatamente después de la presentación del reforzador condicionado. Si se desea, posteriormente se puede ir aumentando la distancia entre el reforzador condicionado y el de apoyo.
4. Siempre que se pueda, hay que emplear reforzadores condicionados generalizados; es decir, es preferible emplear muchos tipos distintos de reforzadores de apoyo, ya que de esa manera en cualquier momento habrá al menos uno con la fuerza suficiente como para mantener la potencia del reforzador condicionado.
5. Cuando los programas implican varios participantes (como en el caso del entrenador Dawson), hay que evitar la competencia destructiva por conseguir reforzadores condicionados y de apoyo. Si una persona recibe un refuerzo en perjuicio de otra, hay que considerar que ésta última podría desarrollar comportamientos agresivos o extinguir sus conductas deseables. Por ello no es adecuado poner demasiado énfasis en que un aprendiz consiga más reforzadores condicionados y de apoyo que otro. Por supuesto, los participantes contarán con habilidades diferentes, pero los efectos negativos de estas disparidades se minimizan si se diseñan programas en los que cada cual pueda lograr refuerzos cuando su rendimiento sea acorde con su nivel de competencia.
6. Además de estas directrices, el refuerzo condicionado ha de seguir los principios que se aplican para cualquier refuerzo positivo (véase Capítulo 3). En el Capítulo 25 se especifica más en detalle el procedimiento para establecer programas de economía de fichas.

PREGUNTAS DE REPASO

1. Explicar qué es un reforzador incondicionado y comentar dos ejemplos.
2. Explicar qué es un reforzador condicionado. Presentar y comentar dos ejemplos.
3. Explicar qué es un reforzador de apoyo. Presentar y comentar dos ejemplos.
4. ¿Cuáles eran los reforzadores de apoyo en el programa del entrenador Dawson?
5. ¿Podemos atribuir la mejora del rendimiento de los jugadores de baloncesto en el programa del entrenador Dawson a los efectos de acción directa de los puntos como reforzadores condicionados? Exponga razones a favor y en contra.
6. Aunque el entrenador Dawson no hubiera emparejado los elogios y el programa «Águila al Esfuerzo» con los puntos, quizá los jugadores hubieran seguido trabajando debido a la gran variedad de reforzadores naturales asociados a los puntos en experiencias personales habituales en la cultura de las sociedades industrializadas. ¿Cuáles podrían haber sido estos reforzadores naturales?

7. ¿En cuáles de las siete categorías de la Figura 3-3 incluiría los reforzadores primarios incondicionados y los reforzadores primarios condicionados? Justifique su respuesta.
8. ¿Qué son las fichas? Explique en dos o tres frases en qué consiste un programa de economía de fichas.
9. Ponga dos ejemplos de estímulos que puedan actuar como reforzadores condicionados, pero no como fichas. Explique por qué son reforzadores condicionados.
10. Explique en qué consiste un castigo condicionado. Presente y exponga dos ejemplos.
11. Señale las diferencias entre un reforzador condicionado simple y un reforzador condicionado generalizado. Explique por qué un reforzador generalizado es más eficaz que uno simple.
12. ¿El elogio es un reforzador condicionado generalizado? Argumente su respuesta.
13. ¿Los puntos en el programa del entrenador Dawson eran un refuerzo condicionado generalizado? Argumente su respuesta.
14. Explique en qué consiste la extinción de un refuerzo condicionado.
15. ¿Cómo afecta el programa de emparejamiento de los reforzadores condicionado y de apoyo a la potencia del reforzador condicionado?

EJERCICIOS DE APLICACIÓN

A. Ejercicios que implican a otras personas

1. ¿Cuáles son los reforzadores más probables y qué comportamiento están fortaleciendo en cada una de las siguientes situaciones? ¿Son reforzadores condicionados o incondicionados? En todos los casos, justifique su respuesta:
   - **(a)** Una persona da un paseo por el parque en otoño y admira los colores de las hojas en los árboles.
   - **(b)** Una persona acaba de correr cinco kilómetros y experimenta el «subidón» de los atletas, producido por la liberación de endorfinas en el cerebro.
   - **(c)** Una adolescente acaba de segar la hierba del jardín y logra el permiso para coger el coche.
   - **(d)** Una niña tiene sed, agarra el vaso de leche, lo acerca a los labios y bebe varios sorbos.
2. Comente cuatro ejemplos, distintos a los ya expuestos, en que probablemente las personas están siendo reforzadas, y elabore las explicaciones pertinentes en los términos anteriormente solicitados.

B. Ejercicios de auto-modificación

Señale un problema de comportamiento que quiera modificar. A continuación, describa los detalles de un sistema de economía de fichas que pudiera aplicarle algún familiar o amigo para ayudarle a superarlo.

NOTAS DE AMPLIACIÓN SOBRE EL TEMA

1. ¿Cómo es que los bebés parecen aprender palabras nuevas aunque éstas no sean seguidas inmediatamente por algún tipo de refuerzo observable? Parte de la respuesta radica en los reforzadores condicionados automáticos que se producen cuando la respuesta es seguida de un efecto fortalecedor, incluso aunque no esté presente otra persona que quiera reforzar deliberadamente esa respuesta (Skinner, 1957). Supongamos que la madre dice «di mamá» al bebé a la vez que le refuerza mediante cosquillas, caricias, palmadas, etc. Tras varios ensayos, los sonidos «ma ma» se convierten en un reforzador condicionado. Posteriormente, cuando el bebé está solo en la cuna, comienza a decir «ma ma» porque recibe un reforzamiento automático condicionado al reproducir estos sonidos. En un sentido más general, la frecuencia de las vocalizaciones de los bebés podría aumentar porque los sonidos que producen se han convertido en reforzadores condicionados y por ello fortalecen automáticamente la producción de estas respuestas. Algunos estudios más recientes han confirmado el papel que juega el refuerzo condicionado automático en la adquisición temprana del lenguaje (Smith, Michael & Sundber, 1996; Sundberg, Michael, Partington & Sundberg, 1996). El refuerzo automático también desempeña un papel destacado en el fortalecimiento de comportamientos diversos, tanto cotidianos como artísticos (Skinner, 1957; Vaughan & Michael, 1982).

2. El conocimiento del refuerzo condicionado ayuda a comprender comportamientos que habitualmente se atribuyen a estados motivacionales internos. Por ejemplo, es probable que para los estudiantes universitarios aplicados, obtener buenas notas funcione como reforzamiento condicionado, ya que quizá durante la infancia, las buenas calificaciones fueron seguidas de comentarios cariñosos, abrazos y algún capricho. Ahora que ya son adultos jóvenes, cuesta más identificar los reforzadores de apoyo que mantienen las calificaciones, pero es probable que sigan obteniendo buenas notas y que éstas sean reforzadores condicionados que combinan su efecto con el del programa de refuerzo pertinente, que comentaremos en el Capítulo 6.

Preguntas sobre las notas

1. ¿Cómo está relacionado el refuerzo condicionado con el balbuceo que emiten los bebés en su lengua materna, aunque no haya ninguna persona adulta alrededor que refuerce este comportamiento?

2. Describa cómo el conocimiento de los principios del refuerzo condicionado puede facilitarnos la comprensión de los comportamientos que habitualmente se atribuyen a estados motivacionales internos.

5

Reducir la conducta mediante extinción

«Louise, ¡acabemos con tus migrañas!»

EL CASO DE LOUISE[7]

Cuando Louise tenía 13 años empezó a quejarse de dolores de cabeza. En los años siguientes recibió atención social, de sus progenitores y de los profesionales, que incluían comentarios del tipo: «Oh, pobrecita, debe de dolerte mucho», «déjame darte un abrazo, puede que haga que te sientas mejor», o «siento mucho lo de tus dolores de cabeza, ¿hay algo que pueda hacer por ti?». Además, con frecuencia, las quejas de Louise por sus dolores de cabeza llevaron a que obtuviera permiso para quedarse en casa. Estas consecuencias habrían reforzado el problema y a los 26 años, Louise experimentaba dolores de cabeza casi a diario. Estos dolores tenían las características típicas de las migrañas: algunos síntomas visuales (ver destellos plateados), seguido de latidos en las sienes, náuseas y vómitos. Había probado varios tratamientos sin éxito, incluyendo medicación, acupuntura, quiropraxis, psicoterapia y electroshock. Las inyecciones de Demerol, que le ponía su médico de cabecera aproximadamente tres veces por semana, consiguieron una mejoría temporal.

Varios exámenes médicos fracasaron al intentar identificar una base orgánica para los dolores. Tras extensas evaluaciones posteriores por parte del terapeuta, el Dr. Peter Aubuchon, Louise admitió que sus migrañas habían sido aprendidas mediante reforzamiento, y dijo que intentaría un programa de terapia conductual. Primero, Louise entendió que su médico no le daría más Demerol. Segundo, Louise y su marido estuvieron de acuerdo en que él registrara sus conductas de dolor, operativizadas como quejas, irse a la cama y ponerse compresas frías en la cabeza. Tercero, padre, madre y marido, el médico y el personal de enfermería a quienes acudía regularmente, aceptaron ignorar completamente todas las con-

[7] Este caso se basa en uno presentado por Aubuchon, Haber y Adams (1985).

ductas de dolor que exhibiera. Además, estas mismas personas la elogiaban y le proporcionaban otros reforzadores por conductas «buenas», como hacer ejercicio y llevar a cabo tareas domésticas. Para asegurar su compromiso con el programa, Louise firmó un documento (denominado contrato conductual, analizado en el Capítulo 26) que esbozaba los componentes del tratamiento. Los resultados de este programa se muestran en la Figura 5-1.

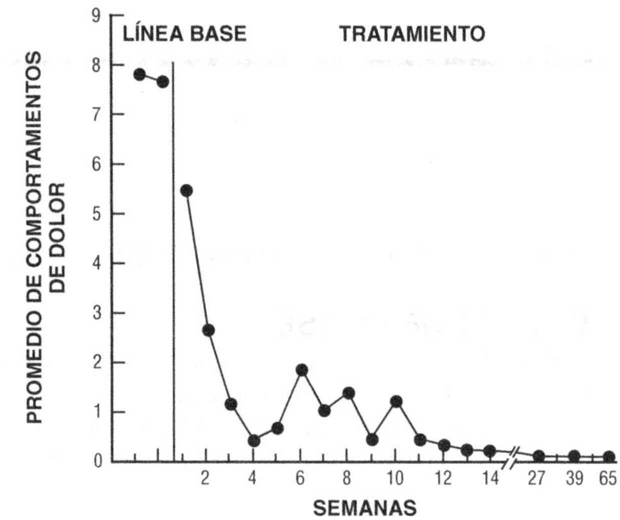

Figura 5-1. Promedio de conductas diarias de dolor de Louise, registradas en el informe de su cónyuge. (Adaptado de Journal of Behavior Therapy and Experimental Psychiatry, 16, «Can migraine headaches be modified by operant pain techniques?» por Paul Aubuchon, J. D. Haber y H. E. Adams, p. 262. © 1985, reproducido con permiso de Elsevier Science Ltd. The Boulevard, Langford Lane, Kidlington OX5 1GB, UK).

EXTINCIÓN

El principio de extinción establece que: (a) si, en una situación concreta, una persona emite una respuesta previamente reforzada y ahora no va seguida por una consecuencia reforzante, (b) esa persona es menos proclive a repetir la misma conducta cuando se vuelva a encontrar en una situación similar. Dicho de otra forma, si una respuesta se ha incrementado en frecuencia mediante reforzamiento positivo, el cese completo del reforzamiento causará una disminución en la frecuencia de la misma.

Varias conversaciones con Louise habían indicado que recibía mucha atención al mostrar sus síntomas abiertamente y al hablar de sus dolores de cabeza (véase **Nota 1**). Es posible que esta atención fuera un reforzador positivo en el mantenimiento la alta tasa de manifestaciones dolorosas. En el programa descrito, los síntomas de dolor no recibieron más atención, y su frecuencia se redujo hasta un nivel muy bajo. Aunque la extinción fue un tratamiento muy efectivo para Louise, no pretendemos afirmar que todas las conductas de dolor sean mantenidas por la atención de otros. Para una evaluación de los factores que podrían influir en las conductas de pacientes con dolor crónico, véase Turk y Okifuji (1997).

Como ocurre con el reforzamiento positivo, muy pocos somos conscientes de la frecuencia con que la extinción opera en nuestra vida cotidiana. La Tabla 5-1 muestra ejemplos en que las personas simplemente hacen lo que parece natural en situaciones habituales. Hacen falta varias repeticiones de la conducta sin refuerzo antes de que se dé una reducción obvia en su frecuencia; no obstante, el efecto sí está presente. Tras suficientes ensayos sin gratificación, las conductas que no «valen la pena» desaparecen gradualmente. Por supuesto, en general se trata de un proceso deseable, ya que si persistiéramos en conductas inútiles, rápidamente desapareceríamos como especie.

Tabla 5-1. Ejemplos de extinción

Situación	Respuesta	Consecuencias inmediatas	Efectos a largo plazo
1. Un niño de cuatro años está acostado en su cama por la noche mientras sus padres están en el salón charlando con sus invitados	El niño empieza a hacer ruidos de animales en voz alta desde la cama	Los padres y las visitas ignoran al niño y continúan charlando tranquilamente	Es menos probable que el niño haga ruidos de animales en futuras situaciones similares
2. La noche siguiente, el mismo niño y sus padres están cenando en el comedor. El niño acaba de terminar con el segundo plato	El niño levanta su plato vacío y empieza a gritar «¡postre, postre, postre!»	Los padres continúan hablando e ignoran las demandas del niño.	Es poco probable que el niño repita la conducta de pedir así el postre en situaciones similares en el futuro.
3. Una mujer y su marido están en la cocina, el marido acaba de llegar de trabajar.	El marido, de pie en la cocina, se queja sobre el tráfico.	La mujer empieza a preparar la cena y no presta atención a los comentarios de su marido.	Es poco probable que las quejas improductivas del marido vuelvan a darse en esa situación en el futuro.
4. Una chica de tercer curso de primaria acaba de terminar su tarea y levanta la mano.	La alumna empieza a chasquear los dedos.	La profesora le ignora y presta atención a los otros alumnos que han levantado la mano pero que no chasquean los dedos.	En el futuro es poco probable que la niña vuelva a chasquear los dedos en situaciones similares.
5. Una niña de tres años que juega con un puzzle de plástico está intentando encajar una pieza en el lugar equivocado.	La niña gira la pieza para intentar encajarla.	La pieza sigue sin entrar, a pesar de todos los giros e intentos.	La probabilidad de que la niña intente insertar la pieza en ese sitio disminuye.

Hay que tener en cuenta que la extinción es sólo una de las múltiples causas posibles de la disminución de una conducta. Suponga, por ejemplo, que el padre y la madre de una niña que dice muchos tacos deciden aplicar un programa para disminuir esa conducta. Imagine que, después de varios días, cada vez que la niña dice palabras malsonantes, los padres inmediatamente gritan «¡No digas eso!». Como resultado, los exabruptos desaparecerían. En este caso, la conducta desaparece porque estuvo seguida de un castigo (una reprimenda). Ahora, considere otra posibilidad y suponga que en lugar de una reprimenda tras las palabrotas, los padres dijeran a la niña: «Acabas de perder veinticinco céntimos de tu paga semanal», y que este procedimiento redujera la conducta. En este caso, la eliminación de la paga, contingente con los tacos, es un tipo de castigo denominado *coste de la respuesta* (tanto las reprimendas como el coste de respuesta se analizan en el Capítulo 12). La conducta también puede desaparecer debido al olvido, es decir, a que se debilita en función del tiempo transcurrido desde la última ocurrencia de la conducta. (Para una interpretación conductual de la memoria, véase Palmer, 1991). La extinción difiere de todas las anteriores en que la conducta se debilita como resultado de ser emitida sin ser reforzada. La extinción, como el principio de reforzamiento positivo, ha sido estudiada ampliamente por psicólogos experimentales desde hace décadas, y estamos capacitados para describir un gran número de factores que influyen en su efectividad, como veremos a continuación.

FACTORES QUE INFLUYEN EN LA EFICACIA DE LA EXTINCIÓN

1. El control de los reforzadores de la conducta que se quiere reducir

Considere el caso de Susie, de 4 años, que ha desarrollado una conducta de lloriqueo excesiva, especialmente en situaciones en que quiere algo. Su madre ha decidido ignorar su comportamiento, con la esperanza de que cese. En tres ocasiones durante la tarde, la madre ignoró la conducta hasta que desapareció, y entonces, después de un breve periodo sin quejarse, le dio a Susie lo que quería. Parecía que las cosas iban bien, hasta la noche, cuando el padre llegó a casa. Mientras la madre estaba en la cocina, Susie se acercó a ella y en un tono quejumbroso pidió palomitas de maíz para ver la tele. Aunque la madre ignoró a la pequeña completamente, el padre entró en la cocina y dijo:«Mamá, ¿no oyes a la niña? Ven aquí, Susie, yo te daré las palomitas». Estamos seguros de que usted será capaz de predecir el efecto que tendrá este episodio sobre las futuras quejas de Susie, por no mencionar el enfado de la madre con el padre (véase **Nota 2**).

Los reforzadores presentados por otros o por el entorno físico pueden menoscabar los esfuerzos aplicados en la extinción, pero lamentablemente, es difícil convencer de esto a quienes no están familiarizados con los principios del refuerzo positivo y de la extinción. Por ejemplo, si varias cuidadoras de la guardería ignoran las pataletas de los niños y otras entran y dicen: «Oh, yo puedo hacer que este niño deje de llorar, toma Tommy, ten un caramelo», probablemente Tommy dejará de llorar en ese momento. Pero a largo plazo, las pataletas incrementarán su frecuencia como consecuencia de haber reforzado esa ocasión. Como Tommy dejó de llorar momentáneamente, será complicado convencer a la otra cuidadora de la importancia de la extinción. En estos casos, es necesario controlar la conducta de las personas que podrían entorpecer un procedimiento de extinción o llevar a cabo el procedimiento en su ausencia.

2. Extinción de una conducta combinada con el reforzamiento positivo de una conducta alternativa

La extinción es más efectiva cuando se combina con reforzamiento positivo de alguna conducta alternativa (Lerman y Iwata, 1996). Así, no sólo se ignoraron las conductas de dolor de Susie (extinción), sino que se reforzaron positivamente las conductas alternativas (hacer ejercicio, hacer las tareas domésticas, etc.). Posiblemente, la combinación de los dos procedimientos hizo decrecer la frecuencia de conductas no deseables más rápidamente (y posiblemente hasta un nivel más bajo) de lo que se habría conseguido sólo con el procedimiento de extinción.

Supongamos que quiere combinar la extinción de una conducta en un niño, por ejemplo, gritar de manera inapropiada, con el reforzamiento positivo de una conducta alternativa agradable. A menudo es poco viable reforzar a un niño cada pocos segundos por llevar a cabo conductas gratas (como jugar tranquilamente) en vez de manifestar conductas disruptivas. Es posible, no obstante, empezar con pequeños intervalos de conductas deseables e incrementarlos gradualmente hasta llegar a intervalos más largos y más manejables. Por ejemplo, podríamos ignorar los gritos inadecuados de un chico hasta que dejara de emitirlos durante un periodo de diez segundos y al acabar el intervalo, premiarle con un elogio. En los siguientes ensayos, la profesora podría requerir periodos cada vez más largos de silencio –quince segundos, luego veinticinco segundos, después un minuto, etc.– antes de presentar el reforzador. Es importante que el incremento en el requisito sea gradual, de otra forma la conducta desagradable no desaparecerá rápidamente. Además, se debe prestar atención para no presentar el refuerzo inmediatamente después del cese de la conducta, porque esto reforzaría la conducta, incrementándola en lugar de reducirla.

Durante la aplicación de la extinción, también es importante asegurarse de que los refuerzos que se retiran son los que realmente estaban manteniendo el comportamiento inadecuado. Equivocarse al hacer esto, no satisfaría técnicamente la definición de extinción, y la conducta no deseada no desaparecería, como se muestra en la Figura 5-2.

A veces se critica la extinción con el argumento de que es cruel privar a las personas de atención social durante un momento de necesidad. Esta crítica supone que una persona que llora, gimotea o muestra otros gestos similares, que por lo general llaman la atención, lo hace en momentos de necesidad y en algunos casos, podría estar en lo cierto. En muchas ocasiones el llanto indica dolor, desazón emocional u otras formas de malestar. Sugerimos que cualquier conducta se examine muy de cerca para comprobar si lo deseable es reducirla. Si finalmente lo que se pretende es un decremento, por lo general, la extinción es el procedimiento adecuado.

3. El ámbito en que se lleva a cabo la extinción

Como indicamos anteriormente, una razón para cambiar el entorno en que se lleva a cabo la extinción es minimizar la posibilidad de que otras personas refuercen la conducta que se pretende reducir. Pero existe otra razón, ya que sería desaconsejable, por ejemplo, que una madre iniciara la extinción de las pataletas de su hija en unos grandes almacenes. Es probable que la niña presente su conducta en la tienda, de

Figura 5-2. Un ejemplo extremo de por qué fallan a menudo los intentos de aplicar la extinción. El reforzador real de la conducta es el que debe ser retirado.

forma tal que las miradas desagradables de otros compradores y empleados reducirían las posibilidades de que la madre siguiera adelante con el tratamiento de forma efectiva. En otras palabras, es importante considerar el ámbito en que se va a llevar a cabo la extinción para: (a) minimizar la influencia de reforzadores alternativos de la conducta no deseada que se quiere extinguir y (b) maximizar las opciones de que los modificadores de conducta persistan en el programa.

4. Instrucciones: el uso de reglas

Aunque no es necesario que una persona sea capaz de hablar o de entender la extinción, es probable que sí ayude a acelerar el decremento de la conducta si se le ha explicado desde el principio que: «cada vez que hagas X, Y [el reforzador] no va a ocurrir más». Considere por ejemplo el tercer caso descrito en la Tabla 5-1. El marido, al llegar a casa del trabajo, se queja a diario del exceso de tráfico y su mujer estaría añadiendo control mediante instrucciones a la extinción si dijera: «George, el tráfico es el mismo todos los días y no sirve de nada quejarse. Me encanta hablar contigo de otras cosas, pero cada vez que llegas a casa y empiezas a quejarte sin parar de los atascos, termino ignorándote». Esta aclaración lograría que las quejas de George desaparecieran rápidamente, aunque serían necesarios varios ensayos. Hay que recordar no obstante que este procedimiento es más complejo que la simple extinción. (El control mediante instrucciones se analizará en el Capítulo 17).

5. La extinción puede ser más rápida tras un reforzamiento continuo

Echemos otro vistazo al caso de Susie. Antes de que la madre decidiera introducir la extinción, ¿qué pasaba cuando Susie lloraba? A veces no pasaba nada porque la madre estaría ocupada con otras cosas, como atendiendo el teléfono. Pero en otras ocasiones, a menudos tras cinco o seis episodios de llanto, la madre atendía a Susie y le daba lo que estaba pidiendo. Esta secuencia era la típica y de hecho, el llanto de la pequeña no siempre recibía recompensa. Este tipo de situación se conoce como *refuerzo intermitente* y se expone en profundidad en los capítulos 6 y 7. Es necesario mencionarlo aquí por su influencia en la efectividad de la extinción.

La influencia de una programación de reforzamiento en la extinción se comprende fácilmente si tenemos en cuenta un pequeño problema con que nos podemos encontrar. Supongamos que escribimos con un bolígrafo que de repente deja de funcionar, ¿qué hacemos? Probablemente lo sacudiríamos e intentaríamos escribir con él varias veces. En el caso de que siguiera sin escribir lo tiraríamos y probaríamos con otro. Este segundo bolígrafo empieza a fallar. Lo sacudiríamos unas cuantas veces y sigue escribiendo, y al cabo de un rato, vuelve a dejar de funcionar. Cada vez que lo sacudimos vuelve a escribir un poco. Ahora viene la pregunta: ¿en qué situación es más probable que persistamos con las sacudidas e intentando que escriba? Obviamente, en la segunda, porque a veces el bolígrafo deja de funcionar, pero luego sigue escribiendo.

Cuando un comportamiento se ha reforzado siempre y luego deja de recibir refuerzo (como el bolígrafo que deja de escribir de repente), la conducta se extingue con bastante rapidez. Cuando un refuerzo intermitente ha mantenido una conducta (como el bolígrafo que escribe después de ser sacudido), es probable que esta se extinga más lentamente (Kazdin y Polster, 1973), aunque este es un fenómeno complejo y depende en parte de cómo se mida la conducta durante la extinción (Lerman, Iwata, Shore y Kahng, 1996; Kevin, 1988). Se describe como *resistente a la extinción* al comportamiento que se extingue lentamente.

Echemos ahora un vistazo al lloriqueo de Susie. Probablemente la extinción tardará un poco más en eliminar el lloriqueo completamente si unas veces ha merecido la pena emitirlo y otras no, que si siempre hubiera conseguido su objetivo antes de comenzar a ignorarlo por completo. En otras palabras, la extinción suele ser más rápida tras el reforzamiento continuo (en que todas las respuestas han sido reforzadas) que tras el refuerzo intermitente (en que las respuestas eran reforzadas sólo a veces). Si se intenta extinguir una conducta que ha sido reforzada intermitentemente, hay que estar preparada para que la extinción se prolongue más tiempo.

6. Una conducta que se intenta extinguir puede ponerse peor antes de desaparecer

Hay conductas que durante la extinción se incrementan llamativamente antes de empezar a desaparecer. En este caso, las cosas se ponen peor antes de mejorar. Se denomina pico o explosión de la extinción al incremento en la respuesta que a veces se produce durante la extinción. Imaginemos que una niña siempre está levantando su brazo en clase y chasqueando los dedos para llamar la atención de la profesora. Si la profesora llevara la cuenta de las veces que la alumna chasquea los dedos, para introducir posteriormente la extinción (esto es, ignorar completamente el chasqueo de dedos), probablemente observaría un incremento en el chasqueo de la alumna durante los primeros minutos de la extinción antes de que la conducta empezara a disminuir gradualmente. ¿Por qué ocurre esto? La mayoría hemos aprendido que si algo no está surtiendo el efecto deseado, un pequeño incremento en la conducta puede hacer que vuelva a funcionar. Este es un asunto bien documentado tanto en la investigación básica como en la investigación aplicada. (Lerman e Iwata, 1995; Lerman, Iwata y Wallace, 1999). Quien pretenda aplicar un programa de extinción ha de conocer la posibilidad de que la actividad aumente llamativamente antes de desaparecer. Si una profesora decide extinguir el chasqueo de dedos y observara que éste se incrementa durante los siguientes minutos, podría concluir erróneamente que la extinción no estaba funcionando y rendirse anticipadamente. El efecto de esta acción sería que reforzaría la conducta cuando se vuelve más virulenta. La regla a seguir en esta circunstancia sería: si se introduce la extinción, hay que seguir adelante. Las cosas se suelen poner peor antes de mejorar, pero hay que mantenerse firme, porque hacerlo compensa a largo plazo. Son excepciones a esta regla las situaciones en que los picos durante la extinción conllevan riesgos. Si se anticipa esa posibilidad, habría que tomar medidas preventivas. Por ejemplo, antes de implementar un programa de extinción para reducir los golpes que se daba con la cabeza contra la pared una niña con un trastorno del desarrollo, Brian Iwata optó por ponerle un casco durante las sesiones de extinción para que no se hiciera daño si se producía el previsible incremento brusco del comportamiento autolesivo (Iwata, Pace, Cowdery y Miltenberger, 1994). Alternativamente, si se prevé que una explosión de la extinción podría causar daño, no sería aconsejable proceder con la extinción. Otras estrategias para reducir problemas conductuales se describen en capítulos posteriores.

7. La extinción puede producir agresiones que interfieran con el programa

Otra dificultad de la extinción es que el procedimiento podría provocar agresividad. De nuevo, estamos frente a una situación conocida por todos. Probablemente alguna vez hemos sacudido y golpeado (o hemos tenido el deseo al menos) una máquina de refrescos que se ha quedado con nuestro dinero. Si reconsideramos el ejemplo del chasqueo de dedos, podríamos ver una pequeña agresión. Si la profesora ignora la conducta, la niña habría empezado a chasquear los dedos cada vez más fuerte, y tal vez habría golpeado la mesa mientras grita «¡ey!». Esta característica de la extinción se ha estudiado en situaciones de laboratorio y en la investigación aplicada (Lerman y cols., 1999; Lerman & Iwata, 1996). En estudios de extinción de conductas autolesivas, la agresión se observó en casi la mitad de los casos en que este procedimiento era la única intervención aplicada. No obstante, la prevalencia de la agresión era sustancialmente menor cuando la extinción se aplicaba como parte de un paquete de tratamiento que incluía refuerzo positivo para una conducta alternativa deseable. Es importante minimizar la agresión no sólo por no deseable, sino porque podría conducir a la interrupción temprana del tratamiento, lo cual conllevaría como efectos secundarios no ya reforzar una actividad improcedente mediante un programa intermitente, sino reforzar además la agresión.

Otra opción consiste en llevar a cabo el programa de extinción en un entorno que tolere una cierta cantidad de agresión. Si los padres deciden extinguir las pataletas de su hijo, por ejemplo, podrían hacerlo en casa tras haber retirado cristales y otros objetos frágiles. En una intervención para eliminar los comportamientos agresivos de un niño con un trastorno severo del desarrollo (arañar, pegar, dar patadas o morder), Carr hizo que los profesores llevaran protecciones, consistentes en un abrigo grueso de pana y guantes de goma, para afrontar con éxito la extinción (Carr, Newson y Binkoff, 1980).

8. Una conducta extinguida podría reaparecer tras una demora

Otra dificultad es que una conducta que ha desaparecido completamente durante la extinción puede reaparecer si surge la ocasión transcurrido el tiempo. Retomemos el ejemplo del chasqueo de dedos. Supongamos que la profesora inició un programa de extinción para el chasqueo de dedos cuando la niña volvió al colegio después del almuerzo. Durante la primera hora hubo diez episodios de chasqueo, que la docente ignoró por completo y presumiblemente los demás escolares también. Supongamos, más aún, que no hubo ningún chasquido durante toda la tarde y que la profesora asumiera que había sido extinguido con éxito. Sin embargo, cuando vuelve a clase al día siguiente, observa cinco chasquidos durante la primera hora de clase. Esta reaparición de una conducta extinguida tras un descanso se denomina recuperación espontánea. Típicamente, su magnitud es inferior a la que exhibía el comportamiento inadecuado durante la sesión de extinción previa. Tras varias jornadas adicionales de extinción, la recuperación espontánea no suele plantear problemas. Aunque estas características de la recuperación espontánea están bien documentadas en la investigación básica (Pear, 2001), no se ha estudiado formalmente en investigación aplicada, y son pocos los informes anecdóticos que describen su aparición tras finalizar intervenciones de extinción (Lerman & Iwata, 1996). Si tuviera lugar una recuperación espontánea, es recomendable estar preparados para continuar con el programa de extinción.

Para simplificar de alguna manera el tema de este capítulo y del Capítulo 3, sugerimos que si quiere que una conducta se dé más a menudo, hay que reforzarla; si quiere que una conducta ocurra menos, hay que ignorarla (véase **Nota 3**). No obstante, conviene que recuerde que tanto el refuerzo positivo como la extinción esconden muchas más complicaciones de las que podamos observar en una primera impresión. Para conseguir la máxima eficacia de ambos procedimientos, habrá que contemplar tanto los posibles obstáculos, como las líneas que hay que seguir para la aplicación efectiva de ambos.

POSIBLES OBSTÁCULOS EN LA EXTINCIÓN

Como ocurre con la ley de la gravedad, el principio del refuerzo positivo y otras leyes naturales, el principio de extinción opera seamos o no conscientes de ello. Lamentablemente, aquéllos que no son conscientes de la extinción pueden aplicarla sin pretenderlo a conductas agradables de amigos, conocidos, familiares y otros. La Tabla 5-2 presenta algunos ejemplos de cómo la extinción puede reducir a largo plazo conductas deseables.

Tabla 5-2. Ejemplos imprevistos de extinción

Situación	Respuesta	Consecuencias inmediatas	Efectos a largo plazo
1. Pide a un amigo que le llame por teléfono una tarde concreta	Su amigo marca su número varias veces	Cada vez que el teléfono suena, lo ignora y usted continúa leyendo su novela	Es poco probable que su amigo vuelva a llamarle cuando se lo pida.
2. Dos cuidadores están hablando entre sí en un aula de educación especial y un alumno se acerca y se queda de pie al lado.	El alumno espera pacientemente al lado de los cuidadores varios minutos. Finalmente les interrumpe.	Los cuidadores siguieron hablando mientras el alumno esperaba pacientemente, pero dejaron de hablar cuando les interrumpió.	La respuesta de esperar de pie pacientemente al lado de los cuidadores se repetirá con menos probabilidad en el futuro, y la respuesta de interrumpir a los cuidadores ocurrirá con mayor probabilidad en el futuro.
3. Un hombre cargado con varios paquetes camina hacia la puerta de salida de unos grandes almacenes. Una mujer que está al lado de la puerta ve al hombre acercándose.	La mujer le abre la puerta al hombre	El hombre sale apurado sin decir una palabra	Disminuirá la probabilidad de que la mujer vuelva a abrir la puerta en situaciones futuras similares.
4. Un bebé de 3 meses está acostado tranquilamente en su cuna justo antes de su hora de comer.	El bebé empieza a hacer ruiditos y a balbucear, lo que podría ser interpretado por progenitores entusiastas como «mamá» o «papá».	La madre, ocupada preparando el biberón, ignora los balbuceos. Después coge al bebé que está tranquilo (o más probablemente, llorando).	La madre acaba de perder la oportunidad de reforzar los balbuceos. En su lugar, ha reforzado que se quedara tranquilo en la cuna (o llorando). Por esto, se reduce la probabilidad de que los ruiditos vuelvan a repetirse en el futuro.

Aun cuado algunas personas apliquen conscientemente la modificación de conducta en un esfuerzo por ayudar a personas con deficiencias conductuales, su buen hacer puede verse perjudicado por quienes no conozcan este principio. Por ejemplo, un participante de un programa para personas con trastornos del desarrollo ha sido reforzado por un cuidador para vestirse solo, pero este empleado ha sido trasladado o se ha ido de vacaciones y es sustituido por otro que no está familiarizado con los principios del refuerzo positivo y la extinción o con el programa concreto de este alumno. Frente a un niño que se viste solo y otros muchos que no lo hacen, el nuevo monitor probablemente dedicará mucho más tiempo a ayudar a los alumnos con dificultades y prestará menos atención al más autónomo. Es una tendencia humana natural prestar atención a los problemas e ignorar situaciones en que parece que las cosas van bien. Es fácil racionalizar esta atención selectiva, «Después de todo», pensaría el cuidador, «¿por qué reforzar a Johnny por hacer algo que ya sabe hacer?». No obstante, hay que mantener la conducta de vestirse solo de Johnny después de haberla establecido y por ello hay que premiarla al menos de vez en cuando. Las estrategias para mantener una conducta deseable y por tanto protegerla de la extinción involuntaria se describen en el Capítulo 16.

PAUTAS PARA UNA APLICACIÓN EFECTIVA DE LA EXTINCIÓN

A continuación presentamos una serie de directrices a modo de inventario de comprobación para quienes quieran utilizar la extinción para reducir una conducta concreta. Como en el caso de las pautas para el reforzamiento positivo del Capítulo 3, asumimos que los usuarios son padres, madres, profesores u otros profesionales que desempeñan su labor con personas con problemas conductuales.

1. Selección de la conducta a reducir:
    - **a.** Conviene elegir una conducta bien especificada y no esperar una mejoría completa inmediata. Por ejemplo, no se pueden extinguir simultáneamente todas las conductas problemáticas de Johnny. Es preferible elegir una concreta, como el chasquido de dedos.
    - **b.** Recuerde que la conducta puede empeorar antes de mejorar y que a veces se observa cierta agresividad durante el proceso de extinción. Por este motivo, hay que asegurarse de que las circunstancias son tales que se pueda seguir adelante con el procedimiento de extinción. Por ejemplo, estableceremos precauciones si la conducta objetivo es destructiva hacia la propia persona o hacia otras. ¿Sería peligroso persistir con el programa de extinción si el comportamiento empeora? Debe considerar también el entorno en que más probablemente ocurrirá la actividad que nos interesa, ya que por ejemplo sería imposible extinguir pataletas en un restaurante por las obvias presiones sociales existentes. Si quiere debilitar una conducta concreta pero no puede aplicar la extinción debido a alguna de las consideraciones expuestas, no hay que desesperar. Se describirán otros procedimientos para reducir conductas en los capítulos 7, 12, 17, 18 y 22.
    - **c.** Hay que elegir una actividad de la que se puedan controlar los reforzadores que la están manteniendo.
2. Consideraciones preliminares
    - **a.** Si es posible, registre la frecuencia de la conducta objetivo antes de empezar el programa de extinción. Durante esta fase de registro, no debe retirarse el reforzador de la conducta no deseable.
    - **b.** Hay que procurar identificar qué está reforzando la actividad inadaptativa para poder retirarlo durante el tratamiento. Si no es posible, entonces, técnicamente, el programa no tendría un componente de extinción. La historia de refuerzo de la conducta no deseable podría proporcionar alguna idea sobre el tiempo que llevará conseguir la extinción.
    - **c.** Es aconsejable identificar un comportamiento alternativo adaptativo que la persona pueda realizar.

   - **d.** Identifique reforzadores efectivos para aplicarlos a la conducta alternativa deseable.
   - **e.** Conviene seleccionar un entorno adecuado en que la extinción pueda llevarse a cabo satisfactoriamente.
   - **f.** Hay que asegurarse de que las personas implicadas conozcan de antemano qué conducta va a ser extinguida y cuál va a ser reforzada. Quienes van a estar en contacto con la persona tienen que estar avisados para que ignoren las acciones a extinguir y premien las alternativas buscadas.

3. Puesta en marcha del plan
   - **a.** La persona debe conocer con precisión cuál es el plan antes de empezar.
   - **b.** En relación con el refuerzo positivo para la conducta alternativa deseable, hay que asegurarse de que cumple las reglas pertinentes expuestas en el Capítulo 3.
   - **c.** Después de empezar el programa, habrá que mantener la consistencia de la retirada del reforzamiento después de todos los episodios de la conducta no deseable y también al reforzar la actividad alternativa deseable.
4. Cómo independizar al estudiante del programa
   - **a.** Después de que la conducta no deseable se haya reducido hasta desaparecer, hay que estar preparados para posibles recuperaciones espontáneas.
   - **b.** Hay tres posible razones para que falle un procedimiento de extinción:
     1. La atención que se retira después de una conducta inadecuada no es el reforzador que estaba manteniéndola.
     2. La conducta inadaptativa está recibiendo refuerzo intermitente de otra fuente.
     3. No se ha fortalecido adecuadamente la actividad alternativa pertinente.

   Si el procedimiento de intervención se está prolongando sin éxito más de lo previsto, convendría repasar cuidadosamente estas razones.
   - **c.** En relación con el refuerzo de una actividad alternativa favorable, es aconsejable seguir las pautas comentadas en el Capítulo 3 para independizar al niño del programa.

PREGUNTAS DE REPASO

1. ¿Cuáles son las dos partes del principio de extinción?
2. Si se le pide a alguien que deje de comer caramelos y lo hace, ¿estaríamos ante un ejemplo de extinción? Explique por qué, sobre la base de la definición de extinción.
3. Si un padre o una madre ignora la conducta de su hija, ¿sería este un ejemplo de extinción?
4. Supongamos que inmediatamente después de que ha dicho tacos, el padre y la madre de un niño le retiran parte de la paga semanal y el resultado es que los exabruptos se reducen. ¿Es un ejemplo de extinción? Explique por qué, sobre la base de la definición de la extinción.
5. Explique la diferencia en términos de procedimiento y resultados entre extinción de un reforzador condicionado y extinción de una conducta reforzada positivamente.
6. ¿Por qué fracasó el intento de la madre de extinguir la conducta de comer galletas de su hijo? (Figura 5-2).
7. Describa una conducta concreta que le gustaría disminuir en un niño a quien conozca. ¿Requeriría su programa de extinción un entorno especial? Justifique su respuesta.
8. ¿Por qué es necesario tener en cuenta el entorno como un factor que influye durante la extinción?
9. Si una conducta que era mantenida por reforzamiento positivo no vuelve a recibir algún refuerzo, al menos de vez en cuando, ¿qué le pasaría?
10. ¿Qué es un pico o explosión de la extinción? Describa un ejemplo.
11. ¿Qué es la recuperación espontánea? Describa un ejemplo.

12. En una frase enuncie cada uno de los ocho factores generales que influyen en la efectividad de la extinción.
13. Si tuviera que registrar algunas observaciones de una conducta no deseable antes de introducir un programa de extinción, ¿qué cinco aspectos buscaría?
14. ¿Cuáles son las tres posibles razones para el fracaso de un programa de extinción?
15. La extinción no debería aplicarse a determinadas conductas o en determinadas situaciones. ¿Qué tipos de conductas y situaciones serían? Exponga un ejemplo de una conducta a la cual no sería oportuno aplicar la extinción y otro de una situación en que tampoco convendría aplicarla.
16. Describa dos ejemplos de extinción que haya encontrado en el pasado, uno que implique una conducta deseable y otro que incluya una conducta no deseable. Para cada ejemplo identifique la situación, la conducta, la consecuencia inmediata y los posibles efectos a largo plazo, como hicimos en las Tablas 5-1 y 5-2. (Sus ejemplos no deben ser del texto).
17. Describa brevemente un posible obstáculo en la extinción. Aporte un ejemplo.
18. Examine la Tabla 5-1. ¿Cuál de esos ejemplos implica reforzamiento positivo de una respuesta alternativa? Para aquellos que no lo incluyen, indique cómo se podría introducir.

EJERCICIOS DE APLICACIÓN

A. Ejercicios que implican a otras personas

Elija una situación en que pueda sentarse y observar a una persona adulta interactuar con uno o más niños aproximadamente durante media hora. Durante este periodo, anote el número de veces que presta atención a las conductas infantiles deseables y el número de veces que ignora conductas agradables específicas. Esto le aportará una estimación de la frecuencia con que perdemos oportunidades para premiar conductas favorables de quienes nos rodean.

B. Ejercicios de auto-modificación

1. Piense en algo que hizo hoy que no mereció la pena. Elabore una descripción específica y concreta de la situación y de la conducta, de acuerdo con los ejemplos de la Tabla 5-1.
2. Elija un exceso conductual personal, quizá uno que haya incluido en la lista al final del Capítulo 1. Esboce un programa de extinción completo que con un poco de ayuda de sus amigos pueda auto-aplicarse. Asegúrese de elegir una actividad tal que pueda retirar el reforzador que la mantiene, y de que su plan sigue las pautas expuestas para la aplicación efectiva de la extinción.

NOTAS DE AMPLIACIÓN SOBRE EL TEMA

1. El caso de Louise puede suscitar algunas preguntas. ¿Fueron simplemente sus informes de dolor lo que cesó? ¿Disminuyeron también sus «sentimientos» de dolor, es decir, las migrañas en sí? Aunque no hubo un autoregistro de la frecuencia de los dolores de cabeza, Louise informó en un seguimiento de doce meses que sólo había experimentado dos cefaleas durante este periodo. Sus demás actividades parecían apoyar sus afirmaciones porque ahora era capaz de realizar una gran variedad de cometidos (tareas domésticas, trabajo, etc.) que no podía llevar a cabo en el pasado. Y tanto ella como su marido informaron de que la relación conyugal había mejorado mucho. Como se discute más adelante en los capítulos 15, 26 y 27, proponemos que las conductas privadas están afectadas por las técnicas conductuales de la misma manera que las conductas públicas. Quizá en el caso de Louise, tanto las quejas manifiestas, como las conductas internas de dolor disminuyeron tras la introducción del procedimiento de extinción.

2. Una de las amenazas mayores a las que se puede enfrentar un programa de extinción es el refuerzo por parte de una persona bienintencionada que no entiende la intervención o sus fundamentos. Este obstáculo se materializó en uno de los informes más tempranos acerca de la aplicación de la extinción en pataletas. C. D. Williams (1959) informó del caso de un niño de veintiún meses que gritaba y lloraba si el padre o la madre salía de la habitación tras haberlo acostado en su cuna por la noche. Se inició un programa en que los adultos salían del dormitorio después de los mimos antes de dormir y no volvían a entrar, sin importar cuánto gritara el pequeño. Durante la primera sesión de extinción en que se acostó al niño conforme a estas normas, gritó durante 45 minutos. La décima noche, sin embargo, no gritó más, sino que sonrió cuando el progenitor salió de la habitación. Una semana después, no obstante, mientras ellos disfrutaban de una necesaria noche fuera de casa, el niño gritó y montó un escándalo al acostarle su tía, que hacía de canguro. La tía reforzó la conducta volviendo al dormitorio y quedándose allí hasta que el niño se durmió. Fue entonces necesario extinguir la conducta nuevamente y se invirtió en conseguirlo tanto tiempo como en la primera ocasión. Ayllon y Michael (1959) anlizaron el efecto perjudicial del reforzamiento no deseado durante la extinción y lo denominaron «reforzamiento pirata». Un paciente en un hospital psiquiátrico se enfrascaba en un discurso psicótico tan delirante que otros pacientes ya le habían golpeado en numerosas ocasiones para que se tranquilizara. Para reducir este discurso delirante, los modificadores de conducta enseñaron al personal de enfermería a ignorarlo y a prestar atención sólo al discurso con sentido. Como resultado, la proporción del discurso patológico disminuyó de 0,91 a 0,25. Posteriormente sin embargo, creció a un nivel superior, probablemente debido al refuerzo pirata de una trabajadora social. Esta circunstancia salió a la luz cuando el paciente comentó a una de las enfermeras, «Bueno, tú no me escuchas. Tendré que ir a ver a [trabajadora social] otra vez, porque me dijo que si ella conoce mi pasado podrá ayudarme».

3. Una alternativa a la extinción para reducir la conducta no deseable con personas con trastornos del desarrollo es el refuerzo no contingente. Por ejemplo, supongamos que en un centro de tratamiento para niños con retraso cognitivo, Suzy muestra pataletas continuamente, probablemente debido a que estos berrinches suelen atraer la atención de los adultos. Un programa de reforzamiento no contingente implicaría atender a Suzy una vez cada 30 segundos sin tener en cuenta la conducta que esté llevando a cabo. Son numerosos los estudios en que este tipo de tratamiento ha demostrado su utilidad para reducir las conductas desafiantes (para una revisión de estos estudios, véase Tucker, Sigafoos y Bushell, 1998). Una crítica posible a esta estrategia para disminuir una conducta es que podría reducir la motivación de los implicados para participar en sesiones de entrenamiento ya que, a fin de cuentas, reciben recompensas habitualmente por no hacer nada. Además, al actuar indiscriminadamente sobre cualquier actividad que tiene lugar con mucha frecuencia, también puede reducir comportamientos agradables.

Preguntas sobre las notas

1. Discuta si el programa de extinción con Louise redujo sus «sentimientos» de dolor.
2. ¿Qué es el reforzamiento pirata? aporte un ejemplo.
3. Describa cómo podría usarse el reforzamiento no contingente para reducir un comportamiento desafiante. ¿Cuál es la posible limitación de este enfoque?

6

Lograr mantener el comportamiento mediante el refuerzo intermitente

«Jan, vamos a ver cuántos problemas de aritmética haces bien».

MEJORAR EL RITMO DE TRABAJO DE JAN EN CLASE DE MATEMÁTICAS[8]

Jan es una niña de trece años, de inteligencia media, matriculada en séptimo curso en la escuela elemental Humboldt State College. En las clases de matemáticas, se distrae a menudo y comete muchos errores en los problemas aritméticos. Con la ayuda de su profesora, dos modificadores de conducta introdujeron un programa orientado a mejorar el ritmo de trabajo de la alumna. Uno de ellos trabajaba con ella diariamente durante la clase de matemáticas, en que le entregaban un cuaderno con los problemas que tenía que resolver. Durante los dos primeros días, en cuanto Jan resolvía dos problemas correctamente, la terapeuta le decía, "buen trabajo" o "un trabajo excelente" o algún otro comentario positivo parecido. Durante los dos días siguientes, aumentó a cuatro la cantidad de problemas que la estudiante tenía que resolver correctamente antes de recibir el elogio y, dos días después, incrementó el requisito hasta ocho problemas antes de los halagos. Durante los últimos dos días de intervención, Jan tenía que acabar 16 problemas antes de recibir los comentarios positivos.

El programa de elogios tuvo un efecto positivo sobre el rendimiento de la estudiante ya que logró triplicar la tasa de solución correcta de problemas. Comparando la secuencia de principio a fin, la velocidad de trabajo más alta se produjo cuando recibía el comentario positivo tras deiciséis problemas resueltos. Es más, al final de la intervención, Jan no se distraía y permanecía atenta a la tarea el 100% del tiempo.

[8] Este caso está basado en un informe de Kirby y Shields (1972).

ALGUNAS DEFINICIONES

El término **refuerzo intermitente** hace referencia al mantenimiento de un comportamiento mediante su refuerzo ocasional (es decir, de manera intermitente), en vez de hacerlo siempre que se produce. El comportamiento académico de Jan no fue reforzado continuamente, sino después de que se hubieran producido unas cuantas respuestas. Mediante este programa de refuerzo, Jan mantuvo un ritmo de trabajo estable. *Nota*: tasa de respuesta y frecuencia de respuesta son términos sinónimos y aunque hemos empleado este último en los capítulos anteriores, ahora vamos a usar el primero.

Para describir el refuerzo intermitente, tenemos que definir previamente el programa de refuerzo. Un **programa de refuerzo** es una regla que especifica qué incidencia de un comportamiento concreto será reforzada, si es que se puede reforzar alguna. El programa de **refuerzo continuo** es uno de los más sencillos y Jan hubiera estado en este tipo de sistema si hubiera sido recompensada por cada problema resuelto. Muchos comportamientos cotidianos se rigen por un programa de refuerzo continuo: cada vez que abrimos el grifo, sale agua que refuerza este comportamiento; cada vez que giramos la llave en la cerradura de la puerta de casa, ésta se abre y así refuerza nuestra conducta.

La situación opuesta al refuerzo continuo es la **extinción**. Como vimos en el Capítulo 5, durante el programa de extinción no se refuerza ninguna aparición de un comportamiento determinado, lo cual en último término tiene como efecto que éste se reduce a un mínimo o desaparece por completo.

El refuerzo intermitente se sitúa entre estos dos extremos, refuerzo continuo y extinción. En entornos naturales, muchas actividades no se refuerzan continuamente: no siempre se obtienen buenas notas después de haber estudiado, o hay que trabajar toda una semana para recibir la paga semanal. Los experimentos de los efectos de las distintas estrategias de refuerzo sobre el comportamiento se organizan como parte del ámbito general de los programas de reforzamiento. Cualquier regla que especifique un procedimiento para reforzar un comportamiento sólo en algunas ocasiones se denomina **programa de refuerzo intermitente**. Son muchos los programas de este tipo y como cada uno de ellos produce un patrón de comportamiento diferente, se considera que su adecuación depende de las distintas aplicaciones prácticas consideradas (véase **Nota 1**). Además, algunos programas son más fácilmente aplicables porque requieren menos inversión de tiempo y esfuerzo.

Se denomina fase de *adquisición* a aquella en que un comportamiento se condiciona o aprende y fase de *mantenimiento* al periodo posterior en que el comportamiento ya está bien establecido. Habitualmente resulta adecuado mantener el refuerzo continuo durante la fase de adquisición y cambiar posteriormente al refuerzo intermitente durante el mantenimiento. Los programas de reforzamiento intermitente son preferibles a los continuos para mantener la conducta por varias razones: (a) el refuerzo mantiene su eficacia durante más tiempo porque la saciedad se produce más lentamente; (b) los comportamientos reforzados de manera intermitente suelen tardar más en extinguirse (véase Capítulo 5); (c) las personas suelen trabajar de manera más estable en algunos programas intermitentes; y (d) es más probable que el comportamiento reforzado de manera intermitente persista después de transferirlo a los refuerzos del ambiente natural. En este capítulo, comentaremos cuatro tipos de programas de refuerzo intermitente para aumentar y mantener el comportamiento: de razón, de intervalo simple, de intervalo con márgenes limitados y de duración. Todos ellos se subdividen en fijos y variables, lo cual da como resultado ocho programas básicos de refuerzo, cuya investigación puede consultarse en Pear (2001).

Antes de describir los programas básicos de refuerzo, hemos de diferenciar entre los procedimientos de operante libre y los procedimientos de ensayos discretos. En el procedimiento de operante libre, la persona tiene «libertad» para emitir la respuesta repetidamente, ya que no hay limitaciones a la producción de respuestas sucesivas. Por ejemplo, en clase de matemáticas, cuando a Jan le daban un folio con varios problemas aritméticos para resolver, ella podía adoptar distintos ritmos de trabajo (solucionar un problema por minuto o tres problemas por minuto). En un procedimiento con ensayos discretos, se presenta un estímulo concreto antes de brindar la oportunidad para que se produzca la respuesta que será seguida del refuerzo. Si la profesora de Jan le hubiera presentado un problema y hubiera esperado a que lo resolviera, después de lo cual le hubiera presentado otro problema y así sucesivamente, habría aplicado un procedimiento de ensayos discretos. Es evidente que en los procedimientos con ensayos discretos, la tasa de respuesta está limitada por la tasa de presentación de los estímulos sucesivos al comienzo de cada ensayo. A lo largo del capítulo, cuando mencionemos los efectos característicos de los programas de refuerzo y salvo que especifiquemos lo contrario, nos estaremos refiriendo a procedimientos de operante libre.

PROGRAMAS DE RAZÓN

Los programas de refuerzo de Jan (el caso presentado al principio del capítulo) eran de **razón fija (RF)**, ya que el refuerzo se producía cada vez que emitía un número determinado de respuestas. Recordemos que al empezar la intervención, Jan tenía que resolver dos problemas para obtener el refuerzo, lo cual suele abreviarse como RF2; posteriormente, tenía que resolver cuatro problemas para lograr el refuerzo, es decir RF4; y por último, tenía que emitir dieciséis respuestas correctas, o RF16. Observe que la razón fue aumentando progresivamente, ya que si le hubieran pedido dieciséis respuestas aritméticas inicialmente (es decir, sin los valores intermedios de razón fija), es probable que su comportamiento hubiera empeorado y se hubiera asemejado al de la extinción. A veces se denomina *tensión de razón* a este deterioro de la respuesta cuando se intenta avanzar con demasiada rapidez en un programa de razón fija. Por supuesto, el requisito óptimo de respuesta varía en función de las personas y el tipo de tarea y, por ejemplo, Jan aumentó la tasa de respuesta incluso cuando la razón fija se incrementó a dieciséis, pero otras alumnas podrían haber reducido su rendimiento antes de llegar a dieciséis. En general, cuanto más elevada es la tasa final estimada para que alguien responda, más importante es ir estableciendo aproximaciones graduales mediante la exposición a razones menores. El valor óptimo de la razón mantendrá un rendimiento elevado sin producir tensiones y muy frecuentemente se calcula mediante *ensayo y error*.

Cuando los programas de razón fija se introducen gradualmente (véase **Nota 2**), se produce una tasa de respuesta estable hasta la consecución del reforzamiento, que es seguido de una pausa post-refuerzo, cuya magnitud depende del valor del programa: a mayor valor de la razón, mayor duración de la pausa. Los programas de razón fija también producen elevada resistencia a la extinción, como comentaremos en el Capítulo 5.

Hay muchos ejemplos cotidianos de programas de razón fija, por ejemplo, cuando el entrenador de fútbol dice al equipo, «Ahora mismo todos a hacer veinte abdominales antes del descanso», estamos frente a un RF20. Otro ejemplo es el de los trabajadores industriales que rinden a destajo y reciben el salario en función de las partes ensambladas, mediante el sistema a veces denominado de precio por pieza.

En un programa de refuerzo de ***razón variable (RV)***, la cantidad de respuestas necesarias para que se produzca el refuerzo cambia de forma impredecible en cada ensayo. El promedio de respuestas requerido para obtener el refuerzo es el valor que se especifica para su designación. Por ejemplo, supongamos que a lo largo de varios meses, un representante consigue un promedio de una venta por cada diez casas que visita. Esto no significa que el vendedor haya hecho exactamente una venta cada diez casas, sino que a veces la venta se habrá producido tras visitar cinco, o incluso haya logrado pedidos en dos casas consecutivas y en ocasiones habrá recorrido muchas viviendas sin vender nada. Sin embargo a lo largo de varios meses, ha necesitado un promedio de diez visitas a domicilio para que se produzca el refuerzo. La abreviatura del intervalo de refuerzo que precisa de un promedio de diez respuestas es RV10. Al igual que sucedía con los programas de razón fija, los de razón variable también producen una tasa elevada de respuesta, con la ventaja de que producen poca o ninguna pausa post-refuerzo. El representante no puede predecir con precisión cuándo se va a producir un encargo y por tanto es más probable que siga haciendo visitas inmediatamente después de haber logrado una venta. Otras tres diferencias entre los efectos de ambos programas son: los programas de razón variable pueden aumentar el requisito más drásticamente que los programas de razón fija sin que se produzca una tensión de razón; habitualmente, en los programas de razón variable la respuesta se mantiene con valores más altos que en los de razón fija; y los programas de razón variable producen comportamientos más resistentes a la extinción, que programas de razón fija del mismo valor.

El entorno natural contiene múltiples ejemplos de programas de razón variable: pedir una cita a alguien es una muestra de ello, porque hasta la persona más atractiva tendrá que pedírselo a una cantidad impredecible de personas antes de lograr la aceptación. Las máquinas tragaperras están programadas conforme a sistemas de razón variable para que los jugadores no tengan manera de saber cuánto dinero tendrán que apostar antes de lograr el bote. De igual modo, lanzar el anzuelo para pescar está reforzado mediante un programa de razón variable, en que habrá que repetir el gesto un número impredecible de veces antes de lograr una presa.

Los programas de razón son adecuados cuando se quiere generar una tasa de respuesta elevada y se pueden registrar todas las respuestas, ya que hay que contarlas para saber cuándo emitir el refuerzo. La razón fija se emplea más a menudo que la variable porque su administración es más sencilla.

Los programas de razón se han empleado así mismo en análisis de ensayos discretos, como el diseño de tareas para que los niños con alteraciones del desarrollo aprendan a denominar dibujos de objetos. El procedimiento implica presentar una secuencia de ensayos cuidadosamente diseñada en que, en algunas ocasiones, los monitores dicen el nombre del objeto para que los alumnos lo imiten y en otras, son los estudiantes quienes tienen que denominar los dibujos correctamente. Las respuestas adecuadas se refuerzan mediante elogios (por ejemplo, «¡bien!») y una golosina. Se observa que en general los niños emiten más respuestas correctas y aprenden a denominar más dibujos cuando las golosinas se reparten conforme a un programa de razón que cuando todas las verbalizaciones adecuadas se refuerzan. Aunque realmente, esto sólo es cierto si la tasa no es muy elevada y requiere demasiadas respuestas correctas para conseguir el refuerzo. El rendimiento mejora inicialmente al aumentar los requisitos de respuesta, pero posteriormente comienza a observarse la tensión de la razón (véase Pear, Wray & Jackson, 1975).

PROGRAMAS DE INTERVALO SIMPLE

En un programa de ***intervalo fijo (IF)***, se refuerza la primera respuesta que se produce después de que haya transcurrido un periodo de tiempo fijo tras la última aparición del refuerzo (véase Figura 6-1), con lo cual comienza un nuevo intervalo. El único requisito para lograr la recompensa es que la persona emita la conducta cuando, debido al tiempo transcurrido, el refuerzo está ya disponible. El valor del programa de intervalo variable es la duración del tiempo que hay esperar hasta que el refuerzo está disponible; por ejemplo, si ha de transcurrir un minuto antes de volver a reforzar la conducta, estamos ante un programa de intervalo fijo de un minuto (IF1). Observe que en la Figura 6-1, aunque ha de transcurrir cierto tiempo antes de que se dispense el refuerzo, también ha de producirse una respuesta después de ese intervalo especificado. Observe también que no se establece un límite al tiempo de que dispondrá la persona para emitir la respuesta tras el intervalo, y que las respuestas realizadas antes de que finalice el tiempo, no tienen ningún efecto sobre la presentación del refuerzo.

El siguiente ejemplo ilustra los efectos habituales de un programa de intervalo fijo: supongamos que dos pequeños, de cuatro y cinco años aproximadamente, juegan todas las mañanas y, más o menos, dos horas después del desayuno, quien les cuida tiene preparado el almuerzo y aproximadamente unas dos horas después, tiene preparada la comida. Así, la conducta de acercarse a la cocina está reforzada mediante un programa de intervalo fijo de dos horas. A medida que se va acercando el final de cada periodo de dos horas, los niños aumentan la frecuencia de visitas a la cocina y de preguntas, «¿está ya lista la comida?». Después de comer, salen a jugar y transcurre bastante tiempo antes de que vuelvan a la cocina. Aquí, el comportamiento infantil de visitar la cocina es característico del que producen los programas de refuerzo de intervalo fijo. Es decir, en el supuesto de que los participantes no dispongan de relojes ni se les diga la hora, los programas de intervalo fijo generan: (a) una tasa de respuesta que aumenta gradualmente a medida que se acerca el final del intervalo y (b) una pausa post-refuerzo. Hay que señalar que el término «pausa» no significa que

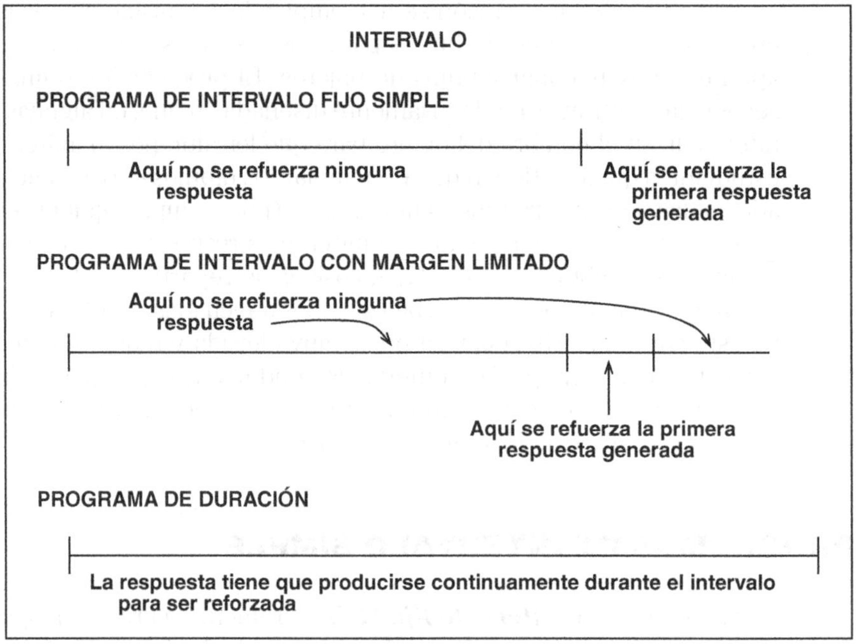

Figura 6-1. Diagramas que ilustran las diferencias entre los programas de intervalos descritos en el texto; en todos ellos, la línea horizontal representa un periodo de tiempo.

no se produzca ninguna conducta, sino que simplemente no aparece la conducta pertinente. La duración de la pausa post-refuerzo depende de valor del intervalo: a mayor valor, es decir, cuanto más tiempo transcurre entre refuerzos, más prolongada es la pausa. Sin embargo, la mayoría disponemos de relojes que nos informan de cuándo llevar a cabo acciones para obtener refuerzos en los programas de intervalo fijo y, por lo general, esperamos a que la recompensa esté disponible para generar la respuesta. Pero, observe que la conducta de mirar al reloj se produce conforme al patrón típico de un programa de intervalo fijo, ¿sabría decir por qué?

Para establecer si un comportamiento está reforzado por un programa de intervalo fijo, hemos de plantearnos dos cuestiones: (a) ¿Basta con emitir una respuesta transcurrido un intervalo fijo de tiempo para obtener el refuerzo? (b) ¿Tiene algún efecto responder durante el intervalo? Si la respuesta es «Sí» a la primera pregunta y «No» a la segunda, se trata de un intervalo fijo. Consideremos un curso universitario en que todas las semanas, el mismo día, se presentara un examen y en que por tanto, el patrón de estudio de los alumnos probablemente se asemejara al típico en un programa de intervalo fijo, es decir, apenas nadie estudiaría inmediatamente después del examen, pero el estudio aumentaría a medida que se aproximara el día de la prueba. No obstante, planteémonos las dos preguntas que nos hacíamos anteriormente: ¿los alumnos pueden esperar a que transcurra una semana y hacer «una» respuesta de estudio para aprobar? No, sacar buena nota es contingente con haber estudiado durante toda la semana. ¿Responder durante el intervalo tiene algún efecto? Sí, contribuye a obtener mejor calificación. Por tanto, aunque en cierto sentido se parezca, este no es un ejemplo de intervalo fijo.

En ocasiones se mencionan los trabajos por horas como ejemplo de programas de intervalo fijo, pero tampoco es correcto porque quien paga por horas asume que los empleados trabajaran durante toda la hora y, sin embargo, en un programa de intervalo fijo sólo hay que emitir una respuesta una vez finalizado el intervalo. Ir a recoger el cheque del salario sí es un ejemplo de comportamiento reforzado mediante un programa de intervalo fijo, ya que la nómina sólo estará preparada transcurrido cierto tiempo e ir a la ventanilla de pagos anticipadamente, no logrará la obtención del sueldo.

En un programa de refuerzo de **intervalo variable (IV)**, la duración de los intervalos entre refuerzos cambia de forma impredecible. El promedio de duración de los intervalos que han de transcurrir para obtener el refuerzo es el valor que se especifica para su designación. Por ejemplo, si el tiempo medio que ha de transcurrir para que un refuerzo esté disponible son veinticinco minutos, la abreviatura del programa será IV25 minutos. Los programas de intervalo variable generan una tasa de respuesta relativamente estable, sin pausa post-refuerzo o a lo sumo muy breve. Como sucedía en los programas intermitentes descritos anteriormente, los sistemas de intervalo variable producen mayor resistencia a la extinción que los programas de refuerzo continuo; sin embargo, la respuesta es inferior durante la extinción en los programas de intervalo variable que en los de razón fija o razón variable.

Hay numerosos ejemplos cotidianos de programas de intervalo variable: comprobar si tenemos mensajes en el contestador del teléfono o en el correo electrónico lo son porque éstos pueden aparecer en cualquier momento.

En realidad, los programas de intervalo simple no suelen emplearse en las intervenciones para la modificación de la conducta por varias razones: (a) el intervalo fijo genera pausas post-refuerzo prolongadas; (b) aunque el intervalo variable no da lugar a pausas post-refuerzo, produce tasas de respuesta inferiores a los programas de razón; y (c) los programas de intervalo simple obligan a un seguimiento continuo del comportamiento al finalizar los intervalos hasta que aparece la respuesta pertinente.

PROGRAMAS DE INTERVALO CON MARGEN LIMITADO

Añadir un *margen limitado* a un programa de intervalo tiene un efecto muy evidente sobre el comportamiento. Vamos a describirlo mediante una estrategia para manejar el alboroto de los críos durante un viaje en coche, basada en «el juego del despertador»[9]. Cuando los hijos de uno de los autores eran pequeños, con dos años y medio de diferencia entre ellos, las excursiones familiares eran cuando menos complicadas: mamá y papá, sentados delante y los niños, detrás con la única norma aparente de no dejar de molestarse entre si («Te has sentado en mi lado,... dame eso,... no me toques...», etc.). Tras varios viajes amargos, mamá y papá decidieron probar una variante del juego del despertador. En primer lugar, compraron un despertador que pudiera programarse para producir un «ring» audible cada veinticinco minutos y luego, al comenzar el viaje, expusieron las nuevas normas: «Este es el trato. Cada vez que el reloj suene, si estáis jugando tranquilamente, ganáis cinco minutos extra para ver la televisión por la noche en

[9] Para desarrollar esta técnica nos basamos en el estudio de Wolf, Hanley, King, Lachowicz y Giles (1970).

la habitación del hotel (un refuerzo muy poderoso en la era previa a los reproductores de DVD en los automóviles), pero si os estáis peleando, perdéis cinco minutos. Vamos a jugar hasta que lleguemos». A continuación, poníamos el despertador en marcha, a intervalos irregulares, durante todo el viaje. Los resultados podrían calificarse de milagrosos, porque de la riña constante, pasaron al juego cooperativo y esto a pesar de que sólo hacía falta un instante de juego tranquilo para obtener el refuerzo. Como desconocían cuándo se iba a presentar la oportunidad, el resultado fue la cooperación continua. Este es un ejemplo de intervalo variable con un margen limitado.

El margen limitado es un plazo finito, que aparece una vez que el refuerzo está disponible y dentro del cual ha de producirse la respuesta para ser reforzada. Un margen limitado es esencialmente un plazo límite para cumplir el requisito de respuesta de un programa de refuerzo. Esto es, una vez que se ha «establecido» el refuerzo, se «oferta» su disponibilidad durante un periodo limitado, por ello se dice que hay un margen de tiempo limitado para su obtención. En el juego del despertador, los chicos tenían que obedecer un programa de intervalo variable, en que el margen estaba limitado a cero segundos porque tenían que estar portándose bien en el preciso instante en que el despertador sonara para recibir el refuerzo. Añadir un margen limitado a un programa de intervalo suele indicarse mediante la abreviatura «/ML», seguida del valor del margen limitado. Por ejemplo, si se añade un margen limitado de dos segundos a un programa de intervalo fijo de un minuto, el programa resultante se abreviaría IF1 minuto/ML2 segundos.

Los programas de intervalo con márgenes limitados breves producen efectos parecidos a los programas de razón, incluso al generar tensión si se introduce un incremento brusco significativo del intervalo. Añadir un margen limitado a los programas con intervalos fijos breves hace que los resultados sean parecidos a los obtenidos en los programas de razón fija; pero en los programas de intervalo variable, el efecto del margen limitado hace que los resultados se asemejen a los obtenidos en programas de razón variable. Por todo ello, es frecuente que algunos profesores usen los programas de intervalo con márgenes limitados cuando quieren provocar un comportamiento equivalente al que hubieran obtenido con los programas de razón, pero sin necesidad de llevar la cuenta de la frecuencia del comportamiento; por ejemplo, cuando la profesora sólo puede observar el comportamiento periódicamente o a intervalos irregulares.

Una situación cotidiana comparable a un programa de intervalo fijo con margen limitado es esperar al autobús. Los autobuses suelen circulan con un horario regular, por ejemplo, cada veinte minutos; de manera que no se producirán diferencias entre los pasajeros que llegan a la parada con tiempo de sobra, justo antes de que llegue el autobús, o cuando el autobús está llegando, porque todos podrán subir al mismo. Hasta aquí, las condiciones son exactamente iguales a las de un programa de intervalo fijo simple; sin embargo, el autobús esperará tan sólo un tiempo limitado, quizá un minuto, por tanto los pasajeros que no hayan llegado a la parada dentro de ese plazo tendrán que esperar al siguiente autobús, ya que éste habrá partido. Otro ejemplo adecuado de un programa de intervalo variable con margen limitado es llamar por teléfono a alguien cuya línea esta ocupada. Mientras la línea permanezca ocupada no conseguiremos contactar con nuestro amigo por mucho que marquemos el número y no hay manera de predecir cuánto tiempo se prolongará esta situación. Es más, al terminar esa llamada, nuestro amigo podría irse o recibir otra llamada, de manera que si no llamamos durante uno de los periodos limitados en que la línea está libre y nuestro amigo está en casa, perderemos el refuerzo de hablar con él y tendremos que esperar un tiempo impredecible hasta que vuelva a producirse una nueva oportunidad de obtener este refuerzo en particular. La Figura 6-2 muestra otros ejemplos de programas de intervalo variable con margen limitado.

Respuesta: Buscar el equipaje en el aeropuerto
Reforzador: Obtener el equipaje
Organización de la contingencia: Transcurrido un tiempo impredecible, el equipaje aparece sobre la cinta transportadora.

Respuesta: Colocar las piezas en un tablero
Reforzador: Colocar todas las piezas
Organización de la contingencia: Después de un número finito de respuestas, todas las piezas estarán colocadas.

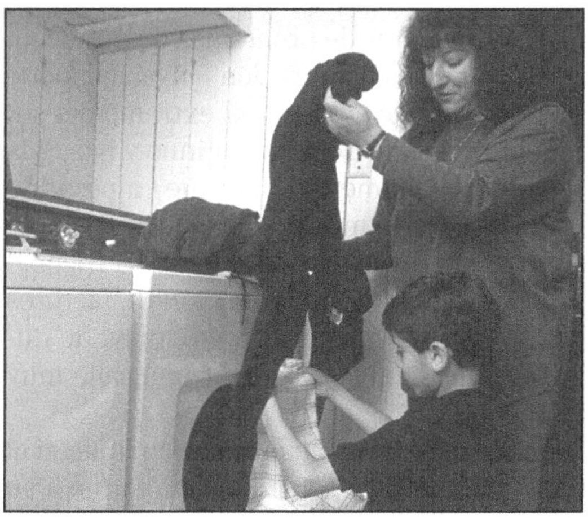

Respuesta: Sacar la ropa de la secadora
Reforzador: La ropa está seca
Organización de la contingencia: Transcurrido un intervalo de tiempo fijo, la primera respuesta emitida obtendrá la recompensa.

Respuesta: Ver la televisión
Reforzador: Ver una escena divertida
Organización de la contingencia: La escena divertida se produce de manera impredecible y dura muy poco tiempo.

Figura 6-2. Ejemplos de respuestas en situaciones de programas de refuerzo intermitente.

Los programas de intervalos con márgenes limitados breves son habituales en las intervenciones para modificar la conducta. Por ejemplo, una profesora que se enfrenta a un aula llena de alumnos revoltosos de corta edad podría usar una adaptación del juego del despertador, con un programa IV30 minutos /ML0 segundos, para reforzar el comportamiento de permanecer en sus pupitres. Es decir, si los estudiantes están sentados y trabajando en silencio en los pupitres en el momento en que suene el despertador, transcurrido un intervalo variable de 30 minutos, podrían recibir algún premio del tipo de los puntos acumulables y canjeables por tiempo libre extra.

PROGRAMAS DE DURACIÓN

En un programa de duración, el refuerzo se produce después de que la conducta haya aparecido continuamente durante un periodo de tiempo. En un programa de **duración fija (DF),** el periodo de tiempo durante el que hay que generar la conducta se mantiene estable entre los refuerzos. El valor del programa de duración fija es la cantidad de tiempo que hay que realizar la conducta antes de obtener un refuerzo; por ejemplo, si es un minuto, su abreviatura sería DF1 minuto (véase **Nota 3**). En un programa de **duración variable (DV),** el intervalo de tiempo durante el cual la conducta ha de producirse continuamente, cambia de forma no predecible entre refuerzos. El intervalo medio se especifica en la designación del programa de duración variable; por ejemplo, si el valor medio es un minuto, la abreviatura del programa es DV1 minuto. Los programas de duración, tanto fija como variable, producen largos periodos de conducta sostenida; sin embargo, aunque el programa de duración variable no produce una pausa post-refuerzo, o si aparece es de escasa magnitud, el programa de razón fija sí produce una pausa post-refuerzo.

El entorno natural proporciona ejemplos abundantes de programas de duración. Los empleos por horas podrían considerarse situaciones de duración fija, al igual que soldar dos piezas de metal, ya que para hacerlo hay que sostener el extremo del soplete sobre el punto de soldadura durante un intervalo de tiempo continuo y fijo. Si la punta del soplete se mueve, la soldadura se enfría rápidamente y hay que empezar de nuevo aplicando calor durante el periodo continuo de tiempo adecuado. Un ejemplo de un programa de duración variable es intentar producir fuego mediante la fricción de dos palos, puesto que la cantidad de tiempo precisa varía en función de factores como el tamaño, forma, o sequedad de la madera. Otro ejemplo de programa de duración variable es esperar a que se despeje el tráfico antes de cruzar una calle muy transitada.

A la hora de modificar la conducta, los programas de duración sólo son útiles si el comportamiento deseado puede medirse continuamente y reforzarse conforme a su duración, lo cual por supuesto no sucede siempre. Presentar un refuerzo contingente a quien estudia o ensaya al piano durante una hora podría resultar eficaz, pero hay que tener la precaución de comprobar que no estamos reforzando simplemente el comportamiento infantil de permanecer sentados en el pupitre o frente al piano. Esto es especialmente pertinente cuando se trata de comportamientos como el estudio, en que madres, padres y docentes no pueden constatar si la conducta deseada está ocurriendo realmente, porque es obvio que los estudiantes podrían estar soñando despiertos o leyendo un cómic escondido bajo el libro de texto. El caso de la lección de piano es más fácilmente verificable puesto que siempre se podría escuchar si los alumnos están practicando realmente.

El mantenimiento del contacto visual, que es un prerrequisito muy importante del desarrollo social, suele reforzarse mediante programas de duración cuando se interviene en casos infantiles con retraso evolutivo o autismo. Muchos de estos niños no establecen contacto visual con los demás y no reciben bien los intentos de hacerlo por parte de los adultos, frente a los que suelen desviar rápidamente la mirada en otra dirección.

REPASO GENERAL DE LOS OCHO PROGRAMAS DE REFUERZO BÁSICO PARA AUMENTAR Y MANTENER EL COMPORTAMIENTO

La Tabla 6-1 presenta los ocho programas de refuerzo descritos en este capítulo y sus efectos característicos, que en resumen son (véase **Nota 4**): de razón, de intervalo simple, de intervalo con margen limitado y de duración; todos ellos con dos modalidades, fija o variable. Los programas de razón hacen que el refuerzo sea contingente con la realización de una cantidad determinada de respuestas; los programas de intervalo simple establecen la contingencia del refuerzo con la aparición de la respuesta transcurrido un intervalo de tiempo; los programas de intervalo con margen limitado proporcionan el refuerzo contingente con una respuesta que se produzca dentro de un periodo de tiempo limitado, después de que el refuerzo esté disponible; y los programas de duración hacen que el refuerzo sea contingente con la producción continua de una respuesta durante un periodo de tiempo establecido.

Por tanto, todos los programas de las categorías presentadas en la Tabla 6-1 plantean ciertos requisitos para obtener el refuerzo, ya sea sobre la base del número de respuestas, como sucede en los programas de razón, o del tiempo y la respuesta, como sucede en los programas de intervalo simple, de intervalo con margen limitado y de duración.

PROGRAMAS DE REFUERZO CONCURRENTES

En la mayoría de las situaciones, contamos con varias opciones de acción diferentes y así, los estudiantes llegan a casa y pueden ver la televisión, navegar por internet, hacer los deberes, charlar por teléfono con los amigos y otras muchas alternativas. Es probable que cada comportamiento esté reforzado mediante un programa distinto, pero debido a su coincidencia temporal en un momento determinado, los denominamos *programas concurrentes de refuerzo*. ¿Qué opción tiene más probabilidades de ser elegida? En 1961, Herrnstein formuló la ley de igualación conforme a la cual, en los programas concurrentes, la tasa relativa de respuestas o el tiempo invertido en una alternativa es

Tabla 6-1. Efectos característicos y aplicaciones de los programas básicos de refuerzo para incrementar y mantener un comportamiento

Programa	Fijo	Variable	Aplicación
Razón	Tasa de respuesta alta y estable; pausa post-refuerzo corta; resistencia a la extinción elevada	Tasa de respuesta alta y estable; sin pausa post-refuerzo; resistencia a la extinción elevada	Para incrementar y mantener tasas de respuesta específicas que puedan contarse fácilmente, p.ej., solucionar bien problemas de sumas y restas o repetir correctamente un ejercicio gimnástico.
Intervalo simple	Tasa de respuesta aumenta gradualmente; pausa post-refuerzo larga; resistencia a la extinción moderada	Tasa de respuesta moderadamente estable; sin pausa post-refuerzo; resistencia a la extinción moderadamente alta	No se emplea habitualmente en programas comportamentales.
Intervalo con margen limitado	Tasa de respuesta alta y estable (con pequeños intervalos); pausa post-refuerzo corta; resistencia a la extinción moderada	Tasa de respuesta alta y estable; sin pausa post-refuerzo; resistencia a la extinción elevada	Para incrementar y mantener la duración o frecuencia estable de comportamientos infantiles como atender en clase o jugar cooperativamente durante los viajes en coche, o patalear en las clases de natación.
Duración	Comportamiento continuo; resistencia a la extinción moderada	Comportamiento continuo; resistencia a la extinción alta	Para incrementar y mantener conductas que puedan registrarse continuamente y que deban mantenerse a lo largo de un periodo prolongado, como practicar lecciones de piano.

igual a la tasa relativa de reforzamiento para esa alternativa. La investigación ha señalado otros factores que probablemente también influyen en la toma de decisiones frente a varios programas de refuerzo alternativos: (a) los tipos de programas de refuerzo activos; (b) la inmediatez del refuerzo; (c) la magnitud del refuerzo, por ejemplo, estudiar para un examen que contribuirá al 50% de la nota o ver un programa de televisión aburrido; y (d) el esfuerzo necesario para responder en las distintas opciones (Friman & Poling, 1995; Mazur, 1991; Myerson & Hale, 1984; Neef, Mace & Shade, 1993; Neef, Mace, Shea & Shade, 1992; Neef, Shade & Miller, 1994).

Conocer la investigación existente sobre programas concurrentes es útil para diseñar intervenciones terapéuticas. Imagine que está intentando reducir una conducta inadaptativa mediante el refuerzo de una alternativa más adaptativa, para lo cual tendrá que asegurarse de que el programa de refuerzo que mantiene la conducta deseada implica más refuerzos inmediatos, frecuentes y potentes y una respuesta menos costosa que el comportamiento a extinguir.

ERRORES EN LA APLICACIÓN DEL REFUERZO INTERMITENTE

El riesgo más habitual al aplicar el refuerzo intermitente acecha tanto a los no iniciados en la materia como a quienes poseen ciertos conocimientos de modificación de conducta, y podría calificarse como uso irregular de la extinción. Por ejemplo, los cuidadores suelen tratar de ignorar inicialmente los berrinches infantiles, pero como estos persisten, al final, desesperados «se rinden» a las demandas perniciosas de atención, caramelos o realmente de lo que sea. De esta manera, los niños obtienen refuerzo mediante programas de razón variable o de duración variable, lo cual conduce a pataletas más persistentes en el futuro. Muchas veces, padres, madres y docentes argumentan que ceden a las presiones infantiles porque «la extinción no estaba funcionando», sin embargo, es probable que el refuerzo intermitente resultante genere el comportamiento con más frecuencia y con mayor resistencia a la extinción que si se hubiera reforzado continuamente.

DIRECTRICES PARA UN USO ADECUADO DEL REFUERZO INTERMITENTE

El uso adecuado de los programas de refuerzo intermitente para facilitar y mantener los comportamientos deseables requiere ajustarse a las siguientes pautas:

1. Elegir un programa que sea apropiado para la conducta que se desea fortalecer y mantener.
2. Elegir un programa cuya administración resulte sencilla.
3. Utilizar los instrumentos y materiales adecuados para determinar con comodidad y precisión cuándo hay que reforzar una conducta. Por ejemplo, si se emplea un programa de razón, hay que disponer de algún tipo de marcador, ya sea el contador de golpes a modo de pulsera que se emplea en golf, una calculadora, una sarta de cuentas o simplemente lápiz y papel. En la misma línea, si emplea un programa variable, tendrá que disponer de una secuencia de números aleatorios que varíen alrededor del promedio elegido.
4. Inicialmente, la frecuencia del refuerzo ha de ser suficientemente alta como para mantener la conducta deseada; posteriormente se irá reduciendo hasta que cada refuerzo logre mantener la tasa de conducta deseada. Recordemos que, por ejemplo en el caso de Jan, la razón fija era inicialmente muy baja y se fue aumentando paulatinamente. Todas las fases han de prolongarse el tiempo necesario para que la conducta se consolide, al igual que sugerimos en el Capítulo 10 para el procedimiento de moldeado. Si los requisitos se incrementan a una velocidad excesiva, el comportamiento se deteriorará y habrá que retornar a una fase previa, posiblemente con refuerzo continuo, para recuperarla.
5. Hay que informar a las personas afectadas de los programas de refuerzo que se están aplicando en términos claros que comprendan plenamente. Son varios los estudios que han indicado que el rendimiento de los participantes es más eficaz si conocen las reglas específicas que han de seguir para ajustarse al programa vigente (Pouthas, Droit, Jacquet & Wearden, 1990; Shimoff, Matthews & Catania, 1986; Wearden, 1988; véase la explicación de la conducta gobernada por normas del Capítulo 17).

PREGUNTAS DE REPASO

1. Defina y ponga un ejemplo de los siguientes aspectos:
   a. refuerzo intermitente
   b. programa de refuerzo
   c. refuerzo continuo
2. Indique cuatro ventajas que el refuerzo intermitente tiene respecto del refuerzo continuo para el mantenimiento del comportamiento.
3. ¿Qué es un procedimiento de operante libre? Exponga un ejemplo.
4. ¿Qué es un procedimiento de ensayos discretos? Exponga un ejemplo.
5. Enuncie los programas de refuerzo utilizados para desarrollar conductas persistentes, es decir, los que hemos descrito en este capítulo.
6. Explique en qué consiste un programa de razón fija. Describa en detalle dos ejemplos cotidianos de programas de razón fija y procure que al menos uno de ellos no haya sido comentado en el texto. Entendemos por vida cotidiana todas las situaciones que se producen habitualmente en que no operan programas de entrenamiento, como definimos en la pregunta 13. ¿Los ejemplos que ha presentado implican procedimientos de operante libre, o de ensayos discretos?
7. ¿Cuáles podrían ser tres efectos habituales de un programa de razón fija?
8. ¿En qué consiste la tensión de la razón?
9. Explique por qué no emplear programas de razón fija para enseñar a los alumnos a permanecer sentados en sus pupitres.
10. Describa qué es un programa de razón variable. Comente en detalle dos ejemplos cotidianos de programas de razón variable y procure que al menos uno de ellos no haya sido expuesto en el texto.¿Los ejemplos que ha presentado implican procedimientos de operante libre, o de ensayos discretos?
11. Exponga las semejanzas y las diferencias entre los programas de razón variable y los de razón fija en lo que respecta al procedimiento.
12. ¿Cuáles podrían ser tres efectos habituales de un programa de razón variable?
13. Describa dos ejemplos de aplicación de programas de razón fija o de razón variable para el entrenamiento. Entendemos que los programas de entrenamiento son cualquier situación en que alguien emplea deliberadamente los principios del comportamiento para aumentar y mantener alguna conducta en otra persona, por ejemplo, padres y madres para influir sobre los modales de sus hijos, profesores para aumentar el rendimiento de los alumnos, entrenadores para mejorar la actuación de los atletas, empresarios para influir sobre el trabajo de los empleados, etc.¿Los ejemplos que ha presentado implican procedimientos de operante libre, o de ensayos discretos?
14. ¿En qué consiste un programa de intervalo fijo?
15. ¿Qué dos preguntas debemos hacernos para estimar si un comportamiento está siendo reforzado mediante un programa de intervalo fijo? ¿Qué respuestas a estas preguntas nos indicarían que efectivamente el comportamiento está siendo mantenido mediante un programa de intervalo fijo?
16. Supongamos que una profesora pone exámenes a los estudiantes todos los viernes. Es probable que el comportamiento de estudio de los alumnos se parezca al patrón característico de un programa de intervalo fijo en el cual, el tiempo dedicado al estudio aumenta gradualmente a medida que se acerca el viernes, pero se produce una interrupción de esta conducta después de cada examen, semejante a una pausa post-refuerzo prolongada. Sin embargo, este no es realmente un ejemplo de programa de refuerzo del estudio mediante intervalo fijo, ¿podría explicar por qué?
17. ¿En qué consiste un programa de intervalo variable?
18. Exponga las razones por las que los programas de intervalo simple no suelen utilizarse en los programas de entrenamiento.

19. Explique en qué consiste un programa de intervalo fijo con margen limitado y describa con detalle un ejemplo cotidiano. Una pista: piense en comportamientos que se producen a intervalos fijos, como las comidas, el despegue de los aviones y cocinar.
20. Exponga las semejanzas y las diferencias en cuanto a procedimiento entre los programas de intervalo fijo y los de intervalo fijo con margen limitado.
21. Explique en qué consiste un programa de intervalo variable con margen limitado y describa con detalle dos ejemplos cotidianos, al menos uno de los cuales no se haya descrito en el capítulo.
22. ¿Cuáles podrían ser tres efectos característicos de un programa de intervalo variable con margen limitado?
23. Describa dos ejemplos de aplicación de programas de intervalo variable con margen limitado para el entrenamiento.
24. Explique en qué consiste un programa de duración fija. Comente en detalle dos ejemplos cotidianos de programas de duración fija y procure que al menos uno de ellos no haya sido expuesto en el texto.
25. Imagine que mete el pan en el tostador y tras presionar la palanca, la tostada siempre tarda 30 segundos en estar lista. ¿Es este un ejemplo de programa de duración fija? Justifique su respuesta. ¿Sería un ejemplo de programa de duración fija si: (a) el tope que mantiene la palanca presionada no funcionara, o (b) el temporizador que libera la tostada no funcionara?. Razone sus respuestas.
26. Explique por qué un programa de duración fija podría no ser idóneo para reforzar las conductas de estudio.
27. Describa dos ejemplos de aplicación de duración fija en algún programa de entrenamiento.
28. Explique en qué consiste un programa de duración variable y describa con todo detalle algún ejemplo pertinente en la vida cotidiana.
29. Si una persona tiene la oportunidad de practicar dos o más conductas gobernadas por distintos programas de refuerzo, ¿qué combinación de cuatro factores es la que probablemente determinará la respuesta emitida?
30. Describa un ejemplo en que el refuerzo intermitente haya funcionado en contra de quienes desconocen sus efectos.
31. Identifique los programas de refuerzo que probablemente están operando en las situaciones que presentan las fotografías de la Figura 6-2 y justifique sus respuestas.

EJERCICIOS DE APLICACIÓN

A. Ejercicios que implican a otras personas

Supongamos que hemos establecido las siguientes conductas:

1. la pareja o los compañeros de piso friegan los platos
2. el hijo o la hija ayuda a la limpieza de la casa
3. los estudiantes hacen las tareas de matemáticas

Ahora nos enfrentamos a su mantenimiento y por tanto, siguiendo las directrices para el uso adecuado del refuerzo intermitente, describa en detalle los programas de refuerzo más apropiados y cómo los aplicaría en cada una de las situaciones.

B. Ejercicios de auto-modificación

Imagine que tiene que leer un libro de 200 páginas durante los próximos días. Elija un refuerzo que resulte adecuado en su caso e identifique cuál sería el mejor programa para dispensarlo. Describa las razones de su elección, ya sean los efectos característicos del programa, la facilidad de aplicación, etc. y haga un esquema de cómo podría implementar el programa y completarlo con éxito.

NOTAS DE AMPLIACIÓN SOBRE EL TEMA

1. El conocimiento de los efectos de diversos programas de refuerzo se ha desarrollado fundamentalmente a partir de investigación con animales. El trabajo clásico de Ferster y Skinner (1957), que tanto reconocimiento ha recibido, describe palomas picoteando la palanca de respuesta para obtener el refuerzo en forma de unos segundos de acceso al grano. Son varios los experimentos que han intentado determinar si los humanos mostramos los mismos patrones de respuesta expuestos a los programas de refuerzo básicos. Por ejemplo, en uno de los procedimientos habituales, los voluntarios presionan una palanca para obtener puntos que podrán canjear por dinero a algún otro refuerzo, sin embargo es frecuente que en estas condiciones los humanos no evidenciemos los patrones de respuesta descritos en el capítulo. En concreto, no solemos producir el descenso en la tasa de respuesta y las pausas frecuentes en otras especies animales (véase Pear, 2001, pp. 74-75).

Una posible explicación de estas diferencias podría radicar en el comportamiento verbal complejo que los humanos estamos habituados a emitir y a responder, de manera que verbalizamos reglas (como describiremos en el Capítulo 17) que quizá influyan en las diferencias que se observan respecto de otros animales en nuestro comportamiento frente a diversos programas de refuerzo (Michael, 1987). Así, es posible que los participantes verbalicen internamente los programas en marcha y respondan más a estas afirmaciones que al programa en sí. Por ejemplo, los voluntarios podrían decirse a sí mismos que los experimentadores preferirán que respondan continuamente durante toda la sesión, aunque estén frente a un programa que habitualmente generaría una frecuencia de respuesta baja, y sería esta auto-instrucción la que aceleraría el ritmo de la conducta. Esta explicación estaría apoyada porque los datos infantiles que se obtienen en edad pre-verbal son más parecidos a los de otros animales (Lowe, Beasty & Bentall, 1983), aunque gradualmente se van distanciando a medida que los niños adquieren el lenguaje (Bentall, Lowe & Beasty, 1985). Además, las instrucciones que reciben los participantes también influyen significativamente sobre la tasa y los patrones de respuesta frente a los distintos programas de refuerzo (Otto, Torgrud & Holborn, 1999), sobre todo si las dan los experimentadores en vez del ordenador (Torgrud & Holborn, 1990).

2. Un análisis de los registros del escritor Irving Wallace sugiere que escribir novelas sigue un patrón de razón fija (Wallace & Pear, 1977), ya que solía parar inmediatamente después de haber completado un capítulo del libro en que estuviera trabajando. Tras un descanso de aproximadamente un día, volvía a escribir a una tasa elevada y seguía haciéndolo hasta que acababa otro capítulo. Por ello, podríamos argumentar que los capítulos terminados y los borradores de los libros son reforzadores de la escritura de novelas y que se producen de acuerdo con programas de razón fija. Por supuesto, la creación literaria es un comportamiento complejo en que sin duda influyen otros muchos factores.

3. Contamos con evidencia que señala que siempre que son aplicables los programas de razón fija y los programas de duración fija, solemos preferir los primeros. Semb y Semb (1975) compararon dos métodos para la realización de los deberes por parte de alumnos de la escuela elemental: en la «tarea de páginas fijas», los estudiantes tenían que trabajar hasta haber completado quince páginas, en tanto que en la «tarea de tiempo fijo», tenían que trabajar hasta que los profesores les dijeran que pararan. El tiempo que permanecían realizando los deberes en esta última situación era igual al tiempo medio que habían empleado en la situación de páginas fijas. En ambos casos, los participantes recibían tiempo libre si contestaban correctamente a dieciocho de veinte tareas elegidas al azar del cuaderno de deberes; de no lograrlo, tenían que volver a estudiarlas. En conjunto, los alumnos trabajaron más y respondieron más correctamente en la condición de páginas fijas que en la de tiempo fijo.

4. Los programas de refuerzo ayudan a comprender comportamientos que suelen atribuirse a estados motivacionales internos. Por ejemplo, consideremos la ludopatía, en que los afectados actúan en contra de sí mismos y por ello ha llegado a decirse que exhiben una motivación interna masoquista o necesidad de auto-castigo. Sin embargo, parece que en muchos casos los ludópatas son victimas de una adaptación accidental a un programa de refuerzo de razón variable poderoso. Es posible que cuando empezaran a apostar, los jugadores ganaran grandes sumas en varias ocasiones consecutivas y sin embargo, a lo largo del tiempo, la frecuencia de los premios haya descendido, pero la tasa elevada de las apuestas se mantiene mediante los refuerzos infrecuentes. Adaptaciones parecidas a otros programas de refuerzo de razón variable, con tasa de refuerzo bajas, también explican la persistencia de otros comportamientos deseables, como la dedicación a sus profesiones de intelectuales, científicos y personas de negocios.

Preguntas sobre las notas

1. ¿Quién escribió el texto clásico más prestigioso sobre programas de refuerzo y cuál es su título?

2. ¿Cómo podríamos explicar que no logremos obtener en humanos los efectos de los programas de refuerzo que suelen obtenerse en la investigación básica con animales?

3. Describa cómo podrían afectar los programas de razón fija a los escritores de novelas.

4. ¿Qué será mejor: reforzar a los niños por quitar el polvo del mobiliario del salón durante un periodo de tiempo fijo, o en un número fijo de muebles?. Justifique su respuesta.

5. Describa brevemente cómo ayudan los programas de refuerzo a comprender comportamientos tradicionalmente atribuidos a estados motivacionales internos.

7

Tipos de refuerzo intermitente para reducir una conducta

«Tommy, no hables tanto, ¡por favor!»

CONSEGUIR QUE TOMMY NO HABLE A DESTIEMPO[10]

Tommy, un estudiante de once años con un trastorno del desarrollo, era el alumno más problemático en un aula de educación especial, según la profesora. Con frecuencia hablaba de forma inapropiada y emitía vocalizaciones durante la clase. La conducta era molesta, no sólo por su naturaleza, sino también debido a la alta tasa con que ocurría y por ello, se decidió llevar a cabo un programa, no para eliminarla, sino para reducirla hasta un nivel menos perjudicial.

La conducta no deseable de «hablar demasiado» recibió la siguiente definición conductual precisa: «hablar a los compañeros o a la profesora sin su permiso; hablar, cantar, tararear; charlar sobre temas no relacionados con la lección que se trata en la clase». Una profesora en prácticas situada al final del aula registraba las conductas de Tommy durante una sesión diaria de 50 minutos, y un segundo observador entrenado también registró las conductas de habla inapropiadas para garantizar la precisión de las observaciones.

En la fase uno del programa, la conducta se registró en diez sesiones y se observó que la media de habla no apropiada de Tommy se producía cada nueve minutos (o alrededor de 0.11 por minuto). En la fase dos, se explicó a Tommy cuál era la definición de habla no apropiada y se le enseñó que tendría cinco minutos de descanso para jugar hacia el final del día, si hablaba un máximo de tres veces en cada sesión de 50 minutos; es decir, menos de una vez cada diecisiete minutos. Al final de cada clase, la profesora le decía si había superado o no los requisitos, pero durante la sesión no se mencionaba la frecuencia registrada.

El procedimiento fue bastante efectivo. Durante la fase dos, que duró quince días, Tommy consiguió una verbalización media cada 54 minutos (0.02 por minuto). Además, nunca superó el límite superior de tres casos por sesión.

[10] Este caso se basa en Deitz y Repp (1973).

En la fase final, la tercera, la programación de reforzamiento se eliminó y se explicó a Tommy que no recibiría más tiempo libre para jugar a cambio de tasas bajas de habla no apropiada. Durante las ocho sesiones de esta fase en que se recopilaron datos, su tasa de habla indebida creció hasta una media de un caso cada 33 minutos (0.03 por minuto). Aunque esta frecuencia era más alta que durante el tratamiento (fase dos), seguía siendo bastante menor que la tasa anterior a la intervención (fase uno). Por ello podemos concluir que el tratamiento tuvo un efecto beneficioso incluso después de haber acabado.

LOS PROGRAMAS EN ESTE CAPÍTULO

Los programas de refuerzo en el capítulo anterior se usan para incrementar y mantener una conducta apropiada; en tanto que los expuestos en este, como mostramos en el caso de Tommy, se usan para reducir o eliminar respuestas inapropiadas (véase O'Brien & Repp, 1990).

REFORZAMIENTO DIFERENCIAL DE TASAS BAJAS

Si el refuerzo se otorga sólo cuando la respuesta aparece con poca frecuencia, la respuesta tenderá a aparecer pocas veces. Este programa se denomina **refuerzo diferencial de tasa baja (RDTB)** y en el caso de la **respuesta limitada**, especifica un número máximo permitido de respuestas durante un intervalo determinado para que se dé el refuerzo. Este es el tipo de programa que se usó con Tommy, ya que el intervalo estaba marcado (50 minutos) y el refuerzo se aplicaba al final del intervalo si contenía menos respuestas (tres verbalizaciones) de las especificadas (véase **Nota 1**).

En el programa de refuerzo diferencial de tasa baja de respuesta limitada, el número máximo permitido de respuestas para obtener el refuerzo puede especificarse para una sesión entera o para intervalos distintos en una misma sesión. Por ejemplo, se podría haber dividido la sesión de 50 minutos de Tommy en tres intervalos, cada uno de diecisiete minutos aproximadamente, y haberle dado el refuerzo al final de cada intervalo en que se cumpliera el límite de un parloteo por intervalo.

El programa de refuerzo diferencial de tasa baja de respuesta limitada es útil cuando se cumplen dos condiciones: (a) parte de la conducta es tolerable, pero (b) menos es mejor. En el caso de Tommy, la profesora creyó que tres instancias de parloteo por sesión no serían muy perjudiciales; aunque sin duda habría preferido que no se diera ninguna, no quiso imponer un requisito muy estricto al alumno. Por esto, Tommy habría ganado cinco minutos de tiempo libre por hacer sólo tres, dos, una o ninguna verbalización indebida durante cualquiera de las sesiones dadas.

Un segundo tipo de programa, denominado **refuerzo diferencial de tasa baja de respuesta espaciada**, requiere que una conducta concreta no aparezca durante un intervalo específico, y que tras finalizar éste ocurra la conducta para ser reforzada. En otras palabras, las apariciones de una conducta específica deben estar separadas en el tiempo. El programa de refuerzo diferencial de tasa baja de respuesta espaciada es útil cuando la conducta que se quiere reducir es realmente deseable, siempre que no se dé con demasiada frecuencia. Por ejemplo, un estudiante que siempre grita la respuesta correcta priva a sus compañeros de la oportunidad de responder a las preguntas de los profesores. Naturalmente, no queremos eliminar esta conducta de responder correctamente, pero sí, en cambio, reducirla hasta un nivel más apropiado. Esto se podría conseguir mediante una programación de refuerzo diferencial de tasa baja: cualquier respuesta objetivo que ocurra quince minutos después de la respuesta se reforzará inmediatamente; cualquier respuesta que ocurra durante los quince minutos posteriores a la respuesta no será reforzada. Nótese que una respuesta que se dé antes de que pase el intervalo provoca que el cronómetro vuelva a cero. Este procedimiento se denomina refuerzo diferencial de tasa baja de respuesta espaciada de razón 1-respuesta / 15-minutos. Este tipo de programa requiere que las respuestas ocurran para ser reforzadas pero, por ejemplo, el programa de respuesta limitada usado con Tommy, exigía que no se emitieran acciones para obtener refuerzo.

Otro ejemplo del uso del refuerzo diferencial de tasa baja de respuesta espaciada podría consistir en intentar que un alumno que habla demasiado deprisa, lo haga más despacio. Al estudiante se le harían preguntas como: «¿Cómo estás?» o «¿dónde vives?», y se reforzarían las respuestas, pero sólo si abarcan un periodo mínimo de tiempo, cuya longitud se determinaría conforme a la definición de la profesora de tasa aceptable de habla. Así, en este caso se refuerza la secuencia respuesta –espera– respuesta, siempre que la espera es suficientemente larga. Lennox, Miltenberger y Donnelly (1987) también aplicaron un programa de refuerzo diferencial de tasa baja de respuesta espaciada para reducir la velocidad de ingesta de comida de tres personas con trastornos severos del desarrollo que comían tan deprisa que se consideraba perjudicial para su salud.

REFORZAMIENTO DIFERENCIAL DE TASA CERO

En el caso de Tommy, los profesores estaban dispuestos a aguantar una cantidad determinada de parloteos. Pero consideremos el caso de Gerry, un niño de nueve años, de inteligencia aparentemente normal, que se rascaba y frotaba la piel con tanta intensidad que se producía heridas abiertas por todo el cuerpo. Debido a este problema, había pasado mucho tiempo en hospitales y no había asistido nunca al colegio. La aplicación de un procedimiento de refuerzo diferencial de tasa baja en este caso no habría sido aceptable y por ello, se optó por el **refuerzo diferencial de respuesta cero (RD0),** consistente en presentar el refuerzo sólo si una respuesta determinada no aparece durante un periodo de tiempo determinado. Nótese que si la respuesta pertinente ocurre antes de que transcurra el intervalo, se empieza a cronometrar de nuevo. Trabajando con las enfermeras del hospital, los investigadores (Cowdery, Iwata & Pace, 1990) empezaron un programa de refuerzo diferencial de respuesta cero, RD0 2 minutos. Si se rascaba en esos dos minutos, se empezaban a cronometrar de nuevo; si no se rascaba, es decir, se lograba una tasa cero de comportamiento lesivo, se le daban fichas que luego podía cambiar por acceso a ver la televisión, golosinas, videojuegos o juegos. Tras varios días, el intervalo se aumentó a RD0 4 minutos, RD0

8 minutos, RD0 15 minutos, y finalmente a RD0 30 minutos. Aunque el programa de refuerzo diferencial de respuesta cero se aplicaba al principio durante sesiones relativamente breves, posteriormente se extendieron a un día completo y finalmente, tras pasar dos años en el hospital, Gerry fue dado de alta y su madre y su padre continuaron con el procedimiento en casa.

Técnicamente, cuando Gerry obtenía refuerzos en un programa de 30 minutos, habría recibido una ficha por hacer cualquier otra acción excepto rascarse. Por esta razón, a veces se denomina refuerzo diferencial de otra respuesta al refuerzo diferencial de respuesta cero. En la práctica, no obstante, se sabe que a Gerry no se le permitía hacer «cualquier otra cosa» salvo rascarse. Si, por ejemplo, hubiera empezado a romper ventanas en lugar de rascarse, los profesionales habrían intervenido. Los programas de refuerzo diferencial de respuesta cero se han aplicado con éxito para reducir conductas inapropiadas en el aula (Repp, Deitz y Deitz, 1976), chuparse el dedo a la hora de dormir (Knight y McKenzie, 1974) y conductas autolesivas de personas con trastornos del desarrollo (Mazaleski, Iwata, Vollmer, Zarcote y Smith, 1993).

Si una conducta no deseable tiene lugar a menudo y durante intervalos largos, lo más apropiado sería empezar con un refuerzo diferencial de respuesta cero de poca duración. Por ejemplo, un refuerzo cada cinco minutos serviría para eliminar berrinches y se podría llevar a cabo poniendo a cero el cronómetro cada vez que se diera una pataleta y «haciendo sonar» los segundos cuando acabara el berrinche. El refuerzo se aplicaría sólo tras cinco minutos sin berrinche y cuando ya se hubiera conseguido que la conducta no apareciera; el programa podría aumentar, por ejemplo, a un refuerzo cada diez minutos. El tamaño del refuerzo diferencial de respuesta cero suele progresar a este ritmo hasta que: (a) la conducta ocurra muy poco o nada y (b) se conceda una cantidad mínima de reforzamiento por la no-ocurrencia.

REFORZAMIENTO DIFERENCIAL DE RESPUESTA INCOMPATIBLE

Cuando se aplica un refuerzo diferencial de respuesta cero, el reforzador se recibe mientras se está realizando algún tipo de acción. Aunque Gerry no se rascara, estaba haciendo algo cuando terminaba el intervalo de 30 minutos y recibía una ficha. Una alternativa a esta situación es especificar explícitamente una respuesta incompatible que se reforzará para eliminar otra respuesta concreta. Por respuesta incompatible nos referimos a un comportamiento que no pueda emitirse a la vez que la respuesta objetivo. Por ejemplo, sentarse y levantarse de una silla son conductas incompatibles. Si decidimos disminuir una respuesta retirando los reforzadores que la mantienen, es decir, si conocemos su origen y lo bloqueamos, y reforzando una respuesta incompatible, el programa se denomina **reforzamiento diferencial de respuesta incompatible (RDRI)**. Supóngase, por ejemplo, que un profesor de primaria quiere eliminar la conducta de corretear por el aula, y uno de los alumnos, padece trastorno de hiperactividad por déficit de atención (THDA). Una posibilidad sería poner esa conducta en un programa de refuerzo diferencial de respuesta cero; no obstante, podría ser reemplazada por una respuesta incompatible que tampoco fuera deseable, como tumbarse en el suelo. Para evitarlo, empleamos un reforzamiento diferencial de respuesta incompatible, en lugar del refuerzo de respuesta cero, especificando la respuesta rival que se va a premiar. Se podría, por ejemplo, reforzar estar sentado tranquilamente, o mejor aún, terminar los deberes, dado que esta conducta es más útil para el niño. Otro ejemplo: Allen y Stokes (1987) aplicaron un reforzamiento diferencial de respuesta incompatible con éxito para fortalecer la conducta rival de estar quieto y tranquilo mientras los niños estaban sentados en la silla del dentista. Otros ejemplos de conductas potencialmente incompatibles para conductas objetivo se presentan en la Tabla 7-1.

Tabla 7-1. Ejemplos de conductas incompatibles para las conductas meta

Conductas que se quieren reducir	Conductas incompatibles que se quieren aumentar
Conducir después de haber bebido en exceso	Tomar un taxi o pedirle a un amigo que conduzca
Morderse las uñas	Mantener las manos bajo los hombros (en las axilas)
Decir tacos	Hablar sin decir tacos
Llegar tarde a clase	Llegar a clase puntualmente

REFORZAMIENTO DIFERENCIAL DE CONDUCTA ALTERNATIVA

Una alternativa al reforzamiento diferencial de respuesta incompatible es el **reforzamiento diferencial de una conducta alternativa (RDA)**, que es un procedimiento que implica la extinción de una conducta problema en combinación con el reforzamiento de una conducta que sea topográficamente diferente, pero no necesariamente incompatible con la conducta problema (Vollmer y Iwata, 1992; Vollmer, Roane, Ringdahl y Marcus, 1999). Considérese por ejemplo, el caso de Kyle, un niño de cuatro años con un trastorno evolutivo severo. Durante las sesiones de entrenamiento, Kyle solía mostrarse agresivo e intentar pegar, arañar o dar patadas al terapeuta. Para reducir esta conducta, Vollmer y su equipo programaron un reforzamiento diferencial de una conducta alternativa. Durante las sesiones de entrenamiento, se reforzaba la conformidad en llevar a cabo varias de las tareas solicitadas, mientras se ignoraban las conductas agresivas. Nótese que esto era un reforzamiento diferencial de una conducta alternativa en lugar de un reforzamiento diferencial de respuesta incompatible, en el que Kyle podía mostrarse obediente y dispuesto y aún así exhibir agresividad. El reforzamiento diferencial de una conducta alternativa fue no obstante efectivo para reducir la agresión y aumentar su disposición.

El uso de reforzamiento diferencial de una conducta alternativa para eliminar otra no deseable es esencialmente lo que recomendábamos en el Capítulo 5 cuando dijimos: «la extinción es más efectiva cuando se combina con refuerzo positivo de otra conducta alternativa deseable». De hecho, el reforzamiento diferencial de una conducta alternativa y los demás programas tratados en este capítulo serán, probablemente, muy efectivos si se aplica adecuadamente el reforzador que estuviera manteniendo la conducta no deseable; las técnicas para identificar ese reforzador se describen en el Capítulo 22. La elección del programa para reforzar la conducta alternativa debería basarse en las consideraciones tratadas en el Capítulo 6.

POSIBLES OBSTÁCULOS DE LOS PROGRAMAS PARA DISMINUIR CONDUCTAS

Los peligros del refuerzo diferencial de respuesta cero y del reforzamiento diferencial de respuesta incompatible son parecidos a los riesgos discutidos para el reforzamiento (Capítulo 3), extinción (Capítulo 5), y para los programas de reforzamiento intermitente para aumentar una conducta (Capítulo 6). Un riesgo interesante, que es exclusivo del refuerzo diferencial de tasa baja, debe ser mencionado aquí, ya que podría ayudar a comprender por qué en nuestra sociedad hay personas que rinden por debajo de sus posibilidades.

Veamos lo que ocurre cuando un chico empieza rindiendo bien en el colegio y dando las respuestas correctas. Supongamos que al principio, la profesora estaba bastante impresionada y reforzaba entusiasta esta conducta. No obstante, a medida que la conducta aumentaba, la profesora se impresionaba menos porque se trata «obviamente de un chico brillante» y así, se espera de él que lo haga siempre bien. Por ello, el refuerzo decreció gradualmente, quizá hasta cero, a medida que su comportamiento aumentaba. Finalmente, el chico aprendió que obtenía más refuerzo si rendía a una tasa más baja, porque la profesora se impresionaba más frente a la respuesta infrecuente llamativa, que si ocurría siempre. Para muchos chicos, el colegio es «pan comido» y pasan esta etapa exhibiendo «destellos de brillantez» esporádicos, en lugar de desarrollar su potencial completo. Para evitar este tipo de programa de refuerzo diferencial de tasa baja involuntario, los profesores tendrían que definir con precisión la conducta que quieren que se mantenga con frecuencia alta. Después deberían asegurarse de que refuerzan esta conducta con el programa adecuado, estén impresionados o no en una situación concreta.

PAUTAS PARA UN USO EFECTIVO DE PROGRAMAS INTERMITENTES PARA DISMINUIR UNA CONDUCTA

1. Decidir qué tipo de programa debería usarse para reducir la conducta objetivo. Usar refuerzo diferencial de tasa baja de respuesta limitada si algunos de los comportamientos inadecuados son tolerables, aunque una cantidad menor sería mejor. Usar refuerzo diferencial de tasa baja de respuesta espaciada si la conducta es deseable mientras no ocurra con demasiada velocidad o frecuencia. Usar refuerzo diferencial de respuesta cero si la conducta debe ser eliminada y no hay peligro de que el procedimiento resulte en el reforzamiento de

una conducta alternativa impertinente. Use un reforzamiento diferencial de respuesta incompatible o alternativa si la conducta debe eliminarse y existe el riesgo de que el refuerzo diferencial de respuesta cero fortalezca una conducta alternativa no deseable.

2. Decidir qué reforzadores usar. En general, el procedimiento, será más efectivo si el reforzador es el que mantiene la conducta que se quiere reducir y si el reforzador puede ser retirado para esa conducta (véase el Capítulo 22).
3. Una vez se ha elegido qué programa y qué reforzador se van a emplear, proceder de la siguiente manera:
   - **a.** Si se va a usar el refuerzo diferencial de tasa baja de respuesta limitada:
     1. Registrar como línea base el número de respuestas objetivo por sesión en varias jornadas, con el fin de obtener un valor inicial para el programa de refuerzo diferencial de tasa baja que va a asegurar un refuerzo frecuente.
     2. Poco a poco, reducir las respuestas permitidas en el refuerzo diferencial de tasa baja de forma que el refuerzo ocurra con la frecuencia suficiente como para garantizar un progreso adecuado.
     3. Poco a poco, aumentar el tamaño del intervalo para reducir la tasa de respuesta por debajo de la obtenida en el punto 2.
   - **b.** Si se emplea un programa de refuerzo diferencial de tasa baja de respuesta espaciada:
     1. Registrar los datos de línea base en varias sesiones, para determinar el tiempo medio entre respuestas, y usar esta media como valor inicial para el programa de refuerzo diferencial de tasa baja.
     2. Poco a poco, aumentar el valor del programa del refuerzo diferencial de tasa baja de forma que el reforzamiento ocurra con la frecuencia suficiente como para garantizar un progreso adecuado.
   - **c.** Si se aplica el refuerzo diferencial de respuesta cero:
     1. Registrar la línea base durante varias sesiones para obtener un intervalo inicial para el refuerzo diferencial de respuesta cero.
     2. Usar valores iniciales de refuerzo diferencial de respuesta cero que sean aproximadamente un promedio entre las instancias de la conducta meta de la línea base.
     3. Poco a poco, aumentar el tamaño del intervalo de forma tal que el reforzamiento ocurra con la frecuencia suficiente como para asegurar un progreso adecuado.
   - **d.** Si se va a optar por un reforzamiento diferencial de respuesta incompatible:
     1. Elegir una conducta apropiada para ser reforzada, incompatible con la conducta que se quiere eliminar.
     2. Tomar la línea base de la conducta apropiada en varias sesiones para determinar con qué frecuencia debería ser reforzada, para aumentarla hasta un nivel en que reemplace la conducta inapropiada.
     3. Elegir un programa de refuerzo adecuado para incrementar la conducta apropiada (véase Capítulo 6).
     4. Mientras se refuerza la conducta incompatible, aplicar las pautas para la extinción de la conducta problemática, como se describe en el Capítulo 5.
     5. Poco a poco, incrementar el requisito del programa para la conducta apropiada de forma que continúe reemplazando a la inadecuada a medida que la frecuencia del reforzamiento disminuya.
   - **e.** Si se usa un programa de refuerzo diferencial de conducta alternativa:
     1. Seguir las pautas de la lista anterior, exceptuando que la conducta a ser reforzada no tiene que ser necesariamente incompatible con la que se quiera eliminar.
4. Si es posible, informar a la persona, de manera que pueda entenderlo, acerca del procedimiento que se va a aplicar.

PREGUNTAS DE REPASO

1. Describa brevemente, punto por punto, cómo se redujo el parloteo de Tommy en clase.
2. Explique, en general, qué es un programa de refuerzo diferencial de tasa baja. Presente un ejemplo de este programa en la vida cotidiana.
3. Establezca las diferencias entre programa de refuerzo diferencial de tasa baja de respuesta limitada y programa de refuerzo diferencial de tasa baja de respuesta espaciada.
4. ¿En qué se diferencia, en el procedimiento, un programa de refuerzo diferencial de tasa baja de respuesta espaciada de un programa de intervalo fijo?
5. ¿En qué se diferencia, en el procedimiento, un programa de refuerzo diferencial de tasa baja de respuesta espaciada de un programa de duración fija?
6. Describa, dando detalles, dos ejemplos (y que al menos uno de ellos no esté en el texto) de la utilidad de tratar un problema conductual mediante un programa de refuerzo diferencial de tasa baja.
7. Explique qué es un programa refuerzo diferencial de respuesta cero. Aporte un ejemplo que ocurra en la vida cotidiana.
8. Describa, dando detalles, dos ejemplos (y que al menos uno no esté en el libro) de cómo podría ser útil un refuerzo diferencial de respuesta cero en el tratamiento de un problema conductual.
9. ¿Qué significa el 0 en refuerzo diferencial de respuesta cero, RD0? Justifique su respuesta.
10. Explique qué es un programa de reforzamiento diferencial de respuesta incompatible. Presente un ejemplo.
11. ¿Cuál es la diferencia entre reforzamiento diferencial de respuesta incompatible y reforzamiento diferencial de conducta alternativa?
12. ¿Qué ocurre si la frecuencia de reforzamiento en un programa de refuerzo diferencial de tasa baja, refuerzo diferencial de respuesta cero, reforzamiento diferencial de respuesta incompatible o reforzamiento diferencial de conducta alternativa es demasiado baja o se reduce demasiado rápidamente?
13. Describa cómo un programa de refuerzo diferencial de tasa baja podría perjudicar a personas que no conocen sus efectos. Presente un ejemplo.
14. Explique en qué se diferencian refuerzo diferencial de tasa baja, refuerzo diferencial de respuesta cero, reforzamiento diferencial de respuesta incompatible y reforzamiento diferencial de una conducta alternativa, de los programas de reforzamiento intermitente expuestos en el Capítulo 6.

EJERCICIOS DE APLICACIÓN

A. Ejercicios que implican a otras personas

1. Describa una posible aplicación de los programas de entrenamiento con niños con trastornos del desarrollo para cada uno de los dos tipos de programas de refuerzo diferencial de tasa baja citados en la pregunta de repaso n.° 3. Elabore en detalle cómo programaría y administraría un programa de refuerzo diferencial de tasa baja en estas situaciones.
2. Describa dos posibles aplicaciones del refuerzo diferencial de respuesta cero en programas de educación temprana. Explique en detalle cómo programaría y administraría el refuerzo diferencial de respuesta cero en estas situaciones.

B. Ejercicios de auto-modificación

Describa cómo podría usar uno de los programas de este capítulo para reducir una conducta personal que quiera que ocurra con menos frecuencia.

NOTAS DE AMPLIACIÓN SOBRE EL TEMA

1. Alguien podría pensar que cinco minutos libres para jugar hacia el final de la clase funcionaban como reforzador para reducir las conductas de habla de Tommy mucho antes en el día. Recordemos del Capítulo 3, sin embargo, que los efectos directos del reforzamiento operan sólo durante pequeños intervalos de tiempo. Por esta razón, la mejora de Tommy no puede atribuirse al efecto directo del tiempo para jugar como reforzador por la conducta de trabajar atentamente; la consecuencia inmediata era probablemente los elogios y la atención de la profesora, que podría haber dicho «lo estás haciendo muy bien, Tommy; sigue así y ganarás otros cinco minutos para jugar. Piensa en lo bien que te lo vas a pasar». Los elogios habrían funcionado como reforzador para el mejor rendimiento de Tommy. Además, el niño habría pasado gran parte del día pensando lo mucho que se iba a divertir durante esos cinco minutos. El recuerdo de una regla (como hemos descrito previamente y volveremos a tratar en el Capítulo 17) podría haber ayudado al funcionar como puente durante el lapso de tiempo entre la ocurrencia de la conducta deseable durante la sesión de 50 minutos y el tiempo extra para jugar que ocurría mucho después.

Preguntas sobre las notas

1. ¿Qué podría dar cuenta de la efectividad de la contingencia demorada de reforzamiento que se aplicó con Tommy?

8

Hacer lo correcto en el momento y el lugar adecuados: la discriminación y la generalización de los estímulos

«Por favor niños, ahora a trabajar en vuestros pupitres».

APRENDER A SEGUIR LAS INSTRUCCIONES DE LA PROFESORA[11]

La profesora de tercero de una escuela primaria a las afueras de Auckland tenía problemas: cuando daba las instrucciones en clase, quería que los alumnos le escucharan atentamente sentados en sus pupitres, y mientras trabajaban, quería que lo hicieran individualmente y en silencio. Pero nueve de los 34 estudiantes tenían dificultades especiales tanto para atender, como para permanecer sentados en los pupitres; además, frecuentemente se peleaban, gritaban, se pegaban entre si, golpeaban los muebles y salían de clase sin permiso. Es cierto que a veces sí escuchaban atentamente y trabajaban en silencio, pero ni lo hacían con la suficiente frecuencia, ni lo hacían cuando la profesora quería. Esta era una situación en que evidentemente la conducta deseada (escuchar o trabajar) estaba presente en el repertorio comportamental infantil, es decir, podían llevar a cabo estas acciones, pero que no se producía cuando era necesario.

Durante varias mañanas, unos observadores registraron el comportamiento adecuado de los nueve alumnos problemáticos mientras la profesora impartía la lección, cuando tenían que permanecer sentados en silencio y atendiendo, y durante los periodos de trabajo, cuando tenían que escribir una redacción, hacer un dibujo o acometer otras tareas que la profesora hubiera señalado. Habitualmente, estos nueve estudiantes mantenían comportamientos adecuados menos del 50% del tiempo. La profesora introdujo entonces un procedimiento para conseguir que la conducta adecuada ocurriera cuando ella quería, durante la clase diaria de legua oral y escrita, de 9:30 a 10:20 de la mañana. Elaboró un gran cartel sobre el cual escribió en un lado en grandes letras rojas:

[11] Este ejemplo está basado en un estudio de Glynn y Thomas (1974).

ATIENDE A LA PROFESORA
NO TE MUEVAS DEL PUPITRE
NO HABLES

Y al otro lado, en letras verdes:

TRABAJA EN TU SITIO
ESCRIBE EN TU CUADERNO
LEE LAS INSTRUCCIONES ESCRITAS EN LA PIZARRA

A lo largo del día, la profesora iba alternando el lado del cartel que quedaba a la vista. Repartió entre los alumnos unas tarjetas, con una cuadrícula en que, a modo de calendario, dedicaba una fila para cada día de la semana y les describió las definiciones de los comportamientos adecuados mientras explicaba la lección y durante los periodos de trabajo. Les avisó de que sonaría un «bip» varias veces durante la clase para que ellos señalaran en sus tarjetas cuál de las conductas adecuadas estaban llevando a cabo, es decir, ver si «estás haciendo lo que el cartel dice». Los «bips» se producían aproximadamente cada dos minutos. Les explicó que al acabar la clase, podrían cambiar cada marca en la tarjeta por un minuto de juego libre en una sala que contenía varios tipos de juegos y juguetes. El programa se introdujo para todos los alumnos de la clase, pero sólo se recogieron los datos de los nueve estudiantes pertinentes. Al poco tiempo, se observó que el cartel que explicaba qué hacer ejercía el control deseado y les llevaba por tanto a realizar la tarea requerida en el momento preciso. El programa aumentó el comportamiento adecuado de los nueve alumnos hasta aproximadamente el 91% de las ocasiones.

CONTROL DEL ESTÍMULO Y ENTRENAMIENTO EN DISCRIMINACIÓN DEL ESTÍMULO

Ya hemos visto en capítulos anteriores que el comportamiento está claramente afectado por sus consecuencias y por ello, aumenta la frecuencia de la conducta que se refuerza y decrece la de la conducta no reforzada. Sin embargo, cualquier conducta es acertada siempre que se produzca en la situación y el momento precisos; por ejemplo, es deseable que los coches paren cuando el semáforo está en rojo y no cuando está en verde. Al realizar perfectamente un doble salto mortal hacia atrás en una competición gimnástica lograríamos los puntos deseados, pero no tendría el mismo efecto hacerlo en la primera entrevista de trabajo en la selección de personal de una empresa. A medida que aprendemos nuevas destrezas, también aprendemos a generarlas en el momento y el lugar adecuados pero, ¿cómo lo logramos?

Para comprender este proceso, hemos de darnos cuenta en primer lugar de que siempre estamos rodeados de personas, entornos y objetos cuando la conducta es reforzada o extinguida. Por ejemplo, cuando Johnny juega en la calle con los amigos y dice tacos, es probable que la atención y las risas que recibe sirvan de refuerzo, pero cuando está comiendo con los abuelos el domingo, es poco probable que le refuercen decir palabrotas y más probable que incluso le castiguen. Tras unas cuantas experiencias de este tipo, las personas y los objetos que estaban presentes durante el refuerzo y la extinción se convierten en claves para la conducta. Para Johnny, decir tacos llega a ser algo muy probable en presencia de los amigos del barrio, pero muy improbable en casa de los abuelos.

Cualquier situación en que una conducta aparezca se puede analizar conforme a tres aspectos: (a) los estímulos antecedentes, es decir las condiciones que existen inmediatamente antes de que la conducta se produzca; por ejemplo, la presencia de los amigos o estar sentado a la mesa en casa de los abuelos justo antes de que Johnny diga una palabrota, (b) la conducta en si misma; en el ejemplo, decir tacos, y (c) las consecuencias del comportamiento; ya sea la aprobación de los amigos o la desaprobación de los abuelos. Ya comentamos en el Capítulo 1 que los estímulos son las personas, objetos y acontecimientos presentes en la proximidad del entorno y que podamos detectar mediante los receptores sensoriales. Sillas, libros, luces, bolígrafos, árboles, zapatos, otros objetos visibles o cualquier cosa constituye un estímulo potencial, al igual que cualquier tipo de sonido, olor, sabor o contacto físico con el cuerpo. La identificación de antecedentes y consecuencias de la conducta también se denomina a veces evaluación ACC (antecedentes, conducta, consecuencias).

Cuando un comportamiento se refuerza en presencia de un estímulo determinado y no de otros, ese estímulo comienza a ejercer cierto control sobre la probabilidad de que la conducta ocurra. Por ejemplo, al final del programa en la escuela primaria de Auckland, cuando los alumnos veían el cartel que mostraba en grande letras rojas, ATIENDE A LA PROFESORA, etc., escuchaban atentamente lo que ella les explicaba, porque hacerlo estaba reforzado por la presencia de ese estímulo. En este caso, diríamos que el estímulo controlaba la conducta. Cuando es más probable que determinado comportamiento se produzca en presencia de un estímulo, pero no de otros, decimos que ese comportamiento está bajo el control de ese estímulo.

El término «control del estímulo» se refiere al grado de correlación entre un estímulo y la posterior respuesta. Por ello, el control eficaz o adecuado del estímulo hace referencia a la situación en que hay una correlación alta entre la presencia de un estímulo concreto y la producción de determinada respuesta; en otras palabras, si aparece el estímulo, es probable que a continuación lo haga la respuesta. Por ejemplo, suponga que acaba de meter una moneda en una máquina expendedora y busca su dulce favorito; ve el nombre del producto junto a uno de los botones y lo presiona. El letrero ha ejercido un control del estímulo adecuado sobre su conducta de presionar el botón. De la misma manera, al acabar el programa en el ejemplo que venimos describiendo a lo largo del capítulo, el enunciando ATIENDE A LA PROFESORA, etc. era un estímulo que ejercía un buen control sobre la conducta de prestar atención por parte de los estudiantes.

Algunos estímulos son buenos predictores de que una conducta será reforzada, en tanto que otros predicen de manera estable que la conducta no será reforzada. El letrero, FUERA DE SERVICIO, sobre una máquina expendedora es una clave que indica que la acción de insertar dinero no será reforzada. La presencia de una taza vacía es una clave que indica que si la acerca a la boca, no conseguirá beber nada. La experiencia nos hace aprender la conveniencia de no llevar a cabo determinar acciones en presencia de determinados estímulos porque no van a ser reforzadas. Por tanto, un control adecuado del estímulo también se produce cuando un estímulo concreto controla la ausencia de un comportamiento específico, debido a que éste nunca ha sido reforzado en presencia de aquel.

Denominamos *aprendizaje de la discriminación del estímulo* al proceso mediante el cual se logra emitir una conducta específica en presencia de determinados estímulos y no en la de otros. El procedimiento para el *entrenamiento en la discriminación de estímulos* implica reforzar un comportamiento en presencia de un estímulo determinado, y la extinción de ese mismo comportamiento en presencia de otros estímulos diferentes. Se denomina estímulos discriminativos a los implicados en este procedimiento, y a continuación veremos que pueden ser de dos tipos.

TIPOS DE ESTÍMULOS DISCRIMINATIVOS: E^D Y E^{Δ}

Denominamos estímulo discriminativo (E^D) a aquel que señala la probabilidad de que una determinada respuesta sea reforzada. La presencia de un estímulo discriminativo hace más probable la aparición de la respuesta que ha sido reforzada en su presencia y por ello podemos considerarlo como uno de los tipos de estímulo que controla el comportamiento. En sentido amplio, el estímulo discriminativo es una señal que indica que «tiene cuenta» emitir determinada respuesta. Denominamos estímulo delta (E^{Δ}) al que está presente cuando una respuesta está siendo sometida a extinción o castigo. La presencia de un estímulo delta reducirá la probabilidad y/o tasa de la respuesta que fue castigada o extinguida en su presencia. En general, el estímulo delta funciona como señal que indica que no «tendrá cuenta» emitir determinada respuesta.

En el ejemplo de Johnny, el estimulo de los amigos en la calle es un estímulo discriminativo para la respuesta de decir palabrotas, que será reforzada al recibir atención y risas; en tanto que los abuelos son un estímulo delta (E^{Δ}) para dicha respuesta porque decir palabrotas no será reforzado en su presencia. El siguiente esquema resume la situación así:

(Un caso de refuerzo positivo)

1. Estímulo discriminativo (E^D) ⟶ Respuesta ⟶ Refuerzo
(amigos de la calle) (palabrotas) (aprobación de los amigos)

(Un caso de extinción)

2. Estímulo delta (E^{Δ}) ⟶ Respuesta ⟶ No Refuerzo
(abuelos) (palabrotas) (ausencia de atención positiva)

Un estímulo puede funcionar simultáneamente como estímulo discriminativo para una respuesta y como estímulo delta (E^{Δ}) para otra; es decir, una respuesta se refuerza en presencia de un estímulo determinado, pero no así otra (véase Figura 8-1). Por ejemplo, si está cenando con amigos y alguien dice: «por favor, pásame la pimienta», podría considerar el enunciado como estímulo discriminativo para la respuesta de pasar la pimienta y como estímulo delta (E^{Δ}) para pasar la sal. En otro caso, cuando la profesora en la clase de Auckland enseñó el cartel ATIENDE A LA PROFESORA, etc., lo hacía para que constituyera un estimulo discriminativo de la

El cartel «No funciona» es un estímulo delta (E^{Δ}) para insertar monedas y un estímulo discriminativo (E^{D}) para buscar otra máquina dispensadora que no esté estropeada.

El letrero «señoras» es un estímulo discriminativo (E^{D}) para que entren las mujeres al servicio y es un estímulo delta (E^{Δ}) para que entren los hombres.

La flecha es un estímulo discriminativo (E^{D}) para que el tráfico circule en sentido único en la dirección señalada y un estímulo delta (E^{Δ}) para circular en la dirección opuesta.

Figura 8-1. Son muchos los estímulos que sirven simultáneamente como estímulo discriminativo para una respuesta y como estímulo delta para otra respuesta diferente, aunque no siempre controlan las conductas adecuadas.

conducta de hacer las tareas, atender y permanecer en los pupitres y un estímulo delta (E^{Δ}) para comportamientos de distracción como garabatear los cuadernos, correr por clase, etc. El siguiente diagrama representa esta situación:

(Un caso de refuerzo positivo)

1. Estímulo discriminativo (E^{D}) ⟶	Respuesta ⟶	Refuerzo
(El cartel: ATIENDE A LA PROFESORA NO TE MUEVAS DEL PUPITRE NO HABLES)	(conducta hacer las tareas: sentarse en el pupitre y atender)	(marcas en casillas: podrían canjearse después por tiempo libre en la sala de juegos)

(Un caso de extinción)

2. Estímulo delta (E^{Δ}) ⟶	Respuesta ⟶	No Refuerzo
(El cartel: ATIENDE A LA PROFESORA NO TE MUEVAS DEL PUPITRE NO HABLES)	(conducta distraída)	(ninguna marca positiva ni sala de juegos)

Un concepto pertinente para los diagramas expuestos es la contingencia del refuerzo. De acuerdo con Skinner (1969, p. 7), una «formulación adecuada de la interacción entre una [persona] y [su] entorno tiene que especificar: (1) la ocasión en que la respuesta ocurre, (2) la respuesta, y (3) las consecuencias reforzantes. Denominamos «contingencias del refuerzo» a la interacción entre los tres elementos». Todos los programas de refuerzo expuestos, incluida la extinción, en combinación con los contextos en que tienen lugar, son contingencias de refuerzo, como también lo es cualquier combinación de estímulo, respuesta y consecuencias. Anteriormente en el capítulo describimos la evaluación ACC (antecedente, conducta, consecuencia) y ahora estamos en condiciones de entender que es equivalente a identificar las contingencias de refuerzo que controlan el comportamiento.

El *entrenamiento en discriminación del estimulo* es el *procedimiento* seguido para reforzar una respuesta en presencia de un estímulo discriminativo y extinguirla en presencia de un estímulo delta (E^{Δ}). Tras el suficiente entrenamiento, los efectos logrados son: (1) *control del estímulo*, correlación alta entre un estímulo y una respuesta; o (2) *discriminación del estímulo*, la respuesta se produce frente al estímulo discriminativo y no frente al estímulo delta (E^{Δ}). Observe que son dos maneras distintas de exponer el mismo resultado y que el estímulo discriminativo no elicita automáticamente la respuesta, como si se tratara de un reflejo específico. Por lo tanto, no hablamos de «elicitar» para referirnos al efecto que el estímulo discriminativo ejerce sobre la conducta, ya que más bien la *controla o la evoca*. Así mismo es adecuado proponer que la respuesta se *emite* en presencia del estímulo discriminativo.

GENERALIZACIÓN DE LOS ESTÍMULOS

La **generalización del estímulo** se produce cuando aumenta la probabilidad de que se produzca determinada conducta en presencia de un estímulo o situación como resultado de haber sido reforzada en presencia de otro estímulo o situación. Es decir, en lugar de discriminar entre dos estímulos y responder de distinta manera frente a ellos, la persona responde de la misma forma frente a dos estímulos diferentes. La generalización de estímulos por tanto constituye la situación opuesta a la discriminación de los estímulos y son varias las razones que pueden dar lugar a que se produzca.

Generalización espontánea o no aprendida del estímulo debido a un gran parecido físico. Al igual que otros animales, nuestra especie ha evolucionado para ejecutar un comportamiento en una situación novedosa, si ésta se parece a aquella en la que aprendimos el comportamiento. Pensemos en el siguiente caso, habitual para muchos progenitores: los niños aprenden a decir «perrito» a una criatura peluda de cuatro patas, orejas colgantes y ladrido amistoso y posteriormente, frente a otro tipo de perro, también dicen «perrito». Este es un caso de generalización del estímulo, porque la respuesta «perrito» previamente reforzada se emite ahora en presencia de un nuevo estimulo. Es interesante que hayamos evolucionado de este modo y cuesta imaginar cómo sería la vida si no pudiéramos llevar a cabo una tarea recién aprendida en una situación que no fuera idéntica a aquella en que la aprendimos inicialmente. Tendríamos que aprender a hacer café de nuevo cada vez que estuviéramos en otra cocina; para esquiar, tendríamos que aprender a parar de nuevo en cada pendiente por la que descendiéramos; y aprenderíamos a bailar al ritmo de una melodía, pero no podríamos repetirlo frente a otra parecida. Afortunadamente, nuestros sistemas han evolucionado de manera que cuanto mayor es el parecido físico entre dos estímulos, más probable es que los generalicemos.

Generalización de estímulos adquirida frente a semejanza física mínima. Imaginemos que una niña aprende a decir «perro» frente a un pastor alemán, ¿pero lo dirá después espontáneamente frente a un chihuahua? Probablemente no. Aunque los perros se parecen físicamente, también se diferencian en muchos aspectos y es probable que en este caso, la generalización de estímulos no se produzca hasta que la niña haya aprendido la categoría «perro». Una **categoría de estímulos con atributos comunes** está integrada por un conjunto de ejemplares que comparten algunas características físicas. Son muchos los profesionales de la conducta que se refieren al conjunto simplemente como clase o categoría de estímulos, pero queremos señalar que tienen *atributos comunes* para diferenciarlos de los estímulos que pertenecen a *categorías equivalentes*, que comentaremos más adelante.

Otra clase de estímulos son los conceptos, respecto de los cuales, algunos autores defienden que sus miembros comparten diversas características físicas. Por ejemplo, todos los coches tienen cuatro ruedas, parabrisas y volante; por tanto cuando los niños aprenden la palabra «coche» a la vista de un ejemplar concreto, es probable que exhiban una generalización de los estímulos no aprendida y sepan identificar otros miembros del concepto coche. Para otros autores, sin embargo, los rasgos físicos que comparten los miembros de un concepto no son suficientes y por tanto es necesario cierto aprendizaje para que se produzca la generalización. Por ejemplo, para que los niños aprendan el concepto «rojo» habrá que reforzar su respuesta frente a muchos matices distintos de rojo en gran variedad de objetos y extinguirla frente a todo lo que no sea de ese color; así, finalmente comprenden que un lápiz rojo y un coche rojo son ambos «rojos», aunque sean objetos por lo demás completamente diferentes. En otro ejemplo, para aprender el concepto de humedad, habrá que reforzar las respuestas frente a gran variedad de objetos «húmedos» y extinguirla frente a los objetos secos, para los cuales se reforzará el concepto «seco».

Cuando alguien emite una respuesta adecuada frente a todos los miembros de una categoría con rasgos comunes, pero no frente a ejemplares que no pertenecen a esa categoría, concluimos que ha generalizado los estímulos pertenecientes a una categoría o concepto, a la vez que discrimina entre categorías; por ejemplo, reconoce todos los objetos rojos como «rojo» y los diferencia de los objetos azules. Decimos que alguien muestra un comportamiento conceptual cuando exhibe este tipo de generalizaciones y discriminaciones frente a conceptos como «rojo».

Es importante señalar que el lenguaje no está necesariamente involucrado en la conducta conceptual, ya que las palomas, que carecen de conductas verbales, aprenden con relativa facilidad gran variedad de conceptos. El método empleado suele consistir en la presentación de diapositivas y el refuerzo por picotear sobre las que pertenecen a determinada categoría, a la vez que no se refuerza el picoteo de los ejemplares pertenecientes a otras categorías. Mediante esta técnica, diversos investigadores han logrado que las palomas aprendan categorías como «persona», «árbol» e incluso algunos conceptos numéricos como «16 ó 20» (Herrnstein & Devilliers, 1980; Herrnstein & Loveland, 1964; Herrnstein, Loveland & Cable, 1976; Honig & Stewart, 1988; Lubow, 1974; Vaughan & Herrnstein, 1987). La prueba de que han adquirido conceptos como «pez» es que responden correctamente a nuevos ejemplares adecuados que no han visto previamente.

Generalización de estímulos adquirida debido a que pertenecen a clases equivalentes. Imaginemos que vemos una zanahoria, un lápiz, un guisante, una calculadora y una botella de leche y que nos piden que identifiquemos los elementos comestibles. Obviamente sabríamos hacerlo y evidenciaríamos así nuestro comportamiento conceptual frente a la categoría alimentos. Aunque no hay ningún parecido físico entre la zanahoria, el guisante y la caja de leche, hemos aprendido que pertenecen a **clases equivalentes**, o a que hay una **equivalencia entre las categorías** formadas por estímulos completamente distintos que controlan la misma respuesta, en este caso, «alimento». Los investigadores han estudiado la formación de equivalencias entre clases mediante el entrenamiento con el método de igualar la muestra. Consideremos el siguiente experimento en que se está enseñando la equivalencia de la clase «tres» a niños de tres años. En la primera fase, se presenta el Panel 1 de la Figura 8-2 durante varios ensayos, y se alterna al azar la posición de las pantallas en que aparecen «IV» y «7». Mediante la adecuada presentación de claves y refuerzos, los participantes aprenden a emparejar «3» con «:.». En la segunda fase, el entrenamiento continúa con el Panel 2, en que aprenden a igualar «:.» con «III». A continuación viene la evaluación para constatar si se ha producido la equivalencia, en que los niños ven el panel de prueba y tienen que decidir a qué es igual «III»: 4, 6 ó 3. Es probable que en esta situación, los participantes emparejen «III» con «3» porque, a pesar de que estos estímulos no habían sido emparejados previamente, se han convertido en miembros de un concepto de equivalencia (véase **Nota 1**). Los miembros de una categoría de equivalencia son funcionalmente equivalentes en el sentido de que todos controlan la misma conducta.

A lo largo de la vida adquirimos multitud de relaciones de equivalencia, en que todos los miembros de una categoría controlan la misma respuesta, aunque físicamente no haya ningún parecido entre ellos. Cuando condicionamos una conducta nueva a un miembro de una categoría de estímulos equivalentes, es probable que los demás miembros de la categoría logren controlarla aunque no haya existido un entrenamiento específico para ello. En sentido cotidiano, decimos que todos los integrantes de un concepto de equivalencia «significan» lo mismo, como sucede cuando aprendemos distintas representaciones de «3», distintas palabras aplicables al «utensilio para beber», que los tomates y los champiñones son «vegetales», etc. Se denominan también conceptos a estas categorías con elementos equivalentes (vegetales, utensilios para beber, etc.), de ahí que comentáramos que algunos conceptos están basados sobre categorías cuyos miembros comparten atributos físicos, en tanto que otros están basados sobre categorías cuyos integrantes son funcionalmente equivalentes.

En resumen, si una respuesta que ha sido reforzada frente a un estímulo determinado se produce también frente a otro estímulo diferente, decimos que se ha producido una generalización del estímulo, ya sea debido a la generalización de un proceso no aprendido, al aprendizaje de una categoría cuyos integrantes comparten rasgos,

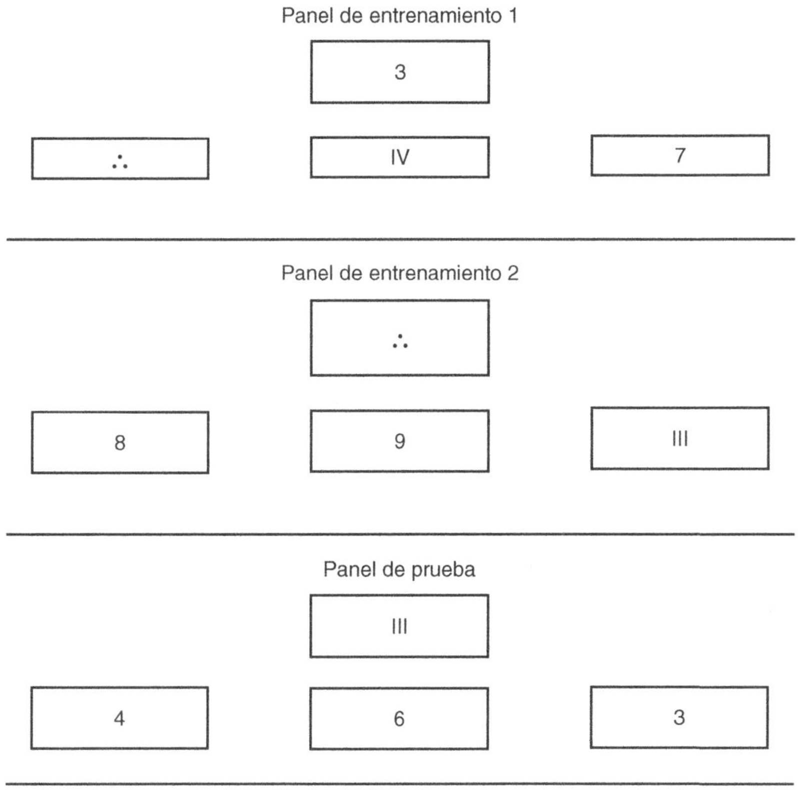

Figura 8-2. Presentaciones visuales en un experimento sobre equivalencia entre clases de estímulos.

o al aprendizaje de una categoría cuyos miembros son funcionalmente equivalentes. Sin embargo, no siempre es adecuado que se produzca la generalización de estímulos; por ejemplo, los niños podrían aprender a decir «perrito» frente a una criatura peluda de cuatro patas y luego repetirlo frente al gato. Como describiremos en la siguiente sección, en este y otros miles de casos, hay que enseñar a discriminar. En el Capítulo 16 comentaremos en más detalle algunas estrategias para mejorar la generalización.

FACTORES QUE DETERMINAN LA EFICACIA DEL ENTRENAMIENTO EN DISCRIMINACIÓN DEL ESTÍMULO

1. Elegir señales claras

Si es importante desarrollar el control del estímulo de una conducta determinada, habrá que intentar identificar estímulos discriminativos controladores que sean muy claros. Por ejemplo, la profesora de la escuela de Auckland (descrita al comienzo del capítulo) usó grandes letras rojas para el cartel que indicaba a los estudiantes que tenían que escuchar y atender a la profesora, y grandes letras verdes cuando el cartel indicaba que los alumnos tenían que trabajar en sus pupitres.

Cuando se pretende establecer un estímulo discriminativo para la conducta de una persona, hay que formularse las siguientes preguntas:

1. ¿Se diferencia este estímulo de otros en más de una dimensión? Es decir, ¿es diferente por su localización, tamaño, color y modalidad sensorial (visión, oído, tacto, etc.)? (Véase **Nota 3**).
2. ¿Es del tipo de estímulos que pueden presentarse sólo, o al menos sobre todo, en aquellas ocasiones en que la respuesta deseada ha de ocurrir, de manera que podamos evitar la confusión de que el estímulo aparezca en otras situaciones?
3. ¿Es muy probable que la persona atienda a este estímulo cuando se le presente?
4. ¿Hay alguna respuesta no deseada que esté controlada por el estímulo elegido? Si alguna respuesta que no es la deseada sigue habitualmente al estímulo, interferirá en el desarrollo del nuevo control del estímulo de la respuesta que queremos obtener.

Si prestamos la debida atención a estos aspectos, aumentaremos la probabilidad de realizar un entrenamiento satisfactorio en discriminación de los estímulos.

2. Minimizar las oportunidades de que se produzcan errores

Consideremos el caso de la niña que está aprendiendo a coger el teléfono cuando suena y a no hacerlo cuando no suena. Si descuelga el teléfono cuando no suena, está respondiendo frente a un estímulo delta, lo cual suele denominarse *error*. El control del estímulo se desarrolla más eficazmente si se minimizan la posibilidad de que se produzcan errores. Por ejemplo, la madre que está enseñando a su hija a responder al teléfono adecuadamente, podría situarlo fuera de su alcance cuando no suena y añadir un comentario del tipo: «Tienes que acordarte de que no se coge el teléfono si no suena y sólo se responde cuando estén llamando». Después, cuando el teléfono suene (quizá una llamada hecha específicamente para favorecer el entrenamiento), la madre podría colocarlo delante de la niña y decirle: «El teléfono está sonando; ahora es cuando hay que cogerlo».

Alguien podría preguntar: «a menudo queremos que las personas respondan frente a claves mucho más sutiles, por tanto, ¿por qué maximizar la posibilidad de discriminar las señales?». De momento baste con decir que elegir claves fácilmente discriminables y minimizar los errores conducirá a un control de los estímulos más rápido, que quizá no se produciría de otro modo. En el Capítulo 9, comentaremos técnicas para introducir discriminaciones paulatinamente cuando se manejan claves sutiles, pero por ahora, es importante tener presente que todos los esfuerzos que hagamos por lograr señales claras y por reducir las equivocaciones, no sólo harán que el proceso se desarrolle más rápidamente, sino que se produzcan menos frustraciones que si partiéramos de señales más complicadas.

3. Maximizar el número de ensayos

En general, se acepta la necesidad de bastantes ensayos reforzados para desarrollar conductas estables en personas con retraso cognitivo u otras alteraciones comportamentales, pero no podemos olvidar que este principio es válido para cualquiera que esté aprendiendo discriminaciones nuevas. Imaginemos, por ejemplo, que tras unos meses de matrimonio, uno de los cónyuges cree dar pistas de no estar «de humor» para practicar sexo, pero obviamente también tendrá que comprender que quizá su pareja no sepa responder a índices sutiles, ni siquiera a los obvios, con tan sólo uno o dos ensayos. Tras varias ocasiones en que se haya reforzado la respuesta correcta en presencia del estímulo discriminativo y se haya extinguido en presencia del estímulo delta (E^{Δ}), es más probable que estos estímulos pasen a controlar el comportamiento en situaciones posteriores.

4. Utilizar las reglas: describir las contingencias

El desarrollo del control de los estímulos suele llevarse a cabo a lo largo de una secuencia en que la persona comienza actuando por ensayo y error y recibe refuerzo repetidamente en presencia del estímulo discriminativo, en tanto que no lo recibe en presencia del estímulo delta (E^{Δ}). En el caso de las palabrotas de Johnny, por ejemplo, a través de un proceso de ensayo y error, su conducta maleducada está ahora controlada por los compañeros, que funcionan como estímulo discriminativo, y no se emite en presencia de los abuelos, que funcionan como estímulo delta (E^{Δ}). Sin embargo, los alumnos que describimos al comienzo del capítulo no precisaron de unos cuantos ensayos para que el control fuera evidente y ya en la primera sesión, tras la explicación de la profesora de las nuevas normas, mostraron un incremento inmediato de las conductas de atención en presencia de las señales apropiadas (ATIENDE A LA PROFESORA, etc.) y consiguieron inmediatamente el refuerzo por hacerlo.

Los exabruptos de Johnny ilustran el comportamiento moldeado por las contingencias o efectos directos del refuerzo, en ausencia de instrucciones o de personas que expliquen directamente la norma. Nadie le ha dicho al niño, «¡di palabrotas y todos nos reiremos y te prestaremos atención!». Sin embargo, lo contrario sucede en el ejemplo de los alumnos en clase que describimos al comienzo del capítulo, que ilustra un comportamiento gobernado por reglas. Una regla describe una contingencia entre estímulo, conducta y consecuencias. El comportamiento regido por normas está controlado por la proposición que explicitan las reglas. Si queremos que se desarrolle un control adecuado de los estímulos sobre determinado comportamiento, es aconsejable presentar una regla que explique qué conductas, en qué situaciones conducirán a qué consecuencias. Dados nuestros complejos historiales previos de condicionamiento en lo que respecta al seguimiento de instrucciones, añadir un conjunto de reglas a un programa de discriminación de estímulos bien pudiera producir un control instantáneo de los estímulos.

Una manera de analizar las diferencias entre la conducta moldeada por las contingencias y la conducta gobernada por reglas es preguntarse si un animal podría hacerlo. Por ejemplo, el perro de Johnny probablemente no gruñiría en casa de los abuelos si nunca se le ha reforzado allí por hacerlo, pero tampoco podría verbalizar, ni manifiesta ni encubiertamente, «es mejor que no gruña en casa de los abuelos de Johnny, porque no me premian por hacerlo». En el ejemplo que presentamos de Johnny diciendo palabrotas, asumimos que no verbaliza la contingencia que opera sobre su comportamiento, más de lo que lo hace el perro respecto del gruñido. Sin embargo, en el caso de los alumnos en el aula, sí observamos que verbalizaban las normas que se les presentaban, que a su vez ejercían un control directo sobre el comportamiento; por tanto se trataba de un comportamiento gobernado por reglas. En el Capítulo 17 comentaremos más detenidamente el uso de las normas.

ERRORES EN EL ENTRENAMIENTO EN DISCRIMINACIÓN DEL ESTÍMULO

Cualquier método eficaz es susceptible de una aplicación inadecuada, y el entrenamiento en la discriminación del estimulo no es una excepción. Uno de los autores observó un ejemplo en un niño de siete años con retraso cognitivo, que golpeaba la cabeza contra superficies duras si alguien no le cogía de la mano. En cuanto el acompañante le soltaba y se alejaba, el pequeño se lanzaba al suelo y comenzaba a golpearlo con la cabeza con tal fuerza que llegaba a producirse heridas. Esta conducta sólo aparecía en presencia de suelos duros o de hormigón y no se generaba frente a alfombras o hierba. La explicación más probable es que nadie iría corriendo a prestarle atención si se golpease contra una superficie suave que no le causaría ningún daño y sin embargo, los cuidadores no tenían más remedio que prestarle atención cuando se golpeaba contra superficies duras. De esta manera, sin querer, el personal había entrenado al niño en la discriminación que mostramos a continuación:

1. Estímulo discriminativo (E^D) ⟶ Respuesta ⟶ Refuerzo
   (Superficie dura) (golpes con la cabeza) (atención del personal)

2. Estímulo delta (E^Δ) ⟶ Respuesta ⟶ No Refuerzo
   (Superficie suave) (golpes con la cabeza) (ausencia de atención del personal)

Son muchas las situaciones en que sin darnos cuenta, porque obviamente en el caso contrario no lo haríamos, enseñamos a los demás a responder inadecuadamente frente a determinadas claves. En hogares con niños pequeños, situaciones como la siguiente son relativamente frecuentes: Terry tiene tres años y juega con el mando del televisor mientras su madre le dice en tono tranquilo, «Terry, por favor, deja el mando». Terry continúa jugando y unos minutos más tarde la madre grita un poco más alto y algo más enfadada: «Terry, deja en paz el mando de la televisión». Terry continúa jugueteando con las teclas, cambiando rápidamente los canales, lo cual supone un refuerzo natural para ella. Uno ó dos minutos después, la madre grita enérgicamente y en tono de amenaza: «¡Terry, por última vez, deja la televisión antes de que me enfade de verdad!». Finalmente Terry deja el mando y la madre dice: «Así me gusta, Terry. Mamá te quiere mucho cuando haces lo que te pide pero, ¿por qué no lo haces a la primera?». Es evidente que la madre ha reforzado a Terry precisamente para que responda sólo cuando las amenazas han alcanzando cierto grado, por tanto la discriminación que está aprendiendo la niña consiste en esperar hasta que la madre está realmente enfadada antes de hacer caso a sus peticiones.

Si tiene la sensación de que hay personas a quienes tiene que decirles muchas veces las cosas para que le hagan caso, o que nadie le escucha, o que los demás no hacen lo que debieran en el lugar y momento adecuados, quizá debiera examinar detenidamente sus interacciones con ellas intentando identificar casos de aplicación incorrecta del entrenamiento en discriminación del estimulo.

DIRECTRICES PARA UN ENTRENAMIENTO ADECUADO EN LA DISCRIMINACIÓN DEL ESTÍMULO

1. *Escoger señales claras*. Especificar los estímulos discriminativos y al menos un estímulo delta (E^{Δ}). En otras palabras, especificar condiciones bajo las cuales la conducta debe producirse y no debe producirse.
2. *Seleccionar un refuerzo apropiado*. Véase la Figura 3-3.
3. *Desarrollar la discriminación*:
   - **a.** Hacer los preparativos para que la respuesta deseada se refuerce varias veces en presencia del estímulo discriminativo.
     - **(1)** Especificar claramente en una regla la secuencia: estímulo discriminativo -respuesta deseable-reforzador. Ayudar a identificar los indicadores que señalen que la conducta será reforzada frente a los que señalen que no lo será y, siempre que sea necesario, utilizar instrucciones precisas, para que los aprendices comprendan cuándo actuar de un modo determinado bajo un conjunto de circunstancias, pero no así bajo otras.
     - **(2)** Inicialmente hay que hacer comentarios verbales continuamente.
     - **(3)** Colocar las reglas en un lugar visible y revisarlas regularmente.
     - **(4)** Tenga presente que los estímulos no lograrán controlar la conducta de los aprendices, si éstos no atienden a las claves, por tanto, es aconsejable emplear gestos exagerados que enfaticen estas señales. Comentaremos este aspecto en más detalle en el Capítulo 9.
     - **(5)** Para que los aprendices actúen en un momento especifico, hay que presentarles indicadores inmediatamente antes de que la respuesta deba producirse.
   - **b.** Al presentar el estímulo delta (E^{Δ}), hay que hacer que su sustitución del estímulo discriminativo resulte muy obvia y seguir las reglas de la extinción para la conducta en cuestión. Son muchos los estímulos que pueden llegar a controlar la conducta: localización geográfica del lugar en que se lleva a cabo el entrenamiento, características físicas y ubicación de muebles, material y personas en la sala de intervención, hora del día y secuencia de acontecimientos que la preceden y acompañan. Cualquier cambio en estos aspectos podría alterar el control del estimulo.
4. *Apartar gradualmente a los aprendices del programa*. Comentaremos este aspecto más detenidamente en el Capitulo 16.
   - **a.** Si un comportamiento se produce con la frecuencia precisa, en el lugar y momento adecuados, al brindarle unas doce oportunidades para que surja, y si no ocurre en situaciones frente al estímulo delta (E^{Δ}), es probable que podamos eliminar gradualmente los reforzadores artificiales y mantener la conducta mediante reforzadores naturales.

b. Atender a los otros reforzadores naturales del entorno que podrían mantener la conducta cuando ya se produzca sólo en presencia del estímulo discriminativo y no en la del estímulo delta (E^{Δ}).

c. Terminado el programa, habrá que planear evaluaciones periódicas de la conducta, para asegurarse de que está siendo reforzada ocasionalmente y mantiene la frecuencia deseada en presencia del estímulo discriminativo.

PREGUNTAS DE REPASO

1. ¿Qué es un estímulo?
2. ¿Qué significar lograr un buen control de los estímulos? Describa un ejemplo.
3. Defina y ponga un ejemplo de un estímulo discriminativo (E^D). Identifique la respuesta en el ejemplo.
4. Defina y ponga un ejemplo de un estímulo delta (E^{Δ}). Identifique la respuesta en el ejemplo.
5. ¿Cual es la diferencia entre un estímulo y un estímulo discriminativo?
6. Explique las diferencias entre el control del estímulo y el entrenamiento en discriminación del estímulo.
7. Describa un ejemplo, que no hayamos comentado en el texto, de un estímulo que funcione como estímulo discriminativo para un comportamiento y como estímulo delta (E^{Δ}) para otro comportamiento diferente.
8. ¿Qué es una evaluación ACC (antecedentes, conducta, consecuencias)?
9. Identifique los siguientes ejemplos de estímulos discriminativos (E^D) y estímulos delta (E^{Δ}) en: dos estímulos discriminativos (E^D) en la Tabla 3-1, dos estímulos discriminativos (E^D) de la Tabla 3-3, dos estímulos delta (E^{Δ}) de la Tabla 5-1, y dos estímulos delta (E^{Δ}) de la Tabla 5-2.
10. Defina la generalización del estímulo y presente un ejemplo.
11. Qué es una categoría de estímulos con atributos comunes. En qué consiste el comportamiento conceptual. Ponga ejemplos de ambos.
12. Describa cómo podríamos enseñar el concepto de «honestidad» en la infancia. ¿Sería un programa dirigido a enseñar a niños y niñas a ser honestos? Justifique su respuesta.
13. Explique las diferencias entre generalización del estímulo y discriminación del estimulo.
14. ¿Qué es una categoría de estímulos equivalentes? Describa un ejemplo.
15. ¿Cuál es la principal diferencia entre la generalización de estímulos que se produce porque éstos son miembros de una categoría con atributos comunes, y la que se produce porque los estímulos son miembros de una categoría de equivalencia?
16. Cuando se consideran diversos estímulos para establecer algunos como estímulo discriminativo, ¿qué preguntas habría que hacerse al respecto? Véase en este capítulo, la sección acerca de los factores que determinan la eficacia del entrenamiento en la discriminación del estímulo.
17. Ponga un ejemplo de su propia experiencia de cada una de las preguntas que se haya planteado en la pregunta 16.
18. ¿Qué entendemos por error en el entrenamiento en discriminación del estímulo?
19. ¿Qué son «contingencias del refuerzo»? Justifique su respuesta.
20. Distinga con ejemplos entre conducta gobernada por reglas y conducta moldeada por las contingencias.
21. El aumento en la atención prestada por los alumnos en la clase de Auckland, después de que la profesora expusiera las normas, ¿era una conducta gobernada por, reglas o moldeada por las contingencias? Justifique su respuesta.
22. Describa un ejemplo de cómo el desconocimiento del entrenamiento en discriminación del estímulo puede llevar a madres, padres y otros cuidadores a desarrollar conductas no deseadas en niños o adultos que estén bajo su responsabilidad.

EJERCICIOS DE APLICACIÓN

A. Ejercicios que implican a otras personas

1. Identifique cinco situaciones en que haya presentado estímulos discriminativos para controlar la conducta de alguna otra persona. Identifique claramente la situación general, el estímulo discriminativo de control, la conducta controlada y los reforzadores.
2. Describa cinco situaciones en las que presentó un estímulo delta (E^{Δ}) a otra persona. Identifique claramente la situación general, el estímulo delta (E^{Δ}), la conducta que no se producía en presencia del estímulo delta (E^{Δ}) y las consecuencias. Indique si el estímulo delta (E^{Δ}) controló o no apropiadamente la conducta.

B. Ejercicios de auto-modificación

1. Describa una situación reciente en que haya llevado a cabo una generalización deseable. Identifique claramente el comportamiento, la situación en que era reforzado inicialmente o situación de entrenamiento, y la situación a que lo ha generalizado o situación objetivo.
2. Describa una situación reciente en que haya llevado a cabo una generalización inapropiada; es decir, en que el resultado no fuera deseable. Identifique también aquí el comportamiento, la situación de entrenamiento y la situación objetivo.
3. Escoja una conducta excesiva que le gustaría disminuir. A lo largo de 2 ó 3 días, registre cuidadosamente aquellas situaciones en que la conducta señalada sucede y en las que no ocurre. Identifique claramente el estímulo discriminativo de control y, si es posible, algunos estímulos delta (E^{Δ}) para la conducta. Dicha información resultará de gran ayuda si decide establecer un programa de autocontrol después de leer este libro.
4. Sobre la base de la materia presentada hasta aquí, describa con detalle cómo podría establecer un programa para controlar su conducta de estudio, de manera que mejorara el aprendizaje de las discriminaciones necesarias para dominar el resto de la materia del libro. Sugerencia: considere el control del estimulo, el refuerzo, la extinción, las conductas incompatibles y los programas de refuerzo.

NOTAS DE AMPLIACIÓN SOBRE EL TEMA

1. Técnicamente hablando, la equivalencia entre estímulos exige que se demuestre la existencia de tres propiedades: reflexiva, simétrica y transitiva (Dymond & Rehfeldt, 2000; Sidman, 1994). La propiedad reflexiva simplemente implica el reconocimiento del propio estímulo; es decir, los niños saben emparejar 3 con 3, ∴ con ∴ y III con III. Consideremos ahora el panel superior en la Figura 8-2 y supongamos que tras el entrenamiento, los participantes han aprendido a presionar correctamente la pantalla «∴» cuando les muestran «3» . Colocamos entonces «∴» en la parte superior del panel y «3» en una posición al azar junto con las otras dos alternativas. Si cuando ahora les presentamos «∴», eligen «3», están evidenciando la simetría. La propiedad transitiva se comprueba en el cuarto panel de la Figura 8-2, donde tras emparejar A con B y B con C, los participantes emparejan C con A sin haber sido específicamente entrenados para hacerlo.

2. Desde que Skinner (1957) publicara la explicación conductista del lenguaje, los psicolingüistas han defendido que el condicionamiento operante no es adecuado para abordar la adquisición infantil del lenguaje materno (Brown, 1973; Chomsky, 1959; Pinker, 1994), con el principal argumento de que los niños aprenden muchas más palabras de las que directamente se les enseña o refuerza. No obstante, los bebés emiten vocalizaciones que no son directamente reforzadas, sino mediante el refuerzo condicionado automático, descrito en la Nota 1 del Capítulo 4. Además, a través del aprendizaje de la equivalencia entre estímulos, se dan cuenta de que sonidos que son físicamente diferentes «significan» lo mismo, porque son miembros de la misma categoría. Todos estos factores podrían explicar la adquisición de la sintaxis y la gramática y prestar apoyo empírico a la perspectiva conductista de Skinner sobre el desarrollo del lenguaje (Stromer, MacKay & Remington, 1996).

3. En ocasiones el control del estímulo es complejo y no lo ejerce un único elemento, como la luz verde o el cartel en el escaparate, que gobierna una respuesta única, como cruzar la calle o entrar en la tienda a comprar algo. Un tipo de control complejo es el contextual, ya que es el entorno o ambiente general el que altera la manera en que las personas responden a un estímulo concreto. Por ejemplo, si conduce en Gran Bretaña, la línea divisoria en la autopista es un estímulo discriminativo para mantenernos a su izquierda, en tanto que si conducimos en Canadá, funciona como estímulo discriminativo para mantenernos a su derecha. En este caso, el país por el que circulamos funciona como contexto que determina el control que un estímulo determinado ejerce sobre el comportamiento. El conocimiento del control contextual es importante en el diseño de los tratamientos y, por ejemplo, Haring y Kennedy (1990) encontraron que una intervención eficaz para reducir la autoestimulación de una niña autista en el aula, no lo era en el recreo; y viceversa, el procedimiento que funcionaba en la reducción del comportamiento inadecuado mientras jugaba no era eficaz mientras realizaba las tareas de clase.

Preguntas sobre las notas

1. Explique con ejemplos qué significa reflexividad, simetría y transitividad.

2. ¿Qué han aportado los estudios sobre la equivalencia del estímulo a la explicación conductista de la adquisición del lenguaje?

3. Explique qué significa y ponga un ejemplo de control contextual.

4. Antes de cruzar la calle, un turista británico que visita Canadá observa que no viene tráfico por la derecha, empieza a cruzar y le atropella un coche. Explique el papel que desempeña la ausencia de control contextual en este accidente.

9

Desarrollar conductas apropiadas mediante desvanecimiento

«Peter, ¿cómo te llamas?»

ENSEÑAR A PETER SU NOMBRE[12]

Peter, diagnosticado de autismo, tenía un extenso repertorio de mímica vocal y podía repetir muchas palabras que decían otras personas, pero tenía muy poca conducta verbal aparte de esto. Imitaba muchas palabras, incluso cuando no era apropiado. Por ejemplo, cuando se le preguntaba por su nombre respondía «nombre». A veces repetía la pregunta completa: «¿Cómo te llamas?». Se trataba de un problema de control del estímulo, en el que las preguntas (los estímulos) evocaban respuestas de mímica en lugar de respuestas apropiadas.

Una estudiante universitaria, Verónica, enseñó a Peter a responder apropiadamente a la pregunta «¿cómo te llamas?» de la siguiente manera. Primero, encontró un reforzador efectivo. Como Peter ya trabajaba a cambio de fichas de plástico que podían canjearse por chucherías, caramelos y palomitas de maíz, Verónica decidió usar estas fichas como reforzadores.

Peter estaba sentado en una mesa pequeña en una habitación tranquila y Verónica se sentaba enfrente de él. En voz muy baja, Verónica le preguntaba: «¿cómo te llamas?». Entonces ella, antes de que Peter pudiera responder, gritaba: «¡PETER!». Por supuesto, el niño imitaba la palabra «Peter», y Verónica le reforzaba diciendo «Buen chico» y dándole una ficha. Cabría preguntarse si esto suponía un avance dado que el chico sólo imitaba a la estudiante. No obstante, tras varios ensayos, Verónica empezó a preguntarle a Peter su nombre en un volumen más alto, y a dar la respuesta sin gritar. En cada ensayo, continuó reforzando la respuesta correcta, «Peter». Finalmente, Verónica preguntaba en voz alta «¿cómo te llamas?» y simplemente movía la boca como si dijera «Peter». Sin embargo, el

[12] Este caso está adaptado de Martin, England, Kaprowy, Kilgour y Pilek (1968).

chico respondía correctamente. Tras varios ensayos, la estudiante dejó incluso de mover la boca y el pequeño seguía respondiendo correctamente con su nombre a la pregunta, «¿cómo te llamas?».

DESVANECIMIENTO

El **desvanecimiento** es el cambio gradual, tras sucesivos ensayos, del estímulo que controla una respuesta, de manera que finalmente, ésta sólo ocurre frente a un estímulo parcialmente modificado o totalmente nuevo (Deitz & Malone, 1985). En el caso descrito, al principio Peter sólo decía su nombre cuando lo oía. Mediante un proceso de desvanecimiento, el control sobre la respuesta «Peter» se transfirió poco a poco, desde el estímulo «Peter» hasta el estímulo «¿Cómo te llamas?». En este punto cabe preguntarse si Peter sabía que estaba diciendo su propio nombre, pero esta es una formulación vaga, así que intentaremos decirlo de forma más conductual. ¿Habría respondido Peter de forma consistente y correcta si le preguntara por su nombre de otra manera? Por ejemplo, al decirle delante de un espejo, «¿quién es ese?». Probablemente no. No obstante, entrenarle para contestar frente a «¿cómo te llamas?» era un punto de partida importante y apropiado para enseñarle a responder a preguntas que implicaran su nombre y a que llegara a saber que estaba diciendo cómo se llama.

El desvanecimiento está presente en situaciones cotidianas en que una persona enseña comportamientos a otra. Los padres y madres suelen «desvanecer» su ayuda al enseñar a los hijos a caminar o a montar en bicicleta. Un profesor de baile usará cada vez menos presión en la mano de un estudiante al mostrarle cómo dar pasos nuevos. Y a medida que la conducción del adolescente progresa, el profesor de autoescuela dará probablemente cada vez menos pistas verbales sobre las normas de circulación.

En cualquier situación en que un estímulo ejerza control sobre una respuesta, el desvanecimiento constituye un procedimiento muy útil para transferir el control de esa respuesta hacia otros estímulos. El descubrimiento y desarrollo de las técnicas de desvanecimiento han llevado a algunos cambios en la visión de los educadores sobre el proceso de aprendizaje. Hubo un tiempo en que se consideró que las personas tenían que equivocarse durante el aprendizaje para saber qué no hacer. No obstante, la transferencia de una discriminación pude producirse sin necesidad de errores, y tiene al menos tres ventajas sobre los procesos que implican ensayo y error. Primero, los errores consumen un valioso tiempo; segundo, si un error ocurre una vez, tiende a ocurrir más veces aunque se esté extinguiendo (recuérdese lo expuesto en el Capítulo 5 sobre extinción: «las cosas pueden ir peor antes de mejorar»); tercero, la falta de reforzamiento que ocurre mientras se extinguen los errores puede producir consecuencias emocionales secundarias como pataletas, conductas agresivas e intentos de escape de la situación.

Los procesos de desvanecimiento se usan en situaciones de aprendizaje en programas con personas con trastornos del desarrollo como el autismo y con niños muy pequeños. A modo de ilustración, si las profesoras quisieran enseñar a los niños a denominar la ropa –una camisa, por ejemplo– podrían proceder conforme a los pasos siguientes:

1. Apuntar a la propia camisa y decir «camisa». Repetir la secuencia hasta que el estudiante imite consistentemente «camisa» varias veces, y reforzar inmediatamente cada respuesta correcta. (Aquí se asume que los participantes son capaces de imitar esta palabra concreta. También se supone que han sido entrenados y pueden mirar hacia el objeto señalado).
2. Cuando el estudiante imite consistentemente «camisa», presentar el estímulo que queremos que controle la respuesta, y a la vez, desvanecerlo diciendo «camisa». Habría que decir por tanto, «¿Qué es esto? Camisa» mientras se señala la camisa y, como respuesta, el estudiante imitaría «camisa». Tras varios ensayos, gradualmente disminuir el volumen de la voz al decir «camisa» hasta no emitir sonido, de manera que el aprendiz responda diciendo «camisa» al estímulo de alguien apuntando a una camisa y preguntando «¿Qué es esto?». De nuevo, reforzar cada respuesta correcta.

El desvanecimiento se aplica también en la docencia de trazar, dibujar y copiar círculos, líneas, cuadrados, triángulos, números y letras del alfabeto. Para mostrar a los alumnos cómo trazar un círculo, el profesor podría empezar con una gran cantidad de folios con círculos hechos de puntos grandes en cada uno. A continuación, pondría el lápiz en la mano del estudiante y diría «dibuja un círculo», y entonces guiaría la mano infantil mientras dibuja el círculo uniendo los puntos. Inmediatamente después, por supuesto, el estudiante recibe refuerzo. Tras varios ensayos, el docente desvanece la presión de su mano como guía que controla el trazado del alumno de la siguiente forma:

1. Sosteniendo levemente la mano del estudiante en varios ensayos;
2. Tocando la punta de los dedos del estudiante;
3. Señalando al alumno el ítem que tiene que dibujar;
4. Al final, dando simplemente las instrucciones «dibuja el círculo» (los pasos 1, 2 y 3 se acompañan siempre de esta directriz).

Cuando ya sabe cómo unir puntos, el maestro podría enseñarle a dibujar o copiar mediante el desvanecimiento de los puntos que guían el trazado. Por ejemplo, el docente puede usar una hoja con varios círculos punteados. Los círculos se presentan conforme a una progresión, desde uno con muchos puntos hasta otro con pocos. Los monitores señalarían al primero de muchos puntos y daría la instrucción «traza el círculo aquí». La respuesta deseada se refuerza, y el procedimiento se repite para cada ejemplo. En los pasos sucesivos, los puntos pueden desvanecerse completamente para que el estudiante dibuje el círculo en ausencia de este apoyo. Será entonces simplemente cuestión de desvanecer la directriz «dibuja el círculo» hasta que se consolide la respuesta recién adquirida. En último término, la instrucción verbal del monitor «copia el círculo» mientras lo señala, será el estímulo introducido para controlar la respuesta. Enseñar al alumno a copiar diferentes figuras podría permitirle copiar otras con las cuales haya tenido poca experiencia.

DIMENSIONES DEL ESTÍMULO EN EL DESVANECIMIENTO

Como muestran los ejemplos presentados, el desvanecimiento se produce en las dimensiones del estímulo, como el volumen de la voz en la pregunta que Verónica le hacía a Peter, la presión de la mano del profesor que guiaba el dibujo del alumno, o la densidad de puntos para pintar el trazo. En general, una *dimensión* es cualquier característica que pueda ser medida en un continuo. Hasta aquí, se ha hablado del desvanecimiento en varias dimensiones de los estímulos, pero también se puede articular en cambios de una situación general o entorno. Por ejemplo, en el programa que uno de los autores aplicó para niños con autismo, se quería que respondieran apropiadamente en el entorno de un aula (Martin y cols., 1968). No obstante, eran muy revoltosos, especialmente en situaciones de grupo, y por este motivo, no se los pudo ubicar desde el principio en la clase. Se decidió entonces obtener la conducta deseada de cada participante por separado, y aplicar el desvanecimiento posteriormente en un aula.

Las sesiones iniciales de entrenamiento se llevaron a cabo en una habitación pequeña en que había varias sillas y pupitres. Dos o tres profesores (estudiantes de universidad) trabajaban individualmente con dos o tres alumnos cara a cara. Los procedimientos implicaban eliminar las pataletas mediante extinción y el reforzamiento de conductas como estar sentado y atento, conductas verbales apropiadas, dibujar, copiar y otras actividades deseables. El pupitre de cada alumno estaba puesto contra la pared de forma que les resultaba difícil abandonar la situación.

En una semana, los niños aprendieron a estar sentados tranquilos, a atender a la profesora, y a imitar palabras. El control del estímulo se estableció entre la situación general de entrenamiento y la atención de los niños. Pero la meta en ese momento era enseñarles a funcionar apropiadamente en un aula normalizada con un docente al frente de la clase. Si hubiéramos pasado inmediatamente a esta situación tras la primera semana, no habríamos observado más que falta de atención y muchas conductas problemáticas. Por esto, a lo largo de cuatro semanas se cambió gradualmente de una habitación pequeña con tres estudiantes y tres profesores a una clase de tamaño estándar con siete estudiantes y un profesor. Este desvanecimiento tuvo lugar en dos dimensiones del estímulo.

Una dimensión era la estructura física de la habitación, ya que trasladamos a los niños de la habitación pequeña a una clase normal. No obstante, lo hicimos colocando los tres pupitres contra la pared de la clase, tal y como habíamos hecho en el aula pequeña. También trasladamos las tres sillas en que se sentaban los profesores y, durante varios días, movimos paulatinamente los pupitres desde la pared hacia el centro del aula, hasta que finalmente, los tres pupitres estaban uno al lado del otro. Añadimos de uno en uno más pupitres y muebles, hasta que los alumnos estaban sentados en un aula con mobiliario escolar estandarizado.

La segunda dimensión era el número de niños por profesor. El desvanecimiento en esta dimensión se llevó a cabo en paralelo al anterior. Al principio, un profesor trabajaba con cada alumno en varias sesiones. El profesor pasaba entonces a trabajar con dos alumnos, alternando preguntas entre ellos durante otras tantas sesiones. De esta forma, la proporción de estudiantes por profesor se fue incrementando gradualmente hasta que sólo había un docente trabajando con siete alumnos en el aula.

FACTORES QUE INFLUYEN EN LA EFECTIVIDAD DEL DESVANECIMIENTO

1. Elección del estímulo final deseado

El *estímulo final deseado*, es decir, el que queremos que evoque o produzca la conducta al terminar el procedimiento de desvanecimiento, debería seleccionarse cuidadosamente. Es importante elegir el estímulo final de manera que la respuesta siga produciéndose frente a él en el entorno natural. Algunos programas de desvanecimiento cometen el error de concluir con un estímulo que no incluye algún aspecto de la situación que los participantes encontrarán en el ambiente cotidiano. En el caso de Peter, Verónica podría haber detenido el entrenamiento en el penúltimo paso, cuando preguntaba en voy muy alta «¿Cómo te llamas?» y hacía gestos con la boca como si dijera «Peter». No obstante, cuando otras personas de su entorno se acercaran al niño y le preguntaran «¿Cómo te llamas?» no harían el gesto con la boca. Por esto, la monitora llevó a cabo el último paso del programa en que Peter respondía correctamente a la pregunta él solo.

2. Elección del estímulo inicial: una señal

Al principio de un programa de desvanecimiento, es importante seleccionar un estímulo inicial que evoque con seguridad la conducta deseada. En la tarea de enseñar a Peter su nombre, Verónica sabía que el niño imitaría la última palabra de la pregunta si se la decía en voz muy alta. Por esto, el estímulo inicial era la pregunta «¿cómo te llamas?», dicha suavemente y seguida rápidamente por la palabra «Peter» en voz muy alta. La palabra «¡Peter!» en voz muy alta «instaría» al pequeño a dar la respuesta correcta. Un **estímulo instigador** (como decir «Peter») se introduce inicialmente para incrementar la probabilidad de la conducta deseada, pero no es el estímulo final que se persigue para controlar esa conducta.

Las conductas de los profesores como estímulos instigadores: es útil distinguir entre varios tipos de conductas de profesores que servirían como señales o instigadores. Los *estímulos instigadores físicos* (también denominados *guías físicas*) que los docentes aplican cuando guían mediante contacto físico a los alumnos (véase **Nota 1**). Padres y madres usan con frecuencia guías físicas para ayudar a los hijos, al cogerles de la mano cuando les enseñan a caminar. Otros ejemplos serían los aprendices de baile, practicantes de artes marciales o jugadores de golf noveles, que suelen encontrar una mano que ayuda. Los *instigadores gestuales* son determinados movimientos que los profesores hacen, como señalar la respuesta correcta o hacer movimientos dirigidos al aprendiz sin tocarlo. Una maestra podría, por ejemplo, ponerse un dedo sobre los labios como señal (instigador) para que los lectores estén callados en la biblioteca, o extender su mano con la palma hacia fuera para señalar o instigar a que caminen despacio por el pasillo. Los *instigadores de modelado* ocurren cuando los docentes muestran la conducta correcta (el modelado se analiza más adelante en el Capítulo 18). Una entrenadora de natación podría servir de modelo de los movimientos correctos de los brazos para los nadadores más jóvenes. Un instructor de golf serviría de modelo de la postura para agarrar un palo de golf frente al grupo de jugadores inexpertos. Los *instigadores verbales* son claves verbales como las que emplean los monitores de autoescuela cuando avisan a los conductores novatos, (por ejemplo, «antes de salir del aparcamiento, asegúrate de que no vienen coches»), o las que emplean los progenitores mientras enseñan a sus hijos a vestirse solos (por ejemplo, «ponte la camiseta por la cabeza»).

Alteraciones ambientales como instigadores: los *instigadores ambientales* consisten en alterar aspectos del entorno físico para evocar la conducta deseada. Alguien que intenta comer saludablemente podría poner un cuenco de fruta fresca al alcance de la mano, mientras mantiene las chucherías en un estante de difícil acceso. Algo parecido sucede cuando los universitarios intentan que su habitación de estudio contenga únicamente material de estudio.

Instigadores intra-estimulares y extra-estimulares: las señales de los profesores y los instigadores ambientales pueden ser a su vez subdivididos en internos y externos al estímulo. Un *instigador externo* es algo que se añade al entorno para hacer más probable la respuesta correcta. Supongamos que una madre quiere enseñar a su hija a colocar correctamente los cubiertos en la mesa. Una opción podría ser que le indicara el lugar apropiado de cada cubierto a la vez que dice el nombre y lo coloca. Apuntar con el dedo sería una señal adicional, externa al estímulo, que emplearía inicialmente y se desvanecería tras varios ensayos. O bien, la madre podría dibujar un tenedor, un cuchillo y una cuchara en la posición adecuada sobre un mantel, y pedir a la hija que colocara los cubiertos sobre las siluetas correctamente. Los dibujos serían una señal ambiental externa al estímulo, y podrían ser eliminados gradualmente tras varios ensayos. Un *instigador intra-estimular* es una alteración de las características del estímulo discriminativo o del estímulo delta para hacerlos más llamativos y así, más fácilmente discriminables. En el ejemplo de cómo poner la mesa, el entrenamiento podría comenzar con un tenedor y un cuchillo normales en sus posiciones correctas, y una gran cuchara de madera como elemento de práctica. Este rasgo supondría emplear un instigador ambiental interno al estímulo para alcanzar el objetivo inicial de enseñar a la pequeña a colocar la cuchara en su posición correcta. Tras varios ensayos, el tamaño de la cuchara podría desvanecerse hasta emplear una normal. La madre repetiría la secuencia con el cuchillo y el tenedor hasta que la niña pusiera la mesa correctamente. Un instigador intra-estimular podría implicar también la conducta de una profesora que estuviera intentando enseñar a responder apropiadamente a dos palabras que suenan de forma similar, como lápiz y lapicero (las dos incluyen la parte lápiz). La docente podría empezar exagerando las diferencias entre los sonidos de las palabras cuando preguntara por uno u otro, y luego desvanecer gradualmente los sonidos hasta un volumen y tono normales. La Tabla 9-1 expone un listado con los tipos de señales e instigadores. Varios estudios indican que en poblaciones con trastornos del desarrollo y autismo, el desvanecimiento de las señales intra-estimulares es más efectivo que el desvanecimiento de señales extra-estimulares (Schreibman, 1975; Witt & Wacker, 1981; Wolfe & Cuvo, 1978).

Tabla 9-1. Tipos de señales instigadoras

Estímulos instigadores en la conducta de los profesores
Guía física – ayudar físicamente a los aprendices
Gestos – señalar o seguir
Modelado – mostrar la conducta correcta
Verbal – palabras como pistas o claves, instrucciones
Estímulos instigadores ambientales
Ambientales – predistribuir el entorno físico
Instigadores Extra-estimulares e Intra-estimulares
Extra-estimular – añadir otro estímulo para hacer más probable la respuesta correcta
Intra-estimular – hacer más notoria y fácil la discriminación del estímulo discriminativo o el estímulo delta

Los modificadores de conducta pueden proporcionar alguno o todos los tipos de señales para asegurar la respuesta correcta. Supongamos que una profesora desea desarrollar un control apropiado del estímulo mediante la directriz «tócate la cabeza», para que el estudiante responda tocándose la cabeza. La profesora podría iniciar el entrenamiento diciendo «tócate la cabeza. Levanta la mano y póntela en la cabeza así», mientras se toca su propia cabeza. En este ejemplo «levanta la mano y póntela en la cabeza así» es una señal verbal y la acción de la profesora poniéndose la mano sobre la cabeza sería una señal de modelado. La docente aplica varios tipos de señales conjuntamente para aumentar la probabilidad de que se produzca la respuesta deseada, minimizar el número de errores y maximizar el éxito del programa de desvanecimiento.

3. Elección de los pasos del desvanecimiento

Cuando la respuesta deseada ocurre de manera estable frente a la señal presentada al principio del entrenamiento, se puede eliminar gradualmente tras varios ensayos (véase **Nota 2**). Los pasos que hay que seguir para eliminar las señales deben elegirse con cautela. Lamentablemente, como sucede con el moldeado (véase Capítulo 10), el uso efectivo del desvanecimiento es todo un arte. Es muy importante seguir de cerca el rendimiento del estudiante para determinar la velocidad a la que conviene llevar a cabo el desvanecimiento, ya que no debe ser ni demasiado rápido, ni demasiado lento. Si el estudiante empieza a cometer errores, será porque las señales se han desvanecido muy pronto o mediante muy pocos pasos. Es necesario entonces retroceder hasta el punto en que la conducta estaba bien establecida antes de continuar con el desvanecimiento. No obstante, si se introducen demasiados pasos o demasiadas señales en los ensayos, el alumno podría hacerse demasiado dependiente de las claves. Volvamos al ejemplo de enseñar a un niño a tocarse la cabeza cuando se le pide que lo haga. Si la profesora dedica muchos ensayos a proporcionar la señal de tocarse su propia cabeza, el niño dependería de este gesto y atendería mucho menos a la instrucción: «tócate la cabeza».

POSIBLES OBSTÁCULOS EN EL DESVANECIMIENTO

Al igual que sucede en otros principios y procedimientos de modificación de conducta, el desvanecimiento puede ser aplicado inconscientemente por quienes no están familiarizados con él. Sin embargo, parece más difícil usar incorrectamente el desvanecimiento inadvertidamente porque el cambio gradual necesario ocurre raras veces por casualidad.

El caso del niño que se golpeaba la cabeza contra las paredes (descrito en el Capítulo 8) podría interpretarse como ejemplo de los efectos del uso incorrecto del desvanecimiento. En el Capítulo 10 se señala que el moldeamiento podría provocar un comportamiento semejante, pero el desvanecimiento también es adecuado como explicación alternativa. Supongamos que el niño empezó llamando la atención golpeándose la cabeza contra superficies blandas, como el césped. Al principio esta acción provocaba que los adultos vinieran corriendo para ver si se había hecho daño, pero cuando se dieron cuenta de que no se hacía daño en absoluto, dejaron de prestarle atención. El chico pasó entonces a golpear la cabeza con la misma fuerza contra superficies un poco más duras, como un suelo enmoquetado, lo cual atrajo nuevamente de momento la atención de los adultos, que volvió a disminuir en cuanto se percataron de que no se hacía daño. Sólo cuando el niño pasó a golpearse la cabeza con superficies duras como paredes o incluso cemento, con lo que se autolesionaba seriamente, los adultos se mantuvieron permanentemente atentos. Nótese que en este ejemplo se produce un cambio gradual en el estímulo (el tipo de superficie) que evocaba la conducta no deseada; hasta que finalmente, la conducta inadaptativa se genera frente a los estímulos más perjudiciales. Así, este ejemplo encaja perfectamente con la definición técnica de desvanecimiento.

PAUTAS PARA UNA APLICACIÓN EFECTIVA DEL DESVANECIMIENTO

1. *Elegir el estímulo final deseado*. Especificar claramente el estímulo en presencia del cual la conducta objetivo debería ocurrir al terminar la intervención.

2. *Elegir un reforzador apropiado* (véase Capítulo 3).

3. *Elegir el estímulo inicial y los pasos del desvanecimiento*

- **a.** Especificar pormenorizadamente las condiciones bajo las que ocurre actualmente la conducta deseada; es decir, qué personas, palabras, guías físicas, etc., son necesarias en el presente para evocar la conducta buscada.
- **b.** Especificar señales concretas que evocarán la conducta deseada.
- **c.** Especificar claramente las dimensiones (color, personas, tamaño de la habitación) que se desvanecerán para llegar a configurar el estímulo de control pertinente.
- **d.** Destacar los pasos específicos que se van a seguir y los criterios para avanzar hacia el siguiente.

4. *Poner el plan en marcha*

- **a.** Presentar el estímulo inicial y reforzar la conducta correcta.

b. A lo largo de los ensayos, las claves se van desvaneciendo progresivamente, de la manera más gradual posible, para minimizar la comisión de errores. No obstante, si ocurre un error, retroceder al paso previo durante varios ensayos y proporcionar señales adicionales.

c. Cuando se ha conseguido establecer el control previsto de los estímulos sobre la actividad, revisar las pautas en los capítulos previos para independizar a los alumnos del programa (un tema que se aborda con más detalle en el Capítulo 16).

PREGUNTAS DE REPASO

1. Defina el desvanecimiento y presente un ejemplo.
2. ¿Por qué es ventajoso establecer un control de los estímulos sobre el comportamiento sin errores?
3. Identifique tres dimensiones de los estímulos en las que ocurrió el desvanecimiento en el ejemplo de Peter, comentado en las dos primeras secciones de este capítulo.
4. Describa un ejemplo de este capítulo en que la situación de entrenamiento se mantuvo constante excepto por lo que respecta al desvanecimiento de una dimensión del estímulo.
5. Comente un ejemplo de este capítulo en que la situación de entrenamiento fue desvanecida.
6. Analice cómo podría usar el desvanecimiento para enseñar a su mascota a hacer un truco.
7. Imagine que tiene un bebé de dieciocho meses que imita la palabra «patata». Describa en detalle cómo podría usar el desvanecimiento para enseñarle a identificar correctamente una patata, señalándola a la vez que le pregunta, «¿Qué es eso?».
8. ¿A qué nos referimos con estímulo final deseado? Exponga un ejemplo.
9. ¿A qué nos referimos con estímulo inicial? Comente un ejemplo.
10. Defina el término señal o estímulo instigador. Describa un ejemplo que no hayamos incluido en el texto.
11. Exponga los cuatro tipos principales de instigadores presentes en la conducta de los profesores. Aporte un ejemplo de cada tipo.
12. Defina el término instigador ambiental, y describa un ejemplo distinto a los comentados en el texto.
13. Defina el término instigador intra-estimular, y describa un ejemplo que no esté en el texto. ¿Implica su ejemplo un instigador conductual de la profesora o un instigador ambiental?
14. Defina el término instigador extra-estimular, y describa un ejemplo que no esté en el texto. ¿Implica su ejemplo un instigador conductual de la profesora o un instigador ambiental?
15. ¿Cuántos ensayos reforzados convendría incluir en un paso del procedimiento de desvanecimiento antes de avanzar y alterar los estímulos concretos de esa fase? (Pista: ¿qué sugerencias se hicieron en los ejemplos de este capítulo?)

EJERCICIOS DE APLICACIÓN

A. Ejercicios que implican a otras personas

1. Supongamos que un niño de dos ó tres años ha llegado a la etapa en que empieza a poder alejarse del patio de casa. El niño ya ha aprendido a hablar un poco y le gustaría enseñarle a responder a la pregunta «¿dónde vives?». Diseñe un programa de desvanecimiento con el que aprenda a responder a esta pregunta; indique qué emplearía como

reforzador, el número de ensayos que tendría en cada paso y demás detalles pertinentes.

2. Asumamos que tiene que enseñar a comer con cuchara a una chica con un trastorno severo del desarrollo, o a una niña sin trastornos muy pequeña. Enumere y describa las categorías de estímulos instigadores que emplearía. Describa cómo aplicaría la técnica de desvanecimiento a cada uno de los instigadores.

B. Ejercicio de auto-modificación

Supongamos que detesta ciertos vegetales de la familia de los repollos, como el brócoli, pero algunos estudios de investigación le han convencido de que reducen las posibilidades de enfermedades coronarias y cáncer. Diseñe un programa de desvanecimiento que podría usar para incrementar la cantidad de brócoli (y otros vegetales similares) que come. (Pista: su programa no debería, al menos a largo plazo, aumentar la ingesta de grasa, pues se frustraría su propósito).

NOTAS DE AMPLIACIÓN SOBRE EL TEMA

1. El uso de guías físicas nos alerta sobre un potencial problema ético. Supongamos que, en un programa con personas con trastornos del desarrollo, un profesor decide usar guías físicas y un cliente se resiste a ser guiado. La guía física en estas circunstancias podría interpretarse como una intrusión o restricción. Sin embargo, como se indica en la discusión de las pautas éticas en el Capítulo 30, existe cierto consenso y siempre que sea posible, los modificadores de conducta deben aplicar la intervención menos invasiva y restrictiva. Por este motivo, el profesor que empleara guía física en este caso, tendría que asegurarse de que al hacerlo cumple con las directrices profesionales éticas. Comentaremos más detenidamente este aspecto en el Capítulo 30.

2. Existen cuatro métodos para eliminar las señales gradualmente: (a) reducir la ayuda; (b) incrementar la ayuda; (c) guía gradual; y (d) demora. Reducir la ayuda, es el método que se ilustra en todos los ejemplos de este capítulo y consiste en eliminar o modificar gradualmente el estímulo inicial que evoca la respuesta, hasta conseguir que sea el estímulo deseado el que la genere. Aumentar la ayuda es la aproximación opuesta. La profesora empieza con el estímulo deseado final e introduce instigadores sólo si el estudiante falla y no responde apropiadamente frente a él. El nivel de los instigadores se incrementa gradualmente durante hasta que la respuesta buscada se genera frente a ellos. La guía gradual es parecida al método de disminución de la ayuda, excepto por el hecho de que la guía física del profesor se ajusta gradualmente siempre que sea necesario dentro de un ensayo, y luego se va desvaneciendo a través de los ensayos. Por ejemplo, la maestra podría coger firmemente la mano del alumno al principio de un ensayo y reducir gradualmente la presión a medida que avanza el ensayo. Con la demora, el estímulo final deseado y el estímulo inicial se presentan juntos al principio; después, en lugar de cambiar el estímulo inicial, se va aumentando paulatinamente el intervalo de tiempo entre el estímulo final deseado y el estímulo inicial, hasta que la persona termina por responder sólo al estímulo final deseado. Muchos estudios indican que hay muy poca o ninguna diferencia en la efectividad derivada de los distintos métodos de eliminación de la señal (véase Demchak, 1990, para una revisión).

Preguntas sobre las notas

1. Describa un ejemplo plausible en el que el uso de guía física en un programa de instrucción pueda requerir una aprobación ética. ¿Por qué es necesaria esta aprobación ética?

2. ¿Cuál de los procedimientos de eliminación de la señal encaja en la definición del desvanecimiento ofrecida al principio de este capítulo?, ¿y cuáles no? Explique las razones.

10

Conseguir que se produzca un comportamiento novedoso: una aplicación del moldeado

«Frank, ¿has ido a correr hoy?»

MEJORAR LA FORMA FÍSICA DE FRANK[13]

Después de jubilarse anticipadamente con 55 años, Frank decidió hacer algunos cambios en su vida, pero no sabía por dónde empezar. Como era consciente de que tenía que modificar algunos hábitos bien establecidos, primeramente se matriculó en un curso de modificación de conducta en una escuela universitaria y a continuación, siguiendo el consejo del médico, decidió empezar a hacer ejercicio regularmente. Frank había practicado el «sillón-bol» durante toda su vida. Por lo general, solía volver del trabajo, abrir una lata de cerveza y sentarse delante del televisor. Cuando empezó el programa de ejercicio, prometió a su mujer que iba a correr medio kilómetro todos los días, pero tras un par de intentos fallidos, volvió a la rutina el sofá. Quizá había creído que conseguiría demasiado en muy poco tiempo, así que tomó la decisión de intentar un procedimiento denominado moldeado que había estudiado en el curso de modificación de conducta. A continuación, presentamos las tres fases que resumen el procedimiento:

1. Especificar la conducta final deseada. El objetivo de Frank era correr medio kilómetro al día, sin embargo inicialmente, para un sedentario crónico, esto es demasiado.
2. Identificar una respuesta que pueda servir de punto de partida para la consecución de la conducta final deseada. Frank decidió que, como mínimo, todos los días se calzaría las zapatillas de deporte y daría una vuelta a la casa caminando (aproximadamente 30 metros). Aunque le faltaba mucho para llegar a los 500 metros diarios, al menos estaba empezando.
3. Reforzar la respuesta elegida como punto de partida para, posteriormente, ir realizando aproximaciones sucesivas, hasta llegar a la respuesta final desea-

[13] Este caso está basado en otro descrito por Watson y Tharp (1997).

da. Frank decidió que tomarse una cerveza iba a ser el reforzador. Explicó el plan a su mujer y le pidió que le recordara que, antes de tomarse la cerveza, tenía que haber terminado de hacer ejercicio. Tras haber logrado este primer objetivo durante varias tardes consecutivas, duplicó el requisito par tener que dar dos vueltas a la casa (aproximadamente 60 metros). Pocos días después, aumentó la distancia a cuatro vueltas (unos 120 metros) y seis vueltas (unos 180 metros) y así sucesivamente hasta que la distancia recorrida era aproximadamente 500 metros, que posteriormente llegó a correr. Mediante el refuerzo sucesivo de las aproximaciones al objetivo, llegó un punto en que Frank corría medio kilómetro diariamente. En el Capítulo 26, comentaremos en más detalle la aplicación de las técnicas de modificación de conducta para mejorar el auto-control.

MOLDEADO

En los capítulos anteriores hemos descrito cómo el entrenamiento en la discriminación del estímulo y el desvanecimiento podrían emplearse para establecer un control adecuado de los estímulos sobre la conducta, siempre que ésta se produzca al menos alguna vez pero, ¿qué se puede hacer cuando ésta no aparece nunca? Puesto que la conducta tiene una probabilidad nula de aparición, no es posible incrementar su frecuencia simplemente esperando a que suceda para entonces reforzarla. Es entonces cuando se aplica el procedimiento denominado moldeado, que ayuda a establecer comportamientos que la persona nunca realiza. Para ello, los profesionales comienzan reforzando una respuesta que aparece con una frecuencia superior a cero y que se parece, al menos vagamente, a la respuesta final deseada. Por ejemplo, inicialmente Frank recibía el refuerzo por dar una vuelta alrededor de su casa, porque esa conducta sucedía ocasionalmente y era similar en parte al comportamiento de correr 500 metros. Cuando esta repuesta inicial aparece con mucha frecuencia, se deja de reforzar y se empieza entonces a reforzar una conducta más cercana a la respuesta final deseada. De este modo, el comportamiento último se configura paulatinamente mediante el refuerzo de aproximaciones sucesivas y por ello, el moldeado se denomina a veces «el método de aproximaciones sucesivas». El moldeado se define como el desarrollo de una nueva conducta mediante el refuerzo sucesivo de aproximaciones a esa conducta y la extinción de esas mismas aproximaciones a medida que se va configurando el comportamiento final deseado.

Los comportamientos que vamos adquiriendo lo largo de su vida se desarrollan a partir de diversas fuentes e influencias. A veces surgen porque generamos alguna acción inicial y el entorno, físico o social, refuerza pequeñas variantes de la misma durante varios ensayos, con lo que al final, la conducta última moldeada ha dejado de parecerse al punto de partida inicial. Por ejemplo, muchos progenitores intentan usar el moldeado para enseñar a hablar a sus hijos. Cuando los bebés empiezan a balbucear, emiten sonidos remotamente semejantes a algunas palabras propias del idioma y es entonces cuando madres y padres refuerzan las emisiones con abrazos, caricias, besos y sonrisas. Por lo general, todos los sonidos que parecen indicar las palabras «ma-má» y «pa-pá» reciben una dosis excepcional de refuerzo. Posteriormente, estas palabras aparecen y son extraordinariamente reforzadas, en tanto que los sonidos previos, sólo parecidos a «ma» y «pa» son sometidos a extinción. Finalmente, los niños reciben refuerzos al emitir correctamente «mamá» y «papá» y las aproximaciones previas más titubeantes son extinguidas.

El mismo proceso se repite con otras palabras. En primer lugar, los niños reciben refuerzos cuando emiten aproximaciones muy alejadas de algunas palabras del idioma del entorno, para pasar a continuación a una fase de «habla infantil», en que el refuerzo sigue a aproximaciones ya más cercanas a palabras reales. Por último, las personas del entorno demandan de los niños que pronuncien las palabras conforme a la práctica habitual del grupo social antes de otorgarles el refuerzo. Por ejemplo, cuando los bebés piden «ag», se les da un vaso de agua, con lo que si tienen sed, la respuesta es reforzada; posteriormente, tendrán que decir «aga» y no «ag» para obtener el agua y finalmente, tendrán que pedir «agua» antes lograr este reforzador.

Por supuesto, esta explicación simplifica excesivamente el aprendizaje infantil del lenguaje, pero nos sirve para ilustrar la importancia del moldeado en el progreso paulatino que se produce desde el balbuceo hasta el habla y, en último término, el lenguaje generado conforme a las convenciones sociales pertinentes. Otros procesos que también juegan un papel importante en la adquisición del lenguaje son el refuerzo automático, expuesto en el Capítulo 4, la equivalencia del estímulo, presentado en el Capítulo 8, y el desvanecimiento, descrito en el Capítulo 9.

Existen cinco aspectos o dimensiones del comportamiento sensibles al moldeado: topografía, frecuencia, duración, latencia, e intensidad o fuerza. La topografía hace referencia a la configuración espacial o forma de una respuesta concreta; es decir, los movimientos específicos implicados en su generación. Por ejemplo, escribir una palabra con mayúsculas o con minúsculas son dos muestras de la misma respuesta con topografías diferentes. Otros ejemplos de moldeado de la topografía se producen cuando se enseña a los niños a dejar de escribir en letras mayúsculas para hacerlo en minúsculas, cuando se moldea su lenguaje para que digan «mamá» en vez de «ma-ma», cuando aprenden a patinar sobre hielo con grandes zancadas en vez de pasos cortos, o cuando se modifican los movimientos de los dedos para comer con palillos. Uno de los primeros estudios sobre el moldeado de la topografía estuvo dirigido a enseñar a un niño a llevar gafas mediante el refuerzo de las aproximaciones sucesivas consistentes en tocarlas, cogerlas, llevárselas a la cara y por último, ponérselas (Wolf, Risley & Mees, 1964).

Se suele denominar frecuencia o duración de un comportamiento a su cuantía. La frecuencia de una conducta es la cantidad de veces que ocurre dentro de un periodo de tiempo determinado. Los ejemplos de moldeado de frecuencia incluyen el incremento en el número de pasos o distancia que Frank recorría en el programa de ejercicio físico o el aumento del número de veces que un jugador de golf practica un golpe determinado. El moldeado también permite reducir la frecuencia de una conducta, como sucedió en la intervención diseñada para que un paciente con esclerosis múltiple aumentara gradualmente el tiempo transcurrido, y por tanto redujera la frecuencia, de las visitas al baño (O'Neill & Gardner, 1983). La duración de una respuesta es la cantidad de tiempo de permanencia de la misma. Los ejemplos de moldeado de la duración incluyen el alargamiento gradual del periodo de estudio antes de hacer un descanso, o el ajuste del tiempo dedicado a batir la mezcla hasta lograr la consistencia idónea para los pasteles.

La latencia hace referencia al tiempo que transcurre entre la aparición de un estímulo y el inicio de una respuesta, y por ello también se denomina habitualmente tiempo de reacción. Por ejemplo, en un concurso de televisión, la latencia es el tiempo que tardan los concursantes desde que terminan de oír la pregunta, hasta que pulsan el botón para elegir la respuesta. En una carrera, la latencia es el tiempo que transcurre desde el disparo de la pistola, hasta que los corredores empiezan a correr y, en este caso, el moldeado de la latencia logra que los atletas reaccionen más rápidamente ante el sonido del disparo de salida.

La intensidad o fuerza de una respuesta hace referencia literalmente al efecto físico que la respuesta produce o podría producir en el entorno. Como ejemplo de moldeado de fuerza, imaginemos un joven granjero cuyo trabajo consiste en sacar agua de un pozo utilizando una vieja bomba de mano. Cuando se instaló, la bomba estaba recién engrasada, con lo que había que ejercer poca presión para subir y bajar la palanca con facilidad. Sin embargo, supongamos que la bomba se ha oxidado debido a la falta de un engrase regular. Es probable que el joven aplique a diario más o menos la misma fuerza, pero cuando el esfuerzo no está reforzado por la extracción de agua, debido al incremento diario del óxido acumulado, seguramente aplicará un poco más de presión para obtener el agua. Durante varios meses, el comportamiento del joven se habrá ido moldeando, de manera que al cabo del tiempo aplicará muchísima presión en cuanto empieza a trabajar, lo cual implica una conducta final muy diferente al comportamiento inicial, que consistía en mover suavemente la manivela de la bomba. Otros ejemplos del moldeado de la intensidad son aprender a dar la mano con más firmeza o a rascarse con fuerza suficiente para aliviar el picor sin dañar la piel.

El moldeado de la intensidad fue el método elegido en la intervención diseñada por Jackson y Wallace (1974) para enseñar a una niña a aumentar el tono de voz hasta alcanzar un nivel audible y mejorar así su situación de aislamiento social. La Tabla 10-1 presenta un resumen de las dimensiones moldeables del comportamiento.

Tabla 10-1. Dimensiones moldeables del comportamiento

Dimensión	Definición	Ejemplo
Topografía (forma)	Movimientos físicos implicados en el comportamiento	Posición del brazo durante un saque en tenis
Cantidad: frecuencia	Cuántas veces se produce el comportamiento en un periodo de tiempo determinado	Cantidad de platos fregados en 5 minutos
Cantidad: duración	Periodo de tiempo continuo durante el que se mantiene la conducta	Tiempo pedaleando en el agua
Latencia	Espacio temporal entre el estimulo controlador y la aparición de la respuesta	Tiempo transcurrido entre la pregunta, «¿qué hora es?» y la respuesta de mirar al reloj
Intensidad (fuerza)	Cantidad de energía empleada en la respuesta	Fuerza del puñetazo en boxeo

El moldeado es tan común en la vida cotidiana que la mayoría de las veces no somos conscientes de ello (véase **Nota 1**). El proceso de moldeado se aplica de modo sistemático, como en el caso de Frank, de manera un tanto anárquica, como cuando padres y madres moldean la pronunciación infantil de las palabras, y a veces se produce naturalmente a partir de consecuencias ambientales, como al perfeccionar paulatinamente el método para dar vuelta a las tortillas.

No debemos confundir moldeado con desvanecimiento, a pesar de que ambos procedimientos implican cambios graduales. Como vimos en el Capítulo 9, el desvanecimiento conlleva el refuerzo de una respuesta específica en presencia de pequeños cambios en el estímulo, de manera que gradualmente se vaya pareciendo a aquel que queremos que controle esa respuesta. Por otra parte, el moldeado incorpora el refuerzo de ligeras variaciones de una conducta que gradualmente se va pareciendo a la conducta objetivo. Por tanto, *el desvanecimiento implica el cambio paulatino de un estímulo, mientras la respuesta permanece estable; en tanto que el moldeado implica el cambio paulatino de la respuesta, mientras el estímulo permanece estable.*

FACTORES QUE INFLUYEN EN LA EFICACIA DEL MOLDEADO

1. Especificar la conducta final deseada

El primer paso en el proceso de moldeado es identificar claramente el objetivo o la conducta final que se desea. En el caso de Frank, la conducta final era correr diariamente medio kilómetro. Con una definición tan específica, es muy difícil que él mismo o su esposa hubieran generado expectativas diferentes respecto de cual debía ser el rendimiento a alcanzar. Si hay distintas personas implicadas en el proceso y cada cual espera distintos logros, o si no se mantienen los objetivos a lo largo de las distintas sesiones de entrenamiento, es probable que no se logren los avances deseados. Una definición precisa de la conducta final deseada aumenta la probabilidad de ir reforzando de forma estable las aproximaciones sucesivas a ese objetivo. Hay que explicitar la conducta final de tal manera que todas las características pertinentes (su topografía, cantidad, latencia e intensidad) queden identificadas. Además, habría que detallar las condiciones necesarias para que la conducta se produzca o no se produzca y cualquier otra directriz que se considere pertinente para lograr su estabilidad.

2. Elegir un comportamiento como punto de partida

Puesto que el objetivo, es decir, la conducta final deseada no se produce inicialmente, y puesto que hay que reforzar algún comportamiento que se le vaya aproximando, es necesario establecer un punto de partida. Este pudiera ser cualquier comportamiento, parecido al deseado, que se produjera con la frecuencia suficiente como para ser reforzado durante la duración de la sesión. Por ejemplo, la conducta de Frank de dar una vuelta alrededor de la casa (aproximadamente 60 metros) es algo que hace habitualmente y por tanto, es la mejor aproximación cotidiana al objetivo final de correr medio kilómetro al día.

En un programa de moldeado, no sólo es importante conocer el objetivo (la conducta final), sino también el nivel de rendimiento actual de los participantes. El propósito del programa es llegar de un extremo a otro mediante el refuerzo sucesivo de las aproximaciones desde el punto de partida al comportamiento final deseado, aunque aparentemente medie una distancia grande entre ambos. Por ejemplo, en un estudio clásico, Isaacs, Thomas y Goldiamond (1960) aplicaron la técnica del moldeado para recuperar el habla de un hombre con diagnóstico de esquizofrenia catatónica que había permanecido mudo durante diecinueve años. Utilizando el chicle como reforzador, los experimentadores lograron que el paciente avanzara a través de fases sucesivas de moldeado que comenzaron con los movimientos oculares hacia el chicle, movimiento de la cara, de la boca, de los labios, vocalizaciones, emisión de palabras y, finalmente, de lenguaje hablado comprensible.

3. Elegir los pasos a seguir en el moldeado

Antes de empezar cualquier programa de moldeado, es conveniente especificar las aproximaciones sucesivas que tendrá que realizar la persona que intenta acercarse al comportamiento final. Por ejemplo, supongamos que el objetivo deseado en un programa de moldeado para una niña es que diga, «papá» y que ya hemos determinado que logra decir «pa», por lo que hemos adoptado esta verbalización como punto de partida. Imaginemos que los pasos a seguir a partir de la verbalización inicial «pa» van a ser los siguientes: «pa-pa», «pap», «pap-aa» y «papá». Para empezar, se refuerza varias veces la verbalización inicial («pa»); cuando ésta ya se produce repetidamente, se pasa a la segunda fase («pa-pa») y se refuerza esta aproximación durante varios ensayos. El mismo procedimiento se sigue paso a paso hasta que la niña finalmente dice «papá».

Podríamos plantearnos cuántas aproximaciones sucesivas hay que considerar, es decir, qué «tamaño» ha de tener cada fase, pero lamentablemente no existen directrices específicas que identifiquen la cuantía adecuada del cambio en cada modificación sucesiva. A la hora de intentar calibrar los pasos comportamentales que se seguirán desde la conducta de partida hasta la final, los profesionales podrían intentar imaginarse a si mismos en la situación u observar a personas que hayan aprendido a ejecutar la conducta deseada mientras se les pide que vuelvan a realizar la conducta inicial y las aproximaciones posteriores (véase **Nota 2**). Cualquiera que sea la pauta o los supuestos que se adopten, es importante mantenerlos, a la vez que ser flexible tanto si la persona implicada no avanza a la velocidad esperada, como si lo hace demasiado deprisa. En la siguiente sección presentaremos algunas directrices para avanzar adecuadamente en los programas de este tipo.

4. Progresar a un ritmo adecuado

Es probable que nos planteemos cuántas veces habrá que reforzar cada aproximación antes de pasar a la siguiente fase, y aunque no hay pautas que respondan certeramente a esta cuestión, sí contamos con algunos principios prácticos aplicables para la obtención de la respuesta final deseada:

a. Hay que reforzar una aproximación varias veces antes de pasar a la siguiente fase; es decir, hay que evitar no haber reforzado suficientemente cada una de las fases del moldeado. Intentar avanzar antes de que el comportamiento previo esté bien establecido podría dar lugar a que perdiéramos la aproximación anterior, debido a un proceso de extinción, y no lográramos la siguiente.

b. Hay que evitar reforzar demasiadas veces cualquiera de las fases del moldeado. Si en el punto anterior advertíamos cautela frente a los avances demasiado rápidos, aquí indicamos que también es importante no avanzar tan lentamente que, al reforzar repetidamente determinado comportamiento, este se fortalezca tanto que haga menos probable la aparición de comportamientos más avanzados.

c. Si pierde una conducta por haber avanzado demasiado deprisa o haber establecido un cambio demasiado grande, vuelva a una fase anterior en que pueda retomar la conducta mediante una aproximación previa.

Quizá estas directrices no parezcan muy útiles porque, por un lado, se aconseja no ir demasiado deprisa al pasar de una aproximación a la siguiente y, por otra parte, se aconseja lo contrario al decir que tampoco hay que ir demasiado despacio. Por supuesto, estas pautas serían mucho más útiles si las acompañáramos de una fórmula matemática que permitiera calcular el tamaño exacto de las fases que hay que contemplar en cada situación y la cantidad exacta de reforzadores que hay que administrar en cada fase. No obstante, como los experimentos que aportarían esta información no se han llevado a cabo, los instructores tendrán que observar atentamente los comportamientos y estar preparados para hacer cambios sobre la marcha en la velocidad del procedimiento, ya sea acelerándola o ralentizándola, y a su magnitud, hasta volver atrás, si fuera necesario, porque la conducta no está progresando adecuadamente. La práctica idónea de la técnica del moldeado requiere mucha experiencia y destreza de parte de quienes la aplican.

ERRORES EN LA PRÁCTICA DEL MOLDEADO

Como sucede con cualquier otro principio o procedimiento de modificación de conducta, el moldeado podría ser aplicado inadecuadamente por personas que no poseen el conocimiento suficiente al respecto. La Figura 10-1 muestra un ejemplo de una conducta peligrosa que no se hubiera producido sin el moldeado gradual de la misma.

Otro ejemplo de uso inadecuado del moldeado se observa con frecuencia en niños con deficiencias evolutivas que desarrollan conductas auto-lesivas. En los capítulos 8 y 9, ya mencionamos el caso del niño que se golpeaba la cabeza contra superficies duras, como ejemplo de un uso inadecuado del entrenamiento en discriminación de estímulos y desvanecimiento, respectivamente, pero también serviría como muestra de un moldeado inadecuado. Supongamos que debido a una situación familiar excepcional y de marginación, un bebé ha recibido muy poca atención social mientras exhibía comportamientos adecuados. Quizá un día, el bebé se cae accidentalmente y se golpea la cabeza levemente contra el suelo y, aunque no hay heridas graves, su padre o su madre corre a cogerle, a la vez que da una importancia excesiva al incidente. Debido a este refuerzo y a que el resto de sus comportamientos, por adecuados que sean, rara vez consiguen atraer tanta atención de sus progenitores, es probable que el niño pruebe a volver a golpear el suelo con la cabeza. Quizá siga recibiendo refuerzo

Figura 10-1. Una aplicación inadecuada del moldeado.

las primeras veces que lo repita, aunque finalmente, al ver que realmente no se hace daño, dejarán de atenderle. Al iniciarse de este modo la extinción de la conducta, es probable que aumente su *intensidad* (véase Capítulo 5), es decir el niño empezará a golpearse con más fuerza y hará por tanto más ruido con lo que su padre o su madre acudirán de nuevo rápidamente. Si el proceso de moldeado continúa de esta manera, el niño acabará golpeándose con fuerza y causándose alguna lesión. Resulta muy difícil, cuando no imposible, usar la extinción para eliminar estos comportamientos violentos auto-lesivos. Por supuesto, hubiera sido más adecuado no haber permitido que la conducta se desarrollara hasta el punto en que los adultos se ven obligados a reforzarla y aumentar así su resistencia.

Muchas conductas inadecuadas que a veces se observan en poblaciones infantiles con necesidades especiales, como berrinches violentos, automatismos motrices, agresiones y vómitos autoinducidos podrían ser resultado del moldeado. Una combinación de extinción de la conducta no deseada y refuerzo positivo de una alternativa aceptable podría facilitar la eliminación de estas actividades; no obstante, el planteamiento suele complicarse porque: (a) a veces el comportamiento es tan peligroso que no se puede correr el riesgo de que se produzca ni una sola vez durante la extinción y (b) personas legas en la materia, muchas veces sin darse cuenta, frustran los esfuerzos de quienes intentan conscientemente aplicar principios comportamentales.

En el Capítulo 22, describiremos cómo diagnosticar y tratar problemas comportamentales que han podido desarrollarse indebidamente mediante moldeado. Sin embargo, como sucede en Medicina, el mejor tratamiento es la prevención y en un mundo ideal, las personas responsables del cuidado de otros estarían tan versadas en los principios del comportamiento, que se abstendrían de moldear comportamientos indeseables.

Otro error. Otro tipo de error es el que se produce cuando alguien no se da cuenta de que debiera aplicar el moldeado y no lo hace. Por ejemplo, hay padres y madres que simplemente no atienden a los balbuceos de los bebés. Quizá esperan demasiado inicialmente y no se sienten inclinados a reforzar aproximaciones extremadamente alejadas del habla normal. Algunos, por ejemplo, parecieran esperar que el pequeño genio recién nacido diga, «¡papá!», inmediatamente y no se impresionan cuando lo que oyen es «ppa ppa». Quizá sean sus problemas personales los que interfieran con dedicar la atención necesaria a los niños. No obstante, también se observa el problema contrario, en que los progenitores no ya no premian suficientemente las manifestaciones adecuadas, sino que no dejan de distribuir refuerzos no contingentes. Es posible que estén tan preocupados por el bienestar de sus hijos que les refuerzan constantemente, sin necesidad de que los pequeños hagan o digan nada. Así pues, aunque el moldeado es un proceso que la mayoría de los padres y las madres aplican de manera más o menos pertinente, probablemente en la mayoría de los casos sin darse siquiera cuenta de que lo están haciendo, también hay excepciones. Son muchas las variables que podrían impedir que niños físicamente sanos recibieran el moldeamiento preciso para el establecimiento de comportamientos adecuados. Si al llegar a cierta edad los niños no han aprendido a hablar, es posible que se les diagnostique algún trastorno del desarrollo o del espectro autista, pero también hay casos en que el déficit no tiene su origen en alteraciones genéticas o físicas, sino en la falta de exposición a procedimientos de moldeado eficaces.

DIRECTRICES PARA UNA APLICACIÓN ADECUADA DEL MOLDEADO

1. *Seleccionar el objetivo o conducta final.*
   a. Elegir un comportamiento específico, como trabajar en silencio durante diez minutos, en vez de una categoría general como «portarse bien en clase». El moldeado es adecuado para cambiar la cantidad, latencia e intensidad del comportamiento, así como para desarrollar nuevas conductas con distinto aspecto (topografía o forma). Si la conducta final es una secuencia compleja de actividades, por ejemplo, hacer la cama, habrá que fragmentarla en una secuencia de acciones y si el programa consiste en vincular los pasos en un orden específico, entonces ni es correcto describirlo como moldeado, ni el mejor abordaje para su consecución es un programa de moldeado (véase Capítulo 11).

b. Siempre que sea posible, elija una conducta que, una vez moldeada, sea controlada por reforzadores naturales.

2. *Elegir un reforzador adecuado.* Tanto la Figura 3-3 como las directrices para la aplicación eficaz del reforzamiento positivo que se exponen en el Capítulo 3 serán de utilidad a este respecto.

3. *El plan inicial.*

a. Hacer una lista de las aproximaciones sucesivas a la conducta final, comenzando por la conducta inicial. Para elegir ésta, hay que localizar una conducta que ya esté presente en el repertorio del aprendiz, que guarde algún parecido con la conducta final y que se haya producido al menos una vez durante un periodo de observación.

b. Los pasos iniciales y las aproximaciones sucesivas suelen ser «suposiciones con cierto fundamento», que se pueden modificar a lo largo del programa a la vista del rendimiento del aprendiz.

4. *Aplicar el procedimiento.*

a. Hay que explicar el plan al aprendiz antes de empezar.

b. Se empieza reforzando todas las ocasiones en que se produce la conducta inicial.

c. No se avanza hacia la siguiente aproximación hasta que no se domina la previa.

d. Si no tenemos la certeza de cuándo avanzar hacia una nueva aproximación, usamos la siguiente regla: sólo se avanza si el aprendiz realiza la conducta actual correctamente en seis de cada diez ensayos; por lo general, con uno o dos ensayos menos correctos de lo deseable y uno o dos en que la conducta es, de hecho, superior a la deseada en este punto.

e. Hay que evitar los refuerzos tanto por exceso como por defecto en todas las fases.

f. Si observamos que la persona deja de trabajar, es posible que se haya avanzado demasiado rápido, que los pasos no hayan sido de la dimensión adecuada o que el reforzador sea ineficaz.

(1) Compruebe en primer lugar la eficacia del reforzador.

(2) Si el aprendiz deja de prestar atención o da muestras de aburrimiento, es probable que los pasos sean demasiado pequeños.

(3) La distracción y el aburrimiento también aparecen cuando se ha progresado con demasiada rapidez. De ser así, se regresa a la fase anterior y se repiten los ensayos, antes de presentar de nuevo esta aproximación.

(4) Si siguen apreciándose dificultades a pesar de haber vuelto atrás, podríamos subdividir las fases que parecen causar más estancamiento.

PREGUNTAS DE REPASO

1. Identifique las tres fases básicas de cualquier programa de moldeado, tal y como se presentaron al principio del capítulo, y descríbalas con un ejemplo, ya sea el caso de Frank o una situación personal.
2. Explique por qué el moldeado implica las aplicaciones sucesivas de los principios del refuerzo positivo y la extinción.
3. ¿Por qué molestarse en llevar a cabo un moldeado en vez de aprender simplemente a usar directamente el refuerzo positivo para aumentar la frecuencia de la conducta?
4. Defina moldeado.
5. ¿De qué otra manera podríamos denominar al moldeado?
6. En lo que respecta a las tres fases del procedimiento de moldeado, describa qué podrían hacer padres y madres para lograr que sus hijos dijeran una palabra concreta.

7. Mencione cinco dimensiones de la conducta que puedan moldearse. Aporte dos ejemplos de cada una.
8. Señale las diferencias entre moldeado y desvanecimiento.
9. ¿Cómo sabremos cuándo contamos con suficientes aproximaciones sucesivas y que estas son de la magnitud adecuada?
10. ¿Por qué hay que evitar no reforzar suficientemente los pasos sucesivos?
11. ¿Por qué hay que evitar reforzar en exceso cualquiera de los pasos sucesivos?
12. Exponga un ejemplo de cómo el moldeado podría accidentalmente usarse para desarrollar comportamientos inadecuados y describa algunos de los pasos que hubiera seguido el proceso en su ejemplo.
13. Proponga una situación en que no aplicar el moldeado haya dado como resultado una conducta inadecuada.
14. Describa un ejemplo personal de conducta final que podría alcanzarse adecuadamente mediante otro procedimiento distinto del moldeado (véanse las directrices para la aplicación eficaz del moldeado, en este capítulo). Explique por qué cree que el moldeado no sería una técnica eficaz en este caso.
15. ¿Cómo sabremos si estamos aplicando suficiente cantidad de ensayos reforzados en cada una de las aproximaciones?
16. ¿A qué se refieren los modificadores de conducta cuando hablan de la conducta final en un programa de moldeado?. Describa un ejemplo.
17. ¿Por qué solemos hablar del refuerzo positivo y de la extinción como principios y sin embargo, definimos al moldeado como procedimiento?, (le daremos una pista: repase el Capítulo 1).

EJERCICIOS DE APLICACIÓN

A. Ejercicios que implican a otras personas

Piense en un niño o niña que tenga entre dos y siete años a quien conozca bien, por ejemplo, una hermana, un hermano, o algún vecino. Especifique alguna conducta que de una forma realista pudiera intentar que desarrollara mediante la técnica del moldeado. Señale el punto de partida que elegiría, el reforzamiento y las aproximaciones sucesivas que plantearía.

B. Ejercicios de auto-modificación

1. Analice detenidamente algunas de sus destrezas personales, por ejemplo, interacciones con los demás, relaciones sexuales y hábitos de estudio. Identifique dos habilidades específicas que probablemente fueron moldeadas por otras personas, ya fuera voluntaria o involuntariamente. Identifique dos comportamientos concretos que probablemente fueron moldeados por circunstancias naturales. En todos los casos, señale los reforzamientos y al menos tres aproximaciones a través de las cuales fue avanzando durante el proceso de moldeamiento.
2. Elija uno de sus problemas comportamentales, quizá alguno de los que ya comentó al final del Capítulo 2. Redacte íntegramente un programa de moldeamiento para superarlo, que pueda llevar a cabo personalmente, o como sugería la canción de los Beatles, con ayuda de amigos («with a little help from my friends»). Asegúrese de que su programa satisface los requisitos previamente descritos para la aplicación eficaz del moldeado.

NOTAS DE AMPLIACIÓN SOBRE EL TEMA

1. El moldeado es útil no sólo para cambiar aspectos externos de la conducta externa, sino también internos y así, por ejemplo, R. W. Scott y sus colaboradores (1973) demostraron su eficacia para modificar la tasa cardiaca. En el estudio, el aparato que registraba la tasa cardiaca, estaba conectado a la pantalla del televisor que los voluntarios tenían que atender. Aunque el sonido del televisor siempre funcionaba, la imagen sólo podía verse cuando los participantes alteraban ligeramente su tasa cardiaca respecto de la registrada durante el minuto previo. Cuando la tasa cardiaca se mantenía en el nuevo nivel durante tres sesiones consecutivas, se usaba la recuperación de la imagen en el televisor para reforzar un nuevo cambio en la tasa. Uno de los casos descritos era el de un paciente psiquiátrico que sufría ansiedad crónica y una ligera taquicardia, por lo que los investigadores decidieron intentar reducir su tasa cardiaca. No sólo lo lograron, sino que para su satisfacción, uno de los cuidadores señaló, «parece menos tenso y nervioso y ya no pide tanta medicación».

En otros estudios, la información acerca de procesos fisiológicos, tales como tasa cardiaca o tensión muscular, se muestra en una pantalla o algún otro tipo de aparato que la hace inmediatamente disponible a la persona interesada. Estas técnicas, denominadas biofeedback, permiten ganar control sobre los procesos fisiológicos registrados y entre las numerosas aplicaciones clínicas, destaca su éxito para: reducir las crisis epilépticas al ayudar a los afectados a conocer la actividad eléctrica cerebral asociada a los ataques, reducir la hipertensión con la consecuente disminución de la medicación, reducir las cefaleas crónicas, las taquicardias y la ansiedad (Schwartz & Andrasic, 1998).

2. ¿Cuál es la velocidad adecuada y cuál la magnitud apropiada de cada cambio? Una de las razones por las que no existen respuestas específicas para estas preguntas es la dificultad para medir el tamaño específico de cada fase y por tanto reforzar sólo las respuestas que se ajusten a él. La capacidad de enjuiciamiento humana no es suficientemente rápida ni precisa como para garantizar que los procedimientos de moldeado se aplican de una forma tan estable, que podrán establecerse comparaciones entre ellos. Esto es particularmente cierto cuando el aspecto que se quiere alterar es la topografía de la conducta. Sin embargo, los ordenadores son tan precisos y rápidos que podrían ayudar a responder algunas preguntas fundamentales acerca de qué procedimientos de moldeado son más útiles (Midgley, Lea & Kirby, 1989; Pear & Legris, 1987). Por ejemplo, mediante dos cámaras de vídeo conectadas a un ordenador, programado para detectar las posiciones de la cabeza de la paloma en la caja de Skinner, Pear y Legris (1987) demostraron que el ordenador podía moldear el movimiento de la cabeza de la paloma.

Además de aportar una metodología nueva para estudiar el moldeado, estos estudios sugieren que, al menos para determinadas conductas, los sistemas informáticos pueden ser tan eficaces como los humanos. Por ejemplo, un aparato que ayuda a moldear movimientos, también podría contribuir a la recuperación de los movimientos de un brazo o una pierna paralizados como resultado de un infarto o un accidente. Si lo comparamos con una persona, el aparato tendría la ventaja de la precisión y la posibilidad de devolver información extremadamente rápida y precisa sobre el funcionamiento del miembro en rehabilitación, además de su incuestionable paciencia porque, a fin de cuentas, los ordenadores ni juzgan, ni se cansan.

3. Rasey e Iversen (1993) presentaron una demostración de laboratorio bastante interesante acerca de los efectos potencialmente negativos del moldeado. Los investigadores reforzaron a las ratas con comida por estirar la nariz más allá de la plataforma sobre la que estaban colocadas, de manera que progresivamente les iba haciendo asomarse más y más antes de conseguir el refuerzo. Los animales se estiraban tanto, que llegaron a caerse de la plataforma, con lo cual demostraron que el moldeado, seguramente también en los humanos, puede conducir a pautas de comportamiento realmente peligrosas, aunque por supuesto una red adecuadamente colocada impidió que en este caso se lesionaran.

Preguntas sobre las notas

1. Relate cómo Scott y su equipo emplearon el moldeado para reducir el ritmo cardíaco en una persona que sufría ansiedad crónica.

2. ¿Qué es el biofeedback?

3. Indique cómo podría ayudar la tecnología informática a moldear los movimientos específicos de las extremidades de una persona parapléjica.

4. Explique cómo la tecnología informática podría usarse para estudiar el moldeado con más precisión que los procedimientos habituales.

5. Describa un experimento que demuestre que la conducta inadecuada ha podido ser moldeada.

11

Conseguir una nueva secuencia de conductas mediante encadenamiento comportamental

«Steve, tu rutina de golpes es inconsistente»

ENSEÑAR A STEVE A SEGUIR UNA RUTINA DE GOLPES CONSISTENTE[14]

Steve era un joven jugador de golf del circuito profesional canadiense (PGA), que aunque jugaba bien, no había ganado aún ningún torneo, debido en parte a la inconsistencia de sus golpes. Steve sabía que los profesionales del golf tienen una rutina de golpes más consistente que los amateurs más hábiles, que a su vez son más estables en sus golpes que los aficionados noveles. Después de reflexionar, se dio cuenta de que su rutina de golpe no era tan robusta como debiera. No siempre comprobaba la inclinación del campo desde ambos lados de la bola antes de golpear. Si era un golpe especialmente importante, tendía a quedarse demasiado tiempo en la bola antes de golpear hacia el hoyo. En las competiciones también incurría en diversos errores en golpes sucesivos. Llegó a la conclusión de que la rutina inadecuada que aplicaba al preparar los golpes podía estar contribuyendo a que no mantuviera regularidad ni consistencia en el juego.

El primer paso para establecer una rutina consistente de respuestas durante la preparación del golpe era hacer una lista de pasos concretos que debía seguir habitualmente:

1. Al acercarse a la pelota, olvidarse del marcador y pensar sólo en el golpe actual.
2. Ponerse detrás del hoyo, mirar a la bola y comprobar la inclinación del campo para calcular la velocidad y la trayectoria del golpe.
3. Ponerse detrás de la pelota, mirar al hoyo y comprobar nuevamente la inclinación.

---

[14] Este ejemplo se basa en una consulta a uno de los autores, G. Martin (1999).

4. Mientras está detrás de la bola, elegir un punto al que apuntar, hacer dos ensayos de golpe y visualizar la bola entrando en el hoyo.
5. Ponerse al lado de la bola, colocar el palo detrás de ella y ajustarlo de forma que apunte al punto deseado.
6. Ajustar los pies para que estén en paralelo con la línea de golpe, agarrar el hierro con naturalidad y decir «dale suavemente».
7. Mirar al hoyo, mirar de vuelta a la bola, mirar al hoyo, mirar a la bola y golpear.

El procedimiento de entrenamiento llevado a cabo por Steve consistía en diez ensayos. En todos seguía los siete pasos de la rutina previa mientras ensayaba el golpe corto en el campo de prácticas. La razón de que practicara la rutina en golpes cortos era que quería que cada secuencia fuera seguida del reforzador de ver la pelota entrando en el hoyo. En cada ensayo, un amigo comprobaba los pasos de la lista a medida que los ejecutaba. Si fallaba en algún punto, su amigo le hacía una señal para que lo repitiera antes de seguir con el paso siguiente. Tras completar los diez ensayos, Steve y su amigo jugaron una ronda de práctica durante la que este último le animaba a reiterar la rutina al preparar los golpes. Posteriormente en los torneos, Steve pedía a su caddy que le recordara con frecuencia que siguiera la rutina previa a los golpes. Tres semanas después Steve ganó su primer torneo. Aunque sin duda un gran número de factores influyeron en ello, Steve sentía que un elemento importante era su mejoría en los golpes debida a una rutina previa más consistente.

ENCADENAMIENTO CONDUCTUAL

Una **cadena comportamental** es una secuencia de estímulos discriminativos (E^D) y respuestas (R) en que cada respuesta excepto la última produce un E^D para la siguiente respuesta, y en que la última respuesta es seguida por un reforzador. Además, para funcionar como clave para la respuesta siguiente, cada E^D de la cadena (después del primero) es un reforzador condicionado de la respuesta previa. Lo que Steve adquirió en el aprendizaje de seguir una rutina estable de preparación de los golpes era una secuencia de estímulos y respuestas. El primer estímulo para la secuencia completa (E^D_1) era la retroalimentación de caminar hacia la bola en el campo. La respuesta a ese estímulo (R_1) sería «me voy a concentrar sólo en este golpe». El final de esta frase sería la clave (E^D_2) para colocarse detrás del hoyo, mirar a la bola y comprobar la pendiente del campo para calcular la velocidad y la trayectoria del golpe (R_2). El estímulo visual resultante (y quizá algún estímulo interno como «una imagen del golpe y la velocidad de la bola») sería la clave (E^D_3) para la respuesta siguiente (R_3): colocarse detrás de la bola y mirar al hoyo para observar la pendiente del campo desde ese ángulo. De esta forma, cada respuesta produciría una clave para la siguiente respuesta hasta que se completara la cadena, y Steve experimentaría el refuerzo de hacer un hoyo. La razón para denominar cadena de respuestas a la secuencia se comprende bien mediante el siguiente diagrama:

$$E^D_1 \rightarrow R_1 \rightarrow E^D_2 \rightarrow R_2 \rightarrow E^D_3 \rightarrow R_3 \ldots E^D_7 \rightarrow R_7 \rightarrow E+$$

Las conexiones estímulo-respuesta son los vínculos que mantienen la cadena unida. Como dice el refrán, «una cadena es tan fuerte como el más débil de sus eslabones». De forma similar, si alguna respuesta es tan débil como para que no la evoque el estímulo discriminativo anterior, no se producirá el estímulo discriminativo posterior y el resto de la cadena tampoco ocurrirá. La única forma de reparar la cadena es fortaleciendo la conexión débil mediante un procedimiento de entrenamiento efectivo.

El símbolo E+ en el extremo derecho del diagrama simboliza el reforzador positivo que sigue a la última respuesta de la cadena. Designa el «aceite» que se debe aplicar con regularidad para mantener la cadena sin óxido y fuerte. El reforzador al final de la cadena mantiene los estímulos de la cadena como discriminadores efectivos para la respuesta que les sigue, y como reforzadores condicionados efectivos para las respuestas precedentes.

Muchas secuencias comportamentales que llevamos a cabo cotidianamente son cadenas conductuales. Tocar una determinada canción con un instrumento musical, lavarse los dientes, atarse los cordones de los zapatos y hacer un bocadillo son cadenas conductuales. No obstante, no todas las secuencias conductuales son cadenas. Estudiar los apuntes, hacer un examen, o ir a la siguiente clase para conseguir el título representan secuencias generales de conducta que se experimentan en cada curso. Pero esta secuencia conductual consiste en realidad en varias actividades (leer, memorizar, escribir, etc.) que no conforman una serie consistente de estímulos y respuestas, en que cada estímulo (excepto el último) es un reforzador condicionado de la respuesta previa y un estímulo discriminativo para la respuesta siguiente.

MÉTODOS PARA ENSEÑAR UNA CADENA CONDUCTUAL

Existen tres métodos principales para enseñar una cadena comportamental. Uno es la **presentación total de la tarea,** en que los aprendices intentan todos los pasos desde el principio hasta el final de la cadena en cada ensayo, y continúan con ensayos totales de la tarea hasta que dominan todos los pasos. Se presentan señales en cada paso si es necesario y un reforzador sigue a la finalización correcta del último paso. Esta es la estrategia que se utilizó con Steve para que siguiera una rutina estable antes de golpear. Otro ejemplo sería la presentación total de tarea que Horner y Keilitz (1975) enseñaron a adolescentes con trastornos del desarrollo para que se lavaran los dientes.

Un segundo método docente fundamental el es **encadenamiento hacia atrás,** en que se construye gradualmente la cadena de atrás hacia adelante. Esto es, el último paso se establece primero, después se enseña el penúltimo y se engancha con el último, luego se enseña el antepenúltimo y se engancha con el penúltimo y el último, y así sucesivamente, haciendo una progresión desde atrás hacia el principio de la cadena. El encadenamiento hacia atrás se usa en numerosos programas, incluyendo el aprendizaje de conductas como vestirse, hacer la comida, trabajar, o conductas verbales en personas con trastornos del desarrollo (p.ej., Martin, England & England, 1971). Para enseñar a Craig, un chico con un trastorno del desarrollo, a ponerse unos pantalones de vestir, por ejemplo, se dividió la tarea en siete pasos como ilustra la Figura 11-1. Se llevó a cabo entonces una evaluación de la línea base para establecer el tipo de señales que necesitaba Craig para dar cada paso correctamente. Después se comenzó con el entrenamiento, empezando por el último paso. El instructor ayudó a Craig a ponerse los pantalones excepto en la respuesta del paso 7. Se llevaron a cabo entonces varios ensayos para enseñar a Craig la respuesta del paso 7. Como muestra la Figura 11-1, tras varios ensayos, se desvanecieron algunas señales hasta que Craig supo subirse la cremallera solo. Cuando aprendió a hacerlo, el instructor empezó con el paso 6 y le enseñó a terminar de ponérselos desde ese punto. Cuando el niño realizaba los dos últimos pasos sin errores, comenzaron los entrenamientos del paso 5. Con los pantalones en los tobillos, enseñaron a Craig a subírselos (paso 5), que era el E^D para que llevara a cabo el paso 6. Llevar a cabo el paso 6 proporcionaba el E^D para ejecutar el paso 7. En cada ensayo, el pequeño completaba todos los pasos aprendidos previamente. El entrenamiento avanzó paulatinamente, añadiendo los componentes de uno en uno, hasta que Craig pudo llevar a cabo los 7 pasos. Durante el entrenamiento, reforzaron con elogios las acciones individuales realizadas correctamente y la finalización del paso 7 en todos los ensayos fue seguida de un reforzador comestible.

TAREA ponerse unos pantalones
CLIENTE Craig
REFORZADORES elogios y comestibles

Sistema de puntuación:
3 = sin instigadores
2 = señal verbal
1 = señales gestuales/imitativas
0 = guías físicas

Estímulos discriminativos (E^D)	Respuestas	Línea base	Ensayos de entrenamiento									
1. «Ponte los pantalones»	Sacar los pantalones del armario	2										
2. los pantalones en la mano	Mantener los pantalones del derecho con la parte delantera hacia el lado correcto	1										
3. pantalones cogidos del derecho	Meter una pierna	1										
4. una pierna en los pantalones	Meter la otra pierna en los pantalones	1										
5. las dos piernas en los pantalones	Subirse los pantalones	2									2	3
6. los pantalones subidos	Colocar la abertura de la bragueta hacia arriba	0					0	1	2	3	3	3
7. abertura bien colocada	Subirse la cremallera	0	0	1	2	3	3	3	3	3	3	3

Figura 11-1. Un análisis de una tarea sencilla y hoja de datos para enseñar a una persona con un trastorno del desarrollo a ponerse los pantalones.

Los estudiantes de modificación de conducta suelen encontrar extraño el encadenamiento hacia atrás cuando lo estudian por primera vez, aparentemente porque piensan que se enseña una cadena hacia atrás, tal como sugiere el nombre. Por supuesto, esto no es cierto y además el método cuenta con un buen fundamento teórico. Consideremos el ejemplo anterior de enseñar a un chico con un trastorno del desarrollo a ponerse los pantalones. Empezando por el paso 7, la respuesta de «subirse la cremallera» se reforzaba con la presencia de la abertura del pantalón bien colocada hacia arriba. Por esto, la visión de la abertura se convirtió en E^D para el paso 7, subir la cremallera. Conforme al principio del reforzamiento condicionado, la visión de la abertura también era un reforzador condicionado para lo que lo precediera. Tras varios ensayos del paso 7, el instructor fue al paso 6. La conducta de colocar los lados de la abertura hacia arriba producía el estímulo consistente en verla bien colocada. La visión de la abertura colocada se convirtió en reforzador condicionado, e inmediatamente después le seguía el paso 6. Por esto, cuando se usa encadenamiento hacia atrás, el reforzamiento del último eslabón en presencia del estímulo apropiado lo convierte en discriminativo para este último paso, y como reforzador condicionado para el penúltimo eslabón. Cuando se añade el penúltimo paso, el E^D en ese eslabón también se convierte reforzador condicionado, y así sucesivamente. Así, la fuerza del reforzamiento positivo que se presenta al final de la cadena se transfiere a cada E^D a medida que se van incorporando a la misma. De esta forma, el encadenamiento hacia atrás cuenta con la ventaja teórica de tener siempre un reforzador condicionado «incorporado» para fortalecer cada nueva respuesta que se añade a la secuencia.

El tercer método para enseñar una cadena es el **encadenamiento hacia adelante**. En este sistema, en primer lugar se aprende el paso inicial de la secuencia, después se enseñan y conectan el primero y el segundo; luego, los tres primeros, y se sigue así hasta que se adquiere la cadena completa. Por ejemplo, Mahoney, Van Wagenen y Meyerson (1971) emplearon esta técnica hacia adelante para enseñar a niños con y sin trastornos del desarrollo a ir al baño. Los componentes de la cadena incluían caminar hacia el baño, bajarse los pantalones, sentarse o ponerse delante del inodoro, evacuar y subirse los pantalones. El entrenamiento empezó con el primer paso, y una vez se hubo dominado, se introdujo el siguiente (véase **Nota 1**). Cada paso se reforzaba hasta que se añadía el siguiente.

Debido, al menos en parte, a que el encadenamiento hacia atrás parece una inversión del orden natural de las cosas, el encadenamiento hacia adelante y la presentación total de la tarea se aplica más a menudo en situaciones cotidianas fuera del ámbito de la modificación de conducta. Entre los muchos ejemplos que se pueden citar para ilustrar el encadenamiento hacia adelante, considere la forma en que podríamos enseñar a los niños a pronunciar la palabra «leche». Se empezaría por enseñarles a pronunciar la «ele», luego «le», luego «lech», y finalmente «leche».

Los tres formatos fundamentales de encadenamiento de presentan en el diagrama de la Figura 11-2 y se esbozan en la Tabla 11-1. ¿Cuál es más eficaz? Bellamy, Horner e Inman (1979) llegaron a la conclusión de que la presentación total de tarea tenía varias ventajas prácticas sobre los otros formatos de encadenamiento para enseñar a personas con trastornos del desarrollo. La presentación total de tarea requiere que los monitores dediquen menos tiempo a montar y desmontar la presentación de la tarea para el entrenamiento; se centran en enseñar la topografía de la respuesta y la secuencia de la respuesta simultáneamente, lo cual debiera producir resultados con más rapidez; asimismo parece maximizar antes la independencia de los alumnos,

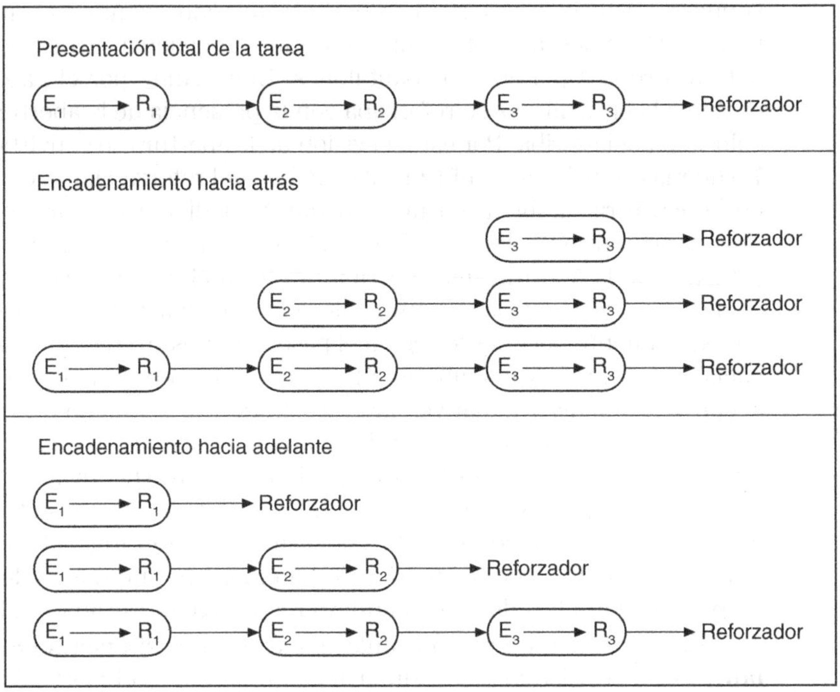

Figura 11-2. Un diagrama de los tres formatos principales de encadenamiento.

especialmente si algunos pasos ya les resultan familiares. Además, varios estudios han demostrado que la presentación total de tarea es tan buena o mejor que el encadenamiento hacia atrás o adelante para entrenar a personas con trastornos del desarrollo en diversas actividades (Martin, Koop, Turner & Panel, 1981; Spooner, 1984; Yu, Martin, Suthons, Koop & Payota-Cornick, 1980).

¿Qué método debería escogerse para personas sin trastornos evolutivos? Para tareas relativamente simples con un número reducido de pasos, como la rutina de golf previa al golpe de Steve, la presentación total de la tarea sería probablemente el método a elegir. Para tareas más complejas, no obstante, tanto el encadenamiento hacia atrás como hacia adelante, tienen más probabilidades de resultar eficaces. Por ejemplo, para enseñar a pilotos una secuencia compleja de lanzamiento de bombas, Bailey, Hughes y Jones (1980) encontraron que el encadenamiento hacia atrás era más efectivo que la presentación total de tarea. En un experimento para enseñar a alumnos de Introducción a la Psicología a llevar a cabo una tarea musical en un teclado en que se les evaluaba en errores melódicos y de tiempo, el encadenamiento hacia atrás y el encadenamiento hacia delante eran más efectivos que la presentación total de tarea, y el encadenamiento hacia delante era más efectivo que el encadenamiento hacia atrás en la mayor parte de las medidas (Ash y Holding, 1990). Además, habría razones prácticas para emplear el encadenamiento hacia atrás en la docencia de determinadas actividades. Cuando se enseña a conducir, por ejemplo, es muy recomendable instruir en el uso de los frenos antes de enseñar a pisar el acelerador (¡por razones obvias!).

Tabla 11-1. Esbozo de los tres métodos principales de encadenamiento

Para todos los métodos

- Hacer un análisis de tarea.

Presentación total de tarea

- Los aprendices practican todos los pasos en todos los ensayos, de forma que todos los pasos se enseñan consecutivamente.
- Los instructores proporcionan señales y elogios en todos los pasos, no siempre bien dominados.
- Se presenta el reforzador tras el último paso.
- El entrenamiento continúa de esta forma hasta que se domine la secuencia de todos los pasos.

Encadenamiento hacia delante

- Se empieza por el primer paso, que habrá de dominarse antes de avanzar hacia el siguiente.
- Los monitores proporcionan señales y reforzadores para el paso que se está practicando.
- Para llevar a cabo cualquiera de los pasos, es preciso dominar todos los anteriores, que serán necesarios para practicar el paso que ahora se esté entrenando.
- De esta forma, los pasos se aprenden de uno en uno y se avanza así hasta alcanzar el último paso.

Encadenamiento hacia atrás

- Se empieza por el último paso, que habrá de dominarse antes de avanzar hacia el penúltimo.
- Los profesores proporcionan señales y reforzadores para el paso que se está practicando.
- Para acometer cualquiera de los pasos, es preciso dominar todos los anteriores, que serán necesarios para practicar el paso que ahora se esté entrenando.
- De esta forma, los pasos se aprenden de uno en uno y se avanza así hasta alcanzar el primer paso.

COMPARACIÓN DEL ENCADENAMIENTO CON EL DESVANECIMIENTO Y EL MOLDEAMIENTO

El encadenamiento conductual, el desvanecimiento y el moldeado son procedimientos de *cambio gradual* porque implican progresiones paulatinas a través de una serie de pasos para producir una nueva conducta, un nuevo control estimular sobre una conducta o una nueva secuencia de pasos estímulo-respuesta. Es conveniente por tanto tener clara la distinción entre los tres procedimientos de cambio gradual.

En el moldeado, el procedimiento consiste en reforzar aproximaciones sucesivas, cada vez más parecidas a la respuesta final deseada (véase Capítulo 10). En el desvanecimiento, la mecánica implica reforzar la respuesta final deseada en presencia de aproximaciones cada vez más semejantes al estímulo final deseado para esa respuesta (véase Capítulo 9). En el encadenamiento, se refuerzan con insistencia las conexiones específicas estímulo-respuesta que componen la secuencia. Una excepción está constituida por la presentación total de la tarea, en que todas las conexiones se enseñan desde el principio del entrenamiento, y el moldeado y el desvanecimiento se pueden usar para desarrollar las respuestas o para ponerlas bajo el control de los estímulos apropiados. Tanto en el moldeado como en el desvanecimiento, el procedimiento avanza conforme a un cambio gradual. La Tabla 11-2 resume similitudes y diferencias entre los tres procedimientos, de acuerdo con las técnicas habituales para su aplicación.

Tabla 11-2. Semejanzas y diferencias entre moldeamiento, desvanecimiento y encadenamiento

	Moldeamiento	Desvanecimiento	Encadenamiento
Conducta final	**1.** Una nueva conducta en una dimensión física, como topografía, cantidad o intensidad	**1.** Nuevo control del estímulo de una conducta particular	**1.** Nueva secuencia de respuestas con un estímulo como claro «corte» señalando el final de cada respuesta y el inicio de la siguiente.
	2. La conducta final consiste en el último paso del moldeamiento	**2.** El control final del estímulo consiste sólo en el último paso del desvanecimiento	**2.** La conducta final consiste en todos los pasos de la cadena
Procedimientos generales de entrenamiento	**1.** Suele implicar un entorno no estructurado en que el estudiante tiene la oportunidad de emitir varias respuestas	**1.** Implica típicamente un entorno estructurado debido a que los estímulos presentes deben ser controlados con precisión	**1.** Implica típicamente un entorno semiestructurado o estructurado para el aprendizaje
	2. Sigue un «orden natural» de la conducta, hacia delante	**2.** Sigue un «orden natural» de la conducta, hacia delante	**2.** Sucede hacia delante o hacia atrás, en términos del «orden natural» de la conducta
Otras consideraciones procedimentales	**1.** Suele implicar control de instrucción; puede implicar señalización física en pasos sucesivos, pero por lo general mínima. Puede implicar también algo de desvanecimiento en pasos sucesivos, pero esto no es usual.	**1.** Puede implicar algo de moldeamiento, aunque no es usual	**1.** Implica con frecuencia señales verbales y físicas, guías físicas, desvanecimiento y quizá moldeamiento en pasos sucesivos.
	2. Implica la aplicación sucesiva de reforzamiento y extinción	**2.** Implica la aplicación sucesiva de reforzamiento; si se tiene que usar la extinción, el desvanecimiento no se ha llevado a cabo correctamente	**2.** Implica típicamente menos ensayos de extinción que en el moldeamiento debido al fuerte control estimular establecido por los instigadores y desvanecimientos en pasos sucesivos.

FACTORES QUE INFLUYEN EN LA EFICACIA DEL ENCADENAMIENTO CONDUCTUAL

1. Hacer un análisis de la tarea: identificar los componentes de la secuencia final

Hay que dividir la cadena conductual que se quiere desarrollar en componentes individuales que preserven el orden apropiado de la secuencia. El **análisis de la tarea** consiste en fragmentarla en pasos o elementos de respuesta más pequeños para facilitar el entrenamiento. Ejemplos de análisis de tareas para enseñar estrategias complejas incluyen habilidades de mantenimiento de un apartamento (Williams y Cuvo, 1986), cuidado durante la menstruación (Richman, Reiss, Bauman y Bayley, 1984), jugar al tenis (Buzas y Ayllon 1981), la ejecución de la ofensiva desde la retaguardia en un equipo joven de fútbol (Komaki y Barnett, 1977), ocio (Schleien, Wehman y Kiernan, 1982) y técnicas para caminar con seguridad como peatones (Page, Iwata y Neef, 1976).

Como ocurría con la selección de los pasos del moldeamiento (analizada en el Capítulo 10), la selección de los pasos o componentes del encadenamiento es algo subjetiva. Los componentes deberían ser lo suficientemente simples como para que se aprendieran sin mucha dificultad. Si queremos enseñar a niños con trastornos severos del desarrollo a lavarse los dientes, sería un error considerar la tarea en términos de los tres grandes pasos: poner la pasta de dientes en el cepillo, cepillar y enjuagar. Para que dominaran la cadena, habría que descomponer cada paso en secuencias aún más pequeñas. Los componentes deberían seleccionarse también para que exista un claro estímulo de corte, o un conjunto de estímulos que señalen la finalización de cada componente. Esto facilitaría el desarrollo de esos estímulos como reforzadores condicionados para la respuesta anterior y como estímulos discriminativos para las acciones siguientes a lo largo de la cadena. Por ejemplo, al utilizar el encadenamiento para enseñar a los niños a lavarse las manos, habría que especificar poner agua en el lavabo como uno de los componentes. Sería importante concretar el nivel de agua adecuado en el lavabo y hacer quizá una marca (al menos temporalmente) a esa altura para proporcionar un estímulo muy claro que marque el final de ese componente particular, que podríamos definir como «dejar el grifo abierto hasta que el agua llegue al nivel señalado».

Tras completar el análisis de la tarea habría que revisar los estímulos que controlan cada una de las respuestas de la secuencia. La situación idónea se logra cuando existen diferencias claras entre los estímulos que controlan los distintos aspectos. Si estímulos parecidos controlan respuestas diferentes existe una mayor probabilidad de error y confusión para los usuarios. Si en el análisis de la tarea dos estímulos de control son similares y parece que no hay nada que se pueda hacer para evitarlo, habría que considerar la posibilidad de establecer un código artificial que sustituya a uno de ellos, de forma que haga más fácil la discriminación y la adquisición de la cadena.

2. Considerar estrategias para el uso independiente de señales por parte de los aprendices

Como en el caso de Steve, son muchas las personas que emplean por si mismas señales para guiarse en el aprendizaje de cadenas conductuales. Los aprendices que dominan la lecto-escritura se beneficiarán de *poner por escrito el análisis de la tarea* para ayudarse en la consecución correcta de los elementos en cadenas conductuales (véase por ejemplo Cuvo, Davis, O'Reilly, Mooney y Crowley, 1992). Si no saben leer, una serie de dibujos podría guiarles a lo largo de la secuencia. Por ejemplo, Thierman y Martin (1989) prepararon un álbum de dibujos-señales para guiar a adultos con trastornos severos del desarrollo a completar cadenas conductuales que mejoraran la calidad de sus tareas domésticas. Enseñaron a los participantes a mirar los dibujos en el paso apropiado, llevarlo a cabo, y poner una pegatina de auto-seguimiento para indicar que ese componente ya había sido completado. La estrategia resultó muy adecuada para esta población. Otra técnica que implica guiar mediante señales la finalización de cadenas conductuales consiste en recitar auto-instrucciones. Se ha entrenado a personas con trastornos del desarrollo a repetirse auto-instrucciones para completar correctamente algunas tareas de formación profesional (Salend, Ellis & Reynolds, 1989), problemas matemáticos (Albion & Salzburg, 1982), y distribuir cartas en buzones (Whitman, Spence & Maxwell 1987).

3. Considerar llevar a cabo un ensayo previo de modelado

En algunas ocasiones, como ocurre con personas con trastornos del desarrollo o niños, es aconsejable servir de modelo para la secuencia completa mientras se describe verbalmente la actuación en cada paso (las pautas del modelado se describen en el Capítulo 18). Por supuesto, si sólo se dispone de una muestra de la tarea de entrenamiento, habrá que volver a desmontarla después de la escenificación del modelo, para que los espectadores la lleven a cabo, o entrenar a los participantes con otras muestras alternativas de la tarea.

4. Empezar el entrenamiento de la cadena conductual

Los aprendices reciben un requisito inicial para empezar a trabajar y para completar los pasos de la tarea. Con qué paso o pasos se debe empezar dependerá de la técnica seleccionada: presentación total de la tarea, encadenamiento hacia atrás o encadenamiento hacia delante. Si los aprendices dejan de responder o parecen distraídos en algún paso, proporcionaremos señales que marquen el ritmo: «¿qué viene ahora?» o «sigue». Si los aprendices responden inadecuadamente o no responden en ningún paso dentro de un periodo de tiempo razonable, habría que continuar con una corrección del error, mediante las instrucciones necesarias o guía física para ayudarles a realizar el paso correctamente. Después de haber corregido el error, se avanza al paso siguiente.

5. Considerar un uso amplio de reforzadores sociales y otros reforzadores

A veces un reforzador natural que sigue a la compleción de una cadena será suficiente para mantenerla. Este era el caso de Steve, descrito al principio del capítulo. Cuando se enseñan cadenas conductuales a personas con trastornos del desarrollo o niños, no obstante, es aconsejable premiar inmediatamente la realización correcta de cada paso durante los primeros ensayos del entrenamiento (véase por ejemplo Koop, Martin, Yu & Suthons, 1980). Además se recomienda proporcionar un reforzador, muchas veces comestible, contingente a la realización satisfactoria del último paso de la cadena. A medida que los participantes adquieren mayor destreza en la realización de los pasos, podemos ir eliminado gradualmente los elogios y otros reforzadores. En el Capítulo 16 describimos algunas estrategias adicionales para mantener cadenas conductuales ya establecidas.

6. Reducir lo antes posible la ayuda adicional en los pasos individuales

Dependiendo de los detalles del análisis de la tarea, es posible que tengamos que proporcionar algunas instrucciones adicionales o asistencia física para corregir inicialmente los errores. No obstante, habrá que desvanecer cuanto antes esta ayuda complementaria en ensayos sucesivos. Es importante no ayudar tanto que se cree una dependencia en los alumnos. Esto es, hay que tener cuidado para no acabar reforzando a los clientes por cometer errores o a esperar para recibir asistencia en puntos concretos de la actividad.

POSIBLES OBSTÁCULOS DEL ENCADENAMIENTO CONDUCTUAL

Las cadenas que contienen una respuesta que no es necesaria para el reforzamiento se denominan *cadenas fortuitas* y el proceso que las produce se denomina *encadenamiento fortuito*. Éste es semejante a los resultados descritos en la sección sobre reforzamiento contingente y no contingente del Capítulo 3. Una cadena fortuita tiene algunos componentes que son funcionales para producir el reforzador y al menos un componente que no lo es (llamado *componente supersticioso*). Siempre conviene estar alerta para evitar que se produzcan encadenamientos fortuitos no deseables. De la misma forma que aparecen acciones inadecuadas relativamente simples debido a una administración imprevista del reforzamiento positivo, también se establecen cadenas con uno o más componentes no deseables. Probablemente el tipo más habitual de encadenamientos no deseable tiene lugar cuando una respuesta inapropiada precede a una o más respuestas inadecuadas que se refuerzan; tanto las respuestas apropiadas como las inapropiadas son por tanto fortalecidas. Un ejemplo se plasma en el hábito que muestran algunas personas que empiezan las frases con un «eh» al hablar. Un ejemplo similar, aunque algo más serio es hacer gestos raros con la cara antes de cada frase.

Algunos procedimientos de modificación de conducta aparentemente sensatos pueden provocar encadenamientos no deseables si los terapeutas no son cuidadosos, como ocurrió en un trabajo de Olenick y Pear (1980) en que enseñaban a niños con trastornos del desarrollo a denominar dibujos. Los investigadores mostraban un dibujo a la vez que preguntaban, «¿qué es esto?» y reforzaban las respuestas correctas. Si los niños cometían un error, se realizaba un ensayo de imitación en que el instructor presentaba la pregunta y modelaba la respuesta inmediatamente (por ejemplo, «¿Qué es esto? Gato»). Olenick y Pear observaron que algunos niños cometían muchos errores, aún cuando parecía que podían nombrar los dibujos correctamente. Los investigadores sugirieron que estos niños habían desarrollado una cadena en que en los errores frente a las preguntas, habían recibido el refuerzo del ensayo de imitación, en que se reforzaba la imitación de la respuesta que siempre era más fácil que tener que generarla por sí mismos. Olenick y Pear solucionaron este problema reduciendo la tasa de reforzamiento de respuestas correctas en los ensayos de imitación, mientras mantenían una tasa alta de reforzamiento para las respuestas correctas en los ensayos de pregunta.

Los problemas de autocontrol que padecen muchas personas proporcionan distintos ejemplos de cadenas conductuales no deseables. Considere el problema de la ingesta excesiva de comida. Aunque existe sin duda una gran variedad de posibles razones que la explican, una de las causas más frecuentes podría ser el desarrollo fortuito de cadenas conductuales inadaptativas. Por ejemplo, se ha observado que algunas personas con sobrepeso comen muy rápidamente. Un examen de la secuencia conductual implicada sugiere la siguiente cadena: llenar el cubierto de comida, ponerse la comida en la boca, rellenar el cubierto mientras se mastica la comida, tragar la comida a la vez que se acerca el siguiente bocado a la boca y así sucesivamente. Esta cadena conductual puede romperse con éxito alargando la duración de los componentes e introduciendo demoras. Una cadena más deseable sería la siguiente: cargar el cubierto de comida, ponerse la comida en la boca, bajar el cubierto, masticar la comida, tragar, esperar tres segundos, rellenar el cubierto y así sucesivamente. En otras palabras, en la cadena disfuncional la persona se prepara para ingerir el siguiente bocado antes de haber terminado el anterior. Una cadena más deseable separa estos componentes e introduce pequeñas demoras.

Otra cadena conductual no deseable que muestran algunas personas con sobrepeso consiste en ver televisión hasta que llega la publicidad, ir a la cocina durante los anuncios, coger algo para picar y volver a ver el programa de televisión que, junto con el sabor de la comida refuerza la conducta de ir a coger algo para picar. Hay varios procedimientos para solucionar estos problemas de autocontrol y se describen en detalle en el Capítulo 26. Lo que hay que recordar aquí es que las conductas no deseables son con frecuencia componentes de cadenas conductuales desarrolladas accidentalmente.

PAUTAS PARA EL USO EFECTIVO DEL ENCADENAMIENTO CONDUCTUAL

Es conveniente tener en cuenta las siguientes reglas a la hora de aplicar cadenas conductuales:

1. Hacer un análisis de la tarea. Identificar las unidades de la cadena que sean lo suficientemente simples como para poder ensayarlas sin mucha dificultad.
2. Considerar estrategias para la presentación independiente de señales, por ejemplo, el uso de dibujos.
3. Si es necesario, hacer un ensayo preliminar con alguien que sirva de modelo.
4. Enseñar las unidades en el orden adecuado. De otra forma, se desarrollará un control del estímulo pobre y cuando se complete un paso, no constituirá un estímulo discriminativo para el siguiente paso, sino para cualquier otro (como cuando un niño aprende a contar incorrectamente: 1, 2, 4, 3).
5. Para agilizar el aprendizaje, usar un procedimiento de desvanecimiento que reduzca la ayuda adicional que haya sido precisa en algunos pasos.

6. Si se está aplicando un encadenamiento hacia atrás o hacia delante, hay que asegurarse de repetir en cada ensayo el conjunto completo de componentes aprendidos hasta ese punto.
7. Al principio del entrenamiento, dispensar abundante reforzamiento para la realización completa de los pasos individuales. Reducir gradualmente este reforzamiento a medida que los aprendices avanzan.
8. Asegurarse de que la gratificación proporcionada al final de la cadena se ajusta a las pautas para la aplicación efectiva del reforzamiento positivo, expuestas en el Capítulo 3. Cuanto más efectivo sea el reforzamiento, más estable será la cadena de respuestas. Esto no significa, no obstante, que una vez que una cadena se ha desarrollado deba reforzarse en cada ocasión para que se mantenga. Después de aprenderla, puede abordarse como una única respuesta, que podría someterse, si se desea, a un programa de reforzamiento intermitente.

PREGUNTAS DE REPASO

1. Describa brevemente el procedimiento de encadenamiento utilizado para enseñar a Steve a realizar una rutina previa al golpe estable.
2. Describa o defina una cadena conductual, y aporte un ejemplo distinto a los de este capítulo.
3. ¿Por qué denominamos cadena a una secuencia de comportamientos?
4. En una cadena, un estímulo es tanto un estímulo discriminativo como un reforzador condicionado. ¿Por qué? Explíquelo con un ejemplo.
5. Mediante ejemplos, distinga entre una secuencia conductual que sea una cadena y una secuencia que no lo sea.
6. En la cadena conductual de conducir un coche, acelerar y cambiar de marcha, ¿cómo sería la cadena comportamental de una conductora que tiene (y emplea) un tacómetro? ¿Y en qué se diferenciaría de la secuencia seguida por quien no lo tiene? (Un tacómetro mide las revoluciones por minuto).
7. Nombre y describa brevemente los tres métodos principales de encadenamiento.
8. Describa cómo cada uno de los tres métodos de encadenamiento servirían para enseñar a hacer la cama.
9. ¿Cuál de los principales métodos de encadenamiento recomiendan los autores para enseñar a personas con trastornos del desarrollo? ¿Por qué?
10. Establezca la distinción entre los tipos de conducta final típicamente establecidas mediante moldeamiento, desvanecimiento y encadenamiento.
11. Supongamos que quiere enseñar a una adolescente a cambiar la rueda de un coche. ¿Usaríamos moldeamiento o encadenamiento? Justifique su elección.
12. ¿Qué quiere decir el término análisis de la tarea? Describa un análisis de la tarea plausible apropiado para enseñar a un niño de tres años la conducta de hacer un nudo al atarse los cordones.
13. Describa brevemente tres estrategias para ayudar a las personas a usar señales para guiar el aprendizaje de una cadena de conductas.
14. ¿En qué se parecen y diferencian una cadena fortuita y una cadena supersticiosa? Véase la sección sobre reforzamiento contingente y no contingente en el Capítulo 3 y la sección sobre posibles errores en el encadenamiento de este capítulo.
15. Describa un ejemplo de una cadena fortuita que no hayamos incluido en este capítulo. Identifique claramente el componente supersticioso.
16. Aporte un ejemplo de un riesgo del encadenamiento mal aplicado. Explique cómo podría evitarse.

EJERCICIOS DE APLICACIÓN

A. Ejercicios que implican a otras personas

1. Describa cómo podría emplear el encadenamiento conductual para enseñar a unos niños a atarse los cordones de los zapatos.
2. Describa cómo podría aplicar el encadenamiento conductual para enseñar a unos niños a hacer un nudo.
3. Describa cómo podría utilizar encadenamiento conductual para enseñar a unos niños a hacer un lazo.
4. Ponga a prueba sus programas de encadenamiento de los ejercicios 1 a 3 y compruebe si funcionan.

B. Ejercicio de auto-modificación

Identifique un déficit conductual personal que sea susceptible de modificación mediante un procedimiento de encadenamiento. Describa en detalle cómo seguiría las pautas para el uso efectivo del método para superar el problema.

NOTA DE AMPLIACIÓN SOBRE EL TEMA

1. En una variación del encadenamiento hacia delante conocida como método de parte pura, partes diferentes de una cadena se enseñan por separado y luego se combinan todas para formar la totalidad. Imagine que desea enseñar a alguien a nadar al estilo crol. Con la guía apropiada y mecanismos para flotar, se pueden entrenar primero los movimientos de brazos, luego la patada correcta y al final el movimiento adecuado de cabeza y las respiraciones. Finalmente, las tres partes se realizarían juntas en una única secuencia. Weld y Evans (1990) encontraron pocas diferencias entre el aprendizaje puro por partes y la presentación total de tarea para enseñar a adolescentes con trastornos del desarrollo severos y moderados a preparar una bolsa de almuerzo y a hacer una tarjeta de felicitación.

Pregunta sobre la nota

1. Describa el método de encadenamiento puro por partes. ¿En qué se diferencia del encadenamiento hacia adelante estándar?

12

Eliminar la conducta inapropiada mediante el castigo

«Ben, no seas tan agresivo»

ELIMINAR LA AGRESIVIDAD DE BEN[15]

Ben tenía siete años y estaba matriculado en un programa especial de una escuela pública para alumnos con dificultades de aprendizaje. Le habían diagnosticado un retraso en el desarrollo y el personal había observado un aumento en la frecuencia con que golpeaba a otros alumnos o incluso a los cuidadores. De hecho, durante las observaciones que se hicieron para tomar la línea de base a lo largo de tres semanas, se comprobó que Ben pegaba a los demás una media de 30 veces al día, con lo que quedó patente que había que hacer algo al respecto.

Aunque se ha demostrado que, usadas como castigo, las consecuencias desagradables reducen la frecuencia de las conductas no deseadas, son muchas las situaciones, y las aulas de las escuelas públicas serían un ejemplo, en que este tipo de consecuencias sería inaceptable. Por tanto, en el caso de Ben, los profesionales decidieron explorar la posibilidad de establecer una contingencia entre hacer ejercicio y los comportamientos agresivos para reducir la frecuencia de éstos.

Se tomaron precauciones para garantizar que el ejercicio contingente no perjudicara a la salud del niño, se explicó el procedimiento con todo detalle al padre y a la madre y se obtuvo su consentimiento para la participación en el programa. El comité de ética de la junta académica del distrito también revisó y aprobó la propuesta, que se aplicó diariamente en clase durante la jornada escolar. El día que se introdujo el ejercicio y Ben dio el primer golpe, la profesora le dijo, «Ben, no se pega a la gente. Siéntate y levántate diez veces». A continuación y con el fin de asegurarse de que lo hacía, la profesora le cogía de la mano y tiraba de él hacia arriba, para que se levantara, y hacia abajo, para que se sentara, a la vez que repetía, «Levantarse, sentarse»,

[15] Este ejemplo está basado en el artículo de Luce, Delquadri y Hall (1980).

hasta completar los 10 ejercicios. A pesar de que Ben protestó en algunas ocasiones, los cuidadores comentaron que sólo inicialmente hubo que obligarle a que hiciera los ejercicios, ya que posteriormente, el comentario verbal era suficiente para que los hiciera por si mismo. De la media de unos 30 golpes diarios que se registró durante la línea de base, la frecuencia se redujo a once ya el primer día de intervención, a diez el segundo día, a uno el tercer día y a uno o ninguno a partir de entonces.

Tras dos semanas, el personal decidió dejar de aplicar el programa de ejercicios contingentes para ver qué sucedía con las conductas agresivas. La frecuencia de los golpes siguió siendo muy baja durante cuatro días, pero luego comenzó a aumentar nuevamente durante otros cuatro días. Se reintrodujo entonces el programa de ejercicios y se observó un declive inmediato de los golpes hasta llegar a desaparecer. Si bien la intervención se mantuvo formalmente durante otros dos meses, lo cierto es que los cuidadores sólo registraron tres incidentes de agresión durante todo este tiempo, con lo cual Ben aprendió a jugar e interactuar con sus compañeros sin volver a evidenciar las características agresivas inapropiadas de su conducta previa.

EL PRINCIPIO DEL CASTIGO

Un **castigo** es un suceso que presentado inmediatamente después de una conducta hace que se reduzca la frecuencia de la misma. Los castigos también se denominan **estímulos aversivos**. Una vez que se determina que un suceso actúa como castigo para una conducta concreta de una persona en una situación específica, podemos usar este mismo suceso para reducir la frecuencia de otras conductas de la misma persona en otras situaciones. Asociado a este concepto está el **principio del castigo**: *si en una situación determinada, una persona hace algo que es inmediatamente seguido de un estímulo punitivo, es menos probable que la persona repita la misma acción cuando se encuentre en una situación parecida*. En el caso de Ben, el ejercicio contingente era un estímulo punitivo de su conducta agresiva.

Hay que destacar que el significado del término «castigo» en el ámbito de la modificación de conducta es muy específico y distinto al que pueda tener para la mayoría de las personas ajenas a la Psicología en el contexto de nuestra cultura. Pensemos, por ejemplo, en alguien que ingresa en prisión como castigo por haber cometido algún delito. En primer lugar, es poco probable que el ingreso en prisión sea una consecuencia *inmediata* de la comisión del delito. En segundo lugar, hay quienes defienden que un «castigo» ha de conllevar *reciprocidad*, es decir, ha de ajustarse a la gravedad del delito, de manera que los delitos más graves merezcan penas más severas. En tercer lugar, un efecto que la cultura espera del «castigo» es que sirva como *disuasor* para los posibles delincuentes. Sin embargo, para los modificadores de conducta, «castigo» no es más que un término técnico que se refiere a la aplicación de una consecuencia inmediatamente después de que una persona emita una conducta, lo cual tiene como efecto la reducción de la probabilidad de la aparición futura de esa conducta en esa persona. Cuando empleamos el término *castigo* en este capítulo y a lo largo del libro, por tanto, siempre lo hacemos con este último significado.

Al igual que el refuerzo positivo, el castigo afecta a nuestro aprendizaje a lo largo de la vida: las consecuencias inmediatas de tocar una estufa caliente nos enseñan a no repetir la acción; es probable que en la infancia, los chichones de las caídas nos ayudaran a adquirir el equilibrio necesario mientras aprendíamos a caminar; y el ceño fruncido de nuestra pareja cuando eructamos en un restaurante extinguió este comportamiento en citas posteriores. Todos hemos visto nuestra conducta afectada cuando los profesores nos han castigado o retirado determinados privilegios o tras sufrir diversos «desplantes» sociales de nuestros compañeros. Sin embargo, es importante resaltar que existe cierta controversia en el ámbito de la modificación de conducta respecto del uso del castigo. Volveremos a este asunto a lo largo del capítulo, después de que hayamos descrito los distintos tipos de castigo y los factores que influyen en sus efectos para suprimir el comportamiento.

TIPOS DE CASTIGOS

Muchos tipos de sucesos, cuando se presentan como una consecuencia de la conducta, encajan en nuestra definición previa de estímulo punitivo y pueden clasificarse conforme a las siguientes categorías (véase Van Houten, 1983): (a) castigos que producen dolor, (b) reprimendas, (c) tiempo fuera y (d) coste de la respuesta. Aunque existe cierto solapamiento entre las categorías, esta clasificación plantea una forma sencilla de organizar los procedimientos de castigo y ahora vamos a ahondar en cada uno de ellos.

Castigos que producen dolor

Los castigos que producen dolor suelen ser *castigos físicos* e incluyen todo tipo de estímulo punitivo que active los receptores del dolor u otros receptores sensoriales que habitualmente provocan sensaciones de malestar. Algunos ejemplos de esta categoría son bofetadas, pellizcos, descargas eléctricas, inhalaciones de amoniaco, baños de agua fría, sonidos muy altos o muy agudos, cosquillas prolongadas y tirones de pelo. Estos estímulos o sucesos se denominan **castigos incondicionados** porque resultan punitivos sin que se haya producido ningún aprendizaje ni condicionamiento previo.

La aplicación del castigo no es agradable y sin embargo, hay casos en que las personas mejoran enormemente con este procedimiento. Un ejemplo muy llamativo es el procedimiento que salvó la vida de Sandra cuando tenía seis meses (Sajwaj, Libet & Agras, 1974). Sandra ingresó en el hospital porque no lograba ganar peso, lo cual estaba asociado a que regurgitaba el alimento continuamente. Evidenciaba falta de peso y desnutrición hasta el punto de que su vida corría peligro. Las observaciones preliminares indicaron que, minutos después de beber la leche, la niña comenzaba a regurgitar y seguía haciéndolo entre veinte y 40 minutos, hasta que aparentemente vomitaba toda la leche que había bebido. Sajwaj y sus colegas decidieron administrarle zumo de limón como castigo. Durante el tratamiento, en cuanto los profesionales detectaban los movimientos de lengua enérgicos que precedían sistemáticamente a los vómitos, le llenaban la boca con zumo de limón. Tras la administración de dieciséis dosis punitivas de zumo, la regurgitación disminuyó hasta un nivel muy bajo. Para asegurarse de que la mejora se debía al programa, el equipo de Sajwaj suspendió el zumo de limón en dos tomas, con el resultado de un aumento evidente de la regurgitación. Tras un periodo de intervención adicional, Sara recibió el alta y la custodia de una familia adoptiva, que mantuvo el tratamiento hasta que ya no fue necesario para su correcta alimentación.

Reprimendas

Las **reprimendas** son verbalizaciones negativas (por ejemplo, «¡No, eso no se hace») inmediatamente contingentes con la conducta inadecuada, que suelen acompañarse de miradas fijas y a veces de un apretón en el brazo. En el Capítulo 4 comentamos que un estímulo asociado a un castigo se convierte también en un castigo y entonces se denomina **castigo condicionado**. Es probable que el componente verbal de la reprimenda sea un castigo condicionado, en tanto que el apretón de brazo sea un castigo incondicionado. En algunos casos, la eficacia de las riñas aumenta si se emparejan con otros castigos y así, Dorsey, lwata, Ong y McSween (1980) las acompañaban de un pulverizador de agua para suprimir los comportamientos auto-lesivos en personas con retraso cognitivo; lo cual logró que las reprimendas no sólo fueran eficaces en el contexto original, sino también en situaciones en que no habían utilizado el pulverizador.

Tiempo fuera

El tiempo fuera implica trasladar a una persona desde una situación reforzante a otra que lo es menos, inmediatamente después de que ha llevado a cabo una conducta específica, por lo que puede interpretarse como una reducción en las oportunidades para obtener refuerzos (Van Houten, 1983, p. 28). Existen dos tipos de procedimiento de tiempo fuera: exclusivo y no exclusivo. Un **tiempo fuera exclusivo** consiste en apartar a la persona durante un periodo de tiempo breve, por ejemplo, cinco minutos, de la situación en que se está produciendo el refuerzo. A menudo, se dispone de una habitación especial al efecto, que se denomina *sala de tiempo fuera*, y que carece de cualquier objeto que pudiera servir como reforzador, además de estar frecuentemente acolchada para minimizar comportamientos auto-lesivos. El tiempo de permanencia en la sala no debe ser prolongado, y son varios los estudios que señalan que cinco minutos es un periodo adecuado (Brantner & Doherty, 1983; Fabiano y cols., 2004). Por supuesto, al calibrar la duración de este castigo, hay que considerar aspectos éticos (véase Capítulo 30, ¿El fin justifica los medios?) y pragmáticos, ya que en el caso de los escolares, se les mantiene alejados del ambiente de aprendizaje. El **tiempo fuera no exclusivo** consiste en introducir en la situación un estímulo que está asociado a un refuerzo menor. Un ejemplo pertinente es el procedimiento de Foxx y Shapiro (1978) en que los alumnos de una clase llevaban un cinturón, del que se les privada durante un rato si no se portaban bien. Mientras no llevaban el cinturón, no podían participar en las actividades del aula y eran ignorados por el profesor.

Coste de la respuesta

El procedimiento de **coste de la respuesta** implica la retirada de una cantidad predeterminada de reforzador inmediatamente después de que se haya producido un comportamiento específico (Reynolds & Kelley, 1997). Este tipo de castigo se emplea a veces en los programas de modificación de conducta en que los participantes obtienen fichas como reforzadores (Kazdin, 1977a). Por ejemplo, Sullivan y O'Leary (1990) mostraron que en un entorno escolar, la pérdida de fichas (cada una de las cuales podía cambiarse por un minuto de recreo) tenía éxito a la hora de reducir comportamientos ajenos a la tarea. Observará que a diferencia de lo que ocurría en el tiempo fuera, en el coste de respuesta no se modifican las contingencias de administración del refuerzo. No hay que confundir este procedimiento con la extinción, en que se deja de administrar el refuerzo inmediatamente después de una respuesta que era previamente reforzada; en tanto que aquí, la respuesta tiene un coste porque se retira un reforzador después de que se produce una respuesta inaceptable.

Algunos ejemplos cotidianos de coste de la respuesta son las penalizaciones de la biblioteca, las multas de tráfico y las comisiones de los bancos por mantener la cuenta en descubierto, aunque estos castigos no suelen aplicarse inmediatamente después de la conducta inapropiada. De la misma manera que en el Capítulo 3 establecíamos la diferencia entre los efectos de acción directa e indirecta del refuerzo positivo, ahora podemos establecerlos respecto del castigo. El *efecto de acción directa* del castigo es el descenso en la frecuencia de la respuesta debido a las consecuencias punitivas inmediatas que se producen aproximadamente durante los primeros 30 segundos. El *efecto de acción indirecta* del castigo es el debilitamiento de una respuesta que es seguida con retraso de un estímulo punitivo. Supongamos que un conductor acelera en un cruce, pero la cámara del radar registra la fotografía y por tanto recibe la multa por correo transcurrida una semana. Aunque mediante este procedimiento, en el futuro el conductor no vuelva a superar los límites de velocidad, no podemos afirmar que el principio aplicado sea simplemente el del castigo. Los castigos diferidos afectan al comportamiento debido a las instrucciones que han guiado la conducta, a las auto-instrucciones o «pensamientos» que intervienen desde el momento en que se produce la conducta hasta que aparece el estímulo punitivo, o debido a la presencia de castigos condicionados inmediatos que actúan entre la conducta y la llegada del castigo de apoyo. Sería inadecuado presentar el castigo como una explicación, sin duda exageradamente simplificada, de la reducción de una conducta cuando ésta no es inmediatamente seguida del estímulo punitivo. En el Capítulo 17, presentaremos las explicaciones de los efectos de acción indirecta del castigo.

Vamos a continuar con la exposición de los factores que influyen sobre la eficacia del castigo, pero quienes estén interesados en la investigación sobre este tema pueden consultar Lerman y Vorndran (2002).

FACTORES QUE INFLUYEN EN LA EFICACIA EL CASTIGO

1. Optimizar las condiciones para conseguir una respuesta alternativa deseable

Al disminuir una respuesta no deseada, lograremos máxima eficacia si aumentamos simultáneamente la frecuencia de otras respuestas alternativas deseables que compitan con la que queremos eliminar (véase **Nota 1**). Hay que intentar identificar estímulos discriminativos que controlen adecuadamente la conducta deseada y presentarlos para aumentar la probabilidad de que se produzca. Además, con el fin de mantener la conducta deseada, hay que contar con reforzadores positivos eficaces distribuidos conforme a un programa adecuado. En el caso de Ben, los profesionales buscaban ejercicios que supusieran un castigo en sí mismos y, por tanto, no incorporaron contingencias de refuerzo positivo cuando se producían conductas alternativas no agresivas; sin embargo, podrían haberlo hecho.

Siempre que nos consultan acerca de la posibilidad de aplicar un procedimiento de castigo para eliminar una conducta inadecuada, recomendamos que en primer lugar se diseñe un programa de control de los estímulos y de refuerzo positivo de comportamientos alternativos aceptables (Figura 12-1). Por ello, si está pensando en aplicar un programa de castigo para disminuir la frecuencia de alguna conducta desagradable, le recomendamos encarecidamente que antes de hacerlo revise y aplique la información que hemos presentado en capítulos previos respecto del refuerzo positivo y el control de los estímulos. Quizá descubra que si logra fortalecer suficientemente algún comportamiento alternativo pertinente, no hay necesidad de usar castigos. También le será de utilidad familiarizarse con los argumentos en contra del uso del castigo que resumiremos más adelante en este capítulo.

Figura 12-1. Un ejemplo de refuerzo de una conducta deseable alternativa.

2. Minimizar la causa de la respuesta que se quiere castigar

Cualquiera que intente aplicar un programa de castigo y quiera optimizar la probabilidad de que se produzca la conducta alternativa deseable, tendrá antes que minimizar las causas de la conducta inaceptable, lo cual implica dos aspectos. Hay que intentar identificar, en primer lugar, los estímulos que actualmente controlan la conducta no deseada y en segundo lugar, los reforzadores que la están manteniendo, ya que si se está produciendo, es probable que haya reforzadores intermitentes que la mantengan. Se denomina análisis funcional de la conducta a esta evaluación de antecedentes y consecuencias y lo expondremos en más detalle en el Capítulo 22. En el caso de Ben, los profesores no pudieron identificar los estímulos discriminativos que disparaban la conducta agresiva, ni las contingencias de refuerzo que la mantenían.

Es importante subrayar que frecuentemente el castigo no es necesario, ya que minimizar las causas de los comportamientos inaceptables, a la vez que optimizar las condiciones para que se produzcan los comportamientos aceptables, suele ser suficiente para que estos últimos compitan con los primeros hasta el punto de suprimirlos.

3. La elección del castigo

Si se va a utilizar un castigo, hay que asegurarse de que será eficaz. En general, cuanto más fuerte o intenso es el estímulo punitivo, mayor es su eficacia para la reducción del comportamiento no deseado (véase **Nota 2**). Sin embargo, la intensidad con que haya que aplicar el castigo dependerá del éxito que tengamos en minimizar las causas de los comportamientos inadecuados, a la vez que optimizamos las condiciones para que se produzcan los alternativos adecuados. Incluso un castigo leve, como es una reprimenda, es eficaz siempre que deje de reforzarse la aparición de la conducta inaceptable y se premie un comportamiento alternativo aceptable mediante una recompensa importante. También hay que tener presente que algunos estímulos parecen castigos aunque de hecho no lo son. Por ejemplo, si los cuidadores dicen, «¡No, niño malo, no hagas eso!» a quien está enfrascado en una conducta inadecuada, es posible que deje de hacerla inmediatamente y realice otra más adecuada que será premiada con la atención por parte de los adultos. Éstos podrían llegar a la conclusión de que la reprimenda ha funcionado como castigo eficaz y sin embargo, para estar seguros tendrían que hacer un seguimiento de la frecuencia con que aparece la conducta desagradable en el futuro, porque el comentario verbal bien pudiera resultar reforzante. Es posible que el niño haya interrumpido la conducta porque, ahora que ya ha logrado la atención de los adultos, puede llevar a cabo otra conducta que mantenga esa atención, al menos durante algún tiempo. Es decir, la reprimenda podría funcionar como estímulo discriminativo de la conducta posterior agradable del niño, y no tener efecto realmente, ni como castigo ni como refuerzo, de su conducta previa desagradable. Son varios los estudios que han indicado que las reprimendas pueden funcionar como reforzadores positivos y por tanto es probable que a largo plazo la frecuencia de la conducta no deseada que las evoca aumente (p.ej., Madsen, Becker, Thomas, Koser & Plager, 1970). No por ello hay que pensar que las riñas o las amenazas nunca constituyan castigos ya que de hecho, son muchas las situaciones en que demuestran su eficacia. Sin embargo, para que esto suceda, han de estar firmemente respaldadas por otro castigo, hay que minimizar las causas de la conducta indeseable y hay que maximizar las condiciones que favorezcan la aparición de los comportamientos alternativos deseables (Van Houten & Doleys, 1983).

En general, hay que castigar de manera que no pueda emparejarse con el refuerzo positivo, pero este requisito es de difícil cumplimiento cuando quien aplica el castigo es una persona adulta y quien lo recibe suele estar privado de atención. Si los niños reciben la atención cariñosa de los adultos durante un periodo de tiempo previo a la aparición del comportamiento no deseado, y éste es seguido inmediatamente de una clara reprimenda verbal por parte de la persona adulta, es más probable que la riña funcione como castigo. Sin embargo, si la reprimenda es la única atención que los niños van a recibir de los adultos durante un periodo de tiempo prolongado, es obvio que probablemente resultará reforzante.

Tener que hacer ejercicio contingente con su comportamiento resultó un castigo adecuado para Ben porque fue muy eficaz, se podía presentar inmediatamente después de la conducta no deseada y además se podía hacer de forma que no se asociara con un refuerzo positivo. El cuidado y la atención que los profesionales pusieron en la elección del ejercicio sin duda mereció la pena porque: cualquier miembro del personal podía dar la orden verbal para su realización; Ben hizo los ejercicios a menudo en diversas situaciones de juego; se ajustaban bien a gran variedad de entornos; y parece que cansaban al niño rápidamente, pero no le producían tensiones adicionales innecesarias.

Hay casos en que en lugar de optar por un solo estímulo punitivo, es preferible elegir varios que se distribuyen a lo largo de las apariciones sucesivas de la conducta no deseada. Por ejemplo, Charlop, Burgio, lwata e Ivancic (1988) aplicaron reprimenda, restricción física, tiempo fuera o un sonido fuerte como castigo a continuación de agresiones y auto-estimulación en niños con deficiencias evolutivas. Si bien en algunas sesiones sólo se administraba un castigo, en otras se alternaban los cuatro y se observó que en estas últimas era mayor la reducción de la frecuencia de las conductas violentas.

4. Añadir antecedentes, incluidas normas, para el castigo

Como vimos en el Capítulo 8, el estímulo discriminativo se presenta en la situación en que la respuesta va a ser reforzada, en tanto que el estímulo discriminativo punitivo (E^{Dp})[16] es aquel en cuya presencia la respuesta va a ser castigada. Por ejemplo, muchos aprendimos durante la infancia que pedir concesiones especiales a los adultos cuando estaban de mal humor solía conducir a una reprimenda (véase **Nota 3**). Las conductas típicas de los progenitores «cuando están de mal humor» funcionaban como estímulos discriminativos punitivos. Aunque no existe mucha investigación al respecto (p.ej., O'Donnell, Crosbie, Williams & Saunders, 2000), sí hay algunos datos que señalan que si el castigo sigue habitualmente a la aparición de una respuesta en presencia del estímulo discriminativo punitivo, es menos probable que ésta vuelva a ocurrir cuando aparezca este estímulo.

Como ya mencionamos tanto para el refuerzo positivo como para la extinción, añadir normas a un programa de castigo suele ayudar a reducir la frecuencia de la conducta inadecuada y a aumentar la frecuencia de la alternativa favorable más rápidamente (véase, por ejemplo, Bierman, Miller & Stabb, 1987). Además, como ya señalamos en el Capítulo 3, es importante centrar la atención sobre la acción y no sobre quien la ejecuta; es decir, las conductas pueden ser indeseables, pero nunca las personas. En el Capítulo 17, comentaremos más detenidamente el uso apropiado de las normas.

5. Administrar el castigo

El castigo es más eficaz cuando el estímulo punitivo se presenta siempre *inmediatamente después* de la conducta no deseada. Si el castigo se retrasa, podría producirse otro comportamiento aceptable antes de su administración y entonces sería éste el que estaríamos suprimiendo. Un ejemplo clásico es el de la madre que pide al padre

[16] Agradecemos a Jennifer O'Donnell (2001) la introducción del símbolo E^{Dp}.

que al llegar a casa castigue al niño porque se ha portado mal anteriormente. Esta petición es inadecuada por dos razones: el niño recibe el castigo aunque ahora se esté portando bien y además, se castiga al padre por volver a casa después del trabajo. Esto no significa que el castigo diferido sea siempre ineficaz, porque como comentamos en el Capítulo 17, al presentar el comportamiento regido por normas, la mayoría de los seres humanos establecemos conexiones entre acciones y consecuencias aunque haya transcurrido mucho tiempo. No obstante, el castigo inmediato suele ser más eficaz que el castigo diferido.

El castigo ocasional no es tan eficaz como el castigo que se produce después de todas las apariciones de la conducta inaceptable (véase, por ejemplo, Kircher, Pear & Martin, 1971), lo cual implica que si no podemos detectar la mayoría de las ocasiones en que se presenta el comportamiento inadecuado, debiéramos cuestionar la validez de optar por un procedimiento punitivo.

Ya hemos mencionado, que no hay que conectar en modo alguno la administración del castigo con la del refuerzo positivo, porque esta coincidencia debilitaría el procedimiento. Además, la persona que administra el castigo ha de mostrarse tranquila, ya que manifestar enfado o ira podría reforzar comportamientos no deseados y alterar la estabilidad o intensidad del castigo. Un abordaje sereno, de hechos consumados, garantiza que el programa se va aplicar siempre de forma adecuada.

¿DEBE USARSE EL CASTIGO?

El uso del castigo siempre ha generado gran polémica, incluso antes de la llegada de la modificación de conducta, pero la controversia se intensificó durante la década de 1980 (Meyer & Evans, 1989; Repp & Singh, 1990) y varias organizaciones relacionadas con los programas de acción social han formulado quejas oficiales contra algunas aplicaciones de los castigos. Por ejemplo, la Dirección de la Práctica Profesional de la Asociación Estadounidense de Psicología (*American Psychological Association)* y la Asociación Nacional de Psicólogos Escolares han declarado frente al Congreso de los Estados Unidos en apoyo de una enmienda que prohíba el uso de castigos corporales, es decir físicos e inductores de dolor, en niños con trastornos emocionales («P. D. Supports Ban on Corporal Punishment,» 1990). En 1990, la Asociación Estadounidense para el Retraso Cognitivo (*American Association on Mental Retardation*) adoptó una postura pública de condena de «los procedimientos aversivos que producen daño físico, dolor o enfermedad... y... los procedimientos deshumanizadores y de degradación social, el abuso verbal y las reacciones excesivas» (p. 5).

Algunos profesionales argumentan que aplicar métodos no aversivos para eliminar comportamientos inaceptables siempre es, al menos, tan eficaz como castigar y por tanto, nunca existe justificación para infligir castigos que produzcan dolor (véase Guess, Helmstetter, Turnbull & Knowlton, 1986). Ningún ser humano creería que es ético provocar dolor si existen métodos no aversivos igualmente eficaces; sin embargo, parece que hay algunos casos en que las conductas extremadamente peligrosas sólo logran suprimirse mediante castigos que producen dolor. Por ejemplo, algunas personas con retraso cognitivo o autismo practican repetidamente conductas autolesivas muy graves: llegan a causarse daños en la visión al intentar sacarse los ojos, lesiones del oído al golpearse en la oreja, heridas abiertas y sangrantes por los golpes en la cabeza contra superficies duras o rasgándose la piel, malnutrición conectada a los vómitos provocados tras la comida, etc. Todos estos comportamientos generan riesgos muy altos de invalidez o de muerte, y son varios los estudios que han demostrado la posibilidad de eliminarlos mediante castigo aversivo (véase por ejemplo, Favell y cols., 1982; Linscheid, Iwata, Ricketts, Williams & Griffin, 1990; Linscheid, Pejeau, Cohen & Footo-Lenz, 1994). Una vez que se suprime el comportamiento autolesivo por completo, el refuerzo positivo será adecuado para mantener algún comportamiento alternativo deseable. Hay casos en que la única alternativa viable es la restricción consistente, por ejemplo, en forrar las manos de la persona con guantes acolchados, o incluso atarle a una silla de ruedas o una cama; sin embargo hay que tener presente que esta situación impide que logre aprender las conductas adaptativas deseables que sustituyan la conducta no deseada.

Se han descrito métodos, como la *docencia amable*, que pretenden reemplazar eficazmente todas las formas de control aversivo (McGee, Menolascino, Hobbs & Menousek, 1987). En su mayor parte, los métodos descritos se basan en los principios comportamentales comentados en los capítulos del 3 al 11. Aunque estos autores proporcionan muchos ejemplos interesantes de alternativas que habría que probar antes de aplicar los métodos aversivos, no está claro que sus propuestas puedan sustituirlos en todos los casos, y son varios los autores que han señalado serias limitaciones en este enfoque (e.g., Bailey, 1992; Jones & McCaughey, 1992). Lo que sí está claro es que la decisión respecto de la adecuación de métodos aversivos o no en cada situación concreta requiere mucha pericia y entrenamiento profesional considerable, por lo que no debiera ser responsabilidad de personas sin las cualificaciones pertinentes. Así pues, el tratamiento de problemas comportamentales graves, los únicos para los que se debe considerar el uso del castigo aversivo, habría de quedar reservado para profesionales cualificados pertenecientes a organizaciones acreditadas (Griffith & Spreat, 1989).

Buena parte de la controversia se centra en el castigo que provoca dolor, pero también se critican otros tipos de castigo, y pocos autores argumentarían a favor de la eliminación de todo tipo de castigo. Sin embargo, resulta extremadamente difícil especificar el grado exacto de castigo que convendría administrar en una situación determinada. Al comentar la práctica del tiempo fuera, Meyer y Evans (1989, p. 102) afirman: «La zona que se usa para el aislamiento durante el tiempo fuera no tiene por qué ser enormemente cómoda y agradable, pero tampoco ha de ser extremadamente desagradable». Esta recomendación es tan ambigua que deja la puerta abierta a todo tipo de subjetividades en la selección de la habitación en que aplicar el castigo, sin embargo los mismos autores se oponen al uso del ejercicio para castigar, como de hecho mostramos en el caso de Ben, aunque opinan que puede ser adecuado para «calmar» a quien acaba de exhibir un comportamiento inadecuado» (p. 137). Desafortunadamente, es muy difícil si no imposible, distinguir entre estos dos objetivos en la práctica gimnástica puesto que, conforme a la definición técnica de castigo que hemos presentado en este capítulo, obligar a alguien a hacer ejercicio con el fin de «calmarle» también puede castigar comportamientos precedentes. Más bien parece que la preocupación de Meyer y Evans, que compartimos plenamente, radica en el uso degradante o humillante, que por supuesto siempre hay que evitar, del castigo. Con independencia de la naturaleza de las limitaciones de una persona y de lo poco apropiada que resulte su conducta, siempre hay que tratarla con el respeto que merece todo ser humano.

La utilización del castigo es controvertida porque queda claro que puede provocar efectos dañinos, que resumiremos a continuación:

1. *Comportamientos agresivos.* El castigo tiende a provocar comportamientos agresivos. Experimentos realizados con animales muestran que la aplicación de estímulos dolorosos les lleva a atacar a otros animales, aunque éstos no estén conectados con su administración (Azrin, 1967). Algunas investigaciones sugieren que este resultado también es aplicable a los seres humanos (Berkowitz, 1988, 1989). De ahí que no pueda causarnos sorpresa que algunas personas ataquen a otras después de ser castigadas.
2. *Comportamientos emocionales.* El castigo produce efectos secundarios emocionales, tales como llorar y experimentar miedo generalizado. Estas consecuencias no sólo son desagradables para las personas implicadas, sino que a menudo interfieren con la conducta deseable, sobre todo si ésta es de naturaleza compleja.
3. *Comportamientos de escape y evitación.* El castigo puede producir que la situación y las personas relacionadas con los estímulos aversivos se conviertan en castigos condicionados. Por ejemplo, si al enseñar a los alumnos a leer, les castigamos cuando se equivocan, cualquier aspecto de la situación, ya sean textos impresos, libros, los maestros que imparten el castigo o el aula en que se produce, se convertirán también en estímulos punitivos. Los estudiantes podrían entonces intentar evitar o escapar de estos estímulos (véase Capítulo 13), con lo que en vez de ayudarles a aprender, estaríamos alejándoles de todo lo relacionado con las situación académica.

   El castigo no necesita ser especialmente fuerte para provocar los efectos no buscados mencionados en los puntos 1, 2 y 3. Por ejemplo, conocemos a una profesora que utilizaba una silla para aplicar tiempo fuera como castigo para los alumnos de primer grado y por razones que desconocemos, quizá relacionadas con que la silla era negra y ella decía a los revoltosos que se sentaran en «la silla negra», ésta se convirtió en algo que aterrorizaba a los pequeños. Años después, antiguos alumnos que volvían a visitarle todavía mencionaban el pánico que experimentaban frente a la «silla negra», a pesar de que nunca les había pasado nada malo por sentarse en ella. Por supuesto, cuando la maestra supo del problema, modificó el procedimiento: ahora se denomina «la silla tranquilizadora» y de vez en cuando, ella misma demuestra sus propiedades benignas sentándose en ella cuando siente la necesidad de calmarse.
4. *No hay comportamientos nuevos.* El castigo no establece ninguna conducta deseable nueva, sólo suprime el comportamiento anterior, en otras palabras, no enseña a la persona qué hacer y, en el mejor de los casos, sólo le enseña qué no hacer. Por ejemplo, una característica fundamental que podría definir a muchas personas con trastornos evolutivos es que carecen de los comportamientos con que cuenta la mayoría de la población. En este caso por tanto, habría que hacer hincapié en el establecimiento de nuevas destrezas y no tanto en eliminar las adquiridas, para lo cual tendremos que aplicar programas de refuerzo.
5. *Imitar el castigo.* Los niños suelen imitar a los adultos y por tanto, si les castigan, es más probable que los pequeños hagan lo mismo a otros. De ahí que quizá al castigar a los niños estemos sin querer sirviendo de modelo sobre cómo presentar estímulos aversivos a los demás (Bandura, 1965, 1969). Por ejemplo, los estudiantes que aprendieron un juego

en que se les multaba por emitir respuestas incorrectas, multaban a los compañeros a quienes tenían que enseñar a jugar (Gelfand y cols., 1974).

6. *El uso continuado del castigo.* Dado que el castigo tiene como resultado la supresión rápida del comportamiento inaceptable, podría resultar tentador seguir usándolo en vez de reforzar positivamente los comportamientos alternativos satisfactorios. Sin embargo, las conductas desagradables podrían reaparecer tras una supresión meramente transitoria o incluso producirse otros comportamientos desagradables, con lo cual, quien administra el castigo tendría que recurrir a dosis cada vez mayores, creando así un círculo vicioso de efectos desastrosos.

LOS MODIFICADORES DE CONDUCTA Y LOS PROGRAMAS DE CASTIGO

Vamos a reconsiderar la cuestión, ¿se debe usar el castigo? Antes de proseguir, haremos nuevamente hincapié sobre un aspecto ya citado previamente en este capítulo: no estamos hablando del castigo como suelen hacerlo en términos generales quienes carecen de formación en modificación de conducta. Es decir, *no* estamos hablando del castigo de una persona para disuadir a otras, ni de proporcionalidad, ni de una consecuencia tardía del mal comportamiento. Más bien nos referimos a presentar de forma consistente un castigo inmediatamente después de que se produzca una conducta problemática, y hacerlo considerando detenidamente los factores que influyen sobre la eficacia del procedimiento, tal y como ya hemos descrito previamente. Sin embargo, dado que es demasiado fácil abusar de ellos y que su aplicación tiene efectos secundarios potencialmente perjudiciales, recomendamos que el castigo, en el sentido conductual del término, sea siempre el último recurso. Los profesionales de la modificación de conducta sólo debieran considerar el diseño de programas de castigo, ya sea para escuelas, instituciones, personas con retrasos cognitivos o cualquier otro caso, si:

- Se han tomado medidas para garantizar la optimización de las condiciones para que se produzcan conductas alternativas deseables y para minimizar las causas de las respuestas que se van a castigar.
- La conducta es inadaptativa y la defensa de los intereses del cliente implica lograr un cambio rápido de la misma (véase **Nota 4**).
- El cliente (o sus responsables legales) dan el consentimiento (véase Capítulo 30).
- La intervención cumple con la normativa de principios éticos (véase Capítulo 30).
- El castigo se aplica conforme a directrices claramente explicitadas (véase la sección sobre directrices para la aplicación eficaz del castigo en este mismo capítulo)
- El programa incluye salvaguardas para proteger los derechos del cliente (véase Capítulo 30).

ERRORES EN LA APLICACIÓN DEL CASTIGO

Son muchas las ocasiones en que las personas aplican castigos sin darse cuenta de que lo están haciendo. Un ejemplo muy habitual es la crítica o ridiculización de alguien que emite un comportamiento inadecuado, ya que obviamente la burla es punitiva y es probable que elimine la conducta en el futuro, pero también es probable que aleje a la persona de quien le castiga. No obstante, el comportamiento inadecuado ridiculizado podría constituir una aproximación a una conducta más adecuada y su eliminación habrá dañado las oportunidades posteriores de alcanzar el comportamiento adaptativo mediante moldeado. En términos cotidianos, la persona se desanima, se rinde y abandona los intentos de desarrollar el comportamiento pertinente; además, como intentará evitar y escapar de la persona que le administra la crítica y la burla (véase Capítulo 13), ésta habrá perdido buena parte de su potencial eficacia como refuerzo.

Otro ejemplo de uso inapropiado del castigo son los comentarios del tipo, «eso está bien, pero...». Sobre la base de lo expuesto al respecto, es probable que encuentre formas más agradables y eficaces de agradecer a los adolescentes su ayuda en las tareas domésticas que decirles, «Gracias por la ayuda, pero la próxima vez no seas tan lento».

Estamos convencidos de que el castigo sólo debe aplicarse junto al refuerzo positivo de una conducta deseable y sólo con el propósito de suprimir comportamientos no deseados que no pueden reducirse de otra forma.

DIRECTRICES PARA UNA APLICACIÓN ADECUADA DEL CASTIGO

Es probable que las normas para el uso eficaz del castigo se incumplan más a menudo que las de cualquier otro principio. Por lo tanto, si vamos a usar un procedimiento de castigo, aunque sea leve, es un deber tanto para con nosotros mismos como para con la persona castigada, hacerlo bien, especificando claramente por escrito las condiciones de aplicación que seguiremos específicamente.

1. *Elegir una respuesta.* El castigo es más eficaz cuando se elige una conducta específica, como saltar sobre el brazo de la silla, en vez de una categoría general de comportamiento, como maltratar los muebles.
2. *Optimizar las condiciones para conseguir una respuesta alternativa deseable (no castigada)*
   - **a.** Elegir un comportamiento alternativo deseable que se pueda reforzar y que compita con el comportamiento a castigar. Siempre que sea posible, hay que elegir una conducta que se mantenga en el entorno cuando termine el programa de refuerzo.
   - **b.** Presentar señales que inciten claramente a aumentar la frecuencia con que ocurre la conducta deseable.
   - **c.** Reforzar el comportamiento deseable mediante reforzadores potentes aplicados mediante un programa adecuado.
3. *Minimizar las causas de la respuesta que se quiere castigar*
   - **a.** Intentar identificar y eliminar todos los estímulos discriminativos de la conducta inapropiada, sobre todo durante las primeras fases de la intervención.
   - **b.** Intentar eliminar cualquier refuerzo potencial de la conducta no deseada.
4. *La elección de un castigo eficaz*
   - **a.** Elegir un castigo eficaz que pueda aplicarse inmediatamente después de la aparición de la conducta inadecuada.

   b. Quien imparte el castigo ha de ser alguien que de ninguna manera se empareje con el reforzamiento positivo de la conducta inapropiada.
   c. Elegir un castigo que pueda presentarse inmediatamente después de cualquier aparición de la conducta inadaptativa.
5. *Presentar estímulos discriminativos punitivos claros*
   a. Explicar a los aprendices el programa antes de comenzar.
   b. Dar señales de «aviso» o «recordatorios»; por ejemplo, «tienes que esperar a mamá antes de cruzar».
6. *Administrar el castigo*
   a. Administrar el castigo *inmediatamente* después de todos los casos en que aparezca la respuesta a eliminar
   b. administrar el castigo de manera tranquila y desapasionada
   c. tener la precaución de no emparejar el castigo de la conducta no deseable con el refuerzo de la misma
7. *Registrar los datos.* En todos los programas de intervención con castigo, hay que llevar a cabo un registro minucioso de datos para estimar los efectos del mismo.

PREGUNTAS DE REPASO

1. Describir el procedimiento que se siguió para eliminar el comportamiento agresivo de Ben.
2. ¿Por qué era importante el control de estímulos en la contingencia de castigo que se dispuso para Ben?
3. ¿Qué es un castigo? Enuncie el principio del castigo.
4. ¿Qué diferencia el significado del término castigo para la modificación de conducta del significado que tiene para la mayoría de las personas sin formación en este ámbito?
5. Describa cuatro tipos distintos de castigos e ilústrelos con ejemplos.
6. ¿Bajo cuál de las cuatro categorías de castigo se incluiría el usado con Ben? Justifique su respuesta
7. Defina el castigo condicionado e ilústrelo con un ejemplo.
8. Señale las diferencias entre los tiempos fuera exclusivos y los no exclusivos.
9. Señale las diferencias entre los efectos de actuación directa e indirecta del castigo y presente un ejemplo de cada situación.
10. Qué tres razones podrían explicar la eficacia de un castigo diferido en la reducción del comportamiento.
11. Si presta la atención debida a los dos primeros factores influyentes sobre la eficacia del castigo, es posible que no tenga que aplicarlo. Comente las razones.
12. ¿Qué pasos podría seguir para determinar experimentalmente si una reprimenda verbal constituyó o no un castigo para un caso concreto?
13. Exponga un caso habitual de retirada contingente del refuerzo positivo de una repuesta que madres y padres suelen aplicar como castigo.
14. Describa las diferencias procedimentales entre extinción, coste de la respuesta y tiempo fuera exclusivo.
15. Compare los términos estímulo discriminativo y estímulo discriminativo punitivo y presente ejemplos.
16. En la sección sobre la administración del castigo, sugerimos que si quien va a modificar la conducta no puede registrar la mayoría de las apariciones del comportamiento a castigar, tendría que cuestionarse la conveniencia del mismo.
   a. Sobre la base de la información presentada, ¿qué razones puede aportar para apoyar esta sugerencia?

b. ¿De qué alternativas disponen los profesores para manejar la situación?

17. Exponga tres directrices para una aplicación adecuada del castigo, que hemos descrito en la sección pertinente.

18. A la vista de la polémica existente respecto del uso del castigo, ¿está de acuerdo con el castigo aplicado a Ben? Justifique su postura.

19. Enuncie seis efectos secundarios potencialmente dañinos de la aplicación del castigo.

20. Describa un caso de aplicación del castigo realizado por personas no bien informadas respecto de lo que están haciendo.

EJERCICIOS DE APLICACIÓN

A. Ejercicios que implican a otras personas

1. Considere el exceso de velocidad (conducir a una velocidad que infringe las normas de circulación) en nuestra cultura.
   - Señale brevemente las contingencias de refuerzo y de castigo respecto al exceso de velocidad.
   - Compare las contingencias actuales del exceso de velocidad con las pautas para la aplicación eficaz del castigo. Identifique las pautas que han ignorado tanto quienes han redactado la ley y quienes la aplican.
2. Considere el comportamiento de verter basura en las carreteras de su vecindario. Responda a las mismas preguntas que en el ejercicio previo sobre el exceso de velocidad.

B. Ejercicio de auto-modificación

Elija un comportamiento personal que quiera reducir. Describa con detalle un programa de castigo que, con la ayuda de algunos amigos, podría reducir dicho comportamiento. Intente que el programa sea lo más realista posible, pero no lo aplique. Por supuesto, debiera ser compatible con las pautas para la aplicación eficaz del castigo.

NOTAS DE AMPLIACIÓN SOBRE EL TEMA

1. C.R. Johnson, Hunt y Siebert (1994) combinaron el refuerzo y el castigo para tratar la pica, enfermedad que consiste en la ingestión de objetos no comestibles o sustancias carentes de nutrientes, presente en algunas personas con alteraciones del desarrollo severas y que frecuentemente se asocia a envenenamiento por plomo y a obstrucción, perforación y parásitos intestinales. Los objetos ingeridos habitualmente son cigarrillos, colillas, objetos de plástico, pelo, pintura de la pared, tierra, arena y papel. Se entrenó al cliente, un adolescente de quince años con retraso cognitivo severo, para comer sólo lo que se colocara sobre una bandeja de plástico de color amarillo brillante. Al hacerlo recibía los elogios del personal de la residencia, así como los refuerzos naturales del buen sabor de los alimentos. Comer cosas que no estaban colocadas en la bandeja era seguido de consecuencias negativas para el cliente, ya que le lavaban la cara con un trapo húmedo durante quince segundos. Esta intervención logró eliminar la pica.

2. Por ejemplo, Thompson, Iwata, Conners y Rosco (1999) evaluaron los efectos de las reprimendas y de una restricción manual breve de movimientos como castigos leves contingentes con las conductas auto-lesivas de cuatro personas con distintos diagnósticos de alteraciones del desarrollo. En todos los casos, los castigos leves produjeron mayores supresiones de la respuesta si se tenía acceso además a algún refuerzo por realizar alguna conducta alternativa pertinente, como la manipulación de materiales de juego.

3. Quienes empiezan a estudiar el análisis del comportamiento suelen confundir el estímulo discriminativo punitivo (E^{Dp}) con el estímulo delta (E^{Δ}). Supongamos que cada vez que los niños dicen una palabrota, el padre o la madre quita veinticinco céntimos de la paga y que como resultado de esta contingencia, decir tacos se reduce significativamente. En este ejemplo, tener al padre o a la madre a la vista debiera funcionar como estímulo discriminativo punitivo de decir palabras malsonantes. Si, por otra parte, los progenitores simplemente ignoran las palabrotas que dicen los niños, es decir, retiran la atención como reforzador, y también consiguen reducir la emisión de tacos, la presencia del padre o la madre funciona como estímulo delta para emitir exabruptos. En ambos casos, los niños dejarían de emitir términos malsonantes en presencia de estos adultos, pero las causas del cambio de comportamiento serían diferentes.

4. ¿Deben usar castigos los padres y las madres? Muchos profesionales de la modificación de conducta prefieren no hacer comentarios sobre este tema porque creen que los medios de comunicación tienden a malinterpretarlos. El tema de los azotes, por ejemplo, ha aparecido en titulares de periódicos como New York Times y USA Today y sin embargo, tenemos que puntualizar que el uso de castigos, no se refiere exclusivamente a los castigos corporales (por ejemplo, azotes; para una revisión de los castigos corporales infligidos por padres y madres, véase Gershoff, 2002), sino que abarca tiempo fuera, coste de la respuesta o reprimendas. También queremos reiterar que cualquier discusión sobre el castigo ha de hacerse con plena consideración del significado que tiene en el marco conductual, que es el aplicado en este capítulo. A este respecto, hay situaciones en que probablemente la aplicación de castigos por parte de padres y madres sea beneficiosa para los niños, como cuando se escapan corriendo en una calle con mucho tráfico, o meten objetos metálicos en los enchufes o se comen la pintura de la pared. Sin embargo, antes de aplicarlos, los progenitores debieran conocer los factores que influyen sobre su eficacia y una fuente excelente es el libro de Cipani (2004b), en que describe los mitos, principios básicos y directrices para un uso responsable del castigo por parte de padres y madres.

Preguntas sobre las notas

1. ¿Qué es la pica y qué factores influyeron en la eficacia del castigo que Johnson y sus colaboradores (1994) incorporaron en su tratamiento?

2. ¿Qué concluyeron Thompson y sus colaboradores respecto de la eficacia de las reprimendas como castigo cuando no existe refuerzo para la conducta alternativa?

3. Presente un ejemplo de estímulo discriminativo punitivo (E^{Dp}).

4. Presente un ejemplo de estímulo delta punitivo (E^{Δ}).

5. ¿Cree que padres y madres debieran usar castigos? Elabore su respuesta.

13

Establecer conductas deseables mediante condicionamiento de escape y de evitación

«¡Jason, eso es malo para tu salud!»

CORREGIR LA MALA POSTURA DE JASON[17]

Jason era un empleado modélico. Un asistente del Anna State Hospital, muy trabajador, puntual y apreciado por los pacientes. Desafortunadamente, Jason solía encorvarse. A primera vista, encorvarse no tendría por qué ser un problema serio. Pero que el personal del hospital camine encorvado no es un buen modelo para los pacientes psiquiátricos. Una mala postura suele repercutir en la aceptabilidad social cuando vuelven para integrarse en la comunidad. Además, muchas autoridades médicas creen que una buena postura mejora la salud.

Por suerte para Jason, algunos psicólogos del hospital estaban llevando a cabo una investigación sobre ingeniería conductual, es decir, el uso de aparatos para manejar contingencias con el fin de modificar la conducta. Jason aceptó llevar una espaldera especialmente diseñada con un cordón elástico conectado a un pequeño generador de tonos y un interruptor. Cuando Jason llevaba camisa y chaqueta, el arnés no se traslucía y nadie lo notaba.

Así es como funcionaba el aparato: cuando Jason se encorvaba, el cordón elástico tiraba y sonaba un clic. Tres segundos después sonaba un tono agudo y se mantenía hasta que Jason se erguía. Por tanto, recuperando una buena postura después del tono, Jason escapaba del sonido. Y si continuaba manteniendo la postura adecuada, lo evitaba. Los resultados fueron llamativos: antes de llevar el aparato, Jason estaba encorvado casi el 60% del tiempo, pero mientras llevaba el arnés sólo estaba encorvado un 1% del tiempo. Cuando se quitó el aparato, volvió a recuperar en parte su mala postura (un 11% aproximadamente), pero la demostración clara de los efectos del aparato le dieron esperanzas para corregir su mal hábito postural.

---

[17] Este caso está basado en Azrin, Ruben, O'Brien, Ayllon y Roll (1968).

CONDICIONAMIENTO DE ESCAPE

En el caso de Jason se aplicaron tres principios conductuales: condicionamiento de escape, condicionamiento de evitación y castigo. El principio del **condicionamiento de escape** establece que existen determinados estímulos cuya desaparición inmediatamente después de la ocurrencia de una respuesta incrementará la probabilidad de esa respuesta. En el procedimiento de escape empleado con Jason, la desaparición del tono tras la respuesta de erguirse incrementó la probabilidad de que Jason exhibiera una buena postura cada vez que se presentaba el tono.

El condicionamiento de escape se parece al castigo porque ambos implican un estímulo aversivo o castigo, pero difieren en el procedimiento en términos, tanto de los antecedentes, como de las consecuencias de la conducta. En relación con los antecedentes, en el condicionamiento de escape, el estímulo aversivo (el tono agudo en el caso de Jason) debe presentarse antes de la respuesta de escape, mientras que el estímulo aversivo no está presente antes de la respuesta que se castiga. En relación a las consecuencias, en el condicionamiento de escape el estímulo aversivo se elimina inmediatamente después de la respuesta, mientras que en el castigo, el estímulo aversivo se presenta inmediatamente después de la respuesta. En términos de resultados, con el procedimiento del castigo la probabilidad de la respuesta objetivo *decrece*, mientras que en el procedimiento de condicionamiento de escape, la probabilidad de la respuesta objetivo *se incrementa*.

Otro término para denominar al condicionamiento de escape sería **reforzamiento negativo** (Skinner, 1953). El término *reforzamiento* indica que es análogo al reforzamiento positivo, ya que en que en ambos casos se fortalecen respuestas. El término *negativo* indica que el efecto de fortalecimiento ocurre porque la respuesta lleva a la eliminación de un estímulo aversivo.

El condicionamiento de escape es habitual en la vida cotidiana. En presencia de un destello brillante, hemos aprendido a escapar de la intensidad de esa luz cerrando los ojos o frunciendo el ceño. Cuando una habitación es muy fría, escapamos poniéndonos un abrigo (véase Figura 13-1). Cuando hace mucho calor escapamos del mismo encendiendo el ventilador o el aire acondicionado. Si hay obras en la calle debajo de casa cerraríamos las ventanas para escapar del ruido. Se presentan otros ejemplos del condicionamiento de escape en la Tabla 13-1.

CONDICIONAMIENTO DE EVITACIÓN

El condicionamiento de escape tiene la desventaja de que el estímulo aversivo debe estar presente para que ocurra la respuesta deseada. En el procedimiento de escape que se usó con Jason, el tono sonaba antes de que Jason mostrara una buena postura. Por este motivo, el condicionamiento de escape no suele ser una contingencia final para mantener la conducta, sino más bien un entrenamiento preparatorio para el condicionamiento de evitación. Así, a Jason le influyó el condicionamiento de evitación después de haber mostrado conductas de escape.

El principio de **condicionamiento de evitación** establece que la frecuencia de una conducta aumentará si previene la ocurrencia de un estímulo aversivo. Durante el

Figura 13-1. Abrigarse mucho en invierno es una conducta reforzada mediante condicionamiento de escape.

Tabla 13-1. Ejemplos de condicionamiento de escape

Situación aversiva	Respuestas de escape de la persona	Eliminación de la situación aversiva	Efectos a largo plazo
1. Un niño ve a un adulto con una bolsa de caramelos. El niño empieza a gritar: «¡caramelos, caramelos, caramelos!»	Para acabar con los gritos el adulto da al niño un caramelo	El niño deja de gritar	En el futuro, es más probable que el adulto «ceda» a los gritos del niño debido al condicionamiento de escape (y es más probable que el niño vuelva a gritar cuando vea una bolsa de caramelos, debido al reforzamiento positivo que recibe por hacerlo).
2. Una profesora presenta señales cada 30 segundos a una niña con trastorno del desarrollo	La niña empieza a patalear	La profesora da un descanso en el programa de entrenamiento a la niña	Es más probable que la niña vuelva a patalear cuando la profesora le presente señales muy seguidas
3. Un niño que no habla tiene puestos unos zapatos que le aprietan y le hacen daño en los dedos de los pies.	El niño hace ruidos en presencia de un adulto y se señala los zapatos	El adulto le quita los zapatos (y quizá le pone unos más grandes)	Es más probable que el niño vuelva a hacer ruidos y a apuntarse a sus doloridos pies (y otras zonas que le duelan) más rápidamente en situaciones similares en el futuro.
4. Una corredora experimenta la sensación de labios irritados mientras corre en un día ventoso	La corredora se pone cacao en los labios	La sensación de irritación desaparece	Es más probable que la corredora vuelva a ponerse cacao en los labios para aliviar la irritación
5. Un trabajador del zoo encuentra una montaña de estiércol apestoso en la jaula de un mono	El trabajador se aleja sin haberlo limpiado	El trabajador escapa del olor aversivo (y evita limpiar el estiércol)	En el futuro, es más probable que el trabajador vuelva a huir del estiércol del suelo de la jaula del mono

procedimiento de evitación empleado con Jason, una buena postura evitaba la ocurrencia del tono. Nótese que tanto el condicionamiento de escape como el de evitación implican la presentación de un estímulo aversivo y en ambos aumenta la probabilidad de la conducta. No obstante, una respuesta de escape elimina un estímulo aversivo que ya se ha presentado, mientras que la respuesta de evitación impide que ocurra el estímulo aversivo.

El clic del aparato cuando Jason se encorvaba era un **estímulo de advertencia**, también denominado *estímulo aversivo condicionado*, que señalaba la aparición del tono tres segundos después. Jason aprendió rápidamente a erguirse ante el sonido del clic para evitar el estímulo aversivo de apoyo, el tono. Este tipo de condicionamiento de evitación, que incluye una señal de advertencia, que permite a la persona prepararse para el estímulo aversivo inmediato, se conoce como *condicionamiento de evitación discriminada*.

Debido a que el sonido del clic se convirtió en castigo condicionado mediante los emparejamientos con el estímulo aversivo de apoyo, el procedimiento usado con Jason también incluía un componente de castigo. Si Jason estaba encorvado, el sonido del clic, un castigo condicionado, tenía lugar. Por esto, Jason empezó a llevar el aparato, se reforzó que estuviera erguido mediante condicionamiento de escape y se mantuvo la postura correcta mediante condicionamiento de evitación, mientras la postura encorvada se castigaba inmediatamente. No es sorprendente entonces que los resultados fueran tan espectaculares.

El condicionamiento de evitación también es habitual en la vida cotidiana: en muchas aulas, los niños aprenden a responder adecuadamente fundamentalmente para evitar el ridículo o las malas notas; el sistema legal se basa sobre todo en el condicionamiento de evitación; se pagan los impuestos para evitar ir a la cárcel; se mete dinero en los parquímetros para evitar las multas; se pagan las multas para evitar una citación del juzgado. Otros ejemplos de condicionamiento de evitación se presentan en la Tabla 13-2.

Tabla 13-2. Ejemplos de condicionamiento de evitación

Situación	Estímulo de advertencia	Respuesta de evitación	Consecuencias inmediatas	Consecuencias aversivas evitadas
1. Va caminando por el pasillo de un centro comercial	Alguien que no le cae del todo bien sale de una tienda un poco más allá	Entra inmediatamente en la tienda más cercana	Ya no ve a la persona que no le cae bien	Evita un encuentro desagradable
2. Un niño que juega en el patio de su casa ve al perro de los vecinos, que ya le había asustado anteriormente con sus ladridos	El niño siente ansiedad	El niño entra en la casa	El niño está menos asustado	El niño evita oír los fuertes ladridos del perro
3. Uno de los autores está a punto de salir de su oficina para ir a casa	Recuerda que su hijo está practicando con su percusión en la casa	Llama a casa para pedirle al hijo que deje de ensayar	Los pensamientos de que se va a encontrar con ruidos de percusión disminuyen	Evita experimentar el ruido extremadamente alto de la percusión cuando llegue a casa

Los teóricos de la conducta han debatido acerca de la explicación teórica de la respuesta de evitación. El aumento de las respuestas reforzadas positivamente y de las respuestas de escape, y la reducción de las respuestas castigadas, se explican por las consecuencias inmediatas del estímulo. No obstante, la consecuencia de una respuesta de evitación es que el estímulo no ocurra. ¿Qué no ocurra algo puede generar la conducta? Debido a que a los teóricos no les suelen gustar estas paradojas, han reformulado la pregunta de la siguiente manera: ¿existen consecuencias inmediatas de los estímulos que pasen desapercibidas para los observadores, pero que no obstante mantengan respuestas de evitación?

Existen varias explicaciones alternativas posibles. Una posibilidad en el condicionamiento de evitación es que la respuesta de evitación se fortalezca porque acaba inmediatamente con el estímulo de advertencia. Por ejemplo, recuerde que en el caso de Jason, el tono era el estímulo aversivo de apoyo. Debido a que el sonido del clic estaba emparejado con el tono, el clic se convirtió en estímulo aversivo. Cuando Jason dejaba de enconvarse en presencia del clic, el resultado inmediato era que éste desaparecía. Aunque mantenerse erguido era una respuesta de evitación respecto del tono, funcionaba también como una respuesta de escape respecto del clic. Este tipo de explicación se ajusta al primer ejemplo de condicionamiento de evitación de la Tabla 13-2.

Una segunda explicación del condicionamiento de evitación en algunos casos, se ilustra con el segundo ejemplo de la Tabla 13-2. La visión de un perro provocaba que el niño sintiera ansiedad. Inmediatamente después de la respuesta de evitación, sentía menos ansiedad. La posibilidad de que las respuestas de evitación ocurran porque nos permiten escapar a la ansiedad se comenta en el Capítulo 15.

¿Cómo se explican las respuestas de evitación en el tercer ejemplo de la Tabla 13-2? Quizá el pensamiento de que su hijo estaba practicando con la percusión era aversivo, y estos pensamientos cesaron tras la conversación telefónica. O quizá la explicación sería que estamos frente a un comportamiento gobernado por reglas, que analizaremos en el Capítulo 17. Estas explicaciones son plausibles, a la vez que especulativas, pero nos permiten calibrar por qué los modificadores de conducta están perplejos acerca de la explicación a la respuesta de evitación en términos de consecuencias inmediatas del estímulo.

POSIBLES OBSTÁCULOS EN EL CONDICIONAMIENTO DE EVITACIÓN

Existen muchas ocasiones en que las personas aplican por desconocimiento condicionamiento de escape y de evitación, con el resultado de que conductas que no son agradables se fortalecen. Por ejemplo, muchos estudios han demostrado que profesores de alumnos con trastornos del desarrollo suelen mantener sin saberlo los problemas conductuales de estos escolares mediante condicionamiento de escape. El ejemplo 2 de la Tabla 13-1 ilustra este supuesto y fue demostrado por Lalli y sus colaboradores (1999). Los problemas conductuales de personas con trastornos evolutivos suelen permitirles escapar de situaciones de aprendizaje, de trabajo y de tareas domésticas. Las observaciones de interacciones familiares que hicieron Snyder, Schrepferman y St. Peter (1997) indicaron que los padres y madres de los niños etiquetados como antisociales solían fortalecer las conductas agresivas de sus hijos desistiendo o rindiéndose cuando la conducta agresiva tenía lugar. Los padres y madres estarían estableciendo, sin darse cuenta, conductas verbales inadecuadas con los hijos que prometen desesperadamente, «seré buena, no volveré a hacerlo» para escapar o evitar el castigo por alguna infracción de las normas domésticas. Cuando estas súplicas tienen éxito, se fortalecen y es más probable que vuelvan a emitirse en circunstancias similares, pero el comportamiento desagradable que los progenitores intentaban castigar se verá lamentablemente muy poco afectado, o nada en absoluto. La conducta verbal con poca relación con la realidad se incrementaría, mientras que la respuesta objetivo no deseable se mantendría fuerte.

Se observa otro ejemplo en los reclusos que aprenden a responder con frases «correctas» para conseguir la libertad condicional; de ahí que los comités de libertad condicional tengan dificultades para determinar cuándo es únicamente la conducta verbal de los internos la que se ha modificado, no sus conductas antisociales (por ejemplo, agresiones, destrucción de la propiedad). No es difícil observar los parecidos en las disculpas, confesiones y el «aspecto de culpable» característicos de los agresores en todos los ámbitos de la vida. Mentir o tergiversar los hechos es una forma de evitar el castigo si lo que se pretende es salir impune. Otros ejemplos de conducta no deseable mantenida mediante condicionamiento de escape se presentan en el Capítulo 22.

Un segundo riesgo del escape y la evitación es el condicionamiento fortuito de estímulos como si fueran aversivos, a los que una persona responderá por tanto posteriormente huyendo o evitándolos. Por ejemplo, si un entrenador grita, critica o ridiculiza a los atletas, éstos mejorarían principalmente para evitar o escapar de la ira del entrenador, pero también es probable que eviten al entrenador, que se ha convertido en un estímulo aversivo condicionado. Y si las técnicas de entrenamiento se vuelven muy aversivas, algunos miembros del equipo podrían dejar el deporte por completo. Otro ejemplo sería el los profesores que debido a su uso excesivo del castigo trasforman la clase, los materiales de aprendizaje y a sí mismos en estímulos aversivos condicionados. Si la frecuencia punitiva es muy elevada, esta situación conduce a que las personas se alejen de los docentes, el colegio y los libros, y por tanto no progresen académicamente. Claramente, esta es la consecuencia más lamentable del condicionamiento de escape y de evitación.

Un último riesgo del condicionamiento de escape es que en muchas situaciones mantiene conductas inadecuadas de los profesores y de otros cuidadores. Esto puede verse fácilmente en el primer ejemplo de la Tabla 13-1.

NORMAS PARA LA APLICACIÓN EFECTIVA DEL CONDICIONAMIENTO DE ESCAPE Y DE EVITACIÓN

Las reglas que presentamos a continuación puede aplicarlas cualquiera que quiera emplear el condicionamiento de escape y de evitación:

1. Si es posible elegir entre mantener una conducta mediante procedimientos de escape o de evitación, es preferible la segunda opción por dos razones. Primero, en el condicionamiento de escape el estímulo aversivo de apoyo debe estar presente antes de la respuesta objetivo, mientas que en el condicionamiento de evitación, el estímulo aversivo de apoyo sólo se aplica cuando la respuesta final no ocurre. Segundo, en el condicionamiento de escape la respuesta final no ocurre cuando el estímulo aversivo de apoyo no está presente, mientras que en el condicionamiento de evitación la respuesta decrece muy despacio cuando el estímulo aversivo de apoyo no va a volver a aparecer.
2. La conducta objetivo debería establecerse mediante condicionamiento de escape antes de incluirla en un procedimiento de evitación. En el caso presentado al principio de este capítulo, Jason aprendió cómo escapar del ruido antes de aprender a evitarlo.
3. Durante el condicionamiento de evitación, conviene que un estímulo de advertencia señale la aparición inminente del estímulo aversivo. El condicionamiento se produce más eficazmente si existe una advertencia de que un fallo en la respuesta provocará una estimulación aversiva. Un ejemplo del entorno natural es la palabra «INFRACCIÓN» impresa en un parquímetro, que indica que el conductor recibirá una multa si no mete una moneda en el parquímetro. El mecanismo que hace «clic» cumplía una función parecida para Jason, indicando que sonaría el tono tres segundos más tarde a menos que dejara de estar encorvado. Y si Jason se erguía en esos tres segundos, podría evitar el tono. De forma equivalente, meter una moneda en el parquímetro elimina la señal de «INFRACCIÓN» e impide que ocurra la multa.
4. El condicionamiento de escape y de evitación, como el castigo, han de usarse con cautela porque implican estímulos aversivos que conllevan efectos secundarios nocivos como agresión, miedo y tendencia a evitar o a escapar de cualquier persona o circunstancia asociada con el procedimiento.
5. Es aconsejable emplear conjuntamente el reforzamiento positivo del objetivo con el condicionamiento de escape y de evitación, no sólo porque ayudará a fortalecer la conducta deseada, sino porque tenderá a contrarrestar los efectos secundarios disfuncionales. La técnica practicada con Jason probablemente habría funcionado mejor si se le hubiera añadido reforzamiento positivo por la postura erguida, pero no se hizo porque los investigadores estaban interesados en el procedimiento de escape y de evitación en sí.
6. Como en todos los procedimientos descritos en este texto, la persona afectada debiera conocer, para su mejor comprensión, algo acerca de las contingencias que están funcionando. Sin embargo, de nuevo otra vez, al igual que sucede en todos los procedimientos que venimos comentando, no son necesarias las instrucciones para que el condicionamiento de escape y de evitación funcionen.

PREGUNTAS DE REPASO

1. Defina condicionamiento de escape y describa un ejemplo que no esté en el texto.
2. ¿En qué se parecen el condicionamiento de escape y el castigo? En el procedimiento ¿de qué dos formas se diferencian? ¿En qué se diferencian sus efectos?
3. Atendiendo al procedimiento, ¿qué dos diferencias hay entre el condicionamiento de escape y el reforzamiento positivo? ¿En qué se parecen sus efectos?
4. Atendiendo al procedimiento ¿qué dos diferencias hay entre condicionamiento de escape y de evitación?
5. ¿En qué se parecen los reforzadores positivos condicionados y los castigos condicionados? ¿En qué se diferencian?

6. Aporte otro término para denominar al estímulo de aviso.
7. Describa dos ejemplos de condicionamiento de escape de la vida cotidiana.
8. Describa dos ejemplos de condicionamiento de evitación de la vida cotidiana.
9. ¿En qué se parecen un estímulo de advertencia y un estímulo discriminativo? ¿En qué se diferencian?
10. ¿En qué se diferencian un estímulo de advertencia y un estímulo discriminativo punitivo (Capítulo 12)?
11. Explique con un ejemplo propio por qué se suelen reforzar conductas no deseables de otras personas (pista: mire el primer ejemplo de la Tabla 13-1). Identifique claramente los principios conductuales implicados.
12. Explique cómo el condicionamiento de escape podría mantener la conducta de un adulto de responder de forma no apropiada al aislamiento social extremo de un niño.
13. Describa tres tipos de consecuencias inmediatas que podrían estar manteniendo respuestas de evitación.
14. Describa brevemente tres ejemplos de cómo los principios de condicionamiento de escape o evitación pueden funcionar en contra de aquéllos que no son conscientes de su existencia.

EJERCICIOS DE APLICACIÓN

A. Ejercicio que implica a otras personas

Una conducta de evitación satisfactoria implica que una persona ha sido condicionada para responder (probablemente frente a una señal de advertencia) de forma que evite la ocurrencia de un estímulo aversivo de apoyo. Esto significa que la conducta evasiva podría persistir aun cuando (por alguna razón) el entorno cambie y el estímulo aversivo de apoyo no se presente más, independientemente de la conducta de la persona. Describa un ejemplo que haya observado en alguien que no sea usted que ilustre este efecto.

B. Ejercicio de auto-modificación

Construya un cuadro parecido a la Tabla 13-1 con cinco ejemplos de condicionamiento de escape que hayan influido en su conducta. Presente cada ejemplo en términos de situación aversiva, respuesta de escape, eliminación del estímulo aversivo y efectos probables a largo plazo de la respuesta de escape.

NOTA DE AMPLIACIÓN SOBRE EL TEMA

1. No todos los tipos de condicionamiento de escape implican un estímulo de advertencia. Un caso pertinente es el conocido como evitación de Sidman (por Murray Sidman, que estudió extensamente este tipo de evitación con organismos inferiores, p.ej., Sidman, 1953). En un experimento típico de condicionamiento de evitación de Sidman con ratas de laboratorio, se presentaba una descarga eléctrica breve cada 30 segundos sin ningún estímulo previo de aviso. Si la rata emitía la respuesta designada, la descarga se pospondría 30 segundos. En estas condiciones, la rata aprendería a generar la respuesta de evitación apropiada con regularidad y evitaría la descarga. El condicionamiento de evitación de Sidman, es también conocido como «no discriminado», «no señalado» o condicionamiento de evitación de operante libre. La evitación de Sidman se ha demostrado con humanos (Hefferline, Keenan y Harford, 1959) y parece subyacer a algunos ejemplos de conductas preventivas cotidianas. Por ejemplo, cuando las carreteras están muy embarradas, los conductores ponen en marcha a menudo el limpiaparabrisas. Para evitar quedarse sin limpiaparabrisas, muchos rellenan el contenedor con regularidad, aunque en muchos coches no haya una señal de advertencia de que el contenedor está casi vacío. No obstante, en el Capítulo 17 se verá que este tipo de ejemplos también puede explicarse como conducta gobernada por reglas.

Preguntas sobre la nota

1. ¿Qué es el condicionamiento de evitación de Sidman?

2. Explique por qué ponerse protector solar o repelente de insectos podría ser un ejemplo de evitación de Sidman. Aporte otro ejemplo cotidiano. (Pista: algunas aplicaciones informáticas tienen un temporizador incorporado que encaja en la definición de condicionamiento de evitación de Sidman).

14

Procedimientos basados sobre los principios del condicionamiento clásico

«¡Detesto esa palabra!»

HACER QUE LAS PALABRAS RESULTEN «DESAGRADABLES»[18]

Sue era estudiante de primero de Psicología en la Universidad Estatal de Arizona y como participante en un experimento, le pidieron que memorizara una lista de palabras que le iban presentando de una en una. Mientras permanecía sentada, tan cómoda como era posible con cables eléctricos en los tobillos y auriculares en la cabeza, leía las palabras que iban apareciendo: «silla, sonrisa, pequeña, grande»... ¡ZAS! ¡BANG! ... de repente se quedó paralizada al notar una leve descarga eléctrica en el tobillo y oír un ruido fuerte a través de los auriculares. No obstante, siguió memorizando la lista. La palabra «grande» apareció varias veces y siempre acompañada de una descarga eléctrica leve y un ruido fuerte, que hacían que Sue experimentara ansiedad, patente en la alteración de su respuesta dermogalvánica (cambio en la conductividad eléctrica de la piel que se produce debido a la reacción de las glándulas sudoríparas). El resultado del emparejamiento de la palabra «grande» con la descarga y el ruido, logró que el mero hecho de escuchar la palabra «grande» hiciera que Sue experimentara ansiedad. Posteriormente, cuando le pidieron que evaluara el significado de las palabras, estimó que «grande» era mucho más desagradable que las demás.

Nota: Durante la sesión aclaratoria, Sue conoció la finalidad del experimento y descubrió que si repetía la palabra «grande» muchas veces, sin emparejarla con la descarga y el ruido, desaparecía gradualmente la sensación de incomodidad que le provocaba.

---

[18] Este ejemplo está basado en un experimento de Staats, Staats y Crawford (1962).

LA CONDUCTA OPERANTE Y LA CONDUCTA RESPONDIENTE

Los principios y procedimientos descritos previamente son fundamentalmente los del **condicionamiento operante**, término inicialmente empleado por Skinner (1938) para referirse específicamente a que la conducta que opera en el entorno podía ser modificada a través de sus consecuencias. Como ya hemos comentado, denominamos reforzadores a las consecuencias que aumentan la probabilidad de que la conducta ocurra, y castigos a las que la reducen. Denominamos **conductas operantes** a las que operan en el ambiente para generar consecuencias y son controladas, a su vez, por esas mismas consecuencias. Echar gasolina al coche, preguntar una dirección, hacer un examen, encender la televisión y hacer el desayuno son ejemplos de conductas operantes.

Aunque los principios del condicionamiento operante tienen una amplia aplicación, hay comportamientos que no se ajustan a este modelo porque tienen un carácter reflejo, es decir, son elicitados por estímulos previos sin relación con las consecuencias de la conducta, como las sensaciones de ansiedad que experimentaba Sue frente a la descarga eléctrica y el sonido fuerte. Algunos ejemplos son salivar al oler la comida, sentir miedo durante una película de suspense, ruborizarse si le dicen que tiene desabrochadas la bragueta o la blusa y excitarse al ver un película pornográfica. Skinner denominó conductas respondientes a estas reacciones que se rigen por un conjunto de principios específicos. En este capítulo describiremos brevemente dichos principios y veremos qué los diferencia del condicionamiento operante. El condicionamiento clásico también se denomina respondiente o pavloviano, en reconocimiento al fisiólogo ruso Ivan Pavlov que lo estudió inicialmente, y por tanto utilizaremos los términos indistintamente.

PRINCIPIOS DEL CONDICIONAMIENTO CLÁSICO

El principio del condicionamiento clásico se basa en que ciertos estímulos elicitan automáticamente ciertas respuestas, independientemente de cualquier otra experiencia de aprendizaje. Estas relaciones «automáticas» de estímulo-respuesta se denominan reflejos incondicionados y la Figura 14-1 presenta algunos ejemplos pertinentes.

Los reflejos de la Figura 14-1 son incondicionados porque los estímulos elicitan la respuesta sin condicionamiento previo, es decir, son «estructurales» o innatos. Se denomina **estímulo incondicionado (EI)** al que elicita una respuesta sin aprendizaje o condicionamiento previo, y **respuesta incondicionada (RI)** a la elicitada por el estímulo incondicionado. En el experimento con Sue, la descarga eléctrica y el ruido eran estímulos incondicionados, en tanto que su respuesta dermogalvánica era la respuesta incondicionada.

Condicionamiento clásico. Para todas las respuestas de la Figura 14-1 encontraríamos estímulos que no las elicitan y por ello serían considerados neutros. Por ejemplo, se asume que un estímulo determinado, como el sonido de la música clásica,

REFLEJO INCONDICIONADO

Estímulo Incondicionado	Respuesta incondicionada
Sistema Digestivo	
Alimento →	Salivación
Alimento en mal estado →	Malestar, nausea
Objeto en el esófago →	Vómito
Sistema Reproductivo	
Estimulación genital →	Lubricación de la vagina, erección del pene, orgasmo
Estimulación del pezón →	Liberación de leche (en mujeres lactantes)
Sistema Circulatorio	
Temperatura elevada →	Sudoración, enrojecimiento
Ruido fuerte repentino →	Palpitaciones, aumento del ritmo cardíaco
Sistema Respiratorio	
Irritación en la nariz →	Estornudo
Obstrucción en la garganta →	Tos
Alérgenos →	Ataque de asma
Sistema Muscular	
Temperatura baja →	Temblor
Golpes o quemaduras →	Retirada
Golpe sobre el tendón rotular →	Flexión de rodilla
Luz en los ojos →	Contracción pupilar
Estimulación novedosa →	Reflejo de orientación
Reflejos Infantiles	
Caricia en la mejilla →	Girar la cabeza
Objeto roza los labios →	Succionar
Comida en la boca →	Tragar
Objeto en la mano →	Agarrar
Sujeto en vertical, tocando el suelo con las puntas de los pies →	Dar pasos

Figura 14-1. Lista parcial de reflejos incondicionados. Adaptada de John D. Baldwin y Janice I. Baldwin, Behavior Principles in Everyday Life, 2.ª Ed. 1986, p. 44. Reimpresión con permiso de Prentice-Hall, Inc., Upper Saddle River, N.J.

es neutro cuando no elicita en la persona una respuesta determinada, como podría ser la salivación. El principio del **condicionamiento clásico,** que ilustra la Figura 14-2, afirma que si un estímulo neutro (el sonido de la música clásica) es seguido inmediatamente en el tiempo por un estímulo incondicionado (comida en la boca), que elicita una respuesta incondicionada (salivación), tenderá a elicitar también esa respuesta en el futuro; es decir, el sonido de la música clásica elicitará la salivación. Por supuesto, hay que realizar varios emparejamientos de la música y la comida antes de elicitar una cantidad de salivación significativa.

Condicionamiento Clásico

Procedimiento: Emparejar el estímulo neutro y el estímulo incondicionado

Muchos emparejamientos { Estímulo neutro (sonido de música clásica)
Estímulo incondicionado (comida en la boca) ⟶ Respuesta Incondicionada (salivación)

Resultado: Estímulo neutro logra elicitar la respuesta
Estímulo condicionado (sonido de música clásica) ⟶ Respuesta condicionada (salivación)

Nota: EN = Estímulo neutro
EI = Estímulo Incondicionado
RI = Respuesta Incondicionada
EC = Estímulo Condicionado
RC = Respuesta Condicionada

Figura 14-2. Modelo del condicionamiento clásico.

Denominamos *reflejo condicionado* a la situación en que la salivación está condicionada por el sonido de la música clásica. Los elementos del reflejo condicionado se denominan **estímulo condicionado** (EC), por ejemplo, el sonido de la música clásica, y **respuesta condicionada** (RC), por ejemplo, salivar al escuchar la música clásica. En el experimento con Sue, la palabra «grande» se convirtió en un estímulo condicionado que elicitaba como respuesta condicionada una alteración de la respuesta dermogalvánica. Es probable que el condicionamiento clásico explique las reacciones que experimentamos frente a términos como cáncer, o incluso frente a letras aisladas, como la calificación de «S» al suspender un examen, porque son el resultado de emparejamientos semejantes a los que llevaron a Sue a considerar que «grande» es desagradable, es decir, afectan al significado de las palabras de manera personal (Staats, 1996; Tyron & Cicero, 1989).

Factores que influyen en el condicionamiento clásico. Hay algunas variables que influyen en el desarrollo de un reflejo condicionado. En primer lugar, *cuanto mayor es el número de emparejamientos entre un EC y un EI, mayor es la capacidad de un EC para elicitar la RC*, hasta que el reflejo condicionado haya alcanzado su máxima intensidad. Si el ladrido de un perro asusta varias veces a alguien, la visión del perro elicitará un temor mayor que si el perro sólo le ha asustado en una ocasión.

Segundo, *el condicionamiento es más potente si el EC precede inmediatamente al EI, que si les separa más tiempo o si aparece después del EI*, en cuyo caso, de hecho, es bastante difícil lograr el condicionamiento. La *aversión al sabor condicionada* constituye una excepción al respecto y la comentaremos más adelante en este capítulo. Si vemos un perro y nos asustamos inmediatamente por los ladridos, es probable que la visión del perro se convierta en un estímulo condicionado de la respuesta condicionada de miedo. Sin embargo, si oímos el ladrido de un perro que no vemos y poco después lo vemos correr por detrás del edificio, es menos probable que el miedo que nos haya producido el ladrido lo experimentemos a la vista del animal.

Tercero, *un estímulo condicionado adquiere mayor capacidad para elicitar una respuesta condicionada si se empareja siempre, y no sólo ocasionalmente, con un estímulo incondicionado*. Por ejemplo, si una pareja siempre enciende una vela en la habitación antes de mantener relaciones sexuales y no en otras ocasiones, es probable que la luz de la vela se convierta en un estímulo condicionado que elicite la excitación sexual. Por el contrario, si encienden la vela en la habitación todas las noches pero sólo practican el sexo una o dos veces por semana, la luz de la vela no será un estímulo condicionado tan poderoso de la excitación sexual.

Cuarto, *cuando varios estímulos neutros preceden a un EI, el que tiene mayor probabilidad de convertirse en EC es aquel que aparece más frecuentemente asociado al EI*. Los niños suelen asustarse frente a tormentas en que los nubarrones y los relámpagos van seguidos del ruido de los truenos; pero también hay ocasiones en que las nubes oscuras no son seguidas de truenos; así pues es más probable que desarrollen la respuesta condicionada de miedo frente a los relámpagos que frente a las nubes, ya que el emparejamiento entre aquellos y los truenos es más estable.

Quinto, *el condicionamiento clásico se desarrolla con más fuerza y rapidez cuando el EC, el EI o ambos son muy intensos* (Lutz, 1994; Polenchar, Romano, Steinmetz & Patterson, 1984). Los niños experimentan más miedo si tanto los relámpagos como los truenos son muy fuertes, que si uno u otro son débiles.

CONDICIONAMIENTO DE ORDEN SUPERIOR

Imaginemos que alguien emite la respuesta condicionada de salivación frente a la música clásica, porque se la han presentado emparejada con la comida en muchas ocasiones. La música clásica se ha convertido por tanto en un EC, e imaginemos que, durante varios ensayos y justo antes de que aparezca, encendemos una luz amarilla. La luz es un estímulo neutro para la salivación y nunca ha sido emparejada con la comida, sin embargo, tras varios emparejamientos con la música, que es un EC bien establecido de la RC de salivación, logramos que también elicite la salivación. Este procedimiento se denomina, en general, **condicionamiento de orden superior**, porque el emparejamiento de la música y la comida es un *condicionamiento de primer orden* y el de la luz con la música es un *condicionamiento de segundo orden*. Aunque se han estudiado casos de condicionamiento de tercer orden (Pavlov, 1927), los condicionamientos más allá del segundo orden son muy difíciles de obtener. La Figura 14-3 muestra un modelo de condicionamiento de orden superior.

El condicionamiento de orden superior también se produce en situaciones cotidianas. Imaginemos las diversas experiencias infantiles de dolor al tocar una estufa encendida, o un pincho afilado, en que podríamos considerar que los estímulos incondicionados están provocando una respuesta condicionada de miedo. Supongamos que inmediatamente antes de cada una de estas experiencias dolorosas, los cuidadores gritan, «¡Ten cuidado, te vas a hacer daño!», con lo que este aviso podría acabar convirtiéndose en un estímulo condicionado que también elicitaría la respuesta de miedo. Si los cuidadores emiten el mismo aviso cuando los niños se suben a una silla, un mostrador o una escalera, los niños podrían acabar desarrollando

Condicionamiento de Primer Orden

Emparejamientos {
- Estímulo Neutro (Música clásica)
- Estímulo Incondicionado (comida) ⟶ Respuesta Incondicionada (salivación)

Estímulo Condicionado 1 (Música clásica) ⟶ Respuesta Condicionada (salivación)

Condicionamiento de Segundo Orden

Emparejamientos {
- Estímulo Neutro (luz amarilla)
- Estímulo Condicionado 1 (Música clásica) ⟶ Respuesta Condicionada (salivación)

Estímulo Condicionado 2 (luz amarilla) ⟶ Respuesta Condicionada (salivación)

Figura 14-3. Modelo de condicionamiento de orden superior.

miedo general a las alturas mediante el condicionamiento de orden superior. Este proceso de condicionamiento había seguido los siguientes pasos: en primer lugar, los avisos han sido seguidos de las experiencias dolorosas; en segundo lugar, estar en lugares altos ha sido seguido de los avisos; por tanto el resultado es que los lugares altos elicitan una respuesta de miedo parecida a la causada por los estímulos dolorosos.

EXTINCIÓN EN EL CONDICIONAMIENTO CLÁSICO

Una vez que el condicionamiento clásico se ha establecido, ¿permanece para siempre? No necesariamente, ya que el proceso puede invertirse mediante el principio de *extinción del condicionamiento clásico*, que implica la presentación de un EC sin que sea seguido del EI. Tras varias presentaciones semejantes, el EC pierde gradualmente su capacidad de elicitar la RC. Supongamos que una niña alarga la mano para tocar al perro justo en el momento en que pega un ladrido, lo cual le asusta y consigue que la sola visión del perro elicite llanto y temblores; es decir, una respuesta condicionada que etiquetamos como miedo. Supongamos ahora que la familia lleva a la niña a un espectáculo de perros, donde los hay de muchos tipos, todos amaestrados para pasear y sentarse tranquilamente durante la exhibición. Un contacto reiterado con estos perros, que no ladran, ayudará a la niña a superar el miedo. Así, la visión de los perros pierde su capacidad de funcionar como EC para elicitar la RC de miedo. Muchos de los miedos adquiridos durante la infancia al dentista, a la oscuridad, a los truenos y a los relámpagos son posteriormente sometidos a extinción, gracias a la exposición repetida a los mismos en ausencia de las consecuencias temidas. La Figura 14-4 muestra el proceso de extinción del condicionamiento clásico que, por suerte para Sue, consiguió que tras ver la palabra «grande» muchas veces, sin descargas o ruidos, dejara de generarle ansiedad.

Extinción en el Condicionamiento Clásico

Procedimiento: Presentar un estímulo condicionado repetidamente sin emparejarlo con el estímulo incondicionado

Ensayos repetidos — Estímulo Condicionado (ver al perro) ⟶ Respuesta Condicionada (miedo)

Resultado: El estímulo condicionado no elicita la respuesta condicionada

Estímulo (ver al perro) ⟶ no se produce reacción de miedo

Figura 14-4. Modelo de extinción en el condicionamiento clásico.

La extinción del condicionamiento clásico es una de las razones por las cuales es difícil obtener condicionamiento por encima del segundo orden. En el ejemplo expuesto en la Figura 14-2, cuando se intenta obtener el condicionamiento de segundo orden, el estímulo condicionado, la música clásica, deja de emparejarse con la comida que es el estímulo incondicionado. De esta manera, la música clásica está siendo sometida a extinción como estímulo condicionado y la cantidad de saliva que elicita es inferior a la elicitada originalmente por la comida.

CONTRACONDICIONAMIENTO

En el Capítulo 5 vimos que la extinción operante avanza más rápida y eficazmente si se refuerza una respuesta alternativa, lo cual también sucede en la extinción del condicionamiento clásico: una respuesta condicionada se elimina más eficazmente si se condiciona una nueva respuesta al estímulo condicionado, al mismo tiempo que se extingue la anterior. Este proceso se denomina **contracondicionamiento,** y de una manera un poco más técnica expresa que un estímulo condicionado dejará de elicitar una respuesta condicionada, si es emparejado con un estímulo que elicita una respuesta incompatible con la respuesta condicionada. Para ilustrarlo, suponga que en lugar de exponer a la niña del ejemplo anterior simplemente a los perros, le animamos a jugar con otro niño que tiene perro. Como la niña juega con su amigo y por tanto con el perro, algunas de las emociones positivas elicitadas por el amigo llegarán a condicionarse también al perro. Estas repuestas emocionales positivas condicionadas contrarrestan las respuestas emocionales negativas condicionadas que los perros elicitaban anteriormente y así, las eliminarán más rápida y eficazmente. La Figura 14-5 muestra el proceso de contracondicionamiento.

RESPUESTAS FRECUENTEMENTE ADQUIRIDAS MEDIANTE CONDICIONAMIENTO CLÁSICO

Debido a nuestra historia evolutiva, los seres humanos nacemos con diversos reflejos incondicionados, del estilo de los listados en la Figura 14-1, importantes para la reproducción, supervivencia y funcionamiento biológico cotidiano. La evolución

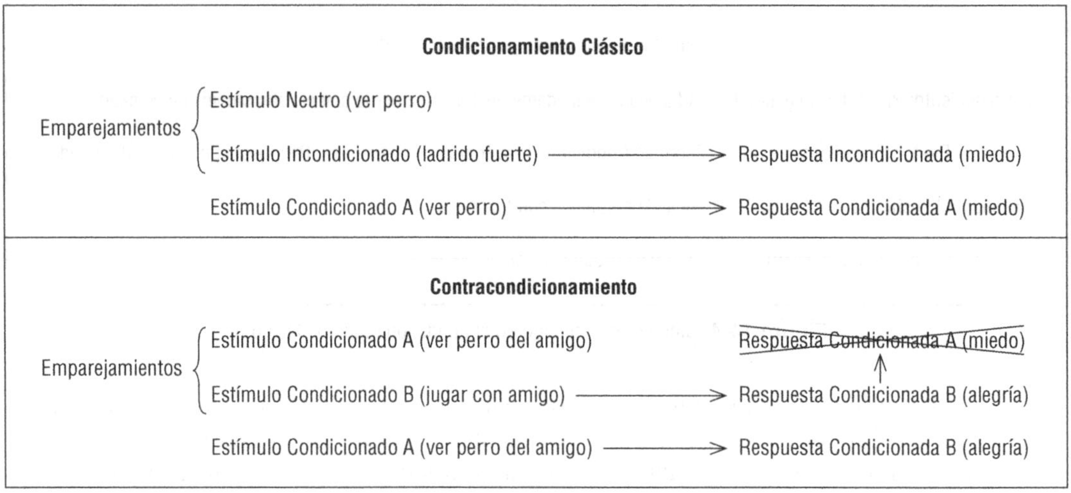

Figura 14-5. Diagrama del proceso de contracondicionamiento.

también nos ha capacitado para el condicionamiento pavloviano y así, la posibilidad de salivar al ver alimentos nos prepara para una digestión más rápida de la que se produciría si no pudiéramos condicionar las respuestas reflejas. Vamos a considerar ahora más detenidamente algunos de los principales tipos de reflejos condicionados.

Sistema digestivo. El reflejo de salivación es uno de los múltiples reflejos digestivos susceptibles de condicionamiento clásico. Por ejemplo, los estudiantes experimentan «mariposas» en el estómago antes de hacer una presentación oral, los pacientes en quimioterapia experimentan nauseas en la sala de espera de oncología y acontecimientos extremadamente atemorizantes, como la amenaza de un atracador armado, puede producir defecación.

Sistema circulatorio. Muchos reflejos condicionados también implican el aumento de la tasa cardiaca y del riego sanguíneo. Por ejemplo, experimentar vergüenza, escuchar una conversación íntima o fantasear sobre aspectos que no son adecuados a la situación social funcionan como estímulos condicionados que hacen que muchas personas se ruboricen al aumentar el riego sanguíneo de la piel. El sistema circulatorio también es un componente del reflejo de sorpresa y por eso cuando estamos a solas en casa y se produce un ruido inesperado, experimentamos palpitaciones. Otro tanto sucede durante la estimulación sexual y por ello, a la vista de fotografías de desnudos se produce un aumento de la tasa cardiaca y del riego sanguíneo en las zonas genitales, que produce la erección del pene y del clítoris.

Sistema respiratorio. El condicionamiento pavloviano juega un papel en respuestas reflejas del sistema respiratorio como toser, estornudar y ataques de asma. Imaginemos que una tía, a quien vemos poco, nos visita cuando estamos en pleno ataque de asma. Nuestra tía podría funcionar después como estímulo condicionado de la tos y la dificultad para respirar habituales durante la reacción asmática. Dekker y Groen (1956) observaron que las respuestas asmáticas se producían frente a estímulos condicionados consistentes en ver caballos, pájaros, peces y furgones policiales.

Otros sistemas. Los sistemas urinarios y reproductivos también responden al condicionamiento clásico y, por supuesto, el sistema nervioso está involucrado en todo tipo de condicionamiento.

Los factores que influyen en el condicionamiento clásico: la preparatoriedad biológica. Cuando uno de los autores tenía dieciséis años y sólo había bebido alguna cerveza de vez en cuando, tuvo su primera experiencia con la ginebra con limón en una fiesta. Los primeros sorbos resultaron muy agradables y no se produjo una reacción inmediata de borrachera, pero transcurridos unos quince minutos, había bebido tranquilamente casi un litro, como si se tratara de una simple limonada. Al cabo de una hora, este autor se encontraba tan horriblemente mal que desde entonces, el mero olor o sabor de la ginebra con limón todavía le produce nauseas. Es más, simplemente imaginar el sabor le revuelve el estómago. En este ejemplo, la gran cantidad de limón con ginebra en el estómago constituía un estímulo incondicionado que producía los vómitos como respuesta incondicionada. Aunque el olor y el sabor sólo se emparejaron en una ocasión con la respuesta refleja de nausea y aunque transcurrió bastante tiempo entre la ingesta y el vómito, se produjo el condicionamiento pavloviano. El olor y el sabor de la ginebra con limón se convirtieron en estímulo condicionado del reflejo de nausea y así se estableció una *aversión condicionada al sabor*. Hay que desatacar que este tipo de aversión es una excepción de la regla del condicionamiento clásico conforme a la que el emparejamiento no es eficaz si transcurre más de medio segundo entre el estímulo condicionado y el estímulo incondicionado. Es posible que nuestro organismo haya evolucionado para que con sustancias tóxicas, que frecuentemente tardan cierto tiempo en hacer efecto, se establezca el condicionamiento a pesar de la distancia temporal.

Seligman (1971) acuñó el término *preparatoriedad biológica* para referirse a la predisposición de las especies a establecer con más facilidad condicionamientos frente a determinados tipos de estímulos condicionados. Por ejemplo, en el caso de la aversión al sabor, parece adaptativo que nuestra especie haya desarrollado la tendencia a dejar de consumir cualquier sabor que haya producido nausea, ya que volver a hacerlo podría producir enfermedad o incluso muerte.

La aversión al sabor es un reflejo condicionado del sistema digestivo, pero también existen ejemplos de preparatoriedad biológica del sistema circulatorio y así los humanos desarrollamos fobias más fácilmente frente a estímulos que podrían amenazar la supervivencia, como serpientes o insectos, que los que no han supuesto un riesgo en la historia de nuestros ancestros, como los dibujos de flores (Ohman, Dimberg & Ost, 1984).

COMPARAR CONDICIONAMIENTOS CLÁSICO Y OPERANTE

Los condicionamientos operante y clásico influyen sobre dos tipos de comportamiento, aunque también existen paralelos entre ambos; por ello ahora analizaremos los parecidos y las diferencias pertinentes.

Respuestas. Las conductas respondientes son reflejas y se producen automáticamente frente a los estímulos, por eso suelen denominarse involuntarias; de hecho, pocas personas lograrían ruborizarse o salivar a voluntad. El comportamiento operante, sin embargo, está controlado por las consecuencias y suele denominarse voluntario; así, por ejemplo, las personas sin limitaciones físicas pueden levantarse, sentarse, hablar y susurrar a voluntad. Las respuestas reflejas suelen implicar músculos y glándulas relacionados con el funcionamiento de procesos fisiológicos como es la relajación antes de dormir o la alerta frente a una amenaza. El comportamiento operante suele estar relacionado con los músculos esqueléticos y juega un papel importante en nuestra interacción con el ambiente exterior.

Refuerzo. El condicionamiento pavloviano consiste en emparejar un estímulo neutro con un estímulo incondicionado, o con un estímulo condicionado en el condicionamiento de orden superior, *antes* de la respuesta. El resultado de reforzar el condicionamiento clásico es que el estímulo neutro pasa a ser condicionado y adquiere la capacidad de elicitar la respuesta que se denomina condicionada. El condicionamiento operante consiste en la presentación de un refuerzo positivo, o la retirada de un estímulo aversivo, *inmediatamente después* de la respuesta, y su resultado consiste en un aumento de la frecuencia de la conducta operante.

Extinción. La extinción del condicionamiento clásico consiste en presentar el estímulo condicionado sin emparejarlo con el estímulo incondicionado, con lo cual termina por perder su capacidad para elicitar la respuesta condicionada. La extinción operante consiste en eliminar el refuerzo que previamente seguía a la respuesta y el resultado es que disminuye la frecuencia de ésta.

Estímulos condicionados y estímulos discriminativos. Los estímulos condicionados se parecen a los discriminativos, ya que ambos producen respuestas como resultado del aprendizaje; sin embargo los procesos de condicionamiento que las han establecido son diferentes. Los mecanismos mediante los que ambos estímulos producen las respuestas también difieren: los estímulos condicionados suelen producirlas de una manera estable y automática y por ello se dice que *elicitan* las respuestas condicionadas, en tanto que los estímulos discriminativos *evocan* las respuestas. Además, las personas *emiten* el comportamiento instrumental u operante, en tanto que los estímulos son los que *elicitan* las conductas respondientes. Estos son los significados que aplicamos a lo largo del texto cuando nos referimos a los términos *elicitar*, *evocar* y *emitir*.

APLICACIONES DEL CONDICIONAMIENTO CLÁSICO

Algunas aplicaciones del condicionamiento clásico y la extinción han consistido en controlar las alergias, el funcionamiento del sistema inmunológico, la reacción ante las drogas, la excitación sexual, la náusea, la presión sanguínea, los pensamientos y las emociones, sobre todo el miedo y la ansiedad (Véase **Nota 1**). En el Capítulo 28 comentaremos la aplicación de los principios del condicionamiento clásico en el tratamiento de fobias, pero en esta sección, ilustramos su aplicación a otros tipos de problemas.

Terapia aversiva

Ciertos tipos de reforzadores positivos pueden resultar contraproducentes y por ello quien busca refuerzo en alimentos con demasiada grasa, tiende a comer demasiado y a padecer sobrepeso. Del mismo modo, quienes se exceden utilizando los cigarrillos, el alcohol y otras sustancias dañinas como reforzadores, tienden a abusar en detrimento de su salud y bienestar. Quienes obtienen refuerzo sexual mediante vías tan socialmente inaceptables como las relaciones con menores, ponen en peligro a otras personas y les exponen a experiencias traumáticas, además de arriesgarse a penas de cárcel y otras sanciones sociales.

La terapia aversiva fue esencialmente desarrollada como un intento de contrarrestar el poder de los reforzadores contraproducentes, aquellos que tienden a exagerar la autocomplacencia o a perjudicar a otras personas. Antes de describir algunos métodos de la terapia aversiva, hemos de advertir que hacer uso de ellos de manera segura y eficaz requiere un adiestramiento especial. Estos procedimientos, tal y como implica el término *terapia aversiva*, utilizan la estimulación aversiva, lo cual conlleva serios riesgos, como ya vimos en el Capítulo 12. Por tanto, sólo profesionales expertos que conocen la probabilidad de éxito y cómo prevenir los efectos secundarios dañinos debieran aplicarlos.

Básicamente, la terapia aversiva consiste en el emparejamiento repetido, es decir, durante una serie de ensayos, de un reforzador problemático con un acontecimiento aversivo. La lógica que subyace a esta intervención es la del contracondicionamiento, porque se asume que el reforzador no deseado llegará a resultar menos reforzante, ya que elicitará una respuesta similar a la elicitada por el estímulo aversivo.

Por ejemplo, un procedimiento habitual en el tratamiento del alcoholismo consiste en dar a la persona una droga que le produzca náuseas y justo antes de que le haga efecto, ofrecerle una bebida alcohólica. De este modo, la visión, el olor y el gusto de la bebida irán seguidos inmediatamente por las náuseas. Este emparejamiento del alcohol con la náusea se repite durante una serie de sesiones y al final, se consigue que el alcohol provoque nauseas, con lo cual aumenta la probabilidad de que la persona lo evite. Que la terapia funcione también depende, al menos en parte, de otros factores, como que los clientes sigan tomando la medicación, habitualmente disulfiram (Antabuse) porque produce una reacción bastante desagradable si se mezcla con el alcohol, después de dejar el hospital, y de los procesos operantes en el ambiente natural, en forma de aprecio social por consumir bebidas sin alcohol en fiestas, restaurantes y bares. Cuando se ha hecho un seguimiento, se ha observado que después del alta hospitalaria, el consumo de disulfiram entre las personas alcohólicas, varía entre el 1 % (Lubetkin, Rivers & Rosenberg, 1971) y el 7%, transcurrido un año (Ludwig, Levine & Stark, 1970). No obstante, otros estudios en que los tratamientos han consistido no sólo en el establecimiento de un condicionamiento aversivo mediante la ingesta de disulfiram, sino en intervenciones adicionales para encontrar empleo, resolver problemas de pareja, planificar actividades sociales y de ocio y participar en grupos de apoyo han obtenido mejores resultados (Azrin, 1976; Azrin, Sisson, Meyers & Godley, 1982).

El tratamiento del tabaquismo ha logrado resultados parecidos. En este caso, el condicionamiento aversivo se establece pidiendo a los participantes que fumen en cadena, un cigarrillo tras otro, hasta provocar la náusea, que a partir de entonces se emparejará al olor y sabor del tabaco. Esta *terapia aversiva de fumar* logra una supresión temporal del consumo de tabaco, pero no consigue mantener los efectos a largo plazo (Danaher, 1977). No obstante, este procedimiento aversivo sí parece constituir un elemento adicional importante en los programas de mero asesoramiento para dejar de fumar, tanto a corto como a largo plazo, ya que contribuye a obtener mejores resultados (Tiffany, Martin & Baker, 1986).

Es frecuente que en la terapia aversiva, sobre todo por razones de comodidad, se empleen representaciones simbólicas o fotografías de los reforzadores problemáticos, y no tanto los estímulos reales. De esta manera los terapeutas disponen en la consulta de diapositivas, vídeos o CDs que contienen fotografías de una amplia variedad de reforzadores molestos, que además proporcionan una adaptación sencilla a las necesidades de cada caso. Su facilidad de manejo permite presentarlos de forma controlada, durante intervalos especificados, y asociarlos al comienzo o terminación de los estímulos aversivos con gran precisión. Además, su uso previene los problemas derivados de la presentación real de los reforzadores no deseados durante la terapia. Por poner un ejemplo extremo, es evidente que no se pueden usar niños en el tratamiento de la pederastia, aunque sí podrían incluirse fotografías de niños en diversas posturas, si bien siempre hay que consultar las disposiciones legales antes de trabajar con este tipo de materiales.

Aunque la terapia aversiva parece un componente valioso de los programas que constan de diversos elementos para el tratamiento de problemas como el consumo excesivo de alcohol o tabaco, su uso es escaso. Como indicara Wilson (1991), no se aplica porque la inclusión de estimulación aversiva durante el tratamiento crea problemas éticos, la supervisión permanente que se precisa de terapeutas o de un hospital es muy cara, y la probabilidad de que los pacientes abandonen el tratamiento es más elevada que en otros tipos de intervención.

Tratamiento del estreñimiento crónico

Un ejemplo de condicionamiento clásico de una respuesta apropiada es el tratamiento del estreñimiento crónico desarrollado por Quarti y Renaud (1964). Los laxantes facilitan la defecación, que es la respuesta deseada en el estreñimiento, pero no es aconsejable depender de ellos, sobre todo por los efectos secundarios poco saludables que a menudo ocasionan. Quarti y Renaud pedían a sus clientes que se autoadministraran una descarga eléctrica suave, no dolorosa, inmediatamente antes de defecar. Al principio se elicitaba la defecación mediante un laxante y después, la dosis de la medicación se redujo gradualmente hasta que la defecación era elicitada por el estímulo eléctrico. A partir de ese momento, continuaron con la aplicación diaria del estímulo eléctrico a la misma hora, hasta que varios clientes lograron prescindir de ella, pues los estímulos del ambiente natural que la acompañaban, todos los días a la misma hora, adquirieron control sobre la conducta de defecar. De este modo, los participantes lograron regularidad sin el uso continuo de la estimulación artificial (véase también Rovetto, 1979).

Tratamiento de la enuresis nocturna

Otro ejemplo adecuado de condicionamiento clásico de una respuesta es el de la campanilla para la enuresis nocturna (Scott, Barclay & Houts, 1992; véase **Nota 2**). Una posible explicación de la enuresis nocturna, tan habitual en la infancia, es que la presión de la vejiga no proporciona la estimulación necesaria para despertar a los niños mientras duermen y tienen necesidad de orinar. Un aparato que ha dado buenos resultados en bastantes casos consiste en una campana conectada a un panel acolchado que se coloca bajo las sábanas de la cama. El mecanismo hace que la campana suene (EI) y despierte a los niños (RI), en cuanto una gota de orina entra en contacto con el panel. Tras varias noches de emparejamiento, los niños se despiertan antes de orinar debido a que la respuesta se ha condicionado al estímulo que supone la presión en la vejiga. Naturalmente, hay que complementar el procedimiento reforzando los comportamientos de levantarse, ir al baño y orinar allí.

PREGUNTAS DE REPASO

1. Cuando hablamos de condicionamiento operante, ¿a qué aspecto fundamental del comportamiento nos estamos refiriendo? Exponga cinco ejemplos de comportamiento operante y justifique cada caso.
2. Ponga cinco ejemplos de reflejos incondicionados. Describa tanto el estímulo como la respuesta.
3. Enuncie el principio del condicionamiento clásico. Describa claramente y haga un diagrama de dos ejemplos de condicionamiento clásico, uno de los cuales no hayamos explicado en el libro.
4. Defina y ponga un ejemplo de los siguientes elementos: estímulo incondicionado, respuesta incondicionada, estímulo condicionado y respuesta condicionada.
5. Describa brevemente, en una frase, las cinco variables que influyen en el desarrollo de un reflejo condicionado.
6. Presente un diagrama y un ejemplo de condicionamiento de orden superior.
7. Enuncie el principio de la extinción en el condicionamiento clásico y ponga un ejemplo.
8. Describa el proceso de contracondicionamiento y ponga un ejemplo no descrito en el libro.
9. Describa tres ejemplos de reflejos condicionados personales, correspondientes a las siguientes categorías: digestión, circulación, respiración.
10. Describa un ejemplo de aversión condicionada al sabor.
11. ¿Por qué cree que hemos evolucionado de tal manera que somos muy sensibles a la aversión condicionada al sabor?
12. ¿En qué consiste la preparatoriedad biológica?. Ponga un ejemplo.
13. Comente la posibilidad de que todos los estímulos puedan convertirse en estímulos condicionados.
14. Describa tres diferencias entre respuestas operantes y respondientes o adquiridas mediante condicionamiento clásico.
15. Describa los procedimientos y los resultados del refuerzo en situaciones de condicionamiento operante y clásico.
16. Describa los procedimientos y los resultados de la extinción en situaciones de condicionamiento operante y clásico.
17. ¿En qué se parecen y en qué se diferencian los estímulos discriminativos y los estímulos condicionados?
18. ¿Para qué tipo de problemas generales se aplica la terapia aversiva? Ponga tres ejemplos, uno de los cuales no hayamos descrito en el libro.
19. Describa el procedimiento básico y las razones que subyacen a la aplicación de la terapia aversiva. Ponga un ejemplo.
20. ¿Por qué la terapia aversiva sólo deben aplicarla los profesionales competentes?

21. Describa brevemente el procedimiento de condicionamiento clásico aplicado en el tratamiento del estreñimiento. Identifique EI, RI, EC y RC.
22. Describa un procedimiento de condicionamiento clásico aplicado en el tratamiento de la enuresis nocturna. Identifique EI, RI, EC y RC.

EJERCICIOS DE APLICACIÓN

A. Ejercicio que implica a otras personas

Pregunte a familiares, amigos o conocidos respecto de algo que les elicite sensación de nausea o miedo, pero que no sea habitual en la mayoría de las personas. Establezca si esta persona recuerda las circunstancias que condujeron a que desarrollara una reacción tan inusual. ¿Le parece que se trata de acontecimientos que se corresponden con la descripción que hemos hecho del condicionamiento clásico? Comente sus argumentaciones.

B. Ejercicio de auto-modificación

Corte un limón fresco en cuatro partes y durante cuatro días, exprima el zumo de cada una de las partes en la misma taza. Beba diariamente el zumo, sin azúcar, de la taza y conserve lo que quede del limón en la nevera hasta el día siguiente. Observe, describa y anote sus reacciones a lo largo de los ensayos y comente si se ajustan a las descritas en este capítulo respecto del condicionamiento clásico.

NOTAS DE AMPLIACIÓN SOBRE EL TEMA

1. Los procedimientos del condicionamiento pavloviano pueden afectar al funcionamiento del sistema inmunológico. En un experimento con ratas, Ader y Cohen (1982) descubrieron que al emparejar el sabor a sacarina con la aplicación de una droga inmunodepresora, la sacarina se convertía en un EC que provocaba la inmunodepresión como RC. Otros estudios también han demostrado el condicionamiento clásico de diversos aspectos de las respuestas inmunológicas en otras especies (Ader & Cohen, 1993; Maier, Watkins, & Fleshner,1994; Turkkan, 1989). Por ejemplo, consideremos el problema que conlleva la quimioterapia como tratamiento del cáncer al estar compuesta de agentes químicos inmunosupresores. Se ha observado en mujeres en tratamiento de cáncer de ovarios, que cuando la quimioterapia se aplica repetidamente en la misma sala del hospital, las pacientes exhiben respuestas inmunodepresoras al entrar en sala sin que se les haya aplicado todavía la quimioterapia (Bovjberg y cols., 1990). Denominamos psicoinmunología o psiconeuroinmunología a este nuevo e interesante ámbito de investigación acerca de los efectos de los procesos de condicionamiento sobre el sistema inmunológico (Daruna, 2004).

2. Friman y Vollmer (1995) analizaron el caso de una chica de quince años, residente en Boys' Town, y demostraron que el uso de una alarma también podría ser útil en el tratamiento de la enuresis diurna. El sistema de alarma empleado incluía una comprensa sensible a la humedad que se ajustó a la ropa interior, de manera que no pudiera notarse desde el exterior. Aunque el procedimiento tuvo éxito casi inmediatamente, se produjo debido a un condicionamiento de escape y evitación y no tanto al condicionamiento de la respuesta de orinar. Cuando la alarma sonaba, la adolescente se sentía avergonzada y rápidamente iba al servicio, lo cual indica que la reducción de la enuresis estuvo bajo el control de estímulos sociales aversivos que se producían al oír el sonido.

Preguntas sobre las notas

1. Describa en qué consiste la psicoinmunología y explique qué importancia potencial tienen sus aplicaciones.

2. Comente por qué podrían ser diferentes los principios conductuales que explican el éxito de la alarma de la orina para el tratamiento de la enuresis nocturna y diurna.

15

Condicionamientos clásico y operante juntos

«¡Tengo que terminar mi trabajo de fin de curso!»

DAR LA RESPUESTA PARA CUMPLIR LOS PLAZOS

Rick era un estudiante de segundo de Psicología de la Universidad de Manitoba. Al comenzar la asignatura, se les asignó un trabajo que tendrían que entregar a mediados de curso. Como a muchos estudiantes, a Rick le gustaban las fiestas. Una semana antes del plazo de entrega, Rick todavía no había empezado con el trabajo. Cinco días antes del fin del plazo empezó a preocuparse un poco, pero cuando sus amigos le invitaron a ir al bar, él pensó «¡qué caramba, todavía me quedan cinco días!». En el bar, dijo a sus amigos, «no me llaméis en los próximos cuatro días. Tengo que terminar un trabajo para la facultad». Aunque Rick empezó al día siguiente, el plazo se acercaba con demasiada rapidez. Cada día que pasaba se sentía más nervioso porque era probable que no lo terminara a tiempo. Por suerte, después de tres noches seguidas trabajando hasta tarde terminó el trabajo. Rick sintió que se quitaba un gran peso de encima.

INTERACCIONES OPERANTES-RESPONDIENTES

En los capítulos 3 a 13 expusimos los principios del condicionamiento operante y en el Capítulo 14 vimos los principios del condicionamiento clásico, lo cual podría generar la impresión de que los dos tipos de aprendizaje ocurren secuencialmente. Sin embargo, cualquier experiencia incluirá probablemente tanto condicionamiento operante como respondiente simultáneamente. Consideremos el caso de Rick. Como todos nosotros, el estudiante tenía probablemente un historial de experiencias de castigo por no cumplir los plazos. El castigo elicita sentimientos de ansiedad, una reacción respondiente. Como consecuencia de los emparejamientos previos de plazos y castigo, el plazo inminente de Rick estaba funcionando como un estímulo condicionado (EC) que elicitaba la respuesta condicionada (RC) de ansiedad. Cuanto más cerca estaba el fin del plazo, más fuerte era la asociación que establecía entre no llegar a tiempo y recibir el castigo, y más fuerte sería la ansiedad como RC. ¿Y qué hay de hacer el trabajo? Las respuestas pertinentes, es decir, buscar referencias, leer el material relevante, tomar apuntes, etc., son respuestas operantes. A medida que estas respuestas ocurrían y Rick empezó a ver que iba a llegar a tiempo, la ansiedad disminuyó. Por esto, pensar en el plazo provocó que Rick sintiera ansiedad, una respuesta refleja, y responder para cumplir el plazo, una respuesta operante, se mantenía mediante condicionamiento de escape, es decir, la ansiedad disminuía. Aunque existían sin duda otros factores que afectaban a la conducta de Rick, este análisis ilustra cómo ambos tipos de condicionamiento, clásico y operante, habrían ocurrido de forma simultánea.

Veamos otro ejemplo de una secuencia conductual que implica tanto condicionamiento operante como respondiente. Un niño pequeño corre para acariciar a un perro grande. El niño, que nunca ha tenido razones para temer a los perros no tiene miedo. Supongamos, sin embargo, que el perro, jugando, salta y tira al niño al suelo. Como es de esperar, el niño empezará a llorar, por el dolor y por la sorpresa de tan rudo trato. Con respecto a esta secuencia conductual, ilustrada en la Figura 15-1, consideremos primero cómo se desarrolla un episodio de condicionamiento clásico. Un estímulo (la visión del perro) que no funcionaba previamente como estímulo condicionado (EC) para una respuesta concreta (llorar y otras conductas de miedo) se ha convertido en un EC porque se ha emparejado con un estímulo incondicionado (EI), en este caso, que el perro lo tirara al suelo por sorpresa, que elicitó la respuesta incondicionada (RI) de llorar.

Secuencia conductual

Visión de un perro acercándose ->

El niño se acerca al perro ——> el niño es tirado al suelo ——> el niño llora (y muestra malestar emocional denominado «ansiedad» o «miedo»)

A. Condicionamiento clásico

Emparejamiento { Estímulo Neutro (visión del perro acercándose)
EI (caer al suelo) ——> RI («ansiedad») }

Resultado: EC (visión del perro acercándose) tiende a elicitar la RC de «ansiedad»

B. Condicionamiento operante

E (visión del perro acercándose) ——> R (el niño se acerca al perro) ——> Castigo (el niño es tirado al suelo)

Resultado 1: R tiende a no volver a ocurrir

Resultado 2: La visión del perro acercándose funciona como un castigo condicionado (debido al emparejamiento con ser tirado al suelo). La visión del perro se convierte en castigo al menos en parte debido a que ahora elicitará ansiedad, como muestra el diagrama.

Figura 15-1. Una secuencia conductual que implica tanto condicionamiento clásico como operante y que lleva a que un estímulo se convierta en un castigo condicionado.

Consideremos ahora cómo la secuencia conductual implicaba al condicionamiento operante. La respuesta operante del niño acercándose al perro fue seguida por un castigo (el perro le tiró al suelo). De acuerdo con el principio del castigo, el niño probablemente no se acercará más a perros grandes en el futuro. Además, la visión de un perro grande puede convertirse en un castigo condicionado, porque estuvo emparejado con tirarle al suelo.

Como resultado de esta interacción entre condicionamiento operante y respondiente es probable que el niño escape o evite perros grandes en el futuro. Esto es, la visión de un perro en las proximidades funcionará como EC que elicite ansiedad. Si el niño se aleja, la ansiedad decrecerá. Por esto, alejarse de los perros grandes se mantendrá mediante condicionamiento de escape ya que el pequeño escapará tanto de la visión del perro (un estímulo aversivo condicionado) como de los sentimientos de ansiedad.

Los condicionamientos operante y clásico ocurren también en secuencias conductuales que implican refuerzo positivo. Como ilustra la Figura 15-2, el sonido de una campana se convierte tanto en EC para una RC, como en estímulo discriminativo para una respuesta operante.

En los casos iniciales de los capítulos 3 a 13, nos hemos dedicado a la conducta operante. En los casos de los capítulos 14 y 15, nos ocupamos de conductas respondientes. Sin embargo, todas las personas descritas experimentaron ambas formas de condicionamiento, clásico y operante, en las situaciones mencionadas. Aunque nosotros, como modifica-

Secuencia conductual

El camión de helados se acerca haciendo sonar la campana continuamente ------>

La niña corre a la calle y compra un helado ⟶ la niña se come el helado ⟶ la niña saliva mientras tiene el helado en la boca

C. Condicionamiento clásico

Emparejamiento {
Estímulo Neutro (sonido de la campana)
EI (el helado en la boca) -----> RI (salivación)

Resultado: EC (sonido de la campana) tiende a elicitar la RC de salivación

D. Condicionamiento operante

E^D (sonido de la campana) ⟶ R (la niña corre a la calle y compra un helado) ⟶ Reforzador (helado en la boca)

Resultado 1: R tiende a ocurrir de nuevo ante la siguiente presentación del E^D

Resultado 2: El sonido de la campana tiende a funcionar como reforzador condicionado, debido a los emparejamientos con el helado.

Figura 15-2. Una secuencia conductual que incluye tanto condicionamiento operante como clásico, y que lleva al desarrollo de un estímulo como reforzador condicionado.

dores de conducta, elegimos centrarnos sobre uno u otro tipo de condicionamiento, no se debe perder de vista el hecho de que ambos están implicados en la mayoría de las circunstancias, y las explicaciones conductuales exhaustivas casi siempre necesitan considerar ambas (véase Pear y Eldridge, 1984). Un área en que se hace necesario considerar tanto el condicionamiento operante como el respondiente es el estudio de las emociones.

COMPONENTES RESPONDIENTES Y OPERANTES DE LAS EMOCIONES

Las emociones juegan un papel importante en nuestra vida cotidiana. Para entender completamente la importancia de este tema, examinemos el papel del condicionamiento operante y respondiente en cuatro áreas: (a) la reacción que se siente durante la experiencia de una emoción (como el vértigo en el estómago justo antes de una entrevista importante de trabajo); (b) la forma en que se aprende a expresar abiertamente o a disimular una emoción (como apretar las manos para esconder el nerviosismo); (c) cómo percibimos y describimos nuestras emociones (por ejemplo, «estoy nerviosa» es diferente de «estoy enfadada»); y (d) algunas causas de las emociones.

El componente respondiente: nuestros sentimientos

El componente respondiente de las emociones implica básicamente las tres clases principales de respuestas reflejas expuestas en el Capítulo 14: reflejos del sistema digestivo, del sistema circulatorio y del sistema respiratorio. Estos reflejos están controlados por el sistema nervioso autónomo. ¿Qué ocurre en nuestro organismo, por ejemplo, en un momento de mucho miedo? El cuerpo se prepara físicamente, es decir, moviliza recursos para la acción. Las glándulas adrenales segregan adrenalina en el torrente sanguíneo para contar con energía adicional (sistema endocrino). La tasa cardiaca aumenta significativamente (sistema circulatorio). En el mismo momento, la respiración se acelera (sistema respiratorio), proporcionando más oxígeno a la sangre. Este oxígeno llega masivamente a todo el cuerpo gracias al ritmo cardiaco acelerado, oxigenando así los músculos. Se empieza a sudar, un mecanismo para enfriar el cuerpo y prepararlo para el aumento repentino de energía. A la vez que ocurren estos cambios, se puede experimentar un malestar en el estómago (sistema digestivo). Los vasos sanguíneos del estómago y los intestinos se constriñen y se interrumpen los procesos de la digestión, desviando la sangre de los órganos internos a los músculos. La boca se seca porque se dificulta el trabajo de las glándulas salivales. Puede incluso perderse temporalmente el control de los intestinos y de la vejiga (una reacción que aligeraba los cuerpos de nuestros ancestros como preparación para la huída y tendía a disuadir a los perseguidores). Estas reacciones internas del cuerpo movilizan los recursos para luchar o escapar. Tenían un gran valor para la supervivencia en nuestra historia evolutiva, pero no siempre es útil en la sociedad moderna cuando, por ejemplo, tenemos que impartir un discurso o responder una pregunta en clase.

Las respuestas autónomas ocurren como reacciones incondicionadas frente a los estímulos y pueden hacerse visibles en forma de rubor, temblores y llanto. En estudios con recién nacidos, la pérdida de sujeción, los sonidos altos o una presión son estímulos incondicionados que elicitan respuestas incondicionadas como un suspiro repentino, una respuesta de prensión, cierre de los labios y llanto que etiquetamos como miedo. Impedir los movimientos del bebé elicita llanto, gritos y tensión del cuerpo que etiquetamos como enfado. Las cosquillas, acunarlos suavemente o darles palmaditas son estímulos incondicionados para respuestas como sonrisas, gorjeos y balbuceos, que etiquetamos como alegría. La evidencia transcultural sugiere que esas reacciones reflejas son probablemente universales (Ekman, 1972). Aprendemos a describir estos componentes fisiológicos de nuestras emociones como *sentimientos*.

Aunque para conocer el número exacto de reflejos emocionales hay que esperar aún a la investigación, no hay duda de la importancia del condicionamiento clásico para emparejar los componentes fisiológicos de las emociones a nuevos estímulos. Casi cada órgano y glándula controlada por el sistema nervioso autónomo es susceptible de condicionamiento respondiente (Airapetyantz y Bykov, 1966). Cuando los experimentadores han demostrado el condicionamiento respondiente de las emociones con humanos, a menudo se han basado en los signos visibles de los cambios fisiológicos para demostrar que se ha producido aprendizaje. Consideremos el ejemplo clásico de John B. Watson y Rosalie Rayner (1920). Ambos estaban interesados en demostrar que los miedos pueden aprenderse mediante procedimientos pavlovianos. Llevaron a cabo su experimento con un niño normal de once meses cuyo nombre ficticio era Albert. Estaba en el hospital en que se llevaba a cabo el experimento porque su madre trabajaba allí como enfermera. Durante las observaciones preliminares, se demostró que a Albert no le daban miedo una variedad de objetos que le acercaron mientras jugaba contento en una moqueta sobre el suelo. Los experimentadores demostraron también que el ruido de un martillo golpeando una caja de acero sí elicitaba una reacción de miedo. Introdujeron una rata blanca (ante la que Albert no había mostrado reacciones de miedo) y mientras el pequeño miraba de cerca la rata, uno de los experimentadores golpeó el acero con el martillo justo detrás de él. El ruido asustó al niño, que empezó a llorar y a mostrar otras conductas de miedo. Tras un total de siete emparejamientos del ruido con la visión de la rata en dos sesiones separadas entre sí por una semana aproximadamente, Albert mostró una gran reacción de miedo a la rata. Dondequiera que la rata apareciera, Albert lloraba, temblaba y mostraba una expresión facial de miedo. Cuando se introducían otros objetos frente a los que no había mostrado reacciones de miedo previamente, el miedo de Albert se hacía ahora evidente, con lo que parecía haberlo generalizado a estos ítems también. En concreto, su miedo se había transferido a un conejo, un perro, un abrigo de piel de foca y un pedazo de algodón. Lamentablemente, Albert dejó el hospital antes de que Watson y Rayner tuvieran la oportunidad de descondicionar el miedo. Sin embargo, Mary Cover Jones (1924) siguió algunas sugerencias de Watson y demostró que las reacciones de miedo en los niños pequeños podían eliminarse mediante extinción respondiente. Hoy se habría considerado poco ético someter a niños pequeños a estímulos aversivos con propósitos experimentales. También se han hecho críticas al procedimiento empleado en el estudio de Watson y Rayner (Harris, 1979). No obstante, el hallazgo de que los miedos están influidos por el aprendizaje reflejo está bien establecido.

Los sentimientos asociados con otras emociones se ven influidos también por el condicionamiento clásico. En una reunión familiar, por ejemplo, los miembros de la familia experimentan muchos momentos felices. Unas semanas más tarde, las fotos tomadas en la reunión funcionarán probablemente como estímulos condicionados que eliciten sentimientos «felices». Pero las emociones consisten en algo más que las respuestas fisiológicas reflejas que experimentamos; veamos por ello cómo está implicado el condicionamiento operante.

Los componentes operantes: nuestras acciones, descripciones y conciencia

Cuando experimentamos un acontecimiento que causa una emoción, nuestro cuerpo responde con una reacción fisiológica inmediata y una expresión facial que la acompaña. Entonces, ¿qué ocurre? Eso depende de nuestras experiencias de aprendizaje operante. En una situación que provoca miedo, por ejemplo, una persona podría apretar los puños y sudar (véase la Figura 15-3). Otra persona en la misma situación podría respirar hondo y marcharse. Albert, al principio, mostraba componentes respondientes evidentes de miedo como llorar y temblar, así como la reacción interna mencionada antes en este capítulo. Sin embargo, también mostró respuestas operantes de miedo. Cuando se presentaba la rata blanca, Albert se alejaba gateando tan rápido como podía. Debido a que el componente operante de las emociones depende de la historia de aprendizaje personal, estas manifestaciones secundarias de la emoción varían de una persona a otra y de una cultura a otra. En un evento deportivo en los Estados Unidos, por ejemplo, los hinchas muestran su desagrado ante una jugada poco deportiva abucheando, mientras que los europeos lo hacen silbando. Aprendemos a manifestar nuestras emociones a través de formas que han sido modeladas y reforzadas mediante condicionamiento operante en el pasado.

Figura 15-3.
La retirada de reforzadores de una respuesta que era previamente reforzada puede provocar enfado. ¿Cuáles son algunos de los componentes operantes y respondientes del enfado?

El condicionamiento operante también juega un papel importante cuando aprendemos a describir y a ser conscientes de nuestras emociones. A medida que crecemos, la gente a nuestro alrededor nos enseña a etiquetar las emociones. Dependiendo de nuestra conducta, madres y padres nos hacen preguntas del tipo «¿por qué estás tan enfadada?» o «¿no te estás divirtiendo?» o «¿cómo te sientes?». De esas experiencias aprendemos qué es «estar enfadada», «sentirse feliz» y «estar triste». A los nueve años, la mayoría de los niños han aprendido a reconocer un gran número de expresiones emocionales en sí mismos y en los demás (Izard, 1991). Sin embargo, muchas emociones no son fáciles de describir o definir, entre otras razones, debido a la multitud de factores que controlan los términos con que las expresamos. Supongamos que vemos al hermano de una niña coger su tren de juguete y después a la niña corriendo tras él gritando. Podríamos concluir que la niña está enfadada. Al día siguiente, al salir de casa, vemos a la misma niña gritando y corriendo tras su hermano. Concluiríamos otra vez que está enfadada. Sin embargo, en el segundo caso los niños simplemente juegan al «corre que te pillo». Al etiquetar las emociones, no siempre tenemos acceso a los acontecimientos que las causan, los sentimientos internos y las conductas operantes relevantes. Esto contribuye a que se den inconsistencias en la forma en que hablamos sobre sentimientos y emociones.

Algunas causas de las emociones

La presentación y retirada de los reforzadores y la presentación y retirada de los estímulos aversivos constituyen la causa principal de las emociones. La presentación de los reforzadores produce una emoción denominada *felicidad*. Obtener un sobresaliente en un examen, recibir un cumplido, cobrar un cheque y ver una película divertida implican la presentación de reforzadores positivos. La retirada o retención de los reforzadores produce un sentimiento conocido como *enfado*. Todos hemos experimentado situaciones causantes de enfado, como una máquina de refrescos que se traga nuestro dinero, estar en la sala de espera de una consulta, un bolígrafo que deja de escribir en medio de un juego o que cierren la ventanilla justo antes de que llegue tu turno para comprar las entradas. La presentación de estímulos aversivos produce una emoción denominada *ansiedad*. Unos desconocidos que se acercan con cara amenazadora en un callejón oscuro, un coche que se acerca a nosotros a mucha velocidad o escuchar un perro que ladra a nuestra espalda nos harán sentir ansiedad. Finalmente, la retirada de estímulos aversivos produce una emoción de *alivio*. Por ejemplo, cuando una mujer recibe los resultados de las pruebas que le hicieron por un bulto en el pecho, o un hombre ve los resultados de una evaluación de su próstata, y descubren que el problema no es cáncer, es probable que experimenten alivio. Cada una de estas causas de las emociones ocurre probablemente en un continuo que abarca desde la experiencia muy suave hasta la que es muy intensa. La presentación de reforzadores, por ejemplo, causa emociones en el rango de un placer muy suave pasando por un sentimiento de felicidad hasta el éxtasis. La retirada de los reforzadores provoca emociones en un continuo, desde una ligera molestia pasando por el enfado hasta la rabia. La presentación de estímulos aversivos conduce a la aprensión, ansiedad o un gran terror. Y los efectos de la retirada de estímulos aversivos abarcan desde un ligero alivio hasta el colapso emocional. Otras emociones podrían representar una mezcla de algunas de estas emociones básicas (véase por ejemplo, Martin y Osborne, 1993).

En resumen, muchas de nuestras emociones están causadas tanto por la presentación como por la retirada de reforzadores o estímulos aversivos. Las emociones tienen tres características importantes: (a) la reacción autónoma que se siente durante la experiencia de una emoción (típicamente acompañada de signos visibles como caras de enfado o felicidad), sobre la cual influye el condicionamiento clásico; (b) la forma en que hemos aprendido a expresar una emoción manifiestamente (como gritar o saltar), que está influida por el condicionamiento operante; y (c) la forma en que somos conscientes de la experiencia y la describimos las emociones, que también está marcada por el condicionamiento operante. En los capítulos 27 y 28 se discutirán ejemplos de cómo se han usado el condicionamiento operante y el respondiente para cambiar emociones desagradables.

COMPONENTES RESPONDIENTES Y OPERANTES DEL PENSAMIENTO

Como ocurría con las emociones, gran parte del proceso que conocemos como «pensamiento» en lenguaje cotidiano implica tanto el condicionamiento operante como el respondiente.

Un componente respondiente: las imágenes mentales

Probemos el siguiente ejercicio. Cierre los ojos e imagine que está sentado en una silla en el jardín de su casa en un caluroso día de verano. Mira hacia arriba y ve el claro cielo azul. Imagine unas pocas nubecitas esponjosas que pasan lentamente. Lo más seguro es que pueda formar una imagen nítida del cielo azul y de las nubes, con tanta claridad que hasta casi puede ver los colores. Un tipo de pensamientos parece consistir en evocar imágenes en respuesta a las palabras y algunas personas llegar a crear imágenes mentales con tanta nitidez que parecen reales. Esto es posible probablemente gracias al condicionamiento clásico o pavloviano. Si mira al cielo de verdad, el color elicita una actividad en el sistema visual, igual que la comida elicitaba salivación en los perros de Pavlov. A medida que crecemos, experimentamos en muchas ocasiones que las palabras «cielo azul» se emparejan con la visión de un cielo azul. A consecuencia de esto, cuando cerramos los ojos e imaginamos que estamos mirando un cielo azul (con nubecitas blancas esponjosas), las palabras probablemente elicitarán una actividad en la parte del cerebro encargada de la visión de forma que experimentamos la conducta de «ver» la escena (véase **Nota 1**). Skinner (1953) denominó a este proceso visión condicionada y, en sentido más amplio, podríamos referirnos a sensaciones condicionadas. Esto es, de la misma forma que adquirimos la visión condicionada mediante la experiencia, también adquirimos escucha condicionada, olor condicionado, y sensaciones táctiles condicionadas. Consideremos el ejemplo descrito por Martin y Osborne (1993) en que un individuo tenía encuentros sexuales apasionados con una compañera que usaba un perfume muy particular. Un día alguien pasó al lado del hombre en unos grandes almacenes llevando el mismo perfume. El individuo inmediatamente se imaginó (vio) a su compañera (visión condicionada) y sintió un «hormigueo» por todo el cuerpo (sensación táctil condicionada), y hasta le pareció oír la voz de ella (escucha condicionada). Este tipo de experiencias es parte de lo que ocurre también al experimentar una fantasía o leer o escuchar una historia, ya que de alguna forma, es como estar ahí. Es equivalente a ver lo que ven los personajes de la historia, sentir lo que ellos sienten, y oír lo que ellos oyen. Somos capaces de hacer algo así debido a los episodios previos que hemos experimentado de sensaciones condicionadas. Nuestros historiales de asociaciones de palabras con visiones, sonidos, olores y sentimientos reales nos permiten experimentar las escenas que un autor describe en sus narraciones. Las acciones internas que ocurren cuando pensamos, son reales, en el sentido de estar realmente viendo, sintiendo u oyendo en respuesta a las palabras (Malott y Whaley, 1983; Pear, 2001).

El componente operante: el habla interna

Imaginar (visión condicionada) y otros tipos de sensaciones condicionadas constituyen un tipo de pensamiento. Otro tipo de pensamiento es la conducta verbal auto-dirigida, auto-lenguaje o habla interna. Como indicamos en capítulos previos, los demás nos enseñan la conducta verbal mediante condicionamiento operante; es decir aprendemos a hablar debido a las consecuencias efectivas de hacerlo. En la infancia, aprendemos a pedir las comidas favoritas y permiso para ver los dibujos animados preferidos, y aprendemos a decir aquello que complace a mamá y a papá, a tíos, tías y otros. Gran parte de nuestro pensamiento es conducta verbal. Aprendemos a pensar en voz alta cuando somos niños porque nos ayuda a realizar las tareas de manera más eficiente (Roberts, 1979). Cuando los alumnos empiezan a ir al colegio, se suelen decir reglas en voz alta a sí mismos para adaptarse a tareas difíciles (Roberts y Tharp, 1980). Cuando tienen alrededor de cinco o seis años, sin embargo, también empiezan a desarrollar el habla subvocal y es entonces cuando las verbalizaciones que se hacen a sí mismos empiezan a ocurrir por debajo del volumen normal de habla (Vygotsky, 1978).

Aprendemos a hablarnos en voz baja a nosotros mismos a una edad muy temprana, debido en gran parte a que nos encontramos con castigos cuando pensamos en voz alta (Skinner, 1957). Por ejemplo, los profesores en el colegio piden a los niños que piensen en voz baja porque hacerlo en voz alta molesta a los compañeros. Además, las reacciones de molestia de los demás también contribuirían a que aprendiéramos a guardarnos determinados pensamientos. Cuando vamos a una fiesta y nos presentan a la anfitriona, la primera reacción podría ser, «Guau, eso sí que es un vestido feo». Pero probablemente no lo diremos en voz alta, sino que «nos lo diríamos sólo a nosotros mismos» o «lo pensaríamos». Otra razón para hablarnos interiormente en silencio es que requiere menos esfuerzo y se realiza más rápidamente que si lo hiciéramos en voz alta.

PENSAMIENTOS Y SENTIMIENTOS INTERNOS: MÁS INTERACCIONES CLÁSICO-OPERANTES

Gran parte de lo que denominamos «pensamientos» o «sentimientos» en la vida cotidiana ocurre a un nivel que los observadores no podrían percibir. Como se indicó en el Capítulo 1, nos referimos a estas actividades como encubiertas o privadas. Aunque es más difícil «llegar» a la conducta privada, los modificadores de conducta asumen que en otros aspectos es igual que la conducta pública; esto es, los principios y procedimientos del condicionamiento operante y del respondiente se aplican de la misma forma a la conducta pública que a la privada.

A menudo, la conducta encubierta incluye componentes respondientes y operantes del pensamiento y de las emociones, tal como ilustra el siguiente ejemplo (descrito por Martin y Osborne, 1993). Uno de los autores creció en una granja a las afueras de un pequeño pueblo. Iba a la escuela y era muy importante para él ser aceptado por los demás niños del pueblo. Uno de estos chicos, Wilf, le solía tomar el pelo diciendo que era un «granjero». «Ey, pandilla» decía Wilf, «aquí viene Garry el granjero. Ey, Garry, ¿tienes estiércol de vaca en las botas?». Ahora imaginemos que es sábado por la tarde y Garry y su familia se preparan para ir al centro. Una vez allí, Garry va a ir a la primera sesión de la tarde del cine Roxy con el resto de la pandilla, lo cual constituye una ocasión muy especial porque aún no tiene televisión en la granja. Garry se dice a sí mismo «¿estará Wilf?» (pensamiento operante). Se puede imaginar a Wilf claramente (visión condicionada) e imaginarse que se burla de él por ser un granjero (pensamiento operante y escucha condicionada). Los pensamientos de la experiencia aversiva elicitan sentimientos desagradables (una respuesta refleja aprendida). Garry reacciona prestando especial atención a su apariencia con la esperanza de que si consigue parecer alguien «de ciudad» Wilf no hará comentarios.

Consideremos otros ejemplos de conducta encubierta que implican componentes respondientes y operantes del pensamiento y de las emociones. Imaginemos a un jugador de fútbol americano preparándose para ir tras el *quarterback* contrario justo antes de que la pelota se ponga en juego. El jugador piensa: «¡estoy encima de él! ¡Le voy a arrancar la cabeza! ¡Este tío es historia!». Este tipo de auto-habla (pensamiento operante) ayudará al jugador a sentirse agresivo (una emoción respondiente). O consideremos el ejemplo de un corredor que piensa en «explotar» mientras espera en los tacos a que suene el pistoletazo de salida; o una patinadora artística que se dice a sí misma durante la realización de su programa «siente la música, con elegancia» para ayudarse a generar el estado de ánimo adecuado para la música y la coreografía. En estos episodios, el habla interna operante funciona como estímulo condicionado elicitar determinados sentimientos, que constituyen los componentes respondientes de las emociones.

Se puede ver que, contrariamente a la impresión conferida en muchos manuales introductorios de Psicología, los modificadores de conducta no ignoran lo que ocurre en el interior de la persona. Aunque es cierto que la gran mayoría de los estudios de modificación de conducta se han ocupado de la conducta observable, muchos profesionales se han interesado por la conducta privada. Como refleja el trabajo de Joseph Cautela y sus colegas, pensar y sentir, como conductas privadas, son materias propias de los modificadores de conducta y son fácilmente abordables en los términos propios del condicionamiento operante y clásico (p.ej., Cautela y Kearney, 1993). En los capítulos 27 y 28 describiremos estrategias conductuales para superar pensamientos y sentimientos desagradables.

PREGUNTAS DE REPASO

1. Explique cómo pueden interactuar el condicionamiento respondiente y el operante para hacer que una persona escape o evite un estímulo concreto. Use diagramas y ejemplos para clarificar su explicación.
2. Describa varias actividades fisiológicas que experimentamos en un momento de mucho miedo.
3. Describa reflejos incondicionados que parezcan caracterizar las emociones de miedo, enfado y alegría.
4. En el experimento con Albert, ¿cuáles eran el estímulo incondicionado, el estímulo condicionado y la respuesta condicionada?
5. Los estudios transculturales de las emociones sugieren que las emociones son tanto universales como específicas de las culturas. ¿Cómo se puede explicar esta aparente contradicción?
6. Con una frase en cada caso, resuma tres características importantes de las que constan nuestras emociones.
7. Describa un ejemplo de pensamiento respondiente que no esté en el texto.
8. Describa un ejemplo de pensamiento operante que no esté en el texto.
9. Cuando los modificadores de conducta hablan de conducta privada, ¿a qué se refieren?
10. ¿Qué supuesto básico establecen los autores de este texto acerca de la conducta pública y privada?
11. Describa una conducta que no sea del texto que ilustre cómo el pensamiento operante puede funcionar como un EC que elicite el componente respondiente de una emoción.
12. Discuta si los modificadores de conducta niegan la existencia y la importancia de los pensamientos y los sentimientos.

EJERCICIOS DE APLICACIÓN

A. Ejercicio que implica a otras personas

Elija una emoción (por ejemplo enfado) y observe las manifestaciones operantes de esa emoción en dos personas que conozca. Los componentes operantes de esa emoción, ¿son parecidos o diferentes?

B. Ejercicio de auto-modificación

Considere una emoción que experimente con frecuencia. Describa cómo esa experiencia incluye tanto respuestas respondientes como operantes.

NOTA DE AMPLIACIÓN SOBRE EL TEMA

1. Varias técnicas conductuales se basan en trabajar con imágenes mentales. En el Capítulo 28 describimos cómo Wolpe empleó las imágenes mentales en la desensibilización sistemática. Otro procedimiento que se beneficia de la capacidad para imaginar es la sensibilización encubierta (Cautela, 1966), que consiste esencialmente en una forma de terapia de aversión (véase Capítulo 14) en que un reforzador desagradable se empareja repetidamente con un estímulo aversivo. Recordará que la terapia aversiva se basa en el contracondicionamiento, es decir, se asume que el reforzador problemático perderá potencia porque llegará a elicitar una respuesta parecida a la que genera el estímulo aversivo. En la sensibilización encubierta, el cliente imagina tanto el reforzador problemático como el estímulo aversivo. Este procedimiento se denomina así porque el emparejamiento de los estímulos ocurre sólo en la imaginación de los participantes (en otras palabras, es encubierto) y el resultado esperado es que el reforzador no deseable se convierta en aversivo (esto es, que los clientes se sensibilicen frente a él).

El procedimiento se ha empleado satisfactoriamente con clientes que querían dejar de fumar (como describe Irey, 1972). Durante un ensayo concreto, los clientes reciben instrucciones para imaginar nítidamente que encienden un cigarrillo después de comer en un restaurante, inhalan y entonces repentinamente, se sienten tan mal que vomitan sobre las manos, la ropa, el mantel y al resto de comensales en la mesa. Continúan vomitando y entonces, cuando su estómago está vacío, tienen náuseas mientras el resto de los clientes del restaurante miran fijamente asqueados. En pocas palabras, la escena se hace extremadamente realista y aversiva. Cuando se ha alcanzado el grado máximo de aversión, se pide a los clientes que se imaginen apartando el cigarrillo y sintiéndose mejor inmediatamente. La escena concluye con los clientes lavándose en el baño, sin los cigarrillos y sintiendo un alivio tremendo. Los lectores interesados encontrarán investigaciones sobre la sensibilización encubierta en Cautela y Kearney (1993).

Preguntas sobre la nota

1. ¿Cuál es el fundamento de la sensibilización encubierta?
2. Describa en detalle un ejemplo plausible de sensibilización encubierta.

16

Transferir el comportamiento a nuevos contextos y lograr que perdure: generalización de la modificación de conducta

«¡Hola! Tengo una sorpresa para ti en el coche».

ENSEÑAR A STAN A PROTEGERSE[19]

Stan tiene cuatro años y está jugando cerca de la valla del patio del colegio durante el recreo, sin darse cuenta de que alguien le observa atentamente a cierta distancia. No hay ningún profesor cerca. Poco a poco, el desconocido se acerca hasta colocarse junto al niño.

«Hola, ¿cómo te llamas?, dice el desconocido.
«Stan», responde el niño.
«Hace un día muy bonito, ¿no te parece, Stan?»
El desconocido charla un rato con el niño y luego, tras echar una ojeada al patio del colegio, le pregunta con tono natural, «Stan, ¿qué te parece si damos un paseo?».

El desconocido se muestra amable y el niño está acostumbrado a obedecer a los adultos, así que se levanta y se acerca a él, pero justo en ese momento aparece una profesora y el desconocido se aleja rápidamente.

¿Se trata de un intento de secuestro infantil? La verdad es que no, porque el desconocido es un ayudante en un experimento que analiza métodos de entrenamiento en auto-protección para niños pequeños y está evaluando si Stan sería un participante adecuado. Finalmente, tanto él como otros dos niños (Patti y John), que parecían susceptibles frente a los engaños frecuentemente utilizados por los pedófilos, participaron en la investigación. Inicialmente, pusieron a los ni-

[19] Este caso está basado en un experimento de Poche, Brouwer y Swearingen (1981).

ños a prueba en diversas situaciones para verificar que se irían con una persona desconocida si se les acercaba y usaba cualquiera de los trucos habituales (por ejemplo, «Tu profesora ha dicho que tenías permiso para venir conmigo» y «Tengo una sorpresa para ti en el coche, ¿quieres venir a verla?»). A continuación, comenzó el entrenamiento, mostrando una escena en que una persona adulta se acerca a otra e intenta que le acompañe usando alguno de los engaños habituales; pero ésta responde, «No, tengo que ir a pedir permiso al profesor» y se marcha corriendo hacia el edificio del colegio. Es entonces cuando se dan instrucciones a los niños para que respondan a la supuesta invitación de la misma manera que han visto hacerlo al modelo y al hacerlo, de manera contingente, reciben reforzamiento social (por ejemplo, elogios), que a veces también es seguido de algún premio o actividad reforzante (por ejemplo, caramelos o jugar en los columpios).

Durante el entrenamiento, cada día se enseñaba a responder a una situación engañosa diferente y hasta que los niños no respondían de manera consistente a cada una de ellas, no se avanzaba hasta completar un total de tres supuestos. También se modificó la ubicación de las sesiones, que se situaron a lo largo del patio en puntos que distaban aproximadamente veinticinco metros. Una vez finalizado el entrenamiento, se puso a prueba a los niños en otros contextos para ver si seguirían emitiendo la respuesta que habían aprendido en entornos novedosos y los tres lo hicieron correctamente. Transcurridas doce semanas, se volvió a evaluar la actuación de Stan y de Patti en un contexto natural, y si bien el niño respondió adecuadamente, la niña respondió bien verbalmente, pero no se alejó y permaneció junto al desconocido.

GENERALIZACIÓN

Decimos que el entrenamiento produce *generalización* cuando la conducta entrenada en una situación artificial se transfiere a un ambiente natural, cuando el entrenamiento logra el desarrollo de un nuevo comportamiento que no había sido específicamente trabajado, o cuando se mantiene la conducta aprendida en el entorno natural a lo largo del tiempo. Antes de examinar las estrategias para programar la generalización de los cambios del comportamiento en estas tres direcciones, sería conveniente repasar los apartados sobre generalización, tanto del estímulo como de la respuesta, que presentamos en el Capítulo 8.

Generalización del estímulo

La *generalización del estímulo* se produce cuando una conducta es más probable en presencia de un estímulo o situación, como resultado de haber sido reforzada en presencia de otro estímulo o situación. Como comentamos en el Capítulo 8, hay varias razones que podrían explicar que se produzca. En primer lugar, cuanto mayor es el parecido físico entre dos estímulos, por ejemplo, entre dos frutas, más probable es que desarrollemos la generalización entre ellos, lo cual se considera una característica innata o no aprendida del sistema. En segundo lugar, la generalización de estímulos podría producirse porque hemos aprendido que ambos son miembros de una categoría cuyos integrantes comparten atributos físicos; por ejemplo, una casa con persianas verdes y una niña con calcetines verdes. En tercer lugar, la generalización entre estímulos también podría producirse porque hemos aprendido que ambos pertenecen a una clase cuyos miembros son funcionalmente equivalentes, es decir, controlan la misma respuesta, a pesar de ser físicamente diferentes; por ejemplo, las palabras «collar», «salir» y la fotografía de un perro. Denominamos *conceptos* a ambos tipos de estímulo: los que pertenecen a una categoría de miembros con atributos comunes y los que pertenecen a una categoría de miembros equivalentes.

La primera frase en el párrafo anterior describe la generalización del estímulo en el condicionamiento operante. La generalización del estímulo en el condicionamiento clásico o respondiente se produce cuando una respuesta condicionada se emite frente a un estímulo nuevo y la comentaremos más adelante en este capítulo.

Generalización de la respuesta

No hay que confundir la generalización del estímulo, que acabamos de comentar, con la **generalización de la respuesta**, que se produce cuando una conducta se hace más probable en presencia de un estímulo o situación, debido a que otro comportamiento se ha fortalecido en presencia de ese estímulo o situación. Al igual que ocurría con el estímulo, la generalización de la respuesta también podría explicarse por varias razones.

Generalización no aprendida de la respuesta debido al gran parecido físico de las respuestas. Cuanto más se parecen dos respuestas, más probable es que se produzca generalización entre ellas sin necesidad de entrenamiento específico. Si, por ejemplo, aprende a sacar con raqueta en tenis-frontón, es probable que también logre hacerlo en squash o tenis, porque las respuestas involucradas son parecidas. También es probable que patinar sobre ruedas le parezca relativamente sencillo si ya sabe patinar sobre hielo, porque las respuestas componentes de ambas actividades son muy semejantes.

Generalización adquirida de la respuesta con escaso parecido físico de las respuestas. Del mismo modo que existen categorías amplias de estímulos que comparten una característica común, también hay respuestas muy diferentes que comparten una sola característica, y en este caso se produce la generalización adquirida de la respuesta. Por ejemplo, los niños aprenden a añadir una «s» al final de las palabras que corresponden a varios objetos o acontecimientos, pero a veces muestran generalizaciones que son gramaticalmente incorrectas y dicen «colibrís», en lugar de «colibríes» a la vista de dos ejemplares del pájaro. En el caso de Stan, si alguien intentara llevarle y él dijera, «No, tengo que preguntárselo a mi madre (en vez de a la profesora)», estaríamos frente a otro ejemplo de generalización adquirida de la respuesta, porque aunque ambas frases son diferentes, comparten tanto la estructura gramatical como algunas de las palabras.

Generalización adquirida de la respuesta debido a que son respuestas funcionalmente equivalentes. Podemos considerar que las respuestas que producen las mismas consecuencias son *funcionalmente equivalentes*. Podríamos exhibir una generalización de la respuesta porque hemos aprendido a emitir respuestas funcionalmente equivalentes frente a un estímulo; por ejemplo, si nos piden que hagamos fuego, podríamos encender una cerilla o un encendedor, colocar un palo sobre una hoguera ya existente o quizá incluso frotar dos palos. En otro caso, los niños que aprenden a «ser honestos» dicen la verdad, devuelven a sus dueños los objetos de valor que han olvidado o se les han caído y no copian de los compañeros en los exámenes. Todas estas respuestas serían funcionalmente equivalentes ya que probablemente lograrían los elogios de distintas personas en el entorno de los pequeños.

Denominamos *momento comportamental* a una de las aplicaciones interesantes de las respuestas funcionalmente equivalentes: cuando algunas respuestas son reforzadas, aumenta la probabilidad de que se produzcan otras respuestas funcionalmente equivalentes a éstas (véase **Nota 1**). Consideremos el caso de la desobediencia infantil, que puede incluir gran variedad de respuestas funcionalmente equivalentes. Para aumentar la probabilidad de que los niños obedezcan, es aconsejable comenzar pidiéndoles que hagan algo que sí suelan hacer y reforzar esta muestra de obediencia, para inmediatamente a continuación pedirles que hagan algo que no suelan obedecer, pero que ahora tiene mayor probabilidad de ser realizado (Mace & Belfiore, 1990; Mace y cols., 1988; Singer, Singer & Horner, 1987).

FACTORES QUE INFLUYEN EN LA EFICACIA DE LA PLANIFICACIÓN DE LA GENERALIZACIÓN DE LA CONDUCTA OPERANTE

Al hablar de generalización, tenemos que diferenciar dos tipos de ámbitos: (a) la situación de *entrenamiento* y (b) la situación que constituye el *objetivo final* en que queremos que se produzca la generalización, que en muchas ocasiones es el entorno natural. La planificación de la generalización varía en función de que se trate de comportamientos establecidos mediante condicionamiento clásico o mediante condicionamiento operante, por tanto vamos a analizarlos por separado. *Planificar la generalización* de los cambios en el comportamiento operante incluye estrategias para programar la generalización del estímulo, la generalización de la respuesta y el mantenimiento de la conducta.

Programar la generalización del estímulo operante

La aparición inicial de la generalización de los estímulos depende fundamentalmente del parecido físico entre las situaciones de entrenamiento y las que constituyen el objetivo final (véase **Nota 2**), ya que cuanto mayor sea la semejanza, menor será la necesidad de discriminación y más probable será la generalización de los estímulos.

Entrenar el objetivo o situación final. Así pues, el primer esfuerzo de los profesionales que quieran programar una generalización de estímulos debería dirigirse a que las etapas finales del entrenamiento sean muy parecidas a la situación final que se persigue. En igualdad de condiciones, el mejor modo de lograrlo es llevar a cabo el entrenamiento en la propia situación final. Si queremos enseñar a los niños a contar el cambio cuando compran chucherías, lo mejor sería entrenarles en la propia tienda, aunque por supuesto, es probable que haya que practicar previamente en un entorno más controlado.

Variación de las condiciones de entrenamiento. La variedad puede lograrse llevando a cabo sesiones de entrenamiento con un control relativamente laxo de los estímulos presentes cuando se refuerzan las respuestas correctas. Si las conductas se ponen bajo el control de una gran variedad de estímulos, aumenta la probabilidad de que algunos estén también presentes en la situación final. Así, en el caso que ilustra este capitulo, y a diferencia de lo que es habitual en experimentos de laboratorio, no se controlaron estímulos presentes en el entorno, como los ruidos del recreo y del tráfico.

Programación de estímulos comunes. Una tercera táctica es programar deliberadamente estímulos comunes en las situaciones de entrenamiento y final y hacer que el comportamiento buscado se desarrolle frente a ellos. Por ejemplo, Walker y Buckley (1972) describieron un programa para mejorar las habilidades sociales y académicas de los alumnos en una clase de apoyo, en que lograban la generalización de lo aprendido a la clase habitual, mediante el uso de los mismos materiales escolares en ambas situaciones.

Una estrategia útil para programar estímulos comunes es supeditar las conductas deseadas al control de instrucciones o reglas que los estudiantes puedan practicar en situaciones nuevas (Guevremont, Osnes & Stokes, 1986; Stokes & Osnes, 1986). A Stan habría que enseñarle la regla, «si se me acerca alguien que no conozco durante el recreo, tengo que salir corriendo y meterme en la escuela». Ensayar una regla apropiada en un ambiente nuevo conduciría a la conducta deseada, aunque los estímulos circundantes fueran diferentes a los estímulos presentados durante el entrenamiento. Por ejemplo, como resultado de repetir la regla, si Stan está en el jardín y se le acerca un desconocido, quizá se metiera corriendo en casa. En el Capítulo 17 analizaremos más detenidamente el control de las normas sobre el comportamiento.

Entrenar con suficientes ejemplos del estímulo. Una cuarta táctica, que Stokes y Baer (1977) consideraron fundamental, consiste en practicar con suficientes ejemplos del estímulo, ya que de esta manera aumentamos la probabilidad de lograr la generalización adecuada frente nuevos estímulos y situaciones porque ya habremos presentado una gran variedad de ellos durante el entrenamiento. Así, en el caso que se presenta en este capitulo, el entrenamiento se desarrolló en varios lugares distintos del patio escolar y con diversos tipos de engaño.

Horner y sus colegas han descrito una variante del entrenamiento con suficientes ejemplos que han denominado *programación de caso general* (Horner, Sprague & Wilcox, 1982). En este marco, los monitores empiezan por identificar el abanico de situaciones estimulares pertinentes frente a las que esperan que los aprendices respondan y la variedad de respuestas que pudieran precisarse. Posteriormente, durante el entrenamiento, los comportamientos de los aprendices y las variaciones aceptables se desarrollan bajo el control de una muestra de todo el rango de estímulos pertinentes. Sprague y Horner (1984) emplearon este abordaje para enseñar a adolescentes con retraso cognitivo a emplear máquinas expendedoras, mediante el entrenamiento en algunas de ellas de las respuestas adecuadas a su manejo. Este enfoque resultó muy útil para facilitar la generalización de lo aprendido, ya que los participantes supieron operar con todas las máquinas expendedoras que encontraron posteriormente.

Programar la generalización de la respuesta operante

Si repasamos la bibliografía, parece que siempre ha habido un menor interés en programar la generalización de la respuesta que la del estimulo, quizá porque el sistema educativo pone más énfasis en enseñar las respuestas «correctas» frente a las preguntas. En muchos casos, las variaciones sobre las respuestas correctas, que podrían evidenciar la generalización de las mismas, tampoco son aceptadas o son seguidas de reforzadores de calidad inferior, como un notable en lugar de un sobresaliente, en un examen de matemáticas. Sin embargo, hay algunas estrategias que facilitan la generalización de la respuesta y las exponemos a continuación:

Entrenar suficientes ejemplos de la respuesta. Una de las estrategias para fomentar la generalización es parecida a la ya descrita de entrenar suficientes ejemplos del estímulo, y consiste en *entrenar suficientes ejemplos de la respuesta* (véase **Nota 3**; Stokes & Baer, 1977). Guess, Sailor, Rutherford y Baer (1968) aplicaron esta técnica para enseñar a una niña con retraso cognitivo a utilizar correctamente el plural de los nombres en las conversaciones. Mediante la presentación de estímulos y refuerzos contingentes le entrenaron, en primer lugar, a nombrar correctamente objetos en singular y plural, cuando le presentaban una unidad (por ejemplo, una taza) o dos unidades (por ejemplo, dos tazas). Continuaron de esta forma hasta que, tras enseñarle la pronunciación correcta del singular y plural de diversos objetos, ella sola denominaba apropiadamente objetos nuevos en plural, aunque sólo le hubiesen enseñado la designación del singular para los mismos, con lo cual evidenció haber aprendido a generalizar la respuesta.

Variedad de respuestas aceptables durante el entrenamiento. Otra estrategia es variar deliberadamente las respuestas aceptables durante el entrenamiento. Por ejemplo, Goetz y Baer (1973) intentaban fomentar la creatividad infantil durante el juego de montar bloques en un aula de preescolar. Para ello, reforzaron cualquier respuesta que fuese diferente de las anteriores, lo cual provocó un aumento de los comportamientos novedosos en la construcción con piezas de los escolares.

Programar el mantenimiento de la conducta operante

Una cosa es programar la generalización del estímulo a un nuevo ambiente, o la generalización de respuesta a nuevas conductas, y otra es lograr que el cambio terapéutico perdure en entornos nuevos o con comportamientos nuevos. El mantenimiento del comportamiento depende fundamentalmente de seguir reforzando la conducta, para lo cual se aplican cuatro estrategias diferentes:

Atrapar el comportamiento: permitir que funcionen las contingencias naturales del refuerzo. Al atrapar el comportamiento, los reforzadores del ambiente natural mantienen la conducta que se desarrolló inicialmente con reforzadores programados (Baer & Wolf, 1970; Kohler & Greenwood, 1986). Este enfoque sirve para planificar la generalización y requiere identificar de forma realista las contingencias del ambiente natural, para adaptar entonces la conducta de modo que se deje atrapar por ellas, es decir, para conseguir que la mantengan. Hablar es un comportamiento reforzado en la mayoría de los ambientes sociales, de manera que si logramos establecer el lenguaje en una situación de entrenamiento, probablemente se mantendrá en el ambiente natural, debido a las contingencias habituales de refuerzo. De hecho, a veces sólo es necesario establecer la imitación verbal y saber denominar algunos objetos para que las contingencias naturales del refuerzo se impongan y con ello se desarrolle el habla funcional. La técnica de atrapar el comportamiento también se emplea para superar la timidez infantil: una vez que se ha moldeado y establecido la conducta de jugar con los compañeros en los alumnos más retraídos, es probable que los instructores no tengan que preocuparse de reforzarla, ya que los demás niños se ocuparán de ello al jugar; a fin de cuentas, el refuerzo es la esencia del juego social. La Figura 16-1 muestra otro ejemplo de situación en que se atrapa el comportamiento.

Figura 16-1. Ejemplo de la técnica denominada «atrapar el comportamiento».

Cambiar el comportamiento de las personas en un ambiente natural. El segundo enfoque para lograr una generalización duradera es habitualmente más difícil que el primero, porque obliga a cambiar realmente las contingencias de la situación final, para que mantengan la conducta desarrollada en la situación de entrenamiento. Al planificar esta estrategia, hay que contar con las personas implicadas en la situación final: personal de enfermería, parientes, profesores, vecinos y quienes tengan relación con el comportamiento deseado. Los instructores tendrán que enseñar a estos mediadores a reforzar adecuadamente la conducta apropiada o a extinguir la inadecuada. Por supuesto, también tendrán que reforzar el comportamiento de estas personas que van a ayudar a los aprendices, al menos hasta que se logre el comportamiento buscado que, si todo va bien, reforzará por si mismo la aplicación continuada de los procedimientos apropiados.

Como ejemplo de este segundo enfoque, consideremos el caso de una niña que vive con su familia y muestra frecuentes berrinches y rabietas, quizá porque es la única manera que tiene de conseguir atención y otros reforzadores de su padre y de su madre. Sin duda, un programa de intervención lograría establecer comportamientos más deseables, pero éstos no se mantendrían en el hogar sin alterar las contingencias habituales ya establecidas. Con todo ello en mente, los profesionales consultados podrían desarrollar el siguiente plan: durante el entrenamiento, enseñarán a la niña a jugar en vez de enfadarse hasta que este comportamiento deseable se mantenga mediante un programa, por ejemplo, de intervalo variable con refuerzos infrecuentes, ya que el padre y la madre no van a aplicar refuerzos frecuentemente en casa. Finalizada esta fase, la terapeuta les mostraría cómo registrar adecuadamente las conductas agradables y desagradables de la niña en casa. Posteriormente, les indicaría *in situ* cómo reforzar frecuentemente al principio los comportamientos lúdicos de la niña en el salón, para ir reduciendo escalonadamente la frecuencia del refuerzo y así disponer de tiempo para otras actividades no relacionadas con la pequeña. Se sugiere también el uso de un reloj de cocina, o despertador para recordar que tienen que reforzar periódicamente el buen comportamiento de su hija. A lo largo del procedimiento, también habría que elogiar abundantemente a los progenitores por el control y registro apropiado de las conductas. La terapeuta tendría que ir desapareciendo paulatinamente de la situación real e ir reduciendo la frecuencia de las visitas al domicilio, salvo que algún contratiempo señale la necesidad de mantenerlas hasta restablecer los niveles deseados de los comportamientos satisfactorios. Lo más probable es que los premios del padre y de la madre de las conductas de juego logren mantenerlas y que esto, junto con la disminución de quejas, lloros y rabietas mantenga la conducta reforzante de los progenitores.

Utilizar programas de refuerzo intermitente al alcanzar el objetivo o situación final. Una vez que se ha logrado generalizar el comportamiento en una situación deseable, es aconsejable reforzarlo deliberadamente en ese contexto mediante un programa intermitente durante varios ensayos. El programa intermitente hará que la conducta persista en esta situación última, y por tanto aumentará la probabilidad de que perdure hasta que los reforzadores naturales logren controlarla.

Dar el control a la persona. Los profesionales de la modificación de conducta intentan conseguir que las personas sean sus propios agentes del cambio. Se denomina autodirección, automodificación y autocontrol comportamental a este ámbito que ha dado lugar a gran cantidad de manuales, con procedimientos sencillos sobre «cómo lograrlo», que comentaremos en más detalle en el Capítulo 26. Existen dos vías para transferir el control a las personas implicadas y que mantengan los comportamientos en situaciones reales. En primer lugar, enseñándoles a evaluar y registrar su propia conducta generalizada, a la vez que a reforzarla, conforme a procedimientos que comentaremos en el Capítulo 26. En segundo lugar, Stokes y Baer (1977) sugirieron la posibilidad de enseñar a la persona los mecanismos para *obtener un conjunto de refuerzos naturales* que mantengan la generalización de la respuesta. Hildebrand, Martin, Furer y Hazen (1990) realizaron un estudio sobre un taller tutelado, en que los empleados con retraso cognitivo mostraban habitualmente baja productividad, pero lo cierto es que cuando lograban un rendimiento alto, tampoco recibían el reconocimiento de los colegas. Hildebrand y sus colegas enseñaron a los trabajadores a alcanzar determinados objetivos de productividad y a llamar la atención de los miembros del personal sobre el trabajo bien hecho, lo cual condujo a que efectivamente recibieran más elogios, que a su vez ayudaban a mantener el ritmo de producción conseguido.

PLANIFICAR LA GENERALIZACIÓN DE LA CONDUCTA EN EL CONDICIONAMIENTO CLÁSICO

Como hemos señalado anteriormente, la generalización del comportamiento operante suele precisar de estrategias para generalizar el estímulo, generalizar la respuesta y mantener la conducta. La generalización del estímulo también es importante en el paradigma del condicionamiento clásico; por ejemplo, a la hora de tratar una fobia, no sería adecuado reducir exclusivamente el miedo frente a un solo estímulo (véase Figura 16-2). Sin embargo, la mayoría de los tratamientos que incluyen el condicionamiento clásico, sólo procuran el mantenimiento del reflejo condicionado a lo largo del tiempo. Vamos a revisar dos ejemplos expuestos en el Capítulo 14, que le ayudarán a comprender por qué este interés exclusivo está justificado habitualmente. En uno de los casos, los resultados de un programa de intervención para el estreñimiento señalaban la creación de un reflejo condicionado en que una hora concreta del día se había convertido en un estímulo condicionado que producía en los participantes movimientos intestinales como respuesta condicionada. El objetivo era que los adultos experimentaran el movimiento intestinal al levantarse por la mañana, pero claramente no hubieran querido que se produjera una generalización del estímulo y la respuesta condicionada apareciera en otros momentos más incómodos del día. Por tanto, en este caso, no era importante ni adaptativo planificar la generalización de la respuesta de manera que el estímulo condicionado de la hora elicitara gran variedad de movimientos intestinales.

Consideremos otro ejemplo del Capítulo 14 en que tras el condicionamiento, la presión de la vejiga del niño durante la noche funciona como estímulo condicionado que produce la respuesta condicionada de despertarse, de manera que vaya al baño, orine y no moje la cama. Aquí tampoco hubiera sido aconsejable una gene-

Figura 16-2. Un ejemplo de fracaso a la hora de programar la generalización del estímulo de una conducta.

ralización del estímulo que hubiera conseguido que una ligera presión en la vejiga despertara al niño. La presión idónea para funcionar como estímulo condicionado es la que se produce justo antes de orinar y esa fue por tanto la que se entrenó. Tampoco fue necesario que se generalizara la respuesta de despertarse, ya que la que se produce de forma natural resulta adecuada. Estos ejemplos ilustran que si las intervenciones terapéuticas se fundamentan en los principios del condicionamiento clásico, no suele interesar la programación de la generalización del estímulo o de la respuesta.

Sin embargo, sí es importante mantener los reflejos condicionados a lo largo del tiempo. Si presentamos el estímulo condicionado sin emparejarlo con el estímulo incondicionado, perderá su capacidad de elicitar la respuesta condicionada; por tanto, las intervenciones basadas en el condicionamiento clásico suelen volver a emparejar periódicamente los estímulos condicionado e incondicionado, de manera que la respuesta condicionada deseada siga produciéndose.

ERRORES EN LA GENERALIZACIÓN

Todos los componentes de la generalización plantean tanto riesgos potenciales como aspectos positivos. Consideremos la generalización del estímulo, sin la cual el aprendizaje tendría valor escaso, porque independientemente de la maestría con que una persona aprendiese algo, tendría que aprenderlo por completo nuevamente cada vez que la situación cambiase en lo más mínimo. Imagine lo irritante que sería aprender a bailar al ritmo de una canción y descubrir que hay que aprender de nuevo desde el principio cada vez que cambia la música. Pero la generalización del estímulo también tiene sus desventajas, puesto que un comportamiento adquirido en una situación adecuada, puede reaparecer de forma impertinente cuando la situación no es apropiada.

Un ejemplo llamativo de generalización del estímulo de una conducta adecuada a una situación indebida es el que se observa en los saludos y las muestras de afecto de algunas personas con discapacidades cognitivas. Por supuesto, este tipo de comportamientos es muy deseable en las circunstancias adecuadas, pero cuando alguien aborda y abraza a un desconocido, las consecuencias obviamente podrían no ser favorables. La solución al problema consiste en enseñar a las personas a discriminar entre las situaciones en que los saludos y otras muestras de afecto son adecuados y aquellas situaciones en que no los son.

Otro ejemplo de generalización inapropiada del estímulo de una conducta deseable es la competencia destructiva que se observa habitualmente en algunas personas y ocasionalmente en casi todos nosotros. Este comportamiento podría surgir en parte del refuerzo evidente que nuestra cultura proporciona a quienes ganan en competiciones deportivas o del que proporciona el sistema educativo a quienes logran buenas calificaciones. Por ello resulta tan acertado el dicho anglosajón, «Quizá sea cierto que se han ganado guerras jugando en los campos de deporte de Eton, pero también es cierto que las guerras empezaron allí».

El problema opuesto se produce en la generalización del estímulo de una conducta inadecuada, de la situación en que se adquirió a otro contexto nuevo en que tampoco resulta apropiada. Supongamos que unos abuelos tienden a proteger en exceso a la nieta que está aprendiendo a andar y le prestan demasiada atención cada vez que se cae, obviamente porque les preocupa que se haga daño. El resultado es que aumenta la frecuencia de las caídas y cuando la niña vuelve a casa, el incremento de las caídas se generaliza también en presencia del padre y de la madre.

Un problema distinto es la falta de generalización del estímulo deseable, evidente en los hábitos de estudio de muchos estudiantes, que *empollan* la noche previa al examen, memorizando sin más cadenas de preguntas y respuestas. No suelen tener en cuenta por tanto la importancia de someter el conocimiento de la materia a un control del estímulo más amplio, que vaya más allá de una o dos preguntas; es decir, no intentan programar la generalización. Muchas personas han padecido esta misma experiencia en el aprendizaje de una segunda lengua y al igual que uno de los autores, que estudió francés durante los cuatro años de la escuela superior, son posteriormente totalmente incapaces de hablarla. El autor contaba con cierto repertorio para responder en los exámenes de francés, traducir artículos del francés al inglés o viceversa, pero no había sometido su repertorio al control de los estímulos de un ambiente natural de conversaciones.

Otro ejemplo de falta de generalización del estímulo deseable se produce en la interacción entre padres, madres e hijos. Son muchas las situaciones sociales, al estilo de los restaurantes, en que los progenitores no presentan los mismos estímulos a los niños, ni administran las mismas contingencias de refuerzo, que aplican en casa a las horas de las comidas. En consecuencia, es frecuente que los pequeños no generalicen a los restaurantes ni a otras situaciones sociales, los buenos modales durante la comida y a la mesa, ni la manera adecuada de comportarse que se produce en casa. No es raro escucharles lamentarse, «yo que creía que te había enseñado a portarte bien y ¡mírate ahora!». Confiamos en que la lectura de este libro y llevar a cabo tanto las preguntas de estudio como los ejercicios adicionales, sirva para que estos padres y estas madres tengan éxito al programar la generalización del estímulo. De no ser así, nos oirán lamentarnos, «yo que creía que te había enseñado a modificar la conducta y ¡mírate ahora!».

Las dificultades que hemos señalado muestran casos en que la generalización del estímulo plantea inconvenientes para quienes desconocen el proceso. Hay otros problemas que surgen de programar el mantenimiento de la modificación de la conducta, pero ya los describimos al final de los capítulos 6 y 7 en relación con los programas de refuerzo.

DIRECTRICES PARA PROGRAMAR LA GENERALIZACIÓN DE LAS CONDUCTAS OPERANTES

Con el fin de garantizar la generalización del estímulo y de la respuesta de la situación de entrenamiento al entorno natural y para favorecer el mantenimiento de la conducta, es aconsejable ajustarse al máximo a las siguientes pautas:

1. Plantear como objetivo conductas que tengan una utilidad evidente para los aprendices, ya que estos serán los comportamientos más probablemente reforzados en el entorno natural.
2. Entrenar la conducta objetivo en una situación tan parecida como sea posible al contexto en que queremos que se produzca.
3. Presentar variedad de condiciones durante el entrenamiento para que, por una parte, los aprendices se expongan a una muestra suficientemente amplia de dimensiones pertinentes del estímulo que faciliten la transferencia a otras situaciones y, por otra parte, para reforzar variaciones de la conducta deseable.
4. Establecer sucesivamente la conducta final en tantas situaciones como sea posible, comenzando por la más fácil y progresando hacia la más difícil.
5. Programar estímulos comunes, como por ejemplo, normas, que favorezcan la transferencia a entornos nuevos.

6. Presentar variedad de respuestas aceptables durante las sesiones de entrenamiento.
7. Reducir gradualmente la frecuencia de refuerzo durante las sesiones de entrenamiento hasta que sea inferior a la que se produce en el contexto natural.
8. Cuando se avance a una situación novedosa, aumentar la frecuencia del refuerzo para contrarrestar la tendencia de los aprendices a diferenciar este nuevo contexto de la situación previa de entrenamiento.
9. Asegurarse de que se están administrando suficientes refuerzos como para mantener la conducta final en el contexto natural. Hay que prestar atención especial a este aspecto durante las fases iniciales de transferencia de la conducta final desde la situación de entrenamiento al ambiente natural. Se aconseja añadir tantos refuerzos como sea necesario, incluso a padres, madres y profesores, ya que son los responsables del mantenimiento del comportamiento en situaciones naturales y sólo posteriormente, ir reduciendo los refuerzos paulatinamente para impedir que el comportamiento final conseguido se deteriore.

PREGUNTAS DE REPASO

1. Defina la generalización del estímulo y presente un ejemplo.
2. Señale las diferencias entre la generalización del estímulo no aprendida y la generalización adquirida entre estímulos que pertenecen a una categoría con atributos comunes. Presente un ejemplo de cada caso.
3. Cuál es la principal diferencia entre la generalización de estímulos que se produce porque éstos son miembros de una categoría con atributos comunes y la que se produce porque los estímulos son miembros de una categoría de equivalencia.
4. Defina o describa la generalización no-aprendida de respuestas como resultado del parecido físico entre ellas y ponga un ejemplo.
5. Defina o describa la generalización adquirida de respuestas cuando el parecido físico entre ellas es mínimo y ponga un ejemplo.
6. Defina o describa la generalización adquirida de respuestas debido a la equivalencia funcional entre ellas es y ponga un ejemplo.
7. Exponga los tres aspectos que hay que tener en cuenta para planificar la generalización del comportamiento y presente un ejemplo de cada factor.
8. Describa brevemente cómo se demostró la generalización del comportamiento en el experimento en que se entrenó a los escolares en técnicas de autoprotección.
9. Explique la diferencia entre la generalización y la discriminación del estimulo. Ponga varios ejemplos que ilustren tal diferencia.
10. Describa brevemente cuatro estrategias para planificar la generalización del estímulo en el condicionamiento operante y ponga un ejemplo de cada una.
11. Cuál de las estrategias para programar la generalización del estímulo en el condicionamiento operante aprovecha la generalización no aprendida debida al parecido físico entre estímulos. Justifique su respuesta.
12. Por qué la presentación de reglas podría facilitar la generalización del estímulo en el condicionamiento operante. Exponga el factor general pertinente para la planificación de la generalización que probablemente explica el efecto e ilústrelo con un ejemplo.
13. Describa la estrategia de generalización que hemos denominado programación de caso general y presente un ejemplo.
14. Presente brevemente dos tácticas para planificar la generalización de la respuesta operante y aporte un ejemplo de cada una.
15. Presente brevemente cuatro tácticas para planificar el mantenimiento de la conducta operante y aporte un ejemplo de cada una.

16. Explique brevemente qué aspectos diferencian la generalización de la conducta establecida mediante condicionamiento operante, de la adquirida mediante condicionamiento clásico.
17. Describa dos ejemplos de errores en la generalización del estímulo. Uno de ellos debe estar relacionado con la generalización de la conducta deseable a una situación inadecuada, y el otro con la generalización de una conducta no deseada.
18. Presente algún ejemplo de error en la generalización de la respuesta.
19. Presente algún ejemplo de error en el mantenimiento de la conducta.

EJERCICIOS DE APLICACIÓN

A. Ejercicio que implica a otras personas

Escoja uno de los casos descritos en los capítulos anteriores en que no se haya hecho ningún esfuerzo para programar la generalización y haga un esquema de un programa específico que pudiera ser pertinente al respecto.

B. Ejercicios de auto-modificación

1. Describa una situación reciente en que haya hecho alguna generalización adecuada. Identifique claramente la conducta; la situación de entrenamiento en que la conducta fue reforzada inicialmente; y la situación de prueba, en que se generalizó el comportamiento.
2. Describa una situación reciente en que haya hecho una generalización inadecuada, es decir, en que los resultados no fueran los deseables. Identifique también la conducta, la situación de entrenamiento y la situación de prueba.
3. Considere el déficit comportamental para el que esbozó un programa de moldeado al final del Capítulo 10. Asumiendo que su programa será satisfactorio, comente qué podría hacer para lograr su generalización. Analice los factores que influyen sobre la eficacia de la generalización que hemos comentado en este capítulo.

NOTAS DE AMPLIACIÓN SOBRE EL TEMA

1. El término momento comportamental hace referencia a que cuantos más refuerzos se producen en una situación en que se está premiando un comportamiento, más resistente se hace éste a cualquier alteración en esa situación (véase, por ejemplo, Mace, McCurdy & Quigley, 1990), lo cual tiene al menos dos implicaciones prácticas: (a) como vimos en el Capítulo 6, una respuesta que ha sido reforzada de manera intermitente tarda más en extinguirse que la que ha sido reforzada continuamente; sin embargo, una respuesta que ha sido reforzada continuamente es probablemente más resistente a otras formas de alteración (Nevin, 1992); (b) un mecanismo para hacer que una respuesta decrezca es reforzarla de manera no contingente, es decir, con independencia de la respuesta emitida (Tucker, Sigafoos, & Bushell, 1998); sin embargo, este sistema de reducción de la respuesta conlleva más refuerzos en la situación, lo cual al menos en teoría, debiera hacerla más resistente a la alteración.

2. Un ejemplo de esta situación se produjo en un estudio de Welch y Pear (1980) en que compararon la presentación de objetos, dibujos de objetos y fotografías de objetos en un programa de entrenamiento en denominación para cuatro niños con retraso cognitivo severo. Los investigadores observaron que cuando entrenaban con los objetos, antes que con los dibujos o las fotografías de los mismos, tres de los niños mostraban una generalización significativamente superior frente a los objetos en los contextos naturales. El cuarto participante, que además evidenciaba mejor desarrollo lingüístico, lograba generalizar los estímulos, independientemente del formato con que hubiera sido entrenado. En un estudio de seguimiento llevado a cabo por Salmon, Pear y Kuhn (1986), se observó que el entrenamiento con objetos produce además mayor generalización ante objetos pertenecientes a la misma categoría, pero no entrenados, que el entrenamiento con dibujos de objetos. Estos datos sugieren por lo tanto que padres, madres y profesores de niños con dificultades de aprendizaje debieran usar objetos reales siempre que fuera posible en los programas de entrenamiento, sobre todo cuando se quiere lograr la generalización de los resultados.

3. Este caso de generalización de la respuesta, al igual que otros expuestos a lo largo de este capítulo, es un poco más complejo de lo que definíamos inicialmente. Los resultados parecen indicar que el refuerzo de una respuesta específica ha aumentado la probabilidad de que ocurran respuestas parecidas. Sin embargo, la nueva forma que adopta la respuesta, por ejemplo, formar el plural de objetos nuevos, se produce frente a estímulos que no habían sido previamente presentados, con lo cual también está actuando la generalización del estímulo. Las personas interesadas pueden consultar el Journal of Organizational Behavior Management, 2001, 21(4), donde se exponen las dificultades para definir la generalización de la respuesta.

Preguntas sobre las notas

1. Explique qué norma para programar la generalización del estímulo se ilustra en el estudio en que los niños con retraso cognitivo tenían que aprender los nombres de objetos y dibujos.

2. Describa dos acepciones diferentes que el término momento comportamental ha adoptado en la bibliografía conductual.

3. Explique al menos una de las implicaciones prácticas del momento comportamental respecto de la alteración de la respuesta.

PARTE III

CONSIDERACIONES PRELIMINARES PARA UNA PROGRAMACIÓN EFICAZ DE LAS ESTRATEGIAS

17

Aprovechar el control de los estímulos existente: las reglas y los objetivos

SUPONGA que un psicólogo deportivo está hablando con una joven patinadora artística unos minutos antes de que realice su programa en una importante competición. Dando muestras de mucho nerviosismo, la patinadora expresa su preocupación: «Espero no caerme en el doble giro. Espero no quedar la última. ¿Y si no patino bien?». ¿Cómo podría ayudar el psicólogo deportivo a la patinadora? Asumiendo que su auto-discurso negativo es lo que le causa el nerviosismo y que esta ansiedad pueda interferir con su actuación, parecería razonable diseñar un programa para desarrollar verbalizaciones que le den más confianza en sí misma. No hay tiempo para llevar a cabo los pasos del moldeamiento que hubiera resultado adecuado, ni para aplicar la extinción respondiente apropiada para reducir los sentimientos excesivos de nerviosismo. No disponemos de más tiempo del que hay en los pocos minutos antes de que le toque actuar. Una solución alternativa es presentar estímulos, que debido a la historia previa de condicionamiento de la patinadora, ya controlen la conducta deseada. Por ejemplo, podríamos pedirle que se repitiera a sí misma frases que probablemente favorezcan sentimientos de confianza como, «he caído bien en todos los saltos de los entrenamientos y puedo hacerlo así ahora. Me centraré en todo lo que hago cuando patino bien y lo haré de nuevo en el momento preciso. Sonreiré, me divertiré y actuaré para los jueces». El psicólogo también podría animar a la patinadora a realizar una técnica de relajación denominada *respiración central profunda*, en que se respira con el abdomen mientras se repite muy despacio «r-e-l-a-x» cada vez que se exhala. En otras palabras, debido a nuestras múltiples experiencias de aprendizaje a lo largo de los años, y debido a los refuerzos recibidos al responder a determinados estímulos, es probable que éstos (personas, lugares, palabras, olores, sonidos, etc.) ejerzan control sobre nuestras conductas. Antes de diseñar un programa de modificación de conducta es importante preguntarse «¿es posible aprovechar las formas existentes de control de los estímulos?». Los paquetes de tratamiento que lo hacen entran en la categoría de reglas, metas, modelado, guía física e inducción situacional. Discutiremos las dos primeras categorías en este capítulo y las demás en el siguiente.

LAS REGLAS

Como se describió en el Capítulo 8, una regla es una descripción (oral o escrita) de una contingencia de reforzamiento de tres términos (antecedente-conducta-consecuencia). Hablando claro, es una afirmación de que una conducta valdrá la pena en una situación concreta. Cuando éramos pequeños, las reglas no tenían ningún significado para nosotros; pero al crecer, sin embargo, aprendimos que seguir las reglas solía llevar a obtener recompensas (p.ej., «si te comes todas las verduras, tendrás postre»), o nos permitían evitar castigos (p.ej., «si no te quedas ahí tranquila te mando a tu habitación»). De ahí que las reglas puedan funcionar como estímulos discriminativos; es decir, claves que indican que emitir la conducta especificada por la regla llevará al reforzador especificado, o que no seguir la regla conllevará un castigo (Skinner, 1969; Vaughan, 1989). Como comentamos en el Capítulo 19, las reglas también ejercen como operaciones de motivación.

A veces, las reglas identifican claramente reforzadores o castigos asociados a su cumplimiento, como se ilustra en los ejemplos previos. En otros casos, las consecuencias están implícitas. Cuando un padre o madre dice a su hija con voz excitada «¡Guau, mira eso!», mirando en una dirección concreta, lograrán que la niña vea algo interesante. Los reforzadores también están implícitos en reglas formuladas en forma de consejo; por ejemplo, «debes recibir una buena educación», típicamente implica que hacerlo llevará a un trabajo bien remunerado. Por otro lado, las reglas con formato de *orden* o *amenaza* señalan que su incumplimiento será castigado; por ejemplo, «¡no toques ese jarrón!», conlleva que tocarlo conducirá a algo desagradable, como una reprimenda.

Las reglas que no identifican las tres partes de una contingencia de reforzamiento se califican de *reglas parciales*. Los ejemplos de reglas parciales del párrafo anterior se centraban en la conducta, pero otras identifican el antecedente (p.ej., «zona escolar»), mientras que la conducta («conduzca despacio») y las consecuencias («para evitar una multa») están implícitas. En otras situaciones, las reglas parciales identifican las consecuencias (p.ej., «98% de ganancias»), mientras que los antecedentes («en nuestro casino») y la conducta («meta dinero en nuestras tragaperras») están implícitos. Debido a las diversas experiencias previas de aprendizaje, las reglas parciales también controlan nuestro comportamiento.

Conducta moldeada por contingencias y conducta gobernada por reglas

Supongamos que el pequeño Bobby le susurra algo gracioso a su hermana estando en misa con sus padres. La hermana de Bobby lo ignora (y su madre le da un firme apretón en la mano), y en el futuro es menos probable que Bobby susurre comentarios graciosos en misa. Ahora supongamos que Bobby le susurra un comentario gracioso a sus compañeros del equipo de hockey mientras el entrenador está tratando de explicar cómo ejecutar una jugada. Sus compañeros de equipo se ríen y esta conducta se fortalece en este ámbito. En estos ejemplos nos referiríamos al susurro de Bobby como una conducta *moldeada por la contigencia;* es decir, es una conducta que se ha fortalecido (o debilitado) gracias a los efectos directos de las consecuencias en esos ámbitos. Supongamos ahora que el entrenador de Bobby, en un intento por reducir los molestos susurros del niño, le dice al principio del entrenamiento: «Si prestas atención y no haces comentarios mientras yo hablo, tendremos cinco minutos extra para un partidillo al final del entrenamiento». Durante el entrenamiento, Bobby repite la norma con frecuencia y no hace comentarios, de manera que el equipo y él ganan el reforzador. En este ejemplo, prestar atención al entrenador sin susurrar comentarios se denominaría *conducta gobernada por reglas,* porque está controlada por la afirmación de una norma.

La conducta moldeada por contingencias implica consecuencias inmediatas y se fortalece típicamente poco a poco mediante ensayo y error. Los susurros de Bobby, por ejemplo, estaban inicialmente bajo el control de sus compañeros en el entrenamiento de hockey, ya que éstos funcionaban como estímulos discriminativos (ED) durante las ocasiones en premiaron su comportamiento. Sus susurros se redujeron gradualmente en presencia de su hermana y sus padres en misa, que ejercían como estímulos delta (E^{Δ}) al estar presentes en situaciones de extinción. La conducta gobernada por reglas, suele implicar consecuencias demoradas y lleva frecuentemente a cambios conductuales inmediatos. Cuando el entrenador de Bobby le dio una regla para que no hiciera comentarios en los entrenamientos, la conducta del niño mejoró inmediatamente. No hicieron falta varios ensayos para que hubiera evidencia de control de los estímulos, aunque el reforzador por seguir la regla se demoró hasta el final del entrenamiento.

Conocer cómo funciona la conducta gobernada por reglas nos permite explicar mejor algunas aplicaciones presentadas anteriormente que implicaban efectos indirectos de los reforzadores. Recordará el caso de Fernando en el Capítulo 3. Cuando le dijeron que recibiría un vale canjeable por dos pesos, contingente a su llegada puntual al trabajo, no volvió a llegar tarde mientras duró el estudio. Esto no era un ejemplo de los efectos directos de reforzamiento, debido a que el bono de dos pesos tenía lugar bastante tiempo después de la conducta de salir más temprano de casa. Es más probable que Fernando recordara la regla (p.ej., «si salgo antes llegaré puntual y ganaré dos pesos extra») que controlaba en último término salir de casa con media hora de anticipación. También recordará el ejemplo del Capítulo 4 del programa de puntos del entrenador Dawson de baloncesto. Debido a que los jugadores no recibían los puntos hasta el final del entrenamiento, había un plazo considerable entre las mejoras en el porcentaje de lanzamientos y la entrega efectiva de los premios. Por ello, el mejor rendimiento no es atribuible a los efectos directos de los puntos como reforzadores condicionados, sino que es probable que los jugadores repitieran mentalmente las reglas durante el entrenamiento, «si hago más tiros a canasta saltando ganaré más puntos» y que estas verbalizaciones internas hayan constituido la norma que ha regido la mejora observable en el rendimiento.

A menudo, la actividad que parece fortalecida por los efectos directos del reforzamiento, puede ser el resultado, al menos en parte, de la existencia de una conducta gobernada por reglas. Por ejemplo, la niña acaba de limpiar la habitación y le dicen «eres una buena chica por limpiar tu habitación», por tanto tenderá a llevar a cabo esta conducta más a menudo. El estímulo «buena chica por limpiar tu habitación» parece estar actuando como reforzador en esta ocasión. Pero la chica también conoce ya una regla, en concreto, «si limpio mi habitación seré una buena chica» (y mamá y papá serán más amables conmigo, etc.), que tenderá a ejercer control y regir (o gobernar) la actividad de limpiar la habitación en el futuro, bastante distante del efecto reforzador del elogio. Esta es la razón por la que no usaríamos «eres una buena chica por limpiar tu habitación» como reforzador de la conducta de hacer los deberes.

Cuando las reglas son especialmente útiles

Hemos argumentado en varios capítulos que los programas de modificación de conducta deberían incluir siempre instrucciones en forma de reglas, incluso con poblaciones con habilidades verbales limitadas. En el Capítulo 30 discutimos las razones éticas por las que los programas de modificación de conducta deberían ser claramente explicados a todos los clientes. Sin embargo, hay algunas situaciones específicas con personas que han desarrollado el lenguaje en que incluir reglas en los programas conductuales es especialmente efectivo (Baldwin y Baldwin, 1998; Skinner, 1969, 1974).

Cuando se desea un cambio conductual rápido

El uso correcto de reglas, a menudo produce cambios conductuales más rápidos que el moldeado, encadenamiento o experiencias de ensayo y error con reforzamiento y extinción. En el ejemplo del psicólogo deportivo intentando ayudar a la patinadora artística, ella recibía esencialmente una regla («si me centro en las cosas en las que pienso cuando estoy patinando bien en los entrenamientos, entonces haré bien los ejercicios de mi programa durante la competición»). Recordar la regla pudo haber ayudado a la patinadora a centrarse en las indicaciones que le permiten aterrizar bien en sus saltos, en lugar de preocuparse por caerse. La regla también podría haber funcionado como estímulo condicionado para elicitar los sentimientos de relajación que sentía típicamente en los entrenamientos (y que serían parte de los estímulos contextuales que controlan un buen patinaje).

Cuando las consecuencias están demoradas

Supongamos que un padre o una madre quiere animar a su hija a estudiar durante una hora más o menos cada tarde durante una semana. Un reforzador conveniente sería permitir a la niña quedarse despierta hasta tarde el fin de semana y ver una película. No obstante, ver una película el viernes por la noche está bastante alejado temporalmente del estudio de una hora el lunes por la tarde. Añadiendo una regla «si estudias una hora cada noche esta semana, podrás ver una película el viernes por la noche», el padre o madre aumenta las posibilidades de que el reforzador aplazado tenga un efecto indirecto sobre la conducta deseada.

Cuando los reforzadores naturales son muy intermitentes

Supongamos que los vendedores de unos grandes almacenes trabajan a comisión. Durante la temporada después de las navidades, las ventas bajan mucho. Los vendedores son reforzados inmediatamente cuando hacen una venta (porque obtienen un porcentaje), pero tienen que acercarse a muchos clientes antes de conseguirlo. En otras palabras, la programación de reforzamiento es muy endeble y el gerente de la tienda podría incrementar la persistencia de los vendedores animándoles a repetir la regla «¡Sé persistente! El próximo cliente podría significar una venta».

Cuando la conducta lleva a un castigo inmediato severo

Las reglas pueden ayudar a aprender «por las buenas» conductas apropiadas, porque aprender «por las malas» es a veces muy costoso. Por ejemplo, por sorprendente que parezca, muchos estudiantes no saben que copiar partes de textos palabra por palabra en un trabajo sin citar las fuentes no es aceptable. A todos los estudiantes se les debería enseñar, incluso antes de llegar a la universidad la siguiente regla: «Copiar de una fuente sin citarla es plagio y puede llevar a una penalización académica seria».

Por qué las reglas controlan nuestra conducta

Es fácil entender por qué las personas aprenden a seguir reglas que describen consecuencias directas. Seguir la norma «Pruebe este nuevo sabor de helado, le encantará» se reforzará inmediatamente por el sabor del helado. No seguir la norma «sepárate de la hoguera o te quemarás» llevará seguramente a un castigo inmediato. *Pero ¿por qué seguimos reglas con consecuencias muy demoradas?* Existen varias explicaciones posibles. En primer lugar, aunque el reforzador identificado en la regla esté aplazado para una persona, otras personas podrían proporcionarle otras consecuencias inmediatas si sigue (o no sigue) la regla. En el ejemplo de la madre que proporciona la regla «si estudias una hora todas las noches esta semana, podrás ver la película del viernes por la noche», también podría decir, inmediatamente después de cada sesión diaria de estudio, «Bien hecho, sigue así y el viernes te podrás acostar más tarde».

En segundo lugar, una persona podría seguir una regla e inmediatamente después hacerse a sí misma, auto-afirmaciones reforzadoras. En el caso de Fernando, después de cumplir la regla de salir de casa media hora antes, podría haber especulado con lo que se compraría con los pesos extra que iba a ganar. (El auto-refuerzo se presenta en el Capítulo 26). Por otro lado, no cumplir una regla llevaría a un auto-castigo inmediato.

Una tercera posibilidad es que las interacciones operantes-respondientes (véase Capítulo 15) previamente experimentadas hayan sido tales que el seguimiento de reglas se fortalezca automáticamente, y el fracaso al seguirlas sea automáticamente castigado. Supongamos que nos damos una regla, «mejor empiezo a estudiar los textos de modificación de conducta ahora o suspenderé mi examen de mañana». Quizá debido a la historia que tenemos de castigo por no cumplir con plazos, una afirmación así incrementaría el carácter aversivo de los estímulos asociados con no estudiar para un examen, lo cual nos generaría ansiedad. Cuando se cumple una regla, la ansiedad disminuye y por tanto la norma se mantiene por un mecanismo de escape condicionado. En lenguaje cotidiano, recordar el plazo que tenemos nos hace sentir ansiedad y responder a la regla para llegar a tiempo nos hace sentir mucho mejor (Malott, 1989). Por supuesto, el hecho de que estas consecuencias automáticas continúen influyendo en el seguimiento de la regla dependerá de que no hacerlo y no cumplir con los plazos sea efectivamente castigado.

Aunque se han dado muchos ejemplos que ilustran cómo las reglas se encargan del desarrollo y mantenimiento de la conducta, es importante darse cuenta de que existen excepciones. Las reglas introducen estímulos adicionales y respuestas que en algunas circunstancias pueden tener el efecto de interferir con la conducta moldeada mediante contingencias. Una persona que intenta verbalizar y seguir unas reglas podría, en estas circunstancias, acabar como el ciempiés de la fábula que terminó enganchado y enredado de tanto pensar en cómo se camina.

Reglas efectivas y no efectivas

Hemos dicho que una regla es una indicación de que comportarse de una manera específica llevará a un reforzador y a escapar de o evitar un castigo, pero no todas las normas son iguales. Muchas personas, por ejemplo, seguirían la propuesta «pruebe este nuevo sabor de helado, es delicioso». Por desgracia, pocas siguen la regla «lleve siempre protección al patinar para evitar daños serios si tiene un accidente». Echemos un vistazo a cinco condiciones que afectan a la probabilidad de seguir una regla.

Descripciones específicas frente a descripciones vagas. Una regla que describe la conducta pormenorizadamente tiene más probabilidades de ser seguida que una que la describe vagamente. Decirle a las jóvenes patinadoras artísticas, por ejemplo, que serán mejores si trabajan duro en los entrenamientos, es menos efectivo que decirles «si intentas completar al menos 60 saltos y giros durante cada entrenamiento de 45 minutos, serás mejor patinadora que si no lo haces».

Descripciones específicas de las circunstancias frente a descripciones vagas. Una regla que describe las circunstancias específicas en que la conducta debería ocurrir, hace más probable su seguimiento, que si no las describe o lo hace vagamente. Decirle a un niño pequeño «recuerda decir 'por favor'» es menos efectivo que decir «recuerda decir 'por favor' cuando pidas algo». Decir «sé bueno» es menos efectivo (por sí solo) que decir «haz lo que te dice la abuela».

Consecuencias probables frente a improbables. Habitualmente seguimos las normas que identifican conductas con consecuencias muy probables, aun cuando tarden en producirse. Si los progenitores dicen a su hija adolescente «si cortas el césped el lunes te doy diez dólares el sábado» y asumiendo que siempre cumplen estas reglas, es muy probable que la chica corte el césped el lunes, ya que si lo hace, recibir los diez dólares será una certeza. De igual forma, las reglas serán menos efectivas si describen resultados con baja probabilidad, incluso cuando estas consecuencias, en caso de que ocurrieran, fueran inmediatas (Malott, 1989, 1992). Para ilustrar este punto veamos algunos ejemplos: sabemos que llevar un chaleco salvavidas al ir en canoa puede salvarnos la vida o que llevar un casco al patinar puede prevenir un daño cerebral en caso de accidente; entonces, ¿por qué muchas personas no llevan chaleco salvavidas cuando van en canoa o no llevan casco al patinar? Una razón (que no implica reglas necesariamente) podría ser que la conducta deseable en estas circunstancias conlleva castigos inmediatos (p.ej. el chaleco y el casco dan calor y son incómodos). Otra razón es que esas reglas implican consecuencias de baja probabilidad; a fin de cuentas, mucha gente ha ido en canoa sin haber sufrido ningún problema y los patinadores saben (dependiendo de su habilidad) que un accidente lo suficientemente grave como para causar daño cerebral es muy poco probable. No estamos sugiriendo que estas reglas no deban cumplirse, al contrario. Habría que animar a los patinadores para que recordaran que, «si llevo mis protecciones, puedo evitar la posibilidad de hacerme daño». Sin embargo, para que una regla sea efectiva cuando describe consecuencias improbables, tiene que estar acompañada de otras estrategias conductuales como el modelado (véase Capítulo 18), el auto-seguimiento (véase Capítulo 26) o contratos conductuales (véase Capítulo 26).

Consecuencias mayores frente a consecuencias menores, pero significativas si se acumulan. Las reglas que describen consecuencias importantes suelen ser eficaces. En el ejemplo citado previamente de dar dinero por cortar el césped, diez dólares es una suma considerable para la adolescente, por tanto la regla es eficaz. Es menos probable que acatemos normas con consecuencias aparentemente insignificantes. Por ejemplo, una persona decide «voy a dejar de comer postre» y «voy a hacer ejercicio tres veces a la semana». ¿Por qué suelen ser inefectivas estas reglas? Una razón (que no implica reglas necesariamente) es que hay consecuencias directas que mantienen la conducta que es incompatible con el acatamiento de la regla. Comer postre se refuerza inmediatamente por el sabor delicioso, en tanto que hacer ejercicio se suele castigar inmediatamente (da calor, se suda y cansa). Otra razón por la que estas reglas no son efectivas es que las consecuencias que apoyan un único cumplimiento de las mismas son tan pequeñas que no se notan y sólo son significativas cuando se acumulan (Malott, 1989, 1992). En el Capítulo 26 exponemos otras explicaciones alternativas. En otras palabras, el problema no es el exceso de peso que causa un único postre; el problema es el aumento de peso que se produce al comer un postre extra muchas veces (véase figura 17-1). De la misma forma, un único cumplimiento de hacer ejercicio no produce beneficios observables. Es la acumulación de los beneficios de hacer ejercicio varias veces lo que se nota al final. Las reglas que describen consecuencias inmediatas pequeñas, que son perjudiciales o beneficiosas sólo después de acumularse (y por tanto sólo después de una gran demora), serán

Figura 17-1. ¿Por qué algunas reglas (tales como «resistirse a un postre extra») son tan difíciles de seguir?

probablemente inefectivas a menos que se complementen por alguna estrategia de auto-control como las descritas en el Capítulo 26.

Plazos límite o ausencia de plazos. Supongamos que una profesora de preescolar le dice a una niña «si recoges todos los juguetes, la semana que viene te traigo una golosina». ¿Es probable que la niña ponga los libros en su sitio por un reforzador tan demorado?, ¿y si la profesora le dice «si recoges todo *ahora*, te traigo una golosina la semana que viene? ¿Tendrá efectos diferentes especificar «ahora»? Sorprendentemente, sí los tendría; Braam y Malott (1990) encontraron que con niños de cuatro años, las reglas para que lleven a cabo una conducta sin plazo y con un aplazamiento del reforzador de una semana eran relativamente inefectivas, mientras que las reglas con *un plazo* y una demora de una semana del reforzador eran bastante efectivas. Aprendemos desde muy temprano que cumplir los plazos es favorable y que no hacerlo conlleva problemas.

Para resumir, *las reglas que describen circunstancias específicas y plazos para las conductas específicas que conllevan resultados considerables y probables, suelen ser efectivas, incluso cuando los resultados estén demorados (véase Nota 1). De la misma forma, las reglas que describen conductas y sus circunstancias de forma vaga, que no identifican un plazo de ejecución y que conllevan consecuencias pequeñas o improbables, suelen ser poco efectivas.*

Pautas para usar reglas de forma efectiva

A continuación presentamos algunas pautas generales para la aplicación efectiva de reglas.

1. Las reglas deben ser comprendidas por los usuarios a quienes van destinadas.
2. En el enunciado de las reglas habrá que identificar claramente:
   - **a.** las circunstancias en las que debe producirse la conducta
   - **b.** la conducta específica que debe seguir la persona
   - **c.** el plazo para llevar a cabo la conducta
   - **d.** las consecuencias específicas implicadas en el cumplimiento de la regla; y/o
   - **e.** las consecuencias específicas de no cumplir la regla
3. Las reglas deben describir resultados probables y considerables en cantidad, más que resultados improbables y pequeños (las reglas que postulan consecuencias improbables y/o pequeñas necesitan ir acompañadas de alguno de los procedimientos suplementarios descritos en el Capítulo 26).
4. Hay que fragmentar las normas complejas en pasos más sencillos y fáciles de seguir.
5. Es aconsejable presentar las normas de forma agradable y cortés.
6. El desvanecimiento de las reglas es necesario para que otros estímulos tomen el control de la conducta.

LOS OBJETIVOS

En entornos industriales u organizacionales, los programas de establecimiento de objetivos han conseguido mejorar el rendimiento en áreas como cargar camiones, conductas de seguridad, servicio a los clientes y mecanografía (Locke y Latham, 1990).

En el deporte, los programas de establecimiento de metas han facilitado logros en áreas como vueltas completadas al correr, tiro de faltas en baloncesto, servicios en el tenis y precisión en el lanzamiento con arco (Gould, 1998). En general, un *objetivo* describe el nivel de rendimiento hacia la consecución del cual va a trabajar una persona o un grupo.

En lenguaje cotidiano, los objetivos se consideran factores motivacionales (como describiremos en el Capítulo 19). Las metas se ven como compromisos propios hacia el esfuerzo y dedicación necesarios para lograr el éxito; dan un sentido y ayudan a mantener la concentración en lo que se persigue. Desde una perspectiva comportamental, sin embargo, una meta puede considerarse como una regla. Por ejemplo, si un jugador de baloncesto dice «iré al gimnasio a practicar tiros libres hasta que enceste diez veces seguidas», habrá explicitado todos los componentes de la norma: identificar las circunstancias (el gimnasio), la conducta (practicar los tiros libres) y el reforzador (encestar diez veces seguidas, más el reforzador implícito de tener un porcentaje mayor de tiros libres en los partidos). Y como el uso de reglas, el establecimiento de objetivos se aplica para conseguir que las personas mejoren su rendimiento cuando los reforzadores están alejados en el tiempo (en los entornos laborales, las pagas extra y los incentivos se reciben bastante después de que se haya completado el trabajo) o son inmediatas pero muy intermitentes (el jugador de baloncesto novel podría encestar sólo uno de cada diez tiros libres).

Aunque el establecimiento de metas sea equiparable al uso de reglas, las circunstancias en que se aplica son a veces diferentes a las descritas al principio de este capítulo. Previamente habíamos sugerido que es posible aprovechar el control de los estímulos mediante reglas para conseguir un cambio conductual inmediato. El psicólogo deportivo intentaba ayudar a la patinadora «sobre la marcha». El establecimiento de metas, por otra parte, suele emplearse para inducir a trabajar hacia un objetivo durante un periodo de tiempo prolongado o durante un número de oportunidades de práctica. No se espera que el jugador de baloncesto consiga inmediatamente el objetivo de encestar diez tiros libres consecutivos; no obstante, establecer una meta en esta situación llevará probablemente a una mejora del rendimiento más rápida que si sólo practicara sin un objetivo concreto en mente.

Establecimiento apropiado e inapropiado de objetivos

La eficacia del establecimiento de objetivos como estrategia de mejora del rendimiento está bien consolidada, siempre que se cumplan una serie de condiciones (Gould, 1998). Se pueden distinguir dos tipos de metas: las conductas y los resultados o productos de la conducta. Ejemplos para el primer tipo serían llevar una dieta más saludable y hacer más ejercicio. Un ejemplo del segundo tipo sería perder cinco kilos.

Los objetivos específicos son más eficaces que los objetivos difusos. En lugar de una meta como «tener una relación mejor», una pareja podría acordar pasar al menos media hora realmente juntos (dando un paseo), decirse el uno al otro diariamente al menos tres aspectos que aprecian de su relación, y compartir equitativamente la responsabilidad de cómo gastar el dinero. Sería más efectivo para una persona que quiere ponerse a dieta plantearse perder cinco kilos que proponerse «perder algo de peso»; o especificar el ahorro de un porcentaje concreto de la paga frente al planteamiento de «querer ahorrar algo de dinero».

Las objetivos relacionados con el aprendizaje de habilidades concretas deberían incluir criterios de maestría. Un *criterio de maestría* es una pauta para realizar una actividad, de forma que su cumplimiento señala una actuación ejecutada con pericia y maestría. Esto significa que si una persona cumple el criterio de maestría en una destreza, habrá aprendido a realizarla lo suficientemente bien como para volver a repetirla correctamente más tarde. Ejemplos de criterios maestría o de dominio para aprender habilidades atléticas son lograr seis golpes consecutivos de dos metros en golf, hacer diez reveses seguidos en tenis, encestar diez tiros libres consecutivos en baloncesto o golpear cinco bolas con efecto fuera del campo de baseball. Un ejemplo de criterio de dominio para una habilidad académica sería recitar la tabla periódica de elementos o un soneto de Shakespeare cinco veces seguidas sin cometer errores.

Los objetivos tienen que identificar las circunstancias bajo las que ocurrirá la conducta deseable. Para un luchador, el objetivo «practicar tumbar al contrario» resulta vago; «practicar tumbar al otro con una llave de brazo hasta que lo logre tres veces» añade la dimensión de cantidad pero sigue sin indicar las circunstancias bajo las que la conducta ocurrirá. Una meta como «practicar llaves de brazo hasta que tumbes al contrario tres veces cuando éste muestre una resistencia moderada» identifica por completo las circunstancias de ejecución. En la misma línea, no especificaríamos las mismas circunstancias para el objetivo de hablar a una audiencia de 30 extraños, que para dar la misma charla a dos amigos.

Los objetivos realistas desafiantes son más apropiados que los del tipo «hazlo lo mejor que puedas». Resulta relativamente habitual oír a los entrenadores diciendo a los atletas jóvenes minutos antes de la competición, «hazlo lo mejor que puedas»; también transmiten así su expresión de ánimo el padre y la madre de la hija que va a tocar en un concierto, los profesores a los alumnos que van a hacer un examen y los gerentes a los trabajadores. Varios estudios, sin embargo, han demostrado que los objetivos que plantea «hacerlo lo mejor posible» no son tan efectivos como aquellos que especifican concretamente alguna mejora de la actuación. Quizá «hacerlo lo mejor posible» es una meta inefectiva porque es vaga; o quizá quien escucha esta sugerencia se fija objetivos relativamente fáciles y, como sugieren Locke y Latham (1990), metas difíciles o desafiantes pueden producir mejores resultados. Desde una perspectiva comportamental, es evidente que es más probable que los profesionales que hayan perfilado objetivos precisos proporcionen refuerzos contingentes al lograrlos, que si nunca queda claro cuándo se ha alcanzado la meta. La razón estriba en que modificadores de conducta y aprendices no lograrán ponerse de acuerdo sobre si estos últimos lo hicieron realmente «lo mejor que pudieron». Después de todo, el juicio de si una meta es difícil o fácil es algo subjetivo, dado que la información acerca de las capacidades fisiológicas y conductuales siempre es incompleta. La precisión de ese juicio puede maximizarse, sin embargo, considerando el nivel actual de rendimiento de la persona y el rango de rendimiento de otras personas de habilidades similares en tareas parecidas.

Los objetivos públicos son más efectivos que los privados. Consideremos el siguiente experimento con tres grupos de alumnos a los que se entregó el mismo material para que estudiaran. El primer grupo participó en un programa de establecimiento de metas públicas, en que los integrantes establecían un objetivo en relación con la cantidad que iban a estudiar y la puntuación que esperaban obtener en un examen al final del programa, y lo anunciaban a los demás. El segundo grupo fue tratado como el primero, pero sus integrantes establecieron y mantuvieron sus metas en secreto. Al tercer grupo de estudiantes no se le pidió que fijara objetivos, ya que era el grupo control que simplemente recibió el material de estudio, el mismo tiempo para estudiar y las instrucciones de que harían un examen al final del experimento. Los resultados obtenidos indicaron que el grupo que hizo públicas sus metas puntuó un 17% por encima que los otros dos grupos, que puntuaron más o menos igual (Hayes y cols., 1985). Resultados similares sobre los efectos de objetivos públicos frente a privados han sido descritos por Seigts, Meertens y Kok (1997). Hayes y su equipo teorizaron que establecer un objetivo manifiesto da como resultado un estándar público frente al que el rendimiento puede ser evaluado, lo cual conlleva consecuencias sociales al alcanzarlo o al no hacerlo.

Aunque los objetivos conocidos por los demás pueden animar más a su consecución que mantenerlos ocultos, hay que ejercer cierta cautela con el componente público. Supongamos que se recomienda el establecimiento de un objetivo como parte de un programa de modificación de conducta para ayudar a alguien a practicar alguna actividad de manera estable. Si se recomienda que los aprendices compartan la meta con otra persona, debiera ser alguien que les animara con recordatorios agradables cuando no hayan satisfecho las expectativas, y que les gratificara cuando se hubieran culminado. Por supuesto, los confidentes no deben hacer sentirse culpables a los aprendices cuando no alcancen las metas (este aspecto se analiza en el Capítulo 30).

El establecimiento de objetivos es más efectivo si se introducen plazos. Todos tenemos un historial de reforzamiento por cumplir los plazos establecidos y hemos padecido experiencias desagradables cuando no lo hemos hecho. Aprovechar este historial aumenta la efectividad del establecimiento de metas. Supongamos que se fija un objetivo para este año que consiste en escribir a sus amigos y familiares más a menudo. Es más probable que lo cumpla si decide que el 1 de febrero tendrá que haber escrito a determinadas personas, el 1 de marzo a otras tantas, y así sucesivamente.

El establecimiento de objetivos más la información es más eficaz que el solo establecimiento de objetivos. Es más probable que se alcancen las metas si contamos con información sobre el grado de progreso hacia el objetivo. Una forma de proporcionar esta retroalimentación informativa es hacer un cuadro del progreso. Como se comenta en el Capítulo 20, las personas que hacen gráficos que evidencian sus avances obtienen el refuerzo derivado de su observación. Otra forma de proporcionar retroalimentación es dividir los objetivos a largo plazo en varias metas a corto plazo. Supongamos que una pareja decide repintar la casa entera, por dentro y por fuera. Las objetivos a corto plazo podrían incluir pintar el dormitorio antes de finales de febrero, luego el salón para una fecha determinada, posteriormente la cocina y así sucesivamente.

El establecimiento de objetivos es más adecuado cuando las personas se comprometen con los objetivos. Es más probable que las metas sean más efectivas si existe un compromiso continuado. Por compromiso entendemos afirmaciones o acciones que indican que la meta es importante para las personas concernidas, que trabajarán para su consecución y que reconocen los beneficios de hacerlo. Una forma de lograr el compromiso es hacer que los implicados participen en el establecimiento de las metas. La investigación indica que los objetivos elegidos personalmente son al menos tan eficaces como los impuestos externamente (Fellner y Sulzer-Azaroff, 1984).

Pautas para el establecimiento de objetivos

Somos muchos los que hacemos propósitos de Año Nuevo, pero claramente existen algunas formas de establecer objetivos más eficaces que otras para inducir a su consecución. Si por ejemplo, las metas son muy vagas o del tipo «hazlo lo mejor que puedas», sin plazos ni límites para cumplirlas, y sin un mecanismo de información parcial acerca de los progresos, no es muy probable que tengan demasiado efecto en la conducta. Si, por otro lado, se practica el establecimiento de objetivos de acuerdo con las siguientes pautas, es más probable que constituyan una táctica útil para modificar la conducta.

1. Establecer objetivos específicos, realistas y que supongan cierto desafío.
2. Identificar las conductas específicas y las circunstancias en las que deberían ocurrir para lograr las metas.
3. Especificar con claridad las consecuencias de alcanzar el objetivo o de no hacerlo.
4. Dividir las metas a largo plazo en varios objetivos a corto plazo.
5. Si el objetivo es complejo, diseñar un plan de acción para conseguirlo.
6. Establecer plazos límite para el logro de la meta.
7. Asegurarse de que las personas implicadas están comprometidas con el objetivo.
8. Animar a los aprendices a compartir sus objetivos con personas queridas que les apoyen.
9. Diseñar un sistema para hacer un seguimiento del progreso hacia el objetivo.
10. Proporcionar información positiva a medida que se logra un acercamiento a la meta.

PREGUNTAS DE REPASO

1. ¿Qué procedimientos básicos discutidos en los capítulos 3 a 15 pueden usarse para aumentar una conducta infrecuente?
2. Defina una regla y aporte un ejemplo.
3. Una profesora de segundo curso se queja: «cuando les digo a los alumnos que se sienten en sus pupitres y trabajen, nunca me escuchan». Describa las contingencias que probablemente estén operando en la regla que expone la profesora a los alumnos en clase.
4. Describa un ejemplo de una regla parcial que no esté en este capítulo. ¿Qué aspectos de la contingencia de tres términos identifica esa regla parcial? ¿Cuáles son las partes que faltan en su regla parcial?
5. Defina conducta moldeada por contingencias y aporte un ejemplo.
6. Defina una conducta gobernada por reglas y aporte un ejemplo.
7. Describa dos diferencias habituales entre la conducta moldeada por contingencias y la gobernada por reglas.
8. Exponga dos ejemplos de reforzadores directos y dos de reforzadores indirectos en su propia conducta.
9. Mediante ejemplos, describa brevemente cuatro situaciones en las que la adición de reglas a un programa de modificación de conducta pueda ser especialmente útil.

10. Describa, usando ejemplos, tres explicaciones de por qué deben seguirse reglas que identifican reforzadores muy demorados.
11. Explique (en términos de control de los estímulos del contexto, como se describe en la Nota 3 del Capítulo 8) por qué el tono de la voz de alguien dando instrucciones puede determinar si se seguirán o no las mismas.
12. ¿Cómo podría explicarse la conducta de alguien que no lleva un casco al montar en bicicleta aun sabiendo que llevarlo podría prevenir lesiones cerebrales en caso de accidente?
13. ¿Cómo se podría dar cuenta de la relativa ineficacia de reglas como «tengo que ponerme a dieta» o «me cepillaré los dientes después de cada comida»?
14. En un par de frases, distinga entre reglas que suelan ser efectivas y reglas que no lo suelan ser para controlar una conducta.
15. En general, ¿qué significa el término meta u objetivo? Describa un ejemplo.
16. ¿Es el establecimiento de metas diferente del uso de reglas? Explique su respuesta.
17. Brevemente, haga una lista que resuma el establecimiento efectivo de reglas frente al establecimiento inadecuado como estrategia de modificación de conducta.
18. Desde una perspectiva comportamental, ¿por qué es más adecuado el establecimiento de reglas realistas y desafiantes que los objetivos del tipo «hazlo lo mejor que puedas»?
19. Desde una perspectiva conductual, ¿por qué son más efectivas las reglas públicas que las privadas?

EJERCICIOS DE APLICACIÓN

A. Ejercicios que implican a otras personas

1. Elija una conducta que un padre o madre quisiera cambiar en sus hijos y que no cuente con un reforzador obvio inmediato natural para la misma. Describa cómo los progenitores, siguiendo las pautas para usar reglas de manera efectiva, puede aprovechar la conducta gobernada por reglas para conseguir el resultado deseado.
2. Imagine el entorno de entrenamiento de un deportista joven con el que esté familiarizado. Describa cómo podría usar el entrenador el establecimiento de metas para conseguir una conducta de entrenamiento deseable del atleta en ese entorno. Indique cómo ha seguido el entrenador las pautas para el establecimiento de los objetivos.

B. Ejercicios de auto-modificación

1. Considere las pautas para usar las reglas de manera efectiva. Ahora considere una conducta propia que no haya emitido pero que le gustaría realizar, o una conducta propia que otra persona quiera que emita. Describa cómo podría aplicar normas adecuadas para realizar la actividad. Identifique una regla en relación con esa conducta y estructure las contingencias de acuerdo con las pautas explicitadas.
2. Identifique una conducta propia moldeada probablemente mediante contingencias. Algo como montar en bicicleta, mantener el equilibrio sobre un pie, comer con cuchillo y tenedor o palillos, silbar una melodía o voltear tortitas en el aire. Diseñe una medida (p.ej. número de errores) de la pericia con que realiza la actividad y usando esa medida, registre su rendimiento en varios ensayos. Después escriba una serie de reglas para realizar esa conducta y ejecute y registre de nuevo la actividad en varias ocasiones, siguiendo cuidadosamente las reglas. De acuerdo con su medida, ¿cómo afectó la introducción de reglas a su rendimiento? Interprete los resultados.

NOTA DE AMPLIACIÓN SOBRE EL TEMA

1. ¿Padece insomnio? Le ocurre a muchas personas. Para aquéllas que lo padecen, una opción para tratar el problema son las pastillas. Otra opción es la terapia conductual del sueño, que se basa en el control de la conducta gobernada por reglas (Smith y cols., 2002). Este abordaje conductual de los trastornos del sueño incluye el seguimiento de estas reglas: (1) hacer ejercicio con regularidad, pero no por la noche; (2) relajarse antes de acostarse; (3) no consumir cafeína o alcohol por la tarde; (4) acostarse sólo cuando se tiene sueño; (5) si no se ha dormido en diez minutos, salir del dormitorio y leer hasta que le entre el sueño; (6) evitar en la cama actividades distintas a dormir; (7) levantarse a la misma hora todas las mañanas, sin tener en cuenta la hora en que se acostó. En una revisión de veintiún estudios con un total de 470 participantes con insomnio, la terapia conductual de sueño demostró ser más efectiva que el tratamiento farmacológico en todas las medidas, lo cual indica que debiera constituir la primera opción para el tratamiento del insomnio crónico.

Pregunta sobre las nota

1. Haga una lista de cinco reglas que formen parte de la terapia conductual del sueño.

18

Aprovechar el control del estímulo existente: modelado, guía física e inducción situacional

TAL y como hemos indicado en el capítulo anterior, los programas de modificación de conducta debieran exponer su contenido mediante una serie de normas que puedan seguirse con facilidad. Sin embargo, a veces es más adecuado presentar un *modelo* de la conducta deseada, además de explicar a la persona qué es lo que se espera de ella. Si el método «mostrar y decir», es decir, presentar modelos y dar explicaciones, fuera insuficiente, habría que recurrir a la *guía física* directa a través de los comportamientos deseados durante algunos ensayos, y/o *reorganizar el ambiente* para aumentar la probabilidad de que ocurra el comportamiento buscado. Este capítulo describe estas estrategias complementarias que permiten aprovechar las formas ya existentes de control del estímulo.

MODELADO

El **modelado** es un procedimiento en que se presenta una muestra de un comportamiento determinado para facilitar que los observadores lleven a cabo una conducta similar. La presentación de modelos puede ser una técnica tan eficaz como el planteamiento de normas, y para comprobarlo le sugerimos que realice los siguientes experimentos:

1. Durante todo un día, hable solamente en voz baja y observe con qué frecuencia las personas de entorno también susurran. Este es un experimento que puede intentar un día que tenga faringitis.
2. Bostece sin disimulo en presencia de otras personas y observe la frecuencia de los bostezos de los demás.
3. Quédese mirando al cielo atentamente durante una hora y observe cuántas personas se paran a mirar también hacia arriba.

En todos los casos, compare los datos que ha obtenido, con los que obtendrá en las mismas situaciones cuando no esté sirviendo de modelo para el comportamiento imitado.

Como sucedía con las normas, el modelado es un procedimiento tan habitual que pocas personas, salvo los modificadores de conducta, lo contemplan como un procedimiento profesional. Por ejemplo, los padres y las madres lo utilizan de modo poco sistemático, aunque muchas veces eficaz, para enseñar a sus hijos modales, cariño, lenguaje y otros muchos comportamientos. Si pasa un perro, la madre podría decirle a la hija de dos años, «Mira al 'perrito', ¿sabes decir 'perrito'?» o cuando le enseña a prepararse un bocadillo, le dice, «se hace así», mientras sirve de modelo de las acciones pertinentes. Pero el modelado está presente a lo largo de todas las edades y no sólo durante la infancia. Cuando los adolescentes entran en el instituto por primera vez, ven cómo visten y hablan los mayores y al poco tiempo, visten igual y utilizan las mismas expresiones que los veteranos. Ninguno de los autores logramos recordar el día que toca sacar la basura conforme al sistema de reciclado, así que simplemente imitamos la conducta de los vecinos, que siempre parecen saber qué, cuándo, cómo y dónde sacar la basura correctamente. Todos en el devenir cotidiano tenemos muchas oportunidades para observar las acciones de los demás y a menudo imitar su comportamiento.

¿Qué determina que imitemos el comportamiento de los modelos? (Véase **Nota 1**). Aunque existen varias explicaciones posibles, es evidente que un factor importante es nuestro historial de premios y castigos por imitar a los demás. Y puesto que todos hemos tenido experiencias diferentes, los factores específicos que determinan los comportamientos que funcionan como estímulo discriminativo para la imitación también varían ampliamente de una persona a otra. No obstante, algunos factores de la experiencia son comunes a la mayoría de los integrantes de una cultura y por ello es probable que influyan en la eficacia del modelado como técnica de modificación de conducta (Bandura, 1986).

Utilice a los compañeros como modelos. Es más probable la imitación de alguien a quien nos parecemos en algún aspecto, ya sea edad, poder adquisitivo o apariencia física, que a alguien con quien no compartimos ningún rasgo. Por eso es más probable la imitación de amigos y compañeros que de extraños o personas ajenas a su grupo. Como esto es especialmente cierto durante la infancia, hay que procurar usar a los amigos y compañeros como modelos en las intervenciones para la modificación de la conducta. Imaginemos el caso de una niña en edad preescolar, muy aislada socialmente, que no interactúe con sus compañeros. Si bien podríamos intentar moldear su comportamiento, es probable que obtuviéramos resultados más rápidos al hacerle observar la conducta de otra niña que se acerca a participar en las actividades del grupo. Por supuesto, el grupo debería responder a la modelo de forma reforzante, ofreciendo material de juego, conversación y sonrisas. Para garantizar que el modelado se produce en circunstancias oportunas y de manera adecuada, tal vez sea necesario instruir a algunos compañeros para que sirvan de modelos, y al grupo, para que refuerce abiertamente al modelo. En ocasiones, es aconsejable grabar en vídeo algunas de estas situaciones para que los niños más retraídos las puedan ver tranquilamente (véase O' Connor, 1969). Denominamos *modelado simbólico* a las situaciones en que los aprendices observan filmaciones y no acciones directas, pero diversos estudios han demostrado que el aprendizaje puede ser tan eficaz como el logrado en vivo.

Muestre la conducta y sus efectos. Imaginemos que quiere mejorar su destreza para la persuasión en los debates, ¿qué es más probable: que imite las estrategias de argumentación de los amigos que siempre saben explicar bien sus razones, o las de quienes pierden discusiones constantemente? Obviamente, un factor que determina la eficacia del modelado como técnica de modificación de conducta es la competencia del modelo para obtener las consecuencias deseadas. También en la infancia, los compañeros más imitados son aquellos más competentes en la obtención de consecuencias agradables (Schunk, 1987). Para aprovechar este factor, siempre que utilicemos modelos, tendremos que disponer la situación de manera que los aprendices observen, imiten la conducta pertinente y reciban refuerzo.

La investigación en Psicología social ha demostrado que las personas que ocupan una posición social elevada y gozan de prestigio son más imitadas que quienes tienen peor situación o renombre. Esta observación podría interpretarse como una subcategoría del factor competencia ya que, por ejemplo, es probable que los adolescentes imiten a los compañeros con más éxito social porque observan que a menudo su comportamiento es premiado con consecuencias positivas.

Utilice modelos múltiples. Los viernes por la tarde, Sarah, una agente inmobiliaria de 35 años y estudiante a tiempo parcial, quedaba con otras seis amigas para tomar unas cervezas en una taberna del barrio. Todas estudiaban modificación de conducta, pero Sarah no sabía que las demás estaban analizando sus conductas de ingesta de alcohol. Durante las sesiones de línea base y de manera bastante estable, la cantidad bebida se aproximaba a los dos litros de cerveza por hora. Durante la primera fase experimental, una de las amigas sirvió de modelo de una tasa de bebida exactamente igual a la mitad de la de Sarah, pero la ingesta de ésta no se vio afectada. Como tampoco se vio afectada cuando fueron dos compañeras las que modelaron la misma tasa. Sin embargo, cuando cuatro mujeres sirvieron de modelo para la mitad de la tasa, la cantidad que bebió Sarah se redujo a la mitad (Dericco & Nieman, 1980). Claramente, el número de personas que exhiben un comportamiento es un factor que determina su potencial imitación.

Combinar el modelado con las normas. Cuando las personas poseen capacidades lingüísticas, el modelado es más eficaz si se combina con la presentación de normas y otras estrategias comportamentales, lo cual ilustramos en el siguiente fragmento de una sesión terapéutica (Masters, Burrish, Hollon & Rimm, 1987, pp. 100-101). El cliente es un estudiante universitario con dificultades para quedar con mujeres y en el texto, ensaya la petición de una cita. Observe que la terapeuta combina las explicaciones y el moldeado con el modelado:

Cliente: Por cierto, (pausa) supongo que no querrás salir el sábado por la noche.

Terapeuta: Ibas muy bien hasta que le has pedido la cita. Creo que si fuera la mujer, me sentiría un poco ofendida cuando dices «Por cierto». Es como si pedirle una cita fuera algo casual. Además, haces la pregunta de tal forma que pareces apuntar a que no quiere salir contigo. Ahora, dime qué tal te suena: «Este sábado, hay una película en el cine Varsity que me apetece ver. Si no tienes otro compromiso, me gustaría invitarte».

Cliente: Suena muy bien, como si estuvieras muy seguro de ti mismo y también como si te gustase la mujer.
Terapeuta: ¿Por qué no lo intentas?
Cliente: ¿Sabes que proyectan una película en el Varsity? Pues me gustaría ir e invitarte si no tienes otra cosa que hacer.
Terapeuta: Bueno, está mucho mejor, sobre todo el tono de voz. Sin embargo, la última frase, «si no tienes otra cosa que hacer», suena como si creyeras que tienes poca cosa que ofrecerle. Vamos a intentarlo de nuevo.
Cliente: Me gustaría ir a ver la película del Varsity este sábado y si no tienes otros planes, me gustaría que vinieras conmigo.
Terapeuta: Mucho mejor. De hecho, excelente, porque estabas seguro, contundente y sincero.

En el caso anterior, el cliente ensaya la manera de pedir a una mujer que salga con él e ilustra la técnica denominada **ensayo comportamental** o **escenificación de roles**, en que se practican acciones concretas, o lo que es lo mismo, se interpretan papeles, en una situación de ensayo para aumentar la probabilidad de hacerlo bien cuando surja la ocasión real. Para mejorar el rendimiento en áreas tan diversas como los entrenamientos de habilidades sociales (Huang & Cuvo, 1997), asertividad (Schroeder & Black, 1985) y control de la ira (Larkin & Zayfert, 1996), suele aplicarse una combinación de instrucciones, modelado, ensayo comportamental y manejo de las consecuencias.

DIRECTRICES PARA LA APLICACIÓN DEL MODELADO

A continuación presentamos algunas pautas para lograr un uso eficaz del modelado:

1. Siempre que sea posible, hay que elegir modelos que sean amigos o compañeros de los aprendices, quienes han de valorarlos como competentes, con cierta posición o prestigio.
2. Si es posible, es aconsejable usar más de un modelo.
3. Hay que adecuar la complejidad de la conducta modelada a la destreza comportamental de los clientes.
4. Combinar las normas con el modelado.
5. Los aprendices han de ver que los modelos reciben refuerzos, preferiblemente naturales, por realizar el comportamiento.
6. Siempre que sea posible, hay que diseñar el entrenamiento de modo que la imitación correcta del comportamiento conduzca a un reforzador natural para los clientes. En caso de que no sea posible, hay que disponer refuerzos tras la realización correcta del comportamiento modelado.
7. Si la conducta es compleja, hay que establecer una secuencia de episodios de dificultad creciente y guiar a los aprendices a través de ellas.
8. Para facilitar la generalización del estímulo, las escenas durante el entrenamiento de modelado han de ser tan realistas como sea posible.

9. Siempre que sea necesario, se aplica también el desvanecimiento para que otros estímulos que no sirvan de modelo asuman el control sobre el comportamiento deseado.

GUÍA FÍSICA

La **guía física** es la aplicación del contacto físico para inducir a una persona a que realice los movimientos del comportamiento deseado. Algunos ejemplos familiares son los profesores de baile que asisten a los alumnos en un paso nuevo, los instructores de golf que cogen a los aprendices del brazo para moverlo conforme al golpe correcto, y el padre o la madre que sujeta de la mano a sus hijos para enseñarles a cruzar la calle. La guía suele ser uno más de los componentes de un procedimiento didáctico y por eso tanto los profesores de baile como los de golf utilizarán: la docencia de contenidos, para explicar verbalmente qué hay que hacer y cómo; el modelado, para mostrar las posturas y movimientos apropiados; y el refuerzo de las respuestas correctas o de sus aproximaciones, por ejemplo, «¡Excelente, mucho mejor!». Igualmente, quienes enseñan a los niños a cruzar la calle sin correr riesgos utilizan: la presentación de normas al explicar, «hay que mirar en ambas direcciones», a la vez que sirven de modelos que miran exageradamente en ambas direcciones antes de cruzar.

En el Capítulo 9 explicamos algunas aplicaciones de la guía en los programas de modificación de conducta para, junto con el desvanecimiento, enseñar a un niño a tocarse la cabeza a petición. La guía suele servir de apoyo para seguir indicaciones o imitar un comportamiento modelado, de manera que posteriormente, ya sin guía, los aprendices sigan las normas e imiten a los modelos en el establecimiento de otras conductas. Por ejemplo, en un procedimiento para enseñar a seguir instrucciones, se sienta al niño en una silla delante del profesor y se le dice «Johnny, levántate», a la vez que se le pone de pie, para darle a continuación un refuerzo como si él mismo hubiera realizado la respuesta espontáneamente. Después, el profesor dice, «Johnny, siéntate», y le empuja con suavidad y firmeza de los hombros hasta sentarle. De nuevo le refuerza y repite el proceso cuantas veces sea necesario hasta poder desvanecer la guía (véase Kazdin y Erickson, 1975). Cuando ha aprendido este conjunto de instrucciones, se prosigue con otras, quizá del tipo «ven aquí», «vete allí», mediante un procedimiento similar. Habitualmente, la necesidad de utilizar la guía va disminuyendo paulatinamente, hasta que muchos aprendices son capaces de seguir instrucciones relativamente complejas sin necesidad de ella.

Al igual que cuando se entrena para seguir indicaciones, si queremos guiar al enseñar a imitar al modelo, tendremos que comenzar con acciones sencillas, como tocarse la cabeza, dar palmadas, golpear la mesa, levantarse y sentarse, e ir añadiendo acciones más complejas a medida que avancemos en el aprendizaje. En los ensayos, los monitores dicen «haz esto» a la vez que muestran la respuesta y guían a los aprendices en su realización, para reforzar posteriormente las conductas adecuadas. La guía se desvanece gradualmente, lo cual facilita el desarrollo de la **imitación generalizada** en que, tras aprender a imitar varios comportamientos, quizá con la ayuda de moldeado, desvanecimiento, guía y refuerzo, se aprende a imitar una nueva respuesta en un solo ensayo sin necesidad de refuerzo (Baer, Peterson, & Sherman, 1967).

La guía física también suele aplicarse para ayudar a superar los miedos. En el caso de una persona que tuviera miedo al agua, podríamos cogerla de la mano y caminar con ella a lo largo de la piscina, desde la parte menos profunda hasta la zona donde no hiciera pie, y ayudarle allí a flotar. Hay que intentar abordar primeramente los aspectos menos temidos de la situación, para ir presentando después paulatinamente los que provocan miedo. Nunca se debe obligar a la persona a llegar a una situación en que se sienta incómoda y de hecho, cuanto más miedo experimente, más gradual debe ser el proceso. Si se trata de personas que sienten mucho miedo, es posible que simplemente tenga que sentarse con ellas al borde de la piscina durante varias sesiones hasta poder comenzar. En el Capítulo 28, comentaremos el uso del modelado y otros procedimientos para ayudar a los clientes a superar miedos extremos.

DIRECTRICES PARA USAR LA GUÍA FÍSICA

A continuación presentamos algunas pautas generales para el uso eficaz de la guía física:

1. Asegúrese de que los aprendices se sienten cómodos y están relajados mientras se les toca y ayuda. Con el fin de lograrlo, en ocasiones es aconsejable comenzar con un entrenamiento en relajación. Como indicamos en el Capítulo 9, si se observa resistencia frente a la guía, por definición, habrá que considerar esta técnica como procedimiento restrictivo que siempre precisa la obtención de una revisión ética y de la aprobación pertinente. Además, tenemos que contar con el permiso de los clientes antes de tocarles.
2. Determinar qué estímulos queremos que controlen el comportamiento para que puedan estar claramente presentes durante la guía.
3. Considerar el uso de normas o palabras clave durante la guía de forma que, al final, controlen el comportamiento. En el golf, cuando se enseña a un jugador novato diestro el giro correcto de hombros durante el lanzamiento, el instructor podría usar como palabras clave, «hombro izquierdo a la mandíbula, hombro derecho a la mandíbula», mientras guía al jugador a través de los movimientos de balanceo correspondientes.
4. El refuerzo se aplica inmediatamente después de completar correctamente la respuesta guiada.
5. La guía física ha de fragmentarse en una secuencia gradual de dificultad creciente para los aprendices.
6. Utilizar el desvanecimiento siempre que sea necesario de modo que otros estímulos puedan asumir el control del comportamiento.

INDUCCIÓN SITUACIONAL

Dado que compartimos historias similares de premios y castigos, son muchas las situaciones y los ambientes sociales que controlan comportamientos parecidos en muchos de nosotros: los interiores de algunos edificios públicos, como iglesias, museos y bibliotecas, tienden a suprimir hablar en voz alta; las fiestas provocan comportamientos joviales y amistosos, libres de preocupaciones; las melodías pegadizas favorecen tararear y cantar; la música de una marcha militar incita a desfilar a paso marcial; los adornos asociados a la Navidad inducen alegría, amabilidad y compra de regalos.

El término *inducción situacional* hace referencia al uso de situaciones y ambientes que ya ejercen control sobre el comportamiento para influir sobre él. Esta técnica y otras que ya hemos descrito, sin duda han sido empleadas desde tiempos inmemoriales. Las reuniones ceremoniales con cantos y danzas probablemente servían para fortalecer el sentido de comunidad en las tribus antiguas, al igual que lo hacen hoy en la mayoría de las culturas. Los monasterios y los conventos se han utilizado durante siglos para fomentar el comportamiento religioso célibe, generando un ambiente que se presta a la lectura de textos religiosos y a la meditación y restringiendo las posibilidades de mantener relaciones sexuales.

Los supermercados y los centros comerciales utilizan muchos elementos situacionales para inducir a la compra, por ejemplo, la forma llamativa de mostrar los productos y las fotografías que los hacen parecer atractivos. Los restaurantes elegantes proporcionan una atmósfera relajante, con el fin de favorecer el disfrute tranquilo de la velada. Una técnica que se emplea en algunos restaurantes cuando están llenos y hay clientes esperando a que se vacíe alguna mesa, es poner música rápida que induzca a los comensales a comer deprisa.

También se encuentran ejemplos de inducción situacional en el hogar donde, conforme a las preferencias, se exhiben piezas de arte, ordenadores de última generación, equipos de música o cine, e incluso mascotas exóticas para provocar una conversación cuando llegan los invitados. Si alguno de los asistentes está a punto de estropear alguno de los artilugios, los anfitriones podrían emplear la inducción situacional pasándole una copa, que favorecerá un comportamiento distinto.

En lo que respecta a la modificación de conducta, la inducción situacional ha sido aplicada de forma creativa y eficaz para ayudar a aumentar o disminuir las conductas deseadas, o para ponerlas bajo el control del estímulo apropiado. Los tipos de aplicación se clasifican conforme a cuatro categorías parcialmente solapadas: (a) la reorganización del ambiente existente, (b) trasladar la actividad a una ubicación nueva, (c) reubicar a las personas, y (d) cambiar el horario de la actividad.

Reorganización del ambiente

Uno de los pioneros del conductismo, Israel Goldiamond (1965), expuso un ejemplo interesante de reorganización del ambiente en el tratamiento de un problema de pareja.[20] Cuando los cónyuges estaban en casa, el marido no dejaba de echar en cara a su mujer que se hubiera acostado en una ocasión con su mejor amigo. Se decidió, por tanto, que uno de los objetivos sería sustituir los gritos por un comportamiento civilizado y dialogante. Goldiamond pensó que los gritos del marido probablemente estaban bajo el control de los estímulos discriminativos del ambiente del hogar y que una manera de debilitar este comportamiento sería cambiar esos estímulos discriminativos. Así dio instrucciones a la pareja para que reorganizara las habitaciones

[20] En el Capítulo 28 presentaremos una descripción más detallada de la modificación de conducta en problemas de pareja.

y los muebles de la casa, de modo que pareciera completamente distinta. La mujer fue un paso más allá y se compró ropa nueva. En la siguiente sección explicaremos más detalladamente cómo lo hizo, pero lo cierto es que el terapeuta logró disponer refuerzos por conversar tranquilamente en el entorno de estas claves nuevas, no tan asociadas con los gritos. Era importante conseguir que charlaran con calma cuanto antes, porque si los gritos sucedían con demasiada frecuencia en presencia de los nuevos estímulos discriminativos, se condicionarían a ellos, al igual que sucedió con los anteriores.

También es frecuente reorganizar el ambiente, los muebles y demás enseres de la habitación para lograr conductas de estudio mejores y más persistentes; por ejemplo, mejorar la iluminación, eliminar de la mesa los materiales distractores, apartar la cama de la mesa tanto como sea posible y colocar el escritorio de modo que no se vea la cama o, mejor aún, no tenerla en la habitación de estudio ya que constituye un estímulo discriminativo para dormir. Por supuesto, para impedir que los comportamientos ajenos al estudio se condicionen a los nuevos estímulos, hay que dedicar el entorno nuevo exclusivamente al estudio (véase Goldiamond, 1965).

Escribir cartas a quienes no utilizan el correo electrónico es un comportamiento difícil de mantener porque implica un retraso considerable del refuerzo, ya que la contestación tarda varios días en llegar. No obstante, si queremos fomentar este hábito y aumentar la tendencia a escribir, podemos ayudarnos de una reorganización de los estímulos y ponernos a la vista una fotografía de la persona a quien vamos a enviar la misiva.

Trasladar la actividad a otra ubicación

La segunda categoría de la inducción situacional se ilustra con otro aspecto del procedimiento que utilizó Goldiamond en el caso del marido que gritaba a su mujer. Se instruyó a los esposos para que fueran a un lugar que incitase a la conversación civilizada, inmediatamente después de reorganizar los muebles de su casa, en la confianza de que este comportamiento tranquilo se prolongaría hasta que volvieran al hogar y entonces, estarían bajo el control de los nuevos estímulos discriminativos.

En palabras de Goldiamond (1965, p.856):

> «Puesto que [para el marido] era imposible conversar civilizadamente con su esposa, comentamos la posibilidad de ir cada noche a un lugar distinto y tranquilo.
> «¡Ah! quiere que estemos juntos, entonces el jueves iremos a jugar a los bolos», dijo él.
> «Al contrario, lo que me interesa es que estéis en un ambiente donde se pueda charlar tranquilamente, lo cual no ocurre en una bolera», dije yo.
> También pregunté si había algún tema de conversación que pudieran mantener fácilmente y él mencionó las ideas alocadas de su suegra sobre ganadería. Entonces, le di una tarjeta que tendría que servirle de clave, en la que escribiría la palabra «granja» y a la cual adjuntaría algún dinero que usaría para pagar a la camarera el jueves, momento en que empezaría con la conversación sobre la granja y que si todo iba bien, continuaría en el taxi hasta llegar a casa.»

Cambiar la ubicación de la actividad es un abordaje habitual de los problemas relacionados con los estudios (véase Figura 18-1). Los estudiantes que emplean esta

Figura 18-1.
Un ejemplo
de inducción situacional.

técnica tienen que encontrar un lugar especial que favorezca el estudio y que contenga estímulos discriminativos que no estén asociados con ningún otro comportamiento. Un cubículo reservado en la biblioteca de la universidad es ideal para este propósito, aunque cualquier otra zona tranquila y bien iluminada, con un espacio adecuado para trabajar sería apropiado. Por supuesto, dependiendo de las habilidades que los interesados posean en su repertorio de conductas de estudio, quizá haya que combinar el cambio de ubicación con algunos procedimientos básicos expuestos en la segunda parte de este libro. Si las deficiencias comportamentales son severas, habría que moldear primeramente unos buenos métodos de estudio y posteriormente mantenerlos, mediante un programa de refuerzo de corta duración o de razón baja en el lugar dedicado exclusivamente al estudio. Habrá que incrementar el valor de la razón paulatinamente para que el comportamiento se mantenga al nivel deseado y organizar la situación para disponer el refuerzo apropiado, por ejemplo, tomar un café con los amigos, inmediatamente después de cumplir con los requisitos del programa. Si se observa cierta tendencia a la distracción o a realizar tareas que no están relacionadas con el estudio en el lugar que debiera dedicarse exclusivamente a este fin, habrá que compensarlo con un rato adicional de trabajo, para marchase inmediatamente después, de manera que los estímulos de la zona de estudio no acaben condicionando comportamientos de distracción. Goldiamond aplicó una táctica parecida con el marido y por eso le indicó que siempre que estuviera en casa y notara que iba a refunfuñar, se fuera al garaje y se sentara en el taburete «del cabreo», ya que este comportamiento amenazaba a la incipiente conducta dialogante, recién establecida después de haber conseguido eliminar los gritos.

Reubicar a las personas

La tercera categoría de la inducción situacional, reubicar a las personas, no se ilustró en la intervención de Goldiamond, ya que como los procedimientos aplicados resultaron eficaces, no fue preciso separar a la pareja. En general, cuando se trata de personas que quieren mantener sus relaciones, reubicar a los participantes es el último recurso. Sin embargo, en otras ocasiones y bajo ciertas circunstancias, es la táctica más pragmática. Si usted realmente no se lleva bien con Sam Jones y si no existe ninguna razón para relacionarse con él, ¿por qué va a tratar de cambiar su conducta y/o la de él para hacer que ambos sean más compatibles? Probablemente ambos estarán más a gusto respetándose a distancia. Reubicar a las personas también sirve para provocar el efecto contrario, es decir, reunirles. Por ejemplo, un problema frecuente entre los universitarios es encontrar pareja y un consejo habitual de los terapeutas es que intenten aumentar el contacto con personas que les resulten potencialmente atractivas.

Los profesores cambian a los alumnos de pupitre con el fin de evitar las alteraciones que algunos compañeros provocan porque sin duda, esta técnica es más sencilla que diseñar y realizar programas de refuerzo y/o castigo para eliminar las interacciones no deseadas, y probablemente al final se logran resultados cuando menos igualmente satisfactorios.

Cambiar el horario de la actividad

La categoría final de la inducción situacional implica aprovechar el hecho de que ciertos estímulos y tendencias comportamentales cambian de forma predecible con el transcurso del tiempo. Por ejemplo, una pareja podría descubrir que la actividad sexual les resulta más gratificante por la mañana que por la noche, cuando uno de ellos está «demasiado cansado». Cambiar el horario de una actividad también ha sido utilizado eficazmente en los programas del control de peso, ya que a veces, las personas que cocinan para la familia engordan porque «pican» mientras preparan la comida y luego comen los dos platos y el postre. En vez de sacrificar la comida familiar, a veces se ha propuesto como solución parcial preparar la comida inmediatamente después de haber terminado de comer, cuando todavía no se tienen muchas ganas de picar y así en el último momento no tener más que calentar los guisos (véase Lebow, 1981, 1989).

Directrices para aplicar la inducción situacional

La inducción situacional cubre un amplio conjunto de procedimientos y por tanto su uso es algo más complejo que el de otras técnicas ya descritas en el capítulo. Habitualmente se precisa de mucha imaginación para utilizarla eficazmente, así que simplemente sugeriremos las siguientes pautas:

1. Identificar claramente el comportamiento que queremos fortalecer y si es pertinente, el que queremos reducir.
2. A continuación, exponer todas las ideas que se nos ocurran (*brainstorming*) respecto de maneras alternativas de organizar el ambiente, en presencia de las cuales el comportamiento deseado ocurriera previamente o pudiera producirse en el futuro. Hay que tener presente que las situaciones y los estímulos controladores pueden ser personas, lugares, horas, días, acontecimientos, objetos, etc.
3. A partir de la lista de estímulos que hayan controlado el comportamiento en el pasado, identificar aquellos que pudieran reintroducirse más fácilmente para volver a controlarlo en el presente.
4. Organizar los acontecimientos de manera que los aprendices se enfrenten a los estímulos que gobiernan la conducta adecuada del modo deseado, evitando lugares y presentaciones que no procuren dicho control.
5. Hay que intentar que el comportamiento no deseado jamás se produzca en las situaciones organizadas expresamente para fortalecer el comportamiento deseado.
6. Asegúrese de reforzar el comportamiento adecuado cuando aparezca en la nueva distribución ambiental.
7. Aplique el desvanecimiento para que la conducta quede bajo el control de los estímulos pertinentes.

PREGUNTAS DE REPASO

1. Comente cuatro estrategias que podría utilizar para mejorar la eficacia del modelado como técnica de modificación de conducta.
2. Describa dos situaciones recientes en que algún modelo influyera para que usted emitiera una conducta determinada y describa en cada caso si estaban presentes, o no, los cuatro factores que influyen en la eficacia del modelado.
3. ¿Qué es el modelado simbólico y cómo podría aplicarse para explicar que los niños de entornos urbanos hayan desarrollado miedo a las serpientes?
4. Describa los resultados del estudio realizado por DeRicco y Niemann sobre el modelado de beber alcohol.
5. Describa los pasos específicos que podría efectuar en el uso del modelado para superar el comportamiento de los niños en edad preescolar extremadamente retraídos, que no interactúan con los compañeros. Identifique los principios básicos y procedimientos que aplicaría en el programa.
6. En el diálogo entre cliente y terapeuta sobre cómo pedir a otras personas que salgan con él, describa brevemente:
   a. Cómo se usó el modelado.
   b. Cómo se usaron las instrucciones.
   c. Cómo se usó el moldeado.
7. Defina o describa el ensayo del comportamiento y ponga un ejemplo.

8. ¿Qué es la guía física y en qué se diferencia del uso de gestos como claves de actuación? Puede consultar el Capítulo 9.
9. Identifique un comportamiento que aprendió con guía física y describa cómo se usó el procedimiento.
10. ¿En qué consiste la imitación generalizada? Describa un ejemplo.
11. ¿Qué queremos decir con el término inducción situacional? ¿Qué término mencionado previamente en este libro comparte esencialmente el mismo significado? Puede consultar el Capítulo 9.
12. Describa las cuatro categorías propuestas para la inducción situacional.
13. Ponga un ejemplo, extraído de su propia experiencia, sobre cada una de las cuatro categorías de la inducción situacional.
14. Para cada uno de los siguientes ejemplos, identifique el tipo de inducción situacional más apropiada y explique sus razones:
    - **a.** Una aficionada al deporte parece no tener la energía necesaria para hacer pesas los sábados por la tarde. Con idea de aumentar la probabilidad de levantar pesas, las coloca en el centro de la habitación en que hace ejercicio, enciende la televisión para ver la lucha libre de los sábados por la tarde y abre la revista Playa de Músculos, por el póster central que muestra a su culturista favorita.
    - **b.** Dicen que el famoso escritor Victor Hugo controlaba su trabajo en el estudio, ordenando al criado que se llevara la ropa y que no se la devolviera hasta el final de la jornada (Wallace, 1971, p, 68-69)
    - **c.** Para dejar de beber, una persona alcohólica sale con otros miembros de Alcohólicos Anónimos y deja de ver a sus antiguos compañeros de copas.
    - **d.** Otro aficionado al deporte ha decidido correr un kilómetro y medio cada noche antes de acostarse, pero «el camino al infierno [o quizá al infarto] está repleto de buenas intenciones». Trasnochar, ver la televisión, beber vino con la cena y otras satisfacciones empezaron a pasar factura, así que tres meses después, nuestro «deportista» todavía tiene sobrepeso y no está en buena forma porque no ha salido a correr muchas noches. Por tanto, cambia la rutina y empieza a correr todos los días inmediatamente después de llegar a casa y antes de cenar.
    - **e.** Tras muchas interrupciones mientras trabajaban en este libro en la universidad, los autores empezaron a trabajar en una de sus casas.
15. De acuerdo con las pautas propuestas para la aplicación de las instrucciones, el modelado y la guía física:
    - **a.** ¿Qué principio comportamental se emplea en los tres procedimientos?
    - **b.** ¿Qué otros dos principios comportamentales se usan, probablemente, en los tres procedimientos?

EJERCICIOS DE APLICACIÓN

A. Ejercicio que implica a otras personas

Diseñe un programa que un padre o una madre pudiera seguir para enseñar a su hija de dos años a responder a la petición, «Por favor, tráeme tus zapatos» e indique cómo utilizaría las normas, el modelado y la guía física. Indique también cómo seguiría las pautas para la aplicación eficaz de cada técnica.

B. Ejercicios de auto-modificación

Seleccione dos conductas de la lista:

1. Fregar los platos o meterlos en el lavavajillas nada más terminar de comer
2. Levantarse cuando suena el despertador
3. Sentirse feliz

4. Limpiar su habitación dos veces por semana
5. Hacer ejercicio a diario
6. Aumentar las horas de estudio

Describa cómo podría influir sobre cada comportamiento mediante la combinación de al menos cuatro de las siguientes tácticas: normas, modelado, guía física, reorganización del ambiente actual, cambiar la ubicación de la actividad, cambiar la ubicación de las personas y cambiar el horario de la actividad.

NOTA DE AMPLIACIÓN SOBRE EL TEMA

1. Históricamente, el aprendizaje por imitación ha recibido bastante interés por parte de diversas teorías psicológicas, y no sólo las conductistas. En la teoría psicoanalítica freudiana, los niños suelen desarrollar algunos patrones de comportamiento «masculinos» mediante la identificación con el padre, en tanto que las niñas desarrollan patrones de comportamiento femeninos a través de la identificación con la madre. En este contexto, la ausencia de una figura masculina con quien identificarse podría conducir a patrones de comportamiento femeninos o incluso homosexuales en los hijos que se identificaran excesivamente con la madre. Los psicólogos de la Gestalt consideraron que el aprendizaje por imitación es innato en las especies superiores e intentaron demostrar, por ejemplo, que los chimpancés podían aprenden a resolver problemas mediante la mera observación de cómo los resolvían otros chimpancés. Bandura (1977) definió el aprendizaje observacional, también denominado aprendizaje vicario, como el aumento o descenso de la conducta parecida a la del modelo que el observador emite, como resultado de observar los premios o castigos que el primero ha recibido. Bandura defiende que este tipo de aprendizaje opera incluso sin que los observadores reciban refuerzos externos, aunque acepta que quizá algún refuerzo sea necesario para influir sobre ellos y que demuestren la actividad observada. Si está en lo cierto, tendríamos que considerar el aprendizaje observacional como otro tipo de aprendizaje básico; sin embargo, muchos psicólogos del comportamiento opinan que no es necesario, ya que los principios del aprendizaje que hemos descrito, desde el Capítulo 3 hasta el 15 en este libro, podrían explicar sobradamente el aprendizaje de conductas mediante observación.

Varios procesos podrían dar cuenta del aprendizaje de los comportamientos imitativos. En primer lugar, si una persona es reforzada frecuentemente cuando realiza la misma acción que otra persona, es probable que las acciones de ésta se conviertan en estímulos discriminativos para llevarlas a cabo. Por ejemplo, los niños que ven que alguien abre la puerta para salir, reciben el refuerzo de estar en la calle cuando realizan la misma acción. En segundo lugar, otras personas pueden resultarnos reforzantes y por tanto sus acciones adquieren propiedades de reforzadores condicionados, por lo que recibimos refuerzos condicionados cuando llevamos a cabo sus mismas acciones. En tercer lugar, después de haber aprendido a imitar respuestas sencillas, podemos imitar comportamientos más complejos que incluyan a las anteriores. Por ejemplo, si una persona ha aprendido a imitar «co», «dri» e «lo» como sílabas simples, o como unidades en otras palabras, podrá imitar la palabras «cocodrilo» en cuanto la escuche (Skinner, 1957). Una cuarta posibilidad es que el comportamiento vicario no constituya un conjunto separado de relaciones entre estímulos y respuestas, sino que constituya una categoría de respuestas operantes. Es decir, es posible que una vez que las personas reciben refuerzos por imitar algunas conductas, tiendan a imitar también otras, aunque no contengan elementos comunes con las anteriormente reforzadas. Como ya indicamos anteriormente en este capítulo, esta situación se denomina imitación generalizada. Si desea conocer más detalles acerca de las diversas interpretaciones del aprendizaje por imitación o vicario desde una perspectiva comportamental actual, puede consultar Masia y Chase, 1997; Pear, 2001, pp. 95 -100.

Preguntas sobre las notas

1. ¿Cómo definió Bandura el aprendizaje observacional? ¿Qué otro término suele emplearse para referirse al aprendizaje por imitación?

2. Describa cuatro procesos en que probablemente se haya aprendido a imitar y acompáñelos de ejemplos.

19

Motivación y modificación de conducta

EN los dos capítulos previos expusimos cómo influir en la conducta mediante la manipulación de las condiciones antecedentes, incluyendo reglas, metas, moldeado e inducción situacional. En este capítulo vamos a centrarnos sobre las condiciones antecedentes o variables motivacionales, que alteran temporalmente la efectividad de las consecuencias como reforzadores o castigos y que temporalmente influyen en la probabilidad de que ocurra la actividad sobre la que actúan tales consecuencias.

VISIÓN TRADICIONAL DE LA MOTIVACIÓN

Considere la conducta de Susy y Jack, de tercero de primaria. Susy siempre termina los deberes, trabaja tenazmente en clase, presta atención a la docente y es amable con sus compañeros. En palabras de su profesora «Susy es una buena alumna *porque* está muy motivada». Jack por otro lado, es todo lo contrario. Rara vez acaba las tareas, hace el tonto mientras la profesora está hablando y tampoco parece aplicarse mucho. La tutora cree que a Jack le falta motivación. Como ilustran estos ejemplos, muchas personas conceptualizan la motivación como «algo» en nosotros que causa nuestras acciones. De acuerdo con esta visión tradicional, el diccionario *Webster´s Unabridged* define *motivo* como «un impulso interno que hace que una persona actúe de una determinada manera». Y muchos textos de Introducción a la Psicología definen la motivación como el estudio de impulsos internos, necesidades y deseos que causan nuestras acciones.

Una limitación conceptual de la visión tradicional de la motivación es que implica un razonamiento circular. La «cosa» causal (impulso, motivo, etc.) suele inferirse de la conducta que se supone que explica; por ejemplo, ¿por qué trabaja tanto Susy? Porque está muy motivada ¿Cómo sabemos que está muy motivada? Porque trabaja duramente. Existen también varias limitaciones prácticas para conceptualizar la motivación como una causa interna. Primero, la sugerencia de que las causas del comportamiento se encuentran en nuestro interior, podría conducirnos a ignorar los principios de modificación de conducta descritos en capítulos previos, así como la enorme cantidad de datos que demuestran que la aplicación de esos principios puede modificar la conducta de manera efectiva. Segundo, podría inducirnos a culpar a las personas por sus bajos resultados (p.ej., «Jack simplemente no está motivado»), en lugar de intentar ayudarles a mejorar su rendimiento. Tercero, podría llevarnos a culpabilizarnos por fallar al emitir determinadas conductas (p.ej., «simplemente no puedo motivarme para ponerme a dieta»), en lugar de examinar estrategias potenciales de auto-ayuda para mejorar los logros (véase Capítulo 26).

UNA VISIÓN CONDUCTUAL DE LA MOTIVACIÓN

Una cosa es que una persona *sepa cómo* emitir una conducta y otra es que *quiera* hacerlo. En la Psicología tradicional los «procesos relacionados con querer hacer algo» han sido abordados desde las teorías de la motivación (Michael, 1993). Sin embargo más que plantear posibles hipótesis acerca de impulsos internos o motivos, los psicólogos conductuales definen una operación motivacional como un tipo de manipulación del entorno antecedente. Específicamente las **operaciones motivacionales** (**OM**) son eventos u operaciones que: (a) alteran temporalmente la efectividad de las consecuencias como reforzadores o castigos (un efecto de alteración del valor), y (b) influyen en conductas que normalmente llevan a esos reforzadores o castigos (un efecto de alteración de la conducta), (Laraway, Snycerski, Michael y Poling, 2003). Examinemos primero las operaciones motivacionales que implican reforzadores y echemos un vistazo al efecto de alteración del valor. Considere por ejemplo, el reforzador incondicionado «alimento», que constituye un reforzador potente si estamos en ayunas. Justo después de comer en abundancia, sin embargo, la comida pierde temporalmente su efectividad como reforzador. Por tanto, la privación y la saciedad de comida son operaciones motivacionales. Se deriva de los ejemplos que existen dos tipos principales de operaciones motivacionales: **operaciones de establecimiento de la motivación (OEM)** y **operaciones de abolición de la motivación (OAM)** (véase **Nota 1**). Una operación de establecimiento de la motivación aumenta el valor y la efectividad de una consecuencia como un reforzador, como sucede al privar de alimento al organismo y presentar la comida como refuerzo. Una operación de abolición de la motivación disminuye el valor y la eficacia de una consecuencia como reforzador, y estar saciado de alimento constituiría un ejemplo de ello, si utilizamos comida como refuerzo.

Las operaciones motivacionales también tienen un efecto de alteración de la conducta cuando afectan a los reforzadores (véase **Nota 2**). El efecto de alteración de las operaciones de establecimiento de la motivación es un aumento de la frecuencia de la conducta seguida por el reforzador sobre el que actúan estas OEM. Por ello, la privación de alimento favorece varias conductas de búsqueda de comida. El efecto de alteración de las operaciones de abolición de la motivación consiste en la reducción en la frecuencia de la conducta seguida por el reforzador sobre el cual actúan estas OAM. Por ello, la saciedad de alimento minimiza los comportamientos de búsqueda de comida.

Hasta aquí, la exposición de las operaciones motivacionales se ha centrado en los reforzadores, no obstante, también afectan a los castigos. Considere por ejemplo, castigar con tiempo fuera, como comentamos en el Capítulo 12. Imagine que en los entrenamientos de la liguilla de baseball de los Fargo Pirates, de manera contingente con comportamientos inadecuados (decir tacos, lanzar el bate, etc.) el entrenador Jackson manda al jugador a sentarse solo en el banquillo durante cinco minutos, castigándole así mediante tiempo fuera. Suponga también que en un entrenamiento concreto, el entrenador Jackson anunciara que los jugadores pueden ganar puntos por buen rendimiento (coger la pelota, hacer un tanto, etc.), y que los cinco jugadores con más puntos recibirán como premio entradas para un partido de la liga profesional en Minneapolis. Cuando el programa de puntos está en marcha, es probable que todos los jugadores quieran aumentar sus oportunidades de obtener puntos, ocasiones mermadas para quienes estén sentados en el banquillo por mala conducta. El anuncio del programa de puntos es por tanto una operación de establecimiento de la motivación que aumenta la eficacia del tiempo fuera como castigo (un efecto de alteración del valor) y reduce la probabilidad de acciones indebidas que conducirán al castigo (un efecto de alteración de la conducta). Simultáneamente, el anuncio del programa de puntos funciona también como operación de establecimiento de la motivación porque convierte los puntos en reforzadores condicionados efectivos, y aumenta la probabilidad de las conductas recompensadas con puntos.

Operaciones de Motivación Incondicionadas y Condicionadas

Michael (1993) hizo una distinción entre operaciones de motivación condicionadas e incondicionadas. En las *operaciones de motivación incondicionadas* (OMI) el efecto de alteración del valor es innato. La privación de alimento es una Operación de Establecimiento de Motivación Incondicionada (OEMI) porque aumenta la eficacia de la comida como reforzador sin aprendizaje previo. La saciedad es una operación de abolición de motivación incondicionada (OAMI) porque disminuye la efectividad del alimento como reforzador sin aprendizaje previo. El efecto de la alteración de la conducta de las operaciones de motivación incondicionada sin embargo es aprendido. Por ejemplo, cuando alguien tiene hambre, las conductas de abrir la nevera o ir a un local de comida rápida son acciones aprendidas (véase **Nota 3**). Otras operaciones de establecimiento de la motivación incondicionada son la privación de agua, de sueño, de actividad, de oxígeno, de estimulación sexual (y la saciedad de cada una de ellas constituiría una operación de abolición de la motivación incondicionada); temperaturas muy altas o muy bajas; o una estimulación dolorosa, que convierte su reducción en reforzador negativo.

Algunos factores alteran la eficacia de las consecuencias como reforzadores o castigos (el efecto de alteración del valor) debido al aprendizaje previo. Estas variables se denominan *operaciones de motivación condicionadas* (OMC). Considere por ejemplo el programa de puntos que usó el entrenador Dawson con los jugadores de baloncesto, descrito al principio del Capítulo 4. La explicación del programa por parte del entrenador Dawson era una operación de establecimiento de la motivación porque convertía los puntos en reforzadores y esto aumentaba la probabilidad de las actividades de entrenamiento pertinentes para ganarlos. Su explicación del programa también podría describirse como una operación de establecimiento de la motivación condicionada (OEMC), porque alteraba la eficacia de los puntos como reforzadores condicionados debido al aprendizaje previo. Analicemos otro ejemplo de operación de establecimiento de la motivación condicionada, descrito por Martin (2003), en la estrategia de un joven jugador de golf para motivarse en la práctica de los golpes. El jugador de golf empleaba la imaginación para crearse la tensión. Cuando practicaba los golpes solía imaginar que iba el primero del torneo en el último día del US Open. Por cada dieciocho prácticas de golpe se imaginaba que necesitaba ese golpe para seguir siendo el líder. En este ejemplo, el jugador se administraba a sí mismo una operación de establecimiento de la motivación condicionada mediante la aplicación de presión imaginaria. La presión del juego incrementaba el valor condicionado del reforzante que suponía dar bien el golpe y aumentaba la probabilidad de que se concentrara debidamente para hacerlo.

Consideremos otro ejemplo descrito por Martin (2003). Supongamos que el entrenador del equipo de fútbol introduce un conjunto nuevo de ejercicios físicos para empezar los entrenamientos al comienzo de la temporada. Al principio los futbolistas realizan los ejercicios con entusiasmo, presumiblemente debido a algunos reforzadores naturales de hacerlo así (los ejercicios son nuevos, un desafío, etc.). No obstante, tras varias semanas realizando los mismos ejercicios una y otra vez, el entrenador nota que los jugadores han empezado a retrasarse en el inicio de los entrenamientos, que terminan los ejercicios más rápidamente de lo que deberían y que no están ni por asomo tan entusiasmados como al principio. Hay que suponer que la naturaleza repetitiva de los ejercicios, día sí y día no, ha abolido la efectividad de los reforzadores condicionados naturales para llevarlos a cabo, y ha funcionado como una operación motivacional de conductas de escape y evitación incompatibles con la ejecución idónea de los ejercicios. Una solución obvia sería que el entrenador introdujera más variedad en las tareas iniciales. Hacer una nueva programación con tipos diferentes de ejercicios funcionaría como una operación de establecimiento de la motivación condicionada que podría aumentar temporalmente el grado en que las características de las actividades funcionaran como reforzadores condicionados, y podría influir en las conductas que favorecen la realización satisfactoria de los mismos.

Como se indicó antes, el efecto de alteración del valor de una operación motivacional incondicionada es innato, mientras que el efecto de alteración de conducta es aprendido. En el caso de las operaciones motivacionales condicionadas, tanto el efecto de alteración del valor, como el de alteración de la conducta se deben al aprendizaje. Tal y como ha señalado Sundberg (2004) muchos de los temas incluidos en los capítulos sobre motivación en los manuales de Introducción a la Psicología, como los «impulsos adquiridos» o «motivos sociales» implican operaciones motivacionales condicionadas.

Operaciones de establecimiento de motivación condicionadas y estímulos discriminativos

Cuando estudian el control estimular sobre una conducta, los alumnos a veces confunden el concepto de estímulo discriminativo (E^D) y con el de operación de establecimiento de la motivación condicionada. Conocer ambos conceptos es importante para poder usar cualquiera de ellos como variable antecedente para influir en una conducta con una cierta fiabilidad y eficacia. Un E^D es un estímulo que se correlaciona con la disponibilidad de un reforzador para una conducta concreta (con la implicación de que el reforzador no sigue a esa conducta si no está presente el E^D). Para influir en la conducta de alguien mediante la presentación del E^D, la persona tiene que estar deprivada del reforzador asociado con la respuesta que sigue al E^D. En palabras cotidianas, un E^D es una clave que nos dice qué hacer para conseguir lo que queremos. Por ejemplo, una familia está acampando en una fría noche de otoño y el padre le dice al niño, que está temblando: «acerca tu saco de dormir a la hoguera y tendrás menos frío». Esta frase sería un E^D para que el niño mueva el saco y se acerque al fuego. Una operación de establecimiento de motivación condicionada aumenta momentáneamente el valor de un reforzador condicionado e incrementa la probabilidad de la conducta que condujo a su obtención en el pasado. En lenguaje cotidiano, una operación de establecimiento de la motivación condicionada es una clave que modifica lo que se desea y dice qué hacer para conseguir lo que se quiere ahora, sea lo que sea. Imaginemos que una madre le dice a su hija adolescente: «cada vez que cortes el césped, puedes ganar tres puntos, y cada vez que arregles los setos, puedes ganar dos puntos. Cuando acumules 20 puntos, podrás coger el coche un fin de semana completo». En este ejemplo, la norma impuesta por la madre se describiría con más precisión como una operación de establecimiento de la motivación condicionada, y no tanto como un estímulo discriminativo. La regla establece puntos como reforzadores condicionados para la hija y le explica cómo ganarlos.

Operaciones de Abolición de la Motivación y estímulos delta

La distinción entre operaciones condicionadas de abolición de la motivación y estímulos delta (E^Δ) es análoga a la distinción entre operación de establecimiento de la motivación condicionada y estímulo discriminativo (E^D). Un estímulo delta es aquel en presencia del cual una respuesta no se ha reforzado (con la implicación de que la respuesta se ha reforzado en presencia de otro estímulo). También aquí se asume que la persona ha sido privada de ese reforzador concreto. En lenguaje cotidiano, un estímulo delta es una clave que indica que emitir esa conducta concreta no va a gestionar el reforzador que se desea. Supongamos que unos progenitores solían comprar caramelos a su hija cuando chillaba que quería caramelos mientras estaban de compras. Imaginemos que ahora al principio de la jornada, los progenitores explican a la pequeña: «no te compraremos más caramelos cuando grites», y se mantienen firmes en la norma. Esta instrucción se consideraría un E^Δ para futuros berrinches. Una operación de abolición de la motivación condicionada reduce momentáneamente el valor de un reforzador condicionado, y reduce la probabilidad de comportamientos seguidos por esa consecuencia en el pasado. Analicemos el caso de Charlie, un cinéfilo que compra sus verduras en una tienda concreta, a pesar de que los precios son un poco caros, básicamente porque las compras van acompañadas de cupones canjeables por entradas de cine. Además la tienda anuncia que en el futuro, los cupones podrán cambiarse por CDs de películas del oeste, pero no por entradas de cine. Charlie, que no es aficionado a las películas de vaqueros, empezó a comprar en otra tienda. En este ejemplo, el anuncio de que los cupones se canjearían por CDs, pero no por entradas, sería una operación condicionada de abolición de la motivación. Reduce el valor de los cupones para Charlie y reduce la conducta de compra que había llevado a conseguirlos.

Para resumir la diferencia entre operaciones motivacionales condicionadas y estímulos discriminativos, Michael (1993) la estableció como sigue: «las variables discriminativas (es decir, estímulos discriminativos E^D y estímulos delta E^Δ) se relacionan con la *disponibilidad diferencial* de un reforzamiento efectivo tras emitir un tipo concreto de conducta; las variables motivacionales (es decir, operaciones de establecimiento de la motivación condicionadas y operaciones de abolición de la motivación condicionadas) se relacionan con la *eficacia diferencial* de los acontecimientos del entorno como reforzadores» (p.193).

ALGUNAS APLICACIONES DE LAS OPERACIONES DE MOTIVACIÓN

Enseñar peticiones a niños con autismo

En los últimos años se ha logrado un éxito considerable en los programas de intervención del lenguaje en niños con autismo y otros trastornos del desarrollo, combinando intervenciones conductuales intensivas con el análisis de la conducta verbal de Skinner (1957), (Sundberg y Michael, 2001; Sundberg y Partington, 1998). Skinner estaba interesado en el estudio de la conducta verbal de los hablantes más que en las prácticas gramaticales de la comunidad hablante. Definió conducta verbal como aquella que se refuerza a través de la mediación de otra persona, donde la persona que proporciona el reforzamiento ha sido especialmente entrenada para hacerlo. La conducta verbal contrasta con la conducta no verbal, que es aquella que se refuerza mediante el contacto con el entorno físico. Skinner distinguía varios tipos de respuestas verbales básicas, tres de las cuales eran *ecoicas*, *denominación de objetos*, y *demandas*. Una *respuesta ecoica* es una respuesta verbal imitativa que típicamente es premiada con un reforzador social. Por ejemplo, durante el entrenamiento verbal de una niña, la madre podría decir: «Di 'agua'», y la niña imitaría 'agua' y sería elogiada por ello. Una respuesta de *denominación de objetos* también recibe habitualmente refuerzo social. Si la madre señalara un vaso de agua y preguntara «¿qué es eso?» y la niña contestara «agua», es probable que recibiera una recompensa social en forma de elogio. Una *demanda* es una respuesta verbal que está bajo el control de una operación de motivación, y sería recompensada con el correspondiente reforzador (o eliminación del estímulo aversivo pertinente). En lenguaje cotidiano, una demanda es una petición de algo que la persona «quiere» y que será reforzada al recibirlo. Si una niña tiene sed, por ejemplo, se acercaría a la madre y diría «agua». Otro ejemplo sería el de alguien que está intentando ver un programa de televisión mientras los niños juegan haciendo ruido, y por tanto dice, «¡silencio!», y ve su petición reforzada mediante la reducción del ruido aversivo. Con esta aproximación al lenguaje, la verbalización de la misma (por ejemplo, «agua») puede considerarse como distintas respuestas verbales (ecoica, denominación o demanda) dependiendo de las variables controladoras.

Las observaciones sugieren que las demandas son el primer tipo de conducta verbal que adquieren los niños (Bijou y Baer, 1965; Skinner, 1957), y que la aplicación de las operaciones motivacionales en los programas de entrenamiento en demandas en niños con autismo y trastornos del desarrollo conduce a resultados satisfactorios (Sundberg y Michael, 2001). El entrenamiento estructurado de demanda suele comenzar enseñando a los niños a pedir un reforzador con gran valor motivacional (como un alimento específico o el juguete favorito). Supongamos que a un niño le encanta el zumo de naranja, y lo bebe cada vez que se le ofrece. Para enseñarle a pedir el zumo, el padre o la madre podrían darle sólo un sorbo de zumo en el primer ensayo. Después, a la vista del niño, los progenitores podrían esconder el zumo debajo de la mesa y preguntarle, «¿qué quieres? Di zumo». Si responde correctamente, el niño recibiría otro sorbo de zumo. Los lectores se habrán dado cuenta de que, en este punto, el niño está emitiendo una conducta ecoica. En los ensayos siguientes, no obstante, al esconder el zumo, la madre diría simplemente «¿qué quieres?» y reforzaría la respuesta de pedir «zumo» (véase **Nota 4**). Después de varios ensayos de este entrenamiento, es probable que el niño lo generalice a situaciones en que los adultos estén en la cocina preparando la comida o haciendo cualquier otra cosa, y probablemente pedirá «zumo» cuando le apetezca beberlo. Otras estrategias adicionales para el entrenamiento en demandas mediante las operaciones motivacionales se describen en Sundberg y Partington (1998) y en Sundberg (2004).

Cómo motivar el uso del cinturón de seguridad entre conductores mayores

Pleasant Oaks es una comunidad donde viven principalmente personas mayores, en el estado de Virginia. Los ciudadanos que viven allí disfrutan de un estilo de vida estupendo, con frecuentes excursiones en coche a la cercana Charlottesvile. Muchos de los que viven en Pleasant Oaks saben a ciencia cierta que los accidentes de coche son la causa fundamental de muertes accidentales entre individuos entre los 65 y 74 años. Y a pesar de que las heridas, hospitalizaciones y muertes son menores entre los conductores que llevan el cinturón de seguridad, el 30% de los conductores y pasajeros que van o salen de Pleasant Oaks no se lo abrochan. Brian, Amanda y Daniel Cox decidieron aplicar un procedimiento sencillo para intentar convencer a más ciudadanos de Pleasant Oaks de que se abrocharan el cinturón. Los investigadores pusieron en las señales de stop situadas en las salidas de la comunidad unos letreros permanentes de aluminio «ABRÓCHATELO, SÉ PRUDENTE». Debido a que la seguridad es importante para las personas mayores, los Cox formularon la hipótesis de que los letreros funcionarían como una operación de establecimiento de la motivación condicionada para aumentar el valor reforzador de llevar el cinturón de seguridad, y aumentaría así la conducta de abrocharlo. Y tenían razón. Tras la instalación de las señales, el porcentaje de personas mayores que llevaban el cinturón creció de un 70% a un 94%. Seis meses después de la instalación, el 88% de las personas mayores continuaban usando los cinturones de seguridad apropiadamente (Cox, Cox y Cox, 2000).

Cómo reducir las conductas auto-lesivas mantenidas mediante atención

Brenda era una mujer de 42 años con un trastorno profundo del desarrollo que vivía en una residencia pública para personas con trastornos del desarrollo. Tenía un largo historial de conductas auto-lesivas, que incluían golpearse la cabeza severamente. Las observaciones indicaban que su conducta auto-lesiva se mantenía por las reacciones bienintencionadas de preocupación de la plantilla de trabajadores. Tras un episodio de auto-lesión, por ejemplo, alguien del personal decía «Brenda, no hagas eso, te vas a hacer daño». Para abordar esta conducta, Timothy Vollmer y sus colegas introdujeron un programa que incluía una operación de abolición de la motivación en la atención de la plantilla. Durante las sesiones del tratamiento se programó un reforzamiento no contingente en que la atención era proporcionada cada diez segundos. Esto saciaba las demandas de atención de Brenda, y su conducta auto-lesiva, que antes había sido reforzada con atención, se redujo drásticamente hasta un nivel muy bajo. Tras varias sesiones, la frecuencia de la atención no contingente se fue reduciendo poco a poco, desde la tasa inicial de seis atenciones por minuto hasta una tasa final de una cada cinco minutos. Las autolesiones se mantuvieron en niveles muy bajos y se obtuvieron resultados similares con otras dos personas (Vollmer, Iwata, Zarcone, Smith y Mazeleski, 1993).

OPERACIONES DE MOTIVACIÓN Y MODIFICACIÓN DE CONDUCTA

En los capítulos previos se han abordado las estrategias para influir en la conducta mediante la manipulación de estímulos discriminativos y las consecuencias. En este capítulo hemos revisado variables antecedentes –operaciones motivacionales– que temporalmente alteran la efectividad de las consecuencias como reforzadores o castigos, y que temporalmente alteran la ocurrencia de conductas influidas por estas consecuencias. En general, las operaciones motivacionales podrían contemplarse como motivadores y tenerlas en cuenta en el diseño de los programas de modificación de conducta puede potenciar su efectividad.

PREGUNTAS DE REPASO

1. ¿Cómo conceptualizan la motivación quienes no son estudiosos ni modificadores de conducta? Ilustre su respuesta con un ejemplo.
2. ¿Cuál es la limitación conceptual de la visión tradicional de la motivación? Ilustre su respuesta con un ejemplo.
3. Describa tres limitaciones prácticas de conceptualizar la motivación como una causa interna de la conducta.
4. Si «motivando a alguien a hacer algo» nos referimos simplemente a influirle para que se comporte de una forma determinada, ¿qué estrategias se han presentado en este libro para llevar a cabo esta tarea?
5. Defina operación de motivación. Describa un ejemplo que ilustre ambos aspectos de la definición.

6. ¿De qué dos formas se diferencian las operaciones de establecimiento y de abolición de la motivación?
7. ¿Qué es una operación de motivación incondicionada? Ilustre la respuesta con un ejemplo.
8. ¿Qué es una operación de motivación condicionada? Ilustre la respuesta con un ejemplo.
9. Supongamos que un equipo de fútbol ha estado entrenando durante una hora a pleno sol sin agua. La entrenadora le dice a una de las jugadoras, «aquí están las llaves de mi coche, trae la jarra de agua helada del maletero». ¿Se clasificaría esta petición como estímulo discriminativo, o como operación de establecimiento de la motivación condicionada para conseguir el agua? Justifique su elección.
10. Supongamos que la entrenadora olvidara decir lo de las llaves en la pregunta anterior y que no se las diera a la futbolista, aunque el coche estuviera cerrado. La petición de la entrenadora ¿sería un estímulo discriminativo o una operación de establecimiento de la motivación condicionada para preguntar por las llaves? Justifique su respuesta.
11. Defina respuesta verbal ecoica, y aporte un ejemplo que no esté en el libro.
12. Defina respuesta verbal de denominación y aporte un ejemplo que no esté en el libro
13. Defina respuesta verbal de demanda y aporte un ejemplo que no esté en el libro.
14. Usando un ejemplo, describa cómo podría incorporar una operación motivacional a un entrenamiento infantil en demanda.
15. Supongamos que una pianista que ensaya una pieza se fija una meta: «antes de dejar de ensayar tengo que tocar esta pieza diez veces seguidas sin cometer errores». ¿Esta meta se define mejor como estímulo discriminativo o como operación de establecimiento de la motivación condicionada? Justifique su respuesta.

EJERCICIO DE APLICACIÓN

A. Ejercicio que implica a otras personas

Supongamos que quiere incrementar su frecuencia de estudio. Para dominar las respuestas a las preguntas de repaso de este libro debiera: fijar la fecha del examen final y tachar los días a medida que vayan transcurriendo; organizarse con amigos para estudiar con regularidad; firmar un contrato con sus compañeros de piso o familiares, que estipule que le entregarán determinados reforzadores sólo si cumple determinados objetivos; organizar su entorno de estudio para que haya claves que le hagan concentrarse y para eliminar las claves de conductas incompatibles (como ver la televisión). Elija tres de estas estrategias (u otras tres que se le ocurran a usted) y describa brevemente cada una. Indique en todos los casos si implican la presentación de estímulos discriminativos (E^D), estímulos delta (E^Δ), operaciones de establecimiento de motivación condicionadas u operaciones de abolición de la motivación condicionadas. En cada caso, justifique su respuesta.

NOTAS DE AMPLIACIÓN SOBRE EL TEMA

1. Como se describe en el Capítulo 29, los dos textos principales en la historia del análisis aplicado de la conducta en la década de 1950 eran Principles of Psychology (Principios de Psicología, Keller y Schoenfeld, 1950) y Science and Human Behavior (Ciencia y conducta humana, Skinner, 1953). Ambos textos discutían el acercamiento conductual al tema de la motivación y consideraban variables como privación o saciedad. Keller y Schoenfeld introdujeron el término operación de establecimiento para referirse a esas variables. En la década de 1970, sin embargo, el tema de la motivación no recibía tanta atención en los textos de modificación de conducta (p.ej., Fantino y Logan, 1979; Martin y Pear, 1978; Powers y Osborne, 1976; Whaley y Malott, 1971). A principios de la década de 1980, Jack Michael argumentó en una serie de artículos (1982, 1988, 1993, 2000) que los psicólogos orientados conductualmente necesitaban otorgar más peso a la motivación. Michael adoptó el término de Keller y Schoenfeld, operación de establecimiento, y lo definió esencialmente como la operación de motivación que hemos presentado aquí. Debido a que las operaciones de establecimiento tal y como las describió Michael incluían aumento (es decir, establecimiento) de la efectividad de los reforzadores y la reducción (es decir, abolición) de la efectividad de los reforzadores, Michael y sus colegas (Laraway y cols., 2003) propusieron cambiar el término operación de establecimiento por el de operación de motivación, y que las operaciones de motivación fueran clasificadas conforme al establecimiento o la abolición. Esos son los términos que hemos usado en este libro. Para una discusión detallada de la historia del tratamiento de la motivación en el análisis aplicado de la conducta, véase Sundberg (2004). Para una exposición de la aplicación de operaciones de motivación en la dirección de la conducta de las organizaciones, véase Agnew (1998) y Olsen, Laraway y Austin (2001). Para una descripción del papel de las operaciones de motivación en el tratamiento y prevención de las conductas problemáticas, véase McGill (1999) y una sección especial del Journal of Applied Behavior Analysis (Winter, 2000).

2. Como Poling (2001) ha señalado, es importante tener presente que una operación motivacional probablemente afecta a muchas conductas, y a su vez, es razonable pensar que una conducta concreta está influida por muchas operaciones motivacionales. Consideremos la operación de establecimiento de la motivación de la privación de alimento. La privación de alimento no sólo aumenta el valor reforzador de la comida y lleva a varias conductas de búsqueda de alimento, también aumenta el valor reforzador de un amplio rango de drogas de abuso y por tanto podría conducir a un aumento del consumo de drogas; además aumenta el valor reforzador del agua y por tanto incrementa la ingesta de agua (Poling, 2001). Por ello, para que las operaciones motivacionales sean realmente útiles como herramienta de gestión del comportamiento, los investigadores deben examinar formas de aislar las operaciones motivacionales que afectan a conductas importantes de forma predecible.

3. La ingestión o inyección de drogas también funciona como operación de motivación (Pear, 2001). Las anfetaminas, por ejemplo, funcionan como operaciones incondicionadas de abolición de la motivación para reducir la efectividad del alimento como reforzador; los afrodisíacos funcionan como operaciones de establecimiento de la motivación incondicionadas para aumentar el valor reforzante de la estimulación sexual. En este libro, sin embargo, nos centramos en las variables motivacionales que se localizan en el entorno externo de las personas.

4. Los lectores familiarizados con el análisis que hizo Skinner (1957) de la conducta verbal se habrán dado cuenta de que durante el entrenamiento en peticiones, en el momento en que los progenitores preguntan «¿qué quieres?», y el niño responde «zumo» la respuesta del chico podría considerarse, en parte, intraverbal. Una intraverbal es una respuesta bajo el control de un estímulo verbal precedente, en que no hay una correspondencia, punto por punto, entre el estímulo y la respuesta. Así, si alguien le pregunta a Sally, «¿cómo te llamas?», y ella responde «Sally», estamos ante una respuesta intraverbal. Una respuesta ecoica también es una respuesta verbal bajo el control de un estímulo verbal precedente, pero sí existe una correspondencia, punto por punto, entre el estímulo y la respuesta. Así, si la chica se llama Sally, los adultos dicen «Sally, Sally» y la chica responde diciendo «Sally», habría que considerar la respuesta como ecoica. La respuesta del chico previamente mencionado de decir «zumo» es, no obstante, al menos en parte una petición porque está bajo el control de un estado específico de privación. Así, puede haber solapamiento entre las diferentes categorías de conducta verbal.

Preguntas sobre las notas

1. ¿Qué psicólogo consiguió renovar el interés por el concepto de motivación entre los profesionales con orientación conductista en la década de 1980?

2. Describa un ejemplo que ilustre cómo una operación motivacional puede afectar el valor de más de un reforzador e influir también en la ocurrencia de varias conductas.

3. Describa un ejemplo que ilustre cómo puede funcionar una droga como operación motivacional.

4. Exponga las diferencias entre respuestas ecoicas e intraverbales. Ilustre su respuesta con ejemplos que no hayamos presentado en el texto.

PARTE IV

TRATAMIENTO DE LOS DATOS

20

Evaluación conductual: consideraciones iniciales

A lo largo del libro hemos expuesto numerosos ejemplos que ilustran la eficacia de los procedimientos de modificación de conducta, muchos de los cuales se acompañan de gráficos que evidencian los cambios, aumentos o reducciones, que se producen en el comportamiento al aplicar una intervención concreta. Algunas gráficas incluyen también observaciones durante el seguimiento para indicar que la mejoría se mantiene después de la finalización del programa. Las figuras se han presentado no sólo para facilitar la comprensión del material, sino porque los registros precisos del comportamiento forman parte inseparable de los procedimientos de modificación de conducta. De hecho, ha habido quien ha llegado a afirmar que la principal contribución de la modificación de conducta ha sido la insistencia en registrar minuciosamente comportamientos concretos y tomar decisiones sobre la base de los datos recogidos, en vez de hacerlo sobre la base de meras impresiones subjetivas.

Ya indicamos en el Capítulo 1 que los comportamientos a mejorar en los programas de modificación de conducta suelen denominarse **objetivos comportamentales**. La **evaluación conductual** implica la recogida y análisis de la información y los datos con el fin de identificar y describir los objetivos comportamentales, especificar las causas probables del comportamiento, elegir las estrategias de intervención más adecuadas para modificarlo y evaluar los resultados del tratamiento.

Fases mínimas que incluye un programa

Un programa satisfactorio de modificación de conducta suele incluir cuatro fases durante las cuales se identifican, definen y registran los objetivos comportamentales: (a) fase inicial de criba y recogida de datos para clarificar el problema y determinar quién debe realizar el tratamiento; (b) una línea de base o evaluación previa al tratamiento; (c) una fase de tratamiento; y (d) una fase de seguimiento. En esta sección vamos a hacer un repaso breve de todas ellas y en las secciones y capítulos posteriores las comentaremos más detenidamente.

Fase inicial de criba y recogida de datos

Las interacciones iniciales entre clientes y profesionales o instituciones pueden consistir en rellenar un *formulario de ingreso o historial personal*, en que se solicitan datos generales: nombre, dirección, fecha de nacimiento, estado civil, además de una breve exposición de la razones por las que se acude a la clínica o servicio.

Hawkins (1979) comenta que cuando los clientes o los estudiantes acuden a una clínica o institución académica, los profesionales suelen preguntarse si el centro es adecuado para el tratamiento del caso. De ahí que en esta primera fase se realice una criba para determinar qué instituciones o terapeutas son idóneos para intervenir el problema concreto planteado y decidir si se va a tratar el caso o se va a remitir a otros profesionales. Una segunda función es informar a los clientes acerca de las normas y política del centro en relación con la prestación de servicios. Una tercera función es dilucidar si se trata de una crisis o pone en peligro a las personas, como sucede en los casos de abuso infantil o riesgo de suicidio, que requieren una intervención inmediata. Para algunos terapeutas, la cuarta función de esta fase es recoger suficiente información, a partir de la entrevista a los clientes y de pruebas psicológicas, como para establecer un diagnóstico conforme a las categorías normalizadas de trastornos psicológicos recogidas en el DSM-IV-TR de la Asociación Estadounidense de Psiquiatría (*Diagnostic and Statistical Manual of Mental Disorders, 4.ª ed. Revisada; American Psychiatric Association*, 2000). Como indicamos en la Nota 1 del Capítulo 1, en ocasiones son las clínicas, hospitales, colegios y otras instituciones quienes requieren estos diagnósticos antes de comenzar cualquier tratamiento, y también las compañías de seguros médicos que cubrirán el coste del mismo. Aunque el diagnóstico conforme al DSM-IV-TR es útil para planificar un abordaje en sentido amplio, hay que tener presente que aporta información muy distinta a la obtenida en la evaluación comportamental. Una quinta función de esta primera fase es determinar qué conductas se registrarán durante la línea de base. Por ejemplo, un centro de orientación comportamental para alumnos con problemas de aprendizaje, podría evaluar a una niña para determinar si sus habilidades académicas son tan inusuales que se beneficiaría de algún programa que la escuela no proporcionara habitualmente. En este examen inicial, la institución podría considerar diversos indicadores preliminares, desde los informes de los profesores hasta el cociente intelectual, aunque por supuesto los terapeutas de conducta consideran estos datos como estimaciones poco refinadas de la conducta y no como índices de rasgos subyacentes. Las pruebas tradicionales de inteligencia y otros rasgos también se utilizan en el ámbito de la modificación de conducta, sobre todo para la criba y evaluación inicial, pero los resultados no se interpretan en el sentido tradicional. También se emplean otros instrumentos de evaluación que ayudan a descubrir comportamientos particularmente interesantes para la posterior intervención, que comentaremos más adelante en este capítulo.

Fase de línea de base

Durante la fase de **línea de base**, los profesionales evalúan el comportamiento de interés para determinar su nivel y magnitud antes de la introducción del programa o tratamiento, además de analizar el entorno actual de los clientes con el fin de identificar posibles variables que controlan la conducta a modificar. Se denomina evaluación conductual a este examen de las posibles variables controladoras y lo comentaremos en más detalle en el Capítulo 22.

La necesidad de llevar a cabo una línea de base se deriva de la importancia que se concede en modificación de conducta a la medida directa del comportamiento de interés y al uso de los cambios en estas estimaciones como el mejor indicador de que el problema se está resolviendo (véase Capítulo 1). Por ejemplo, si una niña tiene problemas escolares, los terapeutas estarán más interesados en trazar una línea de base de excesos y déficit comportamentales concretos que pudieran consistir en problemas de lectura, falta de atención o agresividad con los compañeros, que en sus puntuaciones en pruebas de inteligencia, aunque tampoco se desdeñe conocer estos datos.

Fase de tratamiento

Después de trazar una evaluación precisa durante la línea de base, los terapeutas diseñarán el programa para lograr el cambio deseado de la conducta. En ámbitos educativos, estas intervenciones se denominan *programas de entrenamiento o de formación* y en ámbitos comunitarios y clínicos, suelen denominarse *estrategias de intervención o programas terapéuticos*.

Los programas de modificación de conducta conllevan la observación y el registro permanente del comportamiento de interés a lo largo del entrenamiento o tratamiento. A este respecto, la diferencia entre el abordaje conductista y otros no es más que una cuestión de grado. La práctica docente suele incluir evaluaciones periódicas para contrastar si los contenidos impartidos se reflejan en el rendimiento de los estudiantes y también las intervenciones clínicas incluyen la evaluación de los progresos de los clientes a intervalos regulares. Es más, algunas intervenciones inadecuadamente descritas como pertenecientes al ámbito de la modificación de conducta han registrado estimaciones pre y post-tratamiento, aunque no han incluido evaluaciones durante el programa. Sin embargo, la mayoría de los profesionales de la modificación de conducta realizan seguimientos permanentes a lo largo de toda la aplicación de las estrategias de intervención y además, transcurrido un periodo de tiempo razonable, insisten en acometer variaciones en el programa si los registros señalan que no se está produciendo el cambio comportamental deseado.

Fase de seguimiento

Por ultimo, la fase de seguimiento sirve para determinar si se mantienen las mejoras conseguidas en el tratamiento una vez finalizado éste, ya que los modificadores de conducta consideran que el problema no está resuelto si los logros no son permanentes.

En casos en que las intervenciones han manipulado varias conductas en un grupo, es aconsejable y necesario recoger información válida de seguimiento, que puede consistir en la observación precisa del comportamiento en el ambiente natural o las circunstancias en que esperamos que ocurra. Si embargo, en otros casos, no es posible hacer un seguimiento, quizá porque el programa se ha aplicado a todo un grupo escolar y se ha prolongado durante meses, con lo que al terminar, los alumnos pasan a otro curso, dejan el colegio o simplemente no están disponibles para participar en la evaluación de seguimiento. Dadas las circunstancias, habría que renunciar a esta fase y sólo se podría registrar la comparación de los cambios producidos antes y después del tratamiento.

RECOGER INFORMACIÓN PARA LA EVALUACIÓN DE LA LÍNEA DE BASE

Definir los objetivos comportamentales con claridad, precisión y en términos observables es un prerrequisito importante para el diseño y aplicación de los programas de modificación de conducta. Los procedimientos de evaluación que permiten recoger la información necesaria para definir y registrar los objetivos comportamentales se organizan en tres categorías: indirectos, directos y experimentales.

Procedimientos de evaluación indirecta

En muchas situaciones en que podría aplicarse un programa de modificación de conducta, profesionales de enfermería, profesores, padres, madres o entrenadores son quienes observan directamente la conducta de interés. Pero supongamos que usted es uno de los muchos terapeutas comportamentales que recibe a sus clientes en el despacho conforme a un calendario de visitas previamente acordadas. Si este es su caso, no podrá observar a los clientes en las situaciones en que habitualmente se producen las conductas inadaptativas. Es más, muchos clientes querrán modificar pensamientos y sentimientos que nadie puede observar y que, como comentamos en los capítulos 15 y 27, en este ámbito consideramos conductas internas o encubiertas. Obviamente en todos estos casos habrá que utilizar procedimientos de evaluación indirecta: entrevistas con los clientes y otras personas pertinentes, cuestionarios, escenificación de papeles, consultas con otros profesionales y autoinformes de los propios interesados. La evaluación indirecta ofrece ventajas como son la comodidad, no precisar demasiado tiempo y permitir recoger información sobre conductas encubiertas. Sin embargo, también plantea inconvenientes, ya que quienes aportan la información podrían no recordar los datos con precisión o dejar que sus sesgos personales influyan en sus descripciones.

Entrevistas con los clientes y personas pertinentes. Si pudiéramos observar una primera entrevista dirigida por terapeutas de conducta o de cualquier otra orientación observaríamos muchas coincidencias. Muchos clientes están nerviosos durante el primer encuentro, por ello es habitual que los terapeutas sean quienes más hablen, quizá para describir sus áreas de especialización y hacer luego algunas preguntas personales sencillas o pedirles que rellenen un formulario breve sobre aspectos básicos de referencia. A continuación, podrían invitar a los clientes a describir el problema en términos generales (véase Tabla 20-1). Es probable que durante las entrevistas iniciales, los terapeutas comportamentales y los tradicionales utilicen técnicas similares para ayudar a que las personas se sientan cómodas y para obtener información: escuchar atentamente, hacer preguntas abiertas, pedir aclaraciones, expresar interés y reconocer la importancia de las dificultades y los sentimientos expresados.

Tabla 20-1. Ejemplos de preguntas habituales de los terapeutas conductuales durante la primera entrevista

1. ¿Cuál cree usted que es el problema?
2. ¿Podría describir qué es lo que hace o dice cuando experimenta el problema?
3. ¿Con qué frecuencia se produce este problema?
4. ¿Cuánto tiempo hace que se produce el problema?
5. ¿En qué situaciones suele producirse el problema. Es decir, qué lo dispara?
6. ¿Qué suele suceder inmediatamente después de que usted haya experimentado el problema?
7. ¿Qué suele pensar y sentir mientras el problema ocurre?
8. ¿Qué ha intentado hacer hasta ahora para resolverlo?

Al entrevistar a los clientes y a otras personas importantes del entorno, como su pareja, padre, madre o cualquiera implicado en su bienestar, los terapeutas intentan establecer y mantener una relación de confianza mutua, de la misma manera que lo hacen otros clínicos con un abordaje tradicional. Para favorecer esta relación, tienen que estar especialmente atentos a las descripciones que los interesados hacen de sus problemas, evitando emitir juicios de valor que afectarían negativamente, y mostrando empatía y comprensión frente a los sentimientos expuestos, mientras tienen presente la confidencialidad de toda relación terapeuta-cliente (Sarwer & Sayers, 1998).

Durante la primera entrevista, algunos terapeutas mantienen deliberadamente conversaciones sobre temas generales, en tanto que otros las dirigen más directamente al problema planteado. Aunque existan diferencias individuales al respecto, es probable que la mayoría de los especialistas comportamentales tiendan a centrar la interacción sobre las conductas que caracterizan al problema relativamente temprano en el curso de la relación. Para hacerlo, preguntan directamente por las dificultades y las variables que las controlan (véase, por ejemplo, Sarwer & Sayers, 1998), aunque en ciertos momentos tengan que ayudar a identificar los factores principales; seleccionar uno o dos sobre los cuales centrar el tratamiento inicial; traducirlos en términos de excesos o déficit comportamentales; tratar de identificar los elementos que controlan la conducta inadaptativa; e identificar objetivos comportamentales específicos para la intervención. A lo largo de este proceso, es frecuente utilizar tanto cuestionarios como la escenificación de las situaciones pertinentes y los papeles desempeñados en ellas.

Cuestionarios. Un cuestionario bien diseñado proporciona información útil para evaluar el problema y desarrollar el programa comportamental idóneo. La variedad de cuestionarios es tan grande que Fischer y Corcoran (1994) publicaron una colección de más de 300 potencialmente útiles en la evaluación y tratamiento de diversos problemas. A continuación comentaremos aquellos que gozan de buena reputación en el ámbito conductista.

Los *cuestionarios sobre la historia personal* proporcionan datos demográficos tales como estado civil, profesión y religión, además de información sobre sexualidad, salud y educación. Dos ejemplos destacados de esta categoría son el Cuestionario sobre el Historial del Análisis Comportamental de Cautela (*Behavioral Analysis History Questionnaire;* 1977) y el Cuestionario de Historia Vital de Wolpe (*Life History Questionnaire;* 1982).

Los *autoinformes sobre los problemas con respuestas alternativas* son listados exhaustivos en que los clientes no tienen más que marcar las características aplicables a su situación. Estos inventarios resultan muy útiles porque ayudan a los clínicos a especificar con precisión las dificultades por las que las personas solicitan ayuda (Jensen & Haynes, 1986). Algunos ejemplos de este tipo son el Listado de Autoevaluación del Comportamiento (*Behavior Self-Rating Checklist;* Upper, Cautela & Brook, 1975) y el listado que incluimos en la Figura 20-1, desarrollado por el primer autor como consultor de Psicología del deporte para patinaje artístico sobre hielo (véase **Nota 1**).

Nombre: ____________ Fecha: ____________

Le parece que necesita ayuda o podría mejorar:	Marque esta columna si no está seguro/a	Definitivamente No		En cierta medida		Definitivamente Sí
***Respecto de los entrenamientos de patinaje libre,* para:**	——	1	2	3	4	5
1. Establecer objetivos concretos en todos los entrenamientos	——	1	2	3	4	5
2. Llegar a los entrenamientos con el compromiso pleno de lograr el máximo	——	1	2	3	4	5
3. Haber hecho siempre el estiramiento y el calentamiento *antes* de saltar a la pista de hielo	——	1	2	3	4	5
4. Estar más concentrado/a al hacer los saltos y giros. Responda «Sí» si los hace como salgan, sin intentar realmente rendir al máximo.	——	1	2	3	4	5
5. Mantener el pensamiento positivo y no enfadarse consigo mismo/a cuando el entrenamiento ha ido mal	——	1	2	3	4	5
6. Aprovechar mejor el tiempo del entrenamiento	——	1	2	3	4	5
7. Superar el miedo al hacer saltos difíciles	——	1	2	3	4	5
8. Perfeccionar la realización de los saltos en que ya aterriza bien	——	1	2	3	4	5
9. Sentir más seguridad en la destreza personal para realizar saltos complicados	——	1	2	3	4	5
10. No importarle lo que hacen otros patinadores	——	1	2	3	4	5
11. Encontrar la manera de registrar los avances en el aprendizaje de un nuevo salto, para no desanimarse cuando el progreso se ralentice	——	1	2	3	4	5
12. Ensayar más ejercicios *completos,* con todos los elementos del programa	——	1	2	3	4	5
13. Hacer un seguimiento del porcentaje de programa completo bien ejecutado	——	1	2	3	4	5
14. Sacar más provecho de las grabaciones en vídeo para aprender piruetas nuevas	——	1	2	3	4	5
15. Dar zancadas con más fuerza, para lograr mejor forma física	——	1	2	3	4	5
16. Mantener un registro escrito de los progresos realizados hacia *su objetivo*	——	1	2	3	4	5

Figura 20-1. Cuestionario para evaluar las áreas en que se precisa ayuda, elaborado como parte de una asesoría en Psicología del deporte para patinaje artístico sobre hielo.

Le parece que necesita ayuda o podría mejorar:	Marque esta columna si no está seguro/a	Definitivamente No		En cierta medida		Definitivamente Sí
***Respecto de las competiciones de patinaje sobre hielo,* para:**	——	1	2	3	4	5
1. Mantener la confianza durante los entrenamientos cuando ve lo que hacen los demás patinadores	——	1	2	3	4	5
2. En los entrenamientos, olvidarse de lo que hacen los demás y concentrarse en su ejercicio	——	1	2	3	4	5
3. Evitar experimentar tensión adicional cuando ve lo que otros patinadores hacen en los ensayos	——	1	2	3	4	5
4. Saber cómo *no* preocuparse de lo que hagan los demás patinadores	——	1	2	3	4	5
5. Saber cómo *no* preocuparse del turno que le corresponda	——	1	2	3	4	5
6. Organizar mejor el plan de trabajo durante la competición, de manera que incluya comer y descansar de forma saludable y adecuada	——	1	2	3	4	5
7. Patinar durante la competición igual de bien que durante las 2 ó 3 semanas previas, es decir, rendir al máximo	——	1	2	3	4	5
8. Permanecer relajado/a (sin excesiva tensión) hasta media hora antes de los 6 minutos de calentamiento	——	1	2	3	4	5
9. Permanecer relajado/a (sin excesiva tensión) durante los 6 minutos de calentamiento	——	1	2	3	4	5
10. Permanecer relajado/a (sin excesiva tensión) después de los 6 minutos de calentamiento, mientras espera su turno	——	1	2	3	4	5
11. Permanecer relajado/a (sin excesiva tensión) cuando entra en la pista de hielo para realizar su ejercicio	——	1	2	3	4	5
12. Experimentar seguridad como patinador/a mientras hace los estiramientos antes de los 6 minutos de calentamiento	——	1	2	3	4	5
13. No perder la concentración al ver lo que hacen otros patinadores	——	1	2	3	4	5
14. Sentir seguridad en su habilidad para patinar durante los 6 minutos de calentamiento	——	1	2	3	4	5
15. Sentir seguridad en su habilidad para patinar después los 6 minutos de calentamiento, mientras espera su turno para actuar	——	1	2	3	4	5
16. Concentrarse en realizar los ejercicios del programa de uno en uno, sin acelerarse, ni anticiparse, ni pensando sólo sobre los elementos difíciles	——	1	2	3	4	5
17. Concentrarse por igual en los elementos fáciles y en los difíciles	——	1	2	3	4	5
18. Mantener el pensamiento positivo y patinar bien durante el resto *de su* programa, incluso después de una caída	——	1	2	3	4	5

Figura 20-1. (Continuación)

Las encuestas proporcionan información necesaria para llevar a cabo una intervención concreta; por ejemplo, el cuestionario presentado en la Figura 3-3 facilita datos útiles para implementar procedimientos de refuerzo positivo, pero otros tipos de encuestas están diseñadas para obtener información preliminar a la aplicación de distintas técnicas comportamentales, como recoge Cautela (1977, 1981).

Las *escalas de evaluación o listados comportamentales que responden terceras personas* permiten a quienes están implicados con los clientes u otros profesionales evaluar subjetivamente la frecuencia y/o características de ciertas conductas. Un ejemplo es el que se emplea con personas con trastornos evolutivos, Evaluación Objetiva Comportamental de Personas con Retrasos Cognitivos Moderados y Graves (*Objective Behavioral Assessment of the Severely and Moderately Mentally Handicapped* (OBA); Hardy, Martin, Yu, Leader & Quinn, 1981). Este listado permite a las personas familiarizadas con el comportamiento de los clientes que evalúen su capacidad para realizar ciertas tareas, como ponerse la camisa o atarse los zapatos. En algunos casos, esta escala puede usarse como instrumento de observación directa.

Interpretación de papeles. Si los terapeutas no pueden observar a los clientes en la situación problemática real, podrían recrearla en el despacho, si no íntegramente, al menos en sí algunos aspectos cruciales de la misma. La lógica que subyace a esta técnica es que clientes y terapeutas estarán de hecho interpretando las interacciones personales relacionadas con el problema. Por ejemplo, la clienta puede interpretarse a sí misma en una entrevista de trabajo, mientras la terapeuta representa a la entrevistadora. La escenificación de los papeles no se utiliza exclusivamente como parte de la entrevista comportamental, sino que también forma parte de los programas de intervención (véase, por ejemplo, la sección sobre modelado en el Capítulo 18).

Información procedente de consultas a otros profesionales. Si otros profesionales, médicos, fisioterapeutas, profesores, personal de enfermería o trabajadores sociales han tratado a los clientes en relación con el problema, es probable que sepan de aspectos interesantes que debiéramos conocer. Además, las dificultades podrían estar relacionadas con alguna enfermedad, sobre la cual sus médicos contarán con información pertinente para el tratamiento. No obstante, antes de realizar estas consultas, hay que gestionar el permiso correspondiente de los clientes.

Auto-observación. Si bien la primera y mejor alternativa sería que los terapeutas observaran directamente el comportamiento de los clientes, la segunda opción es que sean los propios clientes quienes observen su comportamiento. La presentamos como ejemplo de evaluación indirecta precisamente porque no son especialistas cualificados quienes observan directamente las conductas y por tanto, al igual que en las demás técnicas indirectas, siempre existen dudas acerca de su precisión.

Salvo en lo que respecta a la conducta encubierta, las características que los clientes tienen que observar son las mismas que podría observar directamente alguien entrenado para ello y que hemos descrito en el Capítulo 21. Como comentamos en el Capítulo 22, la auto-observación también ayuda a descubrir las causas de los problemas y en el Capítulo 26 presentaremos más ejemplos pertinentes.

Procedimientos de evaluación directa

En los casos que hemos descrito al comienzo de los capítulos, del 3 al 14, hemos definido con precisión los comportamientos específicos del cliente, tal y como los observarían directamente otras personas. Estas son las características de un procedimiento de evaluación directa, cuya principal ventaja respecto de los procedimientos indirectos, es que suele ser mucho más preciso. Las principales desventajas de los procedimientos de observación directa son que requieren bastante tiempo, los observadores han de estar adecuadamente entrenados y no son útiles cuando se trata de conductas encubiertas. El Capítulo 21 analiza más detenidamente estos procedimientos de evaluación directa.

Procedimientos de evaluación empírica

Los procedimientos de evaluación empírica se emplean para descubrir con precisión los acontecimientos antecedentes y consecuentes que controlan y mantienen la conducta problemática. Estos procedimientos se denominan análisis experimental funcional, o simplemente análisis funcional, porque intentan demostrar que la conducta ocurre en función de determinadas variables que la controlan y serán descritos en más detalle en el Capítulo 22.

Recoger datos con ayuda de la informática

El uso de los ordenadores para simplificar la recogida de información durante la evaluación comportamental va en aumento, al igual que el de sistemas portátiles que facilitan el auto-registro de datos por parte de los clientes (Haynes, 1998). Por ejemplo, en el estudio de Taylor, Fried y Kenardy (1990), los participantes utilizaron ordenadores portátiles para recoger la frecuencia de síntomas de pánico, ansiedad, factores cognitivos y situaciones. En el trabajo de Agras, Taylor, Feldman, Losch y Burnett (1990), los participantes con sobrepeso marcaban en los ordenadores portátiles el peso, la ingesta de calorías, el ejercicio, los objetivos diarios y los objetivos alcanzados. Los programas informáticos simplifican enormemente la grabación de registros y aumentan la eficacia del análisis de datos tanto si proceden de la observación directa, como si los registran los propios interesados (Farrell, 1991). Bush y Ciocco (1992), Hile (1991) y Richard y Bobicz (2003) presentan ejemplos de herramientas informatizadas para diversos procedimientos de observación directa. También puede consultar Kahng e lwata (1998), quienes incluyen un resumen de quince sistemas informatizados para recoger datos durante la observación.

¡DATOS, DATOS, DATOS! ¿POR QUÉ MOLESTARSE?

Hay muchas razones para registrar datos precisos durante la elaboración de la línea de base y el transcurso del programa. En primer lugar, una evaluación comportamental exhaustiva proporciona una descripción del problema que ayudará a los profesionales a decidir quién es la persona adecuada para diseñar el tratamiento. En el Capítulo 24 describiremos en más detalle las consideraciones pertinentes al respecto.

Hay veces en que una línea de base correcta indicará que aquello que parecía un problema, no lo es realmente. Por ejemplo, una profesora podría pensar: «No sé qué hacer con Johnny; está todo el día pegando a otros niños». Pero después de registrar la línea de base, podría descubrir que este comportamiento se produce tan escasamente que realmente no merece diseñar un programa de intervención. Ambos autores nos hemos enfrentado a situaciones parecidas en más de una ocasión y obviamente también otros profesionales, tal y como ilustra el siguiente ejemplo de Greenspoon (1976, p. 177):

> «Sobre la base de observaciones casuales, pero muy segura de ello, una mujer se quejaba al psicólogo de que su marido nunca le hablaba durante las comidas. Le explicó que esta falta de conversación se había convertido en una fuente de enfado importante para ella y por tanto quería hacer algo al respecto. El psicólogo le sugirió que elaborara una gráfica y registrara las ocasiones en que él iniciara una conversación o respondiera a los comentarios que ella hacía. La clienta estuvo de acuerdo y al terminar la semana, llamó de nuevo al terapeuta para explicar que estaba muy gratamente sorprendida porque había estado equivocada. Había descubierto que su marido no sólo iniciaba conversaciones, sino que respondía a sus comentarios muy a menudo.»

Una segunda razón para evaluar y registrar el comportamiento cuidadosamente es que hacerlo suele ayudar a los modificadores de conducta a identificar la estrategia de intervención idónea. Por ejemplo, determinar si un comportamiento excesivo está reforzado por la atención que recibe, permite a la persona escapar de las demandas de una tarea desagradable o está controlado por otras variables, ayudará a descubrir los reforzadores potenciales y a diseñar un programa de intervención eficaz. Como indicamos anteriormente, denominamos evaluación funcional al uso de la información de la línea de base para analizar las causas del comportamiento y la expondremos en más detalle en el Capítulo 22.

Una tercera razón para realizar un registro exhaustivo de los datos durante la línea de base y durante el programa es que ambos van a constituir la evidencia para determinar si la intervención ha producido o está produciendo los cambios esperados en el comportamiento. También hay quien sostiene que no hace falta anotar los datos para darse cuenta de que se ha producido una modificación favorable del comportamiento, y seguramente a veces es cierto. Obviamente padres y madres no necesitan tablas ni gráficos para darse cuenta de que sus hijos ya saben controlar sus necesidades, sobre la base de la evidencia que encuentran, o mejor aún, no encuentran, en los pantalones de los pequeños. Pero todos los casos no son tan claros ni tan obvios. Supongamos que se trata de una niña que tarda bastante en aprender a usar el servicio y que su familia decide abandonar el programa de entrenamiento, prematura pero erróneamente, porque cree que no funciona. Como ilustra el siguiente caso, el seguimiento preciso de los datos evita este tipo de precipitaciones.[7] La madre de un niño de seis años fue a la consulta de la Dra. Lynn Caldwell porque «le volvían loca

[7] Este caso fue descrito por Lynn Caldwell en la primera Conferencia de Cambio de Conducta de Manitoba, Portage la Prairie, Manitoba, Canadá, 1971.

los portazos que daba cada vez que salía de la cocina». Caldwell le indicó que durante la línea de base, debía registrar todas las ocasiones en que se produjeran portazos en una hoja que colocaría en la puerta de la nevera. A lo largo de tres días, la madre registró 123 portazos. Entonces, la Dra. Caldwell le dio instrucciones para que mostrase aprobación cada vez que el niño cerrara una puerta sin dar un portazo, a la vez que si lo daba, le impondría un periodo breve de tiempo fuera, consistente en volver a la habitación en que estuviera y permanecer allí durante tres minutos durante los cuales le ignoraría, para luego salir nuevamente, pero sin dar un portazo. Tras aplicar este procedimiento durante tres días, la madre entregó el registro a la Dra. Cadwell, a la vez que comentaba, «esto de la modificación de conducta no funciona; el niño sigue portándose igual de mal que antes», señalando al gran número de marcas en la hoja. No obstante, después de contarlos, observaron que la frecuencia de los portazos había descendido hasta 87, desde los 123 de la línea de base y en tan sólo tres días de intervención, lo cual alentó a la madre a seguir hasta que logró una frecuencia que consideró aceptable de aproximadamente cinco portazos al día, tras lo cual, satisfecha, no volvió a llamar a la Dra. Caldwell.

Sin datos exhaustivos, podríamos incurrir en el error contrario y concluir que un procedimiento funciona y continuar cuando de hecho, es ineficaz y debería ser abandonado o modificado. Por ejemplo, Harris, Wolf y Baer (1964) describieron el caso del alumno de preescolar, que tenía la costumbre irritante de pellizcar a los adultos, por lo que los profesores decidieron usar un procedimiento de modificación de conducta para que sustituyera los pellizcos por caricias. Tras ponerlo en práctica durante algún tiempo, los docentes estaban de acuerdo en que habían tenido éxito, pero cuando analizaron los datos de un observador independiente, comprobaron que aunque las caricias habían aumentado considerablemente, los pellizcos no habían disminuido respecto a los registros de línea base. Quizá los profesores se concentraron tanto en el procedimiento y/o las caricias, que se despistaron y dejaron de notar los pellizcos tanto como antes de iniciar la intervención. En cualquier caso, de no haber sido por los datos registrados, probablemente hubieran malgastado mucho más tiempo y esfuerzo en un procedimiento ineficaz.

Una cuarta razón para registrar con precisión la conducta y publicar los resultados, sobre todo en algún tipo de formato gráfico, es que anima y refuerza a los participantes que han llevado a cabo el programa de modificación de conducta. Los profesionales que trabajan en centros de formación para personas con retrasos cognitivos, por ejemplo, aplican los procedimientos de manera más meticulosa cuando los resultados se exponen visiblemente en carteles y gráficos (véase, por ejemplo, Hrydowy & Martin, 1994). Tanto madres, padres, como docentes ven sus esfuerzos por modificar favorablemente la conducta de los niños gratamente recompensados mediante la representación gráfica de la mejoría.

Una quinta razón para registrar y representar gráficamente la evolución es que puede conducir a que los aprendices manifiesten cierta mejoría sin necesidad de ahondar en el tratamiento, lo cual sería una manifestación del fenómeno denominado *reactividad* (Tyron, 1998): cuando somos conscientes de que nuestra conducta está siendo observada, ya sea por otras personas o por nosotros mismos, la alteramos. Por ejemplo, los alumnos que hacen gráficos de sus actividades académicas y registran la cantidad de párrafos o paginas aprendidas, o el tiempo dedicado al estudio, experimentan sensación de refuerzo cuando comprueban los incrementos en la gráfica (véase Figura 20-2). Si los datos se presentan adecuadamente reforzarán incluso casos infantiles. Los terapeutas ocupacionales de una escuela para alumnos con distintas discapacidades consultaron a uno de los autores acerca de una niña de siete años, que todas las mañanas tardaba muchísimo tiempo en quitarse el abrigo y colgarlo, con lo cual, los monitores tenían que ocuparse de ella y atenderle mientras estaba en el guardarropa. El autor sugirió que una primera aproximación podría consistir en hacer un gráfico que mostrara a la alumna el tiempo que invertía a diario en el guardarropa, pero la terapeuta lo diseñó y presentó de una manera no sólo eficaz, sino ingeniosa.[21]

Colgaron de la pared un gran cartel verde, que representaba hierba, con un campo de zanahorias en la parte inferior. Los días estaban indicados a lo largo del eje horizontal y la cantidad de tiempo transcurrido en el guardarropa en el eje vertical. Cada día se colocaba un círculo a la altura correspondiente, para señalar el tiempo invertido en quitar el abrigo por la mañana, y se pegaba un pequeño conejo de papel sobre la marca más reciente. Usando un lenguaje sencillo, la terapeuta explicó a la niña el procedimiento y concluyó, «ahora vamos a ver si consigues que el conejito baje hasta comerse las zanahorias». Cuando el conejo bajó hasta el nivel de las zanahorias, se alentó a la niña para

Figura 20-2.
Hacer un seguimiento del rendimiento y registrarlo en una tabla cumple al menos cinco funciones, ¿sabría comentarlas?

[21] Agradecemos a Nancy Staisey habernos proporcionado los detalles de este procedimiento.

que lo mantuviese allí: «recuerda que cuanto más tiempo esté el conejito en el campo de zanahorias, más puede comer». El seguimiento mostró que la mejoría lograda en la conducta se mantuvo a lo largo de un año.

Los modificadores de conducta no fueron los primeros en descubrir la utilidad de registrar la conducta para facilitar el cambio y, al igual que en otros muchos descubrimientos psicológicos supuestamente «nuevos», la idea proviene tal vez de los grandes maestros de la literatura. Ernest Hemingway utilizó el auto-registro para ayudarse a mantener la producción literaria y uno de sus entrevistadores comentó (Plimpton, 1965, p. 219):

> «Está al tanto de su progreso diario, «para no engañarme a mi mismo», mediante una gran gráfica, pintada sobre el lateral de una caja de cartón, que ha colgado en la pared bajo el hocico de una cabeza de gacela disecada. Los números muestran la producción diaria de palabras y varían considerablemente, desde 450, 575, 462, hasta 1250, bajando de nuevo a 512, porque las cifras más altas señalan los días en que Hemingway hace horas extra, para poder luego irse al día siguiente a pescar, sobre la corriente del Golfo, sin sentirse culpable».

También el escritor Irving Wallace utilizaba el auto-registro, aunque no sabía que otros autores lo hicieran y cuando explicó su método de escritura, hizo el siguiente comentario (1971, pp. 65-66):

> «Todavía guardo una gráfica de trabajo de la época en que escribí mi primer libro, aún inédito, a la edad de diecinueve años. Hice calendarios de trabajo mientras escribí mis cuatro primeros libros publicados. Estos registros mostraban la fecha en que comenzaba cada capítulo, la fecha en que lo terminaba y el número de páginas escritas en ese periodo. Con mi quinto libro, comencé un sistema más detallado que también mostraba cuántas páginas había escrito al final de un día de trabajo. No estoy seguro de por qué tomaba nota de estos asuntos, pero sospecho que era porque como escritor libre, trabajaba íntegramente por mi cuenta, sin contrato ni fecha de entrega, y quería crearme una disciplina propia que me hiciese sentir culpable cuando la ignorase. La gráfica en la pared representaba esta disciplina y su imagen me reprendía o me alentaba».

COMPARACIÓN DE LA EVALUACIÓN COMPORTAMENTAL CON LA EVALUACIÓN TRADICIONAL

Como ya señalamos en el Capítulo 2, uno de los objetivos principales de la evaluación psicodiagnóstica tradicional es identificar el tipo de trastorno mental que subyace al comportamiento alterado. La evaluación conductual empezó a surgir en las décadas de 1960 y 1970 en respuesta a las críticas realizadas por psicólogos conductistas contra los supuestos subyacentes a los enfoques diagnósticos tradicionales (Nelson, 1983). Barrios y Hartmann (1986), expusieron las principales diferencias entre el abordaje tradicional y el comportamental de la evaluación en lo que respecta a objetivos, supuestos y aplicaciones, y la Figura 20-2 presenta un resumen de todo ello.

Tabla 20-2. Algunas diferencias entre los sistemas de evaluación tradicional y conductual

Enfoque conductual	Enfoque tradicional
Supuestos básicos	
– Las respuestas en un listado son una muestra del repertorio de conductas de la persona frente a diversos estímulos. – Las conductas encubiertas, pensamientos y sentimientos, son semejantes a las manifiestas en lo que respecta a las variables que las controlan, y no se les concede un estatus especial. – La conducta es el resultado de las interacciones previas con el entorno y del contexto actual de los acontecimientos, que incluye variables ambientales, sociales, de salud y estado físico.	– Las respuestas en los cuestionarios se interpretan como variables de la persona, es decir, señales de rasgos psicológicos internos, duraderos. – Las conductas encubiertas o cogniciones se consideran fundamentalmente distintas a las conductas manifiestas.
Objetivo de la evaluación	
– Identificar excesos o déficit comportamentales. – Identificar las causas de las conductas problemáticas actuales. – Aportar información que pueda usarse directamente para diseñar las intervenciones. – Evaluar los efectos de las intervenciones.	– Diagnosticar o clasificar a las personas. – Identificar rasgos psicológicos internos causantes potenciales del comportamiento. – Aportar información que pudiera ayudar a diseñar la terapia. – Obtener información útil para establecer un pronóstico.
Métodos de evaluación	
– Preferencia por la observación directa de comportamientos específicos. – Evaluación indirecta de algunos aspectos concretos del comportamiento de interés.	– Por definición, no es posible la evaluación directa. – Evaluación indirecta de factores psicológicos internos, estados subyacentes o rasgos sobre la base de la realización de pruebas estandarizadas.
Frecuencia de la evaluación	
– Preferencia por la evaluación continua antes, durante y después de la aplicación de las intervenciones	– Habitualmente evaluaciones pre y post-tratamiento conforme a pruebas estandarizadas

PREGUNTAS DE REPASO

1. ¿Qué es un objetivo comportamental?. Ponga un ejemplo descrito en capítulos previos.
2. Defina la evaluación conductual.
3. Describa los componentes mínimos de un programa de modificación de conducta.
4. ¿Cómo se denomina la fase anterior a la línea de base y qué funciones cumple?
5. ¿Cuál es la diferencia entre un programa de entrenamiento, un programa terapéutico y una estrategia de intervención?
6. Qué prerrequisito es importante tener en cuenta antes de diseñar y aplicar un programa de modificación de conducta.
7. Exponga brevemente las diferencias entre procedimientos de evaluación directa e indirecta.
8. Describa dos circunstancias que aconsejen el uso de procedimientos indirectos de evaluación.
9. Describa brevemente las ventajas y desventajas de los métodos de evaluación indirectos.
10. Describa brevemente las ventajas y desventajas de los métodos de evaluación directos.
11. Enumere y describa brevemente los cinco tipos principales de procedimientos de evaluación indirecta.

12. Enumere y describa brevemente cuatro tipos de cuestionarios utilizados en la evaluación comportamental.
13. Exponga cinco razones para la recogida rigurosa de datos durante la fase de línea base y durante el desarrollo del programa.
14. ¿Qué error ejemplifica el caso de la Dra. Caldwell y la madre del niño que daba portazos?. Exponga cómo el registro preciso de los datos corrigió este error.
15. ¿Qué error ejemplifica el caso del niño que pellizcaba a los adultos?. Explique cómo el registro preciso de los datos contrarrestó este error.
16. Describa brevemente los detalles del sistema de representación gráfica concebido para llevar al conejo al campo de zanahorias.
17. Explique en qué consiste y ponga un ejemplo de reactividad en la evaluación conductual.
18. Describa brevemente cómo Emest Hemingway e Irving Wallace usaban el auto-registro para ayudarse a mantener su conducta de escribir.
19. ¿En qué se diferencian los enfoques de evaluación tradicionales y conductuales en lo que respecta al supuesto básico sobre la realización de una prueba, o las respuestas en un listado?
20. Describa dos diferencias entre los objetivos de la evaluación tradicional y la comportamental.
21. Describa una diferencia entre los métodos empleados en la evaluación tradicional y en la comportamental.

NOTA DE AMPLIACIÓN SOBRE EL TEMA

1. Martin, Toogood, and Tkachuk (1997) desarrollaron un manual con cuestionarios para realizar autoinformes sobre problemas en relación con la Psicología del deporte. Su listado para jugadores de baloncesto incluye preguntas como, «¿Diría que tiene que mejorar su capacidad para desechar pensamientos negativos, permanecer relajado/a y no ponerse demasiado nervioso/a justo antes de empezar o durante el partido?» y «¿Tiene que mejorar su capacidad para identificar y reaccionar frente a los puntos débiles de los oponentes y realizar los ajustes necesarios a medida que el juego avanza?». El manual incluye ventiún deportes, para los que presenta listados con veinte elementos que identifican áreas en que los deportistas tendrían que mejorar antes o durante la competición, cinco elementos que evalúan áreas de mejora potencial posteriores a la competición, y diecisiete elementos pertinentes a áreas que los deportistas podrían mejorar durante el entrenamiento. Todos estos listados comportamentales difieren de las pruebas psicológicas tradicionales, como la escala Wexler de Inteligencia Adulta (Wexler, 1981) o el Inventario de Personalidad 16 PF (Cattell, Eber & Tatsuoka, 1970). Los listados comportamentales no contienen normas y no están diseñados para medir rasgos de personalidad o carácter, sino que son herramientas que aportan información para diseñar intervenciones eficaces para remediar comportamientos excesivos o limitados de los deportistas en situaciones concretas. Aunque no existe mucha investigación sobre este tipo de instrumentos, los resultados existentes han demostrado que cuentan con fiabilidad y validez estadísticamente significativas (Leslie-Toogood & Martin, 2003; Lines, Schwartzman, Tkachuk, Leslie-Toogood & Martin, 1999). Tanto atletas como consultores de Psicología del deporte que han utilizado los listados presentados en el manual han coincidido en señalar unánimemente su valía para obtener información útil pertinente para la evaluación conductual.

Preguntas sobre las notas

1. ¿Cuál es el objetivo principal de los listados comportamentales específicamente diseñados para el deporte?

2. Comente dos diferencias entre los listados comportamentales y las pruebas psicológicas tradicionales.

21

Evaluación conductual directa: qué registrar y cómo hacerlo

SUPONGAMOS que ha elegido una conducta concreta para modificarla. ¿Cómo se mide, evalúa, o calcula directamente esa conducta? Como mencionamos en el Capítulo 20, siempre que sea posible, los modificadores de conducta suelen preferir las medidas directas frente a las indirectas. Al medir la conducta directamente, hay seis características a considerar: topografía, cantidad, intensidad, control de los estímulos, latencia y cualidad.

CARACTERÍSTICAS DE LA CONDUCTA A REGISTRAR

Topografía

Como indicamos en el Capítulo 10, la *topografía* hace referencia a la forma de la respuesta concreta, es decir, consiste en una descripción de los movimientos específicos implicados. Imaginemos que una profesora quiere moldear en una alumna con trastorno del desarrollo el gesto de levantar un brazo para obtener atención en clase. La profesora podría identificar maneras de levantar el brazo, de calidad creciente, tal como se muestra en la Tabla 21-1, y proceder al moldeado con un programa desde el paso 1 al 6.

Los dibujos suelen ser útiles como clave para ayudar a los observadores a identificar variaciones en la topografía de una respuesta. Uno de los autores desarrolló una lista de comprobación detallada con dibujos instigadores para evaluar el estilo de las brazadas de nadadores jóvenes. La Figura 21-1 muestra esta lista de comprobación para la brazada de espalda.

Cantidad

Dos medidas comunes de la cantidad de una conducta son la frecuencia y la duración.

Frecuencia: *la frecuencia* se refiere al número de episodios de una conducta que tienen lugar en un periodo de tiempo concreto. Los términos *tasa o frecuencia*

Tabla 21-1. Distintas maneras de levantar el brazo, de calidad pobre a buena

1. Mientras está sentada con los dos brazos apoyados en la mesa,	la alumna levanta el brazo de forma que la mano y el antebrazo quedan a unos centímetros de la mesa
2. Mientras está sentada con los dos brazos apoyados en la mesa,	la alumna levanta un brazo de manera que queda aproximadamente a la altura de su barbilla
3. Mientras está sentada con los dos brazos apoyados en la mesa,	la alumna levanta un brazo de forma que queda aproximadamente a la altura de sus ojos
4. Mientras está sentada con los dos brazos apoyados en la mesa,	la alumna levanta un brazo de manera que la mano queda un poco por encima de su cabeza
5. Mientras está sentada con los dos brazos apoyados en la mesa,	la alumna levanta un brazo de forma que la mano queda apuntando hacia arriba unos centímetros por encima de la cabeza, pero el codo sigue doblado
6. Mientras está sentada con los dos brazos apoyados en la mesa,	la alumna levanta un brazo de manera tal que queda recto apuntando hacia arriba

se suelen usar indistintamente. Si quisiera, por ejemplo, mejorar el rendimiento en los entrenamientos de jóvenes patinadores, podría examinar la frecuencia con que realizan saltos y piruetas durante los entrenamientos. Esta fue la aproximación adoptada por Michelle Hume, una entrenadora de patinaje artístico del club de patinaje St. Anne's Figure Skating en Manitoba (Hume y cols., 1985; véase **Nota 1**). La entrenadora Hume definió los saltos y piruetas de forma que los estudiantes que observaban los entrenamientos pudieran decidir cuáles de esas respuestas tenían lugar. Un *salto* estaba definido como cualquier ocasión en que los patinadores saltaban en el aire de forma que los dos patines se levantaban del hielo, hacían por lo menos un giro completo en el aire, y aterrizaban sobre un pie, de espaldas y sin caerse. Una *vuelta* estaba definida como el giro sobre un patín durante un mínimo de tres revoluciones mientras se mantiene el equilibrio y la postura. Cuando los observadores supieron qué conductas buscar, el siguiente paso de Hume fue tomar una línea de base de cuántos saltos y giros realizaban los patinadores durante los entrenamientos. Los observadores anotaron los datos que se muestran en la Figura 21-2.

En muchas situaciones, una persona no tiene ayudantes o carece de tiempo para coger papel y lápiz y ponerse a tabular. Por suerte, existen otras formas de evaluación cuantitativa que requieren muy poco tiempo. Un método sería usar un contador, como el tipo de reloj de muñeca relativamente barato utilizado por los jugadores de golf para registrar su puntuación. Con estos contadores se registran hasta 99 episodios apretando simplemente un botón por cada ocasión en que aparezca la conducta. Otra técnica sencilla de registro es transferir ítems, como bolitas, de un bolsillo a otro. Al final de la sesión, o al final del día, dependiendo de la actividad concreta que esté registrando, se hace el arqueo y se anota la cantidad de las bolitas en el segundo bolsillo. Se puede usar también una calculadora electrónica y apretar la tecla «+1» cada vez que ocurra la acción para que la calculadora mantenga el registro del total. Los ordenadores portátiles permiten recoger más de una actividad, o la actividad de varias personas, a la vez que almacenan los tiempos en que se han producido (Paggeot, Kvale, Mace y Sharkey, 1988; Repp, Karsh, Felce y Ludewig, 1989). Casi siempre

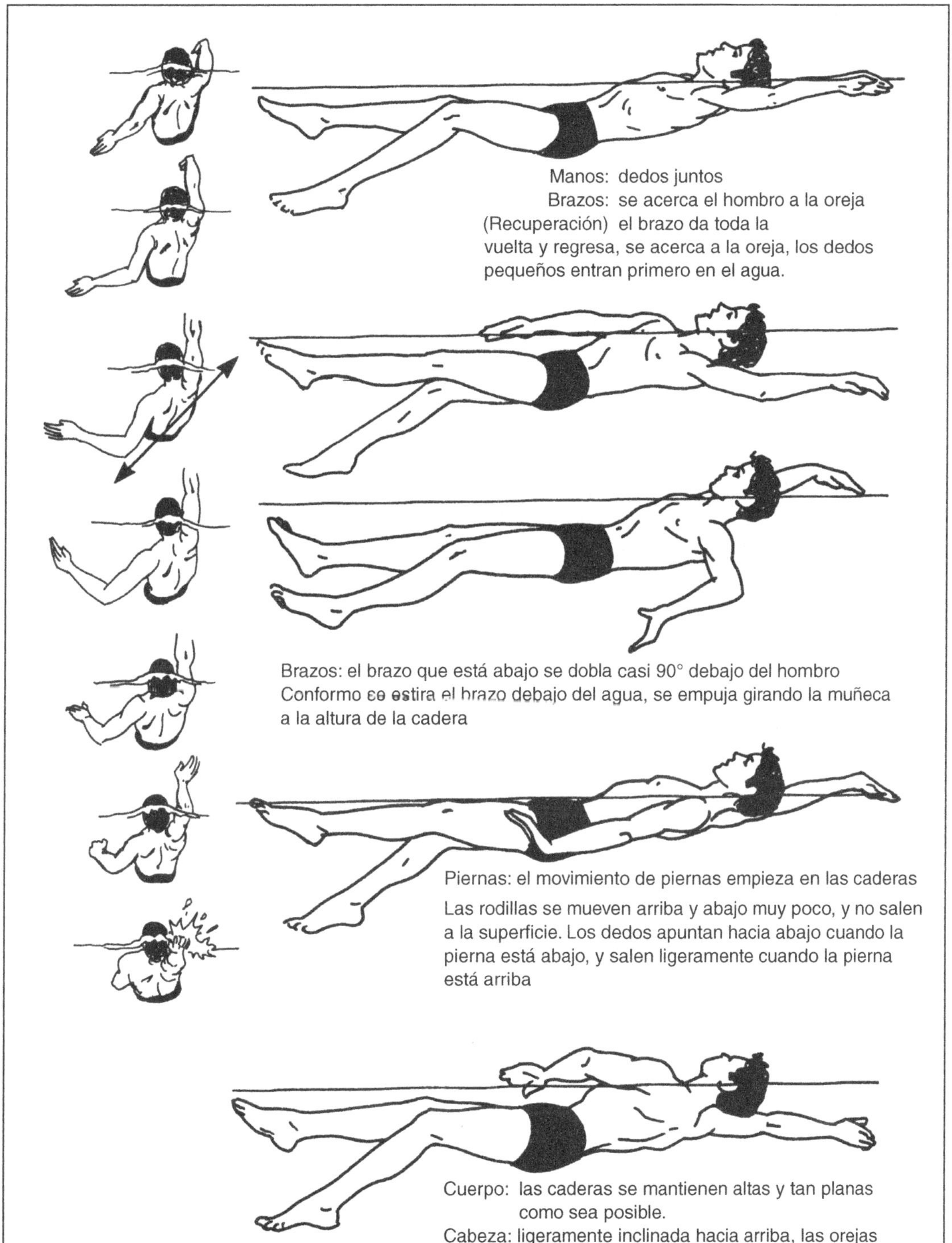

Figura 21-1. Lista de comprobación para los movimientos de natación de estilo espalda.

Figura 21-2. Un ejemplo de tabla para el registro de datos correspondientes a saltos y giros de una patinadora en los entrenamientos de patinaje artístico.

Fecha: 3 de enero				Observador: Bill K.
Alumna: Kathy		Observación		
	Episodios	Total	Tiempo	Comentarios adicionales
Saltos	𝍸 𝍸 𝍸 𝍸 𝍸 𝍸 𝍸 //	37	25 min.	Kathy estuvo hablando 5 min. con otras patinadoras
Giros	𝍸 𝍸 𝍸	15	20 min.	

es posible encontrar formas adecuadas para anotar la frecuencia de la conducta o las respuestas, sin que los observadores tengan que dedicarle demasiado tiempo. Para una guía detallada sobre este y otros temas relacionados con la medición, con cómo hacer gráficas y cómo dejar que los resultados influyan en las decisiones clínicas, véase Hawkins, Mathews y Hamdan (1999).

La Figura 21-3 muestra el rendimiento de una de las patinadoras del programa de la entrenadora Hume a lo largo de la línea de base. Este tipo de representación es un *gráfico de frecuencias.* Cada punto representa el número total de elementos (saltos y giros) completados por la patinadora durante una sesión de entrenamiento. Tras la línea base, se preparó un gran tablero para cada integrante del equipo, con un listado de comprobación de todos los saltos y giros que debían practicar. Los tableros se colgaron a un lado de la pista. La entrenadora explicó a los patinadores: «en cada

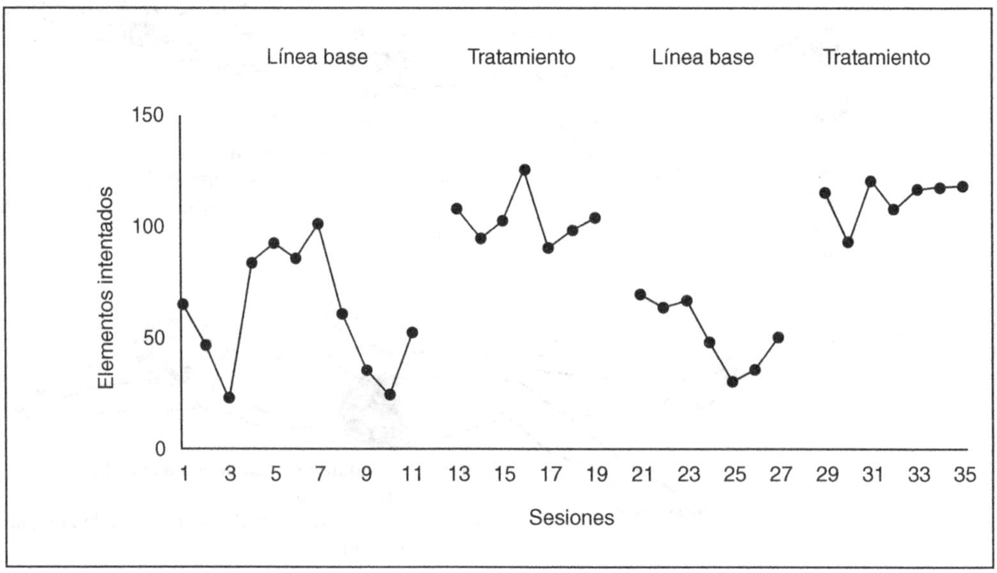

Figura 21-3. Gráfico de frecuencias del número de elementos (saltos y giros) por sesión realizados por una patinadora durante la línea base y el tratamiento (auto-registro y retroalimentación de la entrenadora).

sesión de entrenamiento, quiero que realicéis los tres primeros elementos del cuadro y los registréis luego aquí. Después los tres siguientes, que marcaréis también aquí. Hay que seguir así hasta que hayáis ensayado todos los elementos. Después tendréis que empezar de nuevo y repetir la secuencia hasta que termine el entrenamiento. Al acabar, comprobaré los cuadros para ver cómo vais». La Figura 21-3 muestra que el programa de auto-seguimiento, combinado con la retroalimentación positiva de la entrenadora al final de cada entrenamiento fue muy efectivo para mejorar el número de saltos y giros realizados. Curiosamente, cuando el cuadro desapareció, el rendimiento bajó hasta alcanzar los niveles de la línea de base. Pero al introducir de nuevo el tratamiento, es decir, el auto-seguimiento y los comentarios positivos de la entrenadora, el rendimiento volvió a mejorar.

A veces, un gráfico de frecuencias no es el método más informativo para presentar los datos. Consideremos por ejemplo, el estudio de Mulaire-Cloutier, Vause, Martin y Yu (2000) en que examinaron los efectos de dejar que las personas con trastornos severos del desarrollo pudieran o no elegir a la hora de realizar tareas. Los participantes en el estudio recibieron tres sesiones diarias. Durante la primera sesión se dio a cada persona la posibilidad de elegir entre dos tareas para hacer. La tarea elegida se consideró preferida por cada participante, y la tarea no elegida se estimó menos preferida. En las dos sesiones restantes del día, las personas recibieron al azar la tarea preferida o la menos preferida para que trabajaran, sin posibilidad de elección. Debido a que los participantes no habían desarrollado el lenguaje y no podían describir cómo se sentían en estas sesiones de trabajo, una de las medidas dependientes eran indicadores de felicidad, que consistían en conductas como sonrisas, risas y gritos mientras sonreían. En la Figura 21-4A se presenta un gráfico de la frecuencia de los indicadores de felicidad de una participante en las tres condiciones. Como muestra esta gráfica, debido al tamaño reducido y algo inconsistente de los efectos de las manipulaciones experimentales, es difícil reconocer las diferencias causadas por las tres condiciones (elección, sin elección con tarea preferida, sin elección con tarea menos preferida).

Pero examinemos ahora la Figura 21-4B que se basa en los mismos datos de la Figura 21-4A. No obstante, la Figura 21-4B es un gráfico acumulativo (de frecuencias acumuladas) en que cada una de las respuestas de cada condición durante una sesión, se acumula o suma al número total de respuestas de las sesiones anteriores de esa condición. Consideremos por ejemplo los indicadores de felicidad durante la condición sin elección con la tarea no preferida (la última línea). Durante las tres primeras sesiones, hubo 0 indicadores de felicidad, y el total acumulado de cero se representó entonces en la gráfica correspondiente a las sesiones 1, 2 y 3. Durante la cuarta sesión hubo 3 indicadores de felicidad, lo que llevó a la representación de 3 como total acumulado en la sesión 4. Durante la quinta sesión hubo dos indicadores de felicidad, que añadidos a los 3 previos, hizo un total acumulado de 5, que se representaron en la sesión 5. Durante la sesión 6 se dieron 5 indicadores de felicidad, lo que dio un total acumulado de 10 indicadores en las seis primeras sesiones, y se representó un punto en la frecuencia a nivel del 10 para la sesión 6. De esta forma, la actuación durante cualquier sesión de la condición se añadía al rendimiento total de las sesiones previas de esa condición y luego se representaba en un registro acumulado.

Se puede advertir en la gráfica acumulada la inclinación de la pendiente de la línea que indica cuántas respuestas ocurrieron durante un periodo concreto de tiempo. En otras palabras, la inclinación de la línea proporciona una idea de la tasa de respuestas. La baja pendiente de la línea durante la condición en que, sin poder elegir, le había correspondido por azar la tarea no preferida indica una tasa muy baja de gestos de felicidad en la participante. La pendiente más elevada durante la condición de elección muestra la tasa más alta de indicadores de felicidad. Hay que destacar otra característica de las gráficas de frecuencias acumuladas: la línea nunca puede bajar. Si una participante no está actuando, como en las primeras tres sesiones de la condición

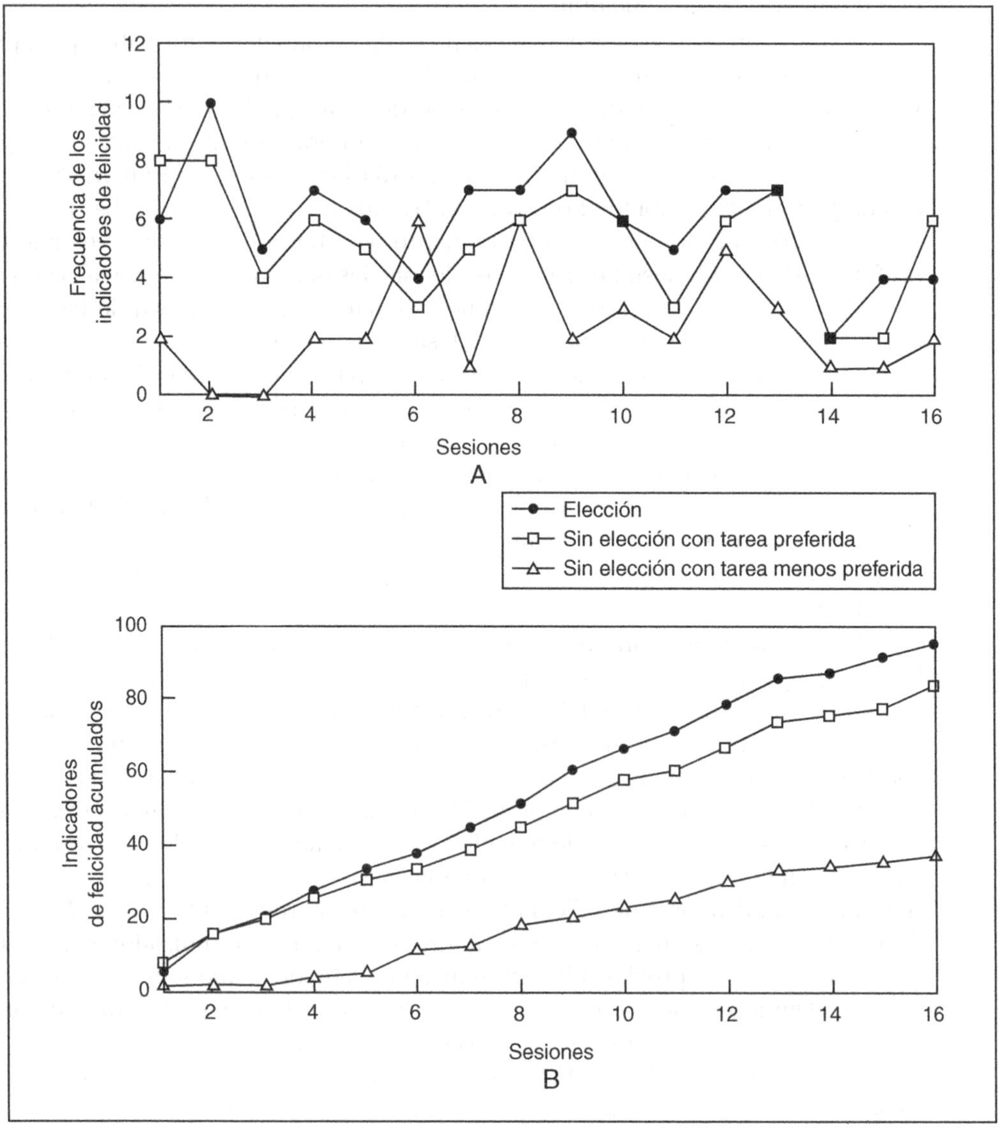

Figura 21-4. Un gráfico de frecuencias (A) y un gráfico de frecuencias acumuladas (B) de los mismos datos.

sin elección con tarea no preferida, no hay respuestas que se puedan acumular con lo que había previamente, y por eso la línea es plana.

Se suele preferir una gráfica acumulada frente a una gráfica de frecuencias directas cuando se comparan dos o más conductas o condiciones concurrentes, y cuando las diferencias entre sesiones son muy pequeñas. Es evidente que las diferencias en frecuencia de los indicadores de felicidad entre las tres condiciones (elección, no elección con tarea preferida y no elección con tarea menos preferida) son difíciles de detectar cuando se representan en gráficos de frecuencias directas en la Figura 21-4A. Sin embargo, cuando estos mismos datos se representan acumulados en la Figura 21-4B, la dispersión gradual de los resultados acumulados muestra un claro efecto de la condición de elección y en la tarea preferida sobre la no preferida.

A veces es posible diseñar una hoja que registre los datos en crudo y sirva a la vez como gráfica final. Consideremos el caso ficticio de Jackie, una chica que solía decir tacos a la profesora y a sus ayudantes. Para tratar este problema, supongamos que se diseñó el siguiente programa: cada vez que la profesora o sus ayudantes observaban un insulto, durante la línea base, ignoraban a Jackie, se dirigían a una tabla en el escritorio y ponían una X en el lugar apropiado. El gráfico resultante se muestra en la Figura 21-5.

Se observa en la Figura 21-5, que los exabruptos se registraban a lo largo del eje vertical, y los días en el eje horizontal. Cada vez que la niña decía un taco, el personal simplemente añadía una X en el día correspondiente al número de Xs que ya había acumuladas. El gráfico muestra claramente que ignorar la conducta de Jackie no tuvo ningún efecto. Esto pudo ocurrir si la conducta era reforzada por los demás estudiantes, aunque no lo fuera por la profesora y sus ayudantes. El gráfico también muestra que cuando Jackie empezó un programa de tratamiento en que recibía reforzamiento al final de cada periodo de quince minutos en que no dijera tacos (programa de refuerzo diferencial de respuesta cero, RD0, quince minutos), las palabras malsonantes se redujeron hasta desaparecer.

Los episodios de conducta que se registran en términos de frecuencia, como saltar o hacer giros en el caso de los patinadores artísticos, son ejemplos de una actividad distinta, separada, individual, de la que es fácil llevar el cómputo durante un periodo de tiempo concreto. Los modificadores de conducta han registrado la frecuencia de actividades como decir una palabra concreta, gritar insultos, lanzar objetos, solucionar problemas aritméticos, masticar bocados de comida, dar caladas a un cigarro o gesticular con tics nerviosos. Todas estas acciones poseen características comunes: los episodios sucesivos son relativamente breves y el tiempo invertido en su ejecución es más o menos el mismo en todas las ocasiones.

Duración: la frecuencia o tasa de respuesta es una medida habitual de la magnitud del comportamiento, y otra es la duración relativa de una conducta, o más específicamente, la suma de sus duraciones divididas entre el tiempo total, también importante para estimar su cantidad. La *duración relativa* de la conducta es equivalente a la duración del tiempo que ocurre a lo largo de un periodo concreto. Al abordar un comportamiento como las pataletas, podría ser más interesante estimar la duración que su frecuencia. De hecho, la frecuencia puede ser bastante ambigua al aplicarla a algo como las pataletas (Pear, 2004). ¿Qué debería constituir y computarse como respuesta individual? ¿Cada grito, llanto o patada al suelo? ¿O quizá debiéramos compu-

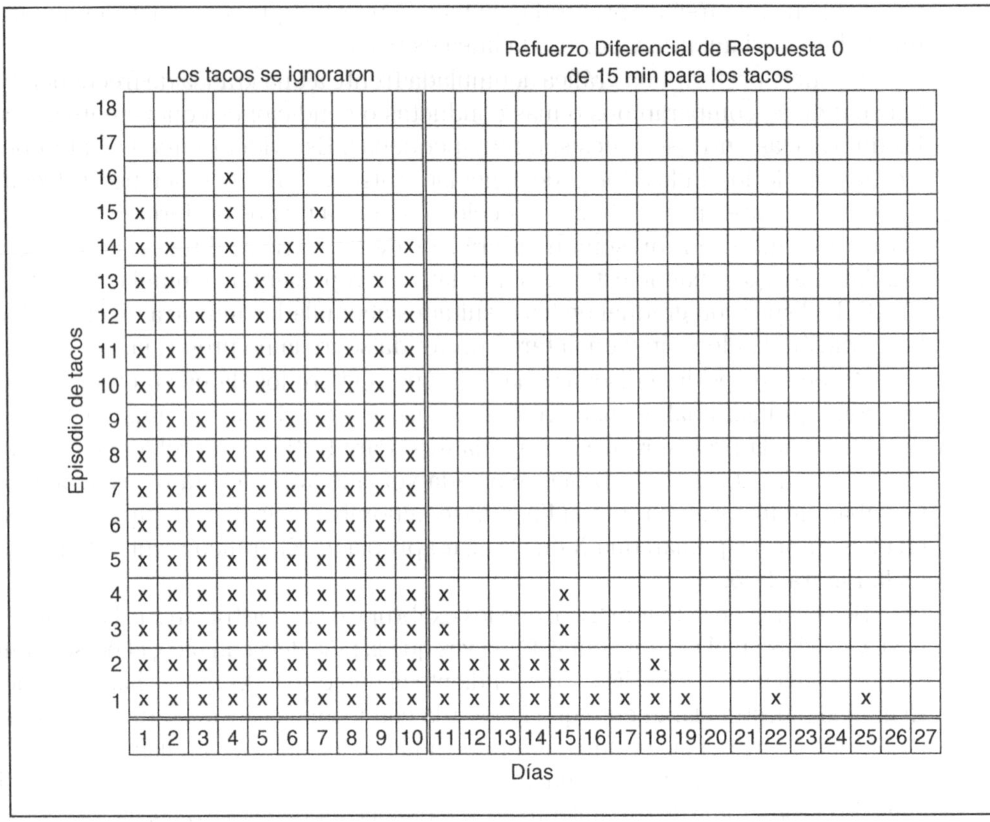

Figura 21-5. Conducta de decir tacos de Jackie. Cada X representa un taco. (Nota: estos datos son hipotéticos y se presentan sólo para ilustrar el procedimiento de representación). Este tipo de gráfico es especialmente útil para aquellos que no disponen de tiempo para volver a representar las frecuencias y pasar los datos de la tabla original a un gráfico más elaborado.

tar todos los episodios de berrinches como respuestas separadas? Es difícil responder a estas preguntas, sin embargo, por lo general las esquivamos si nos centramos sobre la duración de las pataletas. Otros ejemplos de conductas para las que registrar la duración de la respuesta es más apropiado que calcular la frecuencia serían escuchar con atención, permanecer sentada en su sitio en clase, ver televisión, hablar por teléfono y tomarse descansitos para café.

Si sólo le interesa tener un registro de la duración relativa de alguna actividad en varios días o sesiones sucesivas, es relativamente sencillo lograr una presentación visual muy clara mediante su tabulación y presentación en un gráfico combinado con la hoja de datos. Por ejemplo, una persona que quiere hacer un seguimiento de su conducta de ver televisión puede preparar un cuadro mostrando los minutos acumulados de televisión en el eje vertical y los días en el eje horizontal. La pendiente de esta gráfica indicaría la duración relativa del tiempo que pasa frente al televisor, de la misma forma que la pendiente del gráfico de frecuencia acumulada indicaba la tasa de respuesta. Se suelen usar cronómetros o relojes para registrar el tiempo.

Intensidad

A veces lo que interesa es medir la fuerza o intensidad de una respuesta y para ello suelen emplearse distintos instrumentos. Por ejemplo, para estimar el volumen de voz, medimos el nivel de decibelios mediante un *decibelímetro*. Para medir la fuerza con que se hace presión, por ejemplo en un apretón de manos, se puede emplear un *dinamómetro*. Las medidas de fuerza son comunes en las habilidades precisas para la práctica de varios deportes. En la actualidad existen aparatos que miden la fuerza con que lanza la pelota los pitcher de béisbol, o disparan el disco los jugadores de jockey, a partir de la velocidad que alcanzan estos objetos.

Control de los estímulos

A menudo nos gustaría evaluar una conducta en términos de las condiciones bajo las que se observaría su aparición. Como se señaló en el Capítulo 8, el término *control de los estímulos* se usa para indicar que una actividad específica ocurre en presencia de determinados estímulos y no aparece en presencia de otros. Hardy y sus colaboradores (1981) diseñaron el sistema de Evaluación Conductual Objetiva de los Discapacitados Mentales Severos y Moderados (*Objective Behavioral Assessment of the Severely and Moderately Mentally Handicapped, OBA*), para evaluar el control que ejercen los estímulos sobre las habilidades básicas de cuidado personal, habilidades sociales y de manejo personal más complejas, estrategias domésticas, destrezas motoras, y rendimiento en trabajos de formación profesional tutelados, de personas con trastornos de desarrollo severos y moderados. En esta prueba, los participantes reciben instrucciones para realizar una conducta concreta, por ejemplo «por favor, ponte los calcetines». La ejecución de la actividad se puntúa posteriormente conforme muestra la Tabla 21-2.

Tabla 21-2. Puntuación en la prueba de evaluación conductual objetiva de los discapacitados mentales severos y moderados (oba)

Actividad de la prueba	puntuación
La actividad se realizó apropiadamente en todos los aspectos sin instigación ni guías de ningún tipo después de la presentación de las instrucciones específicas	3
La actividad se realizó correctamente sólo después de las instrucciones y de una instigación verbal por parte del evaluador	2
La actividad se realizó correctamente tras las instrucciones y una instigación verbal prescriptiva (similar a la mera instigación verbal salvo por el hecho de que incluye mucho más detalle).	1
La actividad no se realizó correctamente tras el nivel de instigación previo	0

Hardy y su equipo (1981) identificaron inicialmente conductas específicas que se practican en muchos programas de entrenamiento con personas con trastornos del desarrollo severos y moderados. Posteriormente, especificaron estos comportamientos en la prueba OBA; prepararon instrucciones para los evaluadores y estandarizaron definiciones de los diferentes tipos de instigadores, de forma que las actividades pudieran evaluarse sobre la base del sistema de puntuación presentado en la Tabla 21-2. Este sistema de evaluación para identificar las condiciones bajo las que ocurrirá una conducta resulta muy útil para evaluar y poder ubicar a los estudiantes en programas de entrenamiento individualizados.

En muchos casos, los programas de modificación de conducta en que se trabaja para desarrollar habilidades pre-verbales y verbales van precedidos por evaluaciones conductuales del control que ejercen los estímulos sobre el rendimiento lingüístico de los estudiantes. Existen pruebas que determinan las condiciones bajo las que los alumnos emitirán conductas de petición, ecoicas o de denominación de objetos (conforme a lo descrito en el Capítulo 19, véase también Marion y cols., 2003). A este respecto, podríamos considerar que cualquier prueba en que los participantes reciben papel y lápiz, e instrucciones para responder a as preguntas, constituirá una prueba de control de los estímulos (véase **Nota 2**). ¿Están las respuestas correctas bajo el control de las preguntas? En muchos programas de entrenamiento la medida crítica de la conducta consiste en valorar si los estudiantes identifican correctamente los estímulos en forma de imágenes o palabras. En estos casos, la respuesta de denominación adecuada de los estudiantes está controlada por los estímulos que están identificando.

Latencia

Otra característica de la conducta que recibe atención es la latencia: el tiempo transcurrido entre la ocurrencia de un estímulo y el principio de una respuesta. Por ejemplo, una alumna podría trabajar de manera efectiva en clase una vez que empieza; el problema radica en la latencia de respuesta; es decir, cuando la profesora le pide que haga algo, «da vueltas y más vueltas» antes de empezar. Como sucedía con la duración, la latencia también se estima mediante cronómetros o relojes.

Calidad

La preocupación por la calidad de la conducta se observa con frecuencia en la vida cotidiana. Los profesores describen la calidad de la caligrafía de los escolares como «buena», «en la media», o «pobre». En deportes con jurado como el salto de trampolín, la gimnasia o el patinaje artístico, los atletas reciben puntos de acuerdo con la calidad de sus actuaciones. En nuestras vidas, es habitual que nos marquemos como objetivo hacer algunas actividades «mejor». Pero la calidad no es una característica adicional a las mencionadas previamente; más bien, es un refinamiento de una o más de las anteriores cualidades del comportamiento. A veces las diferencias en los juicios de calidad se basan en la topografía, como cuando el salto de una patinadora artística que aterriza apoyando sobre un pie se considera mejor que uno en que aterriza sobre dos pies. Respecto a la frecuencia y al control de los estímulos, muchas evaluaciones generales acerca de si una persona es buena o mala en una tarea, se relacionan con las veces que tiende a emitir una acción apropiadamente en un periodo de tiempo. Por ejemplo, una persona que es buena en los estudios, es seguramente alguien que muestra una alta frecuencia de estudio y de respuestas correctas en los exámenes. Los niños de quien se dice que son «buenos», muestran una frecuencia alta de «obediencia»; esto es, obedecen las instrucciones de madres, padres y profesores. En términos de latencia, el caso de la corredora que sale de los tacos muy rápidamente después de oír el pistoletazo de salida constituye un «buen» comienzo, mientras que los corredores con una latencia más larga habrán ejecutado una salida «pobre». La calidad de la respuesta es esencialmente una designación arbitraria de una o varias de las características de la conducta mencionadas previamente, que se identifican como portadoras de algún valor funcional.

ESTRATEGIAS PARA REGISTRAR LA CONDUCTA

Podemos intentar registrar una conducta final ya definida en cualquier momento en que la persona tenga una oportunidad de emitirla. En la mayoría de los casos este método es demasiado ambicioso para el tiempo y recursos de que disponemos. Una alternativa es diseñar un segmento de tiempo específico, como una sesión de entrenamiento de una hora, una tarde, una comida o un tiempo de receso, e intentar registrar los episodios de la conducta pertinente durante ese intervalo. El *registro continuo* recoge todas las apariciones del comportamiento durante un periodo de tiempo específico.

Una estrategia alternativa es el *registro por intervalos*. Aquí, se selecciona un bloque específico de tiempo; por ejemplo, un periodo de observación de 30 minutos. Este periodo se divide en intervalos iguales de duración relativamente corta (p.ej., intervalos de diez segundos) y se registra la aparición de la conducta durante los mismos. Hay dos tipos de procedimiento de registro de intervalos. El más habitual se denomina *registro de intervalo parcial*, en que se registra la aparición de la conducta de manera dicotómica (se ha producido o no se ha producido), sin tener en cuenta la cantidad de veces que haya ocurrido durante el intervalo, ni su duración. Una observadora podría emplear una grabadora que reproduzca un pitido grabado previamente (o alguna señal) cada diez segundos. Supongamos que la conducta que interesa observar es una respuesta de interacción social definida. Si la respuesta ocurre una vez en un intervalo de diez segundos, se hace una marca en la hoja de registro (para ver un ejemplo de una hoja de recogida de datos, véase Figura 21-6). Si ocurren varias respuestas o una interacción social continuada durante el intervalo de diez segundos, la observadora hace no obstante sólo una marca. Tan pronto como suene el pitido, indicando el inicio del siguiente intervalo de diez segundos, la conducta se vuelve a marcar como 1 ó 0, dependiendo de su ocurrencia o no. Alternativamente, se puede codificar conforme al segundo tipo de procedimiento, el *registro de intervalo completo*. Con este acercamiento, se registra la conducta de interés sólo si persiste durante el intervalo de tiempo completo. La conducta registrada con cualquiera de los dos métodos se representa, típicamente, en términos de porcentaje de intervalos en que ha ocurrido.

Otra técnica de registro es el *registro de muestreo temporal* (véase, p.ej., Powell, Martindale y Kulp, 1975), en que se puntúa una conducta como presente o ausente durante intervalos de tiempo muy breves que están separados entre sí por periodos de tiempo mucho más largos. Por ejemplo, al padre o la madre de un

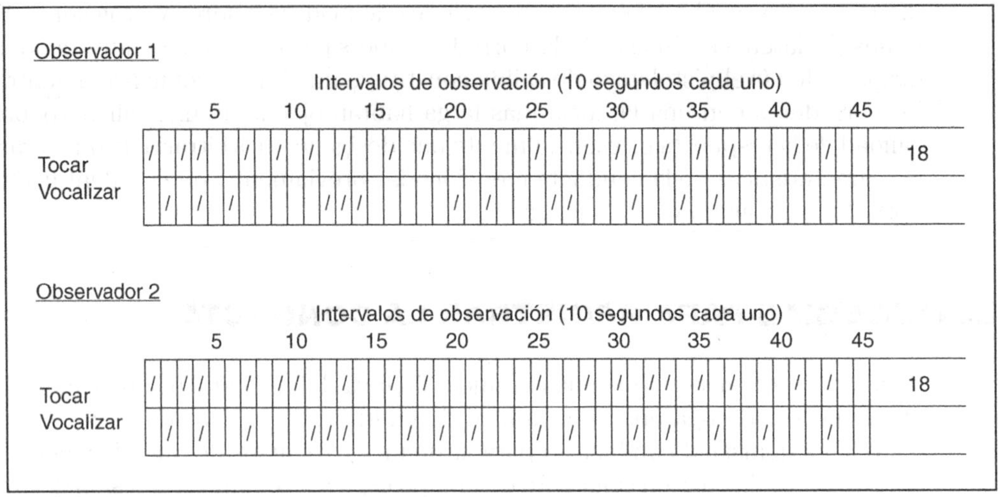

Figura 21-6. Ejemplo de hoja de datos para el registro por intervalos.

niño de preescolar le podría interesar con qué frecuencia se sienta y se mece su hijo (una conducta auto-estimulante). Quizá fuera útil tener registros de estas acciones, cuándo y cuánto suceden a lo largo de las horas de vigilia del niño, pero en general no es realista pensar en semejante registro. Una alternativa sería que el padre buscara y observara al hijo una vez por hora y que anotara si el niño se mece durante un intervalo de observación de quince segundos. Cada intervalo de observación estaría separado del siguiente por una hora aproximadamente. Este tipo de técnica de observación permite registrar una o más conductas de uno o más alumnos, aunque los observadores tengan otras muchas ocupaciones a lo largo del día. Un ejemplo de hoja de registro de muestreo temporal aparece en la Figura de 21-7. Una variación de éste se denomina *muestreo temporal momentáneo* y consiste en el registro dicotómico (ocurre o no ocurre) de la actividad en momentos concretos como, por ejemplo, a las horas en punto.

A menudo se usan procedimientos de registro con características de los registros por intervalos y de muestreo temporal simultáneamente. Se podría vigilar al aprendiz durante un intervalo específico (digamos diez segundos) y anotar las actividades durante los diez segundos siguientes. Esta estrategia de *observación* (durante diez segundos) y *registro* (durante diez segundos) continuaría durante un periodo de tiempo (por ejemplo, media hora). De esta forma, una sola observadora podría mirar a un estudiante durante diez segundos y registrar después si la conducta ha ocurrido o no, atender luego a otro estudiante durante diez segundos y registrar después si la conducta se ha producido o no, y seguir así, hasta que se hubiera observado y registrado en una ocasión el comportamiento de todos los alumnos. Luego procedería a realizar una segunda ronda y una tercera y así hasta completar el periodo total de observación. Este procedimiento se conoce como registro por intervalos, aunque, estrictamente hablando, también podría ser descrito como muestreo temporal con periodos muy breves entre los intervalos de observación.

Fecha __________

Hora	Conducta			Lugar			Comentarios
	Sentado	De pie	Balanceándose	Cocina	Salón	Dormitorio	
8:00 AM							
9:00							
10:00							
11:00							
12:00 PM							
1:00							
2:00							
3:00							
4:00							
5:00							
6:00							
7:00							
8:00							
9:00 PM							

Figura 21-7. Ejemplo de hoja de datos de muestreo temporal para un niño que se balancea frecuentemente mientras está sentado.

EVALUACIÓN DE LA PRECISIÓN DE LAS OBSERVACIONES

Hawkins y Dotson (1975) identificaron tres fuentes de error que afectan a la precisión de las observaciones. En primer lugar, la *definición de la respuesta* puede ser vaga, subjetiva o incompleta, de forma que los observadores tendrían problemas para hacer registros precisos. En segundo lugar, la *situación observacional* podría dificultad la detección de la actividad debido a distractores u otras obstrucciones al proceso, o debido a que la conducta sea demasiado sutil o compleja para ser analizada con precisión en esa situación. En tercer lugar, los *observadores* pueden estar poco entrenados, poco motivados, mal predispuestos o ser incompetentes. Se podrían añadir dos posibles fuentes de error: *hojas de registro* mal diseñadas o un *procedimiento de registro* demasiado engorroso. Debido a que una o la combinación de varias fuentes de error pueden estar presentes en cualquier proyecto de modificación de conducta, los investigadores suelen llevar a cabo estimaciones de **fiabilidad entre observadores o jueces (FIO)**. Dos observadores independientes podrían registrar observaciones de la misma conducta de la misma persona durante una sesión concreta, y ser cuidadosos para no influir ni enviarse señales entre sí mientras registran, o copiarse mutuamente las observaciones. La pregunta que podríamos hacernos es, teniendo en cuenta los esfuerzos necesarios para observar mientras usan las definiciones de conducta disponibles y los procedimientos de registro, y considerando su entrenamiento, ¿cuánto se parecerán sus observaciones? Hay varias formas de averiguarlo, pero existen dos procedimientos para calcular la fiabilidad entre jueces frecuentemente utilizados.

Un procedimiento para calcular, de fiabilidad entre observadores, se ilustra de la siguiente manera. Volvamos al ejemplo del observador que está registrando el número de elementos (saltos y giros) de una patinadora artística, tal como los definió la entrenadora previamente en este capítulo. Imaginemos que traemos un segundo observador, que se sitúa en el lado opuesto de la pista y observa también a la patinadora. El segundo observador está familiarizado con la definición de salto y giro y emplea una hoja de registro idéntica a la del primer observador. Al final de la sesión, el primer observador registró veinte elementos y el segundo registró veintidós elementos. Para convertir estos datos en una estimación de la fiabilidad entre jueces, dividimos el número menor entre el número mayor y multiplicamos por 100%: la fiabilidad obtenida es de 91%. Este porcentaje de fiabilidad significa que los dos jueces estaban muy de acuerdo (casi 100%) sobre el *número* total de elementos. No significa que hayan estado de acuerdo en veinte elementos específicos y que el segundo observador haya contado dos elementos más. Es muy posible que un observador haya registrado un elemento que al segundo se le pasara por alto, o éste contar un elemento que el anterior no viera. Si estas diferencias se hubieran producido a lo largo de todo el entrenamiento, los observadores no habrían coincidido en ninguna respuesta individual específica. No obstante, un porcentaje de acuerdo tan elevado proporciona la confianza de que el número total de elementos ocurridos se acerca mucho al número que cada observador registró, a pesar de algunos posibles desacuerdos. Esta aproximación de contar dos totales y luego dividirlos entre sí y multiplicar por 100 es muy habitual cuando dos observadores cuentan la frecuencia de una respuesta particular durante un periodo de tiempo concreto.

Otro procedimiento para calcular la fiabilidad entre jueces es el registro por intervalos. Recordemos que en los procedimientos de registro por intervalos, una y sólo una respuesta se registra durante un periodo de tiempo breve (normalmente cinco o diez segundos) sobre un periodo extendido de observación. Si tenemos dos observadores independientes registrando la misma conducta, y cada uno está empleando un procedimiento de registro por intervalos, ¿cómo se comparan sus intervalos sucesivos en relación con aquellos que contienen la respuesta frente a los que no la contienen? Supongamos que los dos observadores están registrando dos tipos de interacción social en un chico. Las conductas están definidas como tocar a otro chico y vocalizar en la dirección de otro niño. Sus puntuaciones de intervalos se muestran en la Figura 21-6.

Queda claro que ambos observadores anotaron dieciocho episodios de contacto físico; no obstante, los dos observadores coincidieron sólo en dieciséis de los dieciocho episodios. Cada uno marcó dos episodios que pasaron desapercibidos para la otra persona, lo cual arroja un total de cuatro desacuerdos. Si hubiéramos aplicado el procedimiento descrito previamente, habríamos obtenido una fiabilidad entre jueces del

100%. Sin embargo, en el segundo procedimiento, el índice de fiabilidad entre los observadores se obtiene dividiendo el número de intervalos en que los dos observadores coincidieron en que la conducta aparecía, entre el número total de intervalos en que sólo uno de los dos la registró (los acuerdos divididos entre acuerdos y desacuerdos) y multiplicando por 100%. De esta forma, el segundo procedimiento daría una fiabilidad entre observadores de 89%.

Típicamente, por convención, en los estudios de modificación de conducta, se consideran aceptables las puntuaciones de fiabilidad entre observadores que se sitúan entre 80% y 100%. La variación potencial en los procedimientos de registro y cálculo, no obstante, podría invalidar la estimación de fiabilidad obtenida o llevar a conclusiones erróneas si la consideráramos aisladamente. Sugerimos por ello a los lectores que consideren las definiciones de la respuesta, los procedimientos de entrenamiento de los observadores, el sistema de registro, el método para calcular la fiabilidad entre jueces y el valor final de la misma, antes de evaluar la fiabilidad de los datos reseñados. Los defectos en alguno de estos aspectos debieran suscitar dudas acerca de los resultados.

PREGUNTAS DE REPASO

1. ¿Qué quiere decir el término topografía de la respuesta? Describa un ejemplo.
2. ¿Cuáles son las dos medidas de cantidad de la conducta? Defina y aporte un ejemplo de cada una.
3. Describa tres tipos de seguimiento del número de veces que una respuesta concreta ocurre a lo largo de un día.
4. Prepare un gráfico de frecuencias acumuladas de los siguientes episodios de una conducta que se observaron durante sesiones sucesivas: 3, 7, 19, 0, 0, 0, 27, 12, 12, 6.
5. Describa al menos cuatro formas en que una gráfica acumulada de un conjunto de datos difiera de una gráfica de frecuencias con los mismos datos.
6. En una gráfica de frecuencias acumuladas, ¿qué se puede inferir de lo siguiente?
   - **a.** una pendiente pronunciada (muy inclinada)
   - **b.** una pendiente baja (poco inclinada)
   - **c.** una línea plana
7. ¿Qué dos características suelen mostrar las conductas registradas en términos de frecuencias?
8. ¿Qué significa duración relativa de una conducta? Aporte y explique un ejemplo en que la duración relativa sea una estimación más apropiada que la frecuencia.
9. ¿Qué otro término se aplica para denominar la intensidad de la respuesta? Describa un ejemplo en que sea importante medir la intensidad de una conducta.
10. ¿Qué significa el término latencia de la respuesta? Aporte un ejemplo.
11. ¿Qué evalúa el sistema de Evaluación Conductual Objetiva de los Discapacitados Mentales Severos y Moderados (Objective Behavioral Assessment of the Severely and Moderately Mentally Handicapped, OBA)?. Explique su respuesta.
12. ¿Qué características conductuales se usan para evaluar la calidad de una respuesta? Justifique mediante ejemplos.
13. Describa con un ejemplo el sistema de registro continuo.
14. Describa con un ejemplo el sistema de registro de intervalo parcial
15. Describa con un ejemplo el sistema de registro de muestreo temporal.

16. ¿Cuándo es probable que se prefiera un sistema de registro por intervalos frente a un sistema de registro continuo?
17. Describa cinco fuentes de error en el registro de observaciones.
18. Explique en una frase o dos qué quiere decir fiabilidad entre observadores. Descríbalo mediante palabras, no mediante los procedimientos para calcularla.
19. Mediante el procedimiento descrito en el texto para calcular la fiabilidad entre observadores con datos de intervalos, calcule las estimaciones pertinentes para los datos de vocalizaciones registradas por los observadores 1 y 2 (Figura 21-6). Muestre sus cálculos.
20. De acuerdo con la convención, ¿cuál es la fiabilidad entre observadores aceptable en un programa de investigación? ¿Qué quiere decir «por convención»?

EJERCICIOS DE APLICACIÓN

A. Ejercicio que implica a otras personas

Seleccione un déficit o exceso conductual que se haya modificado satisfactoriamente (p.ej., las pataletas de Peter), tal como se describe en alguno de los otros capítulos. Para esa conducta:

1. Diseñe una hoja de registro plausible, incluyendo una columna para sesiones y otra columna para los episodios de la conducta por sesión.
2. Prepare un resumen de algunos datos representativos (reales o hipotéticos) y anótelo en la hoja de registro.
3. Haga una gráfica de frecuencias con los datos.
4. Haga una gráfica de frecuencias acumuladas con esos datos.

B. Ejercicio de auto-modificación

1. Seleccione uno de sus propios excesos o déficit conductuales. Responda las preguntas 1 a 4 del ejercicio anterior para esa conducta.

NOTAS DE AMPLIACIÓN SOBRE EL TEMA

1. Cuando el método de observación afecta a las conductas que se analizan, se dice que la observación es intrusiva. Registrar observaciones de manera no intrusiva significa que no deberían causar alteraciones en el comportamiento típico de quien se observa. En otras palabras, no se persigue que las observaciones afecten a la conducta que se observa, y por ello existen técnicas para asegurarse de que las actuaciones no tendrán carácter intrusivo. Una posibilidad es observar la conducta a través de un cristal unidireccional, como se ilustra en el caso de Darren del Capítulo 3. Otra posibilidad es observar a los individuos a distancia, sin que se den cuenta. Esta estrategia se usó para estudiar los hábitos de bebida de los clientes habituales de los bares de una ciudad media estadounidense (Sommer, 1977). Otro método es tener un cómplice que haga las observaciones mientras trabaja mano a mano con los clientes en su ambiente normal de trabajo (Rae, Martin y Smyk, 1990). Otras alternativas incluyen grabaciones con cámara oculta y la evaluación de los productos de las actividades de los usuarios (por ejemplo, codificar los objetos arrojados a la basura en una zona pública de acampada; Osborne y Powers, 1980). Sin embargo, tales tácticas plantean un dilema moral: ¿es ético observar a las personas sin su consentimiento? La Asociación Estadounidense de Psicología (American Psychological

Association (APA), 2000) ha desarrollado una serie de pautas éticas respecto a todos los tipos de experimentos de investigación psicológica. Entre los factores que estipulan estas pautas para hacer observaciones con propósitos experimentales se encuentran: contar con el consentimiento de la persona observada o de su tutor legal; que las observaciones contribuyan al programa de tratamiento de la persona observada; que se garantice el mantenimiento de la confidencialidad de las observaciones; que las personas concretas o grupos no sean reconocibles en los informes que surjan de las observaciones. Cualquiera que se plantee registrar la conducta de otra persona debiera consultar las pautas éticas de su organización profesional y las leyes aplicables sobre privacidad y confidencialidad. (Véase también el Capítulo 30 de este libro).

2. Otro instrumento de evaluación del control de los estímulos es la prueba ABLA, Evaluación de las Habilidades Básicas de Aprendizaje (Assessment of Basic Learning Abilities), desarrollada por los pioneros conductistas Nancy Kerr y Lee Meyerson. EL ABLA evalúa la facilidad o dificultad con que las personas con trastornos del desarrollo profundos, severos o moderados son capaces de aprender tareas en un rango de dificultad que abarca desde la simple imitación, hasta discriminaciones relativamente complejas con claves visuales o auditivas. El nivel 3, por ejemplo, es una tarea de discriminación visual con dos opciones en que se pide a los participantes que coloquen una pieza de espuma en una lata amarilla que alterna aleatoriamente su posición con una caja roja. El nivel 4, es una discriminación de identidad visual-visual en que los participantes reciben aleatoriamente un cubo rojo o un cilindro amarillo para colocarlo en la caja roja o en la lata amarilla, que alternan posiciones (izquierda y derecha). El nivel 6 es una discriminación auditiva-visual de dos opciones, en que los evaluadores dicen al azar «Caja roja» o «Lata amarilla» y la respuesta correcta implica colocar la pieza de espuma en el contenedor identificado cuando los dos contenedores acaban de alternan su posición a la vista de los participantes. Durante la evaluación de cada nivel del ABLA, las respuestas correctas se refuerzan y las respuestas incorrectas van seguidas por un procedimiento de corrección del error. Las pruebas en un nivel continúan hasta que los clientes superan el criterio de ocho respuestas correctas seguidas, o un fallo de ocho errores seguidos. La investigación sobre las pruebas del ABLA indica que los seis niveles están ordenados jerárquicamente conforme a la dificultad creciente de las mismas, y que el ABLA es una herramienta valiosa para profesores y rehabilitadores, porque les permite elegir y secuenciar el entrenamiento y las tareas para personas con trastornos del desarrollo profundos, severos y moderados (Martin y Yu, 2000; Martin, Yu y Vause, 2004). Por ejemplo, las personas que superan el nivel 4 del ABLA, son capaces de aprender rápidamente tareas de emparejamiento útiles socialmente, como poner los calcetines por parejas o reponer la barra de ensaladas de un restaurante de comida rápida.

3. El procedimiento que hemos sugerido para calcular la fiabilidad entre jueces durante el registro por intervalos es dividir el número de intervalos en que ambos observadores están de acuerdo en que una conducta ocurrió, entre el número total de intervalos en que alguno de ellos registró la conducta (acuerdos más desacuerdos) y multiplicarlo por 100%. Algunos investigadores, sin embargo, incluyen en sus medidas de acuerdos aquellas coincidencias de no ocurrencia de la conducta; en otras palabras, acuerdos en intervalos vacíos. Cuando se han registrado muy pocas conductas, no obstante, esto puede inflar bastante la puntuación de fiabilidad. Consideremos por ejemplo los 45 intervalos de observación que se muestran en la Figura 21-6. Supongamos que el observador 1 hubiera registrado un episodio de tocar durante el intervalo 5, que el observador 2 hubiera registrado un episodio durante el intervalo 6 y que no se registraran más episodios de esta conducta. En este caso, los dos observadores estarían en total desacuerdo acerca de la ocurrencia de la conducta y la fiabilidad entre jueces sería cero si se calculara como sugerimos en el texto. Sin embargo, si los acuerdos en los intervalos vacíos se incluyeran, la fiabilidad entre jueces sería igual a 43 acuerdos divididos entre 43 acuerdos más dos desacuerdos multiplicado por 100%, lo que arrojaría un resultado de 95,6%. Debido a esta deformación, muchos investigadores no cuentan los acuerdos en los intervalos vacíos. En otras palabras, los intervalos en que ningún observador registra la conducta se ignoran. Una excepción aceptable se produce cuando lo interesante es reducir una conducta y es importante coincidir acerca de si la conducta no tuvo lugar. Estos puntos y otros comentarios sobre la complejidad de calcular la fiabilidad entre observadores se discuten con más detalle en Poling, Methot y LeSage (1995).

Preguntas sobre las notas

1. ¿Cuál es la diferencia entre las observaciones intrusivas y las no intrusivas?

2. ¿Cuándo es especialmente engañoso incluir los acuerdos en intervalos vacíos al calcular la fiabilidad entre observadores? Aporte un ejemplo.

3. ¿Cuándo podría ser aceptable incluir los acuerdos en intervalos vacíos en los cálculos de la fiabilidad entre jueces? ¿Por qué sería adecuado?

4. ¿Qué información proporciona la prueba ABLA?

22

Evaluación funcional de las causas de la conducta problemática

A lo largo de la segunda parte de este libro, y sobre todo en las secciones dedicadas a los riesgos y errores habituales, hemos señalado que una aplicación incorrecta de los principios de conducta por parte de personas que los desconocen, puede conducir a dificultades. De ahí que los profesionales ahonden en la comprensión de las causas de las conductas problemáticas para tratarlas con mayor eficacia.

Una evaluación funcional de las causas del problema implica preguntarse por: (a) los antecedentes, es decir, los estímulos discriminativos (véase Capítulo 8), los estímulos que elicitan la conducta (véase Capítulo 14) o los factores que la motivan (véase Capítulo 19), y (b) las consecuencias inmediatas, es decir, refuerzos positivos y negativos que recibe. Más específicamente, nos preguntamos si la conducta está siendo controlada o elicitada por estímulos particulares, qué la refuerza, si permite escapar de acontecimientos aversivos y, desde el punto de vista de los clientes, qué función desempeña. Obviamente, la respuesta a estas cuestiones tiene implicaciones importantes para la planificación de un tratamiento eficaz.

DISTINTOS TIPOS DE ANÁLISIS FUNCIONAL

Consideremos ahora los métodos de evaluación funcional que permiten identificar las variables que controlan las conductas problemáticas y algunos ejemplos de las implicaciones para el diseño del tratamiento. En general, verá que la información presentada deriva de forma lógica de los principios y procedimientos expuestos en capítulos anteriores de este libro.

Evaluación mediante cuestionarios

Un método para averiguar antecedentes y consecuencias que controlan un problema es realizar un análisis mediante un cuestionario en que se pregunta a las personas familiarizadas con los clientes al respecto. Por ejemplo, Matson y Vollmer (1995) diseñaron el cuestionario, «Preguntas acerca de las funciones de la conducta» (*Ques-*

tions About Behavioral Function), para ayudar a los profesionales a determinar si los comportamiento inadaptativos de las personas con trastornos de desarrollo están mantenidos por la atención que reciben, porque permiten escapar de situaciones desagradables, porque proporcionan estimulación sensorial o porque proporcionan refuerzos tangibles. Kearney y Silverman (1990) desarrollaron un cuestionario parecido, «Escala de evaluación de rechazo a la escuela» (*School Refusal Assessment Scale),* para evaluar las variables responsables de que los escolares no quieran acudir al colegio. Sobell, Toneatto y Sobell (1994) revisaron los cuestionarios centrados en la identificación de antecedentes y consecuencias del consumo excesivo de alcohol y encontraron que, como sucede con otros muchos procedimientos de evaluación indirecta (véase Capítulo 20), las estimaciones obtenidas no siempre son válidas (Iwata, Kahng, Wallace & Lindberg, 2000; Sturmey, 1994).

Evaluación mediante observación

Otra manera de descubrir las variables que controlan una conducta problemática es llevar a cabo una evaluación observacional o descriptiva, en que se recogen y describen minuciosamente los antecedentes y las consecuencias inmediatas del comportamiento en el ambiente natural (véanse ejemplos en la Tabla 3-3 del Capítulo 3). A partir de estas descripciones, se establecen hipótesis sobre los estímulos antecedentes, las variables motivacionales y las consecuencias que mantienen la conducta de interés. A continuación se diseña y aplica un plan de intervención sobre la base de estas hipótesis. Si el tratamiento tiene éxito, se considerará que se ha validado el análisis descriptivo. Los lectores interesados pueden consultar Iwata y colaboradores (2000) para una exposición más completa y más ejemplos de evaluación observacional.

Análisis funcional

Una tercera forma de descubrir las variables pertinentes es evaluar directamente sus efectos sobre la conducta inadaptativa mediante una *evaluación funcional experimental o análisis funcional.* Consideremos el caso de Susie, una niña de cinco años con retraso cognitivo, remitida a terapia porque mostraba comportamientos autolesivos, como golpearse la cabeza y darse bofetadas. Había que determinar si el refuerzo procedía de la atención (véase refuerzo positivo en el Capítulo 3) de los adultos que acudían a ayudarle con la mejor intención cuando se lesionaba, mientras le decían, «No hagas eso, que te vas a hacer daño». También podría tratarse de una estrategia para no tener que realizar diversas tareas (véase refuerzo negativo en el Capítulo 13) en la guardería, ya que mientras se golpeaba era poco probable que los profesores le pidieran participar en clase. Por último, las conductas autolesivas podrían constituir un refuerzo en si mismas, quizá la sensación posterior de irritación de la piel era agradable. Para evaluar empíricamente estas distintas posibilidades, lwata, Pace, Kalsher, Cowdery y Cataldo (1990) analizaron la conducta a lo largo de varias sesiones en una sala de terapia. En la condición de «atención», la terapeuta se acercaba a la niña con voz preocupada y, por ejemplo, le decía, «Susie, ¿qué te pasa?»; en la condición de «demanda», la terapeuta le presentaba varias tareas académicas rápidamente, una cada 30 segundos. En otras sesiones, o bien se le dejó sola en la sala vacía, o bien se le observó interactuando con diversos muñecos y juguetes. Compararon las condiciones experimentales mediante un diseño empírico multi-factorial de tratamientos alternativos (véase Capítulo 23). Tras varias jornadas, los resultados eran evidentes: Susie mantenía el comportamiento autolesivo en la condición de demanda, pero no en las otras dos condiciones. Respaldada por los datos, la terapeuta diseñó un programa para extinguir la conducta inadaptativa de escape en que la niña tenía que continuar haciendo las tareas, a pesar de sus golpes. Es decir, cuando se hacía daño, no le dejaban tranquila, sino que le guiaban físicamente para que tuviera que realizar las tareas escolares presentadas. Tras cinco sesiones, la autolesión había desaparecido casi por completo y Susie se mostraba más obediente a la hora de hacer los deberes. Dado que el tratamiento fue satisfactorio, podemos inferir que la terapeuta había identificado la causa del problema mediante el análisis funcional experimental, o lo que es lo mismo, validó sus hipótesis. Iwata y su equipo (2000) exponen comentarios y ejemplos adicionales sobre el análisis funcional.

Existe cierta confusión en torno a los términos *evaluación funcional* y *análisis funcional*, ya que si bien algunos autores los emplean indistintamente, otros, entre los cuales nos incluimos, coincidimos en que hay que establecer algunas diferencias entre ambos (por ejemplo, Cone, 1997; Horner, 1994). La **evaluación funcional** engloba diversos métodos para identificar los antecedentes y las consecuencias del comportamiento, en tanto que el **análisis funcional** es la manipulación sistemática de las circunstancias ambientales para contrastar empíricamente su papel como antecedentes o consecuencias que controlan y mantienen los comportamientos problemáticos.

Una revisión de 277 trabajos publicados que incluían análisis funcionales de las conductas problemáticas, reveló que 253 (91%) implicaban a personas con retrasos evolutivos y veinticinco (9%) observaban a niños sin retrasos evolutivos (Hanley, Iwata & McCord, 2003). Entre estos últimos, había estudios sobre chuparse el dedo en casa (Ellingson, Miltenberger, Stricker, Garlinghouse, Roberts & Galensky, 2000), alborotos en clase por parte de alumnos con problemas emocionales (DePaepe, Shores, Jack & Denny, 1996), mutismo electivo en un estudiante de escuela elemental (Mace & West, 1986), comportamiento inadecuado en el aula de una alumna de escuela elemental (Lewis & Sugai, 1996) y los trastornos emocionales de un niño de once años en quinto grado (Kern, Childs, Dunlap, Clarke & Falk, 1994). Las personas interesadas en una descripción minuciosa que oriente a los docentes sobre cómo llevar a cabo un análisis funcional de los comportamientos problemáticos de los alumnos y cómo emplear los resultados para diseñar intervenciones eficaces, debieran consultar Watson y Steege (2003).

Aunque el análisis funcional suele arrojar evidencia convincente acerca de las variables que controlan los comportamientos problemáticos, también tienen limitaciones (Cone, 1997; Sturmey, 1995). En primer lugar, muchos problemas son infrecuentes y no se producen a diario como, por ejemplo, los relacionados con el entorno social (Whitaker, 1993), en cuyo caso, el análisis funcional tiene que prolongarse mucho tiempo hasta recoger suficientes datos como para establecer conclusiones válidas. En segundo lugar, no puede aplicarse en comportamientos que implican riesgos graves, como las amenazas de suicidio (Sturmey, 1995). En tercer lugar, hay que programar varias sesiones de observación, cuyas demandas en términos de coste y personal podrían ser prohibitivas. Por ejemplo, en un resumen de 152 análisis funcionales, se calculó que las observaciones habían abarcado entre ocho y 66 sesiones (de dos a 16,5 horas; Iwata y cols., 1994). Con el fin de ver si se puede obviar esta limitación, algunos investigadores han comparado los resultados de análisis funcionales estandarizados con otros equivalentes, pero que incluyen menos sesiones. Los resultados sugieren que también se llega a conclusiones válidas a partir de una o dos repeticiones de las condiciones experimentales y de control cruciales, con sesiones que no se prolonguen más de cinco minutos (véanse, por ejemplo, Northup y cols., 1991; Tincani, Gastrogiavanni & Axelrod, 1999).

Ahora vamos a revisar más detenidamente algunas de las causas más habituales de las conductas problemáticas, junto con ejemplos de los tratamientos generales que podrían estar indicados para cada categoría.

CAUSAS HABITUALES DE LAS CONDUCTAS PROBLEMÁTICAS

Conductas problemáticas mantenidas por la atención que reciben de otras personas. Refuerzo social positivo

En capítulos anteriores, ya comentamos los riesgos que conllevan algunos procedimientos y cómo es frecuente que los excesos comportamentales se desarrollen y perduren debido a la atención social que reciben. Los indicadores de que la atención es responsable del mantenimiento de la conducta son: (a) el comportamiento es seguido habitualmente de atención por parte de otras personas; (b) la persona mira o se acerca a alguien justo antes de emitir la conducta; y (c) la persona sonríe antes de realizar el comportamiento. Si los tres indicadores aparecen, es muy probable que la atención, que de hecho también podría funcionar como estímulo discriminativo, sea un reforzador del comportamiento problemático (Bergen, Holborn, & Scott-Huyghebart, 2002).

Si el análisis funcional indica que la atención está manteniendo la conducta, es aconsejable que la intervención también incluya refuerzos sociales. Por ejemplo, se podría diseñar un tratamiento en que la atención reforzara a la persona cuando no está realizando la conducta problemática (véase Capítulo 7) o cuando está inmersa en un comportamiento incompatible con aquella (véase Capítulo 7), con el objetivo último de eliminar la conducta no deseable. Como alternativa podríamos intentar que la conducta ocurra en un momento más adecuado, es decir, conseguir que esté bajo el control del estímulo apropiado (véase Capítulo 8) y posteriormente, reducir su frecuencia hasta un nivel aceptable, tal y como veremos en el siguiente caso.

Molestar. Lori era una chiquilla encantadora internada en un centro para el tratamiento de los trastornos evolutivos infantiles.[22] Era pequeña para su edad y tenía un aspecto irresistible, lo cual podría explicar en parte la atención que había recibido del

[22] Este ejemplo está basado en un caso no publicado estudiado por G. Martin en el Cedar Cottage, The Manitoba Developmental Centre, Portage la Prairie, Manitoba, Canada 1971.

personal y que había conseguido moldear gradualmente en ella un comportamiento extremadamente persistente de acercamiento a los empleados del hospital, hasta el punto de convertirse en una molestia permanente. Mientras la enfermera de guardia, Bonnie, trabajaba en su despacho, Lori miraba a hurtadillas y decía, «Hola». «Hola Lori, ahora estoy ocupada; hablaré contigo más tarde», respondía Bonnie. «¿Estás ocupada ahora?», insistía la niña. Bonnie no contestaba, intentado trabajar e ignorar la tenacidad de Lori. «¿Trabajas mucho?» preguntaba la pequeña, que no recibía respuesta. «Hola», insistía mientras Bonnie seguía sin responder. «¿No me quieres?» se lamentaba con expresión triste, frente a lo que la enfermera era incapaz de resistirse y respondía, «Por supuesto que te quiero, Lori». Aunque los empleados intentaban ignorar la insistencia excesiva de la niña, no lograban hacerlo continuamente. La observación de la secuencia indicó que el antecedente de este hábito molesto siempre era un miembro del personal en el entorno de tres a cinco metros de la niña y que la conducta estaba mantenida por un programa de refuerzo social positivo intermitente.

Eliminar por completo este comportamiento hubiera sido difícil y probablemente no del todo deseable, así que el personal diseñó una estrategia para su eliminación parcial, sólo cuando molestara. Dado que se producía debido a la atención de los profesionales, decidieron aprovechar este refuerzo. Todos los empleados se colgaron de la solapa una tarjeta, que era roja por un lado y verde por el otro. El primer día del programa, una cuidadora se acercó corriendo a la niña y le explicó: «Hola Lori, ¿ves esta tarjeta? (a la vez que la señalaba). Ahora no puedo charlar contigo porque estoy ocupada y la tarjeta está en rojo, así que nos veremos más tarde». A continuación se alejó, dejando pasmada a la pequeña, pero volvió enseguida, mostrando la tarjeta en verde, y sonriendo amablemente le dijo, «Hola, Lori. ¿Ves mi tarjeta? Está en verde porque ahora no estoy ocupada, así que puedo hablar contigo» y se puso a charlar con ella brevemente. Cuando se hizo una pausa en la conversación, la monitora adoptó una actitud seria, volvió su tarjeta del lado rojo y dijo, «No puedo hablar contigo ahora, Lori. Mi tarjeta estará roja durante un rato. Te veré después», alejándose rápidamente antes de que la niña tuviese oportunidad de responder.

Durante los primeros días, los miembros del personal mostraron habitualmente las tarjetas en verde y reforzaron los acercamientos de Lori, pero cuando mostraban el lado rojo, ignoraban consistentemente la insistencia de la pequeña. Tras varios días, el personal introdujo el lado rojo en más ocasiones y durante más tiempo. Lori aprendió rápidamente a discriminar cuándo podía conversar con quien estuviera cerca y respondió apropiadamente. Transcurridas dos semanas, los empleados controlaban personalmente el color de sus tarjetas. Con el tiempo, la niña aprendió a discriminar claves más sutiles que señalaban quiénes estaban ocupados y quiénes relajados y con ganas de charlar. Es más, aprendió a no insistir cuando los profesionales estaban trabajando.

Comportamientos problemáticos mantenidos por la auto - estimulación. Refuerzo sensorial interno positivo

Los comportamientos se refuerzan a menudo por la estimulación sensorial corporal provocada; por ejemplo, un masaje en el cuero cabelludo produce una agradable sensación de hormigueo. En personas con autismo u otros trastornos evolutivos, este tipo de consecuencias mantienen comportamientos repetitivos de auto-estimulación, como mecerse, girar las manos, o mirar fijamente a la luz e incluso conductas autolesivas, como golpear y arañarse la cara. El refuerzo podría consistir en experimentar sensaciones propioceptivas vestibulares, visuales, auditivas, táctiles y de movimiento (Guess & Carr, 1991; Lovaas, Newsom & Hickman, 1987). Un indicador de que el comportamiento se mantiene por el efecto de autoestimulación interna que produce es que sostiene la misma tasa y no se altera aunque no logre ningún efecto aparente sobre las personas o el entorno circundante. Dado que el refuerzo sensorial mantiene estas conductas estereotipadas o autolesivas, un componente de la intervención ha de ser el enriquecimiento del contexto que reduzca la deprivación sensorial. Un tratamiento alternativo podría consistir en modificar las consecuencias sensoriales de la autoestimulación, como mostraremos en el siguiente caso.

Arañarse la cara. Este caso, descrito por Rincover y Devaney (1982), ilustra el análisis funcional en el tratamiento de una conducta problemática mantenida por la estimulación sensorial propioceptiva. Sarah era una niña de cuatro años con retraso cognitivo que se arañaba la cara con las uñas y, aunque se las cortaban, seguía rascándose hasta hacerse heridas y sangrar. Las observaciones efectuadas diariamente durante las cinco horas que acudía a clase en un centro para alumnos con trastornos evolutivos, indicaron que se arañaba constantemente: mientras sonreía o estaba enfadada, a solas o acompañada, y daba igual que le pidieran o no realizar alguna otra tarea. Era obvio que la conducta no recibía refuerzo social y probablemente respondía a una motivación sensorial, por ello se decidió que la intervención consistiría en eliminar las sensaciones táctiles producidas por los rasguños. Se le cubrieron las manos con unos guantes de goma que no le impedían rascarse, pero eliminaban la estimulación sensorial y le impedían hacerse daño. El resultado fue una reducción inmediata de los arañazos, que desaparecieron transcurridos cuatro días. Durante las sesiones de seguimiento, empezaron por quitarle los guantes durante diez minutos al día, para ir aumentando el tiempo hasta que dejaron de ser necesarios.

Conductas problemáticas mantenidas por consecuencias ambientales. Refuerzo sensorial externo positivo

Algunas conductas problemáticas están mantenidas por imágenes y sonidos reforzantes, que proceden del exterior pero no tienen carácter social. Por ejemplo, los bebés tiran los juguetes porque les divierte el ruido que producen al caer y tiran objetos por el inodoro o abren los grifos hasta que el lavabo se desborda porque les gusta verlo. Un indicador de que una conducta problemática está reforzada por la estimulación sensorial exterior, es que se mantiene inalterada y no disminuye aunque no tenga consecuencias sociales. Si la evaluación funcional señala que la estimulación sensorial externa es el refuerzo del comportamiento, habrá que tratarlo en la intervención, quizá mediante el reforzamiento de alguna alternativa deseable, como en el ejemplo que presentamos a continuación.

Tirar joyas por el inodoro. Uno de los autores intervino en este caso de una niña con retraso cognitivo que vivía en casa. Su comportamiento problemático podría estar mantenido por la atención social, la estimulación sensorial o ambos factores, y consistía en que mientras la madre estaba ocupada en la cocina, la niña iba al dormitorio, cogía algo del joyero, iba al baño y lo arrojaba por el inodoro. A continuación, le contaba a la madre lo que había hecho. Un análisis descriptivo, durante el cual las joyas fueron sustituidas por bisutería, sugirió dos posibles explicaciones: la primera es que el aspecto de la joya girando en la taza del inodoro, antes de desaparecer, podría haber funcionado como un refuerzo sensorial; la segunda es que la secuencia completa de actividades podría constituir una cadena comportamental recompensada con la atención de la madre. El procedimiento diseñado para la intervención tuvo en cuenta ambas posibilidades. Durante varios ensayos, cuando madre e hija estaban en la cocina, la madre le daba la mano e iba con ella a la habitación, donde le animaba a que cogiera algo del joyero, volvían entonces a la cocina y le guiaba para que dejara caer la joya dentro de un tarro, lo cual producía un sonoro tintineo. De este modo, el sonido de la joya al caer dentro del tarro podría servir como reforzador sensorial que reemplazase la vista de la joya perdiéndose en la taza del inodoro. Además, la nueva secuencia o cadena comportamental era reforzada por los elogios y un premio de la madre, así que si la pequeña buscaba la atención materna en la secuencia original, ahora tendría que desarrollar la nueva cadena comportamental para lograrla.

Tras varios ensayos guiados, la madre iniciaba personalmente la secuencia instruyendo a la niña mientras ambas estaban en la cocina. Durante los dos primeros días, no dejaron que la niña fuera sola a la habitación, pero el tercer día le explicaron que cada vez que lo deseara y siempre que la madre estuviese en la cocina, podía coger alguna joya y dejarla en el tarro de la cocina, lo cual sería seguido de los elogios de la madre. Para aumentar la probabilidad de establecer la nueva secuencia, la madre sacó una fotografía de la niña dejando una joya en el tarro y la colocó en su habitación junto al joyero. Durante las tres semanas siguientes, la niña siguió llevando joyas a la cocina y recibiendo elogios o caramelos por hacerlo. No volvió a tirar las joyas al inodoro y de hecho finalmente dejó de jugar con ellas.

Conductas problemáticas que se mantienen porque permiten escapar de las demandas. Refuerzo social negativo

Muchos comportamientos se mantienen porque permiten escapar de estímulos aversivos (véase el Capítulo 13), como entornar los ojos ante una luz brillante, o taparnos los oídos para mitigar un ruido fuerte (véase **Nota 1**). Escapar de estímulos aversivos también puede resultar en comportamientos inadaptativos, conforme a los principios del condicionamiento de escape o refuerzo negativo. Por ejemplo, si nos piden que hagamos algo que nos desagrada, podríamos desarrollar un comportamiento problemático que nos permitiera escapar de las demandas. Esto es lo que sucede cuando solicitamos a los alumnos que respondan preguntas demasiado complicadas y algunos se enfadan y muestran una rabieta, que se ve reforzada con la retirada de la petición. Un indicador evidente de que los comportamientos problemáticos pertenecen a esta categoría es que las personas sólo los manifiestan cuando se realiza determinado tipo de peticiones. Si la evaluación funcional respalda esta interpretación, lo más adecuado es persistir en las demandas, hasta que se observa una respuesta obediente y no una conducta de escape. Como vimos anteriormente en este capítulo, en el caso del comportamiento autolesivo de Susie, lograr que una conducta excesiva deje de servir para escapar hace que disminuya su frecuencia. Cuando se trata de personas que no han desarrollado el lenguaje, podemos emplear otros sistemas para comunicar que la tarea resulta desagradable, tales como golpear con los dedos o levantar la mano. De esta manera, remplazaremos el exceso comportamental con una respuesta adaptativa que cumple la misma función (Mace, Lalli, Lalli, & Shey, 1993). En otras situaciones, se puede diseñar una intervención en que el grado de dificultad de las tareas demandadas va aumentando gradualmente, como ilustramos en el siguiente caso.

Gritar como Tarzán.[2] Edward era un niño de ocho años con retraso cognitivo leve que acudía a clase de educación especial. La profesora Millan comentó a uno de los autores que este alumno imitaba en el aula los gritos de Tarzán, unas tres o cuatro veces al día. En la evaluación que hicimos mediante un cuestionario, quedó patente que lo hacía siempre que le planteaban preguntas cuya respuesta desconocía y entonces, no emitía una respuesta errónea, sino que imitaba a Tarzán. Obviamente, estos gritos no sólo interrumpían la clase, sino que la maestra relató cómo otro estudiante se subía al pupitre, saltaba arriba y abajo, rascándose las axilas e imitaba los gritos de la mona Chita. Parecía por tanto que estas ridiculizaciones servían a Edward para evitar las preguntas difíciles. El programa que la docente aplicó, eliminó inicialmente estas preguntas, a la vez que dedicaba diariamente un rato a revisar los deberes para el día siguiente con el alumno. Durante estas sesiones en que ambos estaban a solas, ella le preguntaba por la materia y aunque a veces el niño cometía errores, no gritaba como Tarzán. Estas observaciones llevaron a la conclusión de que el comportamiento estaba bajo el control de la presencia de los compañeros de clase que servía de estímulo para el mismo.

Durante dos semanas, la profesora hacía a Edward las preguntas cuyas respuestas conocía en clase y le premiaba con abundantes muestras de aprobación. Durante otras dos semanas, le planteó preguntas un poco más difíciles precedidas de una clara advertencia, «ahora, Edward, te voy a hacer una pregunta un poco difícil. Aunque estoy segura de que sabrás responder, si no pudieras, buscaremos entre todos la respuesta, ¿verdad que sí, clase?». Así, cuando el alumno no daba la respuesta correcta, la profesora y el resto de la clase se ponían inmediatamente a colaborar con él para intentar averiguarla. Mediante esta táctica, Edward recibía la atención del grupo al comportarse de manera deseable y no al gritar alborotadamente como Tarzán. El proyecto se prolongó aproximadamente un mes, durante el cual la maestra prestó cuidadosa atención al niño, pero posteriormente, no fue necesario. Para mantener el buen comportamiento, simplemente tenía que seguir haciéndole periódicamente preguntas cuyas respuestas conocía.

---

[2] Una estudiante del curso de modificación de conducta para profesores de educación especial, impartido por G. Martin en el Distrito Escolar de Winnipeg, Manitoba, Canadá, Enero-Marzo, 1973, nos comentó los detalles de este caso.

Conductas problemáticas elicitadas o respondientes

Algunas conductas problemáticas parecen más elicitadas que controladas por sus consecuencias; es decir, parecen más respondientes (véase Capítulo 14) que operantes. Tal es el caso de la agresión, a veces elicitada por estímulos aversivos (véase el Capítulo 12), o por la extinción o retirada del refuerzo tras una respuesta previamente reforzada (véase Capítulo 5). Las emociones también comportan elementos elicitados (véase Capítulo 15) y por ejemplo, si un estímulo previamente neutro aparece asociado con un suceso aversivo, es probable que acabe produciendo ansiedad. Existen multitud de cuestionarios comercializados que permiten evaluar los estímulos condicionados que elicitan emociones respondientes, pero podemos destacar el Inventario de Miedos para Adultos (*Fear Survey Schedule;* Cautela, Kastenbaum & Wincze, 1972) y el Inventario de Miedos Infantiles (*Fear Survey for Children;* Morris & Kratochwill, 1983). Tanto la evaluación funcional descriptiva como el análisis funcional permitirían determinar los estímulos específicos, las circunstancias y los pensamientos que podrían elicitar los componentes respondientes de las emociones (Emmelkamp, Bouman & Scholing, 1992). Los dos indicadores principales que evidencian que un comportamiento está elicitado son que se produce habitualmente en determinada situación o en presencia de ciertos estímulos, y que no es seguido de consecuencias gratificantes identificables. Otro indicador implícito en el término elicitada, es que parece involuntaria; es decir, la persona no es capaz de inhibirla. Si una conducta problemática parece elicitada, el tratamiento procurará activar respuestas que compitan con ella hasta el punto de impedir que ocurra, es decir, consistirá en contracondicionarla (véase Capítulo 14), como ilustra el siguiente ejemplo.

Una intervención de condicionamiento clásico para reducir las respuestas de ira. Joel era un muchacho de veintiséis años con retraso cognitivo leve a quien habían despedido de un empleo como friegaplatos debido a sus ataques de ira frente a compañeros y supervisores. La madre de Joel y algunos profesionales de la Asociación para Ciudadanos con Retraso Cognitivo, de la que era miembro, respondieron a cuestionarios pertinentes, a la vez que se realizó una evaluación observacional con el propio implicado. Los resultados permitieron identificar tres categorías de estímulos condicionados frente a los que se elicitaba la respuesta emocional: que le contaran «bromas» o anécdotas divertidas; «críticas», sobre todo acerca de inadecuaciones en su comportamiento o aspecto; y «conversaciones heterosexuales», sobre noviazgo, matrimonio, etc. Se estableció una jerarquía de acontecimientos que provocaban la ira en cada categoría, de los más leves a los más graves. Los componentes respondientes de las emociones, adquiridos mediante condicionamiento clásico, englobaban aceleración de la respiración, expresión facial de enfado y temblores. Los componentes operantes de la emoción incluían hablar en voz alta y evitar el contacto ocular con la persona cuyos comentarios le habían irritado. El tratamiento consistió fundamentalmente en la técnica del contracondicionamiento. En primer lugar, Joel aprendió a relajarse mediante el método de relajación muscular progresiva, que describiremos en el Capítulo 28. Posteriormente, mientras estaba relajado, se presentaba un estímulo condicionado de ira de una de las categorías; por ejemplo, se describía una de las situaciones relacionadas con las «bromas» y se le pedía que la imaginara mientras permanecía relajado. En sesiones sucesivas, se fueron presentando estímulos condicionados de intensidad creciente, para recorrer la jerarquía hasta llegar a las situaciones que más le exasperaban. En el Capítulo 28, describiremos este procedimiento, la desensibilización sistemática, en más detalle. Además de esta intervención clínica, pidieron a Joel que practicara en casa con una cinta de entrenamiento en relajación y que aplicara los ejercicios de relajación que le habían enseñado siempre que se enfrentara con alguna situación que le irritara en la vida cotidiana. El programa logró resultados muy satisfactorios, las respuestas de ira descendieron hasta niveles muy bajos durante el entrenamiento y se generalizaron a situaciones naturales de las categorías correspondientes (Schloss, Smith, Santora & Bryant, 1989).

INFLUENCIA DE LA SALUD SOBRE LAS CONDUCTAS PROBLEMÁTICAS

Por lo general, las variables controladoras pertinentes para la modificación de la conducta se encuentran en el ambiente externo de la persona, pero a veces la causa de la conducta problemática radica en alguna enfermedad. Por ejemplo, algunas personas que no han desarrollado el lenguaje podrían golpearse la cabeza contra objetos duros para reducir el dolor causado por una infección de oído, lo cual constituiría un refuerzo negativo interno. Si un comportamiento surge repentinamente y no parece relacionado con ningún cambio del entorno, hay que considerar la posibilidad de que esté relacionado con algún deterioro de la salud.

Jon Bailey y David Pyles han acuñado el concepto de diagnóstico comportamental para hacer hincapié sobre la necesidad de recopilar toda la información posible acerca de las causas del problema (Bailey & Pyles, 1989; Pyles & Bailey, 1990). Dentro de este marco, los terapeutas emiten el diagnóstico después de examinar antecedentes, consecuencias y variables médicas y nutricionales como posibles causas del problema. Sobre la base del diagnóstico, los profesionales elaboran un plan de intervención, lo ponen a prueba bajo condiciones controladas y si los resultados son satisfactorios, lo aplican, por supuesto, contando con las personas necesarias suficientemente formadas para hacerlo.

El modelo de diagnóstico comportamental permite recoger información de diversa índole: variables médicas y de salud, tales como ciclo menstrual o estreñimiento; variables nutricionales, tales como ingesta de calorías o alergias frente a alimentos; medicación y por supuesto, los antecedentes y las consecuencias del comportamiento. El diagnóstico comportamental es un procedimiento que abarca más ámbitos que la evaluación funcional y podría contribuir a que los profesionales médicos, que siempre han destacado la importancia de diagnosticar antes de intervenir, acepten los métodos conductuales. Conforme a esta perspectiva más amplia, la Tabla 22-1 presenta un listado de las variables que suelen influir sobre los comportamientos problemáticos. Demchak y Bossert (1996) presentan un inventario de las variables que suelen actuar como antecedentes o consecuencias de los trastornos comportamentales.

Tabla 22-1. Factores que hay que considerar al evaluar las causas del comportamiento problemático

Entorno general
Nivel general de refuerzo bajo
Condiciones que producen malestar, por ejemplo: calor, ruido, aglomeración
Presencia o ausencia de determinadas personas
Variables del organismo
Estado de salud, por ejemplo: gripe, cefalea, alergia
Estado motivacional, por ejemplo: hambre, sed
Estado emocional, por ejemplo: enfado, celos
Estados corporales transitorios, por ejemplo: fatiga, contracciones, menstruación
Variables de la tarea
Demasiada dificultad
Velocidad inadecuada: demasiado rápida, demasiado lenta
Falta de variedad
Falta de opciones
No percibir su importancia
Antecedentes específicos
Cambios repentinos en el contexto circundante
Introducción de nuevas tareas
Demandas excesivas
Instrucciones confusas
Retirada de los refuerzos visibles
No recibir refuerzo tras respuestas previamente reforzadas
Presentación de estímulos aversivos
Tener que esperar
Ver que refuerzan a otras personas
Consecuencias específicas: la conducta problemática da lugar a
Escapar de otras demandas
Recibir atención de los demás
Solidaridad
Conseguir lo que se quiere
Refuerzos tangibles
Información sensorial interna
Información sensorial externa

Si existe la posibilidad de que la situación tenga su origen en un problema de salud, habrá que hacer alguna consulta médica antes de comenzar el tratamiento, lo cual no quiere decir que las técnicas comportamentales no resulten eficaces en circunstancias con causas médicas, ya que muy al contrario, suelen ser muy adecuadas. Por ejemplo, la hiperactividad suele tratarse mediante una combinación de medicación e intervención comportamental (Barkley, 1998), pero los tratamientos de este tipo han de llevarse a cabo mediante consultas conjuntas con especialistas médicos. En el Capítulo 2 hemos comentado los abordajes conductuales para algunas enfermedades.

DIRECTRICES PARA LLEVAR A CABO UNA EVALUACIÓN FUNCIONAL

Son muchos los manuales que aportan sugerencias prácticas sobre cómo acometer la evaluación funcional, aunque Dunlap y Kincaid (2001) sólo revisan cuatro de ellos. A continuación presentamos un resumen de las directrices más importantes:

1. Definir la conducta problemática en términos comportamentales.
2. Identificar los antecedentes, acontecimientos previos que preceden habitualmente a la conducta problemática.
3. Identificar las consecuencias que siguen inmediatamente, aunque quizá no siempre, a la conducta problemática.
4. En función del diagnóstico comportamental, considerar posibles variables de salud, médicas o personales que estén contribuyendo al problema.
5. Sobre la base de las pautas 2, 3 y 4 establecer hipótesis acerca de las consecuencias que mantienen la conducta problemática, los acontecimientos que la preceden y elicitan o provocan y/o las enfermedades, medicaciones o variables personales que la exacerban.
6. Registrar datos sobre la conducta, sus antecedentes, consecuencias y factores de salud, médicos y personales en el entorno natural, para determinar cuál de las hipótesis postuladas en el punto 5 tiene mayor probabilidad de ser correcta.
7. Si es posible, hacer un análisis funcional para intentar contrastar directamente las hipótesis establecidas en el punto 5.
8. Incorporar los principios expuestos en la segunda parte de este libro y seguir las directrices para diseñar programas de tratamiento que presentamos en el Capítulo 24 para desarrollar y llevar a cabo una intervención sobre la base de la hipótesis que parezca más acertada conforme a los puntos 6 y 7.
9. Si la intervención tiene éxito, confirmaremos la validez del análisis causal. De no ser así, habrá que volver a realizar el análisis funcional o intentar una solución que, en cualquier caso, se base sobre los principios expuestos en la segunda parte de este libro y siga las directrices para diseñar programas de tratamiento que presentamos en el Capítulo 24.

PREGUNTAS DE REPASO

1. Describa brevemente tres métodos para descubrir qué variables controlan una conducta problemática.
2. En qué se diferencia el análisis funcional que hemos presentado en este libro de otros tipos de análisis funcional.
3. Describa por qué el análisis funcional del comportamiento de Susie indicó que probablemente las auto-lesiones estaban reforzadas porque le permitían escapar de las demandas de los adultos. ¿Confirmaron los resultados del tratamiento la hipótesis avanzada en el análisis funcional?
4. Describa tres limitaciones del análisis funcional.
5. Resuma en una o dos frases las seis posibles causas de las conductas problemáticas.
6. ¿Qué tres indicadores señalan que una conducta problemática se mantiene probablemente por la atención social que recibe?
7. Describa cómo Rincover y Devaney aplicaron la extinción a un problema que parecía mantenido por el refuerzo sensorial interno positivo.
8. ¿Qué podría considerarse como un indicador de que la estimulación sensorial externa, no social, está reforzando una conducta problemática?. Presente un ejemplo.

9. ¿Qué dos posibles explicaciones se encontraron para el comportamiento de la niña con retraso cognitivo que arrojaba las joyas por el inodoro? ¿Cómo se contemplaron ambas hipótesis en el tratamiento?
10. ¿Qué puede considerarse como indicador de que una conducta problemática se está manteniendo porque permite escapar de las demandas del entorno? Ponga un ejemplo.
11. Suponga que un niño que no sabe hablar, chilla para escapar de las demandas que le plantean los adultos en distintos ámbitos educativos. Describa dos estrategias diferentes que podrían aplicarse para reducir la conducta evasiva.
12. ¿Cuáles son los dos indicadores principales de que una conducta problemática está elicitada por los estímulos antecedentes, más que mantenida por las consecuencias? Exponga un ejemplo.
13. Describa los principales componentes de la intervención para que Joel controlara la ira.
14. ¿Qué es el diagnóstico comportamental y en qué sentido es este término más amplio que el de evaluación funcional?

EJERCICIOS DE APLICACIÓN

A. Ejercicios que implican a otras personas

Exponga un exceso comportamental de alguien a quien conozca bien, pero no identifique a la persona. Trate de señalar el control del estímulo y las consecuencias que mantienen la conducta y después de realizar el análisis funcional, señale qué procedimiento le parece más adecuado para su tratamiento.

B. Ejercicios de auto-modificación

Identifique uno de sus propios excesos comportamentales e intente señalar el control del estímulo y las consecuencias que mantienen la conducta. Sobre la base de su propio análisis funcional, ¿cuál le parece que sería el mejor tratamiento para reducir o eliminar el exceso?

NOTA DE AMPLIACIÓN SOBRE EL TEMA

1. Algunas conductas problemáticas están mantenidas por refuerzos negativos que no tienen carácter social, sino que permiten escapar de la estimulación aversiva externa. Por ejemplo, los niños que no han desarrollado todavía el lenguaje, podrían quitarse constantemente los zapatos porque les aprietan; al igual que la persona habituada a la ropa amplia se afloja la corbata, a sabiendas o sin darse cuenta, cuando acepta un trabajo que le obliga a llevar traje. Por supuesto, es discutible que estos comportamientos no sean deseables, ya que quitarse los zapatos puede interpretarse como una manera de comunicar que molestan y quizá los trajes y las corbatas no debieran ser realmente exigidos en ninguna ocasión.

Preguntas sobre las notas

1. Describa un ejemplo que no esté en el texto sobre cómo los refuerzos negativos que no tienen carácter social pueden producir comportamientos inadaptativos.

23

La investigación en modificación de conducta

UN programa de modificación de conducta tiene al menos cuatro fases: una fase de *exploración y criba,* para clarificar el problema y determinar quién debería tratarlo; una *fase de línea de base,* para determinar el nivel inicial de la conducta antes del tratamiento; una *fase de tratamiento,* en que se inicia la estrategia de intervención; y una *fase de seguimiento,* para evaluar la persistencia del cambio conductual deseado tras la finalización del programa. Sin embargo, muchos proyectos de modificación de conducta van más allá de estas fases mínimas y demuestran convincentemente que fue de hecho el tratamiento el que originó un cambio concreto en la conducta. El valor de estas demostraciones puede ilustrarse mejor con un ejemplo hipotético.

Este ejemplo implica la frecuencia con la que un estudiante de segundo curso resuelve correctamente problemas de suma y resta en las clases diarias de matemáticas de media hora. Billy, el estudiante, estaba rindiendo bastante por debajo de la media del resto de sus compañeros y mostraba conductas alborotadoras durante las clases. La profesora, la Sra. Johnson razonaba que un aumento en el rendimiento de Billy al resolver los problemas de matemáticas le haría más agradable trabajar la aritmética y reduciría por tanto las interacciones disruptivas con sus compañeros. Durante una línea de base de una semana, la Sra. Johnson asignó un número determinado de problemas a la clase y registró cuántos resolvía bien Billy durante cada periodo de media hora. Billy hizo bien una media de siete problemas cada 30 minutos, muy por debajo de la media de dieciséis problemas de la clase. A continuación, la Sra. Johnson introdujo un programa de reforzamiento. Le dijo a Billy que por cada problema que resolviera bien, añadiría un minuto a su clase de educación física de los viernes por la tarde, una actividad que al niño le gustaba mucho. El rendimiento del alumno mejoró durante la primera semana del programa y durante la segunda semana, Billy superó la media de la clase de dieciséis problemas.

¿Puede la profesora atribuir la mejora en el rendimiento de Billy al tratamiento? Inicialmente nos inclinaríamos por el «sí», debido a que el rendimiento es mucho mejor ahora de lo que lo fue durante la línea de base inicial. Consideremos no obstante que la mejoría pudo ser resultado de otros factores. Por ejemplo, un resfriado pudo haber reducido el rendimiento de Billy en la línea de base, y la recuperación de su resfriado dio paso al mejor rendimiento en matemáticas después de haber introducido el programa. O un nuevo estudiante, que se convirtió en un ejemplo para Billy, se ha sentado cerca de él durante la fase de tratamiento pero no durante la línea de base. O quizá los problemas asignados durante el tratamiento eran más fáciles que los asignados durante la línea de base. O quizá algo de lo que la profesora no era consciente fue responsable de su mejor rendimiento.

En cualquier programa en que la fase de tratamiento se introduzca con el propósito de modificar alguna conducta, es muy posible que alguna variable no controlada, o que interfiera, ocurra de manera concurrente al tratamiento, de forma que el cambio en la conducta se deba a la variable no controlada en lugar de al propio tratamiento. Un proyecto de investigación de modificación de conducta intenta demostrar convincentemente que fue el tratamiento, más que alguna variable no controlada, el responsable del cambio conductual en cuestión.

DISEÑO DE INVESTIGACIÓN DE INVERSIÓN Y REPLICACIÓN (ABAB)

Supongamos que la Sra. Johnson tiene cierta una inclinación científica y es consciente de la posibilidad de que variables no controladas estén afectando los resultados de Billy y le gustaría demostrar fehacientemente que fue de hecho su programa el responsable de la mejora del rendimiento. Además de satisfacer su curiosidad, existen varias razones prácticas por las que querría esa demostración, ya que: indicaría si debe intentar un procedimiento similar con otro problema de Billy, si debe intentar procedimientos parecidos con otros estudiantes y si debe recomendar los procedimientos a otros profesores. Por este motivo, al final de la segunda semana del programa de reforzamiento, eliminó el reforzamiento y volvió a la condición de la línea de base. Imagine que los resultados hipotéticos de esta manipulación de la profesora son los que muestra la Figura 23-1.

Al final de la segunda semana del retorno a las condiciones de la línea de base (de ahí que se denomine inversión), Billy estaba rindiendo en matemáticas al mismo nivel que durante la línea de base original (véase **Nota 1**). La Sra. Johnson introdujo entonces de nuevo el tratamiento y como muestra la Figura 23-1, Billy volvió a mejorar su rendimiento. La Sra. Johnson había vuelto a realizar el experimento (de ahí que se denomine réplica) y había repetido tanto la línea de base como los efectos previos del tratamiento. Si alguna variable no controlada estaba funcionando, habría que pensar que se sincronizaba exacta y misteriosamente para coincidir con la retirada del programa. Lo cual deja de ser plausible cada vez que el experimento se replica y se obtienen los mismos efectos. Ahora tenemos mucha más confianza en que de hecho fue el procedimiento de la profesora lo que produjo el cambio conductual deseado. La Sra. Johnson demostró una relación de causa y efecto entre su programa de tratamiento y una conducta concreta. En términos científicos, resolver correctamente los problemas de matemáticas era la **variable dependiente** y el programa de la Sra. Johnson con Billy era la **variable independiente**.

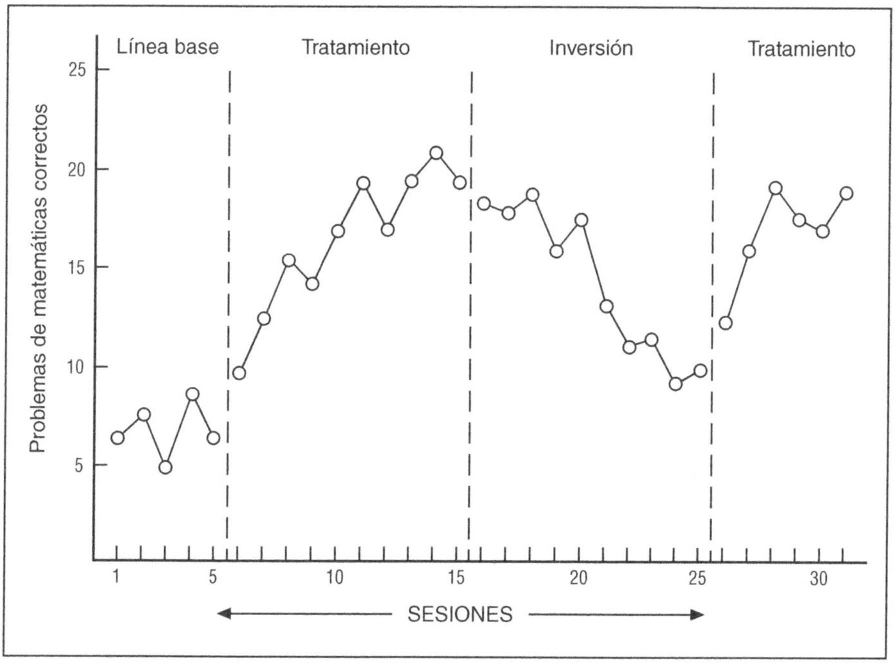

Figura 23-1. Datos hipotéticos de un diseño de inversión y replicación (ABAB) para Billy.

El tipo de estrategia experimental que empleó la Sra. Johnson se denomina diseño de investigación de **inversión y réplica (diseño operante de intervenciones múltiples)** porque incluye una regresión a las condiciones de la línea de base y luego una replicación de la fase de tratamiento (y se espera que de los efectos también). La línea de base se suele abreviar como «A» y el tratamiento como «B», por lo que este diseño de investigación se denomina también **ABAB** o diseño de *retirada* porque durante las fases B el tratamiento se retira (Poling y cols., 1995). Para una aplicación de este diseño, véase Ivancic, Barrett, Simonow y Kimberly (1997).

Aunque el diseño con inversión y replicación parece sencillo a simple vista, los estudiantes que empiezan a investigar en modificación de conducta rápidamente encuentran preguntas que no son tan fáciles de responder. Asumiendo que los problemas de definición de respuesta, precisión del observador y registro de datos (discutidos en el Capítulo 21) se han solucionado, la primera pregunta es: ¿cuánto debería durar la fase de línea de base? Las dificultades de responder a esta pregunta pueden apreciarse mejor analizando la Figura 23-2. ¿Cuál de las líneas base en esta figura consideraríamos que es más adecuada? Si ha elegido las líneas base 4 y 5, estamos de acuerdo. La línea de base 4 es aceptable porque la tendencia que muestra la conducta que se observa es estable y predecible. La línea de base 5 es aceptable porque la tendencia observada va en dirección opuesta al efecto predicho para la variable independiente actuando sobre la variable dependiente. En circunstancias idóneas, una fase de línea de base debería continuar hasta que el patrón de rendimiento sea estable o hasta que muestre una tendencia en dirección opuesta a la predicha cuando se introduce la variable independiente.

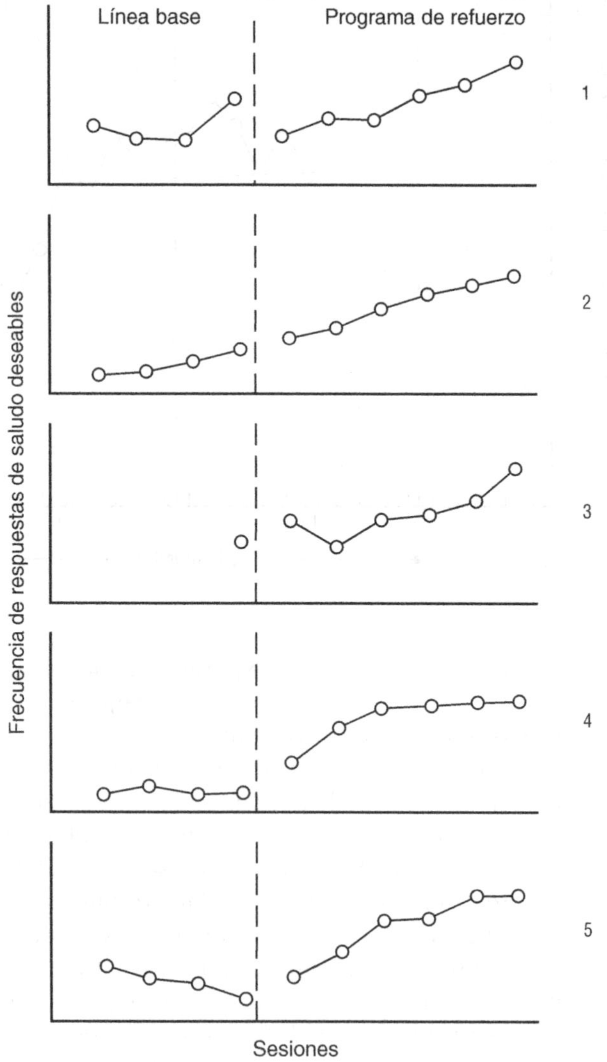

Figura 23-2.
Datos hipotéticos de cinco estudiantes.

Sin embargo, otras consideraciones pueden llevar a acortar o alargar la línea de base en un proyecto aplicado de investigación. En primer lugar, existen consideraciones científicas relacionadas con la novedad de las variables dependientes e independientes que se estudian. Podría ser más cómodo plantear una línea de base más corta en un nuevo estudio de una conducta que ya ha sido bien investigada, que realizar un estudio de un área menos explorada. En segundo lugar, las consideraciones prácticas podrían limitar la longitud de las observaciones de línea de base. El tiempo de que disponen los investigadores, la disponibilidad de observadores, limitaciones de los estudiantes para completar los proyectos a tiempo, y otro gran número de factores podrían aconsejar limitar o extender la línea de base por razones no científicas. Finalmente, las consideraciones éticas suelen afectar a la longitud de la línea de base. Por ejemplo, si se está intentando manejar la conducta autolesiva de una población con trastornos del desarrollo, resultaría moralmente inaceptable que se extendiera en la línea de base.

Otra pregunta con la que los principiantes en modificación de conducta podría encontrarse es ésta: ¿cuántas regresiones a la línea de base y replicaciones son necesarias? De nuevo, no existe una respuesta sencilla. Si se observa un gran efecto cuando se introduce la variable independiente, y es un área en que ya se ha explorado previamente, una réplica del experimento debiera bastar. Otras combinaciones de factores podrían inducir a realizar varias replicaciones para demostrar convincentemente una relación causa-efecto.

Aunque el uso del diseño de inversión-replicación es habitual en la investigación conductual, tiene limitaciones que lo hacen inadecuado en ciertas situaciones. En primer lugar, cuando sería improcedente retornar a las condiciones de línea de base después del tratamiento. Al abordar las conductas lesivas de alumnos con trastornos del desarrollo, por ejemplo, sería éticamente inaceptable retornar a la línea de base inmediatamente después de un tratamiento exitoso.

En segundo lugar, sería imposible obtener un retorno debido a que el comportamiento ha quedado atrapado en las contingencias naturales del refuerzo. En el Capítulo 16 se describe cómo un niño tímido podría aprender a interactuar con sus compañeros; una vez que el reforzamiento de la profesora produce la interacción deseada, la conducta del alumno queda «atrapada» y mantenida por la atención de los escolares, después de la retirada de la atención de la profesora. En otras ocasiones es el entorno físico más que el social el que atrapa al comportamiento, por eso una vez que un jugador profesional de golf ha enseñado a un jugador novel a golpear una pelota más allá de las 200 yardas, no es probable que el principiante vuelva a su *swing* original poco ortodoxo, que sólo conseguía un *drive* de 150 yardas.

DISEÑO DE LÍNEAS DE BASE MÚLTIPLES

A veces no sólo es imposible retornar la conducta a la línea de base, sino que es indeseable revertir la mejoría obtenida, incluso por un periodo corto de tiempo, por ello los diseños de múltiples líneas base se usan para demostrar la eficacia del tratamiento sin necesidad de volver a las condiciones de línea de base.

Una línea de base múltiple entre conductas

Supongamos que la Sra. Johnson estaba interesada en demostrar los efectos del procedimiento de reforzamiento en el rendimiento académico de Billy, pero que no quería retornar a las condiciones iniciales y arriesgarse a perder la mejoría. Podría entonces haber llevado a cabo su demostración mediante un diseño de **múltiples líneas base entre conductas**. El primer paso habría sido establecer simultáneamente las líneas de base de dos o más conductas. Específicamente, podría haber registrado el rendimiento de Billy en solución de problemas de matemáticas, en deletrear correctamente en las clases de inglés, y su redacción de oraciones durante la clase de escritura creativa. Estas líneas base podrían haber sido las que se muestran en la Figura 23-3. El diseño de múltiples líneas base es pertinente para la introducción del tratamiento secuencialmente en dos o más conductas. Habría que aplicar el programa de refuerzo de minuto extra de educación física por problema de matemáticas resuelto correctamente, mientras se continúa con el registro de la línea de base en las otras asignaturas. Si los resultados fueran los que muestra la Figura 23-3, la profesora podría haber introducido luego el tratamiento para la segunda conducta permitiendo un minuto extra de educación física por cada palabra escrita sin faltas de ortografía.

Finalmente, la profesora habría introducido el tratamiento para la tercera conducta de redacción de frases. Si el rendimiento fuera el indicado en la Figura 23-3, concluiríamos que la conducta sólo cambió cuando se introdujo el tratamiento. Este ejemplo proporciona una buena demostración del control del tratamiento sobre varias

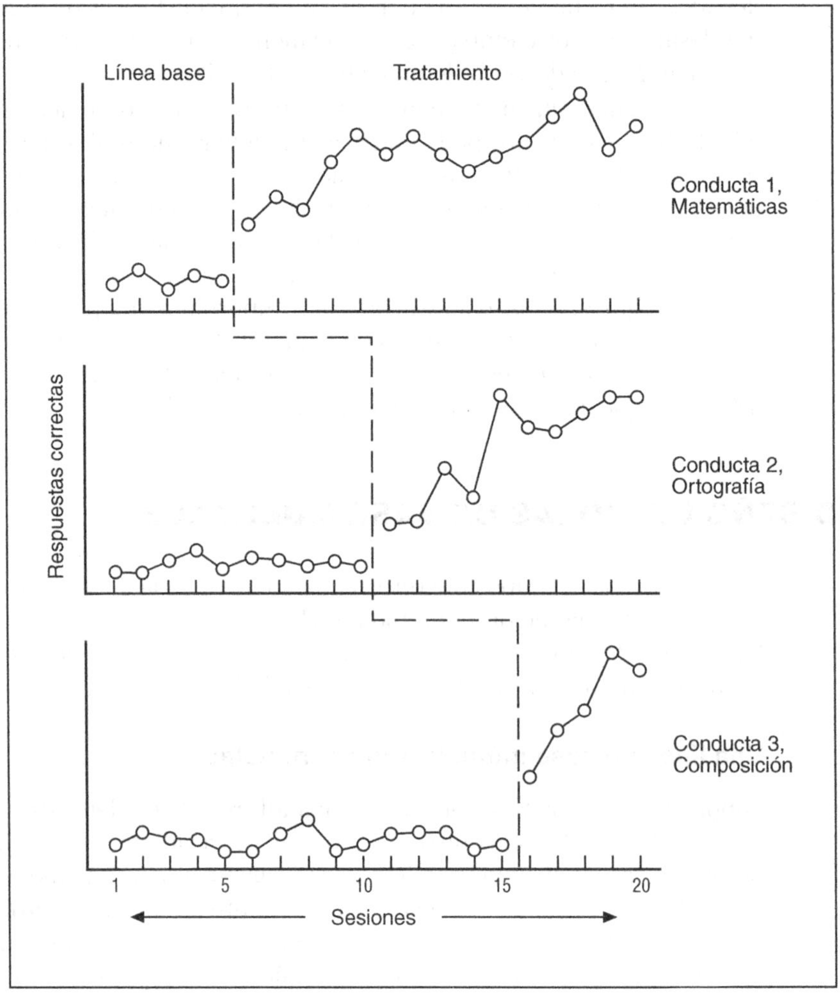

Figura 23-3. Datos hipotéticos que ilustran un diseño de múltiples líneas base entre conductas para Billy.

conductas. Para otro ejemplo de la aplicación del diseño con inversión y replicación, véase Gena, Krantz, McClannahan y Poulson (1996).

La aplicación de este diseño supone que las conductas son relativamente independientes. Si la Sra. Johnson hubiera aplicado el programa de tratamiento a una conducta mientras mantenía las demás en la condición de línea de base, y la mejora se hubiera observado simultáneamente en las tres conductas, no podría haber atribuido la mejoría al tratamiento. Nordquist (1971) informó de un ejemplo de esta generalización de la respuesta. Otras limitaciones se producen porque no siempre se dispone de dos o más conductas adecuadas o suficientes observadores para recopilar los datos necesarios en varias actividades.

Una línea de base múltiple entre situaciones

Otra variedad del diseño de múltiples líneas base estudia los efectos de un tratamiento en una única conducta que ocurre en varias situaciones. Por ejemplo, Allen (1973) estaba interesado en reducir las verbalizaciones extrañas de Mike, de ocho años, diagnosticado de «daño cerebral mínimo». Mientras estaba en un campamento de verano, Mike fantaseaba durante horas y jugaba con sus pingüinos imaginarios, a los que llamaba «Tirón Tirón» y «Lunares Junior». Estas verbalizaciones interferían en las interacciones de Mike con sus compañeros y monitores. Durante una fase inicial de línea de base, se recogieron datos sobre las verbalizaciones en cuatro situaciones: durante las caminatas por la tarde, en el comedor, en la cabaña donde dormía y en las clases de educación. El tratamiento, un programa de extinción en que las verbalizaciones eran ignoradas, se introdujo en la primera situación (las caminatas), mientras que las demás situaciones siguieron en la línea de base. Tras la reducción con éxito de las verbalizaciones durante las caminatas, el tratamiento se introdujo en la segunda situación, el comedor, y las dos situaciones restantes siguieron en la condición de línea de base. Finalmente, el tratamiento se introdujo secuencialmente en los dos contextos restantes. El número diario de verbalizaciones extrañas se redujo hasta casi desaparecer en todas las situaciones tras la introducción del tratamiento.

Un potencial problema del diseño de **línea de base múltiple entre situaciones** es que, cuando el tratamiento se aplica a la conducta en la primera situación, puede causar una mejora simultánea en todas las situaciones; es decir, se produce una generalización del estímulo en varios contextos. Cuando esto ocurre, no podemos inferir que la mejora es necesariamente el resultado del tratamiento. Otras limitaciones potenciales son que la conducta de interés podría aparecer sólo en una situación o que no dispusiéramos de observadores suficientes para recoger los datos necesarios.

Una línea de base entre personas

Otro diseño de línea de base múltiple demuestra la eficacia de un tratamiento aplicándolo secuencialmente a varias personas. Por ejemplo, Fawcett y Miller (1975) usaron un diseño de **línea de base múltiple entre personas** para demostrar la eficacia de una combinación de procedimientos o *paquete de tratamiento* diseñado para mejorar las habilidades para hablar en público. Inicialmente, se registraron estas destrezas en tres personas durante varias sesiones. La primera participante recibió a continuación el tratamiento mientras las otras dos continuaron en la línea de base. La exposición al paquete de tratamiento mejoró las conductas de habla en público de la primera persona. El tratamiento se introdujo entonces a la segunda persona y luego a la tercera, y en todos los casos produjo mejoras en la pericia para hablar en público. Este logro de mejoras en las personas que recibieron el tratamiento secuencialmente en el tiempo es una demostración convincente de la eficacia del programa de tratamiento. Para una aplicación de este diseño, véase Wanlin, Hrycaiko, Martin y Mahon (1997).

Un potencial problema del diseño de línea de base múltiple en varias personas es que el primer individuo podría explicar el tratamiento o modelar la conducta deseable a los demás participantes, provocando así una mejoría en ausencia del tratamiento (véase, por ejemplo, Kazdin, 1973). Además, no siempre es posible encontrar dos o más individuos que puedan ser evaluados en múltiples líneas base, ni los observadores requeridos para recopilar los datos necesarios.

DISEÑO DE CRITERIO VARIABLE

Otra forma de demostrar el control que un tratamiento ejerce sobre el comportamiento es introducir cambios sucesivos en el criterio conductual para la aplicación del mismo. Este es un **diseño de criterio variable**. Si los cambios en la conducta se producen de manera estable en la dirección prevista conforme al cambio de criterio del tratamiento aplicado, podemos concluir que éste es responsable aquellos.

DeLuca y Holborn (1992) usaron un diseño de criterio variable para demostrar los efectos de un sistema de economía de fichas para reforzar el ejercicio físico en chicos de once años con o sin obesidad. En primer lugar, durante la línea de base que consistía en varias sesiones de 30 minutos de ejercicio, se evaluó la tasa de pedaleo de cada participante en la bicicleta estática. Después, establecieron un criterio de reforzamiento para cada chico que estaba aproximadamente un 15% por encima de su línea de base promedio en tasa de pedaleo. En la segunda fase, cuando alguien alcanzaba el criterio ganaba puntos (que se señalaba con una campana y una luz) que podía canjear por reforzadores primarios. Cuando el rendimiento de un chico se había estabilizado en ese nivel superior de pedaleo en la fase 2, se comenzaba con la fase 3, en que el criterio para recibir el reforzamiento se aumentaba un 15% aproximadamente sobre la tasa conseguida en la fase 2. De forma similar, cada fase posterior incrementaba el criterio de reforzamiento un 15% sobre la tasa promedio de pedaleo de la fase anterior. Como muestra la Figura 23-4, que plasma los datos de uno de los chicos, el rendimiento mejoró con cada cambio en el criterio de reforzamiento. Este patrón de resultados se observó tanto en los tres chicos con obesidad, como en los tres sin obesidad. Para demostrar el control experimental del programa de reforzamiento, como se indica en la Figura 23-4, se incluyó en el estudio una fase de regresión a la línea de base. Aunque esta inversión proporcionó información de confirmación, estas fases de retorno no son una característica propia del diseño de criterio variable.

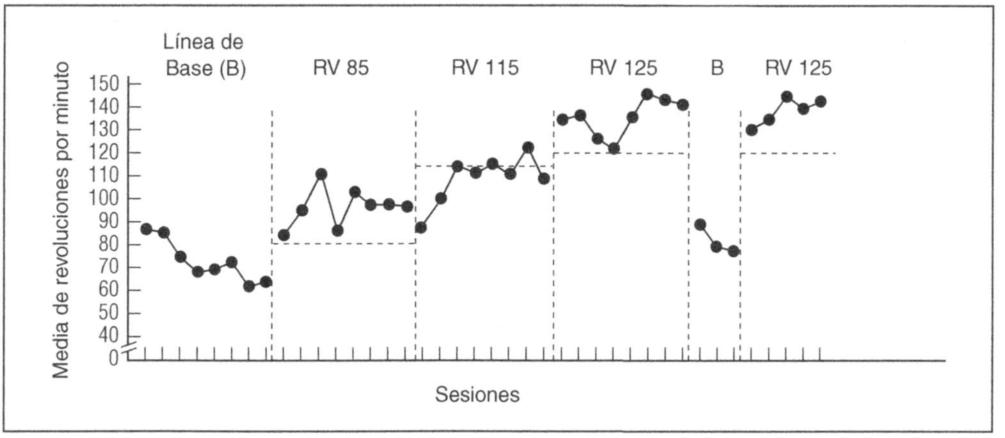

Figura 23-4. Promedio de pedaleo por minuto de un chico en una bicicleta estática. Tras la línea de base, se presentaban reforzadores (fichas) mediante un programa de razón variable (RV), en que la razón aumentaba paulatinamente; es decir, el requisito medio de respuesta era cada vez más alto. (Adaptado de la Figura 1 en «Effects of a Variable Ratio Reinforcement Schedule with Changing Criteria on Exercise in Obese and Non-Obese Boys» de R. V. DeLuca y S. W. Holborn, Journal of Applied Behavior Analysis, 255, 1992. Copyright ©1992. Reimpreso con permiso del Dr. Rayleen DeLuca, Universidad de Manitoba).

DISEÑO DE TRATAMIENTOS ALTERNOS (O MULTIELEMENTO)

Los diseños de investigación presentados funcionan muy bien para demostrar que un tratamiento concreto era de hecho responsable de un cambio conductual específico. No obstante, ¿qué pasaría si se quisieran comparar los efectos de diferentes tratamientos para una conducta particular o en una persona concreta? Los diseños de línea de base múltiple no sirven adecuadamente para este propósito. Una opción para estos casos es el **diseño de tratamientos alternos** (Barlow y Hersen, 1984). Como sugiere el término, el diseño implica alternar dos o más tratamientos más rápidamente de lo habitual en diseños de inversión-replicación. Por ejemplo, Wolko, Hrycaiko y Martin (1993) querían comparar tres tratamientos para aumentar la frecuencia de ejercicios completados por jóvenes gimnastas durante los entrenamientos en la barra de equilibrios. Un tratamiento era el entrenamiento típico aplicado por la entrenadora. La segunda condición era el entrenamiento estándar además del establecimiento público de metas, seguimiento e información de la entrenadora. En esta condición, la entrenadora fijaba metas por escrito para cada gimnasta, quien registraba su rendimiento y lo anotaba en un gráfico en el gimnasio, y recibía retroalimentación informativa de la entrenadora al final de cada entrenamiento. La tercera condición consistía en entrenamiento estándar y autogestión privada, que implicaba que la gimnasta se fijara sus propias metas y llevara el registro de su rendimiento en un cuaderno privado. Las tres condiciones se alternaban al azar a lo largo de los entrenamientos. La Figura 23-5 muestra los resultados de una de las gimnastas en gráficos de frecuencias acumuladas. Se observa que para esta gimnasta, el entrenamiento estándar y la autogestión privada eran más efectivos, de forma estable, que el entrenamiento con gestión pública y el entrenamiento estándar solo (la línea de base). Para otro ejemplo del diseño de tratamientos alternos, véase Daly, Martens, Kilmer y Massie (1996).

Un problema potencial con el diseño de tratamientos alternos es que los tratamientos pueden interactuar; esto es, uno de los tratamientos podría producir un efecto por contraste con los otros tratamientos en las sesiones alternas o por generalización del estímulo en los tratamientos. Y de hecho, en muchos estudios con diseño de tratamientos alternos, las interacciones ocurren (p.ej., Hains y Baer, 1989). En otras palabras, si sólo se hubiera aplicado uno de los tratamientos, los efectos podrían haber sido bien distintos.

Sidman (1960, p. 326) sugiere que es posible usar el diseño de tratamientos alternos para estudiar topográficamente diferentes formas de conductas, como plasmaron Ming y Martin (1996) en uno de sus casos.

Otro término para referirnos al diseño de tratamientos alternos es el *diseño multi-elemento*. Este término es especialmente apropiado cuando las condiciones que se comparan no son realmente tratamientos terapéuticos. Consideremos el análisis funcional llevado a cabo sobre las conductas auto-lesivas de Susie, descrito en el Capítulo 22. Recordará que en este caso se alternaron varias condiciones: de atención, de demanda, sola con juguetes y sola en una habitación vacía. Estas condiciones no se comparaban para determinar cuál era el tratamiento más efectivo, sino para ayudar a determinar la causa de la conducta y poder diseñar así una intervención eficaz.

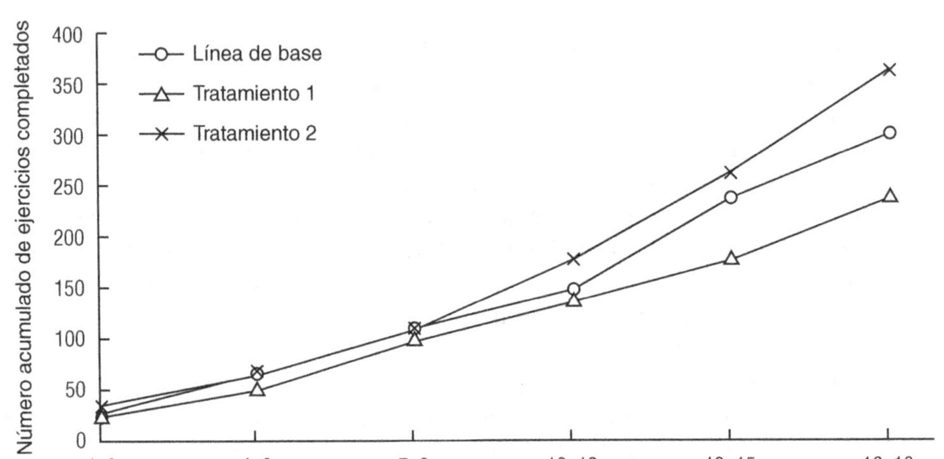

Figura 23-5. Frecuencia de ejercicios completados sobre la barra fija para una gimnasta en las condiciones de entrenamiento estándar (línea de base), entrenamiento habitual más la auto-gestión pública (tratamiento 1), frente al entrenamiento estándar más la auto-gestión privada (tratamiento 2). Cada condición se aplicó en seis sesiones, con las condiciones alternadas al azar entre un total de 18 sesiones. (Adaptado de los datos presentados por Wolko, Hrycaiko y Martin, 1993).

ANÁLISIS E INTERPRETACIÓN DE LOS DATOS

Los experimentadores que emplean los diseños de investigación en modificación de conducta descritos en este capítulo suelen analizar sus datos sin usar grupos de control ni técnicas estadísticas que son más habituales en otras áreas de la psicología (véase **Nota 2**). En general, esto se debe a que los modificadores de conducta están interesados en entender y mejorar la conducta de las personas, no medias de grupos (véase Sidman, 1960, para una justificación y elaboración de este enfoque). La evaluación del efecto de un tratamiento particular se hace típicamente sobre la base de dos conjuntos fundamentales de criterios: científicos y prácticos. Los criterios científicos son las pautas que siguen los investigadores para evaluar si ha habido o no una demostración convincente de que el tratamiento es el responsable de producir un efecto evidente sobre la variable dependiente. Este juicio se suele hacer inspeccionando visualmente la gráfica de resultados. Los problemas a la hora de decidir si un tratamiento produjo o no un efecto significativo sobre la variable dependiente se puede apreciar mejor examinando la Figura 23-6. Muchos observadores de las cinco gráficas probablemente estarían de acuerdo en que existe un efecto claro en la gráfica 1, un efecto probable, aunque pequeño en la gráfica 2, y efectos cuestionables en las demás gráficas.

Existen siete pautas aplicadas habitualmente para inspeccionar los datos y juzgar si el tratamiento tuvo o no un efecto sobre la variable dependiente. Hay mayor confianza en que se ha observado un efecto robusto: cuantas más veces se replica, cuantos menos puntos se superpongan entre la línea de base y las fases de tratamiento, cuanto antes se observe el efecto tras la introducción del tratamiento, cuanto mayor sea el efecto en comparación con la línea de base, cuanto mayor sea la concreción en la especificación del procedimiento de tratamiento, cuanto más válidas sean las medidas de las respuestas y cuanto más coherentes sean los hallazgos con los datos existentes y con la teoría conductual generalmente aceptada. Para una discusión sobre el problema de la inspección visual de datos, véase Fisch (1998); para una descripción de aparatos de ayuda visual y de un programa de entrenamiento para profesionales con el fin de mejorar la fiabilidad y la validez de la inspección visual de los diseños de caso único, véase Fischer, Kelley y Lomas (2003).

Juzgar si se ha producido o no un efecto significativo desde un punto de vista científico, no es lo mismo que evaluar la importancia práctica del cambio conductual para los clientes, para personas importantes de su entorno y para la sociedad en general. Al evaluar el impacto práctico de un tratamiento, debemos considerar algo más que las pautas científicas que miden su efecto sobre el comportamiento. Esto es, si el gráfico 2 de la Figura 23-6 fuera una representación de conducta auto-lesiva, la relación causa-efecto fehacientemente demostrada tendría poca significación clínica. Si la persona siguiera inflingiéndose lesiones como indica la frecuencia aún existente durante las fases de tratamiento, las personas responsables de su cuidado no estarían satisfechas. Los juicios sobre la importancia clínica del cambio conductual se equiparan a la eficacia clínica o importancia social del mismo.

Un concepto relacionado con la importancia práctica es la validez social. Wolf (1978) sugirió que los modificadores de conducta necesitaban validar su trabajo so-

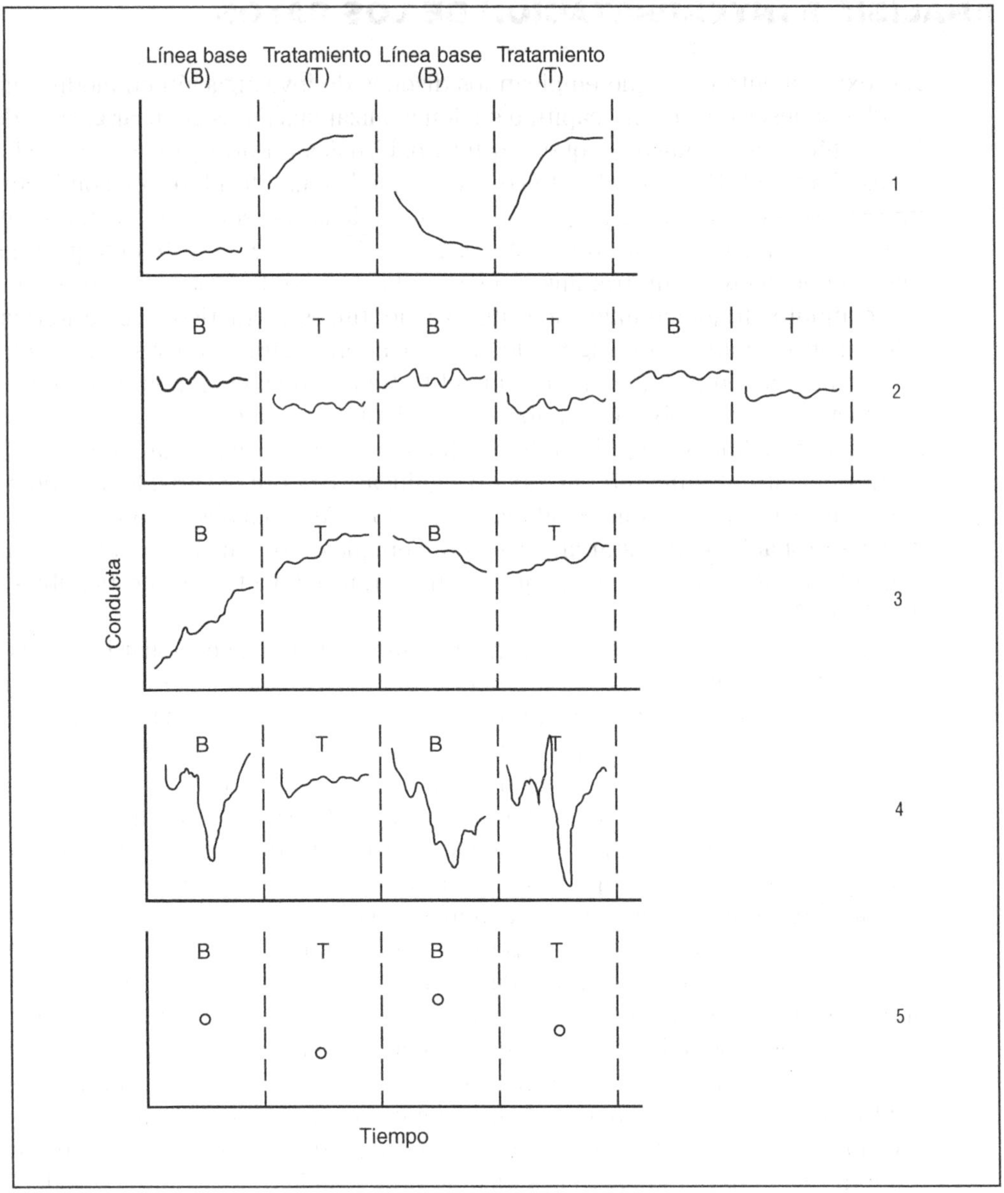

Figura 23-6. Algunos datos hipotéticos.

cialmente al menos en tres facetas: (a) deben examinar el grado en que las conductas objetivo identificadas para los programas de tratamiento son realmente las más importantes para los clientes y para la sociedad, (b) deben tener en cuenta la aceptación de los clientes de los procedimientos concretos utilizados, especialmente cuando algún procedimiento alternativo puede generar aproximadamente los mismos resultados; y (c) deben asegurarse de que los consumidores (los clientes o sus cuidadores) están satisfechos con los resultados. Un procedimiento de validación social implica la evaluación subjetiva en que los clientes u otros individuos significativos responden a preguntas sobre su satisfacción con los objetivos, procedimientos y resultados. Otro procedimiento de validación social es llevar a cabo pruebas de preferencias con los clientes y determinar qué alternativas favorecen. En un tercer procedimiento, las metas y los resultados de los procedimientos se validan socialmente comparando los resultados de los clientes con el rendimiento promedio de algún grupo de comparación, como sus compañeros. Estas estrategias se discuten con más detalle en Kazdin (1977b) y Wolf (1978). La validación social ayuda a garantizar que los modificadores de conducta hacen su trabajo de forma idónea para ayudar a las personas a funcionar plenamente en sociedad. Otras estrategias para garantizar la responsabilidad de los especialistas en los tratamientos se pormenorizan en el Capítulo 30.

PREGUNTAS DE REPASO

1. Describa brevemente los componentes mínimos de un programa de modificación de conducta.
2. En una o dos frases, establezca la distinción entre un programa mínimo de modificación de conducta y una investigación en modificación de conducta.
3. En dos o tres frases, explique por qué no podemos concluir fehacientemente que un cambio en una conducta durante un programa mínimo de modificación de conducta se debió al tratamiento.
4. Describa brevemente, en referencia a algún ejemplo, los cuatro componentes de un diseño de inversión-replicación. ¿Qué otro término existe para denominar este diseño?
5. Idealmente, ¿Cuánto debe durar la fase de línea de base en un diseño de inversión-replicación?
6. En una frase o dos, describa por qué las líneas de base 1, 2 y 3 de la Figura 23-2 no son adecuadas.
7. ¿Qué consideraciones científicas, prácticas y éticas llevarían a alargar o a acortar la línea de base?
8. ¿Cuántos retornos y replicaciones son necesarias para un diseño de inversión-replicación?
9. Identifique dos limitaciones del diseño de inversión-replicación, y aporte un ejemplo de cada una.
10. Aporte una ventaja del diseño de línea de base múltiple sobre el diseño de retorno.
11. Describa brevemente, en referencia a un ejemplo, un diseño de línea de base múltiple en varias conductas.
12. ¿Cuándo no es apropiado un diseño de línea de base múltiple en varias conductas?
13. Describa brevemente, en referencia a un ejemplo, un diseño de línea de base múltiple en varias situaciones.
14. ¿Cuándo no es apropiado un diseño de línea de base múltiple en varias situaciones?
15. Describa brevemente, en referencia a un ejemplo, un diseño de línea de base múltiple en varias personas.
16. ¿Cuándo no es apropiado un diseño de línea de base múltiple en varias personas?
17. Describa brevemente, en referencia a un ejemplo, el diseño de criterio variable.
18. Describa brevemente, en referencia a un ejemplo, un diseño de tratamientos alternos. ¿Qué otro término hay para denominar este diseño? Explique por qué se prefiere a veces esta denominación.
19. Describa brevemente un problema potencial del diseño de tratamientos alternos.

20. En una frase o dos por cada una, ¿Cuáles son los criterios científicos y prácticos para evaluar los efectos de un tratamiento concreto? Asegúrese de diferenciar entre ambos en su respuesta.
21. Para los gráficos 3, 4 y 5 en la Figura 23-6, describa por qué es difícil establecer conclusiones sobre los efectos de los tratamientos.
22. ¿Qué siete criterios darían la máxima confianza de que el tratamiento en un diseño ABAB ha producido un efecto significativo sobre la variable dependiente?
23. ¿Cuáles son las tres facetas de la validación social y por qué son importantes?

EJERCICIOS DE APLICACIÓN

A. Ejercicios que implican a otras personas

Supongamos que estamos enseñando a unos estudiantes cómo hacer investigación utilizando diseños con inversión y línea de base múltiple. Los estudiantes deben hacer un proyecto de investigación en que evalúen los efectos de algún tratamiento sobre la variable dependiente que hayan seleccionado. Nuestra tarea como profesores es analizar el material de este capítulo para preparar una guía que les ayude a elegir el diseño de investigación apropiado. La guía debe tener la forma de una serie de preguntas que deben plantearse y las respuestas que les señalarían un diseño concreto. Por ejemplo, si (a) y (b), entonces hay que elegir un diseño con inversión del tratamiento; pero si (c), (d) y (e), entonces hay que elegir un diseño de línea de base múltiple; y así sucesivamente.

B. Ejercicio de auto-modificación

Tal como se describe en el Capítulo 20, el auto-registro sin procedimiento conductual adicional alguno puede causar **reactividad;** esto es, la mera conducta de registro lleva a cambios comportamentales. Supongamos que ha decidido describir un procedimiento de auto-registro y luego investigarlo como un tratamiento en un programa de auto-modificación. Describa un diseño de línea de base múltiple que nos permitiría evaluar el auto-registro como un tratamiento efectivo de auto-control.

NOTAS DE AMPLIACIÓN SOBRE EL TEMA

1. Dos consideraciones a tener en cuenta al evaluar posibles relaciones causa-efecto entre tratamientos (variable independiente) y resultados (variable dependiente) son la validez interna y la validez externa. Un hallazgo tiene validez interna si la variable independiente causó, de hecho, los cambios observados en la variable dependiente. Un hallazgo tiene validez externa en la medida en que pueda ser generalizado a otras conductas, personas, ambientes o tratamientos.

2. Los diseños de investigación descritos en este capítulo son ejemplos de caso único, sujeto único o intra-sujeto. En muchos de estos diseños, una persona funciona como su propio control en el sentido de que el rendimiento de esa persona en ausencia del tratamiento se compara con su propio rendimiento durante el tratamiento. Los diseños más habituales en varias áreas de la psicología son los diseños de investigación con grupo de control o inter-sujetos. Un diseño con grupo de control implica típicamente al menos dos grupos, uno que recibe el tratamiento y otro que no lo recibe. El rendimiento promedio de los dos grupos se compara luego mediante procedimientos estadísticos apropiados. Los diseños de caso único son más populares que los diseños con grupo de control entre los modificadores de conducta por varias razones (Hrycaiko y Martin, 1996). En primer lugar, se centran en medidas repetidas del rendimiento de una persona en varias sesiones, y por tanto, proporcionan información potencialmente valiosa sobre la variación del rendimiento de la persona. Los diseños grupales, con su énfasis en el rendimiento promedio de los grupos, típicamente recogen datos en un punto único en el tiempo, en lugar de hacer un seguimiento continuo de los participantes a lo largo del tiempo. En segundo lugar, los investigadores que usan diseños de caso único, por lo general sólo necesitan localizar a unos pocos individuos con el mismo problema para evaluar la intervención. Con los diseños grupales, es difícil encontrar personas suficientes con el mismo problema para formar los diferentes grupos. En tercer lugar, debido a que todos los participantes en los diseños de caso único reciben la intervención en un momento u otro, quien realiza la investigación aplicada no tiene que enfrentarse a la resistencia de los clientes (o sus responsables) para participar en un grupo de control que no recibe el tratamiento. En cuarto lugar, debido a que los diseños de caso único se basan en una lógica de replicación más que en la lógica de muestreo de los diseños grupales (Smith, 1988), no están condicionados por los supuestos estadísticos necesarios para los diseños grupales. Éstos, por ejemplo, suponen que la variable dependiente se distribuye en la población de una forma determinada (usualmente normal) y que las muestras han sido seleccionadas al azar de esa población. A menudo, no obstante, estos supuestos no se evalúan o no se cumplen. Por estas y otras razones, los modificadores de conducta prefieren los diseños de caso único. Un manual sobre los diseños de caso único excelente, práctico y fácil de leer es el de Bailey y Burch (2002). Para una revisión de la investigación mediante diseños de caso único en psicología deportiva, véase Martin, Thompson y Regehr (2004); para una discusión acerca de algunos malentendidos sobre los diseños de caso único, véase Hrycaiko y Martin (1996); para una defensa de las razones para utilizar diseños grupales, véase Poling, Methot y LeSage (1995); para una exposición de ventajas e inconvenientes del empleo de procedimientos de inferencia estadística en la investigación de análisis conductual, véase The Behavioral Analyst, 2000, Vol.22, N.°2.

Preguntas sobre las notas

1. ¿Qué quiere decir validez interna? ¿Y validez externa?

2. Haga una lista de las razones por las que los modificadores de conducta prefieren los diseños de caso único frente a los diseños grupales.

PARTE V

UNIR TODAS LAS PIEZAS

24

Planificar, aplicar y evaluar un programa de tratamiento

ESTE capítulo proporciona las pautas *generales* para diseñar cualquier tipo de programa comportamental dirigido a clientes que podrían ser personas autistas o con retraso cognitivo, pacientes con diagnóstico psiquiátrico, niños o adolescentes delincuentes o pre-delincuentes, niños o adolescentes con un desarrollo estandarizado en el hogar, en clase o en un ambiente social, o quizá una persona adulta corriente. La cuestión es que usted, algún profesional de la modificación de conducta, el padre, la madre, los profesores o algún otro mediador van a ser los responsables de llevar a cabo la intervención.

LE REMITEN UN CASO: ¿DEBE DISEÑAR UN PROGRAMA?

Los problemas comportamentales tienen una etiología diversa, se presentan bajo distintos aspectos y varían en cuanto a complejidad y gravedad. No siempre que le remitan un caso encontrará razones suficientes para proceder al diseño y aplicación de un programa. Contestar a las preguntas que planteamos a continuación le servirá para decidir, no ya por dónde comenzar, sino si se ha de comenzar. Por lo general, encontrará las respuestas durante la fase inicial de recogida de datos y evaluación comportamental, que hemos descrito en el Capítulo 20.

1. *¿Se consultó el problema para beneficiar a los clientes*? Si son otras personas y no la directamente implicada quienes refieren el problema, tendrá que dilucidar si la consecución de los objetivos sugeridos supondrá un beneficio para ella. Por supuesto, los logros podrían beneficiar a otros y simplemente no tener consecuencias para su cliente. En cualquier caso, hay que mantenerse fiel a los principios éticos personales y por tanto, algunos casos no pasan de este punto.
2. ¿Puede especificar el problema y el objetivo, de forma tal que finalmente constituya una *conducta o conjunto de conductas cuantificadas, cronometradas o estimadas de alguna manera*? Muchos problemas remitidos son demasiado vagos, subjetivos y genera-

les: «Johnny es hiperactivo», «mi hijo me saca de quicio», «soy realmente desordenada», «no quiero que Teddy sea tan terco». Si el planteamiento inicial es demasiado amplio y se describe meramente como «agresión», habrá que concretar aspectos como, por ejemplo, dar patadas a los muebles, susceptibles de cuantificación y evaluación objetiva. No obstante, en estos casos resulta crucial ponderar si intervenir sobre los componentes, resolverá el problema conforme a los criterios de quien remite el caso. Si no es posible llegar a un acuerdo sobre las conductas componentes que definen el problema, es aconsejable que abandone su participación. Si alcanza un acuerdo, debiera ponerlo por escrito, para evitar malentendidos posteriores respecto del problema concreto remitido para tratamiento.

3. *¿El problema es importante para los clientes o para los demás?* Hay varias cuestiones a plantearse al evaluar la importancia del problema. Si se trata de una conducta no deseada, ¿resulta inmediatamente desagradable a los clientes y demás personas implicadas? Si se solucionase, ¿obtendrían más refuerzos los clientes y el resto de las personas? ¿facilitaría, directa o indirectamente, la aparición de otras conductas deseables? Si responde negativamente a alguna de las preguntas, es probable que tenga que reconsiderar su participación en este caso concreto.
4. ¿Ha eliminado la posibilidad de que haya *complicaciones adicionales que aconsejarían remitir el problema a otros especialistas*? (Véase **Nota 1**). En otras palabras, ¿es usted la persona indicada para el tratamiento de ese problema? Es obvio que si el caso pudiera tener complicaciones de cierta gravedad, tanto médicas (por ejemplo, pérdida o incremento excesivo de peso), como psicológicas (por ejemplo, peligro de suicidio), o de diagnóstico conforme al DSM-IV-R (véase **Nota 1** del capítulo 1), frente a las que usted no cuente con las cualificaciones o la experiencia precisas, habrá que consultar con los especialistas apropiados. Si finalmente decide tratar el caso, habrá de proceder conforme a las recomendaciones de los expertos.
5. *¿Es un tipo de problema que parece fácilmente abordable?* Antes de responder habría que considerar si se trata de disminuir una conducta no deseada, ¿se ha producido durante un periodo breve, bajo un estrecho control del estímulo y con pocos refuerzos intermitente? Es probable que un problema con estas características sea más fácil de resolver que una conducta prolongada en el tiempo, bajo el control de muchos estímulos y con una historia de refuerzo intermitente. Además, tendrá que identificar comportamientos agradables que reemplacen a los no deseados. Si la dificultad radica en enseñar una nueva conducta, tendrá que estimar si la persona cuenta con las habilidades requeridas, y si se enfrenta a un conjunto de problemas, habrá de establecer una jerarquía de prioridades y comenzar atendiendo los aspectos más urgentes.
6. *Si se alcanza el objetivo, ¿será fácil generalizarlo y mantenerlo?* A este respecto, habrá que tener en cuenta si la conducta adecuada puede desplegarse en el entorno natural, y de no ser así, si es posible crear un contexto de entrenamiento que se transforme gradualmente en un ambiente natural. Hay que ponderar si existen las circunstancias cotidianas que mantendrán el objetivo conductual una vez se haya alcanzado o si habrá que aleccionar a las personas del entorno para que ayuden a mantener los avances conseguidos, y si es posible que los clientes desarrollen el autocontrol preciso para mantener las mejorías (expuesto en el Capítulo 26).
7. ¿Puede identificar a personas importantes del entorno, parientes, amigos y profesores, *que ayuden a registrar observaciones y a utilizar los reforzadores y los estímulos discriminativos*? (Véase **Nota 2**). En casos infantiles, los padres y las madres suelen asumir adecuadamente la aplicación y el mantenimiento del programa. Por otra parte, tendría poco sentido aceptar un caso que requiera aproximadamente dos horas diarias de

entrenamiento lingüístico, si sólo dispone de una hora semanal para dedicar al proyecto, o si se trata de una familia monoparental, con una persona que trabaja a tiempo completo y tiene otros cuatro hijos a los que atender al llegar a casa.

8. *Si hay personas que obstaculizan el programa, ¿podrá usted encontrar las vías para minimizar su potencial interferencia?* Carece de sentido diseñar un programa si otros van a encargarse de sabotearlo.
9. *Teniendo en cuenta las respuestas provisionales a estas ocho preguntas, ¿cuenta usted con la formación, la disponibilidad y el tiempo necesarios para participar en la intervención?* Sólo debiera aceptar los casos que se ajusten a sus cualificaciones, preparación y disponibilidad para llevar a cabo una actuación eficaz.

Cuando los profesionales de la modificación de conducta acuden por primera vez a una residencia para personas con trastornos evolutivos, al hogar de una familia cuyos hijos tienen problemas, al aula de una profesora de segundo grado o cualquier otro contexto que precise su intervención, suelen quedar impresionados por la cantidad y complejidad de comportamientos inadaptativos e influencias potencialmente dañinas. Es obvio que siempre será preferible comenzar por algún aspecto relativamente sencillo y lograr algún éxito, que intentar abordar demasiados elementos simultáneamente e incrementar por tanto el riesgo de fracaso. La evaluación minuciosa del caso conforme a las consideraciones que hemos expuesto contribuirá en gran medida a la realización de un programa comportamental satisfactorio.

SELECCIÓN Y APLICACIÓN DE UN PROCEDIMIENTO DE EVALUACIÓN

Vamos a suponer que ha decidido diseñar y aplicar una intervención comportamental para tratar una deficiencia conductual de una persona que le han remitido y por tanto, debería proceder a través de los siguientes pasos:

1. Para establecer una línea base válida, habrá que definir el déficit conductual en términos precisos.
2. Seleccione un procedimiento de línea base que le permita (véanse Capítulos 20, 21 y 22):
   - **a.** Observar el problema conductual.
   - **b.** Identificar los estímulos que lo controlan actualmente.
   - **c.** Identificar las consecuencias que mantienen la conducta problemática.
   - **d.** Hacer un seguimiento de las condiciones médicas, de salud y personales pertinentes.
   - **e.** Identificar una conducta alternativa deseable.
3. Diseñe unos procedimientos de registro que le permitan calcular el tiempo que dedican al proyecto los profesionales que trabajan en él, como profesores y modificadores de conducta. Este apartado le ayudará en el análisis de costes-beneficios de la intervención.
4. Asegúrese de que los observadores han recibido entrenamiento apropiado para la identificación de los aspectos críticos de la conducta, la aplicación de los procedimientos de registro y la realización de los gráficos de datos.
5. Si hay que prolongar la línea base, seleccione un procedimiento para mantener la motivación, dedicación y precisión del registro por parte de las personas que están recogiendo los datos.

6. Elija un procedimiento que garantice la validez de las observaciones de la línea base (véase Capítulo 21).
7. Una vez que haya empezado a registrar la línea base, analice los datos cuidadosamente para adoptar la estrategia de intervención apropiada y decidir cuándo poner término a la misma y comenzar el tratamiento.

En los Capítulos 20, 21 y 22, revisamos las directrices para la evaluación conductual y por ello no las repetiremos aquí. No obstante, existen algunas consideraciones adicionales que los terapeutas debieran tener en cuenta antes y durante la evaluación.

¿De cuánto tiempo disponen los mediadores a diario para dedicar al proyecto? Por ejemplo, si una profesora sólo dispone de aproximadamente diez minutos diarios, justo antes del almuerzo, para dedicarlos al programa, no tiene sentido diseñar una tabla de muestreo temporal que exija la evaluación de la conducta a lo largo de toda la jornada, ni tampoco lo tendrá recoger datos sobre una amplia variedad de conductas que nunca tendrá tiempo de examinar.

¿Le ayudarán, o le estorbarán las personas del entorno a la hora de recoger datos? No tiene sentido diseñar un registro de línea base de la duración de una rabieta infantil en casa, si la abuela, tía, hermana u otros parientes van a darle un caramelo para que deje de llorar porque «no pueden ver a la criatura pasando un mal rato». Por otra parte y con frecuencia, familiares y amigos son de gran ayuda porque registran los datos directamente o recuerdan a otros que lo hagan. Si va a recibir ayuda de otras personas, es aconsejable colgar hojas de registro y carteles con un resumen de los procedimientos a seguir en un lugar visible para todos los participantes, por ejemplo, en algún punto destacado de la cocina.

¿El entorno físico ayudará, o dificultará la evaluación? Vamos a suponer que quiere registrar la línea de base de la frecuencia y el horario de los garabatos que hace un niño en las paredes de casa, pero como hay varias habitaciones y el pequeño va de una a otra, no siempre es posible detectar inmediatamente que ha pintado algo. O imaginemos que alguien quiere elaborar la línea base de su conducta de fumar, pero mientras lo hace pasa bastante tiempo en casa de un amigo que no fuma y no tiene ceniceros. Ninguna de estas situaciones es idónea para la aplicación de los procedimientos de evaluación. Si desea valorar las habilidades básicas de una niña con retraso cognitivo para vestirse, y le va mostrando las prendas junto con las instrucciones apropiadas, pero no deja de oírse el sonido del televisor con su programa favorito de fondo, es poco probable que consiga datos adecuados.

¿Cuál es la frecuencia de la conducta existente? ¿Es un comportamiento que se produce con mucha frecuencia a lo largo del día, como chuparse el dedo, morderse las uñas, gimotear o molestar? ¿O se trata de una conducta que tiene lugar cada dos o tres semanas, como berrinches ocasionales pero intensos, robar o huir de casa? Habrá ocasiones en que la respuesta que dé a estos aspectos le llevará a abandonar el proyecto, ya que si dispone de poco tiempo, tendrá que tener en cuenta, por ejemplo, que un problema conductual que ocurre raramente, puede ser extremadamente difícil de tratar. Ciertamente, como veremos en el Capítulo 21, la frecuencia de la conducta le indicará el procedimiento de registro adecuado.

¿A qué velocidad debe producirse el cambio? ¿Requiere atención inmediata a causa del peligro que conlleva, quizá de autolesión, o se trata de una conducta cuyo cambio inmediato sería muy conveniente para los afectados, por ejemplo, padres y madres que desean que los hijos controlen los esfínteres justo antes de irse de vacaciones? Si la conducta ha estado ocurriendo durante meses y bien pudiera tolerarse durante unos pocos días o semanas más, dispondrá de algo más de tiempo para diseñar un sistema detallado de registro de datos, que proporcione una imagen válida del rendimiento durante la línea de base. Ejemplos de este último tipo de conducta podrían ser fumar, ver demasiada televisión, o no limpiar la casa.

ESTRATEGIAS PARA EL DISEÑO Y APLICACIÓN DE UN PROGRAMA

Algunos terapeutas son realmente modificadores de conducta y se muestran hábiles a la hora de diseñar programas eficaces «a mano alzada», sin mayor esfuerzo, logrando identificar los detalles críticos para el éxito de la intervención y estableciendo tratamientos que conducen rápidamente a resultados deseables. Probablemente no hay un conjunto de recetas que lograrán convertirnos inmediatamente en ese tipo de terapeutas, ni tampoco una serie de directrices a seguir para diseñar cualquier tipo de programa. La intervención satisfactoria en muchas conductas no consiste más que en la reorganización mínima de las contingencias existentes, en tanto que otras requieren de mucha creatividad. No obstante, las siguientes pautas debieran resultarle de utilidad para diseñar programas eficaces en la mayoría de las ocasiones:

1. Defina el objetivo e identifique las conductas finales deseadas, su magnitud y el control de estímulo. A continuación, responda a las siguientes preguntas:
   a. ¿Es la descripción precisa?
   b. ¿Sobre la base de qué datos se ha escogido el objetivo y en qué medida responde a los intereses de los clientes?
   c. ¿Conocen los clientes toda la información disponible sobre el objetivo?
   d. ¿Se han tomado medidas para aumentar el compromiso de los clientes con los objetivos de la terapia? En el Capítulo 17 expusimos el compromiso y volveremos a hacerlo más adelante en este capítulo.
   e. ¿Qué efectos secundarios conllevará lograr el objetivo, tanto para los clientes como para otras personas implicadas?
   f. A la vista de las respuestas que haya dado a estas preguntas, ¿cree que debe continuar? Si la respuesta es afirmativa, hágalo.
2. Identifique personas importantes, amigos, parientes, profesores u otras, que pudieran ayudarle a manejar los estímulos discriminativos y los reforzadores. Identifique también a quienes podrían entorpecer el desarrollo del tratamiento.
3. Examine la posibilidad de aprovechar el control del estímulo existente. Quizá pudiera servirse de:
   a. Reglas
   b. Establecimiento de objetivos
   c. Modelos

d. Guía física
e. Inducción situacional, reorganizar el entorno, reubicar la actividad, reubicar a las personas y/o cambiar el horario de la actividad
f. Actividades que incrementen la motivación

4. Si está desarrollando una nueva conducta, ¿usará moldeado, desvanecimiento o encadenamiento? ¿Qué actividad que aumente la motivación podría emplear?

5. Si está cambiando las claves que controlan el comportamiento existente, puede seleccionar estímulos discriminativos que:
a. se diferencien de los estímulos previos en varias dimensiones
b. estén presentes, sobre todo, en situaciones en que queramos que se produzca el control de estímulo
c. llamen la atención
d. no evoquen conductas poco deseables

6. Si está disminuyendo un exceso conductual:
a. ¿Puede eliminar los estímulos discriminativos que gobiernan la conducta problemática?
b. ¿Puede eliminar los refuerzos que mantienen la conducta problemática, o como alternativa presentar actividades que disminuyan la motivación frente a ellos? (véase Capítulo 19).
c. ¿Puede aplicar el refuerzo diferencial de tasas bajas para reducir la frecuencia del comportamiento a un nivel menor, pero aceptable?
d. ¿Puede intentar reforzar diferencialmente la respuesta cero, respuestas incompatibles o alternativas? Observe que cada uno de estos programas podría conducir a la extinción de la conducta problemática, ya que lograría identificar y eliminar los refuerzos que la mantienen.
e. ¿Debería utilizarse el castigo? Recuerde que sólo es aceptable como último recurso y aún así con reservas, bajo una supervisión profesional apropiada y con la correspondiente aprobación ética.

7. Especifique los detalles del sistema de refuerzo, contestando los siguientes aspectos:
a. ¿Cómo seleccionará los reforzadores? (véase Capítulo 3).
b. ¿Qué reforzadores utilizará? ¿podrá aprovechar los mismos que mantienen la conducta problemática actualmente? (véase Capítulo 22).
c. ¿Cómo y quiénes observarán permanentemente la eficacia del reforzador?
d. ¿Cómo vamos a almacenar y distribuir los refuerzos? ¿Quiénes lo harán?
e. Si se usa un sistema de fichas, ¿cuáles son los detalles de su aplicación? (véase Capítulo 25).

8. Especifique cuál será el ámbito de entrenamiento. ¿Qué reorganización del entorno será necesaria para optimizar la conducta deseada, minimizar los errores, disminuir las actividades que interfieran con la buscada, así como maximizar el registro riguroso y la organización de los estímulos por parte de los mediadores, es decir, las personas que aplicarán el programa directamente?

9. Describa cómo planificará la generalización del cambio comportamental (véase Capítulo 16):
a. Al programar la generalización del estímulo, ¿podrá:
(i) practicar en la situación de prueba?
(ii) modificar las condiciones del entrenamiento?
(iii) programar estímulos habituales?
(iv) entrenar con suficientes ejemplos de los estímulos?
b. Al programar la generalización de respuesta, ¿podrá:
(i) practicar con suficientes ejemplos de respuesta?
(ii) modificar las respuestas aceptables durante el entrenamiento?

(iii) emplear el momento comportamental para aumentar la probabilidad de las respuestas con frecuencia baja dentro de una categoría de respuestas?

c. Al programar el mantenimiento de conducta, es decir, su generalización a través del tiempo, ¿podrá:

(i) utilizar las contingencias naturales del refuerzo?

(ii) entrenar a los participantes en el entorno natural?

(iii) utilizar programas de refuerzo en el contexto del entrenamiento?

(iv) dar el control a las personas?

10. Especifique los detalles del registro diario y los procedimientos de representación gráfica.
11. Obtenga los elementos necesarios que se vayan a utilizar como refuerzos, las hojas de registro y gráficos y los materiales académicos escolares.
12. Elabore listados de comprobación de reglas y de responsabilidades para todos los participantes en la intervención: personal, profesores, madres, padres, compañeros, estudiantes, los clientes y otros. Véase la Figura 24-1.
13. Concrete las fechas para revisiones de los datos y del programa y señale quiénes asistirán.
14. Identifique algunas contingencias que reforzarán los terapeutas y los mediadores, además de la puesta en común de información relacionada con las revisiones de los datos y del programa.
15. Revise el coste potencial del tratamiento tal y como está diseñado, incluyendo precio de los materiales, tiempo de los profesores, tiempo de las consultas profesionales, etc. y juzgue la si relación coste-beneficio merece el esfuerzo. A partir de esta revisión, y si es necesario o aconsejable, reprograme las actividades propuestas.
16. Firme un contrato comportamental.
17. Aplique el programa.

Si ha seguido todas estas directrices, el programa estará listo para comenzar. No obstante, el punto 16, la firma del contrato comportamental, requiere alguna explicación adicional. Los contratos comportamentales fueron descritos, inicialmente como una estrategia para el intercambio de reforzadores entre dos o más individuos,

Figura 24-1. La modificación de conducta da mucha importancia a la descripción minuciosa del papel que desempeñan todas las personas implicadas en los programas.

como profesores y estudiantes (Homme, Csanyi, Gonzales & Rechs, 1969), o padres, madres e hijos (Dardig & Heward, 1976; DeRisi & Butz, 1975; Miller & Kelley, 1994). Estos contratos suelen proporcionar una definición clara sobre qué conductas de qué participantes producirán qué tipo de reforzadores y quiénes los administrarán. También se recomiendan los contratos terapéuticos entre profesionales y clientes, como una estrategia para garantizar que los clínicos asumen sus responsabilidades frente a los usuarios (Sulzer-Azaroff & Reese, 1982). En general, un *contrato terapéutico* es un acuerdo escrito entre clientes y modificadores de conducta, que especifica en cierto detalle qué servicio se va a prestar para superar el problema comportamental. Richard Stuart (1975) desarrolló un contrato terapéutico que esboza claramente los objetivos y los métodos de tratamiento, el marco de trabajo del servicio a prestar y las condiciones de remuneración profesional. Cuando firman el acuerdo, ambas partes protegen sus derechos básicos y por ello recomendamos que los modificadores de conducta preparen el escrito con las personas pertinentes antes de aplicar cualquier programa.

Como hay que considerar cuidadosamente la ejecución del programa, sugerimos dos fases. En primer lugar, ha de tener la seguridad de que los responsables de llevar a cabo el programa, es decir, los mediadores, comprenden y asumen sus funciones y responsabilidades, lo cual podría implicar una sesión de revisión y una discusión exhaustiva con ellos. Además, quizá resulte adecuado practicar sirviendo de modelo, haciendo alguna demostración, mediante la escenificación de los papeles que juegan los mediadores (dependiendo de la complejidad de los programas) y finalmente, a través de la observación y retroalimentación espontánea cuando se aplique realmente la intervención, y así animar y reforzar a madres, padres, profesores u otros, por hacerlo (por ejemplo, véase Hrydowy & Martin, 1994). El segundo aspecto de la ejecución del programa es exponerlo a los clientes de modo que logremos que se *comprometan* con él. Naturalmente, es muy importante que el contacto inicial de los interesados con el programa sea tan reforzante, que aumente la probabilidad de producir contactos ulteriores. Respecto de lo cual, habría que considerar los siguientes asuntos: ¿comprenden y comparten plenamente los clientes los objetivos terapéuticos? ¿Están al tanto de los beneficios que se derivarán de la intervención? ¿Han dedicado los mediadores el tiempo suficiente a interactuar con los clientes para ganar su confianza y credibilidad? (Véase Capítulo 20). ¿Hemos diseñado un proyecto que prácticamente garantice algún avance inmediato y en el que además los clientes obtengan rápidamente algunos refuerzos? Una respuesta positiva a estas preguntas incrementa enormemente las posibilidades de que el programa tenga éxito.

MANTENIMIENTO Y EVALUACIÓN DE LA INTERVENCIÓN

No siempre es fácil responder a preguntas acerca de los resultados de los programas de intervención, ni tampoco lo es decidir qué criterios adoptar, o qué hacer si la propuesta no consigue efectos satisfactorios. Sugerimos las siguientes pautas para evaluar la adecuación de un programa:

1. Observe los datos para determinar si las conductas registradas están cambiando en la dirección deseada.
2. Consulte a las personas del entorno que han de convivir con el problema comportamental y analice si están satisfechos con el progreso.
3. Consulte publicaciones especializadas, profesionales con experiencia en la modificación de conducta u otros que tengan práctica en la aplicación de procedimientos similares frente a dificultades parecidas para saber si los resultados que está logrando son razonables, dado el tiempo de intervención transcurrido.
4. Si sobre la base de las pautas 1, 2 y 3, los resultados son satisfactorios, proceda directamente con la pauta 8.
5. Si sobre la base de las pautas 1, 2, y 3, los resultados no son satisfactorios, responda a las siguientes preguntas y aplique los ajustes correspondientes a la respuesta afirmativa de cualquiera de ellas:
   a. ¿Han dejado de ser eficaces los reforzadores empleados?
   b. ¿Estamos reforzando respuestas incompatibles no deseadas?
   c. ¿Se ha aplicado incorrectamente el procedimiento?
   d. ¿Existen interferencias externas que alteran el programa?
   e. ¿Hay alguna variable subjetiva, como podrían ser actitudes negativas del personal o de los clientes, falta de entusiasmo de profesores o clientes, que pudiera estar afectando al programa?
6. Si ninguna de las respuestas a las cuatro preguntas anteriores es afirmativa, trate de ver si hay que añadir o quitar fases al diseño. Cuando los datos muestran tasas de error excesivas, sugieren la necesidad de programar pasos adicionales, pero cuando muestran un nivel elevado de respuestas correctas, indicarían que el esquema es demasiado fácil y está provocando cierto aburrimiento. Añada, quite o modifique los pasos necesarios.
7. Si ahora los resultados son satisfactorios, proceda con la pauta 8; de no ser así, consúltelo con colegas profesionales, considere volver a diseñar aspectos importantes de la intervención, o volver a hacer el análisis funcional para identificar los antecedentes y las consecuencias que están controlando realmente el comportamiento.
8. Decida cómo va a conseguir que el programa se mantenga a ritmo adecuado hasta alcanzar el objetivo comportamental planteado (véase Capítulo 16).
9. Tras la consecución del objetivo conductual, haga los preparativos apropiados para evaluar el rendimiento durante el seguimiento y estime la validez social lograda (véase el Capítulo 23).
10. Tras llevar a cabo varias observaciones de seguimiento satisfactorias, determine los costes de los cambios conductuales obtenidos, es decir, lleve a cabo un *análisis de coste-beneficio*.
11. Siempre que sea posible y adecuado, analice los datos y comunique los procedimientos de intervención aplicados y los resultados a otros profesionales interesados, no sólo del ámbito de la modificación de conducta. Por supuesto, garantizando siempre el mantenimiento de la confidencialidad y del secreto de la identidad de los usuarios implicados.

PREGUNTAS DE REPASO

1. ¿Cuál es el propósito de este capítulo y cómo se relaciona con otros capítulos del libro?
2. Imagine que es usted un profesional de la modificación de conducta. Enumere al menos cuatro posibles circunstancias que le impedirían tratar un problema que le hubieran remitido.

3. ¿Qué hacen los modificadores de conducta cuando se les presenta la posibilidad de intervenir sobre un trastorno definido vagamente, como por ejemplo «agresión»? Ilustre su respuesta con un ejemplo.
4. En el ámbito de la modificación de conducta, ¿cómo se evalúa la importancia de un problema?
5. En el ámbito de la modificación de conducta, ¿cómo se evalúa la facilidad con que podría resolverse un problema?
6. En el ámbito de la modificación de conducta, ¿cómo se evalúa la facilidad con que un cambio comportamental deseado podría generalizarse y mantenerse en el ambiente natural?
7. ¿Cuáles son algunas de las condiciones que los profesionales de la conducta han de tener en cuenta antes y durante los procedimientos de evaluación?
8. Está usted a punto de diseñar un programa de tratamiento. Después de definir el objetivo comportamental, identificar la frecuencia deseada y el control del estímulo, ¿qué cuatro preguntas tendría que contestar antes de ponerse realmente a diseñar la intervención?
9. Si está pensando en aprovechar un control del estímulo existente, ¿qué seis categorías debería tener en cuenta?
10. ¿Qué cinco preguntas hay que plantearse a la hora intentar reducir un comportamiento excesivo?
11. ¿Qué debemos plantearnos para concretar los detalles de un sistema de refuerzo?
12. ¿Qué factores deberían considerarse en la programación de la generalización?
13. ¿Qué estrategia se recomienda para garantizar que estamos ante un terapeuta responsable?
14. ¿Cómo podríamos incrementar la dedicación de los clientes al programa?
15. Después de la aplicación de un programa, ¿qué tres aspectos hay que valorar para determinar si está produciendo resultados satisfactorios? (Véanse las pautas 1, 2 y 3).
16. Si un programa está produciendo buenos resultados, ¿qué dos aspectos hay que considerar antes de finalizarlo con éxito? (Véanse las pautas 8 y 9).
17. Describa con detalle los pasos a seguir, si un programa no está produciendo resultados satisfactorios (véanse las pautas 5, 6 y 7).

EJERCICIOS DE APLICACIÓN

A. Ejercicios que implican a otras personas

Imagine que es usted un profesional de la modificación de conducta y que la madre de un niño «normal» de cuatro años le pide ayuda para diseñar un programa que corrija la desobediencia sistemática del pequeño. Construya detalles hipotéticos, pero realistas, del problema comportamental y elabore el caso a través de los siguientes pasos:

1. Decidir si debe diseñar una intervención para tratar el problema
2. Seleccionar y ejecutar un procedimiento de evaluación
3. Desarrollar las estrategias para diseñar y aplicar el tratamiento
4. Establecer mecanismos para lograr el mantenimiento y la evaluación del programa

Nota: el problema tendrá que ser lo suficientemente complejo como para requerir acometer todos los pasos en todas las fases del tratamiento.

NOTAS DE AMPLIACIÓN SOBRE EL TEMA

1. Nuestra adecuación como terapeutas para tratar determinados problemas podría venir determinada, al menos en parte, por el entorno, rural o urbano, en que vivimos.

Rodrigue, Banko, Sears y Evans (1996) identificaron las dificultades asociadas a intentar facilitar servicios de modificación de conducta en zonas rurales. Por una parte, las zonas rurales están por encima de la media nacional respecto de la presencia de determinados grupos de riesgo cuya atención es muy costosa: personas mayores, niños, minorías, pobreza. Además, no suelen contar con todos los servicios de salud mental precisos, a lo cual se añade la dificultad de acceso y escasa disponibilidad de otros servicios especializados. En otras palabras, quizá usted no sea la persona idónea para tratar el problema, pero quizá sea la mejor entre las disponibles. Sin embargo, antes de aceptar la responsabilidad de diseñar un programa en este caso, sería aconsejable que consultara las directrices éticas para la atención a personas de la organización profesional a que pertenezca y revisara el Capítulo 30 de este libro.

2. Aunque no se precise de otras personas relevantes para aplicar un programa, su disponibilidad es de gran valor al programar la generalización. Pensemos en el desarrollo de diseños comportamentales eficaces para la pérdida infantil de peso (véase Lebow, 1991). Israel, Stolmaker y Adrian (1985) organizaron dos grupos de participantes con sobrepeso (de ocho a doce años), en un programa intensivo de ocho semanas, con intervenciones múltiples, para la reducción de peso. Las familias de un grupo participaron también en un curso breve sobre técnicas para el manejo del comportamiento infantil. Al finalizar el programa, los niños de ambos grupos habían perdido aproximadamente la misma cantidad de peso, pero transcurrido un año de seguimiento, se constató que el mantenimiento de la mejoría era superior en el grupo cuyos padres y madres habían practicado las estrategias comportamentales.

Preguntas sobre las notas

1. ¿Qué importancia puede tener el entorno geográfico en la decisión de aceptar un caso que le hayan referido como terapeuta profesional?

2. ¿Cómo demostraron Israel y sus colaboradores la importancia de utilizar a las personas significativas del entorno para facilitar el mantenimiento y la generalización de los resultados?

25

Economía de fichas

RECORDEMOS del Capítulo 4 que un reforzador condicionado es un estímulo inicialmente neutro que adquiere valor reforzador tras ser emparejado apropiadamente con otros reforzadores. Algunos reforzadores condicionados, como los elogios, son breves y su aparición y desaparición ocurren casi simultáneamente. Otros reforzadores condicionados, como el dinero, duran y se pueden acumular hasta ser canjeados por reforzadores de apoyo, como el alimento. Los reforzadores condicionados de este segundo tipo se conocen como **fichas**. Un programa en que un grupo puede ganar fichas por emitir conductas deseables, y cambiarlas luego por reforzadores de apoyo se denomina **economía de fichas**.

Existen dos ventajas principales en el uso de fichas como reforzadores. En primer lugar, pueden darse inmediatamente después de que la conducta deseable tenga lugar y cambiarse más tarde por el reforzador de apoyo. Por tanto, en demoras largas funcionan como puente entre la respuesta objetivo y el reforzador de apoyo, lo cual es especialmente importante cuando es imposible entregar este último inmediatamente después de la conducta. En segundo lugar, las fichas que se emparejan con muchos tipos distintos de reforzadores de apoyo se convierten en reforzadores condicionados generalizados, y por eso su fuerza no depende de una operación de motivación específica. Esto hace más fácil la administración efectiva de los reforzadores cuando se trabaja con un grupo de personas con diferentes estados motivacionales.

La economía de fichas se ha aplicado en salas psiquiátricas, instituciones y aulas de personas con trastornos del desarrollo, aulas de niños y adolescentes con trastorno de hiperactividad con déficit de atención (THDA), aulas estandarizadas, desde educación infantil hasta la universidad, pisos para jóvenes pre-delincuentes que han evidenciado comportamientos antisociales, prisiones, el ejército, centros de tratamiento para personas con adicciones, casas de reposo, centros de convalecencia, hogares para controlar la conducta de los hijos y tratar problemas conyugales, y en una gran variedad de entornos de trabajo para mejorar la seguridad, disminuir el absentismo y mejorar el rendimiento (Kazdin, 1977a, 1985). La economía de fichas se utilizó también en una comunidad experimental de 30 estudiantes manejada comportamentalmente (Johnson, Welch, Millar y Altus, 1991; Thomas y Miller, 1980).

Aunque se desarrolló básicamente en entornos institucionales, las economías de fichas se han extendido a varios ámbitos comunitarios para reducir conductas como dejar basura, aumentar los hábitos de reciclaje, fomentar el ahorro de energía, fomentar el uso del transporte público, reducir la contaminación acústica, potenciar la integración étnica y cultural, mejorar las habilidades de búsqueda de empleo y el aumento de conductas de autoayuda en personas con poder adquisitivo bajo o ingresos por debajo del límite de pobreza.

En este capítulo no podemos hacer justicia al amplísimo rango de conductas y situaciones en que se puede aplicar la economía de fichas. Lo que pretendemos no obstante, es describir los pasos habituales a seguir para abordar la economía de fichas en varios entornos. Para encontrar detalles más específicos de cómo establecer una economía de fichas en un entorno concreto, los lectores pueden dirigirse a cualquiera de los excelentes manuales disponibles en varias áreas de aplicación.

PASOS INICIALES EN EL ESTABLECIMIENTO DE UN PROGRAMA DE ECONOMÍA DE FICHAS

Decisiones sobre los objetivos conductuales

Las conductas meta se decidirán fundamentalmente de acuerdo con el tipo de personas con que se está trabajando, atendiendo a los objetivos que se persiguen a corto y largo plazo, y de acuerdo con los problemas conductuales específicos que interfieren con la consecución de estos objetivos. Por ejemplo, para un profesor de un grupo de primaria un tanto indisciplinado, los objetivos serían muy probablemente enseñarles a leer, escribir, sumar, restar y a ser capaces de entablar interacciones sociales constructivas. Los objetivos incluirían acciones implicadas en estas habilidades, o serían prerrequisitos para alcanzar estos comportamientos, y deberían definirse con la suficiente claridad como para que los alumnos sepan qué conductas se esperan de ellos y para reforzarlas de manera contingente cuando tengan lugar. Por esto, al menos una de las conductas objetivo en este caso sería «estar sentados y tranquilos cuando el profesor da las instrucciones». Una meta más avanzada sería «resolver los problemas correctamente en el cuaderno».

Cuanto más homogéneo sea el grupo con el que se trabaja, más fácil será estandarizar las reglas concernientes a las actividades específicas que se reforzarán y al número de fichas que se entregarán. Desde esta perspectiva, es preferible que los integrantes de los grupos con quienes se está manejando la economía de fichas posean el mismo grado de pericia en el ámbito de interés (p.ej., personas con trastornos severos del desarrollo o estudiantes que participen en un curso sobre el Sistema de Instrucción Personalizada (SIP), véase Capítulo 2). No obstante, incluso cuando se trabaja con grupos homogéneos, es necesario establecer reglas específicas de reforzamiento para los participantes conforme a sus necesidades específicas. Esta demanda de programas individualizados se suma a la complejidad de la administración de una economía de fichas, pero las dificultades resultantes no son tan serias si el número de aplicaciones individualizadas radicalmente diferentes que hay que manejar simultáneamente no es muy grande. La asignación de casos particulares a grupos especiales de tratamiento puede ser una forma eficaz de solucionar el problema de la personalización de las intervenciones en determinados entornos.

El registro de las líneas de base

De la misma forma que se hace antes de empezar con otros procedimientos, en este caso también hay que obtener los datos de la línea de base correspondientes a las actividades que se pretenden intervenir. Podría darse el caso de que los clientes ya estén rindiendo a un nivel satisfactorio y que los beneficios potenciales de iniciar un programa de economía de fichas no justifiquen el tiempo, esfuerzo y coste que acarrearían. Después de aplicar el programa, la comparación de los resultados con los datos de la línea de base permitirá determinar su eficacia.

La elección de los reforzadores de apoyo

Los métodos para seleccionar qué se usará como reforzador de apoyo son en esencia los mismos que los manejados para elegir cualquier otro reforzador (descritos en el Capítulo 3). Hay que tener en cuenta, no obstante, que un sistema de fichas permite por lo general aumentar la variedad de reforzadores ofertables, ya que no tienen que limitarse a aquéllos que puedan entregarse inmediatamente después de la respuesta deseada.

Al considerar qué reforzadores dispondremos, tendremos que extremar la cautela para evitar problemas éticos. Varias asambleas legislativas han promulgado leyes que garantizan los derechos de los pacientes mentales, personas institucionalizadas y residentes de centros a recibir comida, camas cómodas, televisión y otros bienes. Además, varias sentencias judiciales han ratificado estos derechos civiles, por ello nunca proyectaremos una intervención que conlleve la privación potencial de ningún aspecto que legal y moralmente pertenece a las personas.

Después de establecer cuáles van a ser los reforzadores de apoyo y cómo se van gestionar, debiera considerar el método general de entrega. Disponer de una tienda, despacho o mostrador es esencial para la mayoría de programas de economía de fichas. En una aplicación pequeña, como un aula escolar, cualquier contenedor en la mesa de los profesores u otra ubicación podría servir de tienda. En una economía de fichas más grande, el mostrador suele ser mayor y ocupa una o varias habitaciones. Al margen del tamaño de la tienda, se debe mantener en todo momento un sistema de registro de las compras e inventario, sobre todo de los bienes muy demandados, para no exceder el presupuesto disponible.

Elección del tipo de fichas

Las fichas, al igual que el dinero, adoptan formas muy diferentes: cheques personales, entradas en una libreta de ahorros, marcas en una tabla en la pared o en cuadernos que lleven los clientes, pegatinas, estrellas o sellos. Éstas y otras muchas posibilidades podrían encajar en la economía de fichas concreta dependiendo fundamentalmente del tipo de usuarios con que esté trabajando.

En general, las fichas debieran ser atractivas, ligeras, transportables, perdurables, fáciles de manejar y por supuesto, difíciles de falsificar (Figura 25-1). Si se usan dispensadores automáticos de reforzadores de apoyo, hay que asegurarse de que las fichas harán funcionar la máquina. Habría que cerciorarse también de que se dispone de una cantidad suficiente fichas y a este respecto, Stainback, Payne, Stainback y Payne (1973) sugieren contar aproximadamente con 100 fichas por niño cuando se empieza una economía de fichas en un aula.

Hay que disponer también de los accesorios necesarios para manejar y almacenar las fichas. Por ejemplo, los escolares de primaria necesitarían cajas, bolsas o estuches en que guardar las fichas que ganen.

Identificación de ayuda disponible

La ayuda de otras personas no es indispensable para el funcionamiento de una economía de fichas pequeña en un aula, pero es deseable, especialmente en las etapas iniciales del programa. En una aplicación institucional grande, como en el caso de una sección psi-

Figura 25-1. Las fichas no debieran ser fácilmente falsificables.

quiátrica, la colaboración es esencial (véase **Nota 2**). Existen muchas fuentes de las que obtener ayuda: (a) personal que ya trabaje con los clientes (p.ej., ayudantes docentes, asistentes de los enfermeros, colaboradores de los profesores); (b) voluntarios (p.ej., cuidadores, parejas jubiladas, personas mayores, miembros de organizaciones y grupos de acción comunitaria); (c) personas de la institución con un repertorio comportamental más avanzado (p.ej., alumnos de 5.º asignados para ayudar en el proyecto de los alumnos de 1.º); y (d) miembros de la propia economía de fichas. En algunos casos, los usuarios aprenden a entregarse fichas a sí mismos de manera contingente a la conducta apropiada.

Después de que la economía de fichas haya empezado a funcionar, muchos de los miembros serán capaces de asumir cada vez más responsabilidades y contribuir a lograr las metas establecidas. Por ejemplo, en ***Achievement Place*** (Lugar para el Logro), un hogar comunitario para chicos con comportamientos pre-delincuentes (véase Fixsen y Blase, 1993) algunos de los jóvenes supervisaban a otros en la realización de las tareas domésticas. El supervisor o encargado tiene la autoridad para administrar o quitar las fichas a sus iguales. Se barajaron varios métodos para la elección de los supervisores y se optó por establecer la votación democrática por ser la opción que generaba posteriormente mejores rendimientos entre los residentes y maximizaba su eficacia al abordar las actividades (Phillips, Phillips, Wolf y Fixsen, 1973; Wolf, Braukmann y Ramp, 1987). En otro experimento llevado a cabo en *Achievement Place*, algunos jóvenes ejercieron como terapeutas (y recibieron fichas por ello) de otros residentes que tenían problemas de habla, y a pesar de tener muy poca supervisión adulta y ningún entrenamiento específico, consiguieron resultados muy encomiables (Bailey, Timbers, Phillips y Wolf, 1971).

A la hora de decidir cómo gestionar ayudantes para manejar la economía de fichas, tendremos que considerar cómo vamos a reforzar su ayuda. La aprobación es, por supuesto, un reforzador potencial que siempre hay que distribuir generosamente. También podemos hacer entrega del permiso para seguir colaborando en la economía de fichas o la posibilidad de elegir el tipo de trabajo en que se va a participar.

Elección de la localización

No es imprescindible un lugar especial para poner en marcha una economía de fichas, y esto es de agradecer, ya que no siempre hay muchas opciones entre las que elegir. Sin embargo y en función del tipo de sistema que estemos desarrollando, algunos lugares son mejores que otros. Por ejemplo, los monitores de un Sistema de Instrucción Personalizada suelen programar sus cursos en aulas grandes, diseñadas originalmente para albergar al doble de los alumnos que se calcula asistirán a clase; prefieren también pupitres desplazables porque los fijos entorpecerían la posibilidad de que los estudiantes trabajen en pequeños grupos. Las aulas en que se trabaja con economías de fichas suelen dar la impresión de ambiente un tanto ruidoso y por ello, los observadores ajenos al proyecto podrían quedarse con una impresión de confusión. Sorprendentemente sin embargo, los alumnos se adaptan rápidamente al ruido de forma que no interfiere con su aplicación y la consecución eficiente del trabajo. Por supuesto, Internet ha permitido la ubicación virtual del aula y los estudiantes que participan en la economía de fichas pueden residir prácticamente en cualquier entorno físico que prefieran (p.ej., Pear y Crone-Todd, 1999; Pear y Martin, 2004).

PROCEDIMIENTOS ESPECÍFICOS DE APLICACIÓN

Antes y durante la implementación de una economía de fichas existen, como en cualquier programa nuevo, varios procedimientos entre los que elegir conforme a la siguiente clasificación:

Cómo registrar los datos: a este respecto interesa concretar el tipo de hojas de datos que se va a usar, quién va a recoger los datos y cuándo se va a hacer el registro.

El agente reforzador: es importante decidir quién va a administrar el reforzamiento y para qué conductas. Por ejemplo, Ayllon y Azrin (1968) recomendaban que, cuando varios supervisores reparten las fichas a varios usuarios (como el ala psiquiátrica de un hospital), una sola persona debería encargarse de reforzar una respuesta concreta en un momento determinado. De otra forma «nadie sería responsable de un fallo al administrar los procedimientos de reforzamiento adecuadamente, ya que cualquier equivocación, omisión o modificación se puede atribuir fácilmente a la conducta de otros empleados» (p.136).

Además, hay que tener cuidado para asegurarse de que las fichas se conceden siempre de forma positiva y evidente, inmediatamente después de la emisión de una respuesta deseada. Conviene sonreír amablemente con gesto aprobador al entregar la ficha y comunicar a los participantes (al menos en las etapas iniciales) la razón por la que están recibiendo la ficha.

Número o frecuencia de las fichas que se entregan: hay varias consideraciones importantes acerca de la cantidad de fichas que hay que dar por una conducta concreta. Un aspecto a ponderar es la etapa de la economía en que nos encontramos y cuán acostumbrados están los consumidores a recibir fichas. Stainback y sus colegas (1973) recomiendan que entregar entre veinticinco y 75 fichas por niño el primer día no resulta excesivo en la economía de fichas de una clase. Recomiendan también que el número se reduzca gradualmente hasta quince o 30 por día. También habrá que reflexionar sobre el valor terapéutico de la conducta que se está reforzando y la probabilidad de que los clientes la mantengan sin las fichas. Para ilustrar estas consideraciones, contamos con el Proyecto Experimental de Vida (*Experimental Living Project*) de la Universidad de Kansas en que se decidió que los universitarios recibirían fichas por ejecutar tareas domésticas en los dormitorios, en cantidad proporcional al tiempo invertido en la correcta realización de las mismas (Johnson, Welch, Miller y Altus, 1991).

Manejo de los reforzadores de apoyo: en este punto hay que considerar con qué frecuencia estarán disponibles los reforzadores de apoyo (es decir, con qué frecuencia se va a programar el «horario de la tienda»). Al principio, la frecuencia debería ser alta e ir reduciéndola posteriormente de manera gradual. Para los niños en edad escolar, Stainback, Payne, Stainback y Payne (1973) recomiendan que el horario de intercambio se mantenga dos o tres veces al día durante los tres o cuatro primeros días y luego se reduzca poco a poco hasta que quede establecido en una apertura semanal (la tarde del viernes), a partir de la tercera semana de la economía de fichas.

También es necesario decidir cuántas fichas equivalen al reforzador de apoyo. Además del coste monetario, que es la consideración más obvia, hay otros dos factores a tener en cuenta. Uno es la oferta y la demanda. Esto es, los objetos para los que la demanda sea más alta que la oferta tendrán precio más elevado y aquellos en que la oferta supere a la demanda costarán menos. Esto ayudará a mantener un suministro adecuado de reforzadores efectivos y a optimizar la utilización de la potencia de los reforzadores de apoyo. El otro factor a ponderar es su valor terapéutico y por ello, siempre habrá que cobrar poco por los reforzadores beneficiosos para los clientes. Lo cual además contribuirá a que éstos se familiaricen con las recompensas. Por ejemplo, si los usuarios tienen que mejorar sus habilidades sociales pagarán muy pocas fichas por la autorización para ir a una fiesta, debido al alto valor de las conductas que podría desarrollar mediante la participación en ese acontecimiento.

Posibles contingencias de castigo: el uso de fichas proporciona la posibilidad de aplicar multas como castigo por conductas inapropiadas (véase, por ejemplo, Lippman y Motta, 1993; Sullivan y O'Leary, 1990). Desde un punto de vista ético, este tipo de castigo podría preferirse frente al castigo físico o al tiempo fuera. Como en todos los tratamientos punitivos, habría que extremar la limitación de su uso y aplicarlo sólo excepcionalmente para conductas claramente definidas (véase Capítulo 12).

Si se multa en una economía de fichas, es necesario añadir contingencias de ensayo para enseñar a los clientes a aceptar las sanciones sin reacciones emocionales o agresivas. Phillips, Phillips, Fixsen y Wolf (1973) describen estas contingencias para su economía de fichas con jóvenes pre-delincuentes, en que las multas probablemente ayudaron a enseñar a los chicos una habilidad social importante: cómo aceptar reprimendas de los agentes de la ley.

Supervisión de la plantilla: los supervisores o encargados de una economía de fichas están tan sujetos a las leyes de la conducta como los clientes. Deben por tanto recibir refuerzo frecuente por conductas apropiadas y habrá que corregir las inapropiadas si queremos que la economía de fichas funcione de manera efectiva. Por tanto, explicitaremos claramente sus obligaciones y haremos un seguimiento de las actuaciones pertinentes.

Por supuesto, no es posible hacer un seguimiento continuo. Por esta razón hay que emplear un muestreo temporal. El director del programa de economía de fichas tendrá que comenzar haciendo comprobaciones frecuentes y reducirlas posteriormente. Un programa adecuado para la supervisón de la plantilla y su reforzamiento podría ser el de intervalo variable con margen limitado, ya que mantiene una tasa alta y apropiada de rendimiento (véase Ayllon y Azrin, 1968, p.151).

Problemas potenciales en la gestión: en el diseño de una economía de fichas, como en otros procedimientos complejos, es adecuado prever la aparición de posibles dificultades en forma de: (a) confusión, especialmente durante los primeros de aplicación de la economía de fichas; (b) la escasez de plantilla; (c) intentos de los usuarios de conseguir fichas que no se han ganado o reforzadores de apoyo para los que no tienen suficientes fichas; (d) que los clientes jueguen con las fichas o las empleen como distracción de forma indebida; (e) fracasos a la hora de comprar reforzadores de apoyo. Casi siempre podemos evitar éstas y otras complicaciones con una planificación cuidadosa desde el inicio.

PREPARAR UN MANUAL

El paso final antes de poner en marcha un programa de economía de fichas es preparar un manual o un conjunto de reglas escritas que describan exactamente cómo va a funcionar el sistema. Este manual debe explicar en detalle qué conductas se van a reforzar, cómo se van obtener las fichas y los reforzadores de apoyo, los momentos en que estará disponible el reforzador, qué datos se van a recoger, cómo y cuándo se van a registrar, y las responsabilidades y obligaciones de cada miembro de la plantilla. Todas las normas serán no sólo razonables, sino aceptables para los usuarios y la plantilla. Cada miembro del personal recibirá una copia del manual o una versión clara y precisa de las partes concernientes a sus responsabilidades y funciones. Si es factible, todos los participantes recibirán también una versión clara y precisa de los apartados que les conciernen. Si los clientes no saben leer con fluidez, pero entienden el lenguaje hablado, se debe intentar facilitar una explicación oral muy clara de las secciones pertinentes del manual.

El manual debería incluir procedimientos concretos para evaluar si las reglas se están siguiendo adecuadamente y para asegurarse de que se hace así. Los métodos para arbitrar disputas concernientes a las reglas deberían incluirse en el manual y procurar la mayor participación de los usuarios en los procedimientos de mediación, siempre que sea posible y acorde con los objetivos establecidos. Hacer efectiva la participación de los clientes es un paso adelante hacia el desarrollo de comportamientos de iniciativa individual, autonomía y otras habilidades muy preciadas en el entorno natural. También con esta finalidad, sería deseable que en algún momento del programa, los usuarios participaran en una revisión constructiva de las reglas y diseñaran algunas nuevas para el desarrollo de la economía. Debería existir además la posibilidad de modificar las reglas cuando su inadecuación se haga evidente. No obstante, los cambios drásticos repentinos pueden generar en los clientes conductas emocionales no deseables. Asimismo, los participantes podrían no sentirse inclinados a seguir las reglas si son modificadas frecuente o arbitrariamente. Dado que la alteración de una regla debe darse de la manera más cómoda posible, es recomendable que el manual especifique la base sobre la que se puede hacer la revisión. Habrá que gestionar además la notificación previa de la modificación inminente a todos los afectados por el cambio. Variaciones y adiciones en el manual habrán de ser explicadas, discutidas, justificadas, puestas por escrito y repartidas antes de ser puestas en práctica.

PROGRAMACIÓN DE LA GENERALIZACIÓN AL ENTORNO NATURAL

La economía de fichas se considera una forma de abordar problemas de conducta en entornos institucionales. Es su función principal, pero esta observación no debería obviar su papel más importante, el de ayudar a las personas a adaptarse al entorno natural más allá de la institución. Kazdin (1985) resume una gran cantidad de datos que indican que la economía de fichas es efectiva con poblaciones muy diversas, y que los logros alcanzados con estos programas se mantienen al menos durante varios años tras su finalización. No obstante, debido a que lo que prevalece en el entorno natural es el reforzamiento social y no las fichas, hay que diseñar la economía de fichas de manera que el reforzamiento social pueda ir sustituyendo poco a poco al reforzamiento mediante fichas.

Existen dos formas generales de independizar a los participantes de las fichas. Una es eliminarlas gradualmente. La segunda es reducir su valor poco a poco. La primera alternativa se aplica mediante una programación de entrega de fichas progresivamente más intermitente, reduciendo gradualmente el número de conductas con las que se ganan fichas, o aumentando poco a poco la demora entre la conducta final y el reparto de fichas. La segunda alternativa se puede ejecutar reduciendo poco a poco la magnitud del reforzador de apoyo que una determinada cantidad de fichas pueden comprar, o aumentando paulatinamente la demora entre la obtención de fichas y la compra de reforzadores. Actualmente, no se puede establecer con seguridad qué método o combinación de métodos consigue mejores resultados. Además, conviene revisar todas las consideraciones pertinentes para la programación de la generalización (aspecto que abordamos en el Capítulo 16).

La transferencia gradual del control a los clientes, de forma que ellos mismos se organicen y administren sus propios reforzadores, es otro paso en su preparación para el entorno natural. Una persona que puede evaluar su propia conducta, decidir racionalmente qué cambios debe introducir en ella y programar efectivamente esos cambios, está en condiciones de manejarse en casi cualquier entorno. Los métodos para establecer estas habilidades se exponen en el Capítulo 26.

CONSIDERACIONES ÉTICAS

La economía de fichas incorpora la aplicación sistemática de las técnicas de modificación de conducta a gran escala. Por esto, las posibilidades de hacer un uso indebido de estos métodos, aunque sea de forma no intencionada, se magnifican y por ello es aconsejable tomar precauciones para evitar los abusos. Una medida podría ser abrir el sistema completamente al escrutinio público, siempre que tal apertura haya sido sometida a la aprobación de los clientes y de sus abogados. Las consideraciones éticas implicadas en todos los programas de modificación de conducta se abordan en el Capítulo 30.

RESUMEN DE LAS CONSIDERACIONES PARA DISEÑAR UN PROGRAMA DE ECONOMÍA DE FICHAS

1. Revisar la bibliografía pertinente existente.
2. Identificar las conductas finales deseadas.
   - **a.** Hacer una lista de objetivos a largo y a corto plazo.
   - **b.** Ordenar los objetivos conforme a su prioridad.
   - **c.** Seleccionar aquellos objetivos que sean más importantes para los clientes y que sean prerrequisitos para otros objetivos.
   - **d.** Identificar varios de los objetivos prioritarios con los que empezar, haciendo hincapié sobre los que se puedan conseguir rápidamente.
   - **e.** Señalar un número de conductas finales para cada objetivo.
3. Registrar una línea de base de las conductas objetivo.
4. Seleccionar los reforzadores de apoyo (primarios).
   - **a.** Usar reforzadores habitualmente efectivos para la población de interés.
   - **b.** Aplicar el principio de Premack (véase Capítulo 3).
   - **c.** Recoger información verbal concerniente a los reforzadores de los usuarios.

- **d.** Dar a los clientes catálogos que les ayuden a identificar los reforzadores útiles.
- **e.** Preguntar a los participantes qué les gusta hacer en su tiempo libre, al margen del trabajo y otras obligaciones.
- **f.** Identificar los reforzadores naturales que puedan ser programados.
- **g.** Considerar los temas éticos y legales relacionados con los reforzadores que se pretende distribuir.
- **h.** Diseñar un espacio para almacenar, exponer y repartir los reforzadores de apoyo.

5. Seleccionar el tipo de ficha más apropiado para los participantes.

6. Identificar personas disponibles para ayudar a gestionar los programas:
- **a.** Miembros del personal existente
- **b.** Voluntarios
- **c.** Estudiantes de universidad
- **d.** Residentes de la institución
- **e.** Los propios integrantes de la economía de fichas

7. Obtener un lugar apropiado y el equipamiento necesario.
- **a.** Aceptar la ubicación con más espacio.
- **b.** Contar con equipamiento y mobiliario que pueda moverse con comodidad.
- **c.** Reordenar el entorno para que las conductas de los participantes sean detectadas fácilmente y reforzadas inmediatamente.

8. Decidir acerca de los procedimientos específicos de aplicación.
- **a.** Diseñar hojas de recogida de datos apropiadas y determinar quién va a registrar los datos, cuándo y cómo.
- **b.** Decidir quién va a administrar el reforzamiento, cómo lo va hacer y a cambio de qué conductas concretas.
- **c.** Decidir el número de fichas que se pueden ganar por conducta emitida y cliente en un día.
- **d.** Establecer procedimientos de almacenamiento y determinar el valor en fichas de los reforzadores de apoyo.
- **e.** Prestar atención a las contingencias de castigo. Minimizar su aplicación y reservarlo para conductas claramente definidas y únicamente cuando sea éticamente justificable hacerlo.
- **f.** Asegurarse de que las obligaciones del personal están claramente definidas y de que se ha puesto en marcha un programa de seguimiento, supervisión y refuerzo del personal implicado.
- **g.** Mantenerse alerta para abordar posibles problemas.

9. Preparar un manual de la economía de fichas para los clientes y para el personal.

10. Iniciar el programa de economía de fichas.

11. Planear estrategias para conseguir la generalización al entorno natural.

12. Hacer un seguimiento y aplicar las pautas éticas relevantes en cada paso.

PREGUNTAS DE REPASO

1. ¿Qué es una economía de fichas?
2. ¿Cuáles son las dos ventajas principales de emplear fichas como reforzadores?
3. Haga una lista de al menos cinco ámbitos en que se hayan utilizado programas de economía de fichas.
4. Haga una lista de al menos cinco conductas para cuyo desarrollo se haya diseñado un programa de economía de fichas.
5. Haga una lista y describa brevemente los seis pasos iniciales para iniciar una economía de fichas.

6. ¿Qué es la «tienda» de una economía de fichas? Aporte ejemplos.
7. ¿Qué seis características debe tener una ficha?
8. ¿En que se parecen un programa de instrucción personalizada (SIP) a otras economías de fichas? ¿En qué se diferencian?
9. Identifique tres fuentes de potencial ayuda voluntaria para manejar una economía de fichas.
10. ¿Cuáles cree que son algunas de las ventajas de que sean los propios miembros de la economía de fichas los que funcionen como ayudantes?
11. Antes y durante la puesta en marcha de la economía de fichas, ¿sobre qué ocho procedimientos específicos deben tomarse decisiones para ser implementados?
12. ¿Cuáles son algunas de las ventajas y desventajas de asignar sólo una persona a la tarea de reforzar respuestas concretas en un momento determinado en una institución?
13. ¿Cómo deben entregarse las fichas?
14. ¿Cuántas fichas habría que tener para cada estudiante en el grupo?
15. De acuerdo con Stainback y otros, ¿con qué frecuencia debe mantenerse el horario de tienda durante los primeros días de una economía de fichas?
16. Para un programa de economía de fichas que implique a varios miembros de la plantilla, describa un posible programa de intervalo variable de margen limitado (IV/ML) para la programación de la supervisión (piense en una variación del juego del despertador del Capítulo 6).
17. ¿Por qué sería preferible un programa de intervalo variable de margen limitado (IV/ML) a un programa de intervalo fijo de margen limitado para la supervisión de la plantilla?
18. Describa dos métodos generales para desvincular a los clientes de las fichas y transferir el control de la conducta al entorno natural.
19. Si se toma la decisión de efectuar una reducción gradual en el número de conductas que se premian con fichas, ¿qué pautas generales deben seguirse a la hora de decidir qué conductas no van a recibir reforzamiento mediante fichas? Esto es, ¿dónde y con qué conductas se debe empezar?
20. ¿Qué precauciones hay que tomar para garantizar el cumplimiento fehaciente de las normas éticas en un programa de economía de fichas?

EJERCICIOS DE APLICACIÓN

A. Ejercicios que implican a otras personas

1. En un grupo de personas que usted elija (por ejemplo, una clase de primaria, de universidad, un programa de entrenamiento para personas con trastornos del desarrollo), identifique cinco posibles objetivos de un programa de economía de fichas.
2. Defina con precisión las conductas finales relacionadas con los cinco objetivos del ejercicio 1.
3. Describa que podría hacer para identificar los reforzadores de apoyo para el grupo de personas que haya elegido en el ejercicio 1.

NOTAS DE AMPLIACIÓN SOBRE EL TEMA

1. Gran parte del material de este capítulo se analiza con más detalle en los siguientes trabajos fundamentales sobre los sistemas de economía de fichas: Ayllon y Azrin (1968), que estudia las economías de fichas en hospitales psiquiátricos; Stainback y cols. (1973), que analiza las economías de fichas en aulas de primaria; M.W. Welch y Gist (1974), que aborda fundamentalmente las economías de fichas en talleres de educación especial; Ayllon y cols. (1979), que describen programas con fichas en prisiones; y Kazdin (1977a) que presenta una revisión exhaustiva de la investigación con programas de economía de fichas. Para obtener más información sobre los sistemas con niños y adolescentes con trastorno de la atención con hiperactividad (TDAH), véase Barkley (1996). Podrá encontrar más datos sobre el uso de procedimientos de economías de fichas en educación secundaria y cursos superiores de primaria en Keller y Sherman (1982) y en el Capítulo 2 de este libro, ya que los sistemas de instrucción personalizada (SIP) descritos incorporan estos procedimientos.

2. Rae, Martin y Smyk (1990) diseñaron un programa para pagar con fichas a los clientes con trastornos del desarrollo en un taller tutelado para mejorar el rendimiento en las tareas. Las fichas podían canjearse por objetos en la cafetería del taller. Sin embargo, el taller no tenía suficiente personal para hacer un seguimiento válido de los clientes que persistían en la tarea y los que no lo hacían. Una solución fue enseñar a los estudiantes a monitorizar su propio rendimiento. Se colocó un lápiz y una hoja cuadriculada delante de cada puesto de trabajo. Se explicó a los participantes que cuando sonara un zumbido, debían marcar con una cruz uno de los cuadrados si estaban trabajando. El zumbido estaba programado para sonar seis veces al azar en medio día. Cuando alguien lograba seis marcas, recibía una ficha. El sistema demostró ser muy efectivo para mejorar la persistencia en el trabajo de los usuarios en varias actividades del taller.

3. «Achivement Place» (Lugar para el logro) es un hogar tutelado en que se desarrolló un programa muy efectivo para jóvenes con comportamientos pre-delincuentes, personas de diez a dieciséis años que habían sido enviadas por los tribunales por cometer delitos menores, como pequeños robos y peleas, y que provenían a menudo de hogares disfuncionales. El programa emplea un Modelo de Enseñanza Familiar (Teaching Family Model, TFM) para organizar la convivencia de seis u ocho adolescentes y una pareja de tutores en una casa grande. Las características principales del hogar incluyen:

a. Un sistema de economía de fichas en que los participantes ganan puntos por conductas sociales apropiadas, rendimiento académico y habilidades cotidianas. Las fichas se canjean por privilegios como chucherías, televisión, práctica de actividades favoritas, juegos y la autorización para participar en actividades fuera del hogar.

b. Un sistema de auto-gobierno en que los jóvenes participan en la elaboración de las reglas de la vida cotidiana y el funcionamiento del programa.

c. Énfasis en la normalización.

d. Evaluación constante del rendimiento de los participantes.

Este proyecto comenzó en la década de 1970 y en la actualidad existen aproximadamente veintidós hogares «Achievement Places» que aplican el modelo de enseñanza familiar en los Estados Unidos, incluyendo los centros Boystown (Ciudad de los muchachos), y unos 100 centros cuyos programas consisten en versiones de este modelo docente (Friman, 2000). Aunque es necesaria más investigación en estrategias para lograr el mantenimiento a largo plazo de las mejoras de los adolescentes participantes, los métodos aplicados siguen situándose entre los más efectivos para el tratamiento de los problemas relacionados con la delincuencia juvenil (Braukman y Wolf, 1987; Friman, 2000).

Preguntas sobre las notas

1. Describa un programa de fichas en que los empleados de un taller tutelado se administren fichas a sí mismos.

2. Describa las características principales del Modelo de Enseñanza Familiar. Identifique el tipo de población a quien va dirigido y aporte los nombres de dos lugares en que se aplique.

26

Ayudar a que las personas desarrollen autocontrol[23]

AL y Mary acababan de tomar un café con un bollo en la cafetería del campus. «Creo que me tomaré otro bollo, ¡tienen tan buena pinta! No tengo fuerza de voluntad para resistirme. Qué más da uno más», dijo Al mientras se daba palmadas en la barriga.

Muchos problemas de autocontrol están relacionados con aprender a moderarse para reducir comportamientos excesivos que son inmediatamente gratificantes, como sucede con fumar, comer, beber y ver la televisión. Otros problemas de autocontrol requieren un cambio comportamental en la dirección opuesta, al ser respuestas que necesitan incrementarse, como sucede con estudiar, hacer ejercicio, demostrar asertividad y realizar las tareas domésticas. Algunas personas se expresan como si creyeran que una fuerza mágica interior, denominada fuerza de voluntad, es la responsable de la superación de estos problemas. Es probable que la creencia se apoye en que siempre hay alguien que nos dice, «si tuvieras más fuerza de voluntad, conseguirías dejar los malos hábitos» o «si tuvieras más fuerza de voluntad podrías mejorar y tener mejores costumbres». La mayoría hemos oído estos consejos muchas veces, pero por desgracia no suelen ser de utilidad porque quien los da olvida explicar cómo desarrollar la denominada fuerza de voluntad. Nos parece mucho más útil contemplar las carencias de autocontrol como resultado de la diferencia entre las consecuencias eficaces y las ineficaces de una conducta. Este es el punto de partida del modelo de autocontrol que vamos a exponer para describir a continuación las cinco fases básicas de la mayoría de los programas pertinentes, también denominados programas de auto-modificación o de manejo personal.

CAUSAS DE LOS PROBLEMAS DE AUTOCONTROL

«Simplemente no puedo resistirme a comer otro postre más».
«Realmente debiera empezar a hacer ejercicio. Ojalá no fuera tan perezosa».

[23] Los contenidos de este capítulo fueron descritos por Martin y Osborne (1993) y los hemos adaptado contando con su permiso.

«Aún tengo que entregar el trabajo de una asignatura, tengo un parcial pendiente y tengo que acabar de escribir el informe de prácticas, ¿qué hago en este bar, por qué no estoy en casa estudiando?».

¿Le resulta familiar alguna de estas situaciones? La mayoría hemos repetido éstas u otras frases parecidas en muchas ocasiones y es entonces cuando sentimos la tentación de recurrir a la falta de voluntad. Veamos cómo explicar tales circunstancias, examinando el modo en que las consecuencias inmediatas, acumulativamente significativas, diferidas e improbables afectan, o no, al comportamiento.

Problemas relacionados con excesos comportamentales

Un tipo de problemas de autocontrol son los excesos comportamentales, es decir, hacer algo en demasía, como en los casos de comer, ver televisión o tomar café en exceso. Todos estos comportamientos exagerados conducen a reforzadores inmediatos en forma de sabores agradables o escenas divertidas, y aunque también acarrean consecuencias negativas, ahora veremos que no suelen ser eficaces para su control.

Reforzar inmediatamente o castigar con demora un comportamiento. Supongamos que una adolescente quiere salir con sus amigas, pero tiene que hacer los deberes; cuando le preguntan si los ha hecho, miente y le dejan salir. Mentir ha sido inmediatamente reforzado. La mentira no se descubrirá hasta más tarde y los castigos consecuentes, es decir, quedarse sin salir y suspender la asignatura, se sitúan muy lejos en el tiempo respecto del acto de mentir. Si una conducta produce tanto un reforzador inmediato como un castigo diferido, el primero suele prevalecer. Muchos problemas de autocontrol se originan en este tipo de situación (Brigham, 1989b): la palmada en la espalda y las risas de los amigos después de que alguno «se trague» una jarra de cerveza hacen olvidar las consecuencias punitivas diferidas de la resaca. Las consecuencias reforzantes inmediatas del acercamiento sexual a la esposa de un amigo o compañero anulan el malestar emocional y sentimientos de dolor que se producirán cuando nuestro amigo se entere y ponga fin a la amistad.

Reforzadores inmediatos frente a castigos menores con efecto acumulativo. Consideremos el problema de comer demasiados dulces: tomar un postre adicional se refuerza inmediatamente por su buen sabor y aunque los efectos negativos del exceso de colesterol son inmediatos, no son automáticamente perceptibles; de hecho, es la acumulación de postres excesivos la que provocará problemas de salud. Una paradoja parecida se produce al fumar: las consecuencias inmediatas de la nicotina son gratificantes para los fumadores y los efectos negativos inmediatos del alquitrán que se deposita en sus pulmones no son tan obvios como para contrarrestar el disfrute del tabaco; es la acumulación de los efectos de cientos de cigarrillos la que acaba produciendo una disminución de la capacidad pulmonar, dolor de garganta, tos y posible cáncer de pulmón. Por tanto, en muchos déficit de autocontrol, los reforzadores inmediatos del consumo de sustancias nocivas, como nicotina o colesterol, se imponen a los efectos negativos inmediatos no palpables y sólo significativos por acumulación (Malott, 1989).

Reforzadores inmediatos de conductas problemáticas frente a reforzadores diferidos de conductas alternativas deseables. Supongamos que es jueves por la noche en pleno curso académico y su compañera de piso acaba de alquilar una película que le gustaría ver, pero tienen un examen al día siguiente. ¿Vería la película, con todas sus escenas divertidas, o estudiaría esas tres horas y obtendría mejores calificaciones, una o dos semanas después? Desafortunadamente, muchos estudiantes elegirían la película. Considere el caso de la empleada que recibe una cuantiosa paga extraordinaria de Navidad, ¿la gastará en unas vacaciones estupendas en la nieve o la invertirá en un fondo de pensiones libre de impuestos? ¿Qué haría usted en su lugar? En los problemas de autocontrol que implican escoger entre dos comportamientos alternativos, ambos con consecuencias positivas, suele prevalecer el que produce el reforzador inmediato (Brigham, 1989b).

Problemas relacionados con carencias comportamentales

Otro tipo de problema de autocontrol está relacionado con respuestas que habría que incrementar, como sucede con usar la seda dental, coger bien los apuntes y hacer ejercicio regularmente, que suelen conducir a pequeños castigos inmediatos. A continuación explicaremos por qué tanto las consecuencias positivas derivadas de llevar a cabo estos comportamientos, como las graves consecuencias negativas que genera no ejecutarlos son ineficaces para su control.

Pequeños castigos inmediatos o refuerzos acumulativamente significativos del comportamiento. Para quien no hace deporte, el primer día en el gimnasio resulta muy desagradable por el tiempo consumido, la fatiga, la tensión, etc. Y aunque hacer ejercicio proporcione beneficios inmediatos al incrementar la circulación sanguínea y mejorar la eliminación de toxinas, su magnitud no permite percibirlos inmediatamente. Es más bien la acumulación de beneficios por hacer ejercicio regularmente la que finalmente detectamos. Muchas personas fracasan en el desarrollo de costumbres saludables, como practicar deporte o tomar la medicación prescrita, etc. porque hacerlo conduce a pequeños castigos inmediatos, en tanto que los efectos positivos, también inmediatos, no se perciben hasta lograr acumular una magnitud suficiente, obviamente tras muchos ensayos (Malott, 1989).

Pequeños castigos inmediatos si se produce el comportamiento o castigos mayores pero improbables si no se produce. La mayoría de los deportistas saben que deben llevar gafas protectoras si juegan al frontón-tenis para prevenir las lesiones oculares, y que deben ponerse el casco si montan en bicicleta para prevenir lesiones cerebrales en caso de accidente. Entonces, ¿por qué tantos practicantes no se ponen las gafas especiales cuando juegan al frontón-tenis o el casco cuando montan en bicicleta? En primer lugar, porque estas conductas producen estímulos punitivos moderados inmediatos, al ser objetos incómodos o que dan calor. En segundo lugar, aunque el castigo mayor por no realizar tales conductas sería inmediato, es muy improbable que ocurra.

Pequeños castigos inmediatos si se produce el comportamiento o castigos mayores diferidos si no se produce. Por qué no usamos la seda dental, aplazamos la consulta con el dentista para un chequeo o no logramos tomar buenos apuntes en clase. Estas deficiencias de autocontrol se plantean porque la realización de la conducta produce castigos débiles inmediatamente: la seda dental hiere las encías o la yema de los dedos; el sonido del taladro del dentista es desagradable; la mano se cansa al tomar buenos apuntes en clase. Aunque las consecuencias diferidas en forma de dolor de muelas o malas notas, son mucho más aversivas, suceden tras muchas ocasiones en que dejamos de limpiamos los dientes, muchas citas con el dentista canceladas o muchos apuntes que no se han tomado. Lamentablemente, en todas estas circunstancias, predomina el efecto de las consecuencias inmediatas.

UN MODELO DE AUTOCONTROL

Un modelo de autocontrol eficaz debe explicar satisfactoriamente las causas de los problemas descritos en la sección anterior. El modelo que exponemos aquí tiene dos partes: la primera exige una especificación clara de la carencia en términos de conducta que ha de ser controlada, y la segunda requiere que se apliquen las técnicas comportamentales para manipular el problema. En este sentido, el modelo de autocontrol consiste en hacer algo, para aumentar la probabilidad de que otro acontecimiento suceda; en otras palabras, aplicar las técnicas del cambio comportamental para conducirse de un modo que resuelva el problema. La persona tiene que organizarse de tal manera que logre reajustar el entorno para controlar su propia conducta, lo cual significa que tendrá que emitir una *conducta controladora* para provocar un cambio en una *conducta a controlar* (Skinner, 1953; véase Figura 26-1).

En los ejemplos expuestos en capítulos anteriores, la persona emitía la conducta a controlar, en tanto que las conductas controladoras consistentes en presentar las claves y aplicar las consecuencias, eran emitidas por otras personas. Sin embargo, cuando se trata del autocontrol, la misma persona exhibe tanto el comportamiento controlador como el controlado, lo cual da lugar a la paradoja de *controlar la conducta controladora*. Es decir, en una situación de autocontrol, un comportamiento de la persona gobierna otro comportamiento de la misma persona, con lo cual, en último término, qué controla a la conducta controladora. Asumimos que por vivir en sociedad hemos aprendido diver-

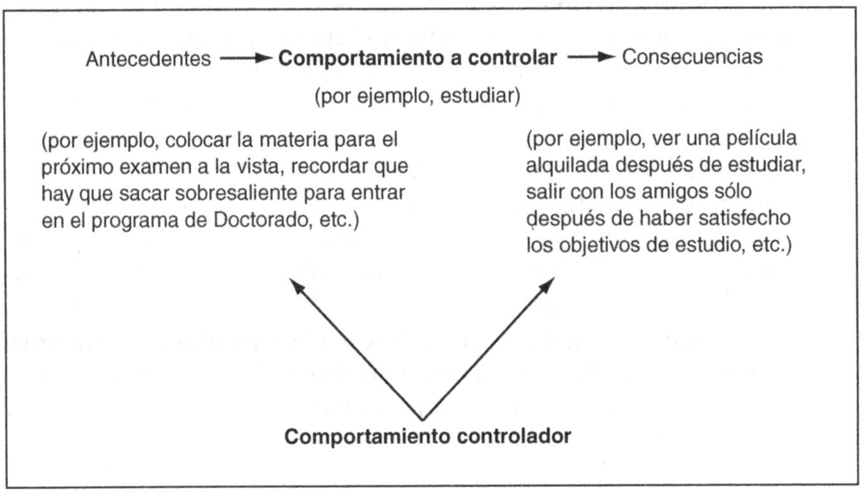

Figura 26-1. Un modelo de autocontrol.

sos comportamientos controladores (véase Skinner, 1953, p. 240), tales como establecer objetivos de estudio, recordarnos a nosotros mismos que tenemos que lograrlos y hacer un seguimiento de nuestros progresos al respecto. Si nuestros esfuerzos tienen éxito, se producen las conductas que queremos controlar y estudiamos más, el grupo social organiza las contingencias que mantienen el empeño, porque estudiar adecuadamente da lugar a buenas calificaciones, que permiten obtener el empleo deseado, mantener conversaciones interesantes con otros colegas y demás consecuencias favorables.

Ahora revisaremos las estrategias de autocontrol que se han demostrado satisfactorias en muchos casos.

LAS FASES DE UN PROGRAMA DE AUTOCONTROL

Vamos a suponer que ha decidido aplicar la modificación de conducta para tratar uno de sus problemas de autocontrol. Veamos ahora qué pasos tendría que seguir: (a) especificar el problema y establecer los objetivos, (b) comprometerse a cambiar, (c) registrar los datos y establecer las causas del problema, (d) diseñar y aplicar un programa de tratamiento, y (e) prevenir las recaídas. A lo largo de la exposición, asumiremos que usted es su propio cliente, pero valdría para cualquier persona que quisiera mejorar algún aspecto de su comportamiento.

1. Especificar el problema y establecer los objetivos

Qué es lo que le gustaría cambiar y cómo sabrá si ha tenido éxito. En primer lugar, tendrá que especificar el problema en términos cuantitativos. Para Al, a quien describíamos al comienzo del capítulo, resultó relativamente fácil: quería perder quince kilos. Dicho de otro modo, quería gastar diariamente unas 1000 calorías más de las que quemaba habitualmente, para perder alrededor de un kilo por semana. Muchos problemas de autocontrol se traducen con relativa facilidad a términos cuantitativos, como sucede con hacer ejercicio y controlar el peso, pero otros objetivos son más difícilmente cuantificables. Por ejemplo, «mantener una actitud más positiva hacia los estudios», «ponerse menos nerviosa», o «mejorar una relación». Mager (1972) denomina «objetivos borrosos» a estos planteamientos vagos y abstractos, que pueden constituir un punto de partida aceptable para identificar un problema de autocontrol, aunque posteriormente haya que «aclarar» los términos e identificar los comportamientos concretos que señalen que se ha alcanzado el objetivo. Mager esbozó varios pasos útiles pertinentes:

a. Poner por escrito el objetivo.
b. Hacer un listado de todo aquello que usted tendría que decir, ver o hacer para constatar que ha alcanzado el objetivo. Es decir, qué evidencia consideraría prueba suficiente de que ha alcanzado su meta.
c. Dado que varias personas se han fijado el mismo objetivo, cómo decidirá quién lo ha conseguido y quién no lo ha hecho.
d. Si el objetivo no es una acción, sino un resultado, como conseguir cierto peso, ahorrar cierta cantidad de dinero, o tener la habitación limpia, es aconsejable hacer un inventario de las conductas específicas que ayudarán a conseguirlo.

2. Comprometerse a cambiar

Comprometerse a cambiar consiste en verbalizar o hacer algo que señale la importancia personal que concedemos a variar el comportamiento, el esfuerzo que vamos a invertir para conseguirlo y los beneficios que creemos obtendremos al lograrlo (véase **Nota 1**). Perri y Richards (1977) demostraron que tanto el compromiso de cambio como el conocimiento de las técnicas para hacerlo eran importantes para que los estudiantes de Psicología se embarcasen con éxito en proyectos de automodificación. Quienes lograron cambios personales en áreas como comer, fumar, estudiar, o conseguir citas, exhibieron mayor compromiso con el cambio y usaron más técnicas comportamentales que quienes no tuvieron éxito (Perri & Richards, 1977).

Mantener la probabilidad de éxito del cambio depende de llevar a cabo acciones que mantengan el compromiso. En primer lugar, hacer una lista de todos los beneficios que aportará alterar la conducta y exponerla en un lugar visible. En segundo lugar, hacer público el compromiso (Hayes y cols., 1985; Seigts y cols., 1997), ya que aumentar el número de personas que nos recuerden que sigamos el programa, incrementa las posibilidades de éxito (Passman, 1977). En tercer lugar, reorganizar el entorno, de modo que recuerde frecuentemente el compromiso y el objetivo (Graziano, 1975). Podría escribir sus objetivos en tarjetas y dejarlas en sitios muy visibles, como en la puerta de la nevera o en el salpicadero del coche; o usar creativamente fotografías que le refresquen los objetivos. Además, tendrá que asegurarse de que estos recordatorios están asociados con los beneficios de alcanzar el objetivo. En cuarto lugar, invertir tiempo y energía en la planificación inicial del proyecto (Watson & Tharp, 2003): preparar un inventario de afirmaciones relacionadas con su implicación personal que le ayuden a fortalecer y mantener el compromiso, por ejemplo, «si le he dedicado tanto esfuerzo, sería una lástima dejarlo ahora». En quinto lugar, debido a que sin duda tendrá tentaciones de abandonar, anticípese y planee varias formas de enfrentarse a ellas (Watson & Tharp, 2003).

3. Registrar los datos y establecer las causas del problema

El siguiente paso es registrar los datos de la conducta problemática: dónde, cuándo y cómo suele ocurrir. Este aspecto es particularmente importante cuando el objetivo es disminuir comportamientos excesivos, ya que como indicamos en el Capítulo 20, si bien hay muchas razones para hacer un seguimiento del problema, sin duda una de ellas es contar con un punto de partida como referencia del progreso. En muchos casos, un lápiz y unas tarjetas serán suficientes para registrar las ocasiones en que el comportamiento inadecuado se produce a lo largo del día, no obstante existen técnicas que incrementan el alcance del registro. Si hay que registrar el consumo de tabaco, convendría apuntar cada cigarrillo antes de fumarlo, de modo que la conducta refuerce el registro. También podríamos establecer reforzadores externos controlados por otras personas y así, si le damos permiso sobre nuestras finanzas a alguien con quien mantengamos contacto frecuente, podemos pedirle que nos vaya devolviendo dinero contingente con nuestro registro de datos. Otros mecanismos para implicar a las amistades en el refuerzo de nuestra recogida de datos podrían consistir en: (a) explicarles el proyecto de automodificación, (b) colocar los gráficos de registro en un lugar visible, para incrementar la probabilidad de que nos hagan comentarios al respecto y (c) mantenerles informados de los progresos alcanzados. Las contingencias en que intervienen otras personas constituyen un mecanismo importante para el mantenimiento de las conductas controladoras.

En algunos casos (como se señaló en el Capítulo 20), registrar y construir gráficos sobre una conducta puede ser un intervención suficiente para producir una mejora. Maletsky (1974) demostró convincentemente este efecto, ya que tres de los cinco casos que analizó mejoraron satisfactoriamente, aunque tuvo cuidado de no introducir ningún tratamiento distinto al de registrar la frecuencia de la conducta no deseada. El primer caso fue una mujer de 52 años que desde hacía más de 30 años, se rascaba continuamente, con lo cual se provocaba heridas sangrantes en brazos y piernas. El segundo caso era un alumno de nueve años que levantaba repetidamente la mano en clase, aunque no supiera las respuestas a las preguntas del profesor. El tercer caso fue una estudiante hiperactiva de once años que se levantaba continuamente del pupitre. Los tres problemas disminuyeron significativamente tras un periodo de seis semanas, en que los implicados tenían que registrar la frecuencia de la conducta y hacer gráficas diariamente. En algunas circunstancias, quizá fuera aconsejable registrar los pensamientos, deseos o necesidad de emitir el comportamiento antes de que realmente suceda. McFall (1970) describió un estudio en que registrar el deseo de fumar un cigarrillo logró que disminuyera no sólo la probabilidad de fumarlo posteriormente, sino también las ocasiones en que lo deseaba. Cone (1999), Latner y Wilson (2002), y Wood, Murdock y Cronin (2002) presentan demostraciones adicionales de los potenciales efectos beneficiosos del auto-registro.

Cuando se registra la frecuencia durante estas observaciones iniciales, hay que tener muy en cuenta los antecedentes que pudieran funcionar como estímulos discriminativos, que señalen el premio o castigo de la conducta problemática, y las consecuencias inmediatas que pudieran estar manteniéndola. Estas observaciones preliminares suelen resultar en sugerencias interesantes para programas, estrategias e intervención fructíferas.

Recuerde el caso de Al que describimos al comienzo del capítulo. Cuando empezamos a examinar las circunstancias en que comía entre horas, Al hizo un descubrimiento sorprendente: la mayoría de las veces en que picaba algo eran seguidas inmediatamente por algún otro suceso reforzante:

> Un mordisco de rosquilla, seguido de un sorbo de café;
> Más patatas fritas mientras ve la televisión y su jugador de baloncesto favorito encesta;
> Otro caramelo mientras espera en el coche y el semáforo se pone verde, con lo cual puede seguir; etc.

Al comía mientras tomaba café o una cerveza, mientras hablaba con sus amigos o por teléfono, mientras iba en el coche... en otras palabras, comía mientras entraba en contacto con gran variedad de acontecimientos reforzantes en el ambiente natural. Como indicamos en los capítulos anteriores, los efectos de los refuerzos son automáticos y no dependen de que la persona sea consciente de ellos. Más aún, muchos aspectos de los distintos contextos en que Al se desenvolvía se habían convertido en estímulos discriminativos para comer en exceso, con lo cual, no es sorprendente que tuviera problemas con la dieta.

Por tanto, durante las observaciones preliminares, es importante analizar los antecedentes de la conducta no deseada, las consecuencias inmediatas que podrían estar manteniéndola y las consecuencias inmediatas, o la falta de ellas, de la conducta alternativa que quiere desarrollar. Toda esta información resultará de gran utilidad en el siguiente paso del programa.

4. Diseñar y aplicar un programa de tratamiento

A lo largo de la vida, en presencia determinados *antecedentes* hemos emitido *comportamientos* específicos que han producido *consecuencias* concretas y por ello estas tres variables proporcionan ámbitos de análisis muy útiles para el desarrollo de estrategias de autocontrol.

Controlar los antecedentes. Como indicamos en los capítulos 17, 18 y 19 es útil reflexionar sobre los tipos principales de antecedentes que controlan nuestra conducta, como instrucciones, modelado, guía física, entorno inmediato, otras personas, el horario y los factores motivantes.

Instrucciones. Meichenbaum (1977) sostiene que casi todos los programas de auto-modificación deberían incluir técnicas de autoinstrucciones, que han demostrado su utilidad para aumentar la práctica del estudio y del ejercicio (Cohen, DeJames, Nocera & Ramberger, 1980), superar fobias (Arrick, Voss & Rimm, 1981), dejar de morderse las uñas (Harris & McReynolds, 1977) y para mejorar una amplia variedad de trastornos (Watson & Tharp, 2003). Antes de incluir el entrenamiento en autoinstrucciones en un programa de autocontrol, sería aconsejable revisar las pautas, normas y objetivos pertinentes en el Capítulo 17, o la exposición adicional del Capítulo 27.

Modelado. Contar con modelos constituye una secuencia de estímulos de utilidad en los programas de autocontrol ya que, por ejemplo, si queremos mejorar nuestra habilidad para presentarnos a los demás en reuniones sociales, podríamos buscar a alguien que lo haga bien, observarle e intentar imitarle. La técnica denominada *modelado participante*, descrita en el Capítulo 28, es especialmente eficaz para superar las fobias y consiste en que la persona fóbica observe cómo interactúan adecuadamente los modelos con los estímulos temidos, para imitarles posteriormente.

Guía física. En el Capítulo 18, expusimos que los terapeutas comportamentales entran en contacto físico con los clientes para inducirles a realizar los movimientos de la conducta deseada. En su análisis clásico del autocontrol, Skinner (1953) describió que las personas aplican frecuentemente la restricción física para controlar sus propias conductas: mantener las manos en los bolsillos para evitar morderse las uñas, taparse los ojos para no ver a alguien en una situación embarazosa, colocar el dedo bajo la nariz para no estornudar, taparse la boca con la mano para no echarse a reír en un acto solemne, morderse la lengua para no dar una respuesta brusca, o apretar los puños para no golpear a alguien en un momento de cólera.

El entorno inmediato. Si tiene dificultades para concentrarse en casa, quizá haya probado a ir a una biblioteca, donde el estudio es un comportamiento que se produce con mucha frecuencia (Brigham, 1982). Muchas personas quisieran reducir la frecuencia de algunos comportamientos que suelen producirse en situaciones específicas, en tanto que la alternativa buscada se produce en otros contextos. En este caso, una estrategia muy útil es reorganizar el ambiente para que presente los estímulos discriminativos que señalan las actividades alternativas deseables (véase Capítulo 18).

Otras personas. Como ya hemos mencionado, el modelado es una técnica que podría animarnos a realizar una conducta, pero otra estrategia pertinente es rodearnos de otras personas. Todos hemos aprendido a emplear determinados modales con algunas personas y otros diferentes con otras. Por ejemplo, es probable que no nos expresemos en términos vulgares en las conversaciones con nuestros abuelos y que sin embargo lo hagamos entre amigos. En algunos casos, un programa de cambio personal no consistirá más que en minimizar el contacto con ciertas personas, ya que como Marlatt y Parks (1982) indicaron, la probabilidad de recaída en muchas adicciones aumenta si los interesados vuelven a relacionarse con quienes solían consumir las sustancias a eliminar.

El horario. Todos estamos acostumbrados a hacer ciertas cosas en determinados momentos del día y algunos problemas están relacionados con estos hábitos, por ello, a menudo es más fácil lograr el autocontrol si cambiamos el horario habitual. Por ejemplo, algunos estudiantes logran desarrollar más atención por las mañanas y sin embargo, es entonces cuando dedican el tiempo libre a relacionarse con sus amigos, dejando el estudio para la noche, cuando les costará más concentrarse. Estos alumnos se beneficiarían de una modificación horaria, más conducente al estudio matutino y las salidas vespertinas, que les ayudaría a desarrollar más eficazmente el autocontrol.

Factores motivacionales. Ya mencionamos en el Capítulo 19, que los factores motivantes afectan a la potencia de las consecuencias reforzantes o punitivas y por tanto, influyen sobre el comportamiento que las precede. Una táctica para desarrollar comportamientos deseables en una intervención de autocontrol consiste en introducir variables motivadoras que funcionen como reforzadores. Por ejemplo, cuando uno de los autores recién casado visitó Brasil con su esposa, le hizo una fotografía corriendo por la playa de Río de Janeiro. Años después, ella veía la ampliación de la foto colgada en la habitación y le motivaba para seguir corriendo y haciendo ejercicio y así mantener la figura. Las variables motivadoras también se emplean para reducir la probabilidad de costumbres inadaptativas y en el caso de Al, descrito al comienzo del capítulo, le condujeron a comer un par de zanahorias antes de ir a tomar café con Mary, con el fin de no ingerir tantas rosquillas. Esta saciedad previa funcionaba como un factor motivante para no glotonear y reducir la probabilidad de tomar más rosquillas.

Organizar el comportamiento. Si el comportamiento de interés es relativamente simple, como en el caso de decir palabrotas, es más fácil centrar la atención sobre antecedentes y consecuencias, pero si el comportamiento es complejo, habrá que dedicar tiempo a analizarlo expresamente. A este respecto, hay que conocer el objetivo que se persigue y si, por ejemplo, queremos adquirir una destreza complicada, tendremos que fragmentarla en componentes y determinar los criterios que emplearemos para decidir que la dominamos adecuadamente. Los criterios de dominio o maestría son los requisitos de rendimiento que habrá que satisfacer para considerar que la hemos aprendido correctamente. Simek y O'Brien (1981) fragmentaron el aprendizaje de jugar al golf en veintidós componentes, que organizaron en una progresión comportamental, e identificaron los criterios de dominio de cada uno de ellos (véase Tabla 26-1). Entrenaron a un grupo de principiantes, pero en vez de empezar como es habitual enseñándoles la postura correcta adoptada por los grandes profesionales al golpear la pelota, comenzaron con golpes cortos de diez pulgadas. Dos razones guiaron esta decisión: en primer lugar, parecía la respuesta más simple, y la norma general es comenzar por lo simple y avanzar paulatinamente hacia lo complejo; en segundo lugar, realizar esta acción correctamente proporciona un refuerzo natural muy poderoso, consistente en meter la pelota en el hoyo. Observe que estos argumentos son parecidos a los empleados en el Capítulo 11 para el encadenamiento retrospectivo o hacia atrás. Gradualmente y a medida que se alcanzaban los criterios de maestría para las jugadas simples, se incrementa la longitud de los golpes hacia «*putts*» más largos; de golpes cortos alrededor del *green*, se avanza a golpes largos y a la vez que se aumentan las distancias, se emplean los distintos hierros medios y golpes con madera para el «*fairway*» (zona de calle), hasta llegar finalmente al «*driver*» (golpe de salida). Desarrollado el programa de entrenamiento, quedaba por comprobar sus resultados en el campo de golf y para ello, los investigadores analizaron el rendimiento de doce principiantes. Seis aprendieron a jugar mediante esta técnica de progresión comportamental y alcanzaron los criterios de maestría en ocho lecciones; en tanto que los otros seis recibieron ocho clases de instrucción tradicional, impartidas por un jugador de golf con años de experiencia docente. Los doce jugaron un recorrido completo de dieciocho hoyos y el grupo de progresión comportamental derrotó fácilmente al grupo tradicional, con una ventaja media de diecisiete golpes.

El *moldeado* es otra estrategia aplicable en programas de mejora personal en que se pretenda alcanzar un cambio comportamental significativo respecto del punto de partida. Algunos consejos prácticos que conviene tener presentes son: comenzar por lo más fácil, lograr un dominio completo de cada fase antes de seguir avanzando y progresar gradualmente, poco a poco. Por ejemplo, los estudios de personas que siguen un régimen alimentario han señalado que quienes van moldeando gradualmente la reducción de calorías en pequeños pasos, tienen mayor probabilidad de desarrollar el autocontrol necesario para no darse atracones (Gormally, Black, Daston & Rardin, 1982; Hawkins & Clement, 1980).

Otra manipulación que obliga a prestar atención al comportamiento es tener en cuenta el gasto de energía necesario para desplegarlo, es decir, el *esfuerzo*. Una estrategia para reducir la frecuencia de costumbres inadaptativas es reorganizar las circunstancias de manera que sea necesario más esfuerzo para realizarlas. Por ejemplo, Susan suele estudiar en un pupitre de la biblioteca, pero interrumpe el trabajo frecuentemente para charlar con los amigos a través del móvil. Lo cierto es que el teléfono siempre está claramente visible sobre la mesa y requiere muy poco esfuerzo cogerlo y marcar, por lo que decide dejarlo en una taquilla, antes de entrar en la biblioteca, lo cual incrementa el esfuerzo necesario para usarlo y reduce las interrupciones potenciales. Por otra parte, alterar los requisitos de respuesta y reducir el esfuerzo necesario para emitirla podría emplearse para aumentar su frecuencia. Por ejemplo, David decide que su consumo diario de agua es demasiado bajo y se pone como objetivo beber al menos cuatro veces al día; no obstante, acercase hasta una de las fuentes en la universidad supone demasiado esfuerzo, con lo cual no logra su objetivo. Sin embargo, cuando opta por comprar una botella de agua y tenerla siempre a mano, lo cual implica mucho menos esfuerzo, su consumo aumenta considerablemente. En estos ejemplos se manipula el esfuerzo necesario para emitir la respuesta,

Tabla 26-1. Progresión conductual y criterios de maestría para aprender a jugar al golf

	Cadena completa de golpes de golf y criterios de maestría	
Fase	**Golpe**	**Criterio de maestría**
1.	Pat de 10 pulgadas	4 hoyos conseguidos consecutivamente
2.	Pat de 16 pulgadas	4 hoyos conseguidos consecutivamente
3.	Pat de 2 pies	4 hoyos conseguidos consecutivamente
4.	Pat de 3 pies	4 hoyos conseguidos consecutivamente
5.	Pat de 4 pies	2 conseguidos y 2 de 4 conseguidos a menos de 6 pulgadas
6.	Pat de 6 pies	4 consecutivos, colocados a menos de 6 pulgadas
7.	Pat de 10 pies	4 consecutivos, colocados a menos de 12 pulgadas
8.	Pat de 15 pies	4 consecutivos, colocados a menos de 15 pulgadas
9.	Pat de 20 pies	4 consecutivos, colocados a menos de 18 pulgadas
10.	Pat de 30 pies	4 consecutivos, colocados a menos de 24 pulgadas
11.	Chip de 35 pies, 5 pies del green, hierro 7	4 de 6, a menos de 6 pies
12.	Chip de 35 pies, 15 pies del green, hierro 10	4 de 6, a menos de 6 pies
13.	Chip de 65 pies	4 de 6, a menos de 6 pies
14.	Pitch de 25 yardas	4 de 6, a menos de 10 pies
15.	Pitch de 35 yardas	4 de 6, a menos de 15 pies
16.	Pitch de 50 yardas	4 de 6, a menos de 15 pies
17.	Golpe de 75 yardas	4 de 6, a menos de 30 pies
18.	Golpe de 100 yardas	4 de 6, a menos de 40 pies
19.	Golpe de 125 yardas	4 de 6, a menos de 45 pies
20.	Golpe de 150 yardas	4 de 6, a menos de 54 pies
21.	Golpe de 175 yardas	4 de 6, a menos de 66 pies
22.	Golpe de 200 yardas (si está a su alcance)	4 de 5, a menos de 90 pies

Adaptado de Total Golf: A Behavioral Approach to Lowering Your Score and Getting More Out of Your Game (p. 2), por T. C. Simek y R. M. O'Brien, 1981. Huntington, NY: B-Mod Associates. Copyright 1981 de T. C. Simek y R. M. O'Brien. Reimpreso con permiso.

pero también podríamos describirlos como una reorganización de los antecedentes mediante la manipulación del entorno inmediato.

Controlar las consecuencias. Una estrategia para manipular las consecuencias es eliminar los reforzadores que podrían fortalecer un hábito no deseable en una situación determinada. Cuando Al analizó su problema con la alimentación, observó que además del sabor, tenía asociados otros reforzadores como la televisión, una conversación agradable, etc. Por tanto, uno de los elementos importantes de la intervención consistiría en separar la comida de esas otras actividades gratificantes. Las recomendaciones de

Lebow (1981) al respecto son:(a) comer siempre en un lugar de la casa que se use sólo para este propósito; (b) utilizar los mismos cubiertos y mantel en todas las comidas; (c) comer sólo a las horas señaladas; y (d) tener comida sólo en la cocina.

Un segundo método para manipular las consecuencias es llevar a cabo personalmente registros y gráficas de la conducta deseada (por ejemplo, véase Watson & Tharp, 2003). Observar la tendencia que muestra la mejora gradual del comportamiento, anima a recrearse en pensamientos positivos sobre los logros, además de funcionar como clave para recibir atención social de otras personas que nos felicitarán por ajustarnos al programa de autocontrol.

Una tercera vía para controlar las consecuencias implica la administración personal de reforzadores específicos, pero sólo cuando hayamos logrado una mejora, o al menos hayamos cumplido con los requisitos del programa (véase Watson & Tharp, 2003). Esto es especialmente importante, si la actividad deseada proporciona recompensas pequeñas, cuyo efecto sólo se nota acumulativamente, o conduce a castigos importantes aunque improbables. Los tres mecanismos habituales para administrar los reforzadores en un programa de autocontrol consisten en: pedir a otras personas que lo hagan, recordarnos a nosotros mismos la existencia de reforzadores naturales diferidos, y manejarlos personalmente. Está última posibilidad parecería idónea puesto que queremos lograr el autocontrol, pero veremos que también conlleva inconvenientes.

Pedir a otras personas que controlen los refuerzos es una estrategia eficaz para lograr el autocontrol (Watson & Tharp, 2003). Por ejemplo, Mary decidió iniciar un programa para correr, en que recibiría dinero inmediatamente después de hacerlo, y si corría a diario, seleccionaría y disfrutaría de una actividad social con su marido. Él era el encargado de otorgar las recompensas por los objetivos alcanzados y el programa resultó muy satisfactorio (Kau & Fischer,1974).

La segunda estrategia de refuerzo, consistente en recordar que las consecuencias naturales del comportamiento tardarán en producirse, queda ilustrada en la compra de regalos de navidad. Supongamos que alguien decide comprar los obsequios anticipadamente y no esperar hasta el último momento porque conlleva consecuencias agradables: ahorrar dinero al comprarlos en rebajas, evitar las aglomeraciones, la tensión y las complicaciones navideñas. No obstante, la consecuencia muy positiva de las expresiones de alegría al recibir los regalos quedará lejos en el tiempo. Por ello, una solución es lograr que los aspectos positivos que controlan la actuación destaquen inmediatamente y así, por ejemplo, después de comprar un regalo en las rebajas de otoño, podría anotar en una tarjeta el dinero que ha ahorrado y colocarla en un lugar visible. También puede mirar la fotografía de la persona que lo recibirá e imaginar la alegría que experimentará cuando lo abra en Navidad; o hacer una lista de todas las actividades alternativas de que disfrutará durante las fiestas con el tiempo de que dispondrá al no tener que hacer compras.

La tercera estrategia de refuerzo recomendada para los programas de autocontrol es organizar las consecuencias del propio comportamiento (Watson & Tharp, 2003). Imaginemos que decide navegar por internet sólo después de haber estudiado para un examen, lo cual podríamos considerar auto-refuerzo; sin embargo, como ilustra la Figura 26-2, nada le impide lograr la recompensa sin haber cumplido las condiciones. En este y otros muchos casos de auto-refuerzo funcionan otras contingencias, que impiden que las personas incumplan los compromisos. Quizá antes de estudiar le preocupaba la posibilidad de suspender el examen y por tanto, estudiar permite escapar de esta preocupación; o quizá después de estudiar ha pensado en la posibilidad de sacar un sobresaliente. Por tanto, son muchas las circunstancias que podrían estar jugando un papel importante y aunque nos concedamos auto-refuerzo sólo después de haber emitido un comportamiento, no está claro que esta sea la única contingencia responsable de la mejora observada.

Algunas pautas para incorporar los reforzadores en un programa de autocontrol son: (a) ha de ser posible obtener refuerzos diarios; (b) establecer la obtención de premios extraordinarios por el progreso semanal; (c) cambiar los reforzadores diaria y semanalmente con el fin de evitar el aburrimiento; (d) si es posible y pertinente, dejar que otras personas le proporcionen los reforzadores cuando consiga los objetivos; y (e) contar a los demás sus progresos.

En el Capítulo 3 expusimos el principio de Premack, conforme al cual podemos utilizar cualquier actividad que tenga una alta probabilidad de ocurrir para fortalecer otra con menor probabilidad de ocurrir. Esta estrategia también se ha empleado con éxito en programas de autocontrol con gran variedad de conductas muy probables: telefonear (Todd, 1972), orinar (Johnson, 1971), abrir el correo diario en la oficina (Spinelli & Packard, 1975) y sentarse en una silla determinada (Horan & Johnson, 1971).

Figura 26-2.
¿Funciona el auto-refuerzo?

5. Prevenir las recaídas y lograr que la mejoría perdure

Supongamos que estamos logrando progresos con nuestro programa de autocontrol: hemos adelgazado diez kilos, no hemos fumado durante tres meses, o estudiar ha dado resultado y hemos sacado sobresaliente en los dos últimos exámenes. Ahora viene la pregunta, ¿durará, seremos capaces de mantener las ganancias mucho tiempo? Lamentablemente, las recaídas son frecuentes en los programas de autocontrol (Marlatt & Parks, 1982). Denominamos recaída a reincidir en la conducta no deseada y situarla a un nivel semejante al alcanzado antes de comenzar el programa. Si para diseñar el programa teníamos en cuenta tres variables, situaciones, conducta y consecuencias, también conviene hacerlo a la hora de analizar las recaídas y los mecanismos para su prevención.

Las situaciones como causa de las recaídas. Prevenir las recaídas implica conocer sus posibles causas y adoptar las medidas necesarias para minimizar su efecto. Veamos a continuación algunos ejemplos en que la situación es responsable del problema.

Contratiempos evitables. Una causa frecuente de recaídas en los programas de autocontrol, es la falta de anticipación de posibles contratiempos cuando suponen un riesgo de vuelta a patrones de comportamiento no deseados. En este caso, lo mejor es simplemente evitar las situaciones que nos produzcan malestar hasta que seamos capaces de afrontarlas. Por ejemplo, Carla decidió dejar de fumar. Al principio pensó que no podría resistir la tentación de fumar si jugaba al póquer con los amigos los viernes por la noche, y la estrategia que adoptó fue sencillamente no acudir a la partida durante el primer mes del programa. Fred decidió ponerse a régimen para tomar alimentos más sanos e ingerir menos calorías. Pero sabía que no podría resistir la tentación de los *banana split* de la heladería que está junto al supermercado en que hace la compra, así que cambió de supermercado para no tener que pasar por delante sin poder tomar su postre favorito. Si puede evitar las situaciones que podrían causarle malestar o contratiempos hasta que haya logrado algunos éxitos con el programa de autocontrol, es más probable que logre afrontar otras circunstancias que suponen una incitación directa del comportamiento no deseado.

Contratiempos inevitables. Algunas situaciones no pueden evitarse, y por tanto la estrategia para impedir que conduzcan a una recaída consiste en prepararse anticipadamente para afrontarlas. Consideremos el caso de John, que tras haber seguido al pie de la letra un programa de ejercicio durante un mes y medio, iba a embarcarse en un viaje de vacaciones en un coche-caravana. Sabía que el cambio de la rutina diaria y la obligación de preparar la acampada por las noches no le ayudarían a seguir haciendo ejercicio. Su solución consistió en pedir a sus compañeros de excursión que pararan media hora antes por las noches, de manera que mientras los demás descansaban, él pudiera salir a correr y ya después, entre todos organizar la acampada. Por supuesto, cuanto antes sepamos de las situaciones inevitables que podrían plantear contratiempos, más oportunidades tendremos de elaborar estrategias adecuadas para afrontarlas.

Reaccionar exageradamente frente a contratiempos ocasionales. Janice llevaba dos semanas ciñéndose estrictamente al programa de estudio, alquiló cinco películas y se dedicó a verlas durante diez horas seguidas. Fred llevaba un mes a dieta y durante tres días consecutivos, se ha tomado unos helados enormes de postre. Son muy pocas las personas que llevan adelante su programa de autocontrol sin retrocesos esporádicos, pero éstos no debieran constituir un obstáculo, siempre que vuelva a poner en marcha el programa de autocontrol. No conviene regodearse en las recaídas, muy al contrario, hay que pensar en las muchas ocasiones en que se ha ajustado al programa como incentivo para establecer nuevos objetivos y retomar el compromiso para alcanzarlos.

Verbalizaciones contraproducentes. Cualquier intento de cambio tendrá necesariamente que encontrar obstáculos y en tales situaciones, las verbalizaciones que las personas se hacen a sí mismas pueden ser contraproducentes, agravar el problema y fomentar una recaída. Quienes tienen dificultades para seguir una dieta, podrían decirse «Tengo demasiada hambre, no puedo aguantar hasta la cena, picaré algo para matar el gusanillo», pero estas verbalizaciones son una incitación a comer.

Piense en ejemplos de auto-verbalizaciones que podrían provocar una recaída y procure identificar discursos alternativos que ayudarían a conseguir el efecto opuesto. Por ejemplo, quienes están a régimen podrían decirse, «Tengo apetito, pero no me estoy muriendo de hambre. Me concentraré en algo que aleje la comida de mi mente».

Causas de la recaída en la especificación de la respuesta. En algunas ocasiones, las recaídas suceden porque no se presta suficiente atención al componente de respuesta de los programas de autocontrol. Veamos algunos ejemplos.

Un objetivo «borroso». Tracy quería mejorar su técnica para jugar al golf, pero después de un mes de entrenamiento constante, no estaba segura de haber progresado. El problema radicaba en que «querer mejorar» es un objetivo demasiado vago, que no especifica suficientemente las conductas a alcanzar. Si la meta hubiera consistido en lograr cinco golpes consecutivos a lo largo de 175 yardas, o tres golpes consecutivos con el hierro 7, colocando la bola a menos de 30 pies de la marca de 100 yardas, o conseguir cuatro golpes de tres pies seguidos, hubiera sido capaz de evaluar su progreso más fácilmente (Martin & Ingram, 2001). Ya comentamos anteriormente que un objetivo «borroso» es aceptable inicialmente, pero habrá que concretarlo posteriormente de manera que todas las personas implicadas logren reconocer su consecución en cuanto se produzca.

Un objetivo a largo plazo. Supongamos que nos marcamos un objetivo a largo plazo, consistente en conseguir un sobresaliente en una asignatura. El objetivo es claro, pero lejano y por tanto, debiéramos marcamos metas a corto plazo que permitan realizar un análisis del progreso a medida que transcurre el tiempo. Para obtener un sobresaliente, habría que estudiar una hora diaria como mínimo, lo cual constituiría el objetivo a corto plazo, o quizá responder a cierto número de preguntas de comprobación cada día. Todos estos objetivos más inmediatos han de enunciarse en términos precisos y realistas, de modo que nos animen hacia la consecución de la meta final.

Intentar demasiado, demasiado pronto. Algunos proyectos de autocontrol no resultan factibles por ser demasiado ambiciosos. Una alimentación más sana, hacer más ejercicio, usar diariamente la seda dental, controlar más sensatamente el dinero y lograr mejores calificaciones, son objetivos admirables, pero tratar de alcanzarlos todos al mismo tiempo probablemente conducirá al fracaso. Si hemos identificado diferentes áreas en las que queremos mejorar, es aconsejable establecer prioridades conforme a la importancia personal que les concedamos y comenzar por alguna de las que más nos interese, de manera que concentremos nuestras energías. Avanzar poco a poco incrementa la probabilidad de éxito.

Las consecuencias como causas de las recaídas. Recordemos nuestro modelo de autocontrol, en que se emite un *comportamiento controlador* para manejar un *comportamiento que ha de ser controlado*. Ambas acciones son seguidas de consecuencias y si estas son inadecuadas o las contingencias no están bien especificadas, podrían producir recaídas. Veamos algunos ejemplos.

Incorporar recompensas cotidianas en el programa. Muchas personas abordan proyectos de autocontrol con gran entusiasmo, pero al cabo del tiempo, el esfuerzo de registrar, hacer gráficos y reorganizar el entorno comienza a notarse y a cansar. Un modo de prevenir las recaídas es ligar el programa con actividades cotidianas gratificantes. Un amigo nuestro quería hacer deporte al menos cuatro días por semana, y como es un gran cinéfilo coincide que suele alquilar unas cuatro películas todas las semanas, así que decidió conectar ambas actividades. Firmó un contrato con su esposa, según el cual para ver las películas, tendría que caminar antes aproximadamente dos km hasta el videoclub para alquilarlas. Reflexione ahora sobre cómo podría incorporar las actividades cotidianas agradables como apoyo de su programa de autocontrol.

Consecuencias que sólo son significativas por acumulación. Supongamos que la dieta ha sido un éxito y decidimos que la nueva figura esbelta puede permitirse un postre extra. Por supuesto, pasarse con el postre un día no es un problema, pero sí la acumulación de pequeños extras que nos devolverá los kilos perdidos rápidamente. Ya hemos comentado que en muchos dilemas de autocontrol el reforzador inmediato por consumir sustancias que nos perjudican, o un postre adicional, se impone a las consecuencias negativas que sólo se perciben después de haberse acumulado repetidamente. Las personas con este tipo de dificultades de autocontrol tienen muchas probabilidades de recaer, y una estrategia preventiva es establecer fechas específicas en que se llevarán a cabo controles de seguimiento, así como una descripción minuciosa de las medidas que se aplicarán si dichos análisis fueran desfavorables. Por ejemplo, si el objetivo es perder peso, podríamos quedar con alguien que nos animara para pesarnos en su presencia una vez a la semana y si el peso aumenta y alcanza un nivel previamente especificado, retomaremos inmediatamente el programa de autocontrol.

Estrategias adicionales para mantener los logros. Las estrategias adicionales para prevenir las recaídas y mantener las ganancias a largo plazo implican los tres factores previamente descritos: situaciones, respuestas y consecuencias. Una estrategia es practicar los pasos del autocontrol esbozados en este capítulo para mejorar otros aspectos de su vida, ya que el uso continuado de estas tácticas aumenta las probabilidades de éxito (Barone, 1982). Más aún, su habilidad para afrontar las recaídas mejorará sin duda, si domina las técnicas de autocontrol que produjeron una mejora en una ocasión anterior.

Quizá el modo más eficaz de no recaer es implicar a las amistades en su programa, tanto a corto como a largo plazo, para lo cual podría establecer un grupo de apoyo. Si al empezar con un proyecto encuentra familiares, amigos o conocidos con un problema similar y establecen objetivos mutuos, podrían reunirse mensualmente y analizar los progresos, y si han mantenido sus logros, celebrarlo de algún modo previamente convenido. Karol y Richards (1978) descubrieron que los fumadores que dejan de consumir tabaco con amigos y se llaman por teléfono para animarse, muestran una mayor reducción de su hábito en los siguientes ocho meses, que los que intentan dejarlo sin ayuda.

Una estrategia particularmente eficaz es firmar un contrato comportamental con alguien que nos pueda apoyar. Como explicamos en el Capítulo 24, este tipo de contrato es una declaración escrita sobre qué conductas nos proporcionarán determinadas recompensas y quién las entregará, y se ha empleado para fortalecer la consecución de comportamientos adaptativos tanto en niños (p.ej., Miller & Kelly, 1994), como en adultos (p.ej., Leal & Galanter, 1995). Estos acuerdos suelen implicar dos o más personas, aunque también se han utilizado algunos «auto-contratos». La Tabla 26-2 presenta un modelo que podríamos usar para establecer un contrato con nosotros mismos.

Un contrato cumple al menos cuatro funciones importantes de control del estímulo:

1. Garantiza que todas las partes implicadas están de acuerdo con los objetivos y procedimientos y que los tendrán presentes durante el transcurso del tratamiento.
2. Concretar los objetivos en términos comportamentales garantiza que todas las partes estarán de acuerdo sobre los progresos alcanzados y lo que falta por lograr para llegar a los objetivos.
3. El contrato proporciona una estimación realista del coste de la intervención en términos de tiempo, esfuerzo y dinero.
4. Firmar el contrato asegura que todas las partes seguirán fielmente los procedimientos especificados, puesto que en nuestra sociedad, firmar un documento es una señal clara de compromiso.

Como ya expusimos en capítulos anteriores, si los datos indican que no estamos consiguiendo los resultados esperados, hay que revisar los procedimientos de modificación de conducta aplicados. Así, un contrato ha de estar permanentemente abierto a la negociación, y si descubre que no puede alcanzar alguno de los compromisos especificados, coméntelo con los demás firmantes, para discutir las dificultades y quizá redactar y acordar nuevos términos. No obstante, antes de hacerlo sería conveniente que repasara la siguiente guía de detección de errores en contratos comportamentales.

Guía para la detección de errores[24]

A continuación presentamos una serie de aspectos que le ayudarán a detectar problemas potenciales en el contrato.

El contrato

1. ¿Estaba claramente especificada la conducta objetivo?
2. Si el objetivo era complejo, ¿se especificaron las aproximaciones menores para llegar a él?
3. ¿Se plantearon fechas precisas para la consecución de los sucesivos objetivos?
4. ¿Se identificaron claramente las situaciones en que las conductas deseadas debían producirse?

[24] Adaptado de DeRisi y Butz, *Writing Behavioral Contracts: A Case Simulation Practice Manual* (Champaign, IL: Research Press, 1975), pp. 58-60.

Tabla 26-2. Un modelo de contrato comportamental

Los objetivos específicos de mi programa de autocontrol son:

Los objetivos a corto plazo del programa son:

Para observar, registrar y hacer gráficas de mi conducta, haré:

Para minimizar las causas del problema, haré:

Los detalles de mi plan de intervención incluyen:

1. Pasos a seguir para controlar la situación

2. Pasos a seguir para controlar las consecuencias

3. Pasos a seguir para tratar o cambiar una conducta compleja

4. Las recompensas que puedo ganar por seguir y/o completar mi proyecto incluyen:

Los pasos adicionales que daré para aumentar y mantener mi compromiso con el proyecto y para prevenir las recaídas son:

Programa de revisión de los progresos:

Firma de todos los implicados y fecha del acuerdo:

(Fecha) (Su Firma) (Firma de la persona de apoyo)

5. ¿Enunció cómo proporcionar refuerzo inmediato? ¿Aún considera estos reforzadores importantes y valiosos?
6. ¿Puede obtener los reforzadores a menudo; por ejemplo, diaria y semanalmente?
7. ¿Especificó y premió el logro más que la obediencia?
8. ¿Estaba expresado de un modo positivo?
9. ¿Lo considera justo y adecuado a sus intereses?

La persona mediadora de apoyo

1. ¿Entiende el contrato?
2. ¿Proporciona el tipo y la cantidad de reforzador apalabrado en el contrato?
3. ¿Se reunió con usted en las fechas dispuestas en el contrato?
4. ¿Se necesita un nuevo intermediario?

Las medidas registradas

1. ¿Son precisos los datos?
2. ¿Es su sistema de recogida de datos demasiado complejo o difícil?
3. ¿Refleja claramente el registro los progresos realizados en la consecución de los objetivos?
4. ¿Necesita mejorar su sistema de recogida de datos?

NO SIEMPRE SON NECESARIOS LOS TERAPEUTAS

Obviamente, algunos problemas personales requerirán la ayuda de un terapeuta, lo cual analizaremos más detenidamente en los capítulos 27 y 28, pero parece evidente a la vista de lo que hemos descrito en secciones previas que muchas personas con ciertos conocimientos de modificación de conducta pueden aplicarlos en su propio beneficio. Quienes dominen éste y los capítulos anteriores conseguirán resolver sin mucha dificultad problemas comportamentales sencillos que les incomoden, aunque por supuesto recomendamos la consulta con profesionales si las circunstancias son graves. Quizá los estudiantes que quieran dejar de fumar, morderse las uñas, decir tacos o hacer comentarios inadecuados; o quienes prefieran aumentar el tiempo de estudio, hacer ejercicio, alimentarse de forma más saludable, dormir mejor, cuidarse más, ser más amables con los demás o hablar en público, no necesiten un terapeuta que les ayude a alcanzar estos objetivos (véase **Nota 2**). Quien ya conozca los contenidos del libro sabe cómo registrar datos y no necesita ayuda experta para hacerlo; también sabe cómo planificar un programa y evaluar su eficacia; cómo aplicar un gran número de técnicas y principios de la modificación de conducta y cómo usar un con-

PREGUNTAS DE REPASO

1. ¿Qué queremos decir con el término fuerza de voluntad? ¿Es un concepto útil? Justifique su respuesta.
2. Describa brevemente tres causas de los problemas de autocontrol evidenciados en excesos comportamentales e ilustre cada una de ellas con un ejemplo.

3. Exponga brevemente tres causas de los problemas de autocontrol evidentes en deficiencias comportamentales e ilustre cada una de ellas con un ejemplo.
4. Explique con dos o tres frases el modelo de autocontrol presentado en este capítulo.
5. A la vista del modelo de autocontrol presentado en la Figura 26-1, explique qué controla el comportamiento controlador.
6. Señale los cinco pasos que caracterizan muchos programas de automodificación.
7. Señale los pasos que recomienda Mager para «clarificar» un problema o un objetivo de autocontrol enunciado de modo impreciso.
8. ¿Cómo hemos definido el compromiso en este libro?
9. Describa los cuatro pasos que podría seguir para fortalecer y mantener su compromiso con un programa de autocontrol.
10. Explique el modo en que Al era reforzado inadvertidamente por comer muchas veces a lo largo del día.
11. Señale las siete clases principales de antecedentes que hay que considerar al planificar el manejo de la situación en un programa de autocontrol.
12. Defina y ponga un ejemplo de un criterio de maestría o dominio.
13. Exponga, usando una frase o dos para cada uno, tres modos diferentes de manipular las consecuencias en los programa de autocontrol.
14. Describa brevemente tres procedimientos diferentes para disponer la obtención de refuerzos en un programa de autocontrol.
15. ¿Constituye el auto-refuerzo una estrategia adecuada para el autocontrol? Justifique su respuesta.
16. Indique brevemente cuatro posibles causas de recaída relacionadas con la situación e indique cómo se podrían manejar.
17. Describa brevemente tres posibles causas de recaída relacionadas con la especificación de la respuesta, e indique cómo se podrían prevenir.
18. Señale brevemente dos posibles causas de recaída relacionadas con las consecuencias, e indique cómo se podrían resolver.
19. ¿Qué es un contrato comportamental? Describa sus características esenciales.
20. ¿Qué funciones importantes de control del estímulo cumple el contrato comportamental?
21. ¿Es posible aventurar que muchas personas podrían actuar como sus propios terapeutas de conducta? Justifique su respuesta.

EJERCICIOS DE APLICACIÓN

A. Ejercicio que implica a otras personas

Describa un problema de autocontrol que padezca alguien que conozca. ¿Diría que se caracteriza como una deficiencia o como un exceso comportamental? ¿Cuál cree que es la causa del problema?

B. Ejercicios de auto-modificación

1. Usando la información de este y anteriores capítulos, indique cómo podría seguir los cinco pasos de un programa de autocontrol para conseguir modificar con éxito algún hábito personal que quiera cambiar.
2. Ponga en marcha el programa y registre los datos durante al menos tres semanas. A continuación, redacte un informe de cinco a diez páginas, gráficos aparte, que resuma los resultados.

NOTAS DE AMPLIACIÓN SOBRE EL TEMA

1. Un compromiso verbal de hacer algo es una afirmación que se corresponde con un comportamiento posterior sólo si cumplimos lo prometido. Son varios los estudios que han analizado la correspondencia entre las intenciones verbalizadas en el compromiso y el comportamiento posterior (Lloyd, 2002). Por ejemplo, Ward y Stare (1990) entrenaron la correspondencia, es decir, animaron a un grupo de niños de una guardería a que afirmasen que iban a jugar en una zona designada, antes de llegar a ella. Específicamente, se instaba a los alumnos a decir, «hoy voy a jugar en la mesa de herramientas» y se les daba una ficha si efectivamente lo decían. Tras cuatro minutos de juego, quienes estaban jugando con las herramientas recibían otra ficha por haber cumplido su compromiso. Cuando se compararon los resultados de este grupo con los de otro que simplemente recibió fichas por jugar en la zona señalada, se observó que el grupo entrenado para realizar la conducta correspondiente, mantenía los compromisos verbalizados más frecuentemente, aunque no recibiera fichas por hacerlo. Es decir, si decían que iban a jugar más tarde con otro juguete, lo hacían, lo cual indica que la respuesta entrenada se había generalizado a otra nueva. La tendencia a generalizar el cumplimiento de la conducta correspondiente podría explicar el mantenimiento de los compromisos personales que nos hacemos y también constituiría un mecanismo para lograr mayor conciencia y conocimiento de nosotros mismos (Dymond & Barnes, 1997).

2. ¿Sirven para algo los manuales de autoayuda? Aunque la revisión de Rosen (1987) concluyó con muchas reservas sobre su utilidad, algunos meta-análisis, consistentes en procedimientos estadísticos que combinan los resultados de muchos estudios, han llegado a conclusiones más positivas (Gould & Clum, 1993; Scogin, Bynum, Stephens & Calhoon, 1990). Por supuesto, no se han evaluado todos los libros de autoayuda disponibles en el mercado. No obstante, los experimentos que han contrastado las técnicas propuestas en los manuales de autoayuda bien elaborados y documentados, basados en los principios del aprendizaje, han llegado a la conclusión de que los tratamientos administrados personalmente tienen muchas probabilidades de éxito. Los objetivos con mayores tasas de éxito son hábitos de estudio, depresión, estrategias para tratar con los hijos, habilidades sociales, y superación de la ansiedad y el miedo. Los programas de tratamiento personal con menos éxito iban dirigidos al control del consumo excesivo de alcohol, tabaco y alimentos (Gould & Clum, 1993; Seligman, 1994). Además, varios estudios han demostrado que los universitarios que han leído varias ediciones del libro de modificación del comportamiento personal de David Watson y Ronald Tharp lograban la consecución de más proyectos de mejora personal que quienes no lo habían leído (Watson & Tharp, 2003).

Preguntas sobre las notas

1. ¿En qué consiste el entrenamiento en la conducta correspondiente?. Describa brevemente cómo se demostró la generalización de la conducta comprometida entre los alumnos de la guardería.

2. ¿Para qué tipo de comportamientos resultan más o menos eficaces los manuales de autoayuda?

27

Modificación de conducta cognitiva

LA modificación de conducta, como se ha descrito en los capítulos previos, empezó a emerger en las décadas de 1950 y 1960, y en el Capítulo 29 expondremos esta etapa de la historia temprana de la disciplina. Las publicaciones que representan una aproximación alternativa o *terapia cognitiva* aparecieron en la década de 1970 (Beck, 1976; Mahoney, 1974; Meichenbaum, 1977). El término **cognición** significa creencia, pensamiento, expectativa, actitud o percepción. De acuerdo con este significado, los terapeutas cognitivos establecen que su acercamiento se basa en ayudar a los clientes a superar sus dificultades deshaciéndose de pensamientos o creencias improductivas o lesivas y ayudándoles a adoptar otras más constructivas. Muchos modificadores de conducta han apuntado la existencia de varias similitudes entre los objetivos y los procedimientos de los terapeutas cognitivos y los suyos. Por su parte, los terapeutas cognitivos, han adoptado muchos métodos de la modificación de conducta. De esta apreciación mutua ha surgido la **modificación de conducta cognitiva** (Meichenbaum, 1986) o *terapia de conducta cognitiva* (Ingram y Scout, 1990). Aunque los terapeutas orientados cognitiva o conductualmente no están de acuerdo en muchos temas, lo cierto es que han aprendido mutuamente (véase, p.ej., Dougher, 1997; Hawkins y Forsyth, 1997; Wilson, Hayes y Gifford, 1997). Además, ambas posturas están firmemente comprometidas con la propuesta de que el criterio para juzgar la eficacia de cualquier intervención es la mejora verificable obtenida en la conducta de los clientes. Stephen Hayes (2004b) se refiere a las técnicas tempranas de modificación como la primera ola de terapia de conducta, y a la modificación de conducta cognitiva como la segunda ola. Hayes también describe la denominada tercera oleada de terapia de conducta; es decir, los acercamientos terapéuticos que incorporan conceptos de «conciencia plena», «aceptación» y «valores» en la tradición cognitiva conductual. El propósito de este capítulo es describir brevemente algunos de los procedimientos de modificación de conducta cognitiva, incluyendo algunos de la «tercera oleada».

Hemos organizado los diferentes procedimientos de terapia cognitiva conforme a tres categorías: (1) tratamientos que ponen el énfasis en la reestructuración cognitiva para reducir los pensamientos inadaptativos que causan emociones problemáticas, (2) estrategias auto-dirigidas para mejorar las habilidades manifiestas de afrontamiento y (3) tratamientos que incluyen «plena conciencia», «aceptación» y «valores» como componentes importantes de la terapia.

MÉTODOS DE REESTRUCTURACIÓN COGNITIVA

Un supuesto teórico fundamental de algunos enfoques de terapia cognitiva es que los individuos interpretan y reaccionan ante los acontecimientos en términos de su significación percibida; esto es, nuestras creencias, expectativas y actitudes afectan a nuestra conducta. El segundo supuesto teórico de estos enfoques es que las distorsiones cognitivas pueden causar desórdenes emocionales. De estos supuestos se sigue que el objetivo básico de la terapia es fundamentalmente cambiar las cogniciones de los clientes. Dicho en otras palabras, algunos terapeutas cognitivos creen que los pensamientos molestos son la causa de los problemas emocionales y conductuales, y el foco primario de su intervención consiste en cambiar este pensamiento defectuoso. Las estrategias para lograrlo se denominan **reestructuración cognitiva**. Insistimos en que, desde nuestro punto de vista, estos enfoques abordan sobre todo la conducta verbal interna de los clientes, y la percepción que tienen de sí mismos y del mundo que les rodea (véase Capítulo 15). Además, los terapeutas que usan estas técnicas, por lo general, incluyen componentes de la modificación de conducta en sus tratamientos.

Terapia de conducta racional-emocional

¿Se reconoce habiendo dicho en alguna ocasión, «siempre lo estropeo todo», «soy muy torpe», o «nunca hago nada bien»? Algunos psicólogos cognitivos consideran que estas afirmaciones son irracionales, ya que, en último término no siempre nos equivocamos, no siempre somos torpes y hacemos bien al menos algunas cosas. Opinan que estos pensamientos irracionales generan ansiedad, tristeza, enfado u otros sentimientos molestos. Su enfoque terapéutico se centra en ayudar a las personas a identificar estos pensamientos o creencias irracionales y sustituirlos por enunciados más racionales.

Desde la década de 1960, la modificación de conducta cognitiva ha recibido un gran impulso gracias al bien conocido terapeuta cognitivo Albert Ellis (p.ej., Ellis, 1962; Ellis & Bernard, 1985; Ellis & Dryden, 1997). El nombre original de este enfoque, *terapia racional-emotiva (TRE)*, se basaba en la premisa de que casi todos los problemas emocionales cotidianos (y las conductas relacionadas) nacen de interpretaciones irracionales que las personas hacemos de los acontecimientos de nuestras vidas. Tendemos a razonar en *términos absolutos*, como la estudiante que piensa «*debo* sacar buenas notas en *todas* las asignaturas»; tendemos a *sobregeneralizar*, como el alumno que después de suspender un examen piensa, «*nunca* seré un buen estudiante»; tendemos también a «*catastrofizar*» lo ocurrido y a pensar que «todo» es tan horrible que no vamos a poder «soportarlo». Jim, por ejemplo, no oyó el despertador y llegaba tarde a clase; apurándose para salir, se cortó mientras se afeitaba y pensó «¡soy un desastre andante! ¡nunca hago nada bien!»; después quedó atrapado en un atasco y pensó, «¿por qué siempre me pasa todo lo malo a mí?» mientras se sentía enfadado y frustrado. Ellis considera que tales afirmaciones sobre sí mismo (soy un desastre andante, todo lo malo me sucede a mí) son la raíz de los problemas emocionales (el enfado y frustración extremos de Jim).

Básicamente, el enfoque de Ellis es enseñar a sus clientes a contrarrestar las afirmaciones «irracionales» con afirmaciones más positivas y realistas. Este proceso se lleva a cabo en tres fases. En primer lugar, Ellis ayuda a los clientes a identificar los pensamientos perturbadores que se basan en creencias irracionales; como la creencia de Jim acerca de ser un desastre y fastidiarlo siempre todo. En segundo lugar, Ellis desafía enérgicamente, enfrentándose y argumentando en contra, las creencias irracionales de los clientes que considera son la base del discurso problemático. Jim, por ejemplo, puede albergar la creencia irracional de que *debe* despertarse siempre al oír el despertador, de que nunca *debe* llegar tarde a clase y nunca *debe* verse sorprendido por un atasco, un tipo de pensamiento irracional al que Ellis denomina «debo-perturbador». Ellis le diría a Jim algo como: «más tarde o más temprano, cualquiera que viva en una ciudad va a quedar atrapado en un atasco, ¿qué te hace tan especial?», o «¿qué quieres decir con eso de que siempre lo estropeas todo? Me dijiste que sacaste un sobresaliente en tu último examen». En tercer lugar, los clientes aprenden, mediante modelado y tareas para hacer en casa, a sustituir las afirmaciones «irracionales» sobre sí mismos por afirmaciones basadas en creencias «racionales». Por ejemplo, a Jim se le podría enseñar a decirse a sí mismo que existen cosas bastante peores que estar atrapado en un atasco y que, aunque las cosas podrían ir mejor, también podrían ir mucho peor. Su situación puede ser molesta o inconveniente, pero no es catastrófica y además, casi siempre podemos hacer algo para mejorar la situación.

Ellis (1993) añadió luego la palabra *comportamiento* a su terapia y ahora se conoce como **terapia comportamental racional-emotiva (TCRE)**. Lo hizo porque, a pesar de ser un terapeuta cognitivo, con frecuencia asigna tareas conductuales *in vivo* para hacer en casa. Por ejemplo, podría pedir a Jim que anotara la realización de actividades complejas, como trabajar en el ordenador, o cambiar el aceite al coche, para probarse a sí mismo que no es un desastre completo. Las tareas para hacer en casa suelen estar diseñadas para ayudar a los clientes a desafiar las creencias irracionales y afrontar las emociones perturbadoras. Los lectores interesados en una guía práctica de la terapia racional emotiva pueden consultar Dryden, 1999.

Evaluación de la terapia comportamental racional emotiva. El enfoque de Ellis resulta tan satisfactorio porque, ¿los terapeutas disputan enérgicamente las creencias irracionales de los clientes (un componente «cognitivo»)? ¿O se debe a las tareas para hacer en casa (componentes conductuales)? Después de todo, los deberes asignados parecen animar a los clientes a enfrentarse con situaciones cotidianas que les generan ansiedad, lo cual colabora a su extinción (véase Capítulo 28). ¿O es quizá el resultado de la combinación de la corrección de los pensamientos inadecuados y las tareas para hacer en casa?

Gossette y O'Brien (1989, 1992) examinaron 107 estudios sobre terapia racional emotiva que: (1) se centraban en los intentos de los terapeutas para modificar las creencias irracionales de los clientes y (2) no estaban acompañados de otras estrategias comportamentales (tales como el ensayo conductual y la práctica reforzada). Revisaron todos los informes conocidos (tanto estudios publicados como escritos no publicados) en que la terapia racional emotiva se comparaba con otros tipos de terapia o con estudios en que no se procuró ningún tratamiento. El enfoque de Ellis era más efectivo que varias de las condiciones comparadas en reducir las auto-afirmaciones irracionales de los clientes tan sólo en el 46% de los casos, y era más efectivo que otras condiciones en reducir el malestar emocional sólo en el 26% de los casos. Finalmente, esta terapia no tuvo prácticamente ningún efecto en otras medidas conductuales, tales como el grado en que los clientes realmente se acercaban a los objetos temidos. Los resultados de la revisión de Gossette y O'Brien sugieren que una gran parte del éxito de la terapia comportamental racional emotiva se debe a las tareas para hacer en casa en lugar de al cuestionamiento de las creencias irracionales.

Terapia cognitiva de Beck

Aaron T. Beck (1976) desarrolló, independientemente de Ellis, un procedimiento de terapia cognitiva similar a la terapia conductual racional emotiva. Su terapia cognitiva se proyectó originalmente para tratar la depresión; sin embargo, se aplicó posteriormente a una amplia variedad de problemas, incluyendo estados maniacos, trastornos de ansiedad, histeria, desórdenes obsesivos, trastornos psicosomáticos y fobias (véase Beck, Emery & Greenberg, 1985). Además, Beck ha publicado un libro de autoayuda para parejas que muestra cómo pueden usar la terapia cognitiva para mejorar sus relaciones (Beck, 1988). Kingdon y Turkington (1994) han extendido el enfoque a casos de esquizofrenia.

De acuerdo con Beck (1976), las personas con trastornos emocionales padecen un exceso de pensamientos aberrantes, falaces o disfuncionales, lo cual genera, o exacerba, sus problemas. Entre los tipos de pensamientos disfuncionales se encuentran los siguientes:

1. Pensamiento dicotómico, que se produce en términos absolutos; por ejemplo, asumir que se falla si se obtiene una calificación inferior a sobresaliente.
2. Inferencia arbitraria, que consiste en extraer conclusiones sobre la base de evidencias inadecuadas; por ejemplo, interpretar mal el ceño fruncido de otra persona como gesto que expresa desaprobación.
3. Sobregeneralización, que es llegar a una conclusión general sobre la base de muy pocos episodios que aporten evidencia; por ejemplo, asumir que un único fallo significa que no puede hacer bien nada.
4. Magnificación, es decir, exagerar el significado o la importancia de un acontecimiento concreto; por ejemplo, creer que es terrible o catastrófico no obtener algo que se desea mucho.

El procedimiento de Beck implica tres componentes generales. En primer lugar, los clientes identifican los pensamientos disfuncionales y los supuestos poco adaptativos que puedan estar causando emociones desagradables, habitualmente mediante ejercicios con imágenes mentales y preguntas fáciles de responder. Se puede animar por ejemplo a que los clientes recuerden o imaginen acontecimientos que elicitaron tales emociones y a centrarse en los pensamientos experimentados en esas situaciones. En segundo lugar, una vez identificados los pensamientos o supuestos disfuncionales, existen varios métodos para contrarrestarlos. Uno de ellos consiste en comprobar la realidad o poner a prueba las hipótesis. Después de que los clientes han identificado la creencia o pensamiento irracional y han aprendido a plantearlo como una hipótesis y no como una realidad, lo contrastan empíricamente mediante una serie de actividades para hacer en casa. Por ejemplo, si los clientes creen que caen mal y que todas las personas con que se encuentran se alejan de ellos, los terapeutas podrían diseñar un sistema para juzgar las expresiones faciales de otras personas y su lenguaje corporal con el fin de intentar determinar objetivamente si los pensamientos que subyacen al problema son de hecho o no acertados. Otro ejemplo sería animar a los clientes a participar en escenificaciones e interpretación de roles. Una clienta que creía que los dependientes pensaban que era inepta cambió su visión negativa de sí misma cuando hizo el papel del vendedor que la atendía. En tercer lugar, Beck asigna a menudo deberes para que los clientes realicen por su cuenta, que incorporan dosis variables de procedimientos de modificación de conducta para lograr el establecimiento de actividades cotidianas deseables. Las personas con depresión, por ejemplo, con frecuencia rehúsan hacer tareas rutinarias como ducharse o bañarse, hacer la cama y limpiar la casa. Los deberes para hacer en casa podrían dirigirse a reestablecer estas actividades.

Comparación de los enfoque de Ellis y Beck. Hay algunas similitudes obvias entre el enfoque de Beck y la terapia conductual racional emotiva de Ellis. Ambos abordajes suponen que la dificultad de los clientes radica en algún tipo de patrón de pensamiento inadecuado, como la tendencia a exagerar o catastrofizar acontecimientos desagradables. Ambos se centran en modificar los pensamientos irracionales de los clientes y ambos utilizan tareas conductuales para hacer en casa. Una diferencia es que Beck no enfatiza tanto la tendencia de los clientes a catastrofizar o «terribilizar» como Ellis. Una segunda diferencia se plasma en las transcripciones de las sesiones con clientes de Beck y Ellis. Estos textos sugieren que Beck emplea un acercamiento más amable, menos polémico que Ellis cuando discuten los pensamientos irracionales de los usuarios. Una tercera diferencia es el acercamiento para cambiar las creencias irracionales, ya que Ellis intenta modificarlas cuestionándolas de forma agresiva mediante argumentos lógicos implacables y Beck lo intenta ayudando a desarrollar tareas que las pongan a prueba empíricamente.

Evaluación de la terapia cognitiva de Beck. A pesar de que Beck y sus colaboradores han aplicado su enfoque a una gran variedad de trastornos, consideran que es especialmente efectivo para las personas con depresión (Beck y cols., 1985). La terapia cognitiva ha demostrado ser al menos tan efectiva como la medicación en episodios agudos de depresión (Antonuccio, Danton y Denelsky, 1995), aunque menos efectiva que la medicación para la depresión crónica (Thase y cols., 1994). Dobson (1989) concluyó, mediante una técnica de *meta-análisis,* que la terapia cognitiva de Beck es el tratamiento preferido para la depresión unipolar. Como indicamos previamente, un meta-análisis es un procedimiento estadístico que combina análisis de datos de muchos estudios diferentes para llegar a un único resultado, semejante al que habrían producido todos los datos conjuntos de esos estudios si se hubiera llevado a cabo una investigación a gran escala.

Sin embargo, en otro meta-análisis de ensayos de control aleatorios para el tratamiento de la depresión media a moderada en pacientes externos, la eficacia global resultó ser sólo del 46,6% para la terapia cognitiva, en comparación del 55,3% de la terapia de conducta y de 52, 3% para la psicoterapia interpersonal (Panel para la supervisión de las directrices para la depresión (*Depresión Guideline Panel*), 1993). Además, la evidencia obtenida en un estudio a gran escala y realizado en varios centros, llevado a cabo por el Instituto Nacional de Salud Mental, encontró que la terapia cognitiva de Beck no era más efectiva que una condición placebo de control para personas que padecen depresión (Elkin y cols., 1989). No obstante, este estudio ha sido criticado por sus defectos metodológicos, entre los que destaca el uso de terapeutas cognitivos poco entrenados que podrían no haber sido supervisados adecuadamente (Elkin, 1994; Otto, Pava & Sprich-Buckminster, 1995).

Por todo ello, los resultados acerca de la eficacia de la terapia cognitiva de Beck son contradictorios. Aceptando que puede ser efectiva, la pregunta que surge es: ¿cuáles son entonces sus ingredientes y/o componentes activos? Un análisis de componentes de la terapia de Beck para abordar la depresión comparó tres intervenciones: la sola asignación de las tareas conductuales; estas mismas tareas más la aplicación de reestructuración cognitiva; y estos dos componentes más la identificación y modificación de creencias centrales generalizadas, consideradas causantes principales del pensamiento disfuncional y de las reacciones depresivas. Las tareas conductuales se centraban básicamente sobre la identificación de problemas cotidianos específicos y la prescripción de un conjunto de actividades semi-estructructuradas que ayudaban a los participantes a entrar en contacto con los reforzadores naturales del entorno. Los resultados indicaron que, al final del tratamiento y tras un seguimiento de dos años, las tres condiciones experimentales eran prácticamente idénticas en todas las medidas (Jacobson y cols., 1996; Gortner, Golan, Dobson & Jacobson, 1998). Estos hallazgos sugieren que la reestructuración cognitiva puede no ser un componente necesario en el tratamiento de la depresión. En un proyecto que replicó y amplió estos hallazgos, los investigadores compararon las tareas de activación conductual para hacer en casa con la terapia cognitiva (incluida la reestructuración cognitiva), con la medicación antidepresiva y con un grupo de control placebo (Dimidjian y cols., 2003; y discutido en Martell, Addis & Dimidjian, 2004). El grupo de activación conductual rindió al mismo nivel que el grupo medicado con antidepresivos en algunas medidas y mejor que él en otras. Tanto la activación conductual como el grupo de antidepresivos superaron significativamente al grupo de terapia cognitiva, que no era significativamente diferente del grupo placebo de control. Estos resultados cuestionan seriamente la necesidad de añadir la reestructuración cognitiva a la activación conductual en los tratamientos de depresión.

En la misma línea, Andrew Sweet y su equipo examinaron veintinueve estudios que comparaban abordajes puramente conductuales con esos mismos tratamientos a los que se añadían componentes cognitivos para superar una serie de trastornos (no sólo depresión). Llegaron a la conclusión de que el 83% de los estudios mostraba que no se conseguían mejores resultados añadiendo componentes terapéuticos específicos de la reestructuración cognitiva (Latimer & Sweet, 1984; Sweet & Loizeaux, 1991). Por ello, aunque la adición de técnicas de reestructuración cognitiva a las intervenciones conductuales puede mejorar los resultados con algunos individuos que padecen trastornos, un gran número de estudios sugiere que no siempre es así.

MÉTODOS AUTODIRIGIDOS DE AFRONTAMIENTO

La sección anterior describe enfoques que se centran en sustituir los pensamientos irracionales o erróneos por una evaluación de la realidad que conduzca a pensamientos más adaptativos, en otras palabras, la *reestructuración cognitiva*. Otras estrategias de *modificación cognitiva de la conducta* se centran en el entrenamiento en auto-instrucciones y de solución de problemas para ayudar a los clientes a emitir conductas manifiestas útiles para afrontar situaciones difíciles y a menudo ansiógenas.

Entrenamiento en auto-instrucciones

Meichenbaum y Goodman (1971) desarrollaron originalmente un entrenamiento en auto-instrucciones para ayudar a los niños a controlar sus comportamientos impulsivos que suele incluir los siguientes cinco pasos:

1. *Demostración de autoinstrucciones por parte del modelo adulto.* Por ejemplo, una persona adulta podría decir «Mi trabajo es escribir un diez. Primero dibujaré líneas rectas como ésta y luego dibujaré un círculo al lado» (Mientras escribe un diez). «Lo he hecho muy bien».
2. *La niña realiza la tarea mientras el modelo adulto la verbaliza en voz alta.* Por ejemplo, el adulto le daría el lápiz y repetiría las instrucciones previas (y el elogio posterior) mientras la niña dibuja un diez.
3. *La niña realiza la tarea y la verbaliza en voz alta.* Por ejemplo, la niña comenzaría por la conducta del adulto en el paso 1.
4. *Desvanecimiento de las auto-instrucciones manifiestas.* En uno o dos ensayos, se animaría a la niña a repetir la tarea mientras se repite a sí misma las auto-instrucciones y el elogio con un volumen de voz progresivamente más bajo.
5. *Realización de la tarea con auto-instrucciones encubiertas.* Finalmente, se animaría a la niña para que realice la tarea mientras se dice las instrucciones y el auto-elogio a sí misma de forma que el profesor no le oiga.

Inicialmente, se anima a los niños impulsivos que reciben entrenamiento en auto-instrucciones a practicar los pasos con tareas simples, tales como dibujar un diez, para avanzar posteriormente hacia ejercicios más complejos adecuados al nivel evolutivo correspondiente, tales como la suma y la resta.

Meichenbaum (1986) y otros terapeutas han desarrollado estrategias de entrenamiento en auto-instrucciones para ayudar a los clientes a generar habilidades de afrontamiento útiles para manejar situaciones estresantes que se escapan a su control. A menudo, el énfasis en su enfoque está más en enseñar a afrontar emociones negativas que en eliminarlas completamente. Por ejemplo, tras el tratamiento, un cliente con fobia dijo:

> Con las autoinstrucciones soy capaz de estar en la situación, no cómodamente, pero sí tolerándola. No me disuaden de estar asustado, sólo de parecerlo. Reaccionas inmediatamente a las cosas que te asustan y entonces empiezas a razonar contigo mismo. Me convenzo a mí mismo de que no debo experimentar pánico. (Meichenbaum, 1986, p.372).

El primer paso en el enfoque de Meichenbaum para afrontar la ansiedad es identificar determinados estímulos internos producidos por la situación estresante y por afirmaciones negativas que los clientes se hacen a si mismos («no puedo con esto», «no sirvo para esto»). Hay que aprender a usar estas señales internas como estímulos discriminativos para darse las auto-instrucciones apropiadas. Posteriormente, mediante modelado y ensayo conductual, los clientes aprenderán a contrarrestar las auto-afirmaciones negativas en la propia situación ansiógena. Los clientes que se ponen nerviosos al hablar en público pueden aprender a decirse, «el hecho de que esté nerviosa justo antes de dar una conferencia no significa que lo vaya a hacer mal; mi ansiedad es sólo una forma de prepararme para estar alerta y hacer un buen trabajo». En tercer lugar, los clientes aprenden a proporcionarse auto-instrucciones sobre los pasos que tienen que seguir para ejecutar la actividad adecuadamente mientras la están llevando a cabo («haré tres respiraciones profundas, sonreiré, luego seguiré mis apuntes y daré mi conferencia»). Finalmente, aprenden a hacerse afirmaciones auto-reforzadoras inmediatamente después de haber afrontado con éxito la situación estresante («¡Lo hice! ¡Espera a que se lo cuente a mi terapeuta!»).

Inoculación de estrés. Como si se tratara de una vacuna en que los médicos inoculan con una forma no virulenta de un microbio para que el sistema se defienda y la enfermedad no se desarrolle, Meichenbaum (1985) desarrolló la técnica de «inoculación de estrés», para vacunar contra el estés. Esta técnica procede típicamente en tres fases. En la *fase de reinterpretación*, los clientes aprenden que el factor estresante (como le sucedía a la estudiante que tenía que hacer una exposición en clase) no es la causa de su nerviosismo o reacción de estrés, sino la forma en que se vive ese acontecimiento. Los clientes también aprenden a verbalizar que son capaces de dar los pasos adecuados para manejar la situación. En la *fase de entrenamiento del afrontamiento*, se aprenden varias estrategias de afrontamiento, tales como la relajación, las auto-instrucciones, el auto-reforzamiento (como explicamos previamente). Finalmente, en la *fase de aplicación*, los clientes practican su auto-discurso y habilidades de afrontamiento ante estímulos estresantes, como tener un brazo sumergido en agua helada, ver una película horripilante o recordar una visita angustiosa al dentista. Justo antes y durante la exposición a estas situaciones angustiosas, los clientes practican las habilidades de afrontamiento pertinentes. La investigación indica que la inoculación de estrés es particularmente útil para clientes con trastornos de ansiedad o estrés (Meichenbaum y Deffenbacher, 1988).

Evaluación de los métodos de auto-instrucciones. Un gran número de estudios revelan que el entrenamiento en auto-instrucciones es eficaz para tareas relativamente específicas como el control de la impulsividad, el aumento de la asertividad y la mejora del ocio (Meichenbaum, 1986; Spiegler & Guevremont, 2003). Las aplicaciones a cuestiones más complejas, tales como la fobia social y los trastornos de personalidad suelen tener menos éxito (Spiegler & Guevremont, 2003). Como se describirá más adelante en este capítulo, este tipo de entrenamiento depende en gran medida de la conducta gobernada por reglas, y ya señalamos en el Capítulo 17, que las reglas son más efectivas cuando describen circunstancias específicas y plazos límite para la ejecución de acciones concretas que conduzcan a resultados que, aunque se demoren, sean cuantificables y probables. Las reglas que no se ajustan a estas puntualizaciones tienen menor probabilidad de lograr sus cometidos.

Métodos de solución de problemas

Los métodos de solución de problemas se centran en enseñar a las personas a resolver satisfactoriamente sus dificultades personales mediante razonamiento lógico. D'Zurilla y Goldfried (1971) destacaron los seis pasos generales en la solución de problemas personales:

1. *Orientación general:* se anima a los clientes a reconocer los problemas y a darse cuenta de que es posible manejarlos actuando de forma sistemática en lugar de hacerlo impulsivamente. Para enfrentarse a los problemas, por ejemplo, los clientes aprenden a hacer afirmaciones tales como «sé que puedo solucionar esto si lo hago paso a paso» o «veamos como puedo reformular esto de manera que sea un problema con solución».
2. *Definición del problema:* cuando se le pide que especifique el problema, la mayoría de los clientes responde en términos vagos, por ejemplo, «he estado bastante triste últimamente». Especificar la historia del problema y las variables que parecen estar controlándolo, por lo general, es útil para definirlo con más precisión. Por ejemplo, un análisis minucioso podría revelar que lo que disgusta a los clientes es compartir piso con personas desordenadas, ya que no aguantan el «desastre» en que parecen obligados a vivir.
3. *Generación de alternativas:* después de definir el problema con precisión, habrá que realizar una tormenta de ideas para generar posibles soluciones, es decir «dejar que su mente funcione libremente» y piense todas las alternativas que se le ocurran, sin tener en cuenta si son factibles. Por ejemplo, algunos abordajes podrían ser: (a) mudarse de casa, (b) aprender a aceptar el desorden, (c) hablar asertivamente con los compañeros de piso acerca de cómo mantener limpia y ordenada la casa, (d) intentar moldear una conducta de orden en los compañeros de piso, (e) negociar un contrato conductual con los compañeros de piso, (f) tirar las cosas de su compañero de piso por la ventana y (g) tirar a su compañero de piso por la ventana.
4. *Toma de decisiones:* el siguiente paso es examinar las alternativas cuidadosamente, eliminar aquéllas que son obviamente inaceptables, tales como la (f) y la (g) del punto anterior. Se consideran entonces las posibles consecuencias de las restantes alternativas a corto y largo plazo. Se ha demostrado que anotar las ventajas e incovenientes de varias opciones mejora la satisfacción a la hora de tomar decisiones, aumenta la probabilidad de perseverar en las decisiones y conduce a elecciones más productivas y a evitar arrepentimientos (Janis y Mann, 1977; Janis y Wheeler, 1978). Sobre la base de estas consideraciones, elegiría la alternativa que parezca proporcionar la solución óptima y con más probabilidades de éxito.
5. *Implementación:* los clientes entonces (inicialmente con la ayuda del terapeuta) diseñan un plan de acción para llevar a cabo la mejor solución al problema. A veces esto requiere aprender habilidades nuevas. Si, por ejemplo, los clientes deciden que la mejor alternativa (de la lista presentada en el punto 3) es la (e), tendrían que estudiar algo sobre contratos conductuales (expuestos en el Capítulo 26).

6. *Verificación:* cuando el plan se ha puesto en marcha, se anima a los clientes a establecer un seguimiento del progreso para asegurarse de que se alcanza la solución del problema. Si no se logra, la secuencia de solución de problemas debe reiniciarse e intentarlo con otra alternativa.

Evaluación de los métodos de solución de problemas. Foxx y Faw (1990) describieron un programa para enseñar habilidades de solución de problemas a pacientes psiquiátricos y discutieron cómo conseguir la generalización de estas habilidades. Además, D'Zurilla y Nezu (1999) describieron la aplicación de este enfoque a una gran variedad de problemas clínicos. Aunque la evidencia indica que los adultos y los niños pueden aprender rápidamente habilidades de solución de problemas, no siempre las aplican apropiadamente para conseguir soluciones satisfactorias a los problemas personales.

CONCIENCIA PLENA Y ACEPTACIÓN

La práctica de la plena conciencia es un concepto antiguo, del que se dice está en «el corazón de las enseñanzas de Buda» (Nhat Hahn, 1998, p. 59). **La plena conciencia** implica ser consciente de, darse cuenta, observar y describir las conductas manifiestas y encubiertas, tal como ocurren, sin juzgarlas, así como (en algunos casos) la observación de los antecedentes y las consecuencias de esas conductas. Implica prestar mucha atención a lo que se ve, se huele, se saborea y a las sensaciones táctiles de la experiencia mientras ocurre. Supongamos que queda a mediodía con un amigo en la puerta de un restaurante. A las 12.30, su amigo (que no es fiable en esto de los horarios) aún no ha llegado. Con enfado, pensaría, «Esto me cabrea. ¡Odio que siempre llegue tarde! No soporto que sea tan poco fiable. ¿Por qué lo aguanto? La gente del restaurante debe de pensar que soy una idiota por estar aquí parada, esperando desde hace media hora». De manera alternativa, podría practicar la plena conciencia y pensar, «Estoy de pie en la puerta de un restaurante. Veo coches pasar. Noto que mi corazón late más rápidamente. Siento una incomodidad en el estómago. Estoy apretando los puños y mis brazos están tensos. Me imagino lo que deben de estar pensando de mí los que están en el restaurante. Visualizo a mi amigo disculpándose». Tal como ilustra este ejemplo, la plena conciencia implica estar totalmente al tanto de las sensaciones íntimas, de los pensamientos, sentimientos y de la conducta observable en todos y cada uno de los momentos.

La aceptación hace referencia al conjunto de conductas generadas como reacción a las actividades de plena conciencia, absteniéndose de juzgar las propias sensaciones, pensamientos, sentimientos y acciones como buenas o malas, placenteras o desagradables, útiles o inútiles, etc. Los propios pensamientos se ven sólo como respuestas, acontecimientos que sólo ocurren. Los sentimientos, tanto los positivos como los negativos, se aceptan como parte de la vida. Los procedimientos de aceptación se usan para que las personas aprendan que pueden sentir sus sentimientos y pensar sus pensamientos, aunque sean aversivos, y realizar no obstante acciones constructivas que sean consistentes con sus valores y metas en la vida.

Al principio de la década de 1990, varios terapeutas empezaron a incorporar los procedimientos de la plena conciencia y aceptación a la terapia de conducta cognitiva (Hayes, Jacobson, Follette y Dougher, 1994; Linehan, 1993; Teasdale, Segal y Williams, 1995). Como indicamos previamente, los profesionales que ampliaron el marco terapéutico con estas estrategias de cambio experiencial han sido descritos como la tercera ola de terapeutas conductuales (Hayes, 2004; Hayes, Follette y Linehan, 2004). Uno de estos enfoques terapéuticos es la terapia de Aceptación y Compromiso.

Terapia de Aceptación y Compromiso

La **Terapia de Aceptación y Compromiso** desarrollada por Hayes y sus colaboradores (Hayes, Strosahl y Wilson, 1999) se lleva a cabo en tres fases. En primer lugar, mediante el uso de metáforas, paradojas, historias y otras técnicas verbales por parte del terapeuta, los clientes aprenden que los intentos pasados de controlar los pensamientos y las emociones molestas no sólo no han tenido éxito, sino que además sirvieron para aumentar la frecuencia de tales obsesiones y emociones. Si le dijéramos, por ejemplo, que no piense en un elefante rosa, ¿qué es probable que haga usted? Pensar en un elefante rosa. En segundo lugar, mediante el entrenamiento en la plena conciencia y los ejercicios de aceptación, los clientes aprenden a experimentar y abrazar pensamientos y emociones sin juzgarlos, incluyendo los más desagradables. En un ejercicio así, por ejemplo, le animarían a imaginarse sus pensamientos «flotando como si fueran hojas en una corriente» (Hayes, 2004). En tercer lugar, sin tener en cuenta si las creencias y sentimientos inadaptativos son eliminados, se anima a los clientes a identificar los valores en varios ámbitos de la vida, como el trabajo, la familia, la salud y las relaciones íntimas. Posteriormente habrá que traducir estos valores a metas concretas que puedan alcanzarse e identificar y emitir conductas específicas para lograrlas (véase **Nota 1**). Esta es la parte de compromiso de la Terapia de Aceptación y Compromiso: facilitar que los usuarios identifiquen metas valoradas en sus vidas y se comprometan con las acciones conducentes a alcanzarlas.

La Terapia de Aceptación y Compromiso difiere de la terapia cognitiva de Ellis y Beck en varios aspectos. En primer lugar, la Terapia Cognitiva supone que los pensamientos desagradables constituyen la causa básica de las emociones inquietantes, mientras que la Terapia de Aceptación y Compromiso considera que tanto los pensamientos como las emociones son simplemente respuestas, y asume que ambas son causadas por varias contingencias ambientales. En segundo lugar, un punto principal de la Terapia Cognitiva es abordar los pensamientos disfuncionales directamente mediante reestructuración cognitiva, mientras que la Terapia de Aceptación y Compromiso usa la práctica de la plena conciencia y los procedimientos de aceptación para enseñar a abrazar y aceptar pensamientos y emociones, en lugar de juzgarlos como dolorosos e intentar cambiarlos directamente (véase **Nota 2**). La Terapia de Aceptación y Compromiso enseña a que, en lugar de experimentar pensamientos desagradables y sentimientos aversivos, aún se pueden tomar medidas constructivas para conseguir las metas apreciadas. Una tercera diferencia es el objetivo de las tareas conductuales para hacer en casa. Con la Terapia Cognitiva, un propósito básico de los deberes asignados es ayudar a superar los pensamientos perturbadores. Con la Terapia de Aceptación y Compromiso, los deberes conductuales contribuyen a construir planes de actuación cada vez más certeros en la consecución de las metas valoradas. Por todas las razones mencionadas previamente, la Terapia de Aceptación y Compromiso es considerada, por algunos (incluyendo quizá a sus autores) más como un tipo de terapia conductual que de terapia cognitiva.

Evaluación de la Terapia de Aceptación y Compromiso. La Terapia de Aceptación y Compromiso es un enfoque relativamente nuevo, y hace falta aún más investigación para establecer claramente su eficacia. De todas formas, algunos estudios tempranos han sido positivos. Por ejemplo, se ha demostrado que es equivalente a la desensibilización sistemática (descrita en el Capítulo 28) en corregir la ansiedad que producen las matemáticas (Zettle, 2003), y ha sido efectiva para reducir el estrés en el lugar de trabajo (Bond y Bonce, 2000). Los resultados de otros estudios fueron revisados por Hayes, Masuda, Bissette, Luoma y Guerrero (2004). Para encontrar lecturas adicionales sobre la Terapia de Aceptación y Compromiso, se puede consultar el número especial de *Behavior Therapy* (2004, Vol. 35, N.º4).

UNA INTERPRETACIÓN CONDUCTUAL DE LAS TÉCNICAS COGNITIVAS CONDUCTUALES

Como indicamos en el Capítulo 14, dos categorías importantes de conductas son la operante y la respondiente. Como se discutió en el Capítulo 15, gran parte de lo que consideramos «pensamientos» y «sentimientos» en la vida cotidiana, se puede describir en términos de estas dos categorías conductuales fundamentales. También expusimos en el Capítulo 15, que los principios y procedimientos del condicionamiento operante y respondiente se pueden aplicar de igual forma a conductas privadas y públicas. En varios ejemplos de este libro, la conducta privada se ha modificado para conseguir cambios deseados en la conducta pública. En ningún caso, no obstante, fue necesario asumir que la conducta encubierta fuera fundamentalmente diferente de la manifiesta. Por el contrario, los tratamientos usados se basaban en la suposición de que los mismos principios generales y procedimientos eran aplicables tanto a la conducta externa como a la interna. Desde este punto, reexaminemos ahora algunos de los métodos que otros han denominado procedimientos cognitivos.

Empecemos con la reestructuración cognitiva. Se recordará que algunos terapeutas cognitivos creen que los pensamientos perturbadores son la causa de los problemas emocionales y conductuales, y que el objetivo básico de la reestructuración cognitiva es cambiar estos pensamientos disfuncionales. Como expusimos en el Capítulo 15, es ciertamente posible que algunos tipos de autoafirmaciones funcionen como un estímulo condicionado que elicita los componentes respondientes de la ansiedad, del enfado o de alguna otra emoción. Consideremos por ejemplo el caso de Jim, el estudiante descrito antes en este capítulo, que se quedó dormido, se cortó al afeitarse y luego quedó atrapado en un atasco. La verbalizaciones internas irracionales de Jim («¡soy un completo desastre! ¿Por qué siempre me pasa a mí todo lo malo?») podrían funcionar como estímulo condicionado que elicita los componentes respondientes de ansiedad o enfado. Su discurso puede analizarse en términos de las conductas gobernadas por reglas. Se recordará del Capítulo 17 que una regla es una descripción de una situación en que cierta respuesta produce unas consecuencias determinadas. La afirmación de una regla («si estudio el texto de modificación de conducta durante tres horas esta noche, obtendré un sobresaliente en el examen de modificación de conducta de mañana») puede ejercer control sobre la conducta e influir para que efectivamente estudie esta noche. Desde una perspectiva comportamental, la reestructuración cognitiva se encarga en gran parte de conductas gobernadas por reglas (Poppen, 1989; Zettle y Hayes, 1982). El auto-discurso irracional de Jim podría verse como una regla errónea. Su afirmación «siempre lo fastidio todo» implica la regla: «si intento esta tarea, la haré mal». Semejante regla podría causar que Jim evitara una serie de tareas que sí es capaz de realizar. Los terapeutas cognitivos cuestionarían estas auto-afirmaciones irreales, desafiarían a Jim para que las sustituyera por verbalizaciones racionales y le asignarían deberes que fomentaran razonamientos lógicos. Por ejemplo, Jim podría repetir reglas tales como «hago algunas cosas bastante bien. Seguiré las instrucciones del ejercicio de informática para terminar la práctica a tiempo» o «si me tomo mi tiempo, puedo cambiar el aceite del coche sin ensuciarlo todo». Estas reglas servirían para contrarrestar su auto-discurso irracional («siempre lo hago todo mal») y llevaría probablemente a una conducta que sería reforzada. La terapeuta habría ayudado a Jim a sustituir las reglas poco acertadas por otras más adecuadas y la conducta apropiada a estas reglas sería mantenida, con mucha probabilidad, por el entorno natural.

Pero consideremos ahora otros tipos de pensamiento irracional. De acuerdo con Ellis y Grieger (1977), el pensamiento irracional incluye también categorías denominadas «horripilantes» («es absolutamente terrible que haya perdido mi trabajo») y «debo-perturbadoras» («Debo conseguir un trabajo o seré una persona inútil»). Cuando alguien expresa tales creencias, los terapeutas con enfoque racional emotivo le desafían para que razone («¿Por qué es eso tan terrible?» o «Sólo por no tener un trabajo, no eres una persona inútil»). Y aunque aprendan, para evitar o escapar de las preguntas agresivas del terapeuta, a expresar que estar sin trabajo no es horrible, ni se es inútil por ello, los clientes siguen sin trabajo. Probablemente en tales casos, la reestructuración cognitiva no será la técnica idónea (véase la Figura 27-1). Los clientes no reciben una serie de reglas («comprobaré las ofertas de trabajo», «iré a la oficina de empleo») que llevarían, con más probabilidad, a acciones más efectivas, mantenidas por el entorno natural. E incluso si los clientes han recibido reglas claras para llevar a cabo acciones efectivas, podrían sufrir carencias en las competencias precisas para encontrar trabajo (manejo del tiempo, asertividad, persistencia, etc.). Por ello, si se utiliza la reestructuración cognitiva, las reglas implícitas no tendrán efecto salvo que pormenoricen las circunstancias específicas conducentes a la obtención de consecuencias ambientales gratificantes. A esto habrá que añadir la precaución de comprobar que los clientes no tienen carencias evidentes en los comportamientos especificados por las reglas.

En resumen, las técnicas de reestructuración cognitiva podrían ser efectivas, desde un punto de vista conductual, porque reducen la frecuencia de auto-afirmaciones irracionales que elicitan el componente respondiente de las emociones desagradables y, mediante el discurso verbal y los deberes comportamentales, enseñan

Figura 27-1. Un ejemplo exagerado de la terapia racional-emotiva.

a los clientes a repetir las reglas que identifican las circunstancias concretas de las conductas favorables que probablemente sean mantenidas por el entorno natural.

¿Qué hay de las auto-instrucciones y del entrenamiento en solución de problemas? Sugerimos que estos enfoques entrenan conductas gobernadas por reglas que llevan a consecuencias efectivas. Enseñar a quien está nerviosa antes de una conferencia a reconocer el hecho de que está nerviosa, para emitir luego auto-afirmaciones de afrontamiento y darse las instrucciones de los pasos adecuados para llevar a cabo la acción apropiada es esencialmente aportarle un conjunto de reglas a seguir. Si las reglas gobiernan la conducta con éxito, en este caso, si la estudiante imparte bien la conferencia y recibe comentarios elogiosos por ello, el uso de estas reglas se reforzará. Si el objetivo es realizar la conducta satisfactoriamente, son muchas las alternativas de intervención disponibles; no así si el objetivo es únicamente aplicar las auto-instrucciones. De forma similar, en la solución de problemas, mientras que los tres primeros pasos (orientación general, definición del problema y generación de alternativas) implican auto-afirmaciones, los tres últimos pasos (toma de decisiones, aplicación y verificación) requieren que la persona actúe y solucione el problema. Una vez más, las auto-afirmaciones que están vinculadas apropiadamente con conductas manifiestas y con consecuencias ambientales gratificantes, serán más efectivas que las auto-afirmaciones que no lo están.

¿Qué hay de los procedimientos de plena conciencia y aceptación? ¿Por qué son terapéuticos? Una posibilidad es que observar las propias sensaciones mientras ocurren sin juzgarlas es incompatible con, y por tanto desplazan, una conducta de pensamiento irracional y las emociones negativas que elicita. En el caso de Jim, por ejemplo, cuando estaba atrapado en el atasco de camino a clase, si hubiera observado con plena conciencia cómo su corazón se aceleraba o con cuánta fuerza estaba aferrado al volante, habría sido menos probable que hiciera las generalizaciones irracionales («¿Por qué siempre me pasa a mí todo lo malo?») que le generaban emociones negativas.

Una segunda posibilidad relaciona las diferencias entre la conducta moldeada por contingencias y la gobernada por reglas. La plena conciencia y la aceptación de las propias emociones implican la exposición a contingencias naturales, por ello generarían conductas moldeadas por contingencias (Hayes, 2004). En contraste, como se describe previamente, la reestructuración cognitiva practica conductas gobernadas por reglas. La conducta moldeada por contingencias ha sido descrita como natural, reactiva e intuitiva (Baldwin y Baldwin, 2001), en tanto que la conducta gobernada por reglas tiende a ser más inflexible y rígida (Hayes, 1989). De ahí que la exposición a contingencias naturales modifique con más probabilidad las actividades de los clientes que aceptan las sensaciones características de los pensamientos y emociones perturbadores como experiencias a abrazar sin hacer más juicios de valor.

Una tercera posibilidad es que, una vez que las sensaciones características de los pensamientos y emociones desagradables se aceptan como simples respuestas, y nada más, los clientes son más proclives a la identificación de los valores de la vida, la articulación de metas concretas (reglas) que representen esos valores, y el compromiso con actividades concretas para conseguir esos objetivos. Dicho en otras palabras, una vez que se aceptan los pensamientos irracionales y las emociones desagradables porque «no son gran cosa», se puede «seguir con la vida» más fácilmente, sin sufrir. Por esto, la Terapia de Aceptación y Compromiso utiliza estrategias para realzar la conducta moldeada por contingencias en las dos primeras fases del tratamiento para posteriormente aprovechar tanto la conducta gobernada por reglas como la moldeada por contingencias en la tercera fase de la intervención.

COMENTARIOS FINALES

Aunque las aplicaciones conductuales que hemos descrito brevemente en este capítulo se denominan cognitivas, y aunque se dirigen a modificar pensamientos, creencias y actitudes, su característica distintiva es que abordan la conducta verbal encubierta y las imágenes mentales, así como las conductas públicas. No parecen por tanto implicar otros principios conductuales, además de los discutidos en los capítulos previos. Todos los profesionales de la conducta deberían estar abiertos a procedimientos innovadores para ayudar a las personas a mejorar sus comportamientos. A su vez, como se ha señalado también en este capítulo, existen tanto ventajas prácticas como teóricas para contemplar estos procedimientos desde un punto de vista conductual. Además, es especialmente importante que, siempre que sea posible, los profesionales usen procedimientos que han sido aceptados en la comunidad científica y evitar aquéllos que no hayan sido validados.

PREGUNTAS DE REPASO

1. ¿Qué significa el término cognición?
2. ¿Cuáles son los dos principales supuestos subyacentes a los procedimientos de reestructuración cognitiva?
3. ¿Cuáles son los dos pasos principales de los métodos de reestructuración cognitiva?
4. En una frase o dos, ¿cuáles son las tres fases principales en la terapia de conducta racional-emotiva? ¿Quién la desarrolló?
5. ¿Por qué cambió Ellis el nombre de la Terapia Racional Emotiva por el de Terapia Conductual Racional Emotiva?
6. Describa las comparaciones básicas que se examinaron y los resultados generales obtenidos en los estudios de la Terapia Racional Emotiva revisados por Gossette y O'Brien.
7. De acuerdo con Beck, ¿qué causa los problemas en las personas con neurosis? Describa tres ejemplos.
8. Describa tres componentes principales de la terapia cognitiva de Beck.
9. Describa tres similitudes y tres diferencias entre los enfoques de Beck y Ellis.
10. Los estudios de la década de 1980 indicaban que la terapia conductual cognitiva era el tratamiento elegido para la depresión unipolar. ¿Este tratamiento era efectivo debido a la reestructuración cognitiva o debido a las tareas conductuales asignadas?
11. Brevemente, haga una lista de los cinco pasos del entrenamiento en auto-instrucciones con niños empleado por Meichenbaum y otros.
12. Describa brevemente las tres fases del entrenamiento de Meichenbaum de inoculación del estrés.
13. En dos o tres frases cada uno, esboce los seis pasos de la técnica de solución de problemas descrita por D'Zurilla y Goldfried.
14. ¿Qué es la conciencia plena conforme al significado que le confieren los terapeutas de conducta cognitiva?
15. ¿Qué es la aceptación tal y como emplean el término los terapeutas de conducta cognitiva?
16. Describa brevemente las tres fases de la Terapia de Aceptación y Compromiso.
17. ¿Cuáles son las tres diferencias entre la terapia cognitiva y la Terapia de Aceptación y Compromiso?
18. ¿Por qué se considera que la Terapia de Aceptación y Compromiso es una terapia conductual?
19. Describa un ejemplo de pensamiento respondiente. (A lo mejor quiere repasar el Capítulo 15).
20. Describa un ejemplo de pensamiento operante. (A lo mejor quiere repasar en Capítulo 15).
21. Comente si los modificadores de conducta niegan la existencia y la importancia de los pensamientos y los sentimientos.
22. Describa un ejemplo que ilustre cómo aprovechan los terapeutas cognitivos la conducta gobernada por reglas para ayudar a sus clientes.
23. Con una interpretación de la terapia cognitiva desde la conducta gobernada por reglas, ¿cómo podríamos explicar las aplicaciones efectivas de la reestructuración cognitiva frente a las menos eficaces?
24. Los procedimientos de plena conciencia y aceptación, ¿parecen implicar conductas gobernadas por reglas o conductas moldeadas por contingencias? Justifique su elección.

EJERCICIO DE APLICACIÓN

Ejercicio de auto-modificación

Considere una situación en que experimente pensamientos negativos. Puede ser un pensamiento negativo acerca de su futuro, sobre una relación social, sobre el trabajo o acerca del rendimiento en una asignatura de la universidad, por poner algunos ejemplos. En una frase, describa el contenido general sobre el que versa ese pensamiento negativo. Escriba diez tipos diferentes de pensamientos (pueden ser auto-afirmaciones, imágenes, o una mezcla de ambas) que experimente cuando piense negativamente sobre ese tema concreto. Después, para cada pensamiento negativo, describa un pensamiento positivo alternativo o una auto-afirmación de afrontamiento que pueda practicar para contrarrestarlo. Los pensamientos de afrontamiento deberían ser realistas, positivos y específicos, y relacionarse con resultados positivos concretos.

NOTAS DE AMPLIACIÓN SOBRE EL TEMA

1. La Terapia de Aceptación y Compromiso se basa en un acercamiento a la comprensión del lenguaje humano y la cognición conocido como **Teoría del Marco Relacional** (TMR; Hayes, Barnes-Holmes y Roche, 2001). La TMR se fundamenta en la investigación sobre la formación de clases de equivalencia, expuesta en el Capítulo 8. En general, un marco relacional supone responder de una determinada forma ante un conjunto de estímulos arbitrarios, relacionados entre sí por alguna frase lingüística o «marco». Por ejemplo, una moneda de diez céntimos de dólar o dime vale más que una de cinco céntimos o níquel; en otras palabras, aunque la moneda dime es de menor tamaño que la moneda níquel, hemos asignado arbitrariamente un valor superior al dime. Los marcos relacionales tienen tres características. En primer lugar, muestran bi-direccionalidad (también denominada implicación mutua). Por ejemplo, si se ha aprendido que dos monedas de níquel igualan una moneda dime, se sabrá que una dime también iguala a dos níqueles. Esta bi-direccionalidad está implicada en todos los marcos relacionales, tales como las relaciones más pequeño que, más grande que, más lento que o más rápido que, más oscuro o más claro que, etc. En segundo lugar, los marcos relacionales muestran implicación combinatoria. Por ejemplo, si una niña aprende que una dime vale más que un níquel, y una moneda de cuarto de dólar también tiene más valor que un dime, sabrá que un cuarto vale más que un níquel. (Nótese que la relación de transitividad de equivalencia del estímulo, discutida en la Nota 1 del Capítulo 8 es un ejemplo de implicación combinatoria). En tercer lugar, los marcos relacionales muestran transformación de las funciones de los estímulos. Por ejemplo, imaginemos que, mediante entrenamiento, la palabra escrita «perro», decir la palabra «perro» o un perro real se han convertido en una clase de equivalencia para un niño. Supongamos además que un perro se acerca al niño y ladra muy fuerte, asustándolo. La visión del perro funcionará ahora como causante de miedo. Esta función se transferirá también a los estímulos relacionados de forma que el niño mostrará miedo cuando oiga a alguien diciendo «perro», o cuando simplemente lea la palabra. Para Hayes y sus colegas, los marcos relacionales son la esencia de la conducta verbal, y es la característica que nos diferencia de los demás animales. Los animales no humanos son capaces de mostrar generalización frente a estímulos diferentes si éstos tienen características físicas comunes, como sucede cuando aprenden los conceptos rojo, árbol o gente (véase Capítulo 8). Los humanos, sin embargo, mostramos generalización de estímulos entre miembros de una clase de equivalencia aunque sean muy diferentes, como al aprender que «dinero» y «efectivo» son «lo mismo», aunque las palabras sean muy diferentes. Este efecto, junto con la transformación de las funciones de los estímulos relacionados, conduce al marco relacional, que nos permite hablar y pensar sobre acontecimientos que no están presentes, nos lleva también a analizar los pros y los contras de los posibles resultados y a seleccionar los caminos para solucionar problemas. Lamentablemente, los marcos relacionales también originan emociones perturbadoras respecto a estímulos que no están presentes, como un arrepentimiento excesivo o remordimientos por acontecimientos ocurridos en un pasado muy remoto, y una preocupación excesiva e improductiva por acontecimientos improbables en un futuro lejano. Para encontrar revisiones acerca la teoría del marco relacional, se puede consultar el Vol. 19 (2003) del Analysis of Verbal Behavior, y Palmer (2004).

2. Otro método para corregir los pensamientos molestos persistentes es la técnica de parada del pensamiento (Wolpe, 1958). Consideremos por ejemplo el caso de Carol (Martin, 1982), a quien, después de un compromiso de tres años, su novio Fred dejó para irse con otra mujer. Carol sufría frecuentes pensamientos obsesivos acerca de Fred y por ello accedió a probar la técnica de parada del pensamiento. Para entrenar a Carol, su terapeuta le enseñó primero a cerrar los ojos, pensar en Fred y levantar un dedo cuando empezara a sentirse mal. Cuando lo hacía, el terapeuta gritaba «¡PARA!», Carol se asustaba, abría los ojos inmediatamente y los pensamientos sobre Fred cesaban. El terapeuta y Carol repitieron esta rutina dos veces más. Entonces le pidió que pensara en Fred y cuando lo estuviera imaginando claramente, gritara «¡PARA!». Carol siguió esta rutina y de nuevo, los pensamientos sobre Fred cesaron inmediatamente. Carol continuó practicando dos veces más los ejercicios y esta experiencia le enseñó que podía dejar de pensar en Fred, al menos temporalmente, si gritaba «¡PARA!». Aprendió después a pensar en Fred, pero esta vez, cuando lo visualizara claramente, debía imaginarse a sí misma gritando «¡PARA!». Carol siguió estas instrucciones con éxito y lo repitió unas cuantas veces. El terapeuta le explicó entonces que detener el pensamiento implica dos fases: (a) acabar primero con los pensamientos molestos (cosa que Carol aprendió a hacer); y (b) pensar entonces en algo incompatible y adaptativo. Para aplicar estas fases, Carol accedió a que cada vez que experimentara un pensamiento característico que le entristecía, debía dejar lo que estuviera haciendo, dar una palmada, cerrar los ojos y gritar «¡PARA!» para sí misma. Después, tenía que abrir los ojos y sacar del bolso cinco fotos de ella de momentos en que estaba de buen humor o en una situación agradable. Tenía que mirar cada una de las fotos y darles la vuelta para leer las frases que había escrito que le animaban a generar pensamientos agradables. También aprendió a variar los pensamientos positivos que acompañaban a las fotografías en diferentes ocasiones. Tras seguir este procedimiento durante varias semanas, los pensamientos sobre Fred se habían reducido hasta un nivel muy bajo y Carol decidió que ya no necesitaba ayuda. La técnica para parar el pensamiento suele formar parte un paquete terapéutico más amplio para reducir los pensamientos perturbadores.

Preguntas sobre las notas

1. Con un ejemplo, ilustre el aspecto bi-direccional del marco relacional.

2. Mediante un ejemplo, ilustre el aspecto de la implicación combinatoria del marco relacional.

3. Utilizando un ejemplo, ilustre cómo el marco relacional implica la transformación de las funciones del estímulo entre estímulos relacionados.

4. Describa brevemente los tres pasos que deben seguir los terapeutas para enseñar a los clientes la técnica de parada de pensamiento para controlar los pensamientos obsesivos.

5. ¿Cómo podríamos abordar el problema de Carol mediante la Terapia de Aceptación y Compromiso?

28

Áreas de aplicación clínica de la terapia de conducta

EN este capítulo vamos a hacer un repaso breve de las técnicas que emplean los terapeutas de conducta, tanto los modificadores de conducta como los modificadores de conducta cognitiva, para aplicar los principios y programas descritos en capítulos anteriores en el tratamiento de algunos de los problemas psicológicos más frecuentes en la población adulta. En el ámbito de la Psicología clínica, son muchos los profesionales que, azuzados por las presiones de compañías de seguros y gobiernos, se han alejado de la aplicación de los tratamientos simplemente porque se ajusten a determinada posición teórica y se han concentrado en *tratamientos con apoyo empírico*, es decir, terapias cuya eficacia se haya contrastado científicamente mediante ensayos clínicos. La mayoría de los tratamientos que cuentan con apoyo empírico son conductuales o cognitivo-conductuales y ello es debido, como ya expusimos en el Capítulo 1, a que estos enfoques hacen hincapié en fundamentarse sobre principios bien establecidos, medir los resultados sobre conductas definidas objetivamente y modificar los abordajes cuando no se producen resultados satisfactorios. Como ya indicamos en el capítulo anterior, creemos que los procedimientos cognitivos, orientados hacia los comportamientos internos o encubiertos, están basados sobre los condicionamientos operantes y pavloviano (véase **Nota 1**), por tanto, aunque por comodidad a lo largo del presente capítulo emplearemos los términos *cognitivo y conductual*, no lo haremos para indicar que exista ningún tipo de distinción fundamental entre ellos.

Nuestra intención no es enseñar a evaluar, diagnosticar y tratar los trastornos presentados en este capítulo, ya que esto por una parte excedería los objetivos del libro y por otra, sería inadecuado puesto que son tareas que sólo profesionales cualificados debieran llevar a cabo. No queremos más que presentar una perspectiva general de las intervenciones que los terapeutas de conducta aplican en estos casos, y conectar las aplicaciones con los principios y procedimientos comportamentales expuestos en capítulos previos. Aconsejamos a los lectores interesados en los tratamientos cognitivo-conductuales que consulten otros textos que los analizan más detenidamente (p.ej., Antony & Barlow, 2004; Antony & Swinson, 2001; Barlow, 2001; Lambert, 2004).

Hay que mencionar que existen tratamientos médicos con fármacos específicos para muchas de las alteraciones que vamos a describir a continuación. Aunque la medicación puede ser suficiente en muchos casos, diversos estudios han demostrado que suele ser más eficaz cuando se emplea en combinación con la terapia de conducta o la terapia de conducta cognitiva. Por supuesto, hay casos en que la intervención comportamental es una opción suficiente y adecuada y no es necesario acompañarla con medicamentos, que pueden dar lugar a complicaciones y efectos secundarios no deseados.

Obviamente el listado de trastornos clínicos que describimos no es exhaustivo; no obstante, hemos elegido los más representativos y habituales. La *comorbilidad* existente señala que muchos de estos problemas clínicos no son independientes y es frecuente que los clientes experimenten varios simultáneamente. Cuando se presenta morbilidad conjunta de varias alteraciones el tratamiento no es tan directo, pero con el fin de simplificar la presentación, vamos a asumir que los clientes experimentan los trastornos por separado.

FOBIAS ESPECÍFICAS

Muchas personas experimentan miedos tan intensos que literalmente les incapacitan, es el caso de quienes tienen fobia a las alturas hasta el punto de no poder subir escaleras o mirar desde la ventana de un segundo piso sin experimentar ansiedad intensa, o de quienes sienten tal pánico frente a las multitudes que no logran salir a lugares públicos. Aunque parezca extraño, intentar convencer a estas personas de que sus miedos son irracionales no suele servir de nada ya que lo saben, les gustaría poder controlarse, pero no lo consiguen porque determinados estímulos elicitan el miedo automáticamente. Se denominan *fobias específicas* a estos temores intensos, irracionales y paralizadores, que se clasifican conforme a diversas categorías: animales, por ejemplo, miedo a gatos, perros, ratones, pájaros, serpientes, arañas; ambientes naturales, como en el miedo a las alturas, las tormentas, el agua; sangre, heridas, inyecciones, también operaciones quirúrgicas y dentistas; situaciones, por ejemplo, espacios cerrados y volar; cualquier otro tipo de fobia específica no mencionada previamente.

El DSM-IV-R[25] clasifica las fobias específicas como un tipo de trastorno de la ansiedad, que describiremos más adelante, pero ahora vamos referirnos a algunos de los tratamientos más conocidos desarrollados en este ámbito.

Desensibilización sistemática

Joseph Wolpe (1958) desarrolló la **desensibilización sistemática**, una de las primeras técnicas de intervención específica para las fobias, basada en el contracondicionamiento, que ya describimos en el Capítulo 14. Wolpe argumentó que el miedo

[25] Quizá recuerde que en el Capítulo 1 ya comentamos que el *DSM-IV-R,* es la última versión del Manual Diagnóstico y Estadístico de los Trastornos Mentales (*Diagnostic and Statistical Manual of Mental Disorders;* American Psychiatric Association, 2000).

irracional característico de las fobias es una respuesta condicionada frente a los objetos o situaciones temidas. A partir de esta hipótesis, propuso que si lograba asociar los estímulos ansiógenos con una respuesta antagonista de la reacción irracional de miedo, lograría eliminar esta última. La relajación fue la respuesta contraria al miedo más adecuada que encontró. También propuso que al emplearla para contracondicionar la respuesta fóbica, los terapeutas debían tener la precaución de no elicitar repentinamente la máxima reacción de pánico en toda su intensidad, ya que podía ser excesiva e interferir con el proceso. De ahí que proyectara un procedimiento «sistemático», cuyos detalles históricos comentaremos en el Capítulo 29.

En la primera fase de la desensibilización sistemática, que también podría haberse denominado *contracondicionamiento sistemático*, los terapeutas ayudan a los clientes a construir un listado de diez a veinticinco situaciones relacionadas con los estímulos temidos que producen malestar, que posteriormente tendrán que ordenar jerárquicamente en sentido ascendente: desde la menos hasta la más temida. La Tabla 28-1 muestra un ejemplo real de una jerarquía elaborada por una persona con miedo a volar.

En la siguiente fase, los clientes aprenden una técnica de relajación muscular consistente en tensar y relajar los distintos grupos musculares hasta lograr un estado de relajación profunda general. En esta técnica, la alternancia de tensión y relajación se aplica a los músculos de distintas partes del cuerpo: brazos, cuello, cara y hombros; y tras varias sesiones, consigue que la persona alcance la sensación de relajación profunda en cuestión de minutos. Durante la tercera fase es cuando realmente comienza la terapia: la persona relajada recibe instrucciones precisas para imaginar durante unos segundos la primera escena, la menos temida de la jerarquía. A continuación, se relajará durante unos quince ó 30 segundos y luego volverá a imaginarse la escena. El proceso se repite para avanzar después hacia la siguiente escena; no obstante, si los clientes experimentan ansiedad, lo cual indican levantando la mano, habrá que volver a la escena previa o insertar otra de intensidad intermedia. Cuando logra imaginar la última escena de la jerarquía tranquilamente, la persona está en condiciones de enfrentarse realmente a los objetos temidos sin experimentar malestar. Los refuerzos positivos que reciben por esta interacción con las situaciones previamente temidas suelen ser suficientes para mantener las nuevas respuestas.

Aunque la desensibilización sistemática se lleva a cabo utilizando imágenes, puede aplicarse in vivo, es decir, en presencia de los estímulos reales que provocan el miedo en el contexto natural. La exposición *in vivo* suele emplearse cuando las personas tienen dificultades para imaginar las escenas o por la ventaja que supone no tener que generalizar lo imaginado a la realidad. Sin embargo, no siempre es posible organizar la exposición directa a todas las situaciones y por lo general, la inversión de tiempo y dinero es menor si los clientes imaginan la jerarquía de situaciones temidas previamente y como en el ejemplo expuesto, se visualizan sentados en el avión antes de despegar, para proseguir paulatinamente hasta lograr realmente viajar en avión.

En los últimos años, por razones que no acabamos de entender dada su eficacia probada en numerosísimos estudios, la desensibilización sistemática ha perdido

Tabla 28-1. Ejemplo de una jerarquía de fobia a volar
1. El avión ha aterrizado y hemos llegado a la terminal. Bajo del avión y entro en la terminal donde me esperan mis amigos.
2. Hay que planear un viaje, he analizado las maneras posibles de hacerlo y he decidido «en voz alta» ir en avión.
3. He llamado a la agencia de viajes y he expuesto mis planes. Me han dado los horarios y los números de vuelo.
4. El es día previo al vuelo, hago la maleta y la cierro con llave.
5. Faltan 10 días para el viaje y he recibido los billetes por correo. Leo la dirección en el remite, abro el sobre y compruebo que las fechas, los horarios y los números de vuelo de los billetes son correctos.
6. Es el día del viaje y salgo de casa. Cierro la puerta, meto las maletas en el coche y me cercioro de que llevo los billetes y el dinero.
7. Conduzco hasta el aeropuerto. Me doy cuenta de todos los aviones que nos sobrevuelan. A medida que me acerco, vemos más aviones: algunos despegando, otros aterrizando y otros aparcados junto a la terminal.
8. Entro en la terminal. Llevo las maletas y los billetes.
9. Me acerco al mostrador de embarque, espero en la cola y finalmente, pesan la maleta, la recogen y comprueban el billete.
10. Estoy en la sala con otros muchos pasajeros, algunos con equipaje de mano, que también esperan a la salida de sus vuelos. Oigo por los altavoces varios avisos hasta que anuncian mi vuelo.
11. Oigo el anuncio de mi vuelo y me dirijo al control de seguridad con mi equipaje de mano.
12. Tras pasar el control de seguridad, me acerco al mostrador de la aerolínea donde me piden que elija un asiento sobre un «plano» del avión.
13. Camino por la rampa que conduce al avión y entro por la puerta del mismo.
14. Estoy dentro del avión. Miro el interior y camino por el pasillo buscando mi asiento. Encuentro el asiento y me siento.
15. Estamos volando y decido levantarme para ir al servicio que está en la cola del avión.
16. Se enciende la señal para abrocharse los cinturones, lo hago y oigo el ruido de los motores que se ponen en marcha.
17. Todos los pasajeros están sentados con el cinturón abrochado y el avión se aleja lentamente de la terminal.
18. Veo que otra vez se enciende la luz de aviso para abrocharse el cinturón y el piloto anuncia que nos estamos preparando para el aterrizaje.
19. Miro por la ventanilla y de repente el avión entra en una nube y ya no puedo ver nada.
20. El avión está parado al fondo de la pista esperando el permiso para despegar.
21. El avión está descendiendo a la pista para aterrizar. Siento la velocidad y veo que el suelo se va acercando.
22. El avión ha despegado del aeropuerto y se inclina hacia un lado mientras cambia de dirección. Noto la «inclinación».
23. El avión empieza a rodar por la pista, se incrementa el ruido de los motores conforme aumenta la velocidad y despega súbitamente.

Este ejemplo está adaptado a partir de un caso descrito por Roscoe, Martin y Pear (1980).

parte de la popularidad que solía disfrutar entre los terapeutas de conducta. Una explicación podría radicar en el énfasis que pone sobre la conducta encubierta o íntima, es decir, la imaginación, para el tratamiento, en vez de hacerlo exclusivamente sobre los comportamientos manifiestos, habitualmente de por los profesionales. Paradójicamente, como la técnica también subraya la conexión entre estímulo y respuesta, los terapeutas cognitivos tampoco son partidarios de la desensibilización sistemática. McGlynn, Smitherman y Gothard (2004) presentan una discusión más amplia sobre estos aspectos.

Implosión

El paradigma seguido en la desensibilización sistemática es el contracondicionamiento, pero el del la **implosión** o inundación es la extinción. El supuesto básico subyacente es que cuando los clientes se exponen a los estímulos temidos sin poder escapar y no se producen las consecuencias aversivas, la respuesta de miedo frente a ellos se extinguirá. La implosión se lleva a cabo tanto en vivo como a través de la imaginación, y aunque se suele preferir la primera porque, al menos en teoría, maximiza la generalización, lo cierto es que los datos señalan que ambas son igualmente eficaces (Borden, 1992).

Como sugieren los términos implosión o inundación, el tratamiento consiste en elicitar el miedo en grado máximo, no obstante, hay ocasiones en que se aplica la exposición gradual a distintos niveles de intensidad, si el malestar que experimentan los clientes les desborda. Por ejemplo, el miedo a las alturas podría tratarse gradualmente, haciendo que la persona mire a través de la ventana del primer piso, luego del tercer piso, séptimo piso, hasta llegar a la décima planta. En este caso, salvo por lo que respecta al entrenamiento explícito en relajación, la implosión se parecería mucho a la desensibilización sistemática.

Modelado participante

En el **modelado participante**, los terapeutas escenifican distintos abordajes de los estímulos temidos y por ello podría denominarse simplemente modelado (véase Capítulo 18); sin embargo, al describirlo como *participante*, queremos señalar que es una técnica en que ambos, terapeuta y cliente, participan en la situación temida, en vez de, por ejemplo, observar algún modelo en una grabación de vídeo. Esta técnica suele aplicarse gradualmente y así, en el caso de una fobia frente a los pájaros, la terapeuta podría mirar un loro enjaulado, a una distancia de unos tres metros, mientras la clienta le observa inicialmente, para tener luego que imitar el comportamiento y recibir elogios por hacerlo. Tras varios ensayos, el proceso se repite a una distancia de dos metros, posteriormente uno, hasta llegar junto a la jaula, para después abrir la puerta y finalmente, lograr que sostenga al loro sobre su mano.

Abordajes sin exposición

La desensibilización sistemática, la implosión y el modelado participante se consideran *terapias basadas en la exposición*, porque implican enfrentarse en vivo o a través de la imaginación a los estímulos temidos (véase **Nota 2**); no obstante, existen otros procedimientos que se han empleado junto con éstos y han producido resultados igualmente satisfactorios. Por ejemplo, la modificación de conducta cognitiva podría ser eficaz para situaciones específicas como la claustrofobia, en que el miedo se circunscribe a espacios cerrados como los ascensores. Las personas con claustrofobia creen que se van a asfixiar, van a descontrolarse o a quedarse atrapadas y la terapia cognitiva reduce la verosimilitud de estas autoafirmaciones, lo cual elimina o al menos reduce significativamente el miedo (Booth & Rachman, 1992; Shafran, Booth & Rachman, 1993).

Resumen de los tratamientos específicos de las fobias

Los estudios que han comparado los resultados de la desensibilización sistemática con la implosión y el modelado participante no han encontrado diferencias significativas (Borden, 1992). Ya señalamos en el Capítulo 27 que la terapia de aceptación y compromiso era tan adecuada como la desensibilización sistemática para el tratamiento de fobias específicas. Es más, también vimos en el Capítulo 27 que añadir componentes cognitivos, o sea abordajes que no implican exposición directa a los procedimientos comportamentales, no siempre comporta beneficios detectables.

OTROS TRASTORNOS DE LA ANSIEDAD

De acuerdo con el DSM-IV-R, los trastornos de ansiedad se caracterizan por: (a) miedo y/o ansiedad que produce cambios fisiológicos como sudoración, temblores, mareos y palpitaciones; (b) el escape y/o la evitación de situaciones que probablemente producirán miedo; y (c) la interferencia de los comportamientos no deseados con la vida cotidiana de la persona. El *DSM-IV-R* clasifica los trastornos de ansiedad en varias categorías amplias que incluyen fobias específicas, trastorno de pánico y agorafobia, trastorno de ansiedad generalizada, trastorno obsesivo-compulsivo, y estrés postraumático. Ya hemos comentado el primero y ahora expondremos las cuatro últimas categorías.

Trastorno de pánico y agorafobia

Los trastornos de pánico conllevan momentos de crisis en que los afectados experimentan repentinamente miedo muy intenso, sin que haya presentes claves o estímulos precipitadores. Estos ataques incluyen al menos cuatro de los siguientes síntomas: (a) alteraciones de la tasa cardiaca: taquicardias, palpitaciones ; (b) sudoración; (c) temblores; (d) dificultades respiratorias, sensación de asfixia; (e) sensación de ahogo; (f) dolor en el pecho y malestar; (g) nausea o dolor abdominal; (h) mareo, vértigo, desmayo; (i) sensación de que la situación no es real; (j) parestesia: sensación de adormecimiento o de hormigueo en las extremidades; (k) escalofríos o sofocos; (l) miedo a volverse loco/a o a perder el control; y (m) miedo a morir.

El término agorafobia significa literalmente miedo a la plaza pública y consiste exactamente en eso, ya que las personas no se atreven a dejar su casa y experimentan miedo intenso en los lugares públicos. Quienes sufren trastornos de pánico también suelen padecer agorafobia porque tienen miedo de experimentar un ataque de pánico en la calle, lejos de su hogar. Esta circunstancia conduce a una profecía auto-cumplida o círculo vicioso, ya que el temor a padecer un ataque de pánico acaba generando realmente el ataque, y a este respecto podríamos parafrasear a Franklin D. Roosevelt y decir que la persona afectada tiene miedo por encima de todo al miedo en sí.

Tratamiento. Por lo general, la terapia consistente en la exposición en vivo es muy adecuada para los casos de trastorno de pánico con agorafobia (Bouman & Emmelkamp, 1996). Habitualmente se empieza por organizar salidas breves del hogar, que paulatinamente se van prolongando; no obstante, también existen intervenciones alternativas bien descritas en Guilhordi (2004). Los tratamientos cognitivo-conductuales resultan adecuados, ya que incluyen un componente comportamental integrado por la exposición a las situaciones temidas y un componente cognitivo consistente en modificar sus creencias irracionales sobre los ataques de pánico (Baker, Paterson & Barlow, 2004). Por ejemplo, alguien podría creer que existe la remota posibilidad de que el ataque de pánico le produzca un infarto, pero si practica el entrenamiento en relajación y las técnicas de parada de pensamiento logrará reducir la intensidad de las crisis. Las técnicas de parada de pensamiento se describen en la Nota 2 del capítulo 27.

Trastorno de ansiedad generalizado

Todos conocemos a personas que se preocupan excesivamente por todo, pero quienes sufren un trastorno de ansiedad generalizada llevan esta característica al extremo de experimentar ansiedad acerca de acontecimientos potenciales o reales que la mayoría consideraríamos triviales, carentes de importancia o muy improbables. Estas personas se encuentran tan consumidas por la preocupación que interfiere en todos los aspectos de su vida cotidiana, que frecuentemente también experimentan dificultades para dormir.

Tratamiento. Las intervenciones más eficaces combinan estrategias cognitivas y comportamentales (Borkovec & Sharpless, 2004; Campbell & Brown, 2004). La terapia de exposición suele ser de utilidad: se empieza por un entrenamiento en relajación, semejante al empleado en la desensibilización sistemática, para después lograr que los clientes empleen el inicio de la preocupación como un estímulo para comenzar a relajarse, lo cual competirá y logrará suprimir estos pensamientos. Las técnicas cognitivas se emplean para rebatir y modificar las creencias acerca de la importancia o la probabilidad de que sucedan determinados acontecimientos. Las técnicas de aceptación (véase Capítulo 27) ayudarán a darse cuenta de que preocuparse o no hacerlo no modifica la probabilidad de que se produzcan sucesos no deseados; es decir, se entrena a los afectados para que se digan a sí mismos que la preocupación no tiene ningún efecto sobre lo que nos preocupa.

Trastorno obsesivo-compulsivo

La persona que sufre un trastorno obsesivo-compulsivo experimenta pensamientos repetitivos, denominados obsesiones, o se siente forzada a realizar acciones inútiles repetitivas, denominadas compulsiones, o padece ambos componentes. A diferencia de quienes experimentan trastornos de ansiedad generalizados, las personas con trastornos obsesivo-compulsivos están obsesionadas o preocupadas sólo por un aspecto concreto. Obsesiones y compulsiones suelen producirse conjuntamente porque las primeras generan ansiedad que sólo se reduce realizando la actividad compulsiva. Por ejemplo, alguien puede temer que entren en su oficina de noche, y la ansiedad que esto le causa, llevarle a comprobar compulsivamente a diario que la puerta está cerrada con llave antes de marcharse. Quien tiene un trastorno obsesivo-compulsivo no se tranquilizará con verificar una vez la puerta, como haría la mayoría de las personas, sino que se cerciorará una y otra vez antes que por fin logre marcharse de la oficina.

Otras experiencias habituales en este trastorno son el miedo a contraer enfermedades debido a los gérmenes, lo cual genera el lavado constante de las manos; obsesionarse con haber atropellado a algún peatón y por ello dar marcha atrás constantemente para comprobar que no hay alguien herido tirado en la cuneta; temer herir o hacer daño a los hijos y en consecuencia evitar el uso de cuchillos y otros objetos potencialmente peligrosos en su presencia.

Tratamiento. Un tratamiento adecuado para los trastornos obsesivo-compulsivos es la exposición *in vivo* combinada con la prevención de la respuesta (Kozak & Foa, 1996). Es decir, se anima al cliente a que practique el comportamiento conducente a la obsesión, a la vez que se le impide que lleve a cabo el comportamiento compulsivo. Por ejemplo, supongamos que la persona experimenta pensamientos obsesivos acerca de gérmenes cuando toca objetos sin lavar, lo cual además le produce considerable ansiedad. Imaginemos también que la aparente reducción de ansiedad que conlleva la práctica de diversos rituales compulsivos de limpieza. En la terapia de exposición con prevención de la respuesta, se pide a los afectados que toquen los objetos «contaminados», pero sin poder realizar a continuación el ritual higiénico. La lógica subyacente a esta intervención es que si la obsesión se produce, pero no lo hace la compulsión que reduce la ansiedad, ésta alcanzará su máxima intensidad hasta finalmente extinguirse por falta de consecuencias negativas. Es frecuente que el abordaje sea gradual y, por ejemplo, cuando se trata de progenitores que temen lesionar a sus hijos, se les anime a que primero usen un cuchillo para la mantequilla en su presencia para ir posteriormente avanzando hacia cuchillos de mesa, de cocina y de carnicería.

La terapia cognitiva se emplea para analizar las verbalizaciones que los clientes se hacen a sí mismos y que les ayudan a mantener las obsesiones (Taylor, Thordarson & Sochting, 2004). Así, quien teme a los gérmenes podría aprender a darse autoinstrucciones explicitando que un lavado de manos normal es suficiente para protegerse contra los agentes patógenos que vaya a encontrar. Los procedimientos de aceptación (véase Capítulo 28) ayudarán a que las personas asuman que los pensamientos no controlan poderosa y ciegamente la conducta y que el temor a herir a los niños puede contemplarse como «pensamiento basura» o «ruido mental de fondo», que no tiene ninguna repercusión sobre los sentimientos reales o el comportamiento real frente a los hijos.

Trastorno de estrés postraumático

Los primeros ejemplos clásicos de estrés postraumático estudiados se produjeron durante la Primera Guerra Mundial, cuando muchos soldados expuestos al bombardeo de la artillería exhibían lo que entonces se denominó «shock de las bombas». Estos combatientes tenían muy disminuida su capacidad para funcionar y por ello muchos fueron calificados de cobardes. Actualmente se acepta que no sólo las circunstancias bélicas, sino otros acontecimientos muy estresantes y traumáticos, como son los abusos físicos y sexuales, accidentes de tráfico graves o ser testigos de una catástrofe, dan lugar al síndrome de estrés postraumático. La dificultad para funcionar parece relacionada con los esfuerzos de los afectados para evitar pensar acerca de los acontecimientos traumáticos y por tanto evitar los estímulos que les recuerdan estas circunstancias. Como estos estímulos son muy numerosos, el esfuerzo invertido en evitarlos consume la mayoría del tiempo y la energía de las personas.

Tratamiento. El tratamiento más eficaz es la exposición vicaria a largo plazo frente al acontecimiento que ha causado el problema (Foa, 2000; Resick & Schnicke, 1992), lo cual se realiza mediante la imaginación, hablando en terapia sobre el acontecimiento traumático, escribiendo sobre él, o haciendo ambas cosas. De esta forma se consigue que las emociones elicitadas por los estímulos relacionados con el trauma se extingan y, por tanto, disminuyan los intentos perjudiciales de evitar esos estímulos. A menudo, quien padece estrés postraumático experimenta sentimientos de inadecuación o de baja autoestima, por lo que algunos psicólogos cognitivos han sugerido el uso de sus técnicas para contrarrestar estas emociones con otras creencias más positivas. Sin embargo, existe evidencia que señala que los procedimientos cognitivos podrían no ser útiles en combinación con la exposición, e incluso interferir con los beneficios de ésta (Foa, 2000). La revista *Behavior Modification* (Volumen 29, Enero 2005) dedicó un número monográfico al síndrome de estrés postraumático que recoge los avances más recientes en su tratamiento.

DEPRESIÓN

Todo el mundo se ha sentido deprimido alguna vez en la vida. Por lo general, se experimenta al perder un reforzador potencial o significativamente importante y así por ejemplo, una mala nota en un examen puede hacer que un estudiante se deprima porque señala la pérdida potencial de una buena calificación en la asignatura. En la mayor parte de las ocasiones superamos la depresión con relativa facilidad porque encontramos otros reforzadores con que compensar la pérdida. Sin embargo, algunas personas padecen depresión crónica, es decir se mantienen en este estado durante periodos prolongados sin que se observe mejoría aparente y por ello es frecuente que busquen ayuda para afrontar la situación. Dado lo que conocemos sobre la depresión que padecen ocasionalmente muchas personas, podemos hipotetizar que quienes la sufren crónicamente es porque carecen de reforzadores significativos. Por supuesto, existen millonarios deprimidos, lo cual nos lleva a matizar que lo importante para prevenir la depresión es la contingencia del refuerzo y no el refuerzo en sí.

Tratamiento. Conforme a la hipótesis expuesta, los tratamientos conductuales de la década de 1970 probaron su eficacia al aumentar la frecuencia de los refuerzos contingentes en las vidas de las personas deprimidas (Ferster, 1973; Lewinsohn, 1975). Para lograrlo, los implicados tenían que exponerse a situaciones que hicieran más probable el refuerzo, como acudir a fiestas, desarrollar aficiones, leer libros, ir al cine, o practicar deporte (Tkachuk & Martin, 1999). Esta estrategia se fortalecía al involucrar a otras personas destacadas del entorno, como cónyuges o amigos, para que reforzaran el comportamiento de búsqueda y puesta a prueba activa de nuevos reforzadores. Muchas recompensas son sociales, es decir, las conceden otras personas y por tanto hay que contar con ciertas destrezas en el trato para gestionarlas, lo cual suele plantear dificultades a los clientes con depresión crónica, de ahí que el entrenamiento en habilidades sociales también forme parte habitual del tratamiento.

Aunque el abordaje comportamental de la depresión empezó muy satisfactoriamente en la década de 1970, en la década siguiente perdió terreno frente a la muy conocida terapia cognitiva de Beck, que comentamos en el capítulo anterior. La teoría de Beck argumenta que las personas deprimidas mantienen un conjunto de creencias básicas, denominadas esquemas cognitivos, que influyen sobre su manera de abordar los acontecimientos vitales e interpretarlos negativamente, o lo que es igual, hacer distorsiones cognitivas, que les conducen al comportamiento deprimido. Como ya describimos en el Capítulo 27, de ahí se deduce que el principal componente del tratamiento de la depresión consistirá en la reestructuración cognitiva de estos pensamientos distorsionados. A finales de la década de 1990, el tratamiento comportamental ha recuperado su predicamento (Jacobson, Martell & Dimidjain, 2001; Martell, Addis & Jacobson, 2001), en parte porque las terapias cognitivas siempre han añadido una intervención comportamental y en parte porque la investigación ha señalado que la inclusión de tareas conductuales aumenta la probabilidad de refuerzos contingentes o *activación comportamental* (véase Capítulo 27) que puede por sí sola constituir un tratamiento eficaz de la depresión (Gortner y cols., 1998; Jacobson y cols., 1996; Martell y cols., 2004).

CONSUMO EXCESIVO DE ALCOHOL

La ingesta excesiva de alcohol es uno de los principales problemas de salud y cuesta a la economía billones de dólares anuales debido al bajo rendimiento y absentismo laboral que provoca (Taylor, 2003). La mayoría de las instituciones establecen diferencias entre bebedores problemáticos y alcohólicos (Taylor, 2003): los *bebedores problemáticos* padecen problemas sociales, laborales y médicos importantes como resultado del consumo excesivo de alcohol; en tanto que los *alcohólicos* sufren además dependencia, es decir, cada vez necesitan más cantidad para obtener el efecto reforzante, y experimentan síndrome de abstinencia cuando dejan de beber.

Tratamiento. Es bien sabido que la organización denominada Alcohólicos Anónimos (AA) ha desarrollado un programa de apoyo social que ha logrado un éxito terapéutico notable; sin embargo, no todas las personas afectadas están dispuestas a aceptar la filosofía o el régimen del grupo, que incluye entre sus objetivos no volver a beber alcohol. La investigación demuestra que la terapia de conducta puede ser una alternativa tan eficaz como el modelo de Alcohólicos Anónimos (Emmelkamp, 2004).

Las intervenciones comportamentales han logrado que las personas aprendan a beber con moderación (Emmelkamp, 2004; Walters, 2000). A este respecto, un programa desarrollado por Sobell y Sobell (1993) enseña a los bebedores problemáticos a establecer objetivos para: controlar los estímulos discriminativos «disparadores» de la bebida, aprender habilidades de solución de problemas, evitar situaciones de alto riesgo, participar en la auto-observación con el ánimo de detectar los índices que controlan y las consecuencias que mantienen el consumo excesivo, así como practicar todas esas tareas en casa.

Los programas comportamentales han empleado además componentes adicionales: (a) una *entrevista motivacional*, en que los terapeutas indagan acerca del problema y las respuestas funcionan como factores motivacionales para el cambio; es decir, beber menos se convierte en un refuerzo y por tanto fortalece la conducta que conduzca a beber menos (Miller, 1996; véase **Nota 3**); (b) entrenamiento en *habilidades de afrontamiento*, para que los clientes aprendan a tratar con situaciones estresantes relativas al consumo excesivo; (c) *contrato de contingencias* (véase Capítulo 26), para obtener refuerzos por actividades de trabajo, sociales y de ocio que no implican alcohol; y (d) estrategias para prevenir las recaídas (véase el Capítulo 26), descritas en más detalle por Emmelkamp (2004). No obstante, hay que admitir que, en general, los programas comportamentales para el tratamiento del alcoholismo sólo han obtenido resultados modestos (Taylor, 2003).

OBESIDAD Y TRASTORNOS DE LA ALIMENTACIÓN

Los trastornos de la alimentación se organizan en varias categorías: (a) bulimia nerviosa, (b) anorexia nerviosa, (c) trastorno de ingesta excesiva, y (d) obesidad. En las dos primeras, las personas están desnutridas y obsesionadas con la delgadez, la diferencia radica en que en la bulimia, la persona se da atracones y posteriormente vomita o toma laxantes para contrarrestar los efectos de la ingesta excesiva, en tanto que en la anorexia, las personas no comen. En los trastornos de ingesta excesiva, los afectados pueden mantener un peso adecuado o excesivo, en tanto que en el caso de la obesidad, el exceso de peso pone en riesgo la salud de los implicados.

Tratamiento. La bulimia y la anorexia son extremadamente resistentes al tratamiento, aunque en el caso de la primera se han logrado ciertos avances mediante una secuencia de intervenciones comportamentales y cognitivas (Wilson & Fairburn, 2002). El componente comportamental incluye refuerzos por aumentar el tiempo sin atracones y por alimentarse adecuadamente con un horario establecido; en tanto que el componente cognitivo se dirige hacia las creencias irracionales acerca de la comida, el peso y la apariencia, habitualmente de las mujeres, por ser el grupo más afectado. La mayoría de las personas anoréxicas y bulímicas tienen una imagen corporal deformada y se creen gordas a pesar de estar delgadas hasta el punto de la desnutrición. Tanto los tratamientos cognitivos como los conductuales han resultado mucho menos eficaces en la anorexia que en la bulimia, quizá porque las personas anoréxicas experimentan ansiedad extrema si se intenta que se comporten de un modo que no sea perfecto conforme a su sistema de creencias.

Los procedimientos comportamentales se han demostrado muy eficaces para que personas con sobrepeso y obesas, con o sin episodios de atracones, logren reducir peso (Craighead, 2004; Faith, Fontaine, Cheskin & Allison, 2000). El objetivo de estos programas es lograr cambios en el estilo de vida a largo plazo; es decir, en hábitos alimenticios, ejercicio y actitudes hacia ambos aspectos (Faith y cols., 2000). Las intervenciones más satisfactorias no se han centrado tanto en la reducción de calorías, como en la elección de los alimentos adecuados y los componentes comportamentales más frecuentes son: (a) *auto-observación*, con registros diarios de las comidas, sus correspondientes valores calóricos y peso corporal; (b) *control del estímulo*, conforme al cual la alimentación en casa se circunscribe a un lugar tan específico como la mesa de la cocina; (c) *cambiar la tasa de ingesta*, consiguiendo que los clientes dejen los cubiertos en la mesa entre bocados o que hagan pequeñas pausas entre plato y plato; *(d) contratos comportamentales,* en que los interesados se comprometen a perder cierta cantidad de kilos durante un periodo determinado y a cambio reciben algún refuerzo deseado (véase el Capítulo 26) y (e) *estrategias de prevención de recaídas* (comentadas en el Capítulo 26).

PROBLEMAS DE PAREJA

Los problemas de pareja se producen cuando una o dos personas que mantienen una relación íntima no se sienten satisfechas en la misma. Es probable que existan tantas explicaciones del malestar en la pareja como parejas a disgusto, sin embargo, los terapeutas comportamentales sugieren como causa subyacente que se producen más interacciones o comunicaciones negativas que positivas. Es relativamente habitual que una de las personas haga comentarios sarcásticos u hostiles que a su vez reciben ironía y hostilidad como respuesta, lo cual sólo conduce a la ruptura de la comunicación, o de la relación.

Tratamiento. La terapia de pareja suele incluir los siguientes componentes (Snyder & Abbott, 2004): (a) *instigación de intercambios positivos,* en que cada persona tiene que aumentar las conductas que agradan al otro: manifestaciones de afecto, expresiones de respeto, muestras de aprecio (Véase Figura 28-1); (b) *entrenamiento en comunicación*, para que cada persona exprese pensamientos y

Figura 28-1.
¿Qué estrategias comportamentales podrían emplearse para ayudar a las parejas a aumentar la tasa de interacciones positivas y reducir la tasa de interacciones negativas?

sentimientos sobre lo que le gusta y aprecia de la otra, a la vez que ayuda a su pareja a expresar lo que siente y para aprender a escuchar; (c) *entrenamiento en la solución de problemas*, en que la pareja aprende a utilizar sus habilidades de comunicación para identificar y resolver de un modo sistemático los conflictos de la relación (véase el entrenamiento en solución de problemas en el Capítulo 27); y (d) *planificar la generalización*, los clientes aprenden a observar su relación para detectar señales críticas que indican una recaída y siguen utilizando las técnicas de solución de conflictos que aprendieron en la terapia. En el enfoque denominado terapia comportamental integrada de parejas, se incluyen ejercicios y procedimientos de aceptación (véase Capítulo 27) para enseñar a los participantes a respetar las respuestas emocionales mutuas (Christensen & Jacobson, 2000; Christensen, Sevier, Simpson & Gattis, 2004).

DISFUNCIÓN SEXUAL

Las disfunciones sexuales masculinas más habituales son: (a) dificultad para mantener la erección y (b) eyaculación precoz. Entre las mujeres, las más frecuentes son: (a) vaginismo, es decir, espasmos involuntarios de la musculatura de la vagina que interfieren con la penetración, (b) dispaurenia, es decir, experimentar dolor durante la penetración, (c) inhibición del orgasmo, y (d) deseo sexual bajo.

Tratamiento. Una hipótesis de trabajo razonable es que la ansiedad juega un papel importante en las disfunciones sexuales. En el caso de los hombres, se convertiría en una profecía auto-cumplida y experimentarían dificultades porque su principal temor es experimentar dificultades; y en el caso de las mujeres, podrían temer por la propia relación sexual por diversas razones. En cualquier caso, los programas de exposición resultarían adecuados, y ya desde las intervenciones pioneras de Masters y Johnson (1970), se suele recomendar una estimulación mutua agradable en un ambiente tranquilo, sin expectativas, ni presiones de tener que llegar al coito (Leiblum & Rosen, 2000; Wincze & Carey, 2001). Si el problema está relacionado con el orgasmo, es frecuente recomendar a las mujeres que se masturben para que aprendan a identificar y explicar las sensaciones pertinentes. En todas las circunstancias, el objetivo buscado para ambos no es el rendimiento, sino experimentar placer.

Aunque las técnicas comportamentales son eficaces en el tratamiento de las disfunciones sexuales, tampoco hay que simplificar excesivamente los problemas, ya que en ocasiones las causas pueden estar relacionadas con enfermedades, desavenencias de pareja, estilos de vida y envejecimiento. Wiegel, Wincze y Barlow (2004) han descrito todas las evaluaciones que los terapeutas han de realizar antes de intentar abordar los casos de disfunción sexual, a lo cual habría que añadir que desde el desarrollo de la Viagra y medicamentos parecidos, los tratamientos están claramente medicalizados (Wiegel y cols., 2004). Habrá que esperar a los resultados de las investigaciones para determinar la eficacia relativa de los fármacos y las intervenciones comportamentales en las distintas disfunciones sexuales.

HÁBITOS REPETITIVOS Y TICS

Muchas personas emiten conductas frecuentes y repetitivas, que molestan a los demás y a si mismas: morderse las uñas, morderse los labios, hacer sonar los nudillos, tocarse el pelo, arrancarse el pelo, aclararse la garganta, tics musculares y tartamudez. En muchos casos, estas acciones se parecen a las compulsiones que hemos descrito anteriormente, pero no se acompañan de pensamientos obsesivos.

Tratamiento. El método que se aplica con más éxito en la mayoría de los casos es la inversión del hábito (Azrin & Nunn, 1973; Miltenberger, Fuqua & Woods, 1998). Este método incluye tres componentes: en primer lugar, la persona aprende a identificar y describir la conducta problemática; en segundo lugar, aprende y practica diariamente una respuesta incompatible que compita con el tic o hábito, no sólo frente al espejo, sino en su vida cotidiana, para emitirla inmediatamente después de haber realizado la conducta problemática involuntariamente; en tercer lugar y con el fin de motivarle, la persona revisa la incomodidad que le causa el tic, registra y hace gráficos de los avances y cuenta con alguien que le aporte refuerzos por seguir el tratamiento adecuadamente.

PREGUNTAS DE REPASO

1. ¿Cuál es el objetivo de este capítulo?
2. ¿Qué son las terapias con apoyo empírico y por qué es frecuente que sean las terapias conductuales o cognitivo-conductuales las que cuenten con apoyo experimental?
3. Describa tres tipos de fobias específicas y ponga dos ejemplos de cada una.
4. Mediante un ejemplo, describa las tres fases de la desensibilización sistemática de una fobia específica.
5. Explique la principal diferencia entre implosión y desensibilización sistemática.
6. Describa brevemente un ejemplo de cómo podríamos aplicar la implosión in vivo en el tratamiento de una fobia específica.
7. Describa brevemente un ejemplo de cómo el modelado participante podría emplearse en el tratamiento de una fobia específica.
8. Exponga brevemente cuatro tipos de trastornos de la ansiedad.
9. ¿Qué característica define a las terapias basadas en la exposición?
10. Explique brevemente un tratamiento adecuado para el trastorno de pánico con agorafobia.
11. Qué diferencia hay entre obsesiones y compulsiones y cómo están relacionadas.
12. Exponga brevemente un tratamiento adecuado para el trastorno obsesivo-compulsivo.
13. Analice brevemente el uso de la terapia cognitiva y de los procedimientos de aceptación en el tratamiento de los trastornos obsesivo-compulsivos. Presente un ejemplo de cada tipo de intervención.
14. Describa con cierto detalle un tratamiento adecuado para el trastorno de estrés postraumático.
15. Exponga una teoría comportamental acerca de las causas de la depresión y cómo conduce a un posible tratamiento.
16. ¿Cuáles son los componentes del programa desarrollado por Sobell y Sobell para ayudar a los bebedores problemáticos?
17. Enumere brevemente cuatro componentes de una intervención comportamental con personas alcohólicas.

18. Describa cuatro tipos de trastornos de la alimentación. ¿En cuál de ellos ha resultado más eficaz la terapia de conducta?
19. Exponga brevemente cuatro estrategias comportamentales para el tratamiento de la ansiedad.
20. Comente brevemente cuatro componentes de las intervenciones comportamentales con parejas.
21. Describa un abordaje comportamental general para el tratamiento de la disfunción sexual.
22. Enumere tres componentes de la técnica de inversión del hábito que se emplea en el tratamiento específico de tics y otros trastornos.

NOTAS DE AMPLIACIÓN SOBRE EL TEMA

1. La evolución de los seguros y las organizaciones dirigidas al cuidado de la salud dentro del sistema sanitario de los Estados Unidos y su influencia para determinar si se debe cubrir el coste de los tratamientos psicológicos, ha obligado a los profesionales a desarrollar intervenciones con buena relación calidad-precio para gran variedad de problemas psicológicos. En 1993, la Asociación Estadounidense de Psicología (American Psychological Association, APA) organizó un grupo de trabajo para identificar las psicoterapias que contaban con apoyo empírico, elaborar un listado y distribuirlo entre grupos interesados como, por ejemplo, las compañías de seguros médicos. Con el tiempo, este grupo se ha formalizado y constituye el Comité sobre Ciencia y Práctica Profesional, que ya ha publicado varios informes y ha establecido una serie de directrices que han de cumplirse para que un tratamiento reciba la calificación de contar con base empírica. A partir de las directrices y teniendo en cuenta la investigación existente, el comité ha identificado dos niveles de apoyo empírico: «bien establecido» y «probablemente eficaz». Los tratamientos que se consideran bien establecidos tienen que satisfacer los siguientes criterios: (a) al menos dos estudios bien controlados, con asignación al azar de los participantes, que hayan demostrado que el tratamiento es mejor que un placebo psicológico o en forma de medicamento (un procedimiento psicológico o una pastilla sin eficacia terapéutica) o que sus resultados son equivalentes a los de un tratamiento establecido ya existente; (b) el tratamiento está descrito con precisión en un manual; (c) se especifican con claridad las características de los clientes participantes en la investigación; y (d) la investigación se ha llevado a cabo por lo menos en dos laboratorios independientes. El último listado de los tratamientos que cuentan con apoyo empírico puede consultarse a través de Internet en la página web: http://pantheon.yale.edu/~tat22/empirically_supported/treatments.htm

Aunque este esfuerzo por establecer qué intervenciones cuentan con fundamento empírico nos parece muy encomiable, también ha recibido numerosas críticas y ha dado lugar a recomendaciones para mejorar la validez científica del proceso. En uno de los números de la revista Behavior Modification (2003, Vol. 27, N.° 3) encontrará más comentarios sobre esta polémica.

2. Desde hace una década y a medida que el coste de la tecnología informática se ha hecho más asequible, ha aumentado significativamente la popularidad de la terapia de exposición que utiliza la realidad virtual. En ella, los participantes se exponen a estímulos ansiógenos realistas generados mediante programas de ordenador como, por ejemplo, gran variedad de imágenes de arañas para el tratamiento de la aracnofobia, y aunque todavía los resultados no son muy abundantes, son sin duda prometedores (Lamson, 1997; North, North & Coble, 1997; Riva, Wiederhold & Molinari,

1998; Rothbaum, Hodges, Kooper y cols., 1995; Wiederhold & Wiederhold, 2004; Winerman, 2005).

3. El abuso de sustancias, no sólo del alcohol, sino de drogas como cocaína y heroína, es un problema que agrava la situación de muchas personas en situación de paro prolongado o sin hogar, que cuentan con poco apoyo para superar estos problemas. Kenneth Silverman y sus colegas de la Facultad de Medina de la Universidad Johns Hopkins han intentado abordar el problema mediante un sistema en que los participantes obtienen vales canjeables por bienes y servicios, cuando sus muestras de orina no evidencian el consumo de sustancias tóxicas. Además, el programa incluye un entorno de trabajo terapéutico en que se ofertan empleos con sueldos competitivos a quienes se presenten a trabajar sin haber consumido drogas (Silverman y cols., 1998; Silverman, Svikis, Robles, Stitzer & Bigelow, 2001). Los resultados indican que el programa conjunto de vales y oportunidades laborales ha aumentado significativamente la abstinencia en el consumo de drogas de los participantes.

Preguntas sobre las notas

1. ¿Qué criterios han de satisfacer los tratamientos para recibir la consideración de que cuentan con apoyo empírico bien establecido por parte de la Asociación Estadounidense de Psicología (American Psychological Association, APA)?

2. ¿En qué consiste la terapia basada en la realidad virtual?

3. Describa brevemente las dos estrategias que han empleado Silverman y sus colaboradores para aumentar la abstinencia del consumo de drogas entre las personas con desempleo prolongado.

29

Breve perspectiva histórica

ESTE capítulo expone lo más importante del destacado crecimiento reciente en el campo de la modificación de conducta. Debe leerse teniendo en mente las siguientes reservas:

1. Aunque describe la modificación de conducta en términos de dos líneas principales de desarrollo, existen obvias influencias mutuas, mezclas, ramificaciones, a la vez que sería posible argumentar que la historia ha de escribirse de manera completamente distinta.
2. Identificamos lo que consideramos más destacado en el desarrollo de la modificación de conducta durante sus años de formación: las décadas de 1950, 1960 y 1970; no intentamos una revisión histórica completa, y para un acercamiento más exhaustivo a la historia de la modificación de conducta recomendamos Kadzin (1978; véase **Nota 1**).
3. Describimos fundamentalmente lo más destacado de la historia en los Estados Unidos de América (véase **Nota 2**).

En esta revisión histórica consideramos primero las dos orientaciones o tradiciones principales: una que enfatiza el condicionamiento operante y otra que enfatiza el condicionamiento clásico. Posteriormente se discuten las mezclas de éstas con otras orientaciones.

LA ORIENTACIÓN DEL CONDICIONAMIENTO OPERANTE: EL ANÁLISIS APLICADO A LA CONDUCTA

En 1938, B. F. Skinner publicó *The Behavior of Organisms* (La conducta de los organismos), en que describe los resultados de experimentos en la conducta de presión de palanca para conseguir agua o comida en ratas, y sobre la base de estos hallazgos estableció los principios básicos del condicionamiento operante, que distinguía claramente del condicionamiento clásico o respondiente (véase **Nota 3**). Su trabajo pionero influyó paulatinamente sobre otros psicólogos experimentales que empezaron a estudiar los efectos de las contingencias de reforzamiento sobre la conducta de las ratas y otros animales.

En 1950, Keller y Schoenfeld escribieron un texto de introducción a la psicología titulado *Principles of Psychology* (Principios de Psicología; véase **Nota 4**). No era como otros manuales del mismo tipo, porque trataba temas tradicionales de la psicología fundamentalmente en términos de principios de condicionamiento operante y en menor medida de condicionamiento clásico. Keller y Skinner habían estudiado juntos en la Universidad de Harvard, y el texto de Keller y Schoenfeld se inspiraba plenamente en los trabajos y escritos de Skinner. *Principios de Psicología* contribuyó significativamente al desarrollo en el campo del análisis de la conducta y aunque no es muy conocido fuera de los círculos skinnerianos, ha tenido un gran impacto en la tradición operante.

En 1953 Skinner publicó *Science and Human Behavior* (Ciencia y Conducta Humana). En este libro hace su interpretación de cómo los principios básicos de conducta, que investigó en organismos inferiores y que se describen en la Parte II de este texto, afectan a la conducta de las personas en las situaciones cotidianas. Aunque existían pocos datos que apoyaran las generalizaciones de Skinner a los humanos, sus interpretaciones impulsaron a otros investigadores para examinar los efectos de las variables de reforzamiento sobre la conducta humana en varios entornos experimentales y aplicados. Los resultados de estos esfuerzos dieron como resultado gran parte de lo que hemos presentado en este texto. Lo más destacado del desarrollo anterior a la década de 1980 se presenta en la parte superior de la Tabla 29-1. Los capítulos 2, 27 y 28 exponen los avances en modificación de conducta desarrollados con posterioridad a 1980.

Muchos de los informes de la década de 1950 eran demostraciones de que el reforzamiento positivo y la extinción afectan a la conducta humana de forma predecible, o demostraciones de que la aplicación de un programa comportamental lograba cambios deseados de conducta. Por ejemplo Fuller (1949) informó de un caso en el que enseñó a un adulto institucionalizado con retraso profundo postrado en cama a levantar el brazo derecho hasta una posición vertical, mediante la técnica del moldeado y aplicando leche con azúcar como reforzador. Greenspoon (1955) demostró que una simple consecuencia social (decir «mmm-hmm») podía influir para que los estudiantes universitarios emitieran determinados tipos de palabras. Azrin y Lindsley (1956), dos alumnos de doctorado de Skinner, demostraron que el reforzamiento con gominolas conseguía que parejas de niños cooperaran en juegos simples. Cada uno de estos experimentos demostró que las consecuencias influyen en la conducta humana de forma predecible. No obstante, ninguno de estos trabajos estaba orientado a la práctica. Uno de los primeros informes publicados en la década de 1950 que analizaba problemas prácticos y aplicados fue el de Ayllon y Michael (1959). Ayllon, con Michael como su director de tesis doctoral, llevó a cabo varias demostraciones conductuales en el hospital Saskatchewan, una institución psiquiátrica en Weyburn, Saskatchewan, en Canadá. Estas demostraciones revelaban que el personal sanitario podía aplicar estrategias y procedimientos de reforzamiento, extinción y condicionamiento de escape y evitación para modificar conductas de los pacientes, como el habla alucinatoria, el rechazo a la comida y otras conductas perjudiciales.

Tras el artículo de Ayllon y Michael y otros textos publicados por Ayllon y sus colegas acerca de su trabajo en Weyburn, durante la década de 1960 empezaron a aparecer con cierta frecuencia demostraciones similares de control conductual (véase Tabla 29-1). Estos trabajos pioneros se caracterizaban por dos aspectos: (a) gran parte de ellos se hacían con poblaciones que planteaban resistencia, como personas con trastornos del desarrollo, niños con autismo, pacientes psiquiátricos con retrasos cognitivos severos, que no habían recibido tratamiento satisfactorio desde la psicología tradicional; y (b) muchas de las aplicaciones tuvieron lugar en entornos institucionales o muy controlados. Una excepción notable a esta tendencia temprana es la interpretación de Bijou y Baer (1961) del desarrollo de un niño desde una perspectiva estrictamente conductual.

En 1965, Ullmann y Krasner publicaron su influyente recopilación de lecturas *Case Studies in Behavior Modification (*Estudio de Casos de Modificación de Conducta; véase el panel de «ramificaciones y mezclas» de la Tabla 29-1). Este fue el primer manual que incluyó los términos «modificación de conducta» en el título. Además de recoger un gran número de historiales de casos y de informes de investigación de otros autores, Ullmann y Krasner compararon el modelo conductual con otras estrategias psicoterapéuticas tradicionales, y con el modelo médico. Aunque esta publicación no se enmarca sólo en la tradición operante, debido a que también incluyen varios estudios y discusiones de la tradición de Pavlov y Hull (que se analizarán en la siguiente sección de este capítulo), indudablemente tuvo un gran impacto y contribuyó a extender la modificación de conducta al proporcionar en un único texto información de gran parte de los trabajos pioneros en el área.

A finales de la década de los sesenta, la orientación del condicionamiento operante empezó a extenderse por el mundo occidental. Nacieron varios centros universitarios; muchas instituciones incluyeron al menos dos asignaturas de modificación de conducta en las licenciaturas; y sus aplicaciones se extendieron a ámbitos escolares, a la enseñanza universitaria y a otras poblaciones y localizaciones.

En la década de 1970, la orientación operante había crecido considerablemente. Como se mencionó en el Capítulo 1, este enfoque suele denominarse *análisis aplicado de la conducta*. Es en parte sorprendente descubrir que los libros de texto actuales sugieren que este acercamiento se aplica fundamentalmente en poblaciones con «capacidades cognitivas limitadas» y que el control ambiental férreo es una de las características de estos procedimientos terapéuticos. Aunque esto era cierto en las décadas de 1950 y 1960, muchas de estas aplicaciones tienen lugar ahora para todo tipo de personas, en casi todos los ámbitos del devenir humano (véanse los capítulos 2, 27 y 28).

También se ha dicho que los analistas de la conducta ignoran las causas de los problemas. En las etapas más tempranas de la modificación de conducta, sí existían justificaciones para esta acusación porque los conductistas hacían hincapié sobre la gestión de las consecuencias (p.ej., potentes contingencias de refuerzo) para aliviar los problemas conductuales, con independencia de sus causas. Durante los años setenta, no obstante, algunos analistas comportamentales (p.ej., Carr, 1977; Johnson & Baumeister, 1978; Rincover, 1978; Rincover, Cook, Peoples & Packard, 1979) empezaron a destacar la importancia de la comprensión de las raíces de los problemas; es decir, las condiciones que las producían o mantenían. Esto dio pie a que Iwata, Dorsey, Slifer, Bauman y Richman (1982) desarrollaran una metodología pionera de análisis funcional, que un gran número de prominentes terapeutas aclamaron como un gran avance en el campo (p.ej., Laties y Mace, 1993). En 1994, la revista *Journal of Applied Behavior Analysis* publicó un número especial (Vol.27, N.º 2) dedicado a los acercamientos del análisis funcional a la evaluación y el tratamiento conductual. Debe apuntarse aquí,

Tabla 29-1. Momentos históricos destacables de la modificación y la terapia de conducta anteriores a 1980

	Antes de 1950	La década de 1950	Principios y mediados de la década de 1960
ORIENTACIÓN DEL CONDICIONAMIENTO OPERANTE O INSTRUMENTAL (SKINNERIANO)	Algo de investigación y teoría básicas (Skinner, 1938)	Dos textos principales (Keller y Schoenfeld, 1950; Skinner, 1953) Algunos estudios con humanos y aplicaciones: retraso mental profundo (Fuller, 1949), esquizofrenia (Lindsley, 1956), psicosis (Ayllon y Michael, 1959), condicionamiento verbal (Greenspoon, 1955), tartamudez (Flanagan, Goldiamond y Azrin, 1958). Revista de investigación básica en condicionamiento operante con algunas aplicaciones (Journal of the Experimental Analysis of Behavior, 1958-)	Algunos centros universitarios importantes Varios compendios de lecturas (p.ej., Ulrico, Stachnik y Mabry, 1966) Más aplicaciones, muchas con poblaciones «resistentes»: p.ej., retraso mental (Birnbrauer, Bijou, Wolf y Kidder, 1965; Girardeu y Spradlin, 1964), autismo (Ferster y Demyer, 1962; Lovaas, 1966; Wolf, Risley y Mees, 1964), hiperactividad (Patterson, 1965), delincuencia (Schwitzgebel, 1964), psicosis (Isaacs, Thomas y Goldiamond, 1960; Haughton y Ayllon, 1965) Desarrollo infantil (Bijou y Baer, 1961)
RAMIFICACIONES Y MEZCLAS			Principio de Premack (Premack, 1965) Control de operantes encubiertos (Homme, 1965) Enseñanza de precisión (Lindsley, 1966) Modelado (Bandura y Walters, 1963) Un libro importante de lecturas (Ullmann y Krasner, 1965) Una revista aplicada (Behavior Research and Therapy, 1963) Sensibilización encubierta (Cautela, 1966)
ORIENTACIÓN DEL CONDICIONAMIENTO CLÁSICO (Y WOLPIANO Y HULLIANO)	Algo de investigación básica y teoría (Pavlov, 1927; Watson y Rayner, 1920) Una aplicación pionera de la desensibilización al miedo (Jones, 1924) Una aplicación pionera de entrenamiento en asertividad (Salter, 1949)	Dos textos fundamentales (Dollard y Miller, 1950; Wolpe, 1958) Aplicaciones de desensibilización sistemática, entrenamiento en asertividad y terapia de aversión a diversas fobias y excesos conductuales Comparaciones de la terapia de conducta y la psicoterapia (Eysenck, 1959)	Algunos centros significativos de formación universitaria Varios libros de lecturas (p.ej., Eysenck, 1960; Franks, 1964) Algunas aplicaciones de desensibilización sistemática, entrenamiento en asertividad y terapia de aversión en varias conductas neuróticas clásicas y trastornos sexuales

(continúa)

(continuación)

Finales de la década de 1960	Década de 1970
Centros de formación universitaria adicionales Cursos de licenciatura aislados en varias universidades Manuales con descripciones de investigación aplicada y procedimientos aplicables a diversas áreas: p.ej., educación (Skinner, 1968), trabajo con padres y madres (Patterson y Gullion, 1968), trabajo comunitario (Tharp y Wetzel, 1969), hospitales mentales (Schaefer y Martin, 1969) Aplicaciones adicionales a diversas áreas que incluyen el auto-control, delincuencia, docencia universitaria, asesoramiento conyugal, conductas sexuales y habilidades académicas Una revista aplicada (Journal of Applied Behavior Analysis, 1968-)	Muchos textos de auto-ayuda en diversas áreas Procedimientos de modificación de conducta descritos por varias áreas «tradicionales« de la Psicología (p.ej., social, evolutiva, de la personalidad, anormal y clínica) Muchas otras profesiones de asistencia a personas adoptan procedimientos de modificación de conducta (véase Capítulo 2) Gran variedad de aplicaciones e investigaciones en lo individual, institucional y comunitario
Economía de fichas (Ayllon y Azrin, 1968) Contratos de contingencias (Homme, Csanyi, Gonzales y Rechs, 1969) Dos textos fundamentales (Bandura, 1969; Franks, 1969) Terapia implosiva (Stampfl y Levis, 1967)	Emergencia de la modificación de conducta cognitiva, teoría del aprendizaje social, y terapia conductual ecléctica Numerosas conferencias y talleres de modificación de conducta-terapia de conducta Preocupación por la modificación de conducta-terapia de conducta como profesión, y por controlar su uso indebido Organizaciones mixtas de profesionales clínicos y profesiones afines (p.ej., Association for Behavior Analysis, 1974-) Organizaciones de profesionales (Association for the Advancement of Behavior Therapy, 1970-; Behavior Research and Therapy Society, 1970-; European Association of Behavior Therapy, 1971-) Más revistas especializadas en modificación de conducta (véase **Nota 2** del Capítulo 2)
Varios centros universitarios importantes Más textos (p.ej., Wolpe, 1969) Más aplicaciones a fobias, ira, ataques asmáticos, frigidez, homosexualidad, insomnio, trastornos del lenguaje, exhibicionismo y otras conductas	Muchos manuales, publicaciones y talleres; mucha investigación

no obstante, que las causas que trata de descubrir el análisis funcional son causas ambientales y no los hipotéticos orígenes internos sobre los que se suele especular en los enfoques no comportamentales (p.ej., psicoanalíticos).

LA ORIENTACIÓN DEL CONDICIONAMIENTO CLÁSICO O RESPONDIENTE (HULLIANA Y WOLPEANA)

A finales del siglo XIX, el fisiólogo ruso, I. P. Pavlov realizó experimentos sobre la digestión, galardonados con el Premio Nobel de Medicina en 1904. Mientras hacía estas investigaciones, Pavlov descubrió que los estímulos emparejados con el alimento elicitaban también la salivación, y se embarcó en un estudio sistemático de lo que ahora se denomina *condicionamiento pavloviano, clásico* o *respondiente* (véase el Capítulo 14). Los resultados de este trabajo se publicaron en un texto clásico titulado *Condi-*

tioned Reflexes (Reflejos condicionados; Pavlov, 1927). Una traducción más precisa del ruso podría haber sido «reflejos condicionales», es decir, reflejos que tienen como condición previa el proceso de emparejamiento. En 1913, John B. Watson publicó un influyente trabajo en que argumentaba que la mayor parte de las conductas humanas podrían explicarse como hábitos aprendidos. Después de familiarizarse con el trabajo de Pavlov y de otro fisiólogo ruso, V. M. Bechterev (véase **Nota 2**), Watson (1916) adoptó el reflejo condicionado como la unidad de hábito y propuso que muchas actividades complejas se debían al condicionamiento clásico (esto fue, por supuesto, antes de que Skinner estableciera la diferencia entre condicionamientos operante y respondiente). En ese momento, algunas de sus generalizaciones extremas, no demostradas, sacudieron los cimientos de gran parte de la psicología tradicional. Watson siguió su artículo de 1916 con un experimento clásico en que demostraba que las reacciones emocionales humanas podían condicionarse en un entorno experimental (Watson y Rayner, 1920; véase también el Capítulo 15).

Durante los siguientes veinte años, aparecieron varios informes aislados acerca de la aplicación de los procedimientos del condicionamiento respondiente a diversas situaciones (para un listado de algunos de ellos, véase Yates, 1970). Ninguna de estas aplicaciones, no obstante, parece haber tenido mucho impacto en el desarrollo de la modificación de conducta tal y como la conocemos hoy.

Otra influencia muy relacionada con la orientación del condicionamiento respondiente fue el trabajo del teórico del aprendizaje Clark Hull (1943, 1952). Hull fue contemporáneo de Skinner y desarrolló una teoría del aprendizaje que tendía a subrayar, tanto el condicionamiento operante tal y como lo describió el propio Skinner, como el condicionamiento respondiente descrito por Pavlov, engranados en una teoría que no distinguía entre ambos tipos de aprendizaje. De acuerdo con Hull, el reforzamiento estaba implicado tanto en el condicionamiento pavloviano como en el operante, pero no intentó interpretar tantas conductas humanas como Skinner (cómparese Hull, 1952, con Skinner, 1953). Otros dos psicólogos, Dollard y Miller (1950), tradujeron varios conceptos psicodinámicos freudianos que, a pesar de su carencia de fundamento empírico eran muy populares en aquella época, al lenguaje de la teoría del aprendizaje de Hull.

En la década de los cincuenta, dentro de esta tradición pavloviana-hulliana, hubo dos desarrollos significativos, influidos sin duda por la obra de Dollard y Miller y por la teoría del aprendizaje de Edwin Guthrie (1935). Uno tuvo lugar en Sudáfrica, donde Joseph Wolpe empezó a investigar y a construir teorías basándose sobre todo en el condicionamiento pavloviano, en las teorias de Hull, en los trabajos tempranos de J. B. Watson, de Mary Cover Jones y en los del psicólogo británico Sir Charles Sherrington. Sherrington (1947) había apuntado que si se estimula un grupo de músculos, un grupo antagónico de músculos se inhibe y viceversa. Denominó *inhibición recíproca* a esta propiedad muscular y postuló que se trataba de un proceso general que actuaba a lo largo de todo el sistema nervioso. Wolpe extendió el principio de inhibición recíproca hasta establecer que si una respuesta que es incompatible con el miedo o la ansiedad se obtiene frente a un estímulo que produce miedo o ansiedad, ese estímulo dejará de elicitar la reacción de miedo. En 1958, Wolpe publicó su primer libro sobre inhibición recíproca, que proporcionó un impulso vigoroso a la tradición respondiente en la terapia de conducta moderna. Wolpe solía usar respuestas de relajación para inhibir recíprocamente el miedo o la ansiedad en el procedimiento conocido como desensibilización sistemática (véase Capítulo 27).

También durante la década de los cincuenta, Hans Eysenck en Gran Bretaña, tuvo un papel decisivo al criticar los procedimientos de la tradición psicoanalítica freudiana y abogar por los procedimientos de la teoría del aprendizaje como alternativa. En 1960 Eysenck publicó una recopilación de lecturas, *Behaviour Therapy and the Neurosis* (La terapia de conducta y las neurosis), en que presentaba numerosas historias de casos tratados con variaciones de los procedimientos de inhibición recíproca y condicionamiento respondiente. La orientación del condicionamiento respondiente de la terapia de conducta se ha denominado a veces la escuela «Wolpe-Eysenck».

En los primeros años de la década de los sesenta, Wolpe se trasladó a los Estados Unidos para inaugurar un programa en la universidad de Temple en que entrenaba a los clínicos en su versión particular de la terapia de conducta. En 1963 Eysenck fundó la revista *Behaviour Research and Therapy*, que publica tanto estudios de la orientación operante, como otros con sabor más pavloviano. Como se indica al final de la Tabla 29-1, la terapia de conducta de la orientación respondiente creció rápidamente en 1960 y 1970 e incluyó aplicaciones en gran variedad de trastornos neuróticos y fóbicos. El 30 de junio de 1984, la Unidad de Terapia de Conducta del Centro Médico de la Universidad de Temple dejó de existir. Wolpe (1985) atribuyó el final de la unidad a una mala comprensión de la terapia de conducta por parte de los terapeutas psicodinámicos; sin embargo, siguió trabajando activamente en el ámbito comportamental hasta su muerte en 1997.

MEZCLAS Y RAMIFICACIONES DE LAS DOS ORIENTACIONES PRINCIPALES

Gran parte de la historia temprana de la modificación y terapia de conducta se puede ubicar claramente en la orientación operante o en la pavloviana-hulliana-wolpeana. Otros muchos desarrollos tienden a ser ramificaciones de una u otra o se sitúan en algún lugar intermedio (véase la parte sobre «ramifiaciones y mezclas» de la Tabla 29-1).

Además de los dos enfoques principales, otros dos grandes modelos teóricos de modificación de conducta emergieron en la década de 1970: la teoría del aprendizaje social y la modificación de conducta cognitiva.

Julian Rotter esbozó en 1954 las características del aprendizaje social en su libro *Social Learning and Clinical Psychology* (Aprendizaje social y Psicología Clínica). El más influyente de los teóricos del aprendizaje social, no obstante, fue Albert Bandura (1969, 1977, 1986, 1996). Su enfoque es «social» en el sentido de que pone gran énfasis en los contextos sociales en que se adquiere y mantiene el comportamiento. Además de los principios básicos del condicionamiento clásico y operante, Bandura subrayó la importancia del *aprendizaje observacional*. Atendiendo a la actuación de otras personas y viendo lo que les ocurre, aprendemos a imitar su conducta (véase también la exposición previa del modelado en el Capítulo 18). Bandura hizo hincapié sobre los *procesos cognitivos mediacionales* como una influencia importante en nuestra conducta. Sobre la base de la experiencia previa con influencias ambientales y la percepción de los acontecimientos del entorno, desarrollamos reglas cognitivas y estrategias que nos sirven para determinar acciones futuras. Un proceso cognitivo mediacional importante para Bandura (1982, 1996) es el que denomina *auto-eficacia*, o creencia en que podemos actuar adecuadamente en una situación concreta. En palabras de Bandura: «dadas las habilidades apropiadas y los incentivos adecuados... las expectativas de eficacia personal son un determinante principal de las actividades que las personas eligen, la cantidad de esfuerzo que aplicarán y durante cuánto tiempo van a mantenerlo para manejar la situación estresante» (1977, p.194). Como expusimos en el Capítulo 27, sugerimos que cogniciones como la auto-eficacia pueden explicarse en términos de condicionamiento clásico y operante.

La obra de Bandura, *Principles of Behavior Modification* (Principios de Modificación de Conducta, 1969) contenía un marco terapéutico cognitivo; no obstante, la *modificación de conducta cognitiva*, tal como la representan expertos como Ellis y Beck (véase Capítulo 27) no puede equipararse a la teoría social del aprendizaje. Esta última, con su énfasis en la regulación de la conducta mediante acontecimientos estimulares externos, consecuencias ambientales y procesos cognitivos mediacionales, proporciona una explicación del comportamientos en multitud de contextos. La modificación de conducta cognitiva, sin embargo, se centró sobre todo en explicar las conductas poco adaptativas en términos de pensamientos disfuncionales, e incluye la reestructuración cognitiva como agente fundamental del tratamiento.

Además de estos cuatro modelos teóricos de modificación de conducta, un gran grupo de terapeutas conductuales se inscribe en un enfoque ecléctico. Lazarus (1971) es considerado como el principal representante de esta posición. De acuerdo con lo que él califica como *terapia de conducta multimodal* (Lazarus, 1971, 1976), los profesionales clínicos no deberían restringirse a un marco teórico concreto, sino que debieran aplicar estrategias conductuales conjuntamente con técnicas clínicas psicoanalíticas y tradicionales, siempre que estas tengan fundamento empírico.

Como se puede extraer de esta breve exposición de acercamientos a la modificación de conducta, hay desacuerdo entre los profesionales sobre asuntos teóricos, pero también existen muchas coincidencias en otros aspectos.

TERAPIA CONDUCTUAL, MODIFICACIÓN DE CONDUCTA Y ANÁLISIS APLICADO DE CONDUCTA

Algunos profesionales utilizan los términos *modificación de conducta* y *terapia de conducta* de forma indistinta. Otros usan tanto *análisis aplicado de conducta,* como *modificación de conducta* cuando se refieren a los principios discutidos en la primera parte de este texto. ¿Cuál es el uso histórico de estos términos? Parece que Lindsley, Skinner y Solomon (1953) fueron los primeros en emplear el término *terapia de conducta.* Lo hicieron en un informe que describía investigaciones con pacientes psicóticos hospitalizados a los que reforzaban con golosinas o cigarrillos por tirar del tapón en el lavabo. Sin embargo, la orientación operante hizo poco uso del término, al menos hasta la década de los setenta. Aunque Lazarus (1958) usó posteriormente el término *modificación de conducta* para aplicarlo al marco de la inhibición recíproca de Wolpe, sólo se popularizó entre la orientación pavloviana-hulliana-wolpeana después de que Eysenck lo utilizara para describir los procedimientos empleados por Wolpe.

Quizá el primer uso del término *modificación de conducta* apareció en un capítulo de R. I. Watson (1962). Desde ese momento, muchos escritores han diferenciado entre modificación de conducta, con sus raíces en el condicionamiento operante, y terapia de conducta, con raíces en el condicionamiento pavloviano y la teoría de Hull. Otros, sin embargo, no han hecho esta distinción consistentemente y así, Ullmann y Krasner (1965) usaban frecuentemente *modificación de conducta* y *terapia de conducta* de manera intercambiable. Además, algunos críticos tendieron a agrupar la psicología operante con otras teorías del aprendizaje (Chomsky, 1959) y la modificación de conducta con el condicionamiento pavloviano, la terapia de conducta y las terapias basadas en el aprendizaje (véase por ejemplo, Breger & McGough, 1965). El término *análisis aplicado de la conducta* se hizo popular en 1968 con la fundación de la revista *Journal of Applied Behavior Analysis*. Algunas distinciones que han tendido a caracterizar los usos de estos diferentes términos se presentan en la Tabla 29-2.

A pesar de estas distinciones históricas, los términos se suelen emplear de manera indistinta. En nuestra opinión, el término *modificación de conducta* ha adquirido un significado más amplio que los otros dos. Y, por supuesto, el término *terapia de conducta* es claramente menos apropiado que *análisis aplicado de conducta* o *modificación de conducta* al describir situaciones funcionales, como la aplicación del Sistema de Instrucción Personalizada a la educación o la gestión de la conducta de las organizaciones en el funcionamiento de las pequeñas empresas. Como indicamos en el Capítulo 1, el término *modificación de conducta* subsume tanto la *terapia de conducta* como el *análisis aplicado de conducta*. La terapia de conducta es modificación de conducta llevada a cabo en conductas disfuncionales, generalmente en ámbitos clínicos. El análisis aplicado de conducta es modificación de conducta cuando existe un intento de analizar o demostrar las variables que controlan la conducta de interés. La modificación de conducta, según nuestro punto de vista, que es el expuesto en este manual, incluye todas las aplicaciones explícitas de los principios comportamentales para mejorar conductas específicas –se den o no– en ámbitos clínicos, y se hayan demostrado o no explícitamente las variables controladoras.

EL FUTURO DE LA MODIFICACIÓN DE CONDUCTA

La modificación de conducta se ha aplicado a gran variedad de problemas individuales y sociales. Ha aumentado la relación de la práctica con la prevención y la ingeniería social, además de seguir con su papel en la solución de problemas existentes, y no cabe duda de que su adopción por parte de las profesiones asistenciales (trabajo social, medicina, rehabilitación, enfermería, educación, odontología preventiva, enfermería psiquiátrica, salud pública, psicología clínica y comunitaria) se ha generalizado.

Tabla 29-2. Una comparación de los usos de los términos terapia de conducta, modificación de conducta y análisis de conducta aplicado

Años 1960 y 1970	
Terapia de conducta	**Modificación de conducta**
1. El término más usado por los seguidores de la orientación pavloviana-wolpeana y los de la orientación cognitiva, que tendían a usarlo indistintamente con el término modificación de conducta cognitiva. **2.** El término que tendían a aplicar los psicólogos conductuales y psiquiatras a los que interesaba fundamentalmente el tratamiento en entornos clínicos tradicionales. (Para un resumen histórico de la terapia de conducta en entornos psiquiátricos, véase Malatesta, Aubuchon y Bluch, 1994). **3.** El término solía referirse a los tratamientos conductuales llevados a cabo en la consulta mediante interacciones verbales («terapia de charla») entre terapeuta y cliente. **4.** El término se asociaba al fundamento experimental obtenido a partir de estudios con humanos en entornos clínicos.	**1.** El término más empleado por los seguidores de la tradición operante **2.** El término que tienden a utilizar los especialistas en conducta en colegios, hogares y otros entornos que no eran el dominio principal de los psicólogos clínicos y psiquiatras. **3.** El término suele describir los tratamientos conductuales llevados a cabo en entornos naturales, así como en ámbitos especiales de entrenamiento. **4.** El término se asociaba al fundamento empírico de la investigación básica sobre condicionamiento operante con animales y humanos, además de los estudios experimentales en entornos aplicados.
De los años 1980 hasta la actualidad	
• El término **terapia de conducta** continúa aplicándose tal y como describimos anteriormente • El término **análisis aplicado de conducta** es usado cada vez más por los seguidores de la tradición operante tal como se describe en la columna derecha de esta tabla • El término **modificación de conducta** va ampliando su significado e incluye tanto la terapia de conducta como el análisis de conducta aplicado	

Las aplicaciones se dan también con una frecuencia creciente en áreas empresariales, industriales, deportivas, de educación física, ocio, y en la promoción de estilos de vida más saludables (véase Capítulo 2). El futuro de la modificación de conducta se presenta luminoso y algún día, un conocimiento exhaustivo de las técnicas conductuales será una necesidad aceptada en nuestra cultura y se impartirá en educación primaria junto a materias como una buena higiene y salud física. Quizá estos escolares crecerán y verán un mundo en que las aplicaciones positivas de los principios de conducta sean algo natural para todos, y producirán una cultura feliz, informada, hábil, productiva, y sin guerra, pobreza, prejuicios, ni contaminación.

PREGUNTAS DE REPASO

1. ¿Cómo respondería a la pregunta «¿Qué es la modificación de conducta?» (véase Capítulo 1).
2. ¿Cómo influyeron las obras Behavior of Organisms y Science and Human Behavior de Skinner en el desarrollo inicial de la modificación de conducta?
3. Discuta la contribución de Keller al desarrollo de la modificación de conducta (véase el texto y la **Nota 4**).
4. Muchos de los artículos pioneros de la tradición operante en la década de 1950 eran experimentos que demostraban que las consecuencias influyen en la conducta humana. Describa brevemente dos de esos experimentos.

5. Describa brevemente uno de los primeros artículos publicados (uno muy influyente) que trataba sobre las aplicaciones prácticas en la tradición operante.
6. ¿Qué es la revista Journal of the Experimental Analysis of Behavior?
7. Las publicaciones de principios de la década de los sesenta dentro de la orientación operante parecen caracterizarse por dos aspectos distintivos, ¿Cuáles son?
8. ¿Se ubica el influyente libro Case Studies in Behavior Modification estrictamente dentro de la orientación operante? ¿Por qué?
9. ¿Qué concepto adoptó J. B. Watson de Pavlov? ¿Cómo lo utilizó?
10. ¿Qué procedimiento de terapia de conducta se atribuye a Joseph Wolpe?
11. ¿Qué papel doble jugó Hans Eysenck en el desarrollo de la terapia de conducta en la década 1950?
12. ¿Cuáles son los títulos de las cuatro revistas principales de modificación de conducta y/o terapia de conducta? (Véase la Tabla 29-1 y la Nota 2).
13. Describa brevemente cuatro modelos conceptuales (o teóricos) de la modificación de conducta de la década de 1970.
14. Describa cuatro diferencias en el uso de los términos terapia de conducta y modificación de conducta durante las décadas de 1960 y 1970. ¿Cómo tienden a usarse hoy los términos terapia de conducta, modificación de conducta y análisis aplicado de conducta?
15. Si alguien sugiriera «la modificación de conducta es adecuada para determinados tipos de problemas», ¿qué le respondería?

NOTAS DE AMPLIACIÓN SOBRE EL TEMA

1. La historia de la modificación de conducta es tan larga como la historia de la Psicología, de la que nace. A continuación enumeramos algunos de los precursores más importantes de la aparición de la modificación de conducta.

Platón (427-347 a.C.) atribuía la conducta a algo llamado psique o alma, que creía diferente del cuerpo y continuaba existiendo incluso después de la muerte. Su alumno Aristóteles (384-322 a.C.) argumentó que el alma es simplemente la «forma» o funcionamiento del cuerpo (incluyendo su comportamiento). La visión de Platón tuvo una influencia mayor que la de Aristóteles en los teólogos y filósofos occidentales más tempranos.

El filósofo francés René Descartes (1595-1650) fue el primero en articular una distinción clara entre el cuerpo y el alma. Mantenía que el cuerpo es esencialmente una máquina que opera sobre la base de los reflejos y que está guiado por el alma, compuesta de una sustancia inmaterial, no espacial. Su filosofía fue refutada en Gran Bretaña por una larga lista de filósofos, desde John Locke (1632-1704) hasta John Stuart Mill (1806-1873), conocidos como los asociacionistas británicos o empiristas. En sus discursos, éstos sustituían el término «alma» por «mente», que parecía más científico y compartía raíz con la palabra inglesa antigua («mind») relacionada con memoria o pensamiento. Procuraron inferir las leyes «naturales» científicas mediante las que la mente forma asociaciones que nos permiten relacionarnos con el mundo.

Un grupo de psicólogos conocidos como los Reflexólogos Rusos –fundamentalmente Ivan M. Sechenov (1829-1905) y sus seguidores Ivan P. Pavlov (1849-1936) y Vladimir M. Bechterev (1857-1927)– retomaron los reflejos de Descartes y las asociaciones de los empiristas británicos. Tras diversos trabajos empíricos por separado para el establecimiento de nuevos reflejos, Bechterev presentó los «reflejos de asociación» y Pavlov los «reflejos condicionados». Como se ha apuntado en el texto, sus ideas básicas se incorporaron posteriormente al enfoque conductual.

En los Estados Unidos de América, el grupo de psicólogos funcionalistas, liderados fundamentalmente por William James (1842-1910) en Harvard, y John Dewey (1859-1952) en la Universidad de Chicago, se basaron sobre la teoría de la evolución de Darwin para abogar por el estudio del papel de la mente en la adaptación de los seres humanos al entorno. El enfoque incluía tanto los estudios de aprendizaje en animales como en personas, tales como los de E. L. Thorndike (1874-1949).

John B.Watson (1878-1958), que recibió su título de doctor en la Universidad de Chicago, llevó el funcionalismo un paso más allá al afirmar que la Psicología, en lugar de versar sobre la mente (que entendía como entidad ficticia), debería ser pura y simplemente la ciencia de la conducta. Tras la salida de Watson de la psicología académica, el enfoque conductual se abrió a una nueva generación de líderes, como se discute en el texto. Para una exposición más completa acerca de la emergencia del enfoque conductual, véase Pear, en prensa).

2. En la década de 1950 se produjeron algunos desarrollos históricos importantes simultáneamente en tres países: Sudáfrica, donde Wolpe llevó a cabo su trabajo pionero en desensibilización sistemática; Inglaterra, donde Eysenck espoleó el movimiento de la modificación de conducta enfatizando su insatisfacción con los métodos tradicionales de la Psicología; y en Estados Unidos, donde Skinner y sus colegas estaban trabajando dentro de la orientación del condicionamiento operante. Durante la década de 1960 y 1970, no obstante, gran parte de los principales textos e informes de investigación sobre modificación y terapia de conducta se basaban en los desarrollos estadounidenses. Por ejemplo, tres de las cuatro revistas principales de terapia de conducta se publicaron en Estados Unidos y gran parte de los artículos publicados correspondían a investigaciones realizadas también allí (Journal of Applied Behavior Analysis, 1968-; Behavior Therapy, 1970; Behavior Therapy and Experimental Psychiatry, 1970-). Aunque la cuarta revista (Behaviour Research and Therapy, 1963-) estaba editada por Eysenck en Inglaterra, también contenía un gran número de trabajos estadounidenses. Desde la década de los setenta, sin embargo, la modificación de conducta se convirtió en un movimiento extendido realmente por el mundo entero. Desarrollos significativos tuvieron lugar en Argentina (Blanck, 1983); Asia (Oei, 1998); Australia (Brownell, 1981; King, 1996; Schlesinger, 2004); Brasil (Ardila, 1982; Grassi, 2004); Canadá (Martin, 1981); Chile (Ardila, 1982); Colombia (Ardila, 1982; López y Aguilar, 2003); Costa Rica (Pal-Hegedus, 1991); Cuba (Dattilio, 1999); la República Dominicana (Brownell, 1981); Inglaterra (Brownell, 1981); Francia (Agathon, 1982; Cottraux, 1990); Alemania (Stark, 1980); Ghana (Danguah, 1982); Holanda (Brownell, 1981); Hungría (Tringer, 1991); Israel (Brownell, 1981; Zvi, 2004); Italia (Moderato, 2003; Sanivio, 1999; Scrimali y Grimaldi, 1993); Irlanda (Flanagan, 1991); Japón (Sakano, 1993; Yamagami, Okuma, Morinaga y Nakao, 1982); Méjico (Ardila, 1982); Nueva Zelanda (Blampied, 1999, 2004); Noruega (Brownell, 1981); Polonia (Kokoszka, Popiel y Sitarz, 2000; Suchowierska y Kozlowski, 2004); Rumanía (David y Miclea, 2002); Singapur (Banerjee, 1999); España (Caballo y Buela –Casal, 1993); Corea del Sur (Kim, 2003); Sri Lanka (DeSilva y Simarasinghe, 1985); Suecia (Brownell, 1981; Carter, 2004); Tailandia (Mikulis, 1983); el Reino Unido (Dymond, Chiesa y Martin, 2003); Uruguay (Zamora y Lima , 2000); y Venezuela (Ardila, 1982).

3. Burrhus Frederick Skinner nació el 20 de marzo de 1904 en Susquehanna, Pensylvania. Tiempo antes de su muerte el 18 de agosto de 1990, en Cambridge, Massachussets, a la edad de 86 años, Skinner se había convertido en el psicólogo vivo y el conductista más conocido y destacado del mundo. Tras finalizar su licenciatura en Artes, con una especialización en Inglés en el Hamilton College en Nueva York, Skinner se dedicó sin mucho éxito a la escritura en Greenwich Village, Nueva York, y en Europa. Luego, se matriculó en la Universidad de

Harvard para estudiar Psicología y terminó su tesis doctoral en 1931. Fue en Harvard donde entabló amistad con Fred Keller, una relación que duraría más de sesenta años. Después de disfrutar una beca posdoctoral en Harvard, y de dar clases en la universidad de Minnesota y en la de Indiana, Skinner volvió a Harvard como profesor en 1947 y mantuvo su relación con esta universidad hasta el día de su muerte. Skinner tuvo una carrera destacada y recibió numerosos premios, entre ellos el Distinguished Scientific Award de la American Psychological Association (1958), la Medalla Nacional de Ciencia del Presidente (1968), y el premio del Humanista del Año de la American Humanist Association (1972). Además de sus contribuciones teóricas y experimentales, Skinner publicó una novela utópica titulada Walden Two (1948b), trabajó en un proyecto para adiestrar palomas a guiar misiles durante la Segunda Guerra Mundial (Skinner, 1960), y desarrolló el concepto de enseñanza programada y máquinas docentes (Skinner, 1958). Skinner continuó activo durante su vida académica, y publicó su libro más reciente en 1989. Deja un gran legado: su influencia en la Psicología es tan significativa como la de Galileo en Física o Darwin en Biología.

4. Fred S. Keller (1899-1996) hizo contribuciones interesantes. En 1961, aceptó una plaza en la Universidad de Sao Paulo, Brasil, donde estableció el primer curso de condicionamiento operante en ese país. Con sus colegas brasileños, Keller promovió el Sistema de Instrucción Personalizada, un acercamiento desde la modificación de conducta a la docencia universitaria, que supone una revolución educativa (véase Capítulo 2). Keller contribuyó enormemente al desarrollo de la modificación de conducta en Brasil y por ello sus alumnos y las generaciones que les han seguido continúan con el progreso de la Psicología conductual en ese país (p.ej., véase Grassi, 2004).

Preguntas sobre las notas

1. ¿En qué diferían la visión del alma de Aristóteles y la de Platón?

2. ¿Qué contribución hizo cada uno de los siguientes autores al enfoque conductual?

- **a.** Descartes
- **b.** Los asociacionistas británicos
- **c.** Los reflexólogos rusos
- **d.** Los funcionalistas

3. Mencione tres países que fueran importantes en el desarrollo de la modificación de conducta en la década de 1950 y la persona más asociada a estas contribuciones en cada uno de ellos.

4. Enuncie tres contribuciones de Skinner además de los escritos teóricos y de la investigación básica.

5. ¿En qué país latinoamericano aceptó Keller una plaza como profesor en 1961? ¿Qué contribución hizo a la modificación de conducta mientras estuvo allí?

30
Aspectos éticos

A lo largo del libro hemos hecho hincapié en las preocupaciones éticas o morales que habría que tener siempre presentes al aplicar la modificación de conducta. Sería trágico que el poder de las técnicas científicas se aplicara en perjuicio y no en ayuda de la humanidad, pero esta posibilidad es un peligro real y por ello nos parece adecuado dedicar el último capítulo a una discusión más profunda de las cuestiones éticas.

La historia de la civilización se construye sobre un abuso continuo de poder. A lo largo del tiempo, diversos grupos han utilizado los premios y los castigos a su disposición para controlar el comportamiento de grupos menos poderosos, es decir, de grupos que disponían de menos premios y castigos o carecían de los métodos para administrarlos como contingencia de las conductas seleccionadas. En general, el efecto que esta tradición ha tenido es incrementar los reforzadores que pertenecen a los más poderosos a costa de los que reciben las personas sometidas. De vez en cuando, a medida que disminuía la proporción de los reforzadores que les correspondía, los grupos sujetos este abuso se han sublevado contra sus opresores y han modificado las estructuras sociales existentes o han creado nuevas estructuras para prevenir o eliminar la posibilidad de futuros abusos. Las constituciones, legislaciones y demás documentos políticos de los estados modernos constituyen especificaciones formales de contingencias diseñadas para controlar el comportamiento de quienes a su vez gobiernan el comportamiento de los demás. Por ejemplo, en las democracias occidentales hemos dejado de vivir en la edad del derecho divino de las monarquías, para vivir «gobernados por las leyes, no por las personas». Más aún, con la introducción de elecciones populares periódicas, los ciudadanos controlados por quienes crean las leyes, también pueden ejercer cierto control recíproco sobre ellos: votar a otros candidatos. En algunos países socialistas y comunistas, el proceso revolucionario se centró en eliminar desmanes económicos, más que en el establecimiento de la democracia. Sin embargo, se desarrollaron otros abusos que muchos de estos países intentan corregir en la actualidad mediante el desarrollo de la democracia. No obstante, ningún diseño o práctica social ha alcanzado su objetivo, porque en todo el mundo siguen existiendo ejemplos de abuso del poder.

Debido tanto a la historia cultural como a las experiencias personales con quienes abusan del poder, es decir, lo utilizan para su beneficio personal y en perjuicio de quienes están bajo su control, hemos aprendido a reaccionar negativamente ante los intentos de controlar la conducta. Por ello no nos sorprende que en sus comienzos la *modificación de conducta* evocara reacciones negativas que iban desde despertar sospechas hasta provocar hostilidad. Estas primeras reacciones exageradas se fundamentaban sobre la tendencia a equiparar modificación de conducta con procedimientos agresivos como el electroshock, el lavado de cerebro e incluso la tortura. A este respecto, una encuesta del *New York Times* indicó que en la década de 1970 y durante un periodo de cinco años, el término *modificación de conducta* se había empleado incorrectamente aproximadamente en el 50% de las ocasiones publicadas (Turkat & Feuerstein, 1978). Sin embargo, en la actualidad, a juzgar por lo que aparece en periódicos, televisión y cine, la población general es mucho más consciente de que estas intervenciones consisten en la aplicación de técnicas basadas en los principios del aprendizaje para ayudar a las personas a controlar su comportamiento. No es por tanto ningún secreto que la modificación de conducta se basa en dos proposiciones: (a) la conducta puede controlarse, y (b) es deseable hacerlo para lograr ciertos objetivos. Dilucidar si el comportamiento está totalmente gobernado por factores ambientales y genéticos, ya que todos parecemos de acuerdo en que sí está determinado, al menos en parte, por ambos, da lugar a discusiones filosóficas muy interesantes. Sin embargo, desde el punto de vista práctico, la respuesta tiene poca importancia. Lo importante es que a raíz de nuevos descubrimientos en la ciencia comportamental y de la mejora en las técnicas, vamos aumentado la magnitud de control potencial sobre la conducta.

Siempre es aconsejable la cautela frente a los avances de la ciencia o la tecnología, y de hecho, es probable que la civilización corriera menos peligro si se hubieran tomado más precauciones cuando comenzó a desarrollarse, por ejemplo, la energía atómica. Sin embargo, la solución a los problemas actuales que generan los avances científicos y tecnológicos no es el regreso a un periodo pre-científico más seguro. El problema no radica en la ciencia y la tecnología, que no son sino instrumentos complejos desarrollados por los seres humanos para solucionar problemas, sino en quienes abusan de esas herramientas. Este es por supuesto un problema comportamental, y como argumentó Skinner (1953, 1971), la ciencia de la conducta es la clave lógica para la solución del problema. Sin embargo, al igual que cualquier otro producto científico o técnico, la modificación de conducta puede ser mal utilizada y, por tanto, hay que establecer directrices éticas que garanticen su uso en beneficio de la sociedad. En la siguiente sección, expondremos en qué consiste la ética desde una perspectiva comportamental y, posteriormente, revisaremos varios argumentos habituales contrarios al control deliberado del comportamiento. Finalmente, nos centraremos en la cuestión de cómo imponer medidas preventivas que garanticen que la modificación de conducta se utiliza en beneficio de la humanidad.

UNA VISIÓN CONDUCTISTA DE LA ÉTICA

Desde un punto de vista comportamental, el término *ética* hace referencia a las normas de conducta que se desarrollan en una cultura y que favorecen su supervivencia (Skinner, 1953, 1971). Por ejemplo, robar se considera inmoral o incorrecto en muchas culturas, debido al efecto perturbador que tiene sobre la sociedad. Directrices éticas como, «Robar es deshonesto» probablemente se desarrollaron en la prehistoria. Quizá en algunas culturas anteriores a la historia escrita, aunque no en todas, comportarse honradamente respecto de las posesiones materiales recibió refuerzo social, a la vez que se castigaba el robo; de la misma manera que diversas culturas reforzaron creencias religiosas diferentes. Sin embargo, las culturas que no reforzaron la honradez frente a las posesiones ni castigaron el robo, no sobrevivieron por varias razones posibles. Los miembros de esas culturas aplicaron tanto esfuerzo a pelearse entre sí, que se hicieron vulnerables a las invasiones de otras culturas, o no disponían del tiempo suficiente para producir alimentos con que abastecerse. O tal vez, debido al sinfín de peleas y discusiones, dichas culturas resultaron tan poco reforzantes, que sus integrantes emigraron a otras sociedades, de modo que quedaron despobladas. En cualquier caso, muchas culturas sobrevivieron reforzando el comportamiento honesto y castigando el robo, es decir, perduraron las que consideraron que no robar era ético o correcto y el hacerlo, inmoral o no ético.

De este modo, la ética ha evolucionado como parte de la cultura, mediante los mismos mecanismos que lo ha hecho la estructura del cuerpo. Es decir, la ética ha contribuido a la supervivencia cultural, al igual que los dedos y el pulgar oponente han contribuido a la supervivencia de la especie. Lo cual no implica que las personas no formulen deliberadamente normas éticas para sus grupos; al contrario, parte de la evolución cultural consiste en que sus integrantes las formulen, ya que están condicionados a trabajar en favor de la supervivencia de su cultura. Un mecanismo de supervivencia del grupo consiste en enunciar y hacer respetar un código ético que fortalezca su cohesión, mediante recompensas y castigos.

Cuando los reforzadores inmediatos influyen en las personas para que se comporten de manera que generen castigos, frecuentemente diferidos, para los miembros de una cultura, las pautas éticas se convierten en una fuente importante de control comportamental. Por ejemplo, aunque los ladrones son inmediatamente reforzados al apropiarse de los bienes robados, la pérdida de esos objetos es aversiva para las víctimas. Para que sus integrantes sean honestos, la cultura podría desarrollar y hacer respetar la norma ética, «No robarás», incluso especificar algunas contingencias legales, «Quien robe las posesiones de otros, tendrá que pagar una multa o ir a la cárcel», o ampliarla hasta implicar contingencias en forma de creencias religiosas, «Quien roba, cuando muera, no irá al cielo, sino al infierno». Cuando los miembros de una cultura aprenden a seguir este tipo de pautas éticas, hacen que la sociedad evidencie un comportamiento gobernado por reglas (véase Capítulo 17). Este sería uno de los mecanismos mediante el que los ciudadanos aprenden a comportarse éticamente y a abstenerse de acciones inmorales, pero quienes estén interesados en conocer más detalles acerca de las normas que gobiernan el comportamiento moral, debieran consultar la página web: www.dickmalott.com

Desde esta perspectiva comportamental de la ética, vamos a examinar ahora si los profesionales deben intentar alterar deliberadamente el comportamiento de los demás.

ARGUMENTOS CONTRARIOS AL CONTROL DELIBERADO DE LA CONDUCTA

Como ya hemos indicado anteriormente, debido a nuestro conocimiento sobre el abuso de poder a lo largo de la historia y a nuestras experiencias personales con quienes abusan de su posición, hemos aprendido a reaccionar negativamente ante cualquier intento obvio de controlar nuestras acciones (véase **Nota 1**). Tal vez por estas razones se argumenta que todo intento de controlar el comportamiento es inmoral, pero una reflexión mínima revela que el objetivo de ámbitos como la educación, la psicología y la psiquiatría sólo puede lograrse en la medida en que los profesionales ejerzan un control sobre el comportamiento. La educación, por ejemplo, tiene como objetivo cambiar la conducta de los estudiantes para que respondan al entorno de manera diferente a como lo hubieran hecho de no haber recibido una formación y así, enseñar a leer es cambiar la manera de reaccionar frente a señales, periódicos, libros, etc. Los objetivos del asesoramiento terapéutico, del tratamiento psicológico y de la psiquiatría implican cambiar la conducta de las personas para que puedan funcionar más eficazmente que antes de recibir la ayuda.

Muchos profesionales clínicos no quieren creer que están controlando la conducta y prefieren verse como asistentes que ayudan a los clientes a controlar su propia conducta. No obstante, el establecimiento del autocontrol no deja de ser una forma del controlar la conducta, porque en último término, se enseña a ejecutar una actividad que de algún modo controla otras acciones. Volvemos aquí a la paradoja de que, para lograrlo, es necesario controlar la conducta controladora. Los profesionales siempre podrían argumentar que esto no significa que sean ellos quienes ejerzan el poder, porque retiran cualquier influencia externa que ejerzan sobre los clientes en cuanto ellos son capaces de gobernarse por si mismos. En realidad, como venimos señalando, lo que los clínicos hacen es transferir el control al ambiente natural y si bien podríamos describir la situación como una «retirada del control», éste permanece, aunque haya cambiado de forma. Si los terapeutas han conseguido los objetivos planteados, el comportamiento deseado se mantendrá y en este sentido, perdurará la influencia que los profesionales ejercían sobre el comportamiento.

Un sector de la sociedad admite que los terapeutas participan necesariamente en el control de la conducta, pero al mismo tiempo, argumenta que es inmoral planificar cambios deliberados del comportamiento. Hay quien cree que la planificación es «fría y mecánica» y por tanto interfiere con las relaciones cálidas, íntimas y «espontáneas» que debieran existir entre las personas (véase **Nota 2**). Resulta difícil determinar de dónde procede esta objeción, ya que no cuenta con apoyo lógico ni empírico; de hecho, la mayoría de los programas de modificación de conducta que conocemos se caracteriza por las interacciones gratas entre los participantes. Los profesionales de la conducta competentes se interesan realmente por sus clientes como seres humanos y encuentran tiempo para relacionarse con carácter personal, igual que lo hacen otros muchos profesionales en ámbitos asistenciales. No cabe duda de que algunas personas muestran un comportamiento que parece frío y mecánico; no obstante, no se encuentran con más frecuencia en el campo de la modificación de conducta que en el de cualquier otra orientación terapéutica.

Una falta de planificación, sin embargo, sí puede ser desastrosa. En la segunda parte del libro, hemos descrito numerosos ejemplos en todas las secciones dedicadas a los errores potenciales, ya que los principios y procesos comportamentales perjudican a quienes no los conocen o no organizan sus planes teniéndolos en cuenta. Si los profesionales no son competentes para la construcción de programas que conduzcan a desarrollar comportamientos deseables, podrían sin darse cuenta introducir contingencias que favorecieran la proliferación de conductas inadaptativas.

Si bien muy a menudo es necesario cambiar, organizar, influir o controlar en cualquier sentido el comportamiento, *también hay que garantizar que se lleva a cabo éticamente*. A lo largo del texto, hemos argumentado que será más probable que logremos los cambios comportamentales buscados, si aplicamos procedimientos y principios basados en la investigación, y ahora vamos a revisar las pautas éticas para hacerlo.

DIRECTRICES ÉTICAS

Es importante disponer de un conjunto de pautas que especifiquen las aplicaciones éticas de la modificación de conducta; sin embargo, el compromiso de tratar a grupos e individuos éticamente no es garantía suficiente de que vaya a cumplirse fehacientemente. Hay que disponer unas contingencias de refuerzo moralmente aceptables y la mejor manera de hacerlo es a través del *contracontrol:* «la reciprocidad en el control: es decir, la influencia que la persona controlada tiene sobre quien le controla, a través del acceso a los reforzadores adecuados» (Stolz y cols., 1978, p.19). En una democracia, por ejemplo, el electorado puede ejercer el contracontrol sobre los representantes elegidos y si no le gustan las leyes que han promulgado, siempre puede votar a otros candidatos. De modo similar, los clientes podrían dejar de acudir a un terapeuta como forma de contracontrol, si éste no se ajusta a las directrices de la intervención previamente establecidas. Sin embargo, cuando quienes están en tratamiento son niños, pacientes psiquiátricos, pacientes geriátricos y personas con retrasos cognitivos severos, sus posibilidades de ejercer contracontrol son limitadas. Es frecuente que en estos casos existan otras medidas de seguridad y conforme a éstas, los terapeutas tengan que presentar los resultados y dar las explicaciones pertinentes a las personas o grupos que representan legalmente a los implicados, para garantizar que reciban tratamientos adecuados con resultados satisfactorios.

Las tres organizaciones más prestigiosas que han patrocinado debates sobre las cuestiones éticas relacionadas con la aplicación de la modificación de conducta son la Asociación para el Avance de la Terapia de Conducta (*Association for the Advancement of Behavior Therapy*, AABT), la Asociación Estadounidense de Psicología (*American Psychological Association*, APA), y la Asociación para el Análisis de Conducta (*Association for Behavior Analysis*, ABA).

En 1977, la revista *Behavior Therapy* publicó las consideraciones que la Asociación para el Avance de la Terapia de Conducta hacía sobre los aspectos éticos básicos que cualquier programa de modificación de conducta ha de tener presentes y que incluimos en la Tabla 30-1. Es evidente que ya hemos tratado la mayoría de las propuestas expuestas a lo largo de este libro, particularmente en el Capítulo 24. Si usted está llevando a cabo una intervención para modificar la conducta y contesta negativamente a alguna de estas preguntas, es probable que cualquiera de los grupos profesionales reconocidos pueda cuestionar los fundamentos éticos de la misma. Conviene tener presente que estas directrices éticas son relevantes, no sólo para los modificadores y terapeutas conductuales, sino para todos los profesionales de los servicios humanos.

Tabla 30-1. Aspectos éticos en la prestación de servicios a personas

Esta declaración no es un inventario de prescripciones y recetas, sino que presenta una serie de aspectos cruciales en la prestación de servicios a personas.

En cada una de las cuestiones descritas, las intervenciones idóneas implicarían al máximo a la persona cuyo comportamiento se desea cambiar, y prestarían máxima consideración a las presiones sociales que experimentan dicha persona, los terapeutas y quienes les contratan. Somos conscientes de que, a veces, los pormenores prácticos de los ambientes reales obligan a incurrir en excepciones, pero éstas pueden ser perfectamente acordes con el ejercicio de la ética.

En la tabla empleamos los términos: «cliente(s)» para describir a las personas cuyo comportamiento se va a intervenir; «terapeuta(s)» para referirnos a los profesionales encargados de la intervención; y «tratamiento(s)» y «problema(s)» para denominar a todos y cada uno de los programas terapéuticos y dificultades enumerados en el listado. Hemos formulado los temas de manera que resulten pertinentes para la mayor parte de los ambientes y las poblaciones; por tanto, habrá que adaptarlos para situaciones en que los clientes no sean quienes abonen los servicios de los terapeutas, se cuestione que estén en pleno uso de sus facultades o que hayan otorgado el consentimiento voluntariamente. Por ejemplo, si los terapeutas intuyen que los afectados no comprenden los objetivos o los métodos que se van a aplicar, habrá que sustituir allí donde resulte procedente el término «cliente», por el del representante jurídico, el de quien tenga la guardia y custodia, o cualquier otra persona responsable.

A. ¿Se han considerado adecuadamente los objetivos del tratamiento?

1. Para garantizar que las metas a conseguir se explicitan, ¿se han puesto por escrito?
2. ¿Tenemos la seguridad de que el cliente comprende los objetivos y lo hemos comprobado haciendo que los repita verbalmente o por escrito?
3. ¿Terapeuta y cliente están de acuerdo sobre los fines de la terapia?
4. Si actuamos en función de los intereses del cliente, ¿vulneraremos los intereses de otras personas?
5. Si se satisfacen los intereses inmediatos del cliente, ¿se perjudicarán sus intereses a largo plazo?

B. ¿Se ha considerado adecuadamente la selección de los métodos de tratamiento?

1. ¿La bibliografía publicada muestra que el procedimiento elegido es el mejor entre los disponibles para el problema en cuestión?
2. Si no hay bibliografía pertinente, ¿hemos optado por una intervención coherente con la práctica generalmente aceptada?
3. ¿Se ha informado a los participantes sobre procedimientos alternativos que podrían preferir sobre la base de las posibles diferencias significativas en incomodidad, duración del tratamiento, costes, o grado de eficacia demostrado?
4. En caso de que el tratamiento cree polémica pública, legal o profesional, ¿hemos realizado una consulta formal con otros expertos? ¿Se ha considerado adecuadamente la reacción del público afectado? ¿Hemos examinado y ponderado detenidamente los métodos alternativos?

C. ¿Participan los clientes voluntariamente?

1. ¿Se han analizado las posibles fuentes de coacción sobre el cliente para que acuda a terapia?
2. En caso de que el tratamiento se aplique por mandamiento judicial, ¿hemos ofrecido un abanico de intervenciones y terapeutas disponibles?

(continúa)

(continuación)

3. ¿Puede el cliente abandonar el programa sin contrapartidas ni sanciones económicas que superen el coste clínico real?

D. Cuando otra persona o institución tiene la potestad para organizar el tratamiento del cliente: ¿se han valorado suficientemente los intereses de la persona implicada?

1. ¿El cliente subordinado ha recibido información sobre los objetivos del tratamiento? ¿Ha participado en la selección de los métodos de la intervención?
2. Si la capacidad de decisión del cliente subordinado es limitada: ¿ha participado junto con sus responsables legales en las conversaciones sobre el programa, en la medida en que lo permitan sus destrezas cognitivas?
3. Si entran en conflicto los intereses de la persona implicada con los de sus responsables legales, ¿se ha intentado reducir la discrepancia, procurando satisfacer a ambas partes?

E. ¿Se ha evaluado la adecuación del procedimiento terapéutico?

1. ¿Hemos obtenido datos cuantitativos sobre el problema y su progreso?
2. ¿Han estado esos datos al alcance de los clientes durante el tratamiento?

F. ¿Se ha protegido la confidencialidad de la relación terapéutica?

1. ¿Están informados los clientes de quién tiene acceso a los registros?
2. ¿Los datos están sólo a disposición de personas autorizadas?

G. ¿Remite el terapeuta a los clientes a otros expertos si es necesario?

1. Si el tratamiento no funciona, ¿remite al cliente a otros terapeutas?
2. ¿Saben los implicados que si la intervención no les satisface habría que remitirles a otros profesionales?

H. ¿Están cualificados los terapeutas para aplicar el tratamiento?

1. ¿Tienen los profesionales formación o experiencia en la intervención en problemas como los del cliente?
2. Si carecen de la formación específica pertinente, ¿ha informado el terapeuta al cliente?
3. Si los clínicos carecen de la formación específica pertinente, ¿se ha remitido al cliente a otro terapeuta o se ha contado con alguien experto y con las acreditaciones necesarias para que supervise el caso? ¿Conoce el cliente las condiciones de la supervisión?
4. Si son mediadores quienes llevan a cabo la intervención, ¿están siendo supervisados por profesionales cualificados?

Nota: Declaración de Aspectos Éticos en la Intervención con Personas, adoptada el 22 de Mayo de 1977 por el Consejo Directivo de la Asociación para el Desarrollo de la Terapia de Conducta, reproducida aquí con su permiso.

En 1978, una comisión nombrada por la Asociación Estadounidense de Psicología publicó un informe exhaustivo (Stolz y cols., 1978) sobre cuestiones éticas relacionadas con la modificación de conducta. Una conclusión fundamental fue que los profesionales implicados en cualquier tipo de intervención psicológica debieran adherirse y suscribir los códigos de ética de sus profesiones. Para los miembros de la Asociación Estadounidense de Psicología y la Asociación Canadiense de Psicología, la versión más reciente ha sido publicada bajo el título «Principios éticos y código de conducta para psicólogos» (*Ethical Principles of Psychologists and Code of Conduct,* 2002). Este documento incluye una serie de directrices generales conducentes a que el ejercicio de la profesión se desarrolle conforme a principios morales incuestionables, y un conjunto detallado de normas para fomentar el comportamiento ético entre los psicólogos y los estudiantes de Psicología.

En 1988, la Asociación para el Análisis de Conducta publicó en su revista *The Behavior Analyst,* una declaración de los derechos de los clientes para que sirviese de orientación a la aplicación ética y apropiada del tratamiento comportamental (Van Houten y cols., 1988). A continuación, exponemos algunos de los puntos comentados tanto por el informe de Stoltz y cols. (1978), como por el de Van Houten y su equipo (1988).

1. Acreditaciones de los modificadores de conducta

Los modificadores de conducta deben recibir una formación académica apropiada y el entrenamiento práctico supervisado que certifique su competencia en la evaluación comportamental, el diseño y la aplicación de los programas de tratamiento, la evaluación de los resultados y la comprensión rigurosa de la ética profesional. Van Houten y cols. (1988) defienden que si los tratamientos son complejos o conllevan riesgos, los clientes tienen derecho a la participación directa de terapeutas que posean el doctorado en especialidades afines a la modificación de conducta. Independientemente del nivel de formación, los profesionales han de garantizar que los procedimientos utilizados son coherentes con los conocimientos más actualizados, publicados en revistas de prestigio en el campo de la modificación de conducta.

Garantizar el contracontrol y la responsabilidad. Si está llevando a cabo un proyecto de modificación de conducta y no posee las cualificaciones profesionales pertinentes, debiera contar con la supervisión de un profesional acreditado, miembro de alguna de las asociaciones profesionales principales: Asociación para el Avance de la Terapia de Conducta y Asociación para el Análisis de Conducta. Son ya seis los estados norteamericanos que han desarrollado programas para obtener la certificación en análisis de conducta (California, Texas, Nueva York, Florida, Pennsylvania y Oklahoma; Moore & Shook, 2001). Además ya se ha constituido un panel para gestionar la licencia nacional, El Comité para la Certificación en el Análisis de la Conducta (*The Behavior Analysis Certification Board*, BACB) y los interesados pueden obtener más información en su página web: www.bacb.com. El Comité Estadounidense de Psicología de la Conducta (*American Board of Behavior Psychology*), que es una sección del Comité Estadounidense de Psicología Profesional (*American Board of Professional Psychology*) también emite las licencias correspondientes (Nezu, 2000). El Comité Estadounidense de Psicología Profesional es el encargado de elaborar las preguntas de los exámenes para la obtención del permiso para ejercer la Psicología en los 50 estados. Bailey y Burch (2005) presentan una magnífica discusión de las directrices éticas del Comité para la Certificación en el Análisis de la Conducta, con numerosos ejemplos y consejos prácticos.

2. Definición del problema y selección de los objetivos

Hay que seleccionar objetivos terapéuticos interesantes para los clientes y la sociedad (véase Capítulo 3) y hacer hincapié en la enseñanza de habilidades funcionales adecuadas a la edad que permitirán realizar las actividades deseadas con mayor libertad. En concreto, siempre que se trate de personas que tengan sus facultades limitadas, habrá que centrarse en estrategias que les permitan mantener un funcionamiento independiente. Si para lograr un mejor rendimiento es preciso suprimir en ciertas situaciones las conductas problemáticas, los objetivos deben incluir conductas alternativas deseables y ser coherentes con los derechos básicos de los clientes, en cuanto a su dignidad, intimidad y cuidado humanitario.

Garantizar el contracontrol y la responsabilidad. La definición del problema y la selección de los objetivos dependen de los valores de todas las partes implicadas. Por ejemplo, algunas personas consideran que las manifestaciones externas de las tendencias homosexuales o lésbicas deberían modificarse, en tanto que otras muchas personas sostienen razonablemente la opinión contraria. Un método de contracontrol, por tanto, consistirá en que los terapeutas especifiquen claramente cuáles son sus creencias en relación con los comportamientos de los clientes. La situación idónea se produce cuando son coherentes tanto los valores y objetivos de las personas involucradas como su inserción en el bienestar de la sociedad a largo plazo. Un segundo método de contracontrol consiste en que los clientes participen activamente en la selección de objetivos y la identificación de los comportamientos correspondientes. Si las circunstancias lo impiden, quizá porque la persona tenga mermadas sus facultades mentales, habrá que contar con asesores neutrales y competentes que actúen como representantes, al estilo de los defensores del pueblo u otros representantes electos, y garantizar su responsabilidad implicándoles en la toma de decisiones sobre la selección de los objetivos.

3. Selección del tratamiento

Los modificadores de conducta emplearán los métodos más eficaces, empíricamente validados, que minimicen molestias y efectos secundarios negativos. Si bien se acepta que también aplicarán, siempre que sea posible, las intervenciones menos invasivas y restrictivas, no existe consenso respecto del significado de estos términos, que adoptan tres formulaciones. En primer lugar, suele considerarse que las intervenciones basadas en el refuerzo positivo son menos conflictivas que las basadas en el control aversivo. No obstante, esto no quiere decir que deban descartarse los procedimientos aversivos, sobre todo si las investigaciones indican que estos serían más eficaces y por tanto más adecuados a los intereses de los clientes, que otros de acción más lenta. En las palabras de Van Houten y cols. (1988, p. 114), «En algunos casos, el derecho del cliente a un tratamiento eficaz podría dictar el uso inmediato de técnicas más rápidas pero temporalmente más restrictivas».

En segundo lugar, los términos invasivo y restrictivo se refieren a veces a no permitir elección y libertad de maniobra a los clientes en un ambiente terapéutico. Por ejemplo, en un programa de formación laboral destinado a personas con retraso cognitivo, la asignación de tareas laborales específicas por parte del personal podría describirse como una decisión invasiva y restrictiva, frente a dejar que los alumnos elijan libremente sus actividades de trabajo entre un abanico de opciones.

En tercer lugar, invasivo y restrictivo describen el manejo deliberado de las consecuencias en comparación con su incidencia natural. Ya comentamos en el Capítulo 3, que los reforzadores naturales no están programados y ocurren en el devenir normal de la vida cotidiana, y en el Capítulo 16, destacamos la importancia de usar las contingencias naturales del refuerzo siempre que sea posible. Si es necesario utilizar reforzadores artificiales o deliberadamente programados al comienzo del programa, los terapeutas tendrán que transferir el control del comportamiento a los reforzadores naturales lo antes posible.

Aunque reconocemos la preferencia por tratamientos que no invadan, ni limiten la actividad de los participantes, sobre la base de los tres significados comentados, tenemos que recordar que la intervención más eficaz siempre será la que se derive de la evaluación funcional de las causas de la conducta problemática, como ya expusimos en el Capítulo 22. De acuerdo con Pyles y Bailey (1990), si hemos identificado el origen de una conducta inadaptativa mediante el análisis funcional y podemos contrarrestarlo con un tratamiento adecuado, no será de utilidad preocuparnos en exceso por la invasión o restricción que suponga.

Garantizar el contracontrol y la responsabilidad. Una manera de facilitar el contracontrol es estipular que no se llevará a cabo ningún programa con clientes que no hayan dado su consentimiento explícito para participar en él; es decir, consentimiento basado en el conocimiento de los procedimientos que se van a utilizar, así como de sus efectos probables. En otras palabras, los terapeutas tendrán que explicar los tratamientos alternativos que podrían aplicarse, las ventajas y los inconvenientes de todos ellos y pedir a los clientes que tomen una decisión al respecto. Esta colaboración entre terapeutas y clientes bien informados es un elemento fundamental de la modificación de conducta y además protege los derechos de éstos últimos. Un mecanismo para favorecer el consentimiento explícito es firmar un contrato cliente-terapeuta que destaque claramente los objetivos y métodos del tratamiento, el esquema de trabajo del servicio que se va a proporcionar y las contingencias de pago a los profesionales, como ya explicamos en el Capítulo 24. Sin embargo, hay que matizar el concepto del consentimiento explícito ó informado, puesto que implica conducta verbal que también está controlada por el ambiente; es decir, la información recibida podría manipularse y no coincidir plenamente con los intereses de los clientes. Con toda probabilidad, la estipulación del consentimiento explícito sólo proporciona un control parcial de la ética de un programa y además, en casos como los retraso cognitivos severos, la aplicación de lo que se estipula resulta imposible. De ahí que existan los comités de revisión ética, integrados por expertos y miembros de la comunidad, que evalúan las características de las intervenciones propuestas y ayudan así a garantizar la protección de los derechos de los usuarios.

4. Mantenimiento de registros y evaluación continuada

Un factor importante para garantizar el tratamiento ético de los clientes es el registro preciso de datos durante el desarrollo de un programa, lo cual incluye una evaluación comportamental rigurosa previa al desarrollo de la intervención, una observación continua del avance hacia las conductas finales y de los posibles efectos secundarios, así como un seguimiento apropiado una vez concluido el tratamiento. Los terapeutas no sólo deben elaborar registros pormenorizados, sino mostrar la máxima discreción en cuanto al acceso a los mismos, tanto para proteger a los clientes de controles indebidos, como para respetar permanentemente la confidencialidad.

Garantizar el contracontrol y la responsabilidad. Conforme a la cautela que hemos expuesto previamente, una estrategia para ejercer contracontrol es fomentar al máximo las oportunidades de que los clientes comenten con los terapeutas los datos que evalúan sus progresos a lo largo del programa, para lo cual, por supuesto, es imprescindible que tengan acceso a sus propios historiales. Otro mecanismo aplicable si contamos con el permiso de los clientes es compartir sus registros con quienes están directamente implicados en su bienestar. Recibir información acerca de la eficacia del programa de las personas directamente interesadas en que se produzcan avances es importante para exigir responsabilidades a los terapeutas. Como indicamos en el Capítulo 1, la característica más destacada de la modificación de conducta es el enorme hincapié que hace en la definición de todo problema en términos de comportamientos cuantificables de algún modo, así como en considerar los cambios en las evaluaciones objetivas como el mejor indicador del avance hacia la solución del problema. Compartir estos datos con todas las personas involucradas, junto a evaluaciones periódicas realizadas por otros compañeros, es la piedra angular para garantizar un tratamiento ético y eficaz por parte de los modificadores de conducta.

CONCLUSIONES

La modificación de conducta cuenta con un gran potencial de aplicación positiva para la sociedad y podría incluso emplearse para eliminar uno de los rasgos que ha caracterizado a todos los grupos desde el comienzo de la historia: la opresión a la que algunos seres humanos han sometido a otros.

Otra responsabilidad importante de los modificadores de conducta es desarrollar salvaguardas que garanticen fehacientemente un uso prudente y humanitario de las técnicas, para que no se conviertan en una herramienta más de la opresión que ha caracterizado al género humano. De todas las medidas de seguridad discutidas, la primordial es el contracontrol, y los profesionales comportamentales pueden facilitar su desarrollo en la sociedad mediante la educación del público en las técnicas de modificación de conducta. Sería difícil emplear la ciencia comportamental en contra de los intereses de cualquier grupo cuyos integrantes conocen sus principios y tácticas.

PREGUNTAS DE REPASO

1. Describa en términos comportamentales por qué la historia de la civilización es la narración de un abuso continuo de poder. Ponga un ejemplo de este abuso sobre la base de sus conocimientos históricos o de las noticias actuales.
2. Usando su conocimiento de la historia o de la actualidad, ponga un ejemplo de lo que sucede cuando los refuerzos que recibe un grupo social están por debajo de cierto nivel crítico con respecto de los que reciben otros grupos sociales.
3. Desde una perspectiva comportamental, ¿cómo podríamos explicar las constituciones, las legislaciones vigentes y los documentos políticos que desarrollan los estados modernos?
4. Explique por qué tendemos a reaccionar negativamente frente a cualquier intento manifiesto de controlar nuestra conducta.
5. ¿Por qué y cómo las personas que pretenden controlar nuestra conducta, disfrazan sus intenciones? Ponga un ejemplo que no aparezca en el texto.
6. Indique dos principios sobre los que se base la modificación de conducta.
7. ¿Podría ser una reacción saludable mostrar cautela frente a los avances de la ciencia o la tecnología? Ponga un ejemplo y coméntelo.
8. Desde un punto de vista comportamental, ¿qué significa el término ética?
9. Explique por qué la ética se ha desarrollado como parte de nuestra cultura.

10. Justifique, mediante un ejemplo, si las pautas éticas implican un control de la conducta regido por normas.
11. Explique por qué todas las profesiones con un componente asistencial están implicadas en el control del comportamiento, con independencia de que los respectivos profesionales lo sepan o no. Presente un ejemplo.
12. Exponga las ventajas relativas de planificar el cambio comportamental frente a no planificarlo.
13. Explique en qué consiste el contracontrol y por qué es importante.
14. Cuál fue una de las principales conclusiones del informe de Stolz y cols. sobre los aspectos éticos pertinentes para la modificación de conducta.
15. ¿Qué pasos puede dar para asegurarse de que un modificador de conducta posee las acreditaciones apropiadas?
16. Indique dos métodos de contracontrol que pueden ejercer los clientes, y cómo se relacionan con la definición de problemas y la selección de los objetivos.
17. ¿Qué características deberían tener los métodos de intervención utilizados por los modificadores de conducta?
18. Describa tres posibles significados de intervenciones calificadas como molestas y restrictivas.
19. Describa un mecanismo que permita que los clientes otorguen su consentimiento explícito e informado.
20. ¿Cuál es la piedra angular que garantiza que los profesionales de la modificación de conducta aplican tratamientos eficaces y éticos?
21. Explique brevemente por qué sería difícil usar la modificación de conducta para perjudicar a un grupo que estuviera bien informado sobre sus principios y tácticas.

NOTAS DE AMPLIACIÓN SOBRE EL TEMA

1. Skinner (1971) argumentó que el origen de la actitud radical frente al control, al menos en parte, radica en la influencia de los revolucionaros y reformadores sociales del S. XVIII quienes, para contrarrestar el poder omnímodo de los tiranos, desarrollaron el concepto de libertad como una llamada a la manifestación. Skinner opinaba que este concepto activista fue muy valioso en su momento, ya que ayudó a que las personas se alzaran contra las formas de poder absoluto. Sin embargo, en la actualidad nos hayamos en una época en que el refuerzo positivo es el mecanismo de control predominante y probablemente, con el crecimiento de las técnicas de modificación de conducta, lo será cada vez más. Por tanto, la utilidad social del concepto libertad ha caducado y, de hecho, podría resultar incluso peligroso porque nos impide ver que nuestro comportamiento está controlado por el refuerzo positivo. Por ejemplo, muchos gobiernos estatales y provinciales de América del Norte optan por organizar loterías para recaudar fondos públicos porque saben que la mayoría de los ciudadanos que compran alegremente los décimos se sienten «libres» al hacerlo, sin darse cuenta de que están siendo controlados exactamente igual que si les hubieran «obligado» a pagar esa misma cantidad en impuestos. Por supuesto, el mecanismo de control es diferente: refuerzo positivo y condicionamiento de evitación, respectivamente. Más aún, el concepto de libertad fomenta la creencia en que algunas personas son merecedoras de una «dignidad» mayor debido a sus logros, pero en realidad tanto esos méritos como muchos fracasos son producto de la historia personal de condicionamiento y las predisposiciones genéticas, lo cual quiso dejar patente Skinner en el título de su libro, «Más allá de la libertad y la dignidad» (Beyond Freedom and Dignity, 1971).

2. De hecho, las observaciones realizadas en ensayos clínicamente controlados han mostrado que los terapeutas de conducta obtienen valoraciones significativamente más altas que otros profesionales clínicos en cuanto a empatía y apoyo (Greenwald, Kornblith , Hersen, Bellack & Himmelhoch, 1981; Sloan, Staples, Cristol, Yorkston & Whipple, 1975). Además, si no se fomenta una relación cálida y cercana, los clientes simplemente se resistirán a plegarse a las peticiones de los terapeutas respecto de realizar diversas auto-observaciones y tareas adicionales de este tipo (Hersen, 1983; Martin & Worthington, 1982; Messer & Winokur, 1984).

3. Prilleltensky (1989, 1990) ha argumentado que la Psicología en su totalidad, incluido el conductismo, ha aceptado y fomentado con demasiada facilidad los poderes establecidos en lugar de cuestionarse si realmente esta situación es la mejor para el bienestar humano. Un ejemplo de ello lo encontramos en los comienzos de la modificación de conducta, cuando se enseñaba a los niños a sentarse silenciosamente en sus pupitres, como si este comportamiento tuviera algún valor en sí mismo. A la vista de ello, Prilleltensky opina que quizá habría que cambiar las normas y no a los niños, y que indudablemente habría que analizar por qué aceptamos la situación social y cómo podríamos redirigir los esfuerzos hacia su modificación, lo cual muchas veces resultaría más coherente con el bienestar de los seres humanos, que intentar cambiar a estos últimos.

Preguntas sobre las notas

1. Comentar la opinión de Skinner acerca de que la civilización debe ir «más allá de la libertad y la dignidad» si quiere resolver los problemas más complejos.

2. Exponer un ejemplo que ilustre cómo los gobiernos utilizan el refuerzo positivo para controlar el comportamiento, sin que los ciudadanos crean que están siendo controlados.

3. ¿Apoyan los datos la noción de que los terapeutas de conducta son «fríos y mecánicos» en el trato con los clientes? Justifique la respuesta.

4. Ponga dos ejemplos en que, en su opinión, la modificación de conducta podría aplicarse indebidamente para favorecer a los poderes establecidos. ¿Por qué cree que este uso de la intervención conductual no es adecuado?

Glosario

A continuación presentamos los términos técnicos más habitualmente empleados en la modificación de conducta. Por favor, tenga en cuenta que el significado de alguno de estos términos difiere de su definición estándar en el diccionario. Para obtener más información acerca de los mismos, puede consultar el índice del libro.

«Achievement Place» (Lugar para el logro). Hogar tutelado. Programa de economía de fichas para adolescentes pre-delincuentes que viven con los profesores que supervisan y administran el programa.

Ambiente. La totalidad de los estímulos que perciben las personas.

Análisis aplicado de la conducta. Variante de la *modificación de la conducta* en que habitualmente se intenta analizar o demostrar claramente el control que las variables relevantes ejercen sobre el comportamiento.

Análisis comportamental. Estudio de los principios que rigen el comportamiento animal y humano.

Análisis de la tarea. Proceso de ruptura de una tarea en fases menores o en componentes de la respuesta.

Análisis funcional. Descubrimiento de las variables, antecedentes y consecuentes, que controlan un comportamiento, evaluando directamente sus efectos sobre la conducta.

Antecedentes. Estímulos que preceden a conductas específicas.

Atrapar el comportamiento. Organización de los refuerzos en el ambiente natural para que mantengan un comportamiento inicialmente desarrollado mediante reforzadores artificiales.

Auto-organización. Estrategia para cambiar el comportamiento personal mediante los principios de modificación de la conducta.

Autorregistro. Observación y registro de la propia conducta.

***Biofeedback* o Retroalimentación.** Información inmediata proporcionada a una persona mediante instrumentación sobre uno o varios de sus procesos fisiológicos, como la tasa cardiaca.

Brotes durante la extinción. Véase *Picos durante la extinción.*

Cadena comportamental. Secuencia de estímulos discriminativos y respuestas en la que cada respuesta, excepto la última, se produce y es reforzada por el estímulo discriminativo de la siguiente respuesta.

Cadena estímulo-respuesta. El mismo significado que *cadena comportamental.*

Cadena fortuita de comportamiento. Cadena comportamental en que una primera respuesta se mantiene por el refuerzo de una respuesta posterior, aunque el reforzador no sea contingente a la ocurrencia de la primera respuesta.

Castigar. Presentación de un estímulo punitivo o aversivo inmediatamente después de una respuesta para que ésta reduzca su frecuencia o intensidad.

Castigo condicionado. Un estímulo que funciona como castigo porque ha sido emparejado con otros castigos.

Castigo incondicionado. Estímulo que funciona como castigo sin necesidad de aprendizaje previo.

Castigo o estímulo punitivo o estímulo aversivo. Un estímulo cuya presentación inmediatamente después de una respuesta hace que ésta reduzca su frecuencia o intensidad.

Categoría de estímulos con atributos comunes. Grupo de estímulos que tienen algunas características físicas en común, también denominados clase de estímulos.

Categoría de estímulos equivalentes. Conjunto de estímulos completamente distintos en que todos los miembros controlan la misma repuesta.

Clases equivalentes. Véase *categoría de estímulos equivalentes.*

Clave estimular adicional. Estímulo que se añade como antecedente para hacer más probable la respuesta correcta.

Clave física. Término equivalente al de guía física. Véase *guía física.*

Clave intra-estímulo. Durante el entrenamiento en discriminación de los estímulos, alteración en las características de los estímulos discriminativo y/o delta para hacerlos más llamativos o más fácilmente discriminables, y por tanto facilitar su diferenciación.

Clave verbal. Clave o señal, presentada oralmente o por escrito, para aumentar la probabilidad de que se produzca la respuesta deseada.

Cognición. Verbalizaciones e imágenes no manifiestas, frecuentemente denominadas «creencias», «pensamientos»y «expectativas».

Comportamiento encubierto. Comportamiento que no es directamente observable. También se denomina comportamiento interno.

Concepto. Una clase o categoría de estímulos que controla un comportamiento específico.

Conciencia. Observación de las conductas encubiertas y manifiestas personales a medida que ocurren.

Condicionamiento clásico. Aprender a emitir una respuesta frente a un estímulo novedoso mediante el emparejamiento de éste con otro que elicita la respuesta.

Condicionamiento de escape. Retirada de un estímulo aversivo inmediatamente después de que se produzca una respuesta, con lo cual ésta es fortalecida. También se denomina *refuerzo negativo.*

Condicionamiento de evitación. Contingencia en que una respuesta previene la aparición de un estímulo aversivo, dando como resultado un incremento en la frecuencia de la respuesta.

Condicionamiento de nivel superior. Procedimiento por el que un estímulo se condiciona al ser emparejado con otro estímulo condicionado en lugar de con un estímulo no condicionado.

Condicionamiento encubierto. Procedimiento por el que la conducta se fortalece o debilita mediante la representación mental del refuerzo o castigo de sus componentes, o imaginando el emparejamiento de los estímulos.

Condicionamiento operante. Proceso de potenciación de una conducta reforzándola, o debilitándola por medio del castigo.

Condicionamiento. Establecimiento de una respuesta a través del condicionamiento clásico u operante.

Conducta manifiesta. Conducta que los demás pueden observar. También denominada conducta pública.

Conducta operante. La conducta que está influida por sus consecuencias.

Conducta respondiente. Conducta elicitada por un estímulo que es o se puede aprender a elicitar mediante otro estímulo a través del condicionamiento clásico.

Conducta supersticiosa. Comportamiento fortalecido y mantenido por la presentación de reforzamientos fortuitos.

Conducta. Cualquier actividad muscular, glandular o bioeléctrica, de una persona.

Conductas incompatibles. Dos comportamientos que no pueden ser emitidos a la vez, como sentarse y levantarse. También se denominan conductas rivales.

Conductas rivales. Véase *conductas incompatibles*.

Consentimiento explícito o informado. Conformidad con la terapia después de haber recibido información completa acerca de lo que implica, sus beneficios potenciales y efectos secundarios.

Contingencia. Relación entre dos acontecimientos de tal manera que si uno se produce, es más probable que el otro también lo haga.

Contracondicionamiento. Condicionamiento de una respuesta a un estímulo que es incompatible con otra respuesta elicitada por el mismo estímulo.

Contrato comportamental. Acuerdo escrito que explicita qué comportamientos de las personas van a producir determinadas consecuencias y quién las distribuirá.

Control del estímulo. Grado de correlación entre la ocurrencia de un estímulo concreto y la ocurrencia de una respuesta posterior.

Coste de la respuesta. Retirada de una cantidad específica de refuerzo como consecuencia de una conducta específica.

Déficit comportamental. Insuficiencia o trastorno de un comportamiento determinado.

Deprivación. Ausencia de un reforzador específico durante un periodo de tiempo determinado.

Desensibilización sistemática. Procedimiento para superar una fobia haciendo que las personas imaginen sucesivamente, en un estado de relajación, los elementos de su jerarquía fóbica.

Desvanecimiento. Cambio gradual del control que un estímulo ejerce sobre una respuesta, de manera que ésta acabe produciéndose frente a un estímulo nuevo o parcialmente nuevo.

Diseño con criterio cambiante. Diseño de investigación en que se producen cambios sucesivos en el criterio de aplicación del tratamiento.

Diseño con replicación ABAB. Diseño de investigación que consta de cuatro fases: línea de base (A), intervención (B), vuelta a la línea de base (A), y réplica de la intervención (B).

Diseño de línea base múltiple intragrupo. Diseño de investigación en que se estudian varias personas simultáneamente para, de una manera escalonada, ir introduciendo los tratamientos secuencialmente en cada una de ellas.

Diseño de línea de base múltiple para varias conductas. Diseño de investigación en que se observan dos o más comportamientos simultáneamente para, de una manera escalonada, ir introduciendo los tratamientos secuencialmente en cada uno de ellos.

Diseño de línea de base múltiple para varias situaciones. Diseño de investigación en que una conducta se observa en dos o más situaciones para, de una manera escalonada, ir introduciendo los tratamientos secuencialmente sobre la conducta en las distintas situaciones.

Diseño de tratamientos alternativos. Diseño de investigación en que la línea base y el o los tratamientos se alternan, típicamente en sesiones o días sucesivos.

Diseño experimental de caso único. Método de investigación en que un efecto experimental se demuestra en un solo caso y no en un grupo.

Economía de fichas. Programa de modificación de conducta en que las personas obtienen fichas por realizar comportamientos deseables y posteriormente las canjean por diversos reforzadores de apoyo.

Encadenamiento hacia atrás. Método para establecer una cadena comportamental en que el primer paso que se entrena es el último, para después relacionar éste con el penúltimo, y continuar así en sentido inverso hasta que se aprende la cadena completa.

Encadenamiento hacia delante. Método para establecer una cadena comportamental en que se comienza por entrenar el primer elemento, que a continuación se conecta con el segundo elemento y así sucesivamente hasta que se aprende la secuencia completa.

Ensayo comportamental. Practicar y recibir información mientras se escenifica el comportamiento que la persona desea mejorar.

Ensayo o escenificación de papeles. Véase *ensayo comportamental.*

Entorno natural. Escenario en que una persona lleva a cabo funciones habituales cotidianas, distinto de la situación diseñada explícitamente para el entrenamiento.

Entrenamiento de equivalencia del estímulo. Método de entrenamiento en que diferentes estímulos llegan a ser funcionalmente equivalentes, esto es, controlan la misma respuesta.

Entrenamiento en discriminación sin error. Uso del procedimiento de desvanecimiento para establecer una discriminación de estímulos de manera que no ocurran errores.

Entrenamiento en discriminación. Véase *procedimiento para el entrenamiento en discriminación.*

Error. Responder frente a un estímulo delta o no responder frente a un estímulo discriminativo.

Estímulo (señal) de aviso. Estímulo que señala la aparición de un estímulo aversivo.

Estímulo aversivo. Término frecuentemente empleado para definir un castigo o un refuerzo negativo. Véase *castigo.*

Estímulo condicionado (E^C). Un estímulo que elicita una respuesta porque ha sido emparejado con otro estímulo que elicita ésa u otra respuesta parecida.

Estímulo delta (E^Δ). Estímulo en presencia del cual una respuesta no se refuerza.

Estímulo discriminativo (E^D). Estímulo en cuya presencia se refuerza la respuesta.

Estímulo incondicionado (E^I). Estímulo que elicita una respuesta sin necesidad de aprendizaje previo.

Estímulo instigador. Véase *señal.*

Estímulo. Cualquier acontecimiento físico que pueda afectar a los receptores sensoriales.

Evaluación Antecedentes-Conducta-Consecuencias ACC. Observaciones para determinar cuáles son los estímulos antecedentes de un comportamiento, la conducta bajo el control de estos antecedentes y las consecuencias que mantienen ese comportamiento.

Evaluación comportamental. Registro y análisis de la información y los datos que permiten identificar la conducta específica sobre la que se va a intervenir, identificar sus posibles causas, elegir las estrategias adecuadas para el tratamiento y evaluar los resultados.

Evaluación directa. Obtener información acerca del comportamiento mediante su observación directa.

Evaluación funcional. Diversos abordajes para intentar identificar los antecedentes y las consecuencias de un comportamiento.

Evaluación indirecta. Lograr información acerca de la conducta a través de mecanismos diferentes a la observación directa.

Exceso comportamental. Demasía o exageración de un comportamiento determinado.

Extinción (condicionamiento clásico). Presentación de un estímulo condicionado sin otros emparejamientos con un estímulo incondicionado, con el efecto de que el estímulo condicionado pierde la capacidad de elicitar la respuesta condicionada.

Extinción (condicionamiento operante). Retirada del refuerzo tras una respuesta previamente reforzada, logrando así que ésta se debilite.

Fiabilidad entre jueces. Es una estimación del grado de acuerdo que existe entre dos observadores respecto de las ocasiones en que se ha producido una conducta. Se calcula después de que los jueces hayan observado y registrado por separado la conducta durante un periodo de tiempo determinado.

Fiabilidad entre observadores. Véase *fiabilidad entre jueces.*

Fichas. Reforzadores condicionados que se pueden acumular o cambiar por reforzadores de apoyo.

Generalización de la respuesta. Aumento de la probabilidad de una respuesta como resultado del reforzamiento de una respuesta similar.

Generalización del estímulo. Aumento de la probabilidad de que se produzca una conducta en presencia de un estímulo como resultado de haberla reforzado en presencia de otro estímulo.

Guía física. Método para indicar la realización del comportamiento, en que la persona encargada de la instrucción mueve a la persona a través de una conducta deseada.

Hábitos repetitivos o tics. Comportamientos tan frecuentes o intensos que la persona busca tratamiento al respecto.

Imitación generalizada. Imitar una respuesta novedosa en el primer ensayo como resultado de haber aprendido a imitar otros comportamientos.

Imitación. Realización de una conducta como resultado de ver a otra persona llevar a cabo una conducta parecida.

Inundación o implosión. Método de extinción de la fobia mediante la exposición a un estímulo muy temido durante un periodo prolongado de tiempo.

Inversión del hábito. Método para tratar los trastornos de hábitos repetitivos que implica practicar una respuesta incompatible y recibir refuerzos.

Jerarquía fóbica. Lista de acontecimientos que elicitan miedo dispuestos en orden ascendente conforme al temor que producen.

Latencia. Tiempo que transcurre entre el comienzo del estímulo y el comienzo de la respuesta.

Ley de igualación. Ecuación que propone que la tasa relativa de respuestas en una alternativa es igual a la tasa relativa de reforzamiento para esa alternativa.

Línea de base. Evaluación del comportamiento en ausencia de cualquier programa de tratamiento o intervención; es decir, antes o después de éste.

Modelado participante. Método de disminución del miedo en que los clientes imitan la aproximación de otra persona al objeto temido.

Modelado. Demostración de cómo realizar un comportamiento para que los observadores lo imiten.

Modificación de conducta cognitiva. Enfoque terapéutico que se centra fundamentalmente en el cambio de la conducta manifiesta mediante la modificación de la conducta encubierta, como en el caso de los pensamientos disfuncionales.

Modificación de conducta. Aplicación sistemática de los principios de aprendizaje y de las técnicas para evaluar y mejorar las conductas manifiestas y encubiertas de las personas.

Moldeado. Refuerzo de las aproximaciones sucesivas de una respuesta y extinción de las aproximaciones previas a la misma respuesta hasta que se produce el comportamiento deseado.

Muestreo temporal. Procedimiento de observación en que se señala si un comportamiento ha estado presente o ausente durante periodos breves de tiempo específicos, separados entre sí por periodos de tiempo más prolongados.

Objetivo comportamental. Comportamiento específico que se desea mejorar, ya sea aumentarlo o reducirlo, en un programa de modificación de conducta.

Operaciones de eliminación de la motivación. Acontecimientos u operaciones que disminuyen temporalmente la efectividad de las consecuencias de los reforzadores o castigos, y disminuyen también la probabilidad de conductas que normalmente llevan a esos reforzadores, o aumentan la probabilidad de conductas que normalmente llevan a esos castigos.

Operaciones de eliminación. Véase *operaciones de eliminación de la motivación.*

Operaciones de establecimiento de la motivación. Acontecimientos u operaciones que aumentan temporalmente la efectividad de las consecuencias de los reforzadores o castigos, y aumentan también la probabilidad de conductas que normalmente llevan a esos reforzadores, o reducen la probabilidad de conductas que normalmente llevan a esos castigos.

Operaciones de establecimiento. Véase *operaciones de establecimiento de la motivación.*

Operaciones motivantes. Acontecimientos u operaciones que: (a) alteran temporalmente la efectividad de las consecuencias de los reforzadores o castigos, es decir, tienen un efecto de alteración del valor, o (b) influyen en conductas que normalmente llevan a esos reforzadores o castigos, es decir, tienen un efecto de alteración del comportamiento.

Picos durante la extinción. Un aumento de la respuesta durante la extinción.

Presentación de la tarea completa. Método de encadenamiento en que la persona intenta realizar todos los elementos de una cadena, de principio a fin, en todos los ensayos hasta lograr aprenderla por completo.

Principio de Premack. Principio que establece que si la oportunidad de participar en una conducta con una probabilidad alta de ocurrencia se hace contingente con una conducta de baja probabilidad, la conducta con baja probabilidad se fortalece.

Procedimiento para el entrenamiento en discriminación. Reforzar una conducta en presencia de un estímulo y no reforzarla en presencia de otro estímulo. También se denomina entrenamiento para discriminar entre estímulos discriminativos (E^D) y estímulos delta (E^Δ).

Procedimientos de encadenamiento. Procedimientos para desarrollar cadenas comportamentales (véanse *encadenamiento hacia atrás*, *encadenamiento hacia delante* y *presentación de la tarea completa*).

Programa de duración fija (DF). Programa de reforzamiento en que éste se presenta sólo si la respuesta se produce continuamente durante todo un periodo de tiempo determinado.

Programa de duración variable (DV). Programa de reforzamiento en que el reforzamiento tiene lugar sólo si la respuesta ocurre en un intervalo de tiempo que cambia, de forma impredecible, de un refuerzo al siguiente.

Programa de intervalo fijo (IF). Programa de reforzamiento en que un reforzador se presenta después de la primera aparición de la respuesta, transcurrido un periodo de tiempo determinado.

Programa de intervalo variable (IV). Programa de refuerzo en que los reforzadores se aplican sólo si la respuesta se produce después de un intervalo de tiempo que varía de manera impredecible de un refuerzo al siguiente.

Programa de razón fija (RF). Programa de reforzamiento en que éste se presenta después de que la respuesta se haya producido un número predeterminado de veces.

Programa de razón variable (RV). Programa de reforzamiento en que el reforzador ocurre sólo tras un determinado número de respuestas, pero la cantidad de respuestas no reforzadas varía de forma impredecible de un refuerzo al siguiente.

Programa de reforzamiento. Regla que especifica qué ocurrencias de una conducta determinada van a ser reforzadas.

Programa de reforzamiento continuo. Programa de refuerzo en que todas las apariciones de la respuesta son seguidas de un refuerzo.

Reactividad. Cambio que se produce en el comportamiento de las personas cuando saben que están siendo observadas.

Recaída. Regreso de una conducta ya tratada a un nivel anterior al tratamiento.

Recuperación espontánea. Recuperación temporal de una conducta extinguida después de un periodo de tiempo tras la última sesión de extinción.

Reestructuración cognitiva. Sustitución de pensamientos irracionales o disfuncionales y valoraciones inadecuadas de la información por pensamiento racional y una valoración adecuada de la información.

Reforzador condicionado generalizado. Reforzador condicionado emparejado con más de un reforzador de apoyo.

Reforzador condicionado simple. Reforzador condicionado que se asocia con un reforzador de apoyo.

Reforzador condicionado. Un estímulo que funciona como reforzador como resultado de haber sido emparejado con otros reforzadores.

Reforzador de acción directa. Reforzador que sigue inmediatamente a la conducta.

Reforzador de acción indirecta. Reforzador que sigue a una respuesta después de una demora larga y que tiene un efecto sobre ella a través de la conducta verbal en lugar de seguir inmediatamente a la respuesta.

Reforzador de apoyo. Un estímulo que logra que otros estímulos que se emparejan con él funcionen como refuerzos condicionados; por lo general se utiliza para establecer y mantener la potencia de los reforzadores condicionados.

Reforzador fortuito. Refuerzo que se produce después de una respuesta, pero que no es contingente con la aparición de ésta.

Reforzador incondicionado. Estímulo que funciona como reforzador sin necesidad de aprendizaje previo.

Reforzador negativo. Un estímulo cuya retirada inmediatamente después de la respuesta hace que ésta se fortalezca o aumente su frecuencia.

Reforzador positivo. Estímulo cuya presentación inmediatamente después de una respuesta hace que ésta se fortalezca o aumente su frecuencia.

Reforzadores naturales. Son los refuerzos que siguen a la conducta en la vida cotidiana, es decir, los que se producen en los ambientes naturales.

Reforzamiento diferencial de comportamientos incompatibles. Extinción de un comportamiento a la vez que se refuerza una conducta incompatible con él.

Reforzamiento diferencial de otro comportamiento. Eliminar un comportamiento mediante la presentación del refuerzo si ese comportamiento no se ha producido durante un periodo de tiempo determinado.

Reforzamiento diferencial de respuesta cero. Otra manera de denominar al reforzamiento diferencial de otro comportamiento.

Reforzamiento diferencial de respuestas espaciadas. Un programa de refuerzo en que la respuesta es reforzada sólo si se produce transcurrido un periodo de tiempo determinado desde la respuesta previa.

Reforzamiento diferencial de tasas bajas limitado. Programa que especifica el número máximo permitido de respuestas durante un intervalo de tiempo determinado para que tenga lugar el reforzamiento.

Reforzamiento diferencial de tasas bajas. Presentación del reforzador sólo si una respuesta concreta aparece con una tasa baja. Puede aplicarse mediante programas de duración de respuesta limitada o de respuesta espaciada.

Reforzamiento diferencial de una conducta alternativa. Procedimiento que implica la extinción de una conducta problemática combinado con el reforzamiento de una conducta topográficamente diferente, pero no necesariamente incompatible con la conducta problemática.

Reforzamiento intermitente. Mantenimiento de un comportamiento mediante su refuerzo sólo en algunas ocasiones y no siempre que sucede.

Reforzamiento negativo. Eliminación de un reforzador negativo (o estímulo aversivo) después de la emisión de una respuesta, con el efecto de que ésta se fortalece; también se denomina condicionamiento de escape.

Reforzamiento positivo. Presentación de un reforzador positivo inmediatamente después de una respuesta con el efecto de que ésta se fortalece o aumenta su frecuencia.

Registro continuo. Método de registro del comportamiento en que cada aparición de una respuesta particular se registra durante un periodo de tiempo específico.

Registro de intervalo. Método de registro en que un comportamiento concreto se registra, como presente o ausente, en intervalos cortos iguales a lo largo de un periodo de observación.

Regla. Descripción de la contingencia del refuerzo en tres términos: antecedente, conducta, consecuencias.

Relajación muscular progresiva. Método para ayudar a relajarse consistente en tensar y relajar varios grupos musculares, a la vez que se presta atención a las distintas sensaciones que producen la tensión y la relajación.

Reprimenda. Estímulo verbal negativo presentado de manera contingente a la conducta.

Resistencia a la extinción. Estimación de la tendencia de una respuesta a seguir produciéndose después de haber sido sometida a un programa de extinción.

Respuesta condicionada (RC). Una respuesta elicitada por un estímulo condicionado o una respuesta operante que se potencia con el refuerzo.

Respuesta incondicionada (RI). Respuesta elicitada por un estímulo incondicionado; una respuesta innata o no aprendida frente al estímulo.

Respuesta. Unidad de comportamiento.

Saciedad. Ineficacia de un reforzador específico inmediatamente después de haber consentido acceso irrestricto al mismo.

Sensibilización encubierta. Procedimiento mediante el cual la persona imagina el emparejamiento de un reforzador positivo con un estímulo aversivo.

Señal o estímulo instigador. Estímulo antecedente suplementario que se proporciona para aumentar la probabilidad de ocurrencia del comportamiento deseado, pero que no es parte del estímulo final deseado u objetivo para controlar esa conducta.

Sistema de instrucción personalizada mediante ordenadores (CAPSI). Enfoque pedagógico conductual asistido por ordenador que comparte muchas características con el sistema personalizado de instrucción, del que toma el nombre.

Sistema de instrucción personalizada (SIP). Método educativo basado en el condicionamiento operante que implica la identificación precisa de los objetivos del aprendizaje en forma de preguntas para estudiar, exámenes frecuentes basados en las preguntas que se han estudiado, el uso de ayudantes para evaluar las pruebas, y los criterios de dominio. También se denomina plan Keller.

Tensión de razón. Deterioro de la respuesta producido cuando se intenta avanzar con demasiada rapidez en un programa de razón fija.

Teoría del marco relacional (TMR). Una teoría acerca de cómo aprendemos a responder frente a un conjunto de estímulos arbitrarios. Implica clases de estímulos equivalentes y los efectos que los miembros de estas clases tienen entre sí y sobre los comportamientos que controlan.

Terapia conductual racional emotiva (TREC). Método terapéutico desarrollado por Albert Ellis que se centra en aliviar problemas emocionales causados por pensamientos irracionales.

Terapia de aceptación y compromiso. Terapia conductual que usa procedimientos de reflexión personal y aceptación para enseñar a los clientes a experimentar pensamientos y emociones, sin juzgarlos, incluyendo aquellos problemáticos, y a llevar a cabo acciones para alcanzar los objetivos.

Tiempo fuera excluyente. Retirar a la persona de una situación reforzante durante un periodo de tiempo breve de manera contingente con la emisión de una respuesta.

Tiempo fuera no-excluyente. Contingente con la emisión de una respuesta, introducción en una situación de un estímulo asociado con menos esfuerzo.

Tiempo fuera. Cambio de una situación más reforzante a una menos reforzadora; técnica empleada habitualmente como castigo después de un comportamiento inapropiado.

Validez externa. Grado en que un hallazgo puede ser generalizado a otros comportamientos, individuos, situaciones o tratamientos.

Validez interna. La variable independiente tiene validez interna si se demuestra que es la causante de los cambios en la variable dependiente.

Validez social. Juicio sobre la importancia clínica o aplicada de un cambio conductual.

Variable dependiente. Medida del comportamiento que se estudia en función de la variable independiente.

Variable independiente. Tratamiento o intervención que se realiza para estudiar su influencia sobre la variable dependiente.

Referencias

ADER, R. & COHEN, N. (1982). Behaviorally conditioned immunosuppression and murine systemic lupis erythematosus. *Science, 215,* 1534-1536.

ADER, R. & COHEN, N. (1993). Psychoneuroimmunology: Conditioning and stress. *Annual Review of Psychology, 44,* 53-85.

AGATHON, M. (1982). Behavior therapy in France. 1976-1981. *Journal of Behavior Therapy and Experimental Psychiatry, 13,* 271-277.

AGNEW, J. L. (1998). The establishing operation in organizational behavior management. *Journal of Organizational Behavior Management, 18,* 7-19.

AGRAS, W. S., TAYLOR, C. B., FELDMAN, D. E., LOSCH, M. & BURNETT, K. F. (1990). Developing computer-assisted therapy for the treatment of obesity. *Behavior Therapy, 21,* 99-109.

AIRAPETYANTZ, E. & BYKOV, D. (1966). Physiological experiments and the psychology of the subconscious. En T. Verhave (Ed.), *The experimental analysis of behavior* (pp. 140-157). New York: Appleton Century-Crofts.

ALBERTO, P. A. & TROUTMAN, A. C. (2004). *Applied behavior analysis for teachers* (6.ª ed.). Upper Saddle River, NJ: Prentice Hall/Simon & Schuster.

ALBION, F. M. & SALZBURG, C. L. (1982). The effects of self-instruction on the rate of correct addition problems with mentally retarded children. *Education and Treatment of Children, 5, 121-131.*

ALLEN, G. J. (1973). Case study: Implementation of behavior modification techniques in summer camp settings. *Behavior Therapy, 4,* 570-575.

ALLEN, K. D. & STOKES, T. F. (1987). Use of escape and reward in the management of young children during dental treatment. *Journal of Applied Behavior Analysis, 20,* 381-390.

ALLEN, K. D. & WARZAK, D. J. (2000). The problem of parental non-adherence in clinical behavior analysis: Effective treatment is not enough. *Journal of Applied Behavior Analysis, 33,* 373-391.

AMERICAN ASSOCIATION ON MENTAL RETARDATION (AAMR). (1990). Revised policy on aversive procedures. *AAMR News and Notes, 3(4), 5.*

AMERICAN ASSOCIATION ON MENTAL RETARDATION (AAMR). (2002). *Mental retardation: Definition, classification, and systems of supports* (10.ª ed.). Washington, DC: Author.

AMERICAN PSYCHIATRIC ASSOCIATION. (1952). DSM-I. Washington, DC: Author.

AMERICAN PSYCHIATRIC ASSOCIATION. (1968). *DSM-II* (2.ª ed.). Washington, DC: Author.

AMERICAN PSYCHIATRIC ASSOCIATION. (1980). *DSM-III* (3.ª ed.). Washington, DC: Author.

AMERICAN PSYCHIATRIC ASSOCIATION. (1987). *Diagnostic and statistical manual of mental disorders: DSM-III-R* (3.ª ed.). Washington, DC: Author.

AMERICAN PSYCHIATRIC ASSOCIATION. (1993). Practice guidelines for major depressive disorder in adults. *American Journal of Psychiatry,* 150 (Supl. 4), 1-26.

AMERICAN PSYCHIATRIC ASSOCIATION. (1994). *Diagnostic and statistical manual of mental disorders: DSM-IV* (4.ª ed.). Washington, DC: Author.

AMERICAN PSYCHIATRIC ASSOCIATION. (2000). *Diagnostic and statistical manual of mental disorders: DSM-IV-TR* (4.ª ed., Revisada) Washington, DC: Author.

AMERICAN PSYCHOLOGICAL ASSOCIATION (APA). (2002). *Ethical principles in the conduct of research with human participants.* Washington, DC: Author.

ANTONUCCIO, D. O., DANTON, W. G. & DENELSKY, G. Y. (1995). Psychotherapy versus medication for depression: Challenging the conventional wisdom with data. *Professional Psychology: Research and Practice, 26,* 574-585.

ANTONY, M. M. & BARLOW, D. H. (Eds.). (2004). *Handbook of assessment and treatment planning for psychological disorders.* New York: Guilford Press.

ANTONY, M. M. & SWINSON, R. P. (2001). *Phobic disorders and panic in adults: A guide to assessment and treatment.* Washington, DC: American Psychological Association.

ARDILA, R. (1982). International developments in behavior therapy in Latin America. *Journal of Behavior Therapy and Experimental Psychiatry, 13,* 15-20.

ARRICK, C. M., VOSS, J. & RIMM, D. C. (1981). The relative efficacy of thought-stopping and covert assertion. *Behaviour Research and Therapy, 19,* 17-24.

ASH, D. W. & HOLDING, D. H. (1990). Backward versus forward chaining in the acquisition of a keyboard skill. *Human Factors, 32,* 139-146.

ASSOCIATION FOR ADVANCEMENT OF BEHAVIOR THERAPY (AABT). (1994). Some findings from AABT's membership survey. *Behavior Therapist, 17, 14.*

AUBUCHON, P. G., HABER, J. D. & ADAMS, H. E. (1985). Can migraine headaches be modified by operant pain techniques? *Journal of Behavior Therapy and Experimental Psychiatry,* 16, 261-263.

AUSTIN, J. & CARR, J. E. (Eds.) (2000). *Handbook of applied behavior analysis.* Reno, NV: Context Press.

AUSTIN, J. (2000a). Performance analysis and performance diagnostics. En J. Austin & J. E. Carr (Eds.), *Handbook of applied behavior analysis* (449-472). Reno, NV: Context Press.

AUSTIN, L. (2000b). Behavioral approaches to college teaching. En J. Austin & J. E. Carr (Eds.), *Handbook of applied behavior analysis* (pp. 321-350). Reno, NV: Context Press.

AYLLON, T. & AZRIN, N. H. (1968). *The token economy: A motivational system for therapy and rehabilitation.* New York: Appleton-Century-Crofts.

AYLLON, T. & MICHAEL, J. (1959). The psychiatric nurse as a behavioral engineer. *Journal of the Experimental Analysis of Behavior, 2,* 323-334.

AYLLON, T. & MILAN, M. A. (1979). *Correctional rehabilitation and management: A psychological approach.* New York: Wiley.

AZRIN, N. H. & LINDSLEY, 0. R. (1956). The reinforcement of cooperation between children. *Journal of Abnormal and Social Psychology, 52,* 100-102.

AZRIN, N. H. & NUNN, R. G. (1973). Habit reversal: A method of eliminating nervous habits and tics. *Behaviour Research and Therapy,* 11, 619-628.

AZRIN, N. H. (1967). Pain and aggression. *Psychology Today, l(l),* 27-33.

AZRIN, N. H. (1976). Improvements in the community-reinforcement approach to alcoholism. *Behavior Research and Therapy, 14,* 339-348.

AZRIN, N. H., RUBEN, H., O'BRIEN, E, AYLLON, T. & ROLL, D. (1968). Behavioral engineering: Postural control by a portable operant apparatus. *Journal of Applied Behavior Analysis, 1,* 99-108.

AZRIN, N. H., SISSON, R. W., MEYERS, R. & GODLEY, N. (1982). Alcoholism treatment by disulfiram and community reinforcement therapy. *Journal of Behavior Therapy and Experimental Psychiatry, 13(2),* 105-112.

BAER, D. M. & WOLF, M. M. (1970). The entry into natural communities of reinforcement. En R. Ulrich, T. Stachnik & J. Mabry (Eds.), *Control of human behavior* (Vol. 2, pp. 319-324). Glenview, IL: Scott Foresman.

BAER, D. M., PETERSON, R. E & SHERMAN, J. A. (1967). The development of imitation by reinforcing behavioral similarity to a model. *Journal of the Experimental Analysis of Behavior, 10,* 405-416.

BAILEY, J. S. & BURCH, M. R. (2002). *Research methods in applied behavior analysis.* Thousand Oaks, CA: Sage.

BAILEY, J. S. & BURCH, M. R. (2005). *Ethics for behavior analysts: A practical guide to the Behavior Analyst Certification Board Guidelines for Responsible Conduct,* Mahwah, NJ: Lawrence Erlbaum Associates.

BAILEY, J. S. & PYLES, D. A. M. (1989). Behavioral diagnostics. *Monographs of the American Association on Mental Retardation, 12,* 85-106.

BAILEY, J. S. (1992). Gentle teaching: Trying to win friends and influence people with a euphemism, metaphor, smoke, and mirrors. *Journal of Applied Behavior Analysis, 25,* 879-883.

BAILEY, J. S., HUGHES, R. G. & JONES, W. E. (1980). *Applications of backward chaining to air-to-surface weapons delivery training.* Williams Airforce Base, AZ: Operations training division, Human Resources Laboratory.

BAILEY, J. S., TIMBERS, G. D., PHILLIPS, E. I. & WOLF, M. M. (1971). Modification of articulation errors of pre-delinquents by their peers. *Journal of Applied Behaviour Analysis, 3,* 265-281.

BAKER, S. L., PATERSON, M. D. & BARLOW, D. H. (2004). Panic disorder and agoraphobia. En M. M. Antony & D. H. Barlow (Eds.), *Handbook of assessment and treatment planning for psychological disorders.* New York: Guilford Press.

BALDWIN, J. D. & BALDWIN, J. I. *(1998). Behavior principles in everyday life* (3.ª ed.). Upper Saddle River, NJ: Prentice Hall.

BANDURA, A. & WALTERS, R. H. (1963). *Social learning and personality development.* New York: Holt, Rinehart & Winston.

BANDURA, A. (1965). Influence of models' reinforcement contingencies in the acquisition of imitative responses. *Journal of Personality and Social Psychology, 1,* 589-595.

BANDURA, A. (1969). *Principles of behavior modification.* New York: Holt, Rinehart & Winston.

BANDURA, A. (1977). *Social learning theory.* Upper Saddle River, NJ: Prentice Hall.

BANDURA, A. (1982). Self-efficacy mechanism in human agency *American Psychologist, 37, 122-147.*

BANDURA, A. (1986). *Social foundations of thought and action: A social-cognitive theory.* Upper Saddle River, NJ: Prentice Hall.

BANDURA, A. (1996). Oncological and epistemological terrains revisited. *Journal of Behavior Therapy and Experimental Psychiatry, 27,* 323-345.

BANERJEE, S. P. (1999). Behavioral psychotherapy in Singapore. *The Behavior Therapist, 22,* 80, 91.

BARKLEY, R. A. (1996).18 ways to make token systems more effective for ADHD children and teens. *The ADHD Report, 4, 1-5.*

BARKLEY, R. A. (1998). *Attention-deficit hyperactive disorder: A handbook for diagnosis and treatment* (2.ª ed.). New York: Guilford Press.

BARLOW, D. H. & HERSEN, M. (1984). *Single-case experimental design: Strategies for studying behavior change* (2nd ed.). New York: Pergamon Press.

BARLOW, D. H. (2001). *Clinical handbook of psychological disorders* (3.ª ed.). New York: Guilford Press.

BARONE, D. F. (1982). Instigating additional self-modification projects after a personal adjustment course. *Teaching of Psychology, 9, 111.*

BARRIOS, B. A. & HARTMANN, D. P. (1986). The contributions of traditional assessment: Concepts, issues, and methodologies. En R. O. Nelson & S. C. Hayes (Eds.), *Conceptual foundations of behavioral assessment* (pp. 81-110). New York: Guilford Press.

BECK, A. T. (1976). *Cognitive therapy and the emotional disorders.* New York: International Universities Press.

BECK, A. T. (1988). *Love is never enough: How couples can overcome misunderstandings, resolve conflicts, and solve relationship problems through cognitive therapy.* New York: Harper & Row.

BECK, A. T., EMERY, G. & GREENBERG, R. L. (1985). *Anxiety disorders and phobias: A cognitive perspective.* New York: Basic Books.

BECK, A. T., RUSH, A. J., SHAW, B. F. & EMERY, G. (1979). *Cognitive therapy of depression.* New York: Guilford Press.

BELLACK, A. S. & HERSEN, M. (1993). *Clinical behavior therapy with adults.* En A. S. Bellack & M. Hersen *(Eds.), Handbook of behavior therapy in the psychiatric setting* (pp. 3-18). New York: Plenum Press.

BELLACK, A. S. & HERSEN, M. (Eds.). (1998). *Behavioral assessment: A practical handbook* (4.ª ed.). New York: Allyn & Bacon.

BELLACK, A. S. & MUSER, K. I. (1990). Schizophrenia. En A. S. Bellack, M. Hersen & A. E. Kazdin *(Eds.), International handbook of behavior modification and behavior therapy* (2.ª ed., pp. 353-376). New York: Plenum Press.

BELLACK, A. S. (1986). Schizophrenia: Behavior therapy's forgotten child. *Behavior Therapy, 17,* 199-214.

BELLACK, A. S., MUSER, K. T., GINGERICH, S. & AGRESTA, J. (Eds.). (1997). *Social skills training for schizophrenia.* New York: Guilford Press.

BELLAMY, G. T., HORNER, R. H. & INMAN, D. P. (1979). *Vocational habilitation of severely retarded adults: A direct service technology.* Baltimore: University Park Press.

BENTALL, R. P., LOWE, C. F. & BEASTY, A. (1985). The role of verbal behavior in human learning. II: Developmental differences. *Journal of the Experimental Analysis of Behavior, 47, 165-181.*

BERGEN, A. E., HOLBORN, S. W. & SCOTT-HUYGHEBART, V. C. (2002). Functional analysis of self-injurious behavior in an adult with Lesch-Nyhan Syndrome. *Behavior Modification, 26,* 187-204.

BERKOWITZ, L. (1988). Frustrations, appraisals, and aversively stimulated aggression. *Aggressive Behavior, 14,* 3-11.

BERKOWITZ, L. (1989). Frustration-aggression hypothesis: Examination and reformulation. *Psychological Bulletin, 106, 59-73.*

BIERMAN, K. L., MILLER, C. L. & STABB, S. D. (1987). Improving the social behavior and peer acceptance of rejected boys: Effects of social skill training with instructions and prohibitions. *Journal of Consulting and Clinical Psychology, 55,* 194-200.

BIJOU, S. W. & BAER, D. M. (1961). *Child development: A systematic and empirical theory (Vol.* 1). New York: Appleton-Century-Crofts.

BIJOU, S. W. & BAER, D. M. (1965). *Child development II: Universal stage of infancy.* Upper Saddle River, NJ: Prentice Hall.

BIRNBRAUER, J. S., BIJOU, S. W., WOLF, M. M. & KIDDER, J. D. (1965). Programmed instruction in the classroom. En L. P. Ullmann & L. Krasner (Eds.), *Case studies in behavior modification* (pp. 358-363). New York: Holt, Rinehart & Winston.

BLAKELEY, E. & SCHLINGER, H. (1987). Rules: Function-altering contingency-specifying stimuli. The *Behavior Analyst, 10,* 183-187.

BLAMPIED, N. (1999). Cognitive-behavior therapy in Aotearoa, New Zealand. *The Behavior Therapist,* 22, 173-178.

BLAMPIED, N. (2004). The New Zealand Association for Behavior Analysis. *Newsletter of the International Association for Behavior Analysis, 27(2),* 27.

BLANCK, G. (1983). *Behavior therapy in Argentina.* Buenos Aires: AAPC Ediciones.

BLIMKE, J., GOWAN, G., PATTERSON, P. & WOOD, N. (1984). Sport and psychology: What ethics suggest about practice. *Sports Science Periodical on Research and Technology in Sport.* Ottawa, Ont.: Coaching Association of Canada.

BLUM, N. & FRIMAN, P. (2000). Behavioral pediatrics. En J. Austin & J. E. Carr (Eds.), *Handbook of applied behavior analysis (pp.* 161-186). Reno, NV: Context Press.

BOND, F. W. & BONCE, D. (2000). Mediators of change in emotion-focused and problem-focused work site stress management interventions. *Journal of Occupational Health Psychology, 5, 156-163.*

BOOTH, R. & RACHMAN, S. (1992). The reduction of claustrophobia: *1. Behavior Research and Therapy,* 30, 207-221.

BORDEN, J. W. (1992). Behavioral treatment of simple phobia. En S. M. Turner, K. S. Calhoun & H. E. Adams (Eds.), *Handbook of clinical behavior therapy* (pp. 77-94). New York: Wiley.

BORKOVEC, T. D. & SHARPLESS, B. (2004). Generalized anxiety disorder: Bringing cognitive-behavioral therapy into the valued present. En S. C. Hayes, V M. Follette & M. M. Linehan (Eds.), *Mindfulness and acceptance: Expanding the cognitive-behavioral tradition.* New York: Guilford Press.

BOUCHARD, S., VALLIERES, A., ROY, M. & MAZIADE, M. (1996). Cognitive restructuring in the treatment of psychotic symptoms in schizophrenia: A critical analysis. *Behavior Therapy, 27,* 257-277.

BOUMAN, T. K. & EMMELKAMP, P. M. G. (1996). Panic disorder and agoraphobia. En V. B. Van Hasselt & M. Hersen (Eds.), *Sourcebook of psychological treatment manuals for adult disorders* (pp. 23-64). New York: Plenum Press.

BOVJBERG, D. H., REDD, W. H., MAIER, L. A., HOLLAND, J. C., LESKO, L. M., NIEDZWIECKI, D., y cols. (1990). Anticipatory immune suppression in women receiving cyclic chemotherapy for ovarian cancer. *Journal of Consulting and Clinical Psychology, 58,* 153-157.

BRAAM, C. & MALOTT, R. W. (1990). «I'll do it when the snow melts»: The effects of deadlines and delayed outcomes on rule-governed behavior in preschool children. *Analysis of Verbal Behavior, 8,* 67-76.

BRANTNER, J. *P.* & DOHERTY, M. A. (1983). A review of time-out: A conceptual and methodological analysis. En S. Axelrod & J. Apsche (Eds.), *The effects of punishment on human behavior (pp.* 87-132). New York: Academic Press.

BRAUKMAN, C. & WOLF, M. (1987). Behaviorally based group homes for juvenile offenders. En E. K. Morris & C. J. Braukman (Eds.), *Behavioral approaches to crime and delinquency: A handbook of application, research, and concepts* (pp. 135-160). New York: Plenum Press.

BREGER, L. & MCGAUGH, J. L. (1965). Critique and reformulation of «learning theory» approaches to psychotherapy and neurosis. *Psychological Bulletin, 63,* 338-358.

BRIGHAM, T. A. (1982). Self-management: A radical behavioral perspective. En P. Karoly & F. H. Canfer *(Eds.), Self-management and behavior change: From theory to practice* (pp. 32-59). New York: Pergamon Press.

BRIGHAM, T. A. (1989a). *Managing everyday problems.* New York: Guilford Press.

BRIGHAM, T. A. (1989b). *Self-management for adolescents: A skills training program.* New York: Guilford Press.

BRISCOE, R. V., HOFFMAN, D. B. & BAILEY, J. S. (1975). Behavioral community psychology: Training a community board to problem-solve. *Journal of Applied Behavior Analysis, 8, 157-168.*

BROMFIELD, R., BROMFIELD, D. & WEISS, B. (1988). Influence of the sexually abused label on perceptions of a child's failure. *Journal of Educational Research, 82,* 96-98.

BROMFIELD, R., WEISZ, J. R. & MESSER, T. (1986). Children's judgments and attributions in response to the «mentally retarded» label: A developmental approach. *Journal of Abnormal Psychology, 95,* 81-87.

BROWN, R. (1973). *A first language: The early years.* Cambridge, MA: Harvard University Press.

BROWNELL, K. D. (1981). Report on international behavior therapy organizations. *The Behavior Therapist, 4,* 9-13.

BUSH, J. P. & CIOCCO, J. E. (1992). Behavioral coding and sequential analysis: The portable computer systems for observational use. *Behavioral Assessment, 14,* 191-197.

BUZAS, H. P. & AYLLON, T. (1981). Differential reinforcement in coaching skills. *Behaviour Modification,* 5, 372-385.

CABALLO, V. E. & BUELA-CASAL, G. (1993). Behavior therapy in Spain. *Behavior Therapist, 16,* 53-54.

CALDWELL, L. (1971). Behavior modification with children. Ponencia presentada en la primera Manitoba Behavior Change Conference, Portage la Prairie, Manitoba, Canada.

CAMERON, J., BANKO, K. M. & PIERCE, W. D. (2001). Pervasive negative effects of rewards on intrinsic motivation: The myth continues. *The Behavior Analyst, 24,* 1-44.

CAMPBELL, L. A. & BROWN, T. A. (2004). Generalized anxiety disorder. En M. M. Antony and D. H. Barlow (Eds.), *Handbook of assessment and treatment planning for psychological disorders.* New York: The Guilford Press.

CARR, E. G. (1977). The origins of self-injurious behavior: A review of some hypotheses. *Psychological Bulletin, 84,* 800-816.

CARR, E. G., NEWSOM, C. D. & BINKOFF, J. A. (1980). Escape as a factor in the aggressive behavior of two retarded children. *Journal of Applied Behavior Analysis, 13,* 101-117.

CARR, J. E., CORIATY, S. & DOZIER, C. L. (2000). Current issues in the function-based treatment of aberrant behavior in individuals with developmental disabilities. En J. Austin & J. E. Carr (Eds.), *Handbook of applied behavior analysis* (pp. 91-112). Reno, NV: Context Press.

CARTER, N. (2004). Swedish Association for Behavior Analysis. *Newsletter of the International Association for Behavior Analysis,* 27(2), 29.

CATTELL, R. B., EBER, H. W. & TATSUOKA, M. M. (1970). *Handbook for the 16-Personality Factor Questionnaire.* Champagne, IL: Institute for Personality and Ability Testing.

CAUTELA, J. R. & KEARNEY, A. (1993). *The covert conditioning handbook.* Pacific Grove, CA: Brooks/Cole.

CAUTELA, J. R. (1966). Treatment of compulsive behavior by covert desensitization. *Psychological Record, 16,* 33-41.

CAUTELA, J. R. (1977). *Behavior analysis forms for clinical intervention.* Champaign, IL: Research Press.

CAUTELA, J. R. (1981). *Behavior analysis forms for clinical intervention* (Vol. 2). Champaign, IL: Research Press.

CAUTELA, J. R., KASTENBAUM, R. & WINCZE, J. (1972). The use of the Fear Survey Schedule and the Reinforcement Survey Schedule to survey possible reinforcing and aversive stimuli among juvenile offenders. *Journal of Genetic Psychology, 121,* 255-261.

CHARLOP, M. H., BURGIO, L. D., IWATA, B. A. & IVANCIC, M. T. (1988). Stimulus variation as a means of enhancing punishment effects. *Journal of Applied Behavior Analysis, 21,* 89-95.

CHEN, C. P. (1995). Counseling applications of RET in a Chinese cultural context. *Journal of Rational Emotive and Cognitive Behavior Therapy, 13,* 117-129.

CHOMSKY, N. (I 959). A review of B. E Skinner's *Verbal Behavior. Language, 35,* 26-58.

CHRISTENSEN, A. & JACOBSON, N. S. (2000). *Reconcilable differences.* New York: Guilford Press.

CHRISTENSEN, A., SEVIER, M., SIMPSON, L. E. & GATTIS, K. S., (2004). Acceptance, mindfulness, and change in couple therapy In S. C. Hayes, V. M. Follette & M. M. Linehan (Eds.), *Mindfulness and acceptance: Expanding the cognitive behavioral tradition.* New York: Guildford Press.

CHRISTOPHERSEN, E. R. & MORTWEET, S. L. (2001). *Treatments that work: Empirically supported treatments for managing child behavior problems.* Washington, DC: American Psychological Association.

CHUNG, S. H. (1965). Effects of delayed reinforcement in a concurrent situation. *Journal of the Experimental Analysis of Behavior, 8,* 439-444.

CIPANI, E. (2004a). *Classroom management for all teachers; Twelve plans for evidence-based practice.* Upper Saddle River, NJ: Prentice Hall.

CIPANI, E. (2004b). *Punishment on trial.* Reno, NV: Context Press.

COHEN, R., DEJAMES, P., NOCERA, B. & RAMBERGER, M. (1980). Application of a simple self-instruction procedure on adult exercise and studying: Two case reports. *Psychological Reports, 46,* 443-451.

CONE, J. D. (1997). Issues in functional analysis in behavioral assessment. *Behavior Research and Therapy, 35,* 259-275.

CONE, J. D. (Ed.) (1999). Special section: Clinical assessment applications of self-monitoring. *Psychological Assessment, 11,* 411-497.

CONYERS, C., MARTIN, T. L., MARTIN, G. L. & YU, D. C. T. (2002). The 1983 AAMR manual, the 1992 AAMR manual, or the Developmental Disabilities Act: Which is used by researchers? *Education and Training in Mental Retardation and Developmental Disabilities, 37,* 310-316.

COON, D. W & THOMPSON, L. W (2002). Family caregivers for older adults: Ongoing and emergent themes for the behavior therapist. *The Behavior Therapist, 25, 17-20.*

COTTRAUX, J. (1990). «Cogito ergo somme»: Cognitive behavior therapy in France. *Behavior Therapist,* 13, 189-190.

COWDERY, G. E., IWATA, B. A. & PACE, G. M. (1990). Effects and side-effects of DRO as treatment for self-injurious behavior. *Journal of Applied Behavior Analysis, 23,* 497-506.

COX, B. S., COX, A. B. & COX, D. J. (2000). Motivating signage prompts: Safety belt use among drivers exiting senior communities. *Journal of Applied Behavior Analysis, 33,* 635-638.

CRACKLEN, C. & MARTIN, G. (1983). To motivate age-group competitive swimmers at practice, «fun» should be earned. *Swimming Techniques, 20(3), 29-32.*

CRAIGHEAD, L. W. (2004). Obesity and eating disorders. En M. M. Antony & D. H. Barlow (Eds.), *Handbook of assessment and treatment planning for psychological disorders.* New York: Guilford Press.

CROSBIE J. & GLENN, K. (1993). A computer based personalized system of instruction in applied behavior analysis. *Behavior Research Methods, Instruments and Computers, 25,* 366-370.

CROWELL, C. R., QUINTANAR, L. R. & GRANT, K. L. (1981). Proctor: An online student evaluation and monitoring system for use with PSI format courses. *Behavior Research Methods and Instrumentation,* 13, 121-127.

CUMMINGS, N. A., O'DONOHUE, W. T. & FERGUSON, K. E. (2003). *Behavioral health as primary care: beyond efficacy to effectiveness.* Reno, NV: Context Press.

CUVO, A. J. & DAVIS, P. K. (2000). Behavioral acquisition by persons with developmental disabilities. En J. Austin & J. E. Carr (Eds.), *Handbook of applied behavior analysis* (pp. 39-60). Reno: N-V. Context Press.

CUVO, A. J., DAVIS, P. K., O'REILLY, M. F., MOONEY, B. M. & CROWLEY, R. (1992). Promoting stimulus control with textual prompts and performance feedback for persons with mild disabilities. *Journal of Applied Behavior Analysis, 25,* 477-489.

DALY, E. J. III, MARTENS, B. K., KILMER, A. & MASSIE, D. R. (1996). The effects of instructional match and content overlap on generalized reading performance. *Journal of Applied Behavior Analysis, 29, 507-518.*

DANAHER, B. G. (1977). Research on rapid smoking: Interim summary and recommendations. *Addictive Behavior, 2,* 151-166.

DANGUAH, J. (1982). The practice of behavior therapy in West Africa: The case of Ghana. *Journal of Behavior Therapy and Experimental Psychiatry, 13,* 5-13.

DARDIG, J. C. & HEWARD, W. L. (1976). *Sign here: A contracting book for children and their parents.* Kalamazoo, MI: Behaviordelia.

DARUNA, J. H. (2004). *Introduction to psycho-neuro-immunology.* St. Louis, MO: Elsevier, Academic Press.

DATTILO, F. M. (1999). Cognitive behavior therapy in Cuba. *The Behavior Therapist, 22,* 78, 91.

DAVID, D. & MICLEA, M. (2002) Behavior therapy in Romania: A brief history of theory, research, and practice. *The Behavior Therapist, 25,* 181-183.

DECI, E. L., KOESTNER, R. & RYAN, R. M. (1999). A meta-analytic review of experiments examining the effects of extrinsic rewards on intrinsic motivation. *Psychological Bulletin, 125,* 627-668.

DEITZ, S. M. & MALONE, L. W. (1985). Stimulus control terminology. *The Behavior Analyst,* 8, 259-264.

DEITZ, S. M. & REPP, A. C. (1973). Decreasing classroom misbehavior through the use of DRL schedules of reinforcement. *Journal of Applied Behavior Analysis, 6,* 457-463.

DEKKER, E. & GROEN, J. (1956). Reproducible psychogenic attacks of asthma: A laboratory study *Journal of Psychosomatic Research,* 1, 58-67.

DELEON, 1. G. & IWATA, B. A. (1996). Evaluation of a multiple-stimulus presentation format for assessing reinforcer preferences. *Journal of Applied Behavior Analysis, 29,* 519-533.

DELUCA, R. V. & HOLBORN, S. W. (1992). Effects of a variable ratio reinforcement schedule with changing criteria on exercise in obese and non-obese boys. *Journal of Applied Behavior Analysis, 25,* 671-679.

DEMCHAK, M. (1990). Response prompting and fading methods: A review. *American Journal on Mental Retardation, 94,* 603-615.

DEMCHAK, M. A. & BOSSERT, K. W. (1996). *Innovations: Assessing problem behaviors.* Washington, DC: American Association on Mental Retardation.

DEPAEPE, P. A., SHORES, R. E., JACK, S. L. & DENNY, R. K. (1996). Effects of task difficulty on the disruptive and on-task behavior of students with severe behavior disorders. *Behavioral Disorders, 21,* 216-225.

DEPRESSION GUIDELINE PANEL (1993). *Depression in prima care: Vol. 2. Treatment of major depression* (Clinical Practice Guideline, No. 5, AHCPR Pub. No. 93-0551). Rockville, MD: U.S. Department of Health and Human Services, Public Health Service, Agency for Health Care Policy and Research.

DERENNE, A. & BARON, A. (2002). Behavior analysis and the study of aging. *The Behavior Analyst, 25,* 151-160.

DERICCO, D. A. & NIEMANN, J. E. (1980). En vivo effects of peer modeling on drinking rate. *Journal of Applied Behavior Analysis, 13,* 149-152.

DERISI, W. J. & BUTZ, G. (1975). *Writing behavioral contracts: A case simulation practice manual.* Champaign, IL: Research Press.

DESILVA, P. & SIMARASINGHE, D. (1985). Behavior therapy in Sri Lanka. *Journal of Behavior Therapy and Experimental Psychiatry, 16,* 95-100.

DEVRIES, J. E., BURNETTE, M. M. & REDMON, W. K. (1991). AIDS prevention: Improving nurses' compliance with glove wearing through performance feedback. *Journal of Applied Behavior Analysis, 24,* 705-711.

DICK-SISKIN, L. P. (2002). Cognitive-behavioral therapy with older adults. *The Behavior Therapist,* 25, 3-4, 6.

DIMIDJIAN, S., HOLLON, S., DOBSON, K., SCHMALING, K., KOHLENBERC, R., MCGILINCHEY, J., y cols. (2003, November). Behavioral activation, cognitive therapy, and antidepressant medication in the treatment of major depression: Design and acute phase outcomes. Presentado en la 37.ª Annual Convention of the Association for Advancement of Behavior Therapy, Boston.

DOBSON, K. S. (1989). Meta-analysis of the efficacy of cognitive therapy for depression. *Journal of Consulting and Clinical Psychology, 57,* 414-419.

DOLEYS, D. M., MEREDITH, R. L. & CIMINERO, A. R. (Eds.). (1982). *Behavioral psychology and medicine and rehabilitation: Assessment and treatment strategies.* New York: Plenum Press.

DOLLARD, J. & MILLER, N. E. (1950). *Personality and psychotherapy.* New York: McGraw-Hill.

DORSEY, M. F., IWATA, B. A., ONG, P. & MCSWEEN, T. E. (1980). Treatment of self-injurious behavior using a water mist: Initial response suppression and generalization. *Journal of Applied Behavior Analysis, 13,* 343-353.

DOUGHER, M. J. (1997). Cognitive concepts, behavior analysis, and behavior therapy. *Journal of Behavior Therapy and Experimental Psychiatry, 28,* 65-70.

DOUGHER, M. J. (Ed.). (2000). *Clinical behavior analysis.* Reno, NV: Context Press.

DRYDEN, W. (1999). *Rational-emotive behavior therapy: A training manual.* New York: Springer.

DUNLAP, G. & KINCAID, D. (2001). The widening world of functional assessment: Comments on four manuals and beyond. *Journal of Applied Behavior Analysis, 34,* 365-377.

DUPAUL, G. J. & ERVIN, R. A. (1996). Functional assessment of behaviors related to attention deficit/hyperactive disorder: Linking assessment to intervention design. *Behavior Therapy, 27,* 601-622.

DURLAK, J. A., FUHRMAN, T. & LAMPNAN, C. (1991). Effectiveness of cognitive-behavioral therapy for maladapting children: A meta-analysis. *Psychological Bulletin, 110,* 204-214.

DYMOND, S. & BARNES, D. (1997). Behavior analytic approaches to self-awareness. *The Psychological Record, 47,* 181-200.

DYMOND, S. & REHFELDT, R. A. (2000). Understanding complex behavior: The transformation of stimulus functions. *The Behavior Analyst, 23,* 239-254.

DYMOND, S., CHIESA, M. & MARTIN, N. (2003). An update on providing graduate level training in applied behavior analysis in the UK. *Newsletter of the International Association for Behavior Analysis, 26(3), 10.*

D'ZURILLA, T. J. & GOLFRIED, M. R. (1971). Problem-solving and behavior modification. *Journal of Abnormal Psychology, 78, 107-126.*

D'ZURILLA, T. J. & NEZU, A. M. (1999). *Problem-solving therapy, 2nd ed: A social competence approach to clinical intervention.* New York: Springer.

EKMAN, P. (1972). *Universal and cultural differences in facial expressions of emotions.* En J. K. Cole (Ed.), Nebraska Symposium on Motivation (Vol. 19). Lincoln: University of Nebraska Press.

ELKIN, I. (1994). The NIMH Treatment of Depression Collaborative Research Program: Where we began and where we are. En A. E. Bergin & S. L. Garfield (Eds.), *Handbook of psychotherapy and behavior change* (4.ª ed., pp. 114-139). New York: Wiley.

ELKIN, I., SHEA, M. T., WATKINS, J. T., IMBER, S. D., SOTSKY, S. M., COLLINS, J. E, y cols. (1989). National Institute of Mental Health Treatment of Depression Collaborate Research Program: General effectiveness treatments. *Archives of General Psychiatry, 46,* 971-982.

ELLINGSON, S. A., MILTENBERGER, R. G., STRICKER, J. M., GARLINGHOUSE, M. A., ROBERTS, J. & GALENSKI, T. L. (2000). Analysis and treatment of finger sucking. *Journal of applied Behavior Analysis, 33,* 41-52.

ELLIS, A. & BERNARD, M. E. (Eds.). (1985). *Clinical applications of rational-emotive therapy.* New York: Plenum Press.

ELLIS, A. & DRYDEN, W. (1997). *The practice of rational-emotive behavior therapy* (2.ª ed.). New York: Springer.

ELLIS, A. & GRIEGER, R. (1977). *Handbook of rational-emotive therapy.* New York: Springer.

ELLIS, A. (1962). *Reason and emotion in psychotherapy.* New York: Lyle Stewart.

ELLIS, A. (1993). Changing rational-emotive therapy (RET) to rational-emotive behavior therapy (REBT). *The Behavior Therapist, 16,* 257-258.

EMMELKAMP, P. M. G. (2004). Behavior therapy with adults. En M. J. Lambert (Ed.), *Bergin and Garfield's handbook of psychotherapy and behavior change* (5.ª ed., pp. 393-446). New York: Wiley.

EMMELKAMP, P. M. G., BOUMAN, T. K. & SCHOLING, A. (1992). *Anxiety disorders: A practitioner's guide.* Chichester, UK: Wiley.

ENGELMAN, K. K., ALTUS, D. E., MOSIER, M. C. & MATHEWS, R. M. (2003). Brief training to promote the use of less intensive prompts by nursing assistants in a dementia-care unit. *Journal of Applied Behavior Analysis, 36,* 129-132.

ERVIN, R. A. & EHRHARDT, K. E. (2000). Behavior analysis and school psychology. En J. Austin & J. E. Carr (Eds.), *Handbook of applied behavior analysis* (pp. 113-136). Reno, NV: Context Press.

EYSENCK, H. J. (1959). Learning theory and behavior therapy. *Journal of Mental Science, 105,* 61-75.

EYSENCK, H. J. (Ed.). (1960). *Behaviour therapy and the neuroses.* London: Pergamon.

FABIANO, G. A., PELHAM, W. E., JR., MANOS, M. J., GNAGY, E. M., CHRONIS, A. M., ONYANGO, A. N., y cols. (2004). An evaluation of three time-out procedures for children with attention-deficit / hyperactive disorder. *Behavior Therapy, 35,* 449-469.

FAITH, M. S., FONTAINE, K. R., CHESKIN, L. J. & ALLISON, D. B. (2000). Behavioral approaches to the problems of obesity. *Behavior Modification, 24,* 459-493.

FANTINO, E. & LOGAN, C. A. (1979). *The experimental analysis of behavior.* San Francisco: Freeman.

FARRELL, A. D. (1991). Computers and behavioral assessment: Current applications, future possibilities, and obstacles to routine use. *Behavioral Assessment, 13,* 159-179.

FAVELL, J. E., AZRIN, N. H., BAUMEISTER, A. A., CARR, E. G., DORSEY, M. F., FOREHAND, R., y cols. (1982). The treatment of self-injurious behavior. *Behavior Therapist, 13,* 529-554.

FAWCETT, S. B. & MILLER, L. K. (1975). Training public-speaking behavior: An experimental analysis and social validation. *Journal of Applied Behavior Analysis, 8,* 125-135.

FELLNER, D. J. & SULZER-AZAROFF, B. (1984). A behavioral analysis of goal setting. *Journal of Organizational Behavior Management, 6,* 33-51.

FERSTER, C. B. & DEMYER, M. K. (1962). A method for the experimental analysis of the behavior of autistic children. *The American Journal of Orthopsychiatry, 32,* 89-98.

FERSTER, C. B. & SKINNER, B. E (1957). *Schedules of reinforcement.* New York: Appleton-Century-Crofts.

FERSTER, C. B. (1993). A functional analysis of depression. *American Psychologist, 28,* 857-870.

FISCH, G. S. (1998). Visual inspection of data revisited: Do the eyes still have it? *The Behavior Analyst,* 21, 111-123.

FISCHER, J. & CORCORAN, K. (1994). *Measures for clinical practice: A source book* (2.ª ed., Vols. 1 y 2). New York: Free Press.

FISHER, E. B. (1979). Overjustification effects in token economies. *Journal of Applied Behavior Analysis,* 12, 407-415.

FISHER, W. W., KELLEY, M. E. & LOMAS, J. E., (2003). Visual aids and structured criteria for improving visual inspection and interpretation of single-case designs. *Journal of Applied Behavior Analysis, 36,* 387-406.

FIXSEN, D. L. & BLASE, K. A. (1993). Creating new realities: Program development and dissemination. *Journal of Applied Behavior Analysis, 26,* 597-615.

FLANAGAN, B., GOLDIAMOND, I. & AZRIN, N. (1958). Operant stuttering: The control of stuttering behavior through response-contingent consequences. *Journal of the Experimental Analysis of Behavior, 1,* 173-177.

FLANAGAN, C. (1991). Behavior therapy and cognitive therapy in Ireland. *The Behavior Therapist, 14,* 231-232.

FLORA, S. R. & FLORA, D. B. (1999). Effects of extrinsic reinforcement for reading during childhood on reported reading habits of college students. *The Psychological Record, 49,* 3-14.

FLORA, S. R. (1990). Undermining intrinsic interest from the standpoint of a behaviorist. *The Psychological Record, 40,* 323-346.

FLORA, S. R. (2000). Praise's magic: Reinforcement ratio five-one gets the job done. *Behavior Analyst Today [Online],* 1(4), 64-69. Disponible: www.behavior.org.

FOA, E. B. (2000). Psychosocial treatment of posttraumatic stress disorder. *Journal of Clinical Psychiatry,* 61(Suppl. 5), 43-48.

FOXX, R. M. & FAW, G. D. (1990). Problem-solving skills training for psychiatric inpatients: An analysis of generalization. *Behavioral Residential Treatment, 5,* 159-176.

FOXX, R. M. & SHAPIRO, S. T. (1978). The timeout ribbon: A non-exclusionary timeout procedure. *Journal of Applied Behavior Analysis, 11,* 125-136.

FRANKS, C. M. (1964). *Conditioning techniques in clinical practice and research.* New York: Springer.

FRANKS, C. M. (Ed.). (1969). *Behavior therapy: Appraisal and status.* New York: McGraw-Hill.

FREA, W. D. & VITTIMBERGA, G. L. (2000). Behavior interventions for children with autism. En J. Austin & J. E. Carr (Eds.), *Handbook of applied behavior analysis* (pp. 247-274). Reno, NV: Context Press.

FREDERICK, L. D., DEITZ, S. M., BRYCELAND, J. A. & HUMMEL, J. H. (2003). *Behavior analysis, education, and effective schooling.* Reno, NV: Context Press.

FREDERIKSEN, L. W. & LOVETT, F. B. (1980). Inside organizational behavior management: Perspectives on an emerging field. *Journal of Organizational Behavior Management, 2,* 193-203.

FRIMAN, P. C. & VOLLMER, D. (1995). Successful use of the nocturnal urine alarm for diurnal enuresis. *Journal of Applied Behavior Analysis, 28,* 89-90.

FRIMAN, P. C. (2000). Behavioral family-style residential care for troubled out-of-home adolescents: Recent findings. En J. Austin y J. E. Carr (Eds.), *Handbook of Applied Behavior Analysis.* Reno, NV: Context Press.

FULLER, P. R. (1949). Operant conditioning of a vegetative human organism. *American journal of Psychology, 62,* 587-590.

GELFAND, D. M., HARTMANN, D. P., LAMB, A. K., SMITH, C. L., MAHAN, M. A. & PAUL, S. C. (1974). Effects of adult models and described alternatives on children's choice of behavior management techniques. *Child Development, 45, 585-593.*

GELLER, F. S., WINETT, R. A. & EVERETT, P. B. (1982). *Preserving the environment: New strategies for behavior change.* New York: Plenum Press.

GENA, A., KRANTZ, P. J., MCCLANNAHAN, L. E. & POULSON, C. L. (1996). Training and generalization of effective behavior displayed by youth with autism. *Journal of Applied Behavior Analysis, 29,* 291-304.

GERSHOFF, E. T. (2002). Corporal punishment by parents and associated child behaviors and experiences: A meta-analytic and theoretical review. *Psychological Bulletin, 128,* 539-579.

GHEZZI, P. M., WILLIAMS, W L. & CARR, J. E. (Eds.) (1999). *Autism: Behavior analytic perspectives.* Reno, NV: Context Press.

GIMPEL, G. A. & HOLLAND, N. L. (2003). *Emotional and behavioral problems of young children.* New York: Guilford Press.

GIRARDEAU, F. L. & SPRADLIN, J. E. (1964). Token rewards on a cottage program. *Mental Retardation, 2,* 345-351.

GLENWICK, D. S. (1990). Commentary on the special issue: The adolescent identity development of behavioral community psychology. *The Community Psychologist, 23,* 14-16.

GLYNN, E. L. & THOMAS, J. D. (1974). Effect of cueing on self-control of classroom behavior. *Journal of Applied Behavior Analysis, 7,* 299-306.

GOETZ, E. M. & BAER, D. M. (1973). Social control of form diversity and the emergence of new forms in children's block building. *Journal of Applied Behavior Analysis, 6, 105-113.*

GOLDIAMOND, I. (1965). Self-control procedures in personal behavior problems. *Psychological Reports,* 17, 851-868.

GOLDSTEIN, L. H. (1990). Behavioral and cognitive behavioral treatments for epilepsy: A progress review. *British Journal of Clinical Psychology, 29,* 257-269.

GORMALLY, J., BLACK, S., DASTON, S. & RARDIN, D. (1982). The assessment of binge eating severity among obese persons. *Addictive Behaviors, 7,* 47-55.

Gortner, E. T., Golan, J. K., Dobson, K. S. & Jacobson, N. S. (1998). Cognitive behavior treatment for depression. *Relapse Prevention, 7, 66,* 377-384.

Gossette, R. L. & O'Brien, R. M. (1989, May). Efficacy of rational-emotive therapy with children: Fact or artifact? Ponencia presentada en la reunión de la Association for Behavior Analysis, Nashville, TN.

Gossette, R. L. & O'Brien, R. M. (1992). The efficacy of rational-emotive therapy in adults: Clinical fact or psychometric artifact? *Journal of Behavior Therapy and Experimental Psychiatry, 23,* 9-24.

Gould, D. (1998). Goal-setting for peak performance. En J. M. Williams (Ed.), *Applied sport psychology: Personal growth to peak performance* (3.ª ed.). Mountainview, CA: Mayfield.

Gould, R. A. & Clum, G. A. (1993). A meta-analysis of self-help treatment approaches. *Clinical Psychological Review, 13,* 167-189.

Grassi, T. C. C. (Ed.) (2004). *Contemporary challenges in the behavioral approach. A Brazilian overview.* Santo Andres, Brazil: Esetec Editores Associados.

Graziano, A. M. (1975). Futurants, coverants and operants. *Behavior, Therapy,* 6, 421-422.

Greenspoon, J. (1951). The effect of verbal and nonverbal stimuli on the frequency of members of two verbal response classes. Tesis Doctoral no publicada, Indiana University, Bloomington.

Greenspoon, J. (1955). The reinforcing effect of two spoken words on the frequency of two responses. *American Journal of Psychology, 68,* 409-416.

Greenspoon, J. (1976). *The sources of behavior: Abnormal and normal.* Monterey, CA: Brooks/Cole.

Greenwald, D. P, Kornblith, S. J., Hersen, M., Bellack, A. S. & Himmelhoch, J. M. (1981). Differences between social skills, therapists and psychotherapists in treating depression. *Journal of Consulting and Clinical Psychology, 49,* 757-759.

Gresham, F. M. & Macmillan, D. L. (1997). Autistic recovery? An analysis and critique of the empirical evidence on the early intervention project. *Behavioral Disorders, 22,* 185-201.

Griffith, R. G. & Spreat, S. (1989). Aversive behavior modification procedures and the use of professional judgment. *Behavior Therapist,* 12(7), 143-146.

Guess, D. & Carr, E. (1991). Emergence and maintenance of stereotopy and self-injury. *American journal on Mental Retardation, 96,* 299-319.

Guess, D., Helmstetter, E., Turnbull, H. R. III & Knowlton, S. (1986). *Use of aversive procedures with persons who are disabled: An historical review and critical analysis.* Seattle, WA: Association for Persons with Severe Handicaps.

Guess, D., Sailor, W., Rutherford, G. & Baer, D. M. (1968). An experimental analysis of linguistic development: The productive use of the plural morpheme. *Journal of Applied Behavior Analysis, 1,* 297-306.

Guevremont, D. C., Osnes, P. G. & Stokes, T. F. (1986). Preparation for effective self-regulation: The development of generalized verbal control. *Journal of Applied Behavior Analysis, 19,* 99-104.

Guilhordi, H. J. (2004). Coersive control and anxiety-A case of «panic disorder» treated by therapy by contingencies of reinforcement. En T. Grassi (Ed.), *Contemporary challenges in the behavioral approach: A Brazilian overview.* Santo Andre, Brazil: Esetec Editores Associados.

Guthrie, E. R. (1935). *The psychology of human learning.* New York: Harper & Row.

Hains, A. H. & Baer, D. M. (1989). Interaction effects in multi-element designs: Inevitable, desirable, and ignorable. *Journal of Applied Behavior Analysis, 22,* 57-69.

Hanley, G. P., Iwata, B. A. & McCord, B. E. (2003). Functional analysis of problem behavior: A review. *Journal of Applied Behavior Analysis, 36,* 147-185.

Hantula, D. A., Boyd, J. H. & Crowell, C. 1. (1989). Ten years of behavioral instruction with computers: Trials, tribulations, and reflections. *Proceedings of the Academic Microcomputer Conference* (pp. 81-92). Indianapolis, IN: Author.

HARDY, L., MARTIN, G., YU, D., LEADER, C. & QUINN, G. (1981). *Objective behavioral assessment of the severely and moderately mentally handicapped: The OBA.* Springfield, IL; Charles C Thomas.

HARING, T. G. & KENNEDY, C. H. (1990). Contextual control of problem behavior in students with severe disabilities. *Journal of Applied Behavior Analysis, 23,* 235-243.

HARRIS, B. (1979). What happened to little Albert? *American Psychologist, 34, 151-160.*

HARRIS, C. S. & MCREYNOLDS, W. T. (1977). Semantic cues and response contingencies in self-instructional control. *Journal of Behavior Therapy and Experimental Psychiatry, 8,* 15-17.

HARRIS, F. R., WOLF, M. M. & BAER, D. M. (1964). Effects of adult social reinforcement on child behavior. *Young Children,* 20, 8-17.

HATCH, M. I., FRIEDMAN, S. & PARADIS, C. M. (1996). Behavioral treatment of obsessive-compulsive disorder in African Americans. *Cognitive and Behavioral Practice, 3,* 303-315.

HAUGHTON, E. & AYLLON, T. (1965). Production and elimination of symptomatic behavior. En L. P. Ullmann & L. Krasner (Eds.), *Case studies in behavior modification* (pp. 94-98). New York: Holt, Rinehart & Winston.

HAWKINS, R. C. & CLEMENT, P. (1980). Development and construct validation of a self-report measure of binge eating tendencies. *Addictive Behaviors, 5,* 219-226.

HAWKINS, R. P. & DOTSON, V. A. (1975). Reliability scores that delude: An Alice in Wonderland trip through the misleading characteristics of inter-observer agreement scores in interval recording. En E. Ramp & G. Semp (Eds.), *Behavior analysis: Areas of research and application* (pp. 359-376). Upper Saddle River, NJ: Prentice Hall.

HAWKINS, R. P. & FORSYTH, J. P. (1997). Bridging barriers between paradigms: Making cognitive concepts relevant for behavior analysis. *Journal of Behavior Therapy and Experimental Psychiatry, 28,* 3-6.

HAWKINS, R. P. (1979). The functions of assessment: Implications for selection and development of devices for assessing repertoires in clinical, educational, and other settings. *Journal of Applied Behavior Analysis, 12,* 501-516.

HAWKINS, R. P., MATHEWS, J. R. & HAMDAN, L. (1999). *Measuring behavioral outcomes.* Norwell, MA: Kluwer Academic / Plenum Publishers.

HAYES, S. C. & BISSETT, R. T. (2000). Behavioral psychotherapy and the rise of clinical behavior analysis. En J. Austin & J. E. Carr (Eds.), *Handbook of applied behavior analysis* (pp. 231-245). Reno, NV: Context Press.

HAYES, S. C. (2004a). Acceptance and commitment therapy and the new behavior therapies: Mindfulness, acceptance, and relationship. En S. C. Hayes, V. M. Follette y M. M. Linehan (Eds.), *Mindfullness and acceptance: Expanding the cognitive behavioral tradition* (pp. 1-29). New York: Guilford Press.

HAYES, S. C. (2004b). Acceptance and commitment therapy, relational frame theory, and the third wave of behavior therapy. *Behavior Therapy, 35,* 639-666.

HAYES, S. C., BARNES-HOLMES, D. & ROCHE, B. (Eds.). (2001). *Relational frame theory: A post-Skinnerian account of human language and cognition.* New York: Plenum Press.

HAYES, S. C., FOLLETTE, V. M. & LINEHAN, M. M. (Eds.). (2004). *Mindfulness and acceptance: Expanding the cognitive behavioral tradition.* New York: Guilford Press.

HAYES, S. C., JACOBSON, N. S., FOLLETTE, V. M. & DOUGHER, M. J. (Eds.). (1994). *Acceptance and change: Content and context in psychotherapy.* Reno, NV: Context Press.

HAYES, S. C., MASUDA, A., BISSETTE, R., LUOMA, J. & GUERRERO, L. F. (2004). DBT, FAP, and ACT: How empirically oriented are the new behavior therapy technologies. *Behavior Therapy, 35,* 35-54.

HAYES, S. C., ROSENFARB, I., WULFERT, E., MUNT, E. D., KORN, D. & ZETTLE, R. D. (1985). Self-reinforcement effects: An artifact of social standard setting? *Journal of Applied Behavior Analysis, 18,* 201-214.

HAYES, S. C., STROSAHL, K. D. & WILSON, K. G. (1999). *Acceptance and commitment therapy: An experiential approach to behavior change.* New York: Guilford Press.

HAYES, S.C. (1989). *Rule-governed behavior: Cognition, contingencies, and instructional control.* New York: Plenum Press.

HAYNES, S. N. (1998). The changing nature of behavioral assessment. En A. S. Bellack & M. Hersen *(Eds.), Behavioral assessment: A practical handbook* (4.ª ed., pp. 1-21). Boston: Allyn & Bacon.

HEFFERLINE, R. E, KEENAN, B. & HARFORD, R. A. (1959). Escape and avoidance conditioning in human subjects without their observation of the response. *Science,* 130, 1338-1339.

HERMANN, J. A., MONTES, A. I., DOMINGUEZ, B., MONTES, F. & HOPKINS, B. L. (1973). Effects of bonuses for punctuality on the tardiness of industrial workers. *Journal of Applied Behavior Analysis,* 6, 563-570.

HERRNSTEIN, R. J. & DEVILLIERS, P. A. (1980). Fish as a natural category for people and pigeons. En G. H. Bower (Ed.), *The psychology of learning and motivation* (Vol. 14, pp. 60-97). New York: Academic Press.

HERRNSTEIN, R. J. & LOVELAND, D. H. (1964). Complex visual concept in the pigeon. *Science, 146,* 549-551.

HERRNSTEIN, R. J. (1961). Relative and absolute strength of response as a function of frequency of reinforcement. *Journal of the Experimental Analysis of Behavior, 4,* 267-272.

HERRNSTEIN, R. J., LOVELAND, D. H. & CABLE, C. (1976). Natural concepts in pigeons. *Journal of Experimental Psychology: Animal Behavior Processes, 2,* 285-302.

HERSEN, M. & LAST, C. G. (Eds.). (1999). *Child behavior therapy casebook.* New York: Kluwer Academic Publishers / Plenum Press.

HERSEN, M. (1976). Historical perspectives in behavioral assessment. En M. Hersen & A. S. Bellack *(Eds.), Behavioral assessment: A practical handbook* (pp. 3-17). New York: Pergamon Press.

HERSEN, M. (Ed.). (1983). *Outpatient behavior therapy: A clinical guide.* New York: Grune & Stratton.

HILDEBRAND, R. G., MARTIN, G. L., FURER, P. & HAZEN, A. (1990). A recruitment of praise package to increase productivity levels of developmentally handicapped workers. *Behavior Modification, 14,* 97-113.

HILE, M.G. (1991). Hand-held behavioral observations: The Observer. *Behavioral Assessment, 13, 187-196.*

HOMME, L. E. (1965). Perspectives in psychology: XXIV Control of coverants, the operants of the mind. *Psychological Record, 15, 501-511.*

HOMME, L. E., CSANYI, A. P., GONZALES, M. A. & RECHS, J. R. (1969). *How to use contingency contracting in the classroom.* Champaign, IL: Research Press.

HONIG, W K. & STEWART, K. (1988). Pigeons can discriminate locations presented in pictures. *Journal of the Experimental Analysis of Behavior, 50,* 541-551.

HORAN, J. J. & JOHNSON, R. G. (1971). Coverant conditioning through a self-management application of the Premack principle: Its effect on weight reduction. *Journal of Behavior Therapy and Experimental Psychiatry, 2,* 243-249.

HORNER, R. D. & KEILITZ, I. (1975). Training mentally retarded adolescent to brush their teeth. *Journal of Applied Behavior Analysis, 8,* 301-309.

HORNER, R. H. (1994). Functional assessment: Contributions and future directions. *Journal of Applied Behavior Analysis, 27,* 401-404.

HORNER, R. H., SPRAGUE, T. & WILCOX, B. (1982). General case programming for community activities. En B. Wilcox & G. T. Bellamy (Eds.), *Design of high school programs for severely handicapped students* (pp. 61-98). Baltimore: Paul Brookes.

HRYCAIKO, D. & MARTIN, G. L. (1996). Applied research studies with single-subject designs: Why so few? *Journal of Applied Sport Psychology, 8,* 183-199.

HRYDOWY, E. R. & MARTIN, G. L. (1994). A practical staff management package for use in a training program for persons with developmental disabilities. *Behavior Modification, 18,* 66-88.

HUANG, W. & CUVO, A. J. (1997). Social skills training for adults with mental retardation in job related settings. *Behavior Modification, 21,* 3-44.

HULL, C. L. (1943). *Principles of behavior.* New York: Appleton-Century-Crofts.

HULL, C. L. (1952). A *behavior system.* New Haven, CT: Yale University Press.

HUME, K. M., MARTIN, G. L., GONZALES, P., CRACKLEN, C. & GENTHON, S. (1985). A self-monitoring feedback package for improving freestyle figure skating performance. *Journal of Sport Psychology, 7,* 333-345.

INGRAM, R. E. & SCOTT, W. D. (1990). Cognitive behavior therapy. En A. S. Bellack, M. Hersen & A. E. Kazdin (Eds.), *International handbook of behavior modificatio and therapy* (2.ª ed., pp. 53-68). New York: Plenum Press.

IREY, P. A. (1972). Covert sensitization of cigarette smokers with high and low extraversion scores. Tesis de Master no publicada, Southern Illinois University, Carbondale.

ISRAEL, A. C., STOLMAKER, L. & ADRIAN, C. A. G. (1985). The effects of training parents in general child management skills on a behavioral weight loss program for children. *Behavior Therapy, 16, 169-180.*

ISSACS, W., THOMAS, J. & GOLDIAMOND, I. (1960). Application of operant conditioning to reinstate verbal behavior in psychotics. *Journal of Speech and Hearing Disorders, 25,* 8-12.

IVANCIC, M. T., BARRETT, G. T., SIMONOW, A. & KIMBERLY, A. (1997). A replication to increase happiness indices among some people with profound developmental disabilities. *Research in Developmental Disabilities, 18,* 79-89.

IWAMASA, G. Y (1999). Behavior therapy and Asian Americans: Is there a commitment? *The Behavior Therapist, 10,* 196-197, 205-206.

IWAMASA, G. Y. & SMITH, S. K. (1996). Ethic diversity in behavioral psychology: A review of the literature. *Behavior Modification, 20,* 45-59.

IWATA, B. A., DORSEY, M. F., SLIFER, K. J., BAUMAN, K. E. & RICHMAN, G. S. (1982). Toward a functional analysis of self-injury. *Analysis and Intervention in Developmental Disabilities, 2,* 3-20.

IWATA, B. A., KAHNG, S. W., WALLACE, M. D. & LINDBERG, J. S. (2000). The functional analysis model of behavioral assessment. En J. Austin & J. E. Carr (Eds.), *Handbook of applied behavior analysis* (pp. 61-90). Reno, NV: Context Press.

IWATA, B. A., PACE, G. M., COWDERY, G. E. & MILTENBERGER, R. G. (1994). What makes extinction work: An analysis of procedural form and function. *Journal of Applied Behavior Analysis,* 27, 131-144.

IWATA, B. A., PACE, G. M., DORSEY, M. E, ZARCONE, J. R., VOLLMER, T. R., SMITH, R. G., y cols. (1994). The functions of self-injurious behavior: An experimental-epidemiological analysis. *Journal of Applied Behavior Analysis, 27,* 215-240.

IWATA, B. A., PACE, G. M., KALSHER, M. J., COWDERY, G. E. & CATALDO, M. F. (1990). Experimental analysis and extinction of self-injurious escape behavior. *Journal of Applied Behavior Analysis, 23,* 11-27.

IZARD, C. E. (1991). *The psychology of emotions.* New York: Plenum Press.

JACKSON, D. A. & WALLACE, R. E (1974). The modification and generalization of voice loudness in a 15-year-old retarded girl. *Journal of Applied Behavior Analysis, 7,* 461-471.

JACOBS, H. (2000). Brain injury rehabilitation. En J. Austin & J. E. Carr (Eds.), *Handbook of applied behavior analysis* (211-230). Reno, NV: Context Press.

JACOBSON, N. S., DOBSON, K. S., TRUAX, P. A., ADDIS, M. E., KOERNER, K., GOLLAN, J. K., y cols. (1996). A component analysis of cognitive behavioral treatment for depression. *Journal of Consulting and Clinical Psychology, 64,* 295-304.

JACOBSON, N. S., MARTELL, C. R. & DIMIDJIAN, S. (2001). Behavioral activation for depression: Returning to contextual roots. *Clinical Psychology: Science & Practice, 8,* 255-270.

JANIS, I. & MANN, L. (1977). *Decision-making.* New York: Free Press.

JANIS, I. & WHEELER, D. (1978). Thinking clearly about career choices. *Psychology Today,* 11(12), 66-76, 121-122.

JENSEN, B. J. & HAYNES, S. N. (1986). *Self-report questionnaires and inventories. En* A. R. Ciminero, K. S. Calhoun & H. E. Adams (Eds.), *Handbook of behavioral assessment* (2.ª ed.). New York: Wiley.

JOHNSON, C. M., REDMON, W. K. & MAWHINNEY, T. C. (Eds.). (2001). *Handbook of organizational performance: Behavior analysis and management.* New York: Haworth Press.

JOHNSON, C. R., HUNT, F. M. & SIEBERT, M. J. (1994). Discrimination training in the treatment of pica and food scavenging. *Behavior Modification, 18,* 214-229.

JOHNSON, K. R. & RUSKIN, R. S. (1977). *Behavioral instruction: An evaluative review.* Washington, DC: American Psychological Association.

JOHNSON, S. P., WELCH, T. M., MILLER, L. K. & ALTUS, D. E. (1991). Participatory management: Maintaining staff performance in a university housing cooperative. *Journal of Applied Behavior Analysis, 24,* 119-127.

JOHNSON, W. G. (1971). Some applications of Homme's coverant control therapy: Two case reports. *Behavior Therapy, 2,* 240-248.

JOHNSON, W. L. & BAUMEISTIER, A. (1978). Self-injurious behavior: A review and analysis of methodological details of published studies. *Behavior Modification, 2,* 465-484.

JONES, M. C. (1924). The elimination of children's fears. *Journal of Experimental Psychology, 7,* 383-390.

JONES, R. S. P. & MCCAUGHEY, R. E. (1992). Gentle teaching and applied behavior analysis: A critical review. *Journal of Applied Behavior Analysis, 25,* 853-867.

KAHNG, S. W & IWATA, B. A. (1998). Computerized systems for collecting real-time observational data. *Journal of Applied Behavior Analysis, 31,* 253-261.

KAROL, R. L. & RICHARDS, C. S. (1978, November). Making treatment effects last: An investigation of maintenance strategies for smoking reduction. Ponencia presentada en la Association for the Advancement of Behavior Therapy, Chicago.

KAU, M. L. & FISCHER, J. (1974). Self-modification of exercise behavior. *Journal of Behavior Therapy and Experimental Psychiatry, 5,* 213-214.

KAZDIN, A. E. & ERICKSON, L. M. (1975). Developing responsiveness to instructions in severely and profoundly retarded residents. *Journal of Behavior Therapy and Experimental Psychiatry, 6,* 17-21.

KAZDIN, A. E. & POLSRER, R. (1973). Intermittent token reinforcement and response maintenance in extinction. *Behavior Therapy, 4,* 386-391.

KAZDIN, A. E. (1977b). Assessing the clinical or applied importance of behavior change through social validation. *Behavior Modification, 1,* 427-451.

KAZDIN, A. E. (1973). The effect of vicarious reinforcement on attentive behavior in the classroom. *Journal of Applied Behavior Analysis, 6,* 72-78.

KAZDIN, A. E. (1977a). *The token economy: A review and evaluation.* New York: Plenum Press.

KAZDIN, A. E. (1978). *History of behavior modification.* Baltimore: University Park Press.

KAZDIN, A. E. (1985). The token economy. En R. M. Turner & L. M. Ascher (Eds.), *Evaluating behavior therapy outcome* (pp. 225-253). New York: Springer.

KEARNEY, C. A. & SILVERMAN, W. K. (1990). A preliminary analysis of a functional model of assessment and treatment for school refusal behavior. *Behavior Modification, 14,* 340-366.

KELLER, F. S. & SCHOENFELD, W. N. (1950). *Principles of psychology.* New York: Appleton-Century-Crofts.

KELLER, F. S. & SHERMAN, J. G. (1982). *The PSI handbook: Essays on personalized instruction.* Lawrence, KS: T.R.I. Publications.

KELLER, F. S. (1968). Good-bye, teacher .... *Journal of Applied Behavior Analysis, 1,* 79-89.

KENDALL, P. C. (Ed.). (2000). *Child and adolescent psychotherapy: Cognitive behavioral procedures* (2.ª ed.). New York: Guilford Press.

KERN, L., CHILDS, K. E., DUNLAP, G., CLARKE, S. & FALK, G. D. (1994). Using assessment based curricular intervention to improve the classroom behavior of a student with emotional and behavioral challenges. *Journal of Applied Behavior Analysis, 27,* 7-19.

KIM, J. (2003). History of Korean ABA. *Newsletter of the International Association for Behavior Analysis, 26, (3),* 20-21.

KING, N. (1996). The Australian Association for Cognitive and Behavior Therapy. *The Behavior Therapist, 19,* 73-74.

KINGDON, D. G. & TURKINGTON, D. (1994). *Cognitive-behavioral therapy of schizophrenia.* New York: Guilford Press.

KINSNER, W. & PEAR, J. J. (1988). Computer-aided personalized system of instruction for the virtual classroom. *Canadian Journal of Educational Communication, 17,* 21-36.

KIRBY, F. D. & SHIELDS, F. (1972). Modification of arithmetic response rate and attending behavior in a seventh grade student. *Journal of Applied Behavior Analysis, 5,* 79-84.

KIRCHER, A. S., PEAR, J. J. & MARTIN, G. (1971). Shock as punishment in a picture-naming task with retarded children. *Journal of Applied Behavior Analysis, 4,* 227-233.

KNIGHT, M. F. & MCKENZIE, H. S. (1974). Elimination of bedtime thumb-sucking in home settings through contingent reading. *Journal of Applied Behavior Analysis, 7,* 33-38.

KOEGEL, R. L. & WILLIAMS, J. A. (1980). Direct versus indirect response-reinforcer relationships in teaching autistic children. *Journal of Abnormal Child Psychology, 8,* 537-547.

KOHLER, E. W. & GREENWOOD, C. R. (1986). Toward technology of generalization: The identification of natural contingencies of reinforcement. *The Behavior Analyst, 9,* 19-26.

KOHN, A. (1993). *Punished by rewards: The trouble with gold stars, incentive plans, A's, praise, and other bribes.* New York: Houghton Mifflin.

KOKOSZKA, A., POPIEL, A. & SITARZ, M. (2000). Cognitive-behavioral therapy in Poland. *The Behavior Therapist, 23,* 209-216.

KOMAKI, J. & BARNETT, F. T. (1977). A behavioral approach to coaching football: Improving the play execution of the offensive backfield on a youth football team. *Journal of Applied Behavior Analysis, 7,* 199-206.

KONARSKI, E. A., JR., FAVELL, J. E. & FAVELL, J. E. (Eds.). (1997). *Manual for the assessment and treatment of the behavior disorders of people with mental retardation.* Morganton, NC: Western Carolina Center Foundation.

KOOP, S., MARTIN, G., YU, D. & SUTHONS, E. (1980). Comparison of two reinforcement strategies in vocational-skill training of mentally retarded persons. *American Journal of Mental Deficiency, 84,* 616-626.

KOZAK, M. J. & FOA, E. B. (1996). Obsessive-compulsive disorder. En V. B. Van Hasselt & M. Hersen (Eds.), *Sourcebook of psychological treatment manuals for adult disorders* (pp. 65-122). New York: Plenum Press.

KULIK, C.-L., KULIK, J. A. & BANGERT-DROWNS, R. L. (1990). Effectiveness of mastery learning programs: A meta-analysis. *Review of Educational Research, 60,* 265-299.

LALLI, J. S., VOLLMER, T. R., PROGAR, P. R., WRIGHT, C., BORRERO, J., DANIEL, D., y cols. (1999). Competition between positive and negative reinforcement in the treatment of escape behavior. *Journal of Applied Behavior Analysis, 32,* 285-296.

LAMBERT, M. J. (Ed.). (2004). *Bergin & Garfield's Handbook of psychotherapy and behavior change. New* York: Wiley.

LAMSON, R. (1997). *Virtual therapy.* Montreal, Canada: Polytechnic International Press.

LARAWAY, S., SNYCERSKI, S., MICHAEL, J. & POLING, A. (2003). Motivating operations and terms to describe them: Some further refinements. *Journal of Applied Behavior Analysis, 36, 407-414.*

LARKIN, K. T. & ZAYFERT, C. (1996). Anger management training with essential hypertensive patients. En V.B. Van Hasselt & M. Hersen (Eds.), *Sourcebook of psychological treatment manuals for adult disorders* (pp. 689-716). New York: Plenum Press.

LATIES, V. G. & MACE, F. C. (1993). Taking stock: The first 25 years of the *Journal of Applied Behavior Analysis. Journal of Applied Behavior Analysis, 26,* 513-525.

LATIMER, P. R. & SWEET, A. A. (1984). Cognitive vs. behavioral procedures in cognitive behavior therapy: A critical review of the evidence. *Journal of Behavior Therapy and Experimental Psychiatry,* 15, 9-22.

LATNER, J. D. & WILSON, G. T. (2002). Self-monitoring and the assessment of binge eating. *Behavior Therapy, 33,* 465-477.

LATTAL, K. A. & METZGER, B. (1994). Response acquisition by Siamese fighting fish with delayed visual reinforcement. *Journal of the Experimental Analysis of Behavior, 61,* 35-44.

LAZARUS, A. A. (1958). New methods in psychotherapy: A case study. *South African Medical journal,* 32, 660-664.

LAZARUS, A. A. (1971). *Behavior therapy and beyond.* New York: McGraw-Hill.

LAZARUS, A. A. (1976). *Multi-model behavior therapy.* New York: Springer.

LEAL, J. & GALANTER, M. (1995). The use of contingency-contracting to improve outcome in methadone maintenance. *Substance Abuse, 16, 155-167.*

LEBOW, M. C. (1989). *Adult obesity therapy.* New York: Pergamon Press.

LEBOW, M. D. (1981). *Weight control: The behavioral strategies.* New York: Wiley.

LEBOW, M. D. (1991). *Overweight children: Helping your child to achieve lifetime weight control.* New York: Insight Books / Plenum Press.

LEIBLUM, S. R. & ROSEN, R. C. (Eds.). (2000). *Principles and practice of sex therapy: Third edition. New* York: Guilford Press.

LENNOX, D. B., MILTENBERGER, R. G. & DONNELLY, D. (1987). Response interruption and DRL for the reduction of rapid eating. *Journal of Applied Behavior Analysis, 20,* 279-284.

LERMAN, D. C. & IWATA, B. A. (1996). Developing a technology for the use of operant extinction in clinical settings: An examination of basic and applied research. *Journal of Applied Behavior Analysis,* 29, 345-382.

LERMAN, D. C. & IWATA, B. A. (1995). Prevalence of the extinction burst and its attenuation during treatment. *Journal of Applied Behavior Analysis, 28,* 93-94.

LERMAN, D. C. & VORNDRAN, C. M. (2002). On the status of knowledge for using punishment: Implications for treating behavior disorders. *Journal of Applied Behavior Analysis, 35,* 431-464.

LERMAN, D. C., IWATA, B. A. & WALLACE, M. D. (1999). Side effects of extinction: Prevalence of bursting and aggression during the treatment of self-injurious behavior. *Journal of Applied Behavior Analysis, 32,* 1-8.

LERMAN, D. C., IWATA, B. A., SHORE, B. A. & KAHNG, S. (1996). Responding maintained by intermittent reinforcement: Implications for the use of extinction with problem behavior in clinical settings. *Journal of Applied Behavior Analysis, 29,* 153-171.

LESLIE-TOOGOOD, A. & MARTIN, G. L. (2003). Do coaches know the mental skills of their athletes? Assessments from volleyball and track. *Journal of Sport Behavior, 26,* 56-68.

LEWINSOHN, P. M. (1975). The behavioral study and treatment of depression. En M. Hersen, R. M. Eisler & P. M. Miller (Eds.), *Progress in Behavior Modification (Vol.* 1, pp. 19-65). New York: Academic Press.

LEWIS, T., J. & SUGAI, G. (1996). Descriptive and experimental analysis of teacher and peer attention and the use of assessment-based intervention to improve pro-social behavior. *Journal of Behavioral Education, 6,* 7-24.

LINDLEY, O. R. (1966). An experiment with parents handling behavior at home. *Johnstone Bulletin, 9,* 27-36.

LINDSLEY, O. R., SKINNER, B. F. & SOLOMON, H. C. (1953). *Studies in behavior therapy: Status report. 1.* Waltham, MA: Metropolitan State Hospital.

LINDSLEY, O. R. (1956). Operant conditioning methods applied to research in chronic schizophrenia. *Psychiatric Research Reports, 5,* 118-139.

LINEHAN, M. M. (1993). *Cognitive behavioral treatment of borderline personality disorder.* New York: Guilford Press.

LINES, J. B., SCHWARTZMAN, L., TKACHUK, G. A., LESLIE-TOOGOOD, S. A. & MARTIN, G. L. (1999). Behavioral assessment in sport psychology consulting: Applications to swimming and basketball. *Journal of Sport Behavior, 4,* 558-569.

LINSCHEID, T. R., IWATA, B. A., RICKETTS, R. W., WILLIAMS, D. E. & GRIFFIN, J. C. (1990). Clinical evaluation of the Self-Injurious Behavior Inhibiting System (SIBIS). *Journal of Applied Behavior Analysis, 23,* 53-78.

LINSCHEID, T. R., PEJEAU, C., COHEN, S. & FOOTO-LENZ, M. (1994). Positive side-effects in the treatment of SIB using the Self-Injurious Behavior Inhibiting System (SIBIS): Implications for operant and biochemical explanations of SIB. *Research in Developmental Disabilities, 15,* 81-90.

LIPPMAN, M. R. & MOTTA, R. W. (1993). Effects of positive and negative reinforcement on daily living skills in chronic psychiatric patients in community residences. *Journal of Clinical Psychology, 49,* 654-662.

LLOYD, K. E. (2002). A review of correspondence training: Suggestions for a revival. *The Behavior Analyst, 25,* 57-73.

LOCKE, E. A. & LATHAM, G. P. (1990). *A theory of goal setting and task performance.* Upper Saddle River, NJ: Prentice Hall.

LOGUE, A.W. (1995). *Self-control: Waiting until tomorrow for what you want today.* Upper Saddle River, NJ: Prentice Hall.

LOPEZ, W. L. & AGUILAR, M. C. (2003). Reflections on the history of ABA Columbia: Five years of experience and development. *Newsletter of the international Association for Behavior Analysis, 26(3),* 14-15.

LOVAAS, O. I. (1966). A program for the establishment of speech in psychotic children. En J. K. Wing (Ed.), *Early childhood autism* (pp. 115-144). Elmsford, NY: Pergamon Press.

LOVAAS, O. I. (1977). *The autistic child: Language development through behavior modification.* New York: Irvington.

LOVAAS, O. I. (1982, August). An overall evaluation of the young autism project. Ponencia presentada en la reunión anual de la American Psychological Association, Washington, DC.

LOVAAS, O. I. (1993). The development of a treatment-research project for developmentally disabled and autistic children. *Journal of Applied Behavior Analysis, 26,* 617-630.

LOVAAS, O. I., NEWSOM, C. & HICKMAN, C. (1987). Self-stimulatory behavior and perceptual development. *Journal of Applied Behavior Analysis, 20,* 45-68.

LOWE, C. F., BEASTY, A. & BENTALL, R. P. (1983). The role of verbal behavior in human learning: Infant performance on fixed interval schedules. *Journal of the Experimental Analysis of Behavior, 39,* 157-164.

LUBETKIN, B. S., RIVERS, P. C. & ROSENBERG, C. N. (1971). Difficulties of disulfiram therapy with alcoholics. *Quarterly Journal of Studies on Alcohol, 32,* 118-171.

LUBOW, R. E. (1974). High-order concept formation in pigeons. *Journal of the Experimental Analysis of Behavior, 21,* 475-483.

LUCE, S. C., DELQUADRI, J. & HALL, R. V. (1980). Contingent exercise: A mild but powerful procedure for suppressing inappropriate verbal and aggressive behavior. *Journal of Applied Behavior Analysis,* 13, 583-594.

LUDWIG, A. M., LEVINE, J. A. & STARK, L. H. (1970). *LDS and alcoholism.* Springfield, IL: Charles C Thomas.

LUTZ, J. *(1994). Introduction to learning and memory.* Pacific Grove, CA: Brooks/Cole.

MACE, F. C. & BELFIORE, P. (1990). Behavioral momentum in the treatment of escape-motivated stereotypy. *Journal of Applied Behavior Analysis, 23,* 507-514.

MACE, F. C. & WEST, B. J. (1986). Analysis of demand conditions associated with reluctant speech. *Journal of Behavior Therapy and Experimental Psychiatry, 17,* 285-294.

MACE, F. C., HOCK, M. L., LALLI, J. S., WEST, B. J., BELFIORE, P., PINTER, E., y cols. (1988). Behavioral momentum in the treatment of noncompliance. *Journal of Applied Behavior Analysis, 21, 123-141.*

MACE, F. C., LALLI, J., LALLI, E. P. & SHEY, M. C. (1993). Function analysis and treatment of aberrant behavior. En R. Van Houten & S. Axelrod (Eds.), *Behavior analysis and treatment* (pp. 75-99). New York: Plenum Press.

MACE, F. C., MCCURDY, B. & QUIGLEY, E. A. (1990). A collateral effect of reward predicted by matching theory. *Journal of Applied Behavior Analysis, 23,* 197-205.

MADSEN, C. H., BECKER, W. C., THOMAS, D. R., KOSER, L. & PLAGER, E. (1970). An analysis of the reinforcing function of «sit down» commands. En R. K. Parker (Ed.), *Readings in educational psychology* (pp. 71-82). Boston: Allyn & Bacon.

MADSEN, C. H., JR. & MADSEN, C. R. (1974). *Teaching discipline: Behavior principles towards a positive approach.* Boston: Allyn & Bacon.

MAGER, R. E (1972). *Goal analysis.* Belmont, CA: Fearon.

MAHONEY, K., VANWAGENEN, K. & MEYERSON, L. (1971). Toilet training of normal and retarded children. *Journal of Applied Behavior Analysis, 4,* 173-181.

MAHONEY, M. J. *(1974). Cognition and behavior modification.* Cambridge, MA: Ballinger.

MALATESTA, V. J., AUBUCHON, P. G. & BLUCH, M. (1994). A historical timeline of behavior therapy in psychiatric settings: Development of a clinical science. *Behavior Therapist, 17, 165-168.*

MALETSKY, B. M. (1974). Behavior recording as treatment: A brief note. *Behavior Therapy, 5, 107-111.*

MALOTT, R. W. & WHALEY, D. L. (1983). *Psychology.* Holmes Beach, FL: Learning Publications.

MALOTT, R. W. (1989). The achievement of evasive goals: Control by rules describing contingencies that are not direct-acting. En S. C. Hayes (Ed.), *Rule-governed behavior: Cognition, contingencies, and instructional control* (pp. 269-324). New York: Plenum Press.

MALOTT, R. W. (1992). A theory of rule-governed behavior and organizational behavior management. *Journal of Organizational Behavior Management, 12,* 45-65.

MARION, C., VAUSIE, T., HARAPIAK, S., MARTIN, G. L., YU, D., SAKKO, G., y cols. (2003). The hierarchical relationship between several visual and auditory discriminations and three verbal operants among individuals with developmental disabilities. *The Analysis of Verbal Behavior, 19,* 91-105.

MARLATT, G. A. & PARKS, G. A. (1982). Self-management of addictive disorders. En P. Karoly & F. H. Kanfer (Eds.), *Self-management and behavior change: From theory to practice* (pp. 443-488). New York: Pergamon Press.

MARR, M. J. (2003). The stitching and the unstitching: What can behavior analysis have to say about creativity? *The Behavior Analyst, 26,* 15-27.

MARTELL, C., ADDIS, M. & DIMIDJIAN, S. (2004). Finding the action in behavioral activation: The search for empirically supported interventions and mechanisms of change. En S. C. Hayes, V. M. Follette & M. M. Linehan (Eds.), *Mindfulness and acceptance: Expanding the cognitive behavioral tradition* (pp. 152-167). New York: Guilford Press.

MARTIN, G. A. & WORTHINGTON, E. L. (1982). Behavioral homework. En M. Hersen, R. M. Isler & P. M. Miller (Eds.), *Progress in behavior modification* (Vol. 13, pp. 197-226). New York: Academic Press.

MARTIN, G. L. & INGRAM, D. (2001). *Play golf in the zone: The psychology of golf made easy.* San Francisco: Van der Plas.

MARTIN, G. L. & OSBORNE, J. G. (1993). *Psychological adjustment and everyday living* (2.ª ed.). Upper Saddle River, NJ: Prentice Hall.

MARTIN, G. L. & OSBORNE, J. G. (Eds.) (1980). *Helping in the community: Behavioral applications. New* York: Plenum Press.

MARTIN, G. L. & PEAR, J. J. *(1978). Behavior modification: What it is and how to do it.* Upper Saddle River, NJ: Prentice Hall.

MARTIN, G. L. & TKACHUK, G. (2000). Behavioral sport psychology. En J. Austin & J. E. Carr (Eds.), *Handbook of applied behavior analysis* (pp. 399-422). Reno, NV: Context Press.

MARTIN, G. L. & YU, C. T. (2000). Research on the Assessment of Basic Learning Abilities Test: A review. *Journal on Developmental Disabilities, 7, 10-36.*

MARTIN, G. L. (1981). Behavior modification in Canada in the 1970's. *Canadian Psychology,* 22, 7-22.

MARTIN, G. L. (1982). Thought stopping and stimulus control to decrease persistent disturbing thoughts. *Journal of Behavior Therapy and Experimental Psychiatry,* 13(3), 215-220.

MARTIN, G. L. (1992). Applied behavior analysis in sport and physical education: Past, present and future. En R. P. West & L. A. Hammerlynk (Eds.), *Designs for excellence in education: The legacy of B. F Skinner* (pp. 223-287). Longmont, CO: Sopris West.

MARTIN, G. L. (2003). *Sport psychology: Practical guidelines from behavior analysis* (2.ª ed.). Winnipeg, Canada: Sport Science Press.

MARTIN, G. L., ENGLAND, G. D. & ENGLAND, K. G. (1971). The use of backward chaining to teach bed making to severely retarded girls: A demonstration. *Psychological Aspects of Disability, 18,* 35-40.

MARTIN, G. L., ENGLAND, G., KAPROWY, E., KILGOUR, K. & PILEK, V. (1968). Operant conditioning of kindergarten-class behavior in autistic children. *Behaviour Research and Therapy, 6,* 281-294.

MARTIN, G. L., KOOP, S., TURNER, C. & HANEL, F. (1981). Backward chaining versus total task presentation to teach assembly tasks to severely retarded persons. *Behavior Research of Severe Developmental Disabilities, 2,* 117-136.

MARTIN, G. L., THOMPSON, K. & REGEHR, K. (2004). Studies using single-subject designs in sport psychology: 30 years of research. *The Behavior Analyst, 27,* 263-280.

MARTIN, G. L., TOOGOOD, S. A. & TKACHUK, G. A. (Eds.) (1997). *Behavioral assessment forms for sport psychology consulting.* Winnipeg, Canada: Sport Science Press.

MARTIN, G. L., YU, C. T. & VAUSE, T. (2004). Assessment of Basic Learning Abilities Test. Recent research and future directions. En W. L. Williams (Ed.), *Advances in developmental disabilities: Etiology, assessment, intervention, and integration* (pp. 161-176). Reno, NV: Context Press.

MARTIN, T. L., PEAR, J. J. & MARTIN, G. L. (2002a). Analysis of proctor grading accuracy in a computer-aided personalized system of instruction course. *Journal of Applied Behavior Analysis, 35,* 309-312.

MARTIN, T. L., PEAR, J. J. & MARTIN, G. L. (2002b). Feedback and its effectiveness in a computer-aided personalized system of instruction course. *Journal of Applied Behavior Analysis, 35,* 427-430.

MASIA, C. L. & CHASE, P. N. (1997). Vicarious learning revisited: A contemporary behavior analytic interpretation. *Journal of Behavior Therapy and Experimental Psychiatry, 28,* 41-51.

MASTERS, J. C., BURRISH, T. G., HOLLON, S. D. & RIMM, D. C. (1987). *Behavior therapy: Techniques and empirical findings* (3.ª ed.). Orlando, FL: Harcourt Brace Jovanovich.

MASTERS, W. H. & JOHNSON, V. E. (1970). *Human sexual inadequacy.* Boston: Little, Brown.

MATSEN, J. L., BIELECKI, J., MAYVILLE, E. A., SMOLLS, Y., BAMBURG, J. W. & BAGLIO, C. S. (1999). The development of a reinforcer choice assessment scale for persons with severe and profound mental retardation. *Research in Developmental Disabilities, 20,* 379-384.

MATSON, J. L. & VOLLMER, T. R. (1995). *User's guide: Questions About Behavioral Function (QABF).* Baton Rouge, LA: Scientific Publishers.

MAZALESKI, J. L., IWATA, B. A., VOLLMER, T. R., ZARCONE, J. R. & SMITH, R. G. (1993). Analysis of the reinforcement and extinction components in DRO contingencies with self injury. *Journal of Applied Behavior Analysis, 26,* 143-156.

MAZUR, J. E. (1991). Choice with probabilistic reinforcement: Effects of delay and conditioned reinforcers. *Journal of the Experimental Analysis of Behavior, 55(l),* 63-77.

MCEACHIN, J. J., SMITH, T. & LOVAAS, O. I. (1993). Long-term outcome for children with autism who received early intensive behavioral treatment. *American journal on Mental Retardation, 97,* 359-372.

MCFALL, R. M. (1970). The effects of self-monitoring on normal smoking behavior. *Journal of Consulting and Clinical Psychology, 35,* 135-142.

MCGEE, J. J., MENOLASCINO, F. J., HOBBS, D. C. & MENOUSEK, P. E. (1987). *Gentle teaching: A non-aversive approach for helping persons with mental retardation.* New York: Human Sciences Press.

MCGILL, P. (1999). Establishing operations: Implications for the assessment, treatment, and prevention of problem behavior. *Journal of Applied Behavior Analysis, 32,* 393-418.

MCGINNIS, J. C., FRIMAN, P. C. & CARLYON, W. D. (1999). The effect of token rewards on «intrinsic» motivation for doing math. *Journal of Applied Behavior Analysis, 32,* 375-379.

MCGLYNN, F. D., SMITHERMAN, T. A. & GOTHARD, K. D. (2004). Comment on the status of systematic desensitization. *Behavior Modification, 28,* 194-205.

MCKINNEY, R. & FIEDLER, S. (2004). Schizophrenia: Some recent advances and implications for behavioral intervention. *The Behavioral Therapist, 27,* 122-125.

MEADOWS, S. (1996). *Parenting behavior and children's cognitive development.* Hillsdale, NJ: Erlbaum.

MEICHENBAUM, D. H. & DEFFENBACHER, J. L. (1988). Stress inoculation training. *Counseling Psychologist, 16,* 69-90.

MEICHENBAUM, D. H. & GOODMAN, J. (1971). Training impulsive children to talk to themselves: A means of developing self-control. *Journal of Abnormal Psychology, 77, 115-126.*

MEICHENBAUM, D. H. (1986). Cognitive behavior modification. En F H. Kanfer & A. P. Goldstein (Eds.), *Helping people change: A textbook of methods* (3.ª ed., pp. 346-380). New York: Pergamon Press.

MEICHENBAUM, D. H. (1977). *Cognitive behavior modification: An integrative approach.* New York: Plenum Press.

MEICHENBAUM, D. H. (1985). *Stress inoculation training.* New York: Pergamon Press.

MESSER, S. B. & WINOKUR, M. (1984). Ways of knowing and visions of reality in psychoanalytic therapy and behavior therapy. En H. Arkowitz & S. B. Messer (Eds.), *Psychoanalytic therapy and behavior therapy: Is integration possible?* (pp. 63-100). New York: Plenum Press.

MEYER, L. H. & EVANS, I. M. (1989). *Non-aversive intervention for behavior problems: A manual for home and community.* Baltimore: Paul H. Brookes.

MICHAEL, J. (1982). Distinguishing between discriminative and motivational functions of stimuli. *Journal of the Experimental Analysis of Behavior, 37,* 149-155.

MICHAEL, J. (1986). Repertoire-altering effects of remote contingencies. *Analysis of Verbal Behavior, 4, 10-18.*

MICHAEL, J. (1987). Symposium on the experimental analysis of human behavior: Comments by the *discussant. Psychological Record, 37,* 37-42.

MICHAEL, J. (1988). Establishing operations and the mand. *The Analysis of Verbal Behavior, 6,* 3-9.

MICHAEL, J. (1991). A behavioral perspective on college teaching. *Behavior Analyst, 14,* 229-239.

MICHAEL, J. (1993). Establishing operations. *Behavior Analyst, 16,* 191-206.

MICHAEL, J. (2000). Implications and refinements of the establishing operation concept. *Journal of Applied Behavior Analysis, 33,* 401-410.

Midgley, M., Lea, S. E. G. & Kirby, R. M. (1989). Algorithmic shaping and misbehavior in the acquisition of token deposit by rats. *Journal of the Experimental Analysis of Behavior, 52,* 27-40.

Mikulis, W. L. (1983). Thailand and behavior modification. *Journal of Behavior Therapy and Experimental Psychiatry, 14,* 93-97.

Miller, D. L. & Kelley, M. L. (1994). The use of goal setting and contingency contracting for improving children's homework. *Journal of Applied Behavior Analysis, 27,* 73-84.

Miller, W. R. (1996). Motivational interviewing: Research, practice and puzzles. *Addictive Behaviors,* 21, 835-842.

Miltenberger, R. G., Fuqua, R. W. & Woods, D. W. (1998). Applying behavior analysis to clinical problems: Review and analysis of habit reversal. *Journal of Applied Behavior Analysis, 31,* 447-469.

Ming, S. & Martin, G.L. (1996). Single-subject evaluation of a self-talk package for improving figure skating performance. *The Sport Psychologist, 10,* 227-238.

Moderato, P. (2003). Behaviorism and behavior analysis in Italy. *Newsletter of the International Association for Behavior Analysis, 26(3),* 17-19.

Mohr, B., Muller, V., Mattes, R., Rosin, R., Federmann, B., Strehl, U., y cols. (1996). Behavioral treatment of Parkinson's disease leads to improvement of motor skills and to tremor reduction. *Behavior Therapy, 27,* 235-255.

Moller, A. P., Milinski, M. & Slater, P. J. B. (Eds.). (1998). *Stress and behavior.* New York: Academic Press.

Moore, J. & Shook, G. L. (2001). Certification, accreditation, and quality control in behavior analysis. *The Behavior Analyst, 24,* 45-55.

Morgan, D. L. & Morgan, R. K. (2001). Single-participant research design: Bringing science to managed care. *American Psychologist, 56,* 119-127.

Morris, R. J. & Kratochwill, T. R. (1983). *Treating children's fears and phobias: A behavioral approach.* New York: Pergamon Press.

Mulaire-Cloutier, C., Vause, T., Martin, G. L. & Yu, D. (2000). Choice, task preference, task performance, and happiness indicators with persons with severe developmental disabilities. *International Journal of Practical Approaches to Disability, 24,* 7-12.

Myerson, J. & Hale, S. (1984). Practical implications of the matching law. *Journal of Applied Behavior Analysis, 17,* 367-380.

Neef, N. A., Mace, F. C. & Shade, D. (1993). Impulsivity in students with serious emotional disturbances: The interactive effects of reinforcer rate, delay, and quality. *Journal of Applied Behavior Analysis, 26, 37-52.*

Neef, N. A., Mace, F. C., Shea, M. C. & Shade, D. (1992). Effects of reinforcer rate and reinforcer quality on time allocation: Extensions of the matching theory to educational settings. *Journal of Applied Behavior Analysis, 25,* 691-699.

Neef, N. A., Shade, D. & Miller, M. S. (1994). Assessing influential dimensions of reinforcers on choice in students with serious emotional disturbance. *Journal of Applied Behavior Analysis, 27,* 575-583.

Nelson, R. O. (1983). Behavioral assessment: Past, present, and future. *Behavioral Assessment, 5,* 195-206.

Nevin, J. A. (1988). Behavioral momentum and the partial reinforcement effect. *Psychological Bulletin,* 103, 44-56.

Nevin, J. A. (1992). An integrative model for the study of behavioral momentum. *Journal of the Experimental Analysis of Behavior, 57,* 301-316.

Nezu, A. (2000). It's official: To be behavioral is to be special. *The Behavior Therapist, 23,* 181-184, 206.

Nhat Hanh, T. (1998). *The heart of the Buddha's teaching: Transforming suffering into peace, joy, and liberation.* Berkeley, CA: Parallax Press.

NORDQUIST, D. M. (1971). The modification of a child's enuresis: Some response-response relationships. *Journal of Applied Behavior Analysis, 4,* 241-247.

NORTH, M. M., NORTH, S. M. & COBLE, J. R. (1997). Virtual reality therapy for fear-of-flying. *American Journal of Psychiatry, 154, 130.*

NORTHUP, J., WACKER, D., SASSO, G., STEEGE, M., CIGRAND, K., COOK, J., y cols. (1991). A brief functional analysis of aggressive and alternative behavior in an out-clinic setting. *Journal of Applied Behavior Analysis, 24,* 509-522.

O'BRIEN, S. & REPP, A. C. (1990). Reinforcement-based reductive procedures: A review of 20 years of their use with persons with severe or profound retardation. *Journal of the Association for Persons with Severe Handicaps, 15, 148-159.*

O'CONNOR, R. (1969). Modification of social withdrawal through symbolic modeling. *Journal of Applied Behavior Analysis, 2,* 15-22.

O'DONNELL, J. (2001). The discriminative stimulus for punishment or SDp. *The Behavior Analyst, 24,* 261-262.

O'DONNELL, J., CROSBIE, J., WILLIAMS, D. C. & SAUNDERS, K. J. (2000). Stimulus control and generalization of point-loss punishment with humans. *Journal of the Experimental Analysis of Behavior, 73,* 261-274.

OEI, T. P. S. (Ed.). (1998). *Behavior therapy and cognitive behavior therapy in Asia.* Glebe, Australia: Edumedia.

OHMAN, A., DIMBERG, U. & OST, L. G. (1984). Animal and social phobias. En S. Reiss & R. Bootzin *(Eds.), Theoretical issues in behavior therapy* (pp. 210-222). New York: Academic Press.

O'LEARY, K. D. (1984). The image of behavior therapy: It is time to take a stand. *Behavior Therapy, 15,* 219-233.

OLENICK, D. L. & PEAR, J. J. (1980). Differential reinforcement of correct responses to probes and prompts in picture-naming training with severely retarded children. *Journal of Applied Behavior Analysis, 13,* 77-89.

OLSEN, R., LARAWAY, S., AUSTIN, J. (2001). Unconditioned and conditioned establishing operations in organizational behavior management. *Journal of Organizational Behavior Management, 21,* 7-35.

OLSON, R. P. & KROON, J. S. (1987). Bio-behavioral treatments of essential hypertension. En M. S. Schwartz (Ed.), *Biofeedback: A practitioner's guide.* New York: Guilford Press.

O'NEILL, G. W. & GARDNER, R. (1983). *Behavioral principles in medical rehabilitation: A practical guide.* Springfield, IL: Charles C Thomas.

OSBORNE, J. G. & POWERS, R. B. (1980). Controlling the litter problem. En G. L. Martin & J. G. Osborne *(Eds.), Helping in the community: Behavioral applications* (pp. 103-168). New York: Plenum Press.

OTTO, M. W., PAVA, J. A. & SPRICH-BUCKMINSTER, S. (1995). Treatment of major depression: Applications and efficacy of cognitive behavior therapy. En M. H. Pollack, M. W. Otto & J. E. Rosenbaum (Eds.), *Challenges in psychiatric treatment: Pharmacological and psychosocial strategies* (pp. 31-52). New York: Guilford Press.

OTTO, T. L., TORGRUD, L. J. & HOLBORN, S. W. (1999). An operant blocking interpretation of instructed insensitivity to schedule contingencies. *The Psychological Record, 49,* 663-684.

PAGE, T. J., IWATA, B. A. & NEEF, N. A. (1976). Teaching pedestrian skills to retarded persons: Generalization from the classroom to the natural environment. *Journal of Applied Behavior Analysis,* 9, 433-444.

PAGGEOT, B., KVALE, S., MACE, F. C. & SHARKEY, R. W. (1988). Some merits and limitations of hand-held computers for data collection. *Journal of Applied Behavior Analysis, 21,* 429.

PAL-HEGEDUS, C. (1991). Behavior analysis in Costa Rica. *Behavior Therapist, 14, 103-104.*

PALMER D. C. (1991). A behavioral interpretation of memory. En L. J. Hayes & P. N. Chase (Eds.), *Dialogues on verbal behavior* (pp. 259-286). Reno, NV: Context Press.

PALMER, D. C. (2004). Data in search of a principle: A review of Relational Frame Theory: A post-Skinnerian account of human language and cognition. *Journal of the Experimental Analysis of Behavior, 81,* 189-204.

PARADIS, C. M., FRIEDMAN, S., HATCH, M. L. & ACKERMAN, R. (1996). Cognitive behavioral treatment of anxiety disorders in orthodox Jews. *Cognitive and Behavioral Practice, 3,* 271-288.

PASCARELLA, E. T. & TERENZINI, P. T. (1991). *How college affects students: Findings and insights from 20 years of research.* San Francisco: Jossey-Bass.

PASSMAN, R. (1977). The reduction of procrastinate behaviors in a college student despite the «contingency fulfillment problems»: The use of external control in self-management techniques. *Behavior Therapy, 8,* 95-96.

PATTERSON, G. R. & GULLION, M. E. (1968). *Living with children: New methods for parents and teachers.* Champaign, IL: Research Press.

PATTERSON, G. R. (1965). An application of conditioning techniques to the control of a hyperactive child. En L. P. Ullmann & L. Krasner (Eds.), *Case studies in behavior modification* (pp. 370-375). New York: Holt, Reinhart & Winston.

PAVLOV, I. P. (1927). *Conditioned reflexes: An investigation of the physiological activity of the cerebral cortex* (Traducción, G. V. Anrep). London: Oxford University Press.

P.D. SUPPORTS BAN ON CORPORAL PUNISHMENT. (1990). *Practitioner Focus,* 4(2), 5, 8.

PEAR, J. J. & CRONE-TODD, D. E. (1999). Personalized System of Instruction in cyberspace. *Journal of Applied Behavior Analysis, 32,* 205-209.

PEAR, J. J. & CRONE-TODD, D. E. (2002). A social constructivist approach to computer-mediated instruction. *Computers & Education, 38,* 221-231.

PEAR, J. J. & ELDRIDGE, G. D. (1984). The operant-respondent distinction: Future directions. *Journal of the Experimental Analysis of Behavior, 42,* 453-467.

PEAR, J. J. & KINSNER, W. (1988). Computer-aided Personalized System of Instruction: An effective and economical method for short and long distance education. *Machine-Mediated Learning, 2,* 213-237.

PEAR, J. J. & LEGRIS, J. A. (1987). Shaping of an arbitrary operant response by automated tracking. *Journal of the Experimental Analysis of Behavior, 47,* 241-247.

PEAR, J. J. & MARTIN, T. L. (2004). Making the most of PSI with computer technology In D. J. Moran & R. W. Malott (Eds.), *Evidence-based educational methods* (pp. 223-243). San Diego: Elsevier Academic Press.

PEAR, J. J. & NOVAK, M. (1996). Computer-aided Personalized System of Instruction: A program evaluation. *Teaching of Psychology, 23,* 119-123.

PEAR, J. J. (1983). Relative reinforcements for cognitive and behavioral terminologies. *Psychological Record, 33,* 20-25.

PEAR, J. J. (2001). *The science of learning.* Philadelphia: Psychology Press.

PEAR, J. J. (2004). A spatiotemporal analysis of behavior. En J. E. Burgos & E. Ribes (Eds.), *Theory, basic and applied research and technological applications in behavior science: Conceptual and methodological issues* (pp. 131-149). Guadalajara: University of Guadalajara Press.

PEAR, J. J. (En prensa). *A historical and contemporary look at psychological systems.* Mahwah, NJ: Lawrence Erlbaum Associates.

PERIN, C. T. (1943). The effect of delayed reinforcement upon the differentiation of bar responses in white rats. *Journal of Experimental Psychology, 32,* 95-109.

PERRI, M. G. & RICHARDS, C. S. (1977). An investigation of naturally occurring episodes of self-controlled behaviors. *Journal of Consulting Psychology, 24, 178-183.*

PHILLIPS, E. L., PHILLIPS, E. A., FIXSEN, D. L. & WOLF, M. M. (1973). Behavior shaping works for delinquents. *Psychology Today, 7(l),* 75-79.

PHILLIPS, E. L., PHILLIPS, E. A., WOLF, M. M. & FIXSEN, D. L. (1973). Achievement Place: Development of the elected manager system. *Journal of Applied Behavior Analysis, 6,* 541-546.

PINKER, S. (1994). *The language instinct: How the mind creates language.* New York: William Morrow.

PLIMPTON, G. (1965). Ernest Hemingway. En G. Plimpton (Ed.), *Writers at work: The Paris Review interviews* (2.ª serie, pp. 215-239). New York: Viking.

POCHE, C., BROUWER, R. & SWEARINGEN, M. (1981). Teaching self-protection to young children. *Journal of Applied Behavior Analysis, 14,* 169-176.

POLENCHAR, B. F., ROMANO, A. G., STEINMETZ, J. E. & PATTERSON, M. M. (1984). Effects of US parameters on classical conditioning of cat hind limb flexion. *Animal Learning and Behavior, 12,* 69-72.

POLING, A. (2001). Comments regarding Olsen, Laraway, and Austin (2001). *Journal of Organizational Behavior Management, 21,* 47-56.

POLING, A., DICKINSON, A., AUSTIN, J. & NORMAND, M. (2000). Basic and behavioral research in organizational behavior management. En J. Austin & J. E. Carr (Eds.), *Handbook of applied behavior analysis* (pp. 295-320). Reno, NV: Context Press.

POLING, A., METHOT, L. L. & LESAGE, M. G. (1995). *Fundamentals of behavior analytic research.* New York: Plenum Press.

POPPEN, R. L. (1989). Some clinical implications of rule-governed behavior. En S. C. Hayes (Ed.), *Rule governed behavior: Cognition, contingencies, and instructional control* (pp. 325-357). New York: Plenum Press.

POTTER, B. A. (1980). *Turning around: The behavioral approach to managing people.* New York: AMACOM.

POUTHAS, V., DROIT, S., JACQUET, A. Y. & WEARDEN, J. H. (1990). Temporal differentiation of response duration in children of different ages: Developmental changes in relations between verbal and nonverbal behavior. *Journal of the Experimental Analysis of Behavior, 53,* 21-31.

POWELL, J., MARTINDALE, A. & KULP, S. (1975). An evaluation of time-sample measures of behavior. *Journal of Applied Behavior Analysis, 8,* 463-469.

POWERS, R. B. & OSBORNE, J. G. (1976). *Fundamentals of behavior.* St. Paul, MN: West.

PREMACK, D. (1959). Toward empirical behavioral laws. I: Positive reinforcement. *Psychological Review, 66,* 219-233.

PREMACK, D. (1965). Reinforcement theory. En D. Levin (Ed.), *Nebraska Symposium on Motivation* (pp.123-180). Lincoln: University of Nebraska.

PRILLELTENSKY, I. (1989). Psychology and the status quo. *American Psychologist, 44,* 795-802.

PRILLELTENSKY, I. (1990). Enhancing the social ethics of psychology: Toward a psychology at the service of social change. *Canadian Psychology, 31,* 310-319.

PURCELL, D. W., CAMPOS, P. E. & PERILLA, J. L. (1996). Therapy with lesbians and gay men: A cognitive behavioral perspective. *Cognitive and Behavioral Practice, 3,* 391-415.

PYLES, D. A. M. & BAILEY, J. S. (1990). Diagnosing severe behavior problems. En A. C. Repp & N. N. Singh (Eds.), *Perspectives on the use of non-aversive interventions for persons with developmental disabilities* (pp. 381-401). Sycamore, IL: Sycamore Press.

QUARTI, C. & RENAUD, J. (1964). A new treatment of constipation by conditioning: A preliminary report. En C. M. Franks (Ed.), *Conditioning techniques in clinical practice and research* (pp. 219-227). New York: Springer.

RAE, A. (1993). Self-paced learning with video for undergraduates: A multimedia Keller Plan. *British Journal of Educational Technology, 24,* 43-51.

RAE, S., MARTIN, G. L. & SMYK, B. (1990). A self-management package versus a group exercise contingency for increasing on-task behavior of developmentally handicapped workers. *Canadian Journal of Behavioral Science, 22,* 45-58.

RASEY, H. W. & IVERSEN, I. H. (1993). An experimental acquisition of maladaptive behavior by shaping. *Journal of Behavior Therapy and Experimental Psychiatry, 24,* 37-43.

REID, D. H. & PARSONS, M. B. (2000). Organizational behavior management in human service settings. En J. Austin & J. E. Carr (Eds.), *Handbook of applied behavior analysis* (pp. 275-294). Reno, NV: Context Press.

REPP, A. C. & SINGH, N. (1990). Perspectives on the use of non-aversive and aversive interventions for persons with developmental disabilities. Sycamore, IL: Sycamore Press.

REPP, A. C., DEITZ, S. M. & DEITZ, D. E. (1976). Reducing inappropriate behaviors in classrooms and individual sessions through DRO schedules of reinforcement. *Mental Retardation, 14,* 11-15.

REPP, A. C., KARSH, K. G., FELCE, D. & LUDEWIG, D. (1989). Further comments on using hand-held computers for data collection. *Journal of Applied Behavior Analysis, 22,* 336-337.

RESICK, P. A. & SCHNICKE, M. K. (1992). Cognitive processing therapy for sexual assault victims. *Journal of Consulting and Clinical Psychology, 60,* 748-756.

REYNOLDS, L. K. & KELLEY, M. L. (1997). The efficacy of a response-cost based treatment package for managing aggressive behavior in preschoolers. *Behavior Modification, 21,* 216-230.

RICHARD, D. C. S. & BOBICZ, K. (2003). Computers and behavioral assessment: Six years later. *The Behavior Therapist, 26,* 219-223.

RICHMAN, G. S., REISS, M. L., BAUMAN, K. E. & BAILEY, J. S. (1984). Training menstrual care to mentally retarded women: Acquisition, generalization, and maintenance. *Journal of Applied Behavior Analysis,* 17, 441-451.

RINCOVER, A. (1978). Sensory extinction: A procedure for eliminating self-stimulatory behavior in psychotic children. *Journal of Abnormal Child Psychology, 6,* 299-310.

RINCOVER, A., COOK R., PEOPLES, A. & PACKARD, D. (1979). Sensory extinction and sensory reinforcement principles for programming multiple adaptive behavior change. *Journal of Applied Behavior Analysis, 12,* 221-233.

RIVA, G., WIEDERHOLD, B. K. & MOLINARI, E. (1998). *Virtual environments in clinical psychology and neuroscience. Methods and techniques in advanced patient-therapist interaction.* Amsterdam, the Netherlands: IOS Press.

ROBERTS, R. N. & THARP, R. G. (1980). A naturalistic study of children's self-directed speech in academic problem-solving. *Cognitive Research and Therapy, 4,* 341-353.

ROBERTS, R. N. (1979). Private speech in academic problem-solving: A naturalistic perspective. En G. Zevin (Ed.), *The development of self-regulation through private speech* (pp. 295-323). New York: Wiley.

RODRIGUE, J. R., BANKO, C. G., SEARS, S. E & EVANS, G. (1996). Old territory revisited: Behavior therapists in rural America and innovative models of service delivery. *The Behavior Therapist, 19,* 97-100.

ROMANO, J. M., JENSEN, M. P., TURNER, J. A., GOOD, A. B. & HOPS, H. (2000). Chronic pain patient-partner interactions: Further support for a behavioral model of chronic pain. *Behavior Therapy, 31,* 415-440.

ROSCOE, B., MARTIN, G. L & PEAR, J. J. (1980). Systematic self-desensitization of fear of flying: A case study. En G. L. Martin & J. G. Osborne (Eds.), *Helping in the community: Behavioral applications* (pp. 345-352). New York: Plenum Press.

ROSEN, G. M. (1987). Self-help treatment books and the commercialization of psychotherapy. *American Psychologist, 42,* 46-51.

ROTHBAUM B. O., HODGES, L. F., KOOPER, R., y cols., (1995), Effectiveness of computer-generated (virtual reality) graded exposure in the treatment of acrophobia. *American Journal of Psychiatry, 152,* 626-628.

ROTTER, J. B. (1954). *Social learning and clinical psychology.* Upper Saddle River, NJ: Prentice Hall.

ROVETTO, F. (1979). Treatment of chronic constipation by classical conditioning techniques. *Journal of Behavior Therapy and Experimental Psychiatry, 10,* 143-146.

SAJWAJ, T., LIBET, J. & AGRAS, S. (1974). Lemon-juice therapy: The control of life-threatening rumination in a six-month-old infant. *Journal of Applied Behavior Analysis, 7,* 557-563.

SAKANO, Y. (1993). Behavior therapy in Japan: Beyond the cultural impediments. *Behavior Change, 10*, 19-21.

SALEND, S. J., ELLIS, L. L. & REYNOLDS, C. J. (1989). Using self-instructions to teach vocational skills to individuals who are severely retarded. *Education and Training in Mental Retardation, 24,* 248-254.

SALMON, D. J., PEAR, J. J. & KUHN, B. A. (1986). Generalization of object naming after training with picture cards and with objects. *Journal of Applied Behavior Analysis, 19,* 53-58.

SALTER, A. (1949). *Conditioned reflex therapy.* New York: Creative Age Press.

SANIVIO, E. (1999). Behavioral and cognitive therapy in Italy. *The Behavior Therapist, 22,* 69-75.

SARWER, D. B. & SAYERS, S. L. (1998). Behavioral interviewing. En A. S. Bellack & M. Hersen (Eds.), *Behavioral assessment: A practical handbook* (4.ª ed., pp. 63-78). Boston: Allyn & Bacon.

SCHAEFER, C. E. & BRIESMEISTER, J. M. (Eds.). (1998). *Handbook of parent training: Parents as co-therapists for children's behavior.* New York: Wiley.

SCHAEFER, H. H. & MARTIN, p. L. (1969). *Behavioral therapy.* New York: McGraw-Hill.

SCHLEIEN, S. J., WEHMAN, P. & KIERNAN, J. (1981). Teaching leisure skills to severely handicapped adults: An age-appropriate darts game. *Journal of Applied Behavior Analysis, 14,* 513-519.

SCHLESINGER, C. (2004). Australian Association for Cognitive and Behavior Therapy. *Newsletter of the International Association for Behavior Analysis,* 27(2), 20-21.

SCHLINGER, H. & BLAKELEY, E. (1987). Function-altering effects of contingency-specifying stimuli. *The Behavior Analyst, 10,* 41-45.

SCHLOSS, P. J., SMITH, M., SANTORA, C. & BRYANT, R. (1989). A respondent conditioning approach to reducing anger responses of a dually-diagnosed man with mild mental retardation. *Behavior Therapy,* 20, 459-464.

SCHLOSS, P.J. & SCHLOSS, M.A. (2004). *Applied behavior analysis in the classroom* (2.ª ed.).Boston: Allyn & Bacon.

SCHREIBMAN, L. (1975). Effects of within-stimulus and extra-stimulus prompting on discrimination learning in autistic children. *Journal of Applied Behavior Analysis, 8,* 91-112.

SCHROEDER, H. E. & BLACK, M. J. (1985). Unassertiveness. En M. Hersen & A. S. Bellack (Eds.), *Handbook of clinical behavior therapy with adults* (pp. 509-530). New York: Plenum Press.

SCHUNK, D. H. (1987). Peer models and children's behavioral change. *Review of Educational Research,* 57, 149-174.

SCHWARTZ, M. S. & ANDRASIC, E. (1998). *Biofeedback: A practitioner's guide.* New York: Guilford Press.

SCHWITZGEBEL, R. L. (1964). *Street corner research: An experimental approach to juvenile delinquency.* Cambridge, MA: Harvard University Press.

SCOGIN, E, BYNUM, J., STEPHENS, G. & CALHOON, S. (1990). Efficacy of self-administered treatment programs: Meta-analytic review. *Professional Psychology: Research and Practice, 21,* 42-47.

SCOTT, M. A., BARCLAY, B. R. & HOUTS, A. C. (1992). Childhood enuresis: Etiology, assessment, and current behavioral treatment. En M. Hersen, R. N. Eisler & P. M. Miller (Eds.), *Progress in behavior modification* (Vol. 28, pp. 84-119). Sycamore, IL: Sycamore Press.

SCOTT, R. W., PETERS, R. D., GILLESPIE, W. J., BLANCHARD, E. B., EDMUNDSON, E. D. & YOUNG, L. D. (1973). The use of shaping and reinforcement in the operant acceleration and deceleration of heart rate. *Behaviour Research and Therapy, 11,* 179-185.

SCRIMALI, T. & GRIMALDI, L. (1993). Behavioral and cognitive psychotherapy in Italy. *The Behavior Therapist, 16,* 265-266.

SEARIGHT, H. R. (1998). *Behavioral medicine: A primary care approach.* Philadelphia: Brunner-Mazel.

SEIGTS, G. H., MEERTENS, R. M. & KOK, G. (1997). The effects of task importance and publicness on the relation between goal difficulty and performance. *Canadian Journal of Behavioral Science, 29,* 54-62.

SELIGMAN, M. E. P. (1971). Phobias and preparedness. *Behavior Therapy, 2,* 307-321.

SELIGMAN, M. E. P. (1994). *What you can change and what you can't.* New York: Knopf.

SEMB, G. & SEMB, S. A. (1975). A comparison of fixed-page and fixed-time reading assignments in elementary school children. En E. Ramp & G. Semb (Eds.), *Behavior analysis: Areas of research and application* (pp. 233-243). Upper Saddle River, NJ: Prentice Hall.

SERKETICH, W. J. & DUMAS, J. E. (1996). The effectiveness of behavioral parent training to modify anti-social behavior in children: A meta-analysis. *Behavior Therapy, 27,* 171-186.

SHAFRAN, R., BOOTH, R. & RACHMAN, S. (1993). The reduction of claustrophobia: II. Cognitive analyses. *Behaviour Research and Therapy, 31,* 75-85.

SHERRINGTON, C. S. (1947). *The integrative action of the central nervous system.* Cambridge, UK: Cambridge University Press.

SHIMOFF, E., MATTHEWS, B. A. & CATANIA, A. C. (1986). Human operant performance: Sensitivity and pseudo-sensitivity to contingencies. *Journal of the Experimental Analysis of Behavior, 46,* 149-157.

SIDMAN, M. (1953). Avoidance conditioning with brief shock and no exteroceptive warning signal. *Science, 118, 157-158.*

SIDMAN, M. (1960). *Tactics of scientific research.* New York: Basic Books.

SIDMAN, M. (1994). *Equivalence relations and behavior: A research story.* Boston: Authors Cooperative.

SIEDENTOP, D. & TANNEHILL, D. (2000). *Developing teaching skills in physical education* (4.ª ed.). Mountain View, CA: Mayfield.

SIEDENTOP, D. (1978). The management of practice behavior. En W. E. Straub (Ed.), *Sport psychology: An analysis of athletic behavior* (pp. 42-61). Ithaca, NY: Mouvement.

SILVERMAN, K., SVIKIS, D., ROBLES, E., STITZER, M. L. & BIGELOW, G. E. (2001). A reinforcement-based therapeutic workplace for the treatment of drug abuse: Six-month abstinence outcomes. *Experimental and Clinical Psychopharmacology, 9,* 14 -23.

SILVERMAN, K., WONG, C. J., UMBRICHT-SCHNEITER, A., MONTOYA, I. D., SCHUSTER, C. R. & PRESTON, K. L. (1998). Broad beneficial effects of cocaine abstinence reinforcement among methadone patients. *Journal of Consulting and Clinical Psychology, 66,* 811-824.

SIMEK, T. C. & O'BRIEN, R. M. (1981). *Total golf. A behavioral approach to lowering your score and getting more out of your game.* Huntington, NY: B-Mod Associates.

SINGER, G. H., SINGER, J. S. & HORNER, R. H., (1987). Using pre-task requests to increase the probability of compliance for students with severe disabilities. *Journal of the Association for Persons with Severe Handicaps, 12,* 287-291.

SKINNER, B. F. & VAUGHAN, N. E. (1983). *Enjoy old age: A program of self-management.* New York: W. W. Norton.

SKINNER, B. F. (1938). *The behavior of organisms.* New York: Appleton-Century-Crofts.

SKINNER, B. F. (1948a). «Superstition» in the pigeon. *Journal of Experimental Psychology, 38,* 168-172.

SKINNER, B. F. (1948b). *Walden Two.* New York: Macmillan.

SKINNER, B. F. (1953). *Science and human behavior.* New York: Macmillan.

SKINNER, B. F. (1957). *Verbal behavior.* New York: Appleton-Century-Crofts.

SKINNER, B. F. (1958). Teaching machines. *Science, 128,* 969-977.

SKINNER, B. F. (1960). Pigeons in a pelican. *American Psychologist, 15, 28-37.*

SKINNER, B. F. (1968). *The technology of teaching.* New York: Appleton-Century-Crofts.

SKINNER, B. F. (1969). *Contingencies of reinforcement: A theoretical analysis.* New York: Appleton Century-Crofts.

SKINNER, B. F. (1971). *Beyond freedom and dignity.* New York: Knopf.

SKINNER, B. F. (1974). *About behaviorism.* New York: Knopf.

SKINNER, B. F. (1977). Why I am not a cognitive psychologist. *Behaviorism, 5, 1-10.*

SKINNER, B. F. (1989). *Recent issues in the analysis of behavior.* Columbus, OH: Charles E. Merrill.

SMITH, M. T., PERLIS, M., PARK, A., SMITH, M. S., PENNINGTON, J., GILES, G. E., y cols. (2002). Comparative meta-analysis of pharmacotherapy and behavior therapy for persistent insomnia. *American Journal of Psychiatry, 159(1),* 5-11.

SMITH, R. E. (1988). The logic and design of case study research. *The Sport Psychologist, 2,* 1-12.

SMITH, R., MICHAEL, J. & SUNDBERG, M. L. (1996). Automatic reinforcement and automatic punishment in infant vocal behavior. *The Analysis of Verbal Behavior, 13,* 39-48.

SNYDER, D. K. & ABBOTT, B. V. (2004). Couple distress. En M. M. Antony & D. H. Barlow (Eds.), *Handbook of assessment and treatment planning for psychological disorders.* New York: Guilford Press.

SNYDER, J., SCHREPFERMAN, L. & ST. PETER, C. (1997). Origins of antisocial behavior: Negative reinforcement and affect disregulation of behavior as socialization mechanisms in family interaction. *Behavior Modification, 21,* 187-215.

SOBELL, L. C., TONEATTO, T. & SOBELL, M. B. (1994). Behavioral assessment and treatment planning for alcohol, tobacco, and other drug problems: Current status with an emphasis on clinical applications. *Behavior Therapy, 25,* 533-580.

SOBELL, M. B. & SOBELL, L. C. (1993). *Problem drinkers: Guided self-change treatment.* New York: Guilford Press.

SOMMER, R. (1977, January). Toward a psychology of natural behavior. *APA Monitor, 8, 13-14.*

SPIEGLER, M. D. & GUEVREMONT, D. C. (2003). *Contemporary behavior therapy* (4.ª ed.). Belmont, CA: Wadsworth / Thompson Learning.

SPINELLI, P. R. & PACKARD, T. (1975, February). Behavioral self-control delivery systems. Ponencia presentada en la National Conference on Behavioral Self-Control, Salt Lake City, UT.

SPOONER, E. (1984). Comparisons of backward chaining and total task presentation in training severely handicapped persons. *Education and Training of the Mentally Retarded, 19, 15-22.*

SPRAGUE, J. R. & HORNER, R. H. (1984). The effects of single-instance, multiple-instance, and general case training on generalized vending machine use by moderately and severely handicapped students. *Journal of Applied Behavior Analysis, 17,* 273-278.

STAATS, A. W. (1996). *Behavior and personality.* New York: Springer.

STAATS, A. W., STAATS, C. K. & CRAWFORD, H. L. (1962). First-order conditioning of meaning and the parallel conditioning of a GSR. *Journal of General Psychology, 67,* 159-167.

STAINBACK, W. C., PAYNE, J. S., STAINBACK, S. B. & PAYNE, R. A. (1973). *Establishing a token economy in the classroom.* Columbus, OH: Charles E. Merrill.

STAMPFL, T. G. & LEVIS, D. J. (1967). Essentials of implosive therapy: A learning-theory-based psychodynamic behavioral therapy. *Journal of Abnormal Psychology, 72,* 496-503.

STARK, M. (1980). The German Association of Behavior Therapy. *Behavior Therapist, 3,* 11-12.

STEPHENS, C. E., PEAR, J. J., WRAY, L. D. & JACKSON, G. C. (1975). Some effects of reinforcement schedules in teaching picture names to retarded children. *Journal of Applied Behavior Analysis, 8,* 435-447.

STOKES, T. E & BAER, D. M. (1977). An implicit technology of generalization. *Journal of Applied Behavior Analysis, 10,* 349-367.

STOKES, T. F. & OSNES, P. G. (1986). Programming the generalization of children's social behavior. En P. S. Strain, M. J. Guralnick & H. Walker (Eds.), *Children's social behavior: Development, assessment, and modification* (pp. 407-443). Orlando, FL: Academic Press.

STOLZ, S. B. & ASSOCIATES. (1978). *Ethical issues in behavior modification.* San Francisco: Jossey-Bass.

STROMER, R., MACKAY, H. A. & REMINGTON, B. (1996). Naming: The formation of stimulus classes, and applied behavior analysis. *Journal of Applied Behavior Analysis, 29,* 409-431.

STUART, R. B. (1971). Assessment and change of the communication patterns of juvenile delinquents and their parents. En R. D. Rubin, H. Fernsterheim, A. A. Lazarus & C. M. Franks (Eds.), *Advances in behavior therapy* (pp. 183-196). New York: Academic Press.

STUART, R. B. (1975). *Client-therapist treatment contract.* Champaign, IL: Research Press.

STURMEY, P. (1994). Assessing the functions of aberrant behaviors: A review of psychometric instruments. *Journal of Autism and Developmental Disabilities, 24,* 293-303.

STURMEY, P. (1995). Analogue baselines: A critical review of the methodology. *Research in Developmental Disabilities, 16,* 269-284.

SUCHOWIERSKA, M. & KOZLOWSKI, J. (2004). Behavior analysis in Poland: A few words on Polish ABA. *Newsletter of the International Association for Behavior Analysis,* 27(2), 28-29.

SULLIVAN, M. A. & O'LEARY, S. G. (1990). Maintenance following reward and cost token programs. *Behavior Therapy, 21,* 139-149.

SULZER-AZAROFF, B. & REESE, E. P. (1982). *Applying behavior analysis: A program for developing professional competence.* New York: Holt, Rinehart & Winston.

SUNDBERG, M. L. & MICHAEL, J. (2001). The benefits of Skinner's analysis of verbal behavior for children with autism. *Behavior Modification, 25,* 698-724.

SUNDBERG, M. L. & PARTINGTON, J. W. (1998). *Teaching language to children with autism and other developmental disabilities.* Pleasant Hill, CA: Behavior Analysts.

SUNDBERG, M. L. (2004). A behavioral analysis of motivation and its relation to mand training. En W. L. Williams (Ed.), *Advances in developmental disabilities: Etiology, assessment, intervention, and integration* (pp. 199-220). Reno, NV: Context Press.

SUNDBERG, M. L., MICHAEL, J., PARTINGTON, J. W. & SUNDBERG, C. A. (1996). The role of automatic reinforcement in early language acquisition. *The Analysis of Verbal Behavior, 13,* 21-37.

SWEET, A. A. & LOIZEAUX, A. L. (1991). Behavioral and cognitive treatment methods: A critical comparative review. *Journal of Behavior Therapy and Experimental Psychiatry, 22,* 159-185.

TANAKA-MATSUMI, J. & HIGGINBOTHAM, H. N. (1994). Clinical application of behavior therapy across ethnic and cultural boundaries. *The Behavior Therapist, 17, 123-126.*

TANAKA-MATSUMI, J., HIGGINBAUTHAM, H. N. & CHANG, R. (2002). Cognitive behavioral approaches to counseling across cultures: A functional analytic approach for clinical applications. En P. B. Pedersen, J. G. Draguns, W. J. Lonner & J. E. Trimble (Eds.), *Counseling across cultures* (5.ª ed., pp. 337-354). Thousand Oaks, CA: Sage.

TAYLOR, C. B., FRIED, L. & KENARDY, J. (1990). The use of real-time computer diary for data acquisition and processing. *Behavior Research and Therapy, 28,* 93-97.

TAYLOR, S. E. (2003). *Health psychology* (5.ª ed.). New York: McGraw-Hill.

TAYLOR, S., THORDARSON, D. S. & SOCHTING, I. (2004). Obsessive-compulsive disorder. En M. M. Antony & D. H. Barlow (Eds.), *Handbook of assessment and treatment planning for psychological disorders.* New York: Guilford Press.

TEASDALE, J. D., SEGAL, Z. V. & WILLIAMS, J. M. G. (1995). How does cognitive therapy prevent depressive relapse and why should attentional control (mindfulness) training help? *Behavior Research and Therapy, 33,* 25-39.

TERENZINI, P. T. & PASCARELLA, E. I. (1994). Living with myths: Undergraduate education in America. *Change,* Jan/Feb, 28-32.

THASE, M. E. (1994). After the fall: Perspectives on cognitive behavioral treatment of depression in the «post-collaborative» era. *The Behavior Therapist, 17,* 48-52.

THASE, M. E., REYNOLDS, C. F., FRANK, E., SIMONS, A. D., GARAMONI, G. D., MCGEARY, J., y cols. (1994). Response to cognitive-behavioral therapy in chronic depression. *Journal of Psychotherapy Practice and Research, 3,* 204-214.

THIERMAN, G. J. & MARTIN, G. L. (1989). Self-management with picture prompts to improve quality of household cleaning by severely mentally handicapped persons. *International Journal of Rehabilitation Research, 12,* 27-39.

THOMAS, D. L. & MILLER, L. K. (1980). Helping college students live together. Democratic decision making versus experimental manipulation. En G. L. Martin & J. G. Osborne (Eds.), *Helping in the community: Behavioral applications* (pp. 291-305). New York: Plenum Press.

THOMPSON, R. H. & IWATA, B. A. (2000). Response acquisition under direct and indirect contingencies of reinforcement. *Journal of Applied Behavior Analysis, 33, 1-11.*

THOMPSON, R. H., IWATA, B. A., CONNERS, J. & ROSCO, E. M. (1999). Effects of reinforcement for alternative behavior during punishment of self-injury. *Journal of Applied Behavior Analysis, 32,* 317-328.

THORNDIKE, E. L. (1911). Animal intelligence: An experimental study of the associative processes in animals. *Psychological Review Monograph Supplement 2,* No. 8.

TIFFANY, S. T., MARTIN, C. & BAKER, R. (1986). Treatments for cigarette smoking: An evaluation of the contributions of aversion and counseling procedures. *Behavior Research and Therapy, 24,* 437-452.

TIMBERLAKE, W. & ALLISON, J. (1974). Response deprivation: An empirical approach to instrumental *performance. Psychological Review, 81,* 146-164.

TIMBERLAKE, W. & FARMER-DOUGAN, V. A. (1991). Reinforcement in applied settings: Figuring out ahead of time what will work. *Psychological Bulletin, 110,* 379-391.

TINCANI, M. J., GASTROGIAVANNI, A. & AXELROD, S., (1999). A comparison of the effectiveness of brief versus traditional functional analyses. *Research in Developmental Disabilities, 20,* 327-338.

TKACHUK, G.A. & MARTIN, G.L. (1999). Exercise therapy for psychiatric disorders: Research and clinical implications. *Professional Psychology: Research and Practice, 30,* 275-282.

TODD, F. J. (1972). Coverant control of self-evaluative responses in the treatment of depression: A new use for an old principle. *Behavior Therapy, 3,* 91-94.

TORGRUD, L. J. & HOLBORN, S. W. (1990). The effects of verbal performance descriptions on nonverbal operant responding. *Journal of the Experimental Analysis of Behavior, 54,* 273-291.

TRINGER, L. (1991). Behavior therapy in Hungary. *The Behavior Therapist, 14, 13-14.*

TUCKER, M., SIGAFOOS, J. & BUSHELL, H. (1998). Use of non-contingent reinforcement in the treatment of challenging behavior. A review and clinical guide. *Behavior Modification, 22,* 529-547.

TURK, D. C. & OKIFUJI, A. (1997). Evaluating the role of physical, operant, cognitive, and affective factors in the pain behaviors of chronic pain patients. *Behavior Modification, 21,* 259-280.

TURKAT, 1. D. & FEUERSTEIN, M. (1978). Behavior modification and the public misconception. *American Psychologist, 33,* 194.

TURNER, J. R., CARDON, L. R. & HEWITT, J. K. (1995). *Behavior genetic approaches in behavioral medicine.* New York: Plenum Press.

TYRON, W. W. & CICERO, S. D. (1989). Classical conditioning of meaning - I. A replication and higher order extension. *Journal of Behavior Therapy and Experimental Psychiatry, 20,* 137-142.

TYRON, W. W. (1998). Behavioral observation. En A. S. Bellack & M. Hersen (Eds.), *Behavioral assessment: A practical handbook* (4.ª ed., pp. 79-103). Boston: Allyn & Bacon.

ULLMANN L. P. & KRASNER, L. (Eds.). (1965). *Case studies in behavior modification.* New York: Holt, Rinehart & Winston.

ULRICH, R., STACHNIK, T. & MABRY. J. (Eds.). (1966). *Control of human behavior (Vol.* 1). Glenview, IL: Scott Foresman.

UPPER, D., CAUTELA, J. R. & BROOK, J. M. (1975). Behavioral self-rating checklist. En M. Hersen, R. M. Eisler & P. M. Miller (Eds.), *Progress in behavior modification (Vol.* 1, pp. 275-305). New York: Academic Press.

VAN HOUTEN, R. & DOLEYS, D. M. (1983). Are social reprimands effective? En S. Axelrod & J. Apsche *(Eds.), The effects of punishment on human behavior* (pp. 45-70). New York: Academic Press.

VAN HOUTEN, R. (1983). Punishment: From the animal laboratory to the applied setting. En S. Axelrod & J. Apsche (Eds.), *The effects of punishment on human behavior* (pp. 13-44). New York: Academic Press.

VAN HOUTEN, R., AXELROD, S., BAILEY, J. S., FAVELL, J. E., FOXX, R. M., IWATA, B. A., y cols. (1988). The right to effective behavioral treatment. *Journal of Applied Behavior Analysis, 21,* 381-384.

VAUGHAN, M. (1989). Rule-governed behavior in behavior analysis: A theoretical and experimental history. En S. C. Hayes (Ed.), *Rule-governed behavior: Cognition, contingencies, and instructional control* (pp. 97-118). New York: Plenum Press.

VAUGHAN, M. E. & Michael, J. L. (1982). Automatic reinforcement: An important but ignored concept. *Behaviorism, 10,* 217-227.

VAUGHAN, W. JR. & HERRNSTEIN, R. J. (1987). Choosing among natural stimuli. *Journal of the Experimental Analysis of Behavior, 47,* 5-16.

VOLLMER, T. R. & IWATA, B. A. (1992). Differential reinforcement as treatment for behavior disorders: Procedural and functional variations. *Research in Developmental Disabilities, 13,* 393-417.

VOLLMER, T. R., ROANE, H. S., RINGDAHL, J. E. & MARCUS, B. A. (1999). Evaluating treatment challenges with differential reinforcement of alternative behavior. *Journal of Applied Behavior Analysis, 32,* 9-23.

VOLLMER, T. R., IWATA, B. A., ZARCONE, J. R., SMITH, R. G. & MAZELESKI, J. L. (1993). The role of attention in the treatment of attention-maintained self-injurious behavior: Non-contingent reinforcement and differential reinforcement of other behavior. *Journal of Applied Behavior Analysis, 26,* 9-21.

VYGOTSKY, L. S. (1978). *Mind and society.* Cambridge, MA: Harvard University Press.

WAHLER, R. G., WINKEL, G. H., PETERSON, R. E & MORRISON, D. C. (1965). Mothers as behavior therapists for their own children. *Behaviour Research and Therapy, 3,* 113-124.

WALKER, H. M. & BUCKLEY, N. K. (1972). Programming generalization and maintenance of treatment effects across time and across setting. *Journal of Applied Behavior Analysis, 5,* 209-224.

WALLACE, I. (1971). *The writing of one novel.* Richmond Hill, Ont., Canada: Simon & Schuster.

WALLACE, I. & PEAR, J. J. (1977). Self-control techniques of famous novelists. *Journal of Applied Behavior Analysis, 10,* 515-525.

WALTERS, G. D. (2000). Behavioral self-control training for problem drinkers: A meta-analysis of randomized control studies. *Behavior Therapy, 31,* 135-149.

WANLIN, C., HRYCAIKO, D., MARTIN, G. L. & MAHON, M. (1997). The effects of a goal-setting package on performance of speed skaters. *Journal of Sport Psychology, 9,* 212-228.

WARD, P. (2005). The philosophy, science, and application of behavior analysis in physical education. En D. Kirk, D. MacDonald & M. O'Sullivan (Eds.), *The Handbook of Physical Education.* Thousand Oaks, CA: Sage.

WARD, W. D. & STARE, S. W. (1990). The role of subject verbalization in generalized correspondence. *Journal of Applied Behavior Analysis, 23,* 129-136.

WATSON, D. L. & THARP, R. G. (1997). *Self-directed behavior: Self-modification for personal adjustment (7.ª* ed.). Monterey, CA: Brooks/Cole.

WATSON, D. L. & THARP, R. G. (2003). *Self-directed behavior: Self-modification for personal adjustment (8.ª* ed.). Monterey, CA: Brooks/Cole.

WATSON, J. B. & RAYNER, R. (1920). Conditioned emotional reactions. *Journal of Experimental Psychology, 3,* 1-14.

WATSON, J. B. (1913). Psychology as the behaviorist views it. *Psychological Review, 20,* 158-177.

Watson, J. B. (1916). The place of the conditioned reflex in psychology. *Psychological Review, 23,* 89-116.

Watson, J. B. (1930). *Behaviorism* (ed. rev.). Chicago: University of Chicago Press.

Watson, R. I. (1962). The experimental tradition and clinical psychology. En A. J. Bachrach (Ed.), *Experimental foundations of clinical psychology* (pp. 3-25). New York: Basic Books.

Watson, T. S. & Gresham, F. M. (1998). *Handbook of child behavior therapy.* New York: Plenum Press.

Watson, T. S. & Steege, M. W. (2003). *Conducting school-based functional behavioral assessments. New* York: Guilford Press.

Wearden, J. H. (1988). Some neglect problems in the analysis of human operant behavior. En G. Davey & C. Cullen (Eds.), *Human operant conditioning and behavior modification* (pp. 197-224). Chichester, England: Wiley.

Welch, M. W & Gist, J. W (1974). *The open token economy system: A handbook for a behavioral approach to rehabilitation.* Springfield, IL: Charles C Thomas.

Welch, S. J. & Pear, J. J. (1980). Generalization of naming responses to objects in the natural environment as a function of training stimulus modality with retarded children. *Journal of Applied Behavior Analysis, 13,* 629-643.

Weld, E. M. & Evans, I. M. (1990). Effects of part versus whole instructional strategies on skill acquisition and excess behavior. *American Journal on Mental Retardation, 94,* 377-386.

Wetherell, J. L. (2002). Behavior therapy for anxious older adults. *The Behavior Therapist, 25,* 16-17.

Wexler, D. (1981). *Manual for the Wexler Adult Intelligence Scale-Revised.* New York: Psychological Corporation.

Whaley, D. L. & Malott, R. W (1971). *Elementary principles of behavior.* Upper Saddle River, NJ: Prentice Hall.

Whitaker, S. (1993). The reduction of aggression in people with learning disabilities: A review of psychological methods. *British Journal of Clinical Psychology, 32,* 1-37.

Whitman, T. L., Spence, B. H. & Maxwell, S. (1987). A comparison of external and self-instructional teaching formats with mentally retarded adults in a vocational training setting. *Research in Developmental Disabilities, 8,* 371-388.

Wiederhold, B. K. & Wiederhold, M. D. (2004). *Virtual reality therapy for anxiety disorders: Advances in evaluation and treatment.* Washington, DC: American Psychological Association.

Wiegel, M., Wincze, J. P. & Barlow, D. H. (2004). Sexual dysfunction. En M. M. Antony & D. H. Barlow (Eds.), *Handbook of assessment and treatment planning for psychological disorders.* New York: Guilford Press.

Williams, C. D. (1959). The elimination of tantrum behavior by extinction procedures. *Journal of Abnormal and Social Psychology, 59,* 269.

Williams, J. E. & Cuvo, A. J. (1986). Training apartment upkeep skills to rehabilitation clients: A comparison of task analysis strategies. *Journal of Applied Behavior Analysis, 19,* 39-51.

Williams, W L. (Ed.). (2004). *Advances in developmental disabilities: etiology, assessment, intervention, and integration.* Reno, NV: Context Press.

Williamson, D. A., Champagne, C. M., Jackman, L. P. & Varnado, P. J. (1996). Lifestyle change: A program for long-term weight management. En V. B. Van Hasselt & M. Hersen (Eds.), *Sourcebook of psychological treatment manuals for adult disorders.* New York: Plenum Press.

Wilson, G. T. & Fairborn, C. G. (2002). Eating disorders. En P. E. Nathan & J. M. Gorman (Eds.), *Treatments that work* (2.ª ed., pp. 559-592). New York: Oxford University Press.

Wilson, G. T. (1991). Chemical aversion conditioning in the treatment of alcoholism: Further comments. *Behavior Research and Therapy, 29,* 415-419.

WILSON, K. G., HAYES, S. C. & GIFFORD, E. V. (1997). Cognition in behavior therapy: Agreements and differences. *Journal of Behavior Therapy and Experimental Psychiatry, 28,* 53-63.

WINCZE, J. P. & CAREY, M. P. (2001). *Sexual dysfunction, second edition: A guide for assessment and treatment.* New York: Guilford Press.

WINERMAN, L. (2004). Back to her roots. *Monitor on Psychology, 35(8),* 46-49.

WINERMAN, L. (2005). Fighting phobias: A virtual cure. *Monitor on Psychology, 36(7),* 87-89.

WISOCKI, P. A. & POWERS, C. B. (1999). Behavioral treatments for pain experienced by older adults. En D. I. Mostovsky & J. Lomranz (Eds.), *Handbook of pain and aging.* New York: Plenum Press.

WISOCKI, P. A. (1999). *Handbook of clinical behavior therapy with the elderly client.* New York: Kluwer / Plenum.

WITT, J. C. & WACKER, D. P. (1981). Teaching children to respond to auditory directives: An evaluation of two procedures. *Behavior Research of Severe Developmental Disabilities, 2,* 175-189.

WOLF, M. M. (1978). Social validity: The case for subjective measurement or how applied behavior analysis is finding its heart. *Journal of Applied Behavior Analysis, 11,* 203-214.

WOLF, M. M., HANLEY, E. L., KING, L. A., LACHOWICZ, J. & GILES, D. K. (1970). The timer-game: A variable interval contingency for the management of out-of-seat behavior. *Exceptional Children, 37, 113-117.*

WOLF, M. M., RISLEY, T. & MEES, H. (1964). Application of operant conditioning procedures to the behavior problems of an autistic child. *Behavior Research and Therapy, 1,* 305-312.

WOLFE, J. (1985). Requiem for an institution. *Behavior Therapist, 8, 113.*

WOLFE, V. F. & CUVO, A. J. (1978). Effects of within-stimulus and extra-stimulus prompting on letter discrimination by mentally retarded persons. *American Journal of Mental Deficiency, 83,* 297-303.

WOLFENSBERGER, W. (Ed.). (1972). *Normalization: The principle of normalization in human services.* Toronto: National Institute of Mental Retardation.

WOLKO, K. L., HRYCAIKO, D. W. & MARTIN, G. L. (1993). A comparison of two self-management packages to standard coaching for improving practice performance of gymnasts. *Behavior Modification,* 17, 209-223.

WOLPE, J. *(1958). Psychotherapy by reciprocal inhibition.* Stanford, CA: Stanford University Press.

WOLPE, J. (1969). *The practice of behavior therapy.* Elmsford, NY: Pergamon Press.

WOLPE, J. (1982). *The practice of behavior therapy* (3.ª ed.). New York: Pergamon Press.

WOLPE, J. (1990). *The practice of behavior therapy* (4.ª ed.). New York: Pergamon Press.

WONG, S. E. & LIBERMAN, R. P. (1996). Bio-behavioral treatment and rehabilitation for persons with schizophrenia. En V. B. Van Hasselt & M. Hersen (Eds.), *Sourcebook of psychological treatment manuals for adult disorders* (pp. 233-256). New York: Plenum Press.

WOOD, S. J., MURDOCH, J. Y. & CRONIN, M. E. (2002). Self-monitoring and at-risk middle-school students: Academic performance improves, maintains, and generalizes. *Behavior Modification, 25,* 605-626.

WYATT, W. J., HAWKINS, R. P. & DAVIS, P. (1986). Behaviorism: Are reports of its death exaggerated? *Behavior Analyst, 9, 101-105.*

YAMAGAMI, T., OKUMA, H., MORINAGA, Y. & NAKAO, H. (1982). Practice of behavior therapy in Japan. *Journal of Behavior Therapy and Experimental Psychology, 13,* 21-26.

YATES, A. J. (1970). *Behavior therapy.* New York: Wiley.

YU, D., MARTIN, G. L., SUTHONS, E., KOOP, S. & PALLOTTA-CORNICK, A. (1980). Comparisons of forward chaining and total task presentation formats to teach vocational skills to the retarded. *International Journal of Rehabilitation Research, 3,* 77-79.

ZAMORA, R. & LIMA, J. (2000). Cognitive behavioral therapy in Uruguay. *The Behavior Therapist, 23,* 98-101.

ZETTLE, R. D. & HAYES, S. C. (1982). Rule-governed behavior: A potential theoretical framework for cognitive behavioral therapy. En P. C. Kendall (Ed.), *Advances in cognitive behavioral research and therapy* (Vol. 1, pp. 73-118). New York: Academic Press.

ZETTLE, R. D. (2003). Acceptance and commitment therapy (ACT) versus systematic desensitization in treatment of mathematics anxiety. *Psychological Record, 53,* 197-215.

ZIEGLER, S. G. (1987). Effects of stimulus cueing on the acquisition of ground strokes by beginning tennis players. *Journal of Applied Behavior Analysis, 20,* 405-411.

ZVI, M. B. (2004). IABA: The new Israeli ABA Chapter. *Newsletter of the International Association for Behavior Analysis,* 27(2), 24-25.

Índice de autores